HISTOIRE
DE FRANCE

XIII

Cet ouvrage
a obtenu de l'Académie des Inscriptions
et Belles-Lettres
en 1844
et de l'Académie Française
en 1856
LE GRAND PRIX GOBERT

PARIS. — IMPRIMERIE DE J. CLAYE, RUE SAINT-BENOIT, 7

HISTOIRE
DE FRANCE

DEPUIS LES TEMPS LES PLUS RECULÉS JUSQU'EN 1789

PAR

HENRI MARTIN

Pulvis veterum renovabitur.

TOME XIII

QUATRIÈME ÉDITION

PARIS

FURNE, LIBRAIRE-ÉDITEUR

Se réserve le droit de traduction et de reproduction
à l'étranger.

M DCCC LVIII

HISTOIRE DE FRANCE

SEPTIÈME PARTIE

FRANCE MODERNE
SIÈCLE DE LOUIS XIV

LIVRE LXXIX

LOUIS XIV ET COLBERT

FINANCES. — Caractère de Louis XIV et commencements de son gouvernement. Situation désastreuse des finances à la mort de Mazarin; ruine de l'agriculture et de la marine; souffrances du commerce et de l'industrie. Lutte de Fouquet et de COLBERT. *Fête de Vaux.* Arrestation de Fouquet. Colbert administre sous le roi. Plans de Colbert. Réforme financière. Chambre de justice. Procès de Fouquet. Le *Masque de Fer.* — Dégagement des revenus publics. Libération financière des communes. Amélioration du système d'impôts.

1661 — 1672.

La cour et la France avaient entendu avec étonnement les paroles par lesquelles Louis XIV avait inauguré son règne. Depuis un demi-siècle, on s'était habitué à voir le droit et le fait, le principe et l'exercice du pouvoir, constamment séparés : l'autorité royale étant toujours exercée par délégation, la royauté avait fini par n'apparaître plus que comme une idée abstraite; elle redevenait tout à coup une personne. La multitude, accoutumée à imputer ses maux aux intermédiaires placés entre elle et le trône et toujours encline à l'espérance, applaudit à cette révolution qui simplifiait logiquement le pouvoir : nul n'en apercevait alors les vastes conséquences. La cour n'éprouva pas tout à fait les mêmes impressions que le peuple : le premier étonnement passé, elle se prit à douter que le roi persistât dans sa résolution. Pouvait-on croire qu'un roi de vingt-deux ans [1], jusqu'alors étranger et indifférent aux affaires, nourri dans une docilité d'enfant envers le ministre qu'il venait de perdre et emporté par une ardeur juvénile vers tous les plaisirs, aurait longtemps la force de sacrifier à d'arides travaux la meilleure part de lui-même? qu'il n'abandonnerait pas bientôt les conseils et les audiences pour les ballets, les chasses et les carrousels? La reine mère en secouait la tête avec un sourire aigre-doux, peu satisfaite qu'elle était de n'avoir point été appelée au conseil secret : les courtisans, naguère beaucoup plus empressés auprès de Mazarin qu'auprès de Louis, affectaient de n'entourer que le roi et non les ministres, mais observaient soigneusement du coin de l'œil la faveur apparente de chacun de ceux-ci et se préparaient à saluer, au premier signe, l'héritier du pouvoir, sinon du titre, de Richelieu et de Mazarin. On pensait que Louis se relâcherait plus aisément sur l'autorité réelle que sur l'apparence [2].

Un homme surtout ne croyait pas, ne voulait pas croire à la persévérance du roi : c'était le surintendant des finances, Nicolas Fouquet. Le surintendant, âgé de quarante-six ans, était le fils d'un riche armateur breton, que Richelieu avait jadis appelé au conseil de la marine et du commerce, puis au conseil d'état. Nicolas Fouquet, maître des requêtes dès l'âge de vingt ans, avait acheté, à trente-cinq ans, en 1650, la charge de procureur-général au parlement de Paris et s'était poussé dans l'intimité de Mazarin par le canal de son frère, l'abbé Fouquet, homme d'intrigue fort employé par le cardinal. On a vu comment, après la Fronde, il

---

1. Vingt-deux ans et demi : il était né le 5 septembre 1638.
2. *Mém.* de Choisi, p. 577-580.

était entré dans l'administration des finances et comment il y avait obtenu promptement l'autorité effective, lors même qu'il avait un collègue titulaire. Sa fortune personnelle et ses relations avec les gens d'affaires lui avaient permis de rendre au gouvernement des services dont il s'était largement indemnisé, et Mazarin, sa part faite, lui avait laissé à peu près carte blanche sur tout le reste. L'un et l'autre avaient fait des dépouilles de la France un usage bien différent. Mazarin, sûr du roi et n'ayant besoin d'aucun autre appui, n'avait songé qu'à amasser; Fouquet, s'imaginant fonder sa grandeur sur l'affection des classes influentes et, d'ailleurs, aussi prodigue par nature que Mazarin était parcimonieux, avait répandu, dans les mains avides des puissants, l'or extorqué aux privations des misérables : sans frein dans ses voluptés comme dans ses ambitions, il prétendait acheter le dévouement de tous les hommes et l'amour de toutes les femmes. On assure qu'il distribuait jusqu'à quatre millions par an de dons et de pensions. Il avait travaillé à s'attacher les grands et les gens de guerre par ses largesses, la magistrature par les services que sa position mixte de surintendant et de procureur-général le mettait à même de rendre soit aux particuliers, soit aux compagnies; les financiers, auxquels il livrait le royaume en pays conquis, lui étaient dévoués comme à eux-mêmes; son goût pour les lettres et les arts, non moins que sa munificence, lui gagnait les beaux esprits, les écrivains, les artistes; très-bien avec les parlementaires, il n'en caressait pas moins les jésuites, que Mazarin avait négligés et dédaignés. Ses intrigues circonvenaient toutes les personnes d'importance, surprenaient tous les secrets jusque dans les cours étrangères. Il se croyait sûr d'être avant peu l'arbitre de toutes les destinées, et attendait que Louis laissât, de lassitude, tomber les rênes de l'état entre ses mains [1].

Fouquet, esprit facile et brillant, plein de séductions et de ressources, mais superficiel, téméraire, sans jugement et sans prudence, avait mal compris Louis XIV. La résolution du roi n'avait pourtant point été imprévue pour tout le monde. Les observateurs, que l'intérêt personnel n'aveuglait pas, avaient recueilli plus d'un

---

1. *Mém.* de madame de Motteville, p. 517 et suiv. — *Les Portraits de la Cour*, ap. *Archives curieuses*, 2ᵉ sér., t. VIII, p. 414-417.

symptôme significatif ; Louis s'exprimait sur le compte des *rois fainéants* en prince bien décidé à n'en point augmenter le nombre. On citait sur lui quelques mots caractéristiques du feu cardinal. — « Il se mettra en chemin un peu tard, » avait dit Mazarin, « mais il ira plus loin qu'un autre... Il y a en lui de l'étoffe pour faire quatre rois et un honnête homme [1]. » Louis ne paraît pas, comme on l'a prétendu, avoir attendu avec impatience d'être débarrassé de son ministre-roi; il lui était affectionné et reconnaissant, et c'était précisément parce qu'il était capable et digne de gouverner qu'il n'en avait point eu de hâte, sentant la gravité du fardeau [2]. Le fardeau, toutefois, ne l'effrayait pas : il avait en lui-même une confiance qui n'était, à cette première époque de sa vie, que le sentiment légitime de sa force et de son avenir. On a souvent contesté son génie, jamais son caractère. Il n'y a peut-être jamais eu de volonté supérieure à la sienne en persistance et en *intensité*. L'effort d'attention et de travail qu'on s'imaginait qu'il ne soutiendrait pas trois mois, il le soutint durant cinquante-quatre ans.

A la soif de la gloire, à la passion du grand en toutes choses, qui l'animaient d'une exaltation tout intérieure, il unissait, par une sorte de contraste, un esprit plus judicieux et plus net qu'éclatant, plus sagace et plus exact que profond, plus vigoureux qu'étendu : doué d'une âme droite et sincère, né avec l'amour du bien, du juste et du vrai [3], il s'était fait de bonne heure une théorie, erronée ou non, mais consciencieuse, des droits et des devoirs de la royauté; il avait d'avance réglé l'emploi de sa vie sur un plan auquel il fut presque toujours fidèle. On a conservé un monument d'un intérêt inappréciable, les Mémoires et Instructions destinés par Louis XIV à son fils et rédigés, sur ses notes et sous ses yeux, par Pellisson, vers 1670. Louis s'y révèle tout entier, tel qu'il était durant la première et la plus belle période de son règne : il y montre un bon sens élevé, une droiture qui ne se dément que sur quelques points épineux de diplomatie, des sen-

---

1. *Mém.* de Choisi, 3ᵉ sér., t. VI, p. 567; — de madame de Motteville, p. 502-506. — *Lettres* de Gui Patin, t. II, p. 192-223.
2. *V.* dans ses *Œuvres*, t. I, les *Mémoires et Instructions à son fils*, p. 6-8.
3. *Mém.* de Saint-Simon, t. XXIV, p. 84, édit. in-12; 1840.

timents très-religieux et autant de clarté dans les idées que de fermeté dans les vues. On comprend que l'homme qui a écrit de telles paroles sur les sévères jouissances du travail et du devoir, sur ce noble plaisir de gouverner, le premier de tous, on comprend que cet homme était vraiment né pour l'empire. Il paraît sentir profondément les obligations du chef de l'état et l'unité nationale personnifiée en lui [1]. Il craint les flatteurs, cherche à s'en défendre, et l'orgueil qui se révèle parfois dans son grave et fier langage pourrait se confondre encore avec le témoignage de la conscience satisfaite.

Il avait reconnu, avec un grand sens pratique, la nécessité de s'imposer à lui-même, non pas seulement des devoirs généraux, mais des obligations réglées et périodiques, et de répartir entre les occupations diverses les jours de la semaine et les heures du jour. C'étaient, d'abord et quotidiennement, le conseil secret avec les trois ministres dirigeants, Fouquet, Le Tellier et Lionne, puis, deux fois par semaine, le conseil des dépêches, où le chancelier et les secrétaires d'état siégeaient avec les trois autres ministres [2]; le conseil des finances, composé du surintendant, de deux contrôleurs généraux, de deux directeurs et de deux intendants;

---

[1] « Le prince, qui doit conserver toutes les parties de l'autorité unies en soi-même, n'en saurait permettre le démembrement sans se rendre coupable de tous les désordres qui en arrivent..... Ceux qui l'approchent de plus près, voyant les premiers sa faiblesse, sont aussi les premiers qui en veulent profiter; chacun d'eux, ayant nécessairement des gens qui servent de ministres à son avidité, leur donne en même temps la licence de l'imiter; ainsi, de degré en degré, la corruption se communique partout..... Il n'est point de gouverneur qui ne s'attribue des droits injustes, point de troupes qui ne vivent avec dissolution, point de gentilhomme qui ne tyrannise les paysans, point de receveur, point d'élu, point de sergent qui n'exerce dans son *détroit* (district) une insolence d'autant plus criminelle, qu'elle se sert de l'autorité des rois pour appuyer son injustice..... Cependant, de tous ces crimes divers, le public seul est la victime; ce n'est qu'aux dépens des faibles et des misérables que tant de gens prétendent élever leurs monstrueuses fortunes. Au lieu d'un seul roi que les peuples devroient avoir, ils ont à la fois mille tyrans..... » — *OEuvres* de Louis XIV, t. I; *Mémoires et Instructions*, p. 59-60. Les *OEuvres* de Louis XIV, composées de ses Mémoires politiques et militaires et de ses lettres choisies, ont été publiées, en 1806, en 6 vol. in-8°, par les libraires Treuttel et Würtz, avec le concours du général comte de Grimoard et de M. Grouvelle. Les manuscrits originaux avaient été confiés par Louis XVI, en 1786, au général de Grimoard.

[2] Des trois ministres dirigeants, Le Tellier seul était secrétaire d'état. — Ce conseil était destiné aux dépêches ordinaires du dedans du royaume et aux réponses aux placets.

quelquefois des conseils extraordinaires où étaient appelés les princes et les grands, membres titulaires de ce nombreux conseil du roi, que Mazarin avait complétement cessé de réunir dans les dernières années et que Louis XIV rappela pour la forme, sans lui rendre aucune part effective aux affaires. Le roi fit en outre de fréquentes apparitions au conseil privé ou des parties[1], qui, sous la présidence du chancelier, jugeait les conflits de juridiction entre les tribunaux; enfin, Louis rétablit le conseil de conscience fondé par sa mère en 1643, sous l'influence de saint Vincent de Paul, puis supprimé par Mazarin : le roi y consultait, sur la collation des bénéfices et les autres matières ecclésiastiques dépendantes de l'autorité royale, son confesseur et trois ou quatre prélats.

Indépendamment de ces travaux officiels, le roi travaillait souvent avec chacun de ses trois ministres en particulier, consultait fréquemment, tête à tête, les hommes les plus éminents par leurs talents et leurs services, deux surtout, l'un éclatant de gloire, l'autre obscur encore, Turenne et Colbert, et accordait audience à tous venants avec une grande facilité : il avait fait connaître, suivant ses propres expressions, qu'en quelque nature d'affaire que ce fût, il fallait lui demander directement « ce qui n'étoit que grâce », et il accorda à tous ses sujets, sans distinction, la liberté de s'adresser à lui et de vive voix et par placets. Le samedi était consacré à répondre aux placets. Le gouvernement personnel n'était possible, en effet, qu'avec ce système de communications directes entre le monarque et les particuliers[2].

Les premiers actes qui suivirent la mort de Mazarin donnèrent, pour ainsi dire, le ton du nouveau régime et montrèrent que le diapason du pouvoir s'était rehaussé. L'assemblée du clergé, alors réunie à Paris, différait de se séparer, selon le désir que le roi en avait témoigné, jusqu'à l'expédition de certains édits qu'elle avait demandés avec instance ; le roi lui fit entendre qu'on n'obtenait rien par ces sortes de voies, et les édits ne furent expédiés

---

1. Autrement dit conseil d'en haut : c'était le conseil d'état.
2. OEuvres de Louis XIV, t. I; *Mémoires et Instructions*, p. 23-33. — *Mém.* de madame de Motteville, p. 506-508. — *Id.* de Choisi, Collect. Michaud, 3ᵉ sér., t. VI, p. 577-580.

qu'après la séparation. La cour des aides ayant contrarié quelques dispositions du gouvernement, plusieurs conseillers furent exilés; puis le conseil d'en haut, par un arrêt du 8 juillet, enjoignit aux parlements, grand conseil, chambre des comptes, cour des aides, etc., de déférer, en toute occasion, à l'autorité de ses arrêts. Désormais, la prétention du parlement à ne reconnaître « pour volonté du roi que celle qui étoit dans les ordonnances et les édits vérifiés », ne fut plus un moment soufferte, et le parlement n'osa plus contester la suprématie du conseil d'en haut. Une autre mesure très-importante dépouilla les chefs militaires d'une puissance aussi dangereuse pour l'état qu'oppressive envers les citoyens : le roi ôta aux gouverneurs des places fortes les fonds des contributions de leurs gouvernements, qui leur avaient été abandonnés durant la Fronde, sous prétexte de tenir leurs places en bon état, et qui leur produisaient d'énormes revenus : il suffit, pour en donner une idée, de rappeler que la petite place de Doullens rapportait 20,000 écus. Il y avait des gouverneurs qui se faisaient plus d'un million de rente [1].

La situation de la France n'était pas telle, que des démonstrations de fermeté envers les corps et les autorités subalternes, et quelques remèdes à des abus partiels, pussent suffire à gouverner dignement. Louis, sans s'arrêter à l'éclat extérieur dont la guerre et la diplomatie avaient environné la France, jeta un long et ferme regard au dedans du royaume et reconnut que ce grand corps, si imposant et si robuste, était miné par un mal qui envahissait progressivement les organes vitaux.

Les symptômes de ce mal étaient évidents : la richesse publique, se concentrant de plus en plus entre les mains des classes stériles, menaçait de se tarir dans ses sources ; le malaise des classes utiles et productives apparaissait toujours empirant, à mesure qu'on descendait l'échelle sociale ; en arrivant à la dernière classe par le rang, à la première par l'utilité, aux paysans, ce n'était plus le malaise qu'on rencontrait, mais une affreuse misère. L'impôt s'était élevé, en 1660, à 90 millions environ [2] : la part propor-

---

1. *OEuvres* de Louis XIV, t. I; *Mémoires et Instructions*, p. 57-58.
2. Un peu moins du double en monnaie d'aujourd'hui, le marc d'argent étant à 26 livres 10 sous. — Le chiffre total du revenu, au moins en apparence, s'était élevé

tionnelle du fardeau supportée par les taillables s'était toujours accrue. Richelieu avait lutté jadis le plus longtemps possible contre la pensée d'accroître les tailles : plusieurs fois, il les avait dégrevées au milieu des besoins les plus urgents, et il s'était rejeté sur les villes et sur les classes riches par l'accroissement des aides, par les emprunts, par les taxes individuelles ; il avait pourtant cédé à la nécessité et, sur la fin de son administration, les tailles et impôts accessoires avaient atteint le chiffre de 44 millions. Les tailles montèrent encore sous Mazarin, à mesure que la faculté de les payer baissait : elles avaient été à 48 millions en 1648 ; elles étaient encore à plus de 46 et demi en 1661[1] ; chiffre nominal, car la totalité de cette somme était bien loin d'entrer dans les caisses des receveurs, et un énorme arriéré s'amoncelait d'année en année, malgré les violences barbares de la perception, les poursuites, les saisies, les emprisonnements : la pauvreté, l'impuissance était traitée comme le crime ; des centaines de paysans mouraient de misère et de chagrin au fond des prisons où on les entassait pour n'avoir pu payer l'impôt[2]. Les plus pauvres étaient frappés les premiers, puis on remontait aux moins malaisés et on les ruinait à leur tour, en vertu de la terrible solidarité infligée aux habitants des paroisses. La culture languissait ; les bestiaux disparaissaient : le prix élevé des grains indiquait la rareté, l'insuffisance des denrées de première nécessité, et non pas, comme on l'a prétendu, la prospérité du commerce des céréales, commerce qui flottait entre une liberté sans limites et sans prévoyance et de brusques et violentes prohibitions[3].

beaucoup plus haut pendant certaines années de la guerre ; mais c'était au moyen des emprunts, des anticipations, des *affaires extraordinaires*. L'impôt n'avait jamais été plus haut.

1. Forbonnais (*Recherches sur les finances de France*, t. I, p. 273) prétend qu'elles montèrent à 57,400,000 livres ; mais il y a certainement erreur. V. l'état de 1661 dans F. Joubleau, *Études sur Colbert*, t. I, p. 16 ; 1856. Pour les années 1657 à 1660, on ne peut vérifier : il n'existe aucun compte. Aux 46 millions 1/2, il faut ajouter la taille de Provence, dont nous n'avons pas le chiffre.

2. V. les tristes détails donnés par M. Floquet, *Histoire du parlement de Normandie*, t. V, p. 148.

3. En 1649, mauvaise récolte : prohibition d'exporter ; 1650, grande disette ; 1651-2-3-4, cherté ; 1655-6-7, abaissement du prix, suivi de libre exportation ; 1658, la cherté revient ; 1659-1660, cherté. V. Forbonnais, *Observations œconomiques*, t. II, p. 13 et suiv. ; in-12.

Le commerce et l'industrie, sans être tout à fait réduits à une pareille extrémité, souffraient et se débattaient dans les étreintes d'un détestable système d'impôts. On possède, sur leur situation, trois documents précieux : 1° le chapitre VI de la deuxième partie des Mémoires de Jean de Witt, l'illustre grand-pensionnaire de Hollande; 2° les remontrances des six corps de marchands de Paris au roi contre une déclaration de janvier 1654, qui augmentait les droits d'entrée sur les marchandises étrangères; 3° un mémoire adressé à Mazarin en 1659 sur la décadence du commerce de Lyon [1]. Les remontrances des négociants parisiens attestent que la France faisait avec l'étranger un commerce étendu, commerce qui, déjà florissant au seizième siècle, s'était relevé aussitôt après les calamités de la Ligue [2]. Les Parisiens se plaignent que, depuis le commencement de la grande guerre, les droits aillent toujours croissant sur les marchandises étrangères et que l'on ne consulte plus, sur les impositions et les droits d'entrée, les négociants, mais seulement les fermiers, qui évaluent les marchandises sur le prix de la vente, sans tenir compte des frais de voiture et du déchet : on a fait une réappréciation générale en 1632 et une augmentation des droits d'entrée en 1644, sans aucune proportion, chargeant les marchandises nécessaires plus que celles dont on pourrait se passer : les anciens droits ont été quadruplés; le minimum est à 25 p. 100 de la valeur et il y a des marchandises qui paient au-delà de 100 p. 100. Les nouveaux droits de janvier 1654 ajoutent encore 10 p. 100 en général et 25 p. 100 sur certains articles de luxe. « C'est vouloir nous interdire tout commerce avec nos voisins, » disent les négociants de Paris; les étrangers ne manqueront pas d'user de représailles et de frapper de gros droits les matières premières dont notre industrie a besoin, les laines fines, les drogues tinctoriales, les épiceries,

---

1. Ces deux dernières pièces dans Forbonnais, *Recherches sur les finances de la France*, t. I, p. 274, 281.

2. *V.* notre t. IX, p. 247, et t. X, p. 447, 588. — *V.* le *Testament politique* de Richelieu, 2ᵉ part., c. IX, sect. 6; sur la prospérité des fabriques de Rouen et de Tours, vers 1640; la première, pour les gros draps; la seconde, pour les étoffes de luxe, soieries, velours, toiles d'or. On y voit que Rouen avait fait autrefois avec le Maroc un grand commerce de toiles et de draps. Ce chapitre contient aussi le tableau du commerce de la France avec les échelles du Levant.

les sucres, les savons, les cuirs[1]. Le fisc ne grève pas seulement les produits du dehors, mais ceux du pays : nulle part, les droits sur les marchandises nationales comme sur les étrangères ne sont aussi élevés qu'en France; les droits d'exportation ont détruit certaines branches de commerce, par exemple, la manufacture des cartes, qui nourrissait à Rouen sept ou huit mille personnes. Les droits et péages intérieurs, tant royaux que municipaux et privés, garrottent partout la circulation[2].

Le mémoire sur Lyon (1659) accuse, de son côté, les droits d'importation qui pèsent sur les matières premières : « avant 1620, une balle de soie du Levant ne payait que 16 livres 13 sous 4 deniers; aujourd'hui elle paie 112 livres 5 sous 3 deniers[3]; les soies grèzes (grèges) d'Italie ne payaient que 18 livres, et les ouvrées 26 : les unes en paient actuellement 118, et les autres 143. La douane de Valence... ruine du commerce de nos provinces, s'est accrue de manière qu'il y a telle marchandise qui la paie jusqu'à trois fois; aussi, de vingt mille balles de soie qui venaient à notre douane (de Lyon), année commune, il n'en arrive plus trois mille. Les marchands d'Allemagne, de Flandre, de Hollande, d'Angleterre et de Portugal n'achètent plus rien à Lyon; la nécessité les a forcés d'imiter la fabrique de nos étoffes ou de recourir ailleurs[4]. Les droits sur les drogueries et épiceries sont augmentés de 1 à 6 ». Ce mémoire impute en outre à des changements mal

[1]. Il est à observer que, pour la plus grande partie de ces matières premières, on ne recourait à l'étranger que parce qu'on le voulait bien et faute d'encourager la marine et la production nationales.

[2]. Les Parisiens se plaignent, par exemple, des octrois levés par les corps municipaux de Rouen et de Lyon sur les marchandises qui traversent leurs villes à destination de Paris. Ils se plaignent aussi de l'augmentation du port des lettres, comme aggravant les frais du commerce. Il y avait eu toutefois récemment un établissement très-utile au mouvement des relations : la petite poste avait été fondée à Paris en mai 1653.

[3]. Il faut observer que le marc d'argent avait été porté de 20 livres 5 sous 4 deniers à 26 livres 10 sous : les 16 livres de 1620 valaient près de 21 livres de 1659.

[4]. La douane de Valence avait succédé à la douane de Vienne. V. notre t. X, p. 462. Une balle de soie venant d'Italie payait cette douane au Pont-de-Beauvoisin, en passant de Savoie en France : elle la payait une seconde fois à Montluel, en allant de Lyon à Nantua pour être ouvrée, et une troisième fois en revenant à Lyon pour être manufacturée. Une balle de camelot de Lille, pesant 232 livres, payait en divers droits, pour arriver à Lyon, 203 livres 15 sous 3 deniers, sans compter la douane de Valence, si elle passait outre, et les 6 deniers par livre. — Forbonnais, *Recherches sur les finances*, t. I, p. 281-282.

entendus dans le rapport du marc d'argent à la monnaie de compte d'avoir fait sortir du royaume beaucoup d'argent.

Ce qui résulte de ces deux mémoires, dont le premier, écrit au point de vue du commerce plus que de l'industrie, doit être lu avec quelque réserve, c'est que les plus grands intérêts étaient livrés en proie à une aveugle fiscalité, également étrangère aux idées de liberté commerciale et de protection nationale.

Malgré tant d'entraves, et malgré la décadence du commerce lyonnais, l'exportation était encore assez considérable : Jean de Witt donne les chiffres des principaux articles qui s'exportaient pour l'Angleterre et la Hollande; le total ne va pas à moins de 40 millions par an, dont les trois quarts au moins pour la Hollande, sans parler de l'énorme trafic du sel, que cinq à six cents vaisseaux, la plupart hollandais, venaient chaque année prendre à La Rochelle, à Marans, à Brouage, aux îles d'Oléron et de Ré. La balance du commerce était annuellement en faveur de la France de 30 millions avec la Hollande, de 10 millions avec l'Angleterre [1].

Ces chiffres étonnent au premier abord et semblent un indice de prospérité; mais l'impression change à mesure qu'on regarde de plus près. Si la Hollande achetait pour une si forte somme à la France, c'est qu'elle fournissait de marchandises françaises la meilleure partie de l'Europe, et spécialement tout le Nord : c'était là pour nous un bénéfice chèrement payé; il nous coûtait notre marine. La marine hollandaise accaparait presque tous les transports, non-seulement entre la Hollande et la France, mais entre la France et les autres pays, et les Anglais s'emparaient du peu qui échappait à la Hollande. Notre commerce du Levant, qui, sous

---

1. *Mém.* de J. de Witt, traduits en français : La Haie, 1709, p. 183-185. — Les étoffes de luxe, de Tours et de Lyon, comptent pour 6 millions; les rubans, galons de soie, boutons, houppes, etc., fabriqués à Paris et Rouen, 2 millions; les toiles à voiles de Bretagne et Normandie, plus de 5 millions; les ameublements de lits, plus de 5 millions; les vins de Gascogne, Saintonge et Basse-Loire, 9 millions; les eaux-de vie, vinaigre, cidre, plus de 2 millions; les fruits, pastels, savons, plus de 2 millions. La France exportait de la quincaillerie, des aiguilles, etc. Il n'est pas question des céréales. — Les *Mémoires* de Jean de Witt ont été écrits en 1661 et revus en 1670. Bien qu'il parle de ce commerce à propos de la remontrance des marchands de Paris, qui était parvenue à la connaissance du gouvernement hollandais, les chiffres qu'il donne se rapportent peut-être plus exactement à une époque un peu postérieure.

Henri IV, s'il faut en croire l'ambassadeur Savari de Brèves, occupait plus de mille vaisseaux [1], avait commencé à diminuer sous Louis XIII par suite des traités de l'Angleterre et de la Hollande avec la Turquie [2], et surtout par suite des progrès qu'avait faits le commerce des Anglais et des Hollandais aux Indes Orientales : les marchandises de l'Inde, de la Chine et de la Perse, qui venaient auparavant en Occident par Alep et par Alexandrie, où les Français les allaient prendre pour les répandre dans toute l'Europe, avaient changé de route et venaient maintenant par l'Océan Indien et la route du Cap, sur les navires des compagnies anglaise et hollandaise [3]. La décadence fut bien plus profonde sous Mazarin, quand la navigation française de la Méditerranée ne fut plus protégée contre les pirates, comme au temps de Henri IV, par l'alliance sincère et la volonté énergique de la Porte Othomane, ni, comme au temps de Richelieu, par une brillante et active marine militaire. Le commerce français était réduit à se couvrir du pavillon anglais, hollandais ou suédois pour imposer aux pirates, lui dont le pavillon avait jadis couvert toutes les nations chrétiennes dans les mers du Levant. Aussi, n'y avait-il pas un négociant français qui eût des navires un peu considérables [4].

Les Hollandais en étaient venus à nous enlever jusqu'au cabotage de nos côtes et aux transports entre la France et ses colonies. La colonisation des Antilles françaises se développait avec autant d'éclat et d'énergie que la colonisation du Canada était lente et pénible : l'agriculture tropicale florissait, la population croissait à Saint-Christophe, à la Martinique, à la Guadeloupe : les Français avaient dans les Petites Antilles une prépondérance décidée et commençaient à partager la grande île de Saint-Domingue avec les Espagnols [5] ; mais ces progrès ne profitaient point à la puis-

---

1. Chiffre sans doute exagéré. V. *Revue indépendante* du 25 novembre 1843; *Des Relations de la France avec l'Orient*, par M. Th. Lavallée.
2. L'Angleterre avait obtenu, dès 1586, l'égalité commerciale avec la France dans l'empire othoman ; les Hollandais l'avaient obtenue en 1612.
3. *Testament politique* de Richelieu, p. 319-321.
4. Forbonnais, *Recherches sur les finances*, t. I, p. 283.
5 Nous avons parlé (t. XI, p. 428, note) des flibustiers et de la colonie de protestants français autorisés à s'établir, par une tolérance exceptionnelle, dans l'île de la Tortue, sur la côte de Saint-Domingue (1641). En 1654, les Espagnols reprirent l'île de la Tortue, mais ne purent détruire les Français, qui se réfugièrent

sance maritime de la France. La compagnie privilégiée, investie en 1635 de la propriété des îles et du monopole de leur commerce, avait privé, par son ignorant égoïsme, la mère-patrie des avantages qu'elle eût dû retirer de l'établissement colonial, et cela sans aucun profit pour elle-même. Elle avait restreint volontairement ses armements destinés aux échanges entre la France et les îles, aimant mieux vendre peu et cher que beaucoup à bon marché. Cet absurde et odieux calcul avait abouti à l'organisation d'une vaste contrebande par laquelle les Hollandais approvisionnaient les colonies des denrées européennes et la France des denrées coloniales, sucres, tabacs, indigos, etc. Ils gagnaient 4 millions par an sur les sucres français qu'ils revendaient à la France! La compagnie des îles se ruina et vendit en détail ses droits aux gouverneurs des îles et à d'autres particuliers [1]; mais la situation maritime n'en fut pas changée.

Une seule branche du commerce maritime, fort ancienne chez nous, se soutenait un peu mieux : c'était la grande pêche ; la pêche et le trafic des pelleteries étaient toujours considérables à Terre-Neuve et au Canada, où le commerce, au rebours des Antilles, marchait mieux que la colonisation. On s'était plus occupé de convertir la *Nouvelle France* et d'y trafiquer que de la cultiver, et l'on y avait envoyé trop de moines et pas assez de laboureurs. Quelques établissements importants y naissaient toutefois peu à peu : Montréal avait été fondé en 1641 par Chomedey de Maisonneuve au nom de la société religieuse de Notre-Dame de

---

dans les bois de la côte haïtienne ; en 1660, les Français expulsèrent de nouveau les Espagnols de l'île de la Tortue, et un gouverneur s'y installa définitivement au nom du roi, avec le concours des flibustiers et des boucaniers. — V. Dutertre, *Histoire des Antilles*, et le P. Charlevoix, *Histoire de Saint-Domingue*, t. II, l. VII. — Pendant ce temps, les Français et les Anglais des Petites Antilles vivaient passablement ensemble, après s'être battus maintes fois, et faisaient la guerre aux indigènes, à cette race belliqueuse des Caraïbes, si différents des doux et faibles habitants des Grandes Antilles, détruits par les Espagnols. En 1660, les Français et les Anglais traitèrent avec les Caraïbes, et il fut convenu qu'on laisserait aux indigènes les îles de Saint-Vincent et de la Dominique sous la protection française. V. *Histoire générale des Voyages*, t. XV, p. 540.

1. Dès 1642, elle avait vendu au sieur de Boisseret la Guadeloupe, Marie-Galande, la Désirade et les Saintes pour 73,000 liv. : en 1650, elle vendit à Duparquet la Martinique, Sainte-Lucie, la Grenade et les Grenadines, 60,000 liv.; en 1651, à Poinci, Saint-Christophe, Sainte-Croix, Saint-Barthélemi et la Tortue, 120,000 livres

Montréal. Cette ville, qui, aujourd'hui dépasse Québec en importance, devait être longtemps le rempart de Québec contre les incursions des Iroquois ; les Trois-Rivières devenaient un poste assez notable; Québec devint le siége d'un évêché en 1658 [1].

Les symptômes du mal que souffrait la France n'échappaient point aux regards de l'homme qui prétendait à la gouverner. Fouquet n'eût pas mieux demandé que d'avoir l'honneur d'y porter remède. Il avait des vues et des lumières pour ce qui regardait le négoce maritime : il avait, dans ces dernières années, conféré à ce sujet avec Mazarin, qui avait projeté l'établissement d'une grande compagnie de navigation et formé un conseil de commerce dont Colbert était membre. Des avis avaient été demandés aux intendants des provinces et aux principaux marchands des bonnes villes. Fouquet avait engagé des particuliers riches à mettre des fonds dans les armements maritimes, et, dans un but intéressé, mais, après tout, profitable à l'état, il avait armé, à son compte, des vaisseaux pour Terre-Neuve, pour le continent d'Amérique, pour la pêche de la baleine ; il avait acheté l'île de Sainte-Lucie, une des Petites Antilles, pour 39,000 livres, et cherchait à s'emparer de l'héritage de la compagnie fondée en 1642 par Richelieu afin d'établir une colonie à Madagascar. Le grand ministre avait été frappé par l'admirable position de l'île Malegache [2], entre l'Afrique orientale et l'Océan Indien, et voulait y créer un établissement qui assurât à la France le commerce de l'Inde. Après la mort de Richelieu, Pronis, en 1644 ou 1645, avait bâti le fort Dauphin à l'extrémité sud-est de Madagascar, après avoir pris possession de la plus riche des îles Mascarenhas, à laquelle son successeur imposa le nom de Bourbon ; la compagnie, peu riche et négligée du gouvernement pendant la Fronde, était tombée en ruine; le fort Dauphin subsistait toutefois. Quelques aventuriers français s'étaient établis à Madagascar et beaucoup de chefs indigènes s'étaient reconnus tributaires des Français.

1. En 1656, le navigateur Bourdon prit possession, pour la France, de la baie d'Hudson : l'Anglais Hudson avait péri en y pénétrant.
2. Nom véritable de l'île : Madagascar n'est qu'un nom altéré par les Européens. V. l'*Histoire générale des Voyages*, t. VIII, p. 552 et suiv.; — Flacourt, *Histoire de Madagascar*; Paris, 1661 ; — *Œuvres* de Fouquet; Paris, 1694, t. V, p. 329-330; 339-340; t. VI, p. 349-351. Ces Œuvres sont le procès et les défenses de Fouquet.

Fouquet travaillait à s'approprier cet établissement, dans le dessein d'y organiser le commerce des Indes Orientales.

On devait à Fouquet deux mesures excellentes pour la marine, l'organisation de la pêche de la sardine à Belle-Isle et sur la côte de Bretagne, pêche qui ouvrit à l'état une riche source de revenus, et l'imposition d'un droit de 50 sous par tonneau sur les navires étrangers qui venaient charger ou décharger des marchandises en France (1659), en sus des anciens droits d'entrée et de sortie que payaient tous les navires étrangers ou nationaux. Henri IV avait institué et Richelieu avait renouvelé un léger droit de réciprocité, de 3 sous par tonneau, sur les vaisseaux des nations étrangères, qui, toutes, imposaient des droits d'ancrage aux Français : Fouquet fit du droit d'ancrage un droit différentiel sérieux en faveur de la marine française. La colère des Anglais, qui, eux, n'avaient jamais cessé d'entraver de mille manières la navigation française dans leurs ports, sans se soucier des traités, fit bien voir qu'on avait frappé juste. Charles II, en renouvelant, dès 1660, l'Acte de Navigation de Cromwell, imposa un double droit (6 schellings par tonneau) sur les vaisseaux français dans les ports d'Angleterre et d'Irlande ; les Hollandais se contentèrent d'un droit égal au droit français. Ces représailles ne pouvaient arrêter l'effet lent, mais certain, d'une mesure destinée à supprimer les intermédiaires commerciaux entre la France et les autres nations. Le droit de 50 sous par tonneau fut appliqué à tout vaisseau de construction étrangère et dont l'équipage était étranger pour moitié (12 mars 1661). C'était un emprunt très-bien entendu à l'Acte de Navigation [1].

En ce qui concernait l'administration intérieure, un certain

---

1. Forbonnais, t. I, p. 270. — *Anciennes Lois françaises*, t. XVII, p. 400. — Acte de Navigation, dans l'*Histoire de la puissance navale de l'Angleterre*, par M. de Sainte-Croix, t. I, p. 400. — *V.* aussi une conversation sur le commerce entre Louis XIV et Turenne ; an. 1662 ; ap. *Œuvres* de Louis XIV, t. II, p. 399. Ce dialogue, qui fait le plus grand honneur à l'intelligence et au savoir de Turenne, montre à quel point la navigation française était gênée en Angleterre et en Hollande par toutes sortes de restrictions et de taxations en dehors des traités, tandis qu'en France on exécutait les traités à la lettre. L'Acte de Navigation de Cromwell, comme on l'a vu, avait, dès 1651, interdit toute navigation intermédiaire. — Dans l'état général des relations internationales, il était absolument impossible de relever la marine française sans droits différentiels. Sur cette question des droits différentiels, *V.* Adam Smith ; *De la Richesse des Nations*, l. IV, c. 2.

nombre d'ordonnances utiles aux intérêts publics avaient été rendues dans ces dernières années : on remarque, dans le nombre, la fondation de l'Hôpital général de Paris (la Salpêtrière), maison grande comme une ville entière et destinée à renfermer d'autorité tous les mendiants et les vagabonds de Paris, et à leur donner un abri, du travail et du pain (avril 1656) (Lyon avait depuis longtemps des institutions analogues); des lettres patentes pour l'amélioration du cours de la Marne et de ses affluents (octobre 1655); un règlement touchant l'établissement de manufacture de bas de soie (janvier 1656); l'injonction de déposer un exemplaire de tout livre nouveau à la bibliothèque du Louvre, « servant à la personne du roi [1] »; une déclaration portant que les *compagnons* qui épouseront des orphelines de la *Miséricorde* seront reçus maîtres de leur métier à Paris (22 avril 1656); la défense d'établir des communautés religieuses, séminaires ou confréries, sans permission du roi (7 juin 1659), suivie de la défense de donner, moyennant rentes viagères, aucuns deniers comptants, héritages ou rentes aux communautés ecclésiastiques et autres gens de mainmorte, sauf les hôpitaux, à peine de confiscation des biens donnés et de 3,000 livres d'amende contre la communauté contractante (août 1661) (ceci avait pour but de sauvegarder à la fois l'intérêt de l'état et l'intérêt des familles); enfin, une ordonnance importante en faveur des communautés (communes) et villages de la Champagne, qu'on autorise à se remettre en possession des usages, biens et bois par eux aliénés

---

1. C'est là l'origine du double exemplaire exigé par l'état : le premier exemplaire, par une ordonnance de Louis XIII, devait être déposé « à la bibliothèque du roi, servant dans l'université de Paris à l'usage public ». V. *Anciennes Lois françaises*, t. XVII, p. 366. — Plusieurs autres ordonnances sont intéressantes pour l'histoire des mœurs; en mai 1657, établissement des voitures de louage dans Paris; en décembre 1660, défense de porter dans Paris des armes à feu, *baïonnettes*, couteaux qui se mettent au bout des fusils de chasse. La *baïonnette*, dont le nom ne vient pas de Bayonne, mais de l'espagnol *bayneta* (gaîne, fourreau, couteau à gaîne), n'était point encore une arme de guerre, ou, du moins, n'était employée qu'accidentellement par quelques chefs de corps. V. les *Mémoires* de Puységur, p. 612. On n'avait point encore trouvé la combinaison qui la rend si terrible, en l'adaptant au fusil sans empêcher de tirer. Une ordonnance antérieure avait déjà défendu aux laquais de porter l'épée sous peine de la vie (1655) : les pages et les laquais étaient le fléau de Paris et commettaient plus de vols et de meurtres que les voleurs de profession. — Sur tous ces édits, V. *Anciennes Lois françaises*, t. XVII, p. 318-400.

durant la guerre, à la charge de rembourser, en dix ans, aux acquéreurs, le prix réellement payé de l'aliénation (juin 1659) [1]

Le mérite de ces améliorations revenait sans doute, au moins en partie, au surintendant des finances. Fouquet annonçait aussi l'intention d'attaquer deux des grandes calamités de la France, les entraves au commerce intérieur et l'exagération des tailles. Il fit révoquer les péages établis sur la Seine et ses affluents depuis 1643 (décembre 1660). Malheureusement cette suppression restait illusoire par l'impuissance où se trouvait l'état de rembourser les propriétaires ou acquéreurs. Quant aux tailles, Mazarin avait d'abord enjoint de poursuivre les auteurs des « faux bruits » répandus sur une prétendue diminution des impôts à l'occasion de la paix; mais il avait bientôt fallu céder au cri public et à la nécessité; en 1660, un arrêt du conseil remit au peuple l'arriéré des années 1647 à 1656, jusqu'à concurrence de 20 millions, sacrifice peu méritoire, car le recouvrement de cet arriéré était tout à fait impossible. La remise s'opéra en partie aux dépens des comptables, qui avaient fait des avances et qui n'en furent pas remboursés. Les taillables restèrent livrés aux persécutions du fisc pour le surplus de l'arriéré [2].

Fouquet promettait des réformes plus décisives : il pensait à réduire progressivement le principal de la taille; il formait bien d'autres projets; il cherchait à éblouir le roi et s'éblouissait lui-même. Illusions! Il ne pouvait apporter aux misères publiques que de faibles palliatifs. Le mal intime qui épuisait la France, le mal qui menaçait de rendre tous les autres maux incurables, était

1. On expose au nom du roi, dans cette pièce, que, la Champagne ayant été toute désolée par la guerre, on l'a soulagée d'abord en diminuant la gabelle et en tâchant d'assurer une plus juste répartition des tailles, puisqu'on a reconnu, en examinant plus attentivement l'état de la province, un mal caché qui empêchait son rétablissement; c'est que la plupart des communautés et villages, tourmentés par le malheur des temps, ont été induits à vendre à des personnes puissantes, comme seigneurs des lieux, juges et magistrats, ou principaux habitants des villes, leurs biens, usages, bois et communaux, sans permission du roi ni décret de justice et à des prix très-modiques; « et bien souvent desdits prix n'a été touchée aucune chose, bien qu'il soit écrit autrement, par la violence des acquéreurs, qui ont forcé les habitants de signer »..... Sa Majesté résolue à secourir lesdites paroisses et communautés, *comme étant réputées mineures*, les remet de plein droit et de fait dans lesdits usages, biens et bois, etc..... — *Anciennes Lois françaises*, t. XVII, p. 370.

2. Bailli, Œuvres de Fouquet, t, V, p. 380. — *Histoire financière de la France*, p. 407. — Ch. Perrault, *Mémoires*, p. 172.

en lui, était lui-même. Le mal essentiel était le régime financier ; mal toujours accru depuis cinquante ans ! La plaie ouverte par le gouvernement inepte et corrompu de Marie de Médicis ne s'était pas guérie sous le règne patriotique de Richelieu, bien que le grand ministre n'eût mérité à cet égard aucun reproche ; sous Mazarin et Fouquet, elle s'était élargie comme un gouffre sans fond ni rives. Tandis que les dépenses augmentaient, les ressources régulières n'avaient cessé de diminuer, partie par l'impuissance croissante des populations, partie par les aliénations du revenu, qui subvenaient au présent en dévorant l'avenir. Il y avait eu pour 20 millions de revenu annuel aliéné à des conditions désastreuses[1] depuis 1648, dont 12 depuis 1656 seulement, et plus de 4 1/2 dans la seule année 1659, sans compter les augmentations de gages vendues aux officiers de justice et de finances, et sans les *affaires extraordinaires*, qui étaient immenses, l'abîme dans l'abîme ! La dépense courante de l'épargne, de 33 millions 1/2, où elle était en 1639, était montée à 60 millions ; le produit net des impôts, en 1661, était tombé au-dessous de 32 millions[2], les aliénations et les charges du trésor dépassant 52 millions, outre une dette flottante de 70 millions en billets.

A force d'avoir vécu d'anticipations, il allait devenir impossible de continuer à anticiper : les services publics étant sur le point de s'arrêter court, Fouquet annonça l'intention de réduire les rentes, retrancha provisoirement un quartier de celles de l'Hôtel de Ville et fit ordonner le versement au trésor du tiers des revenus aliénés depuis six ans, malgré les conditions d'aliénation, jusqu'à ce que le rachat en eût été opéré (avril 1661)[3].

Ce rachat, il n'y fût jamais parvenu, pas plus qu'à aucune autre réforme sérieuse : le retranchement du tiers des revenus aliénés ne fut pas même effectué. Il faut jeter un coup d'œil dans l'intérieur de l'administration des finances, pour comprendre l'étrange

---

1. Le premier coupable du discrédit qui rendait les conditions si mauvaises n'était ni Mazarin ni Fouquet, mais, comme on l'a vu, le parlement de Paris, qui avait obligé le gouvernement de faire banqueroute en 1648.

2. Ou, pour mieux dire, de 23 ; car il y avait encore 9 millions, sur ces 32, à payer aux traitants pour les intérêts de leurs avances.

3. Ce retranchement du tiers réduisait le revenu aliéné à 16 millions. *V.* le tableau donné par M. F. Joubleau, t. I, p. 8-10.

situation de Fouquet. Selon les règles et les usages, « un surintendant n'était point un comptable, mais un ordonnateur. Il ne recevait aucun fonds, ne dépensait aucune somme ; mais il ordonnançait toutes les recettes et toutes les dépenses. Il n'était point justiciable des cours souveraines (chambre des comptes), instituées pour examiner, juger et arrêter les comptes de tous les comptables publics ; il ne devait justifier de sa gestion qu'au roi [1]. » Ces règles, Fouquet les avait bouleversées par la connivence de Mazarin et par l'entraînement des circonstances. Mazarin avait traité Fouquet, non point en ordonnateur, mais en courtier chargé de trouver de l'argent à tout prix. La banqueroute de 1648 ayant anéanti le crédit public, personne ne voulait prêter à l'état : les traitants prêtèrent à Fouquet sur sa garantie et sur celle de ses amis, et dans l'espoir des immenses bénéfices qu'il leur fit voir et toucher. Il leur donna d'abord des intérêts de 12 à 18 pour 100, dont l'excédant usuraire était payé par ordonnance de comptant, suivant la coutume [2] ; puis il leur livra en garantie les principales branches du revenu public, partageant avec eux, les associant à son administration et leur laissant envahir les fermes générales à des conditions ruineuses pour le trésor; en sorte qu'ils devenaient, à son exemple, prêteurs en leur propre nom et emprunteurs au nom de l'état, traitant avec eux-mêmes et se payant de leurs propres mains. Ce n'était point encore assez : les financiers trouvèrent moyen de soustraire à l'état la plus forte partie de ces prêts déjà payés si chers. Ils stipulèrent, comme condition de leurs prêts, que le trésor rembourserait immédiatement les billets de l'épargne qui se trouveraient entre leurs mains. Ces billets étaient des mandats sur tel ou tel fonds spécial, délivrés par le trésorier de l'épargne (payeur général), d'après l'ordre du surintendant, aux créanciers de l'état qu'on ne pouvait

---

1. Walckenaër, *Mémoires sur madame de Sévigné*, t. II, p. 212. La grande affaire de Fouquet, si obscure, si mal comprise par la plupart des historiens, a été supérieurement expliquée par M. le baron Walckenaër. Son exposé du mécanisme des finances à cette époque (*ibid.*, p. 210-225) est un chef-d'œuvre de clarté et de sagacité.— Sous le titre modeste de *Mémoires sur madame de Sévigné*, M. Walckenaër nous a donné une excellente histoire de la société française au xviie siècle.

2. Parce que la chambre des comptes n'admettait que l'intérêt légal. Il y eut de cet excédant 18,700,000 livres pour la seule année 1658. *V. Œuvres* de Fouquet, t. V, p. 98; édit. de 1696.

payer comptant. La masse en était énorme et la valeur réelle très-inégale, suivant la nature des fonds sur lesquels ils étaient assignés, tel de ces fonds étant moins grevé, tel autre ruiné ou consommé par anticipation pour longtemps. Le surintendant agissait à cet égard avec plein arbitraire, donnant à ses amis et à ses associés les bons billets, aux autres créanciers les mauvais, qui se réassignaient d'une année sur l'autre et même finissaient par ne plus se réassigner du tout. Il y en avait surtout une multitude qui remontaient jusqu'à la banqueroute de 1648 et qui étaient entièrement discrédités. Les financiers surent bien les remettre en valeur : ils stipulèrent, ainsi qu'on l'a dit, comme condition des emprunts, que les billets de l'épargne qu'ils présenteraient seraient sur-le-champ réassignés par ordonnances de comptant : ils rachetèrent en masse les vieux billets à 10 pour 100 et au-dessous, et se les firent rembourser au pair, reprenant ainsi d'une main l'argent qu'ils avaient prêté à l'état de l'autre.

Ces abominables malversations ne rencontraient aucune sorte d'obstacle : elles échappaient absolument à la chambre des comptes, cette chambre ne connaissant les ordonnances ou acquits au comptant que par les registres du trésorier de l'épargne, qui en énonçaient seulement la date et le fonds d'assignation, non l'objet ni le motif. A la vérité, le gouvernement royal avait prescrit la tenue d'un registre secret sur lequel devaient être précisément consignés, jour par jour, ces mêmes motifs, ces mêmes origines des ordonnances de comptant, que l'on soustrayait à la vérification de la chambre des comptes; mais ce registre, destiné à contrôler la surintendance, et tenu par une personne indépendante du surintendant, Fouquet l'avait annulé en se faisant, d'ordonnateur qu'il était, receveur et payeur universel, et en confondant sa comptabilité particulière avec celle de l'état, par suite de la position intermédiaire qu'il avait prise, de l'aveu de Mazarin, entre l'état et les prêteurs. « L'épargne se faisant chez lui », c'est-à-dire, tout l'argent passant par sa caisse, les trésoriers de l'épargne, d'ailleurs ses parents ou ses amis [1], n'étaient plus que ses teneurs de livres et tenaient leurs écritures, d'accord avec

---

1. Il n'aurait dû y avoir qu'un trésorier de l'épargne : il y en avait trois exerçant chacun de trois années l'une.

lui, de manière à rendre toute vérification impossible. Le registre secret des fonds était tombé en pleine désuétude. Le trafic des billets de l'épargne dépassa même les énormes scandales dont on a parlé plus haut : on ne pouvait les réassigner d'un exercice annuel sur l'autre qu'en les déguisant sous des suppositions de dépenses et de recettes imaginaires : ces fictions ne servirent plus seulement à masquer les intérêts usuraires ou les anticipations ; elles aboutirent à faire payer par l'état aux traitants des créances purement fictives. Le désordre était devenu tellement inextricable que Fouquet lui-même ne savait plus ce qu'il devait, ni ce qu'on lui devait, à plusieurs millions près, et se perdait dans l'océan des ordonnances de comptant : il y en avait eu pour 320 millions en quatre ans[1]...

Pendant que Fouquet enfonçait l'État toujours plus avant dans la ruine, il y avait quelque part un regard indigné qui suivait tous ses mouvements et qui pénétrait après lui dans les antres les plus ténébreux des finances ; il y avait une puissante intelligence qui tendait vers sa perte tous les ressorts d'une volonté de fer et qui méditait en silence de réparer, non pas seulement les maux qu'il avaient causés ou aggravés, mais tous les maux qu'avaient infligés à la France cinquante ans de désordres financiers. Louis XIV voyait le mal : Colbert préparait les moyens de le guérir.

Le futur organisateur de la France, l'homme qui devait réaliser à l'intérieur du royaume la pensée que Richelieu avait fait triompher au dehors, Jean-Baptiste Colbert, était parti d'une bien modeste origine. Des trois grands ministres du XVIIe siècle, le premier, Sulli, avait appartenu à la haute noblesse ; le second, Richelieu, à la moyenne ; le troisième, Colbert, sortait des comptoirs de la bourgeoisie. Il était né à Reims, le 22 août 1619, d'une famille de commerçants[2]. Il ne reçut que l'instruction élé-

---

1. *Œuvres* de Louis XIV, t. I, *Mémoires et Instructions*, p. 109-110. — Colbert, *Mémoires sur les affaires de finances de France pour servir à l'histoire*; publiés intégralement pour la première fois par M. F. Joubleau; *Études sur Colbert*, t. II, p. 266-342. C'est une pièce capitale. — *Œuvres* de Fouquet, t. V, p. 105, 310, 389. — *Mém. de Gourville*, p. 524. — Forbonnais, *Recherches sur les finances*, t. I, p. 268. — Pellisson, *Discours pour Fouquet*. — Walckenaër, *loc. cit.* — P. Clément, *Histoire de Colbert*, précédée d'une étude sur Fouquet.

2. Les *Mémoires sur les Troyens célèbres*, de Grosley, renferment des documents inté-

mentaire que l'on donnait aux fils de marchands¹, et fut envoyé, dans sa première jeunesse, à Paris et à Lyon pour y apprendre le commerce : il quitta bientôt cette profession, qui laissa dans son esprit, mûr avant l'âge, un riche dépôt d'observations et de souvenirs. Il revint à Paris, passa de l'étude d'un notaire dans celle d'un procureur, puis entra en qualité de commis chez un trésorier des parties casuelles², pratiquant ainsi tour à tour les commerçants, les gens de loi, les financiers et commençant ses expériences à partir du bas de l'échelle, condition si favorable pour bien connaître l'état réel de la société. Présenté enfin à Le Tellier, allié de sa famille, il fut fort goûté de ce ministre, fait pour apprécier les hommes d'ordre et de labeur, et fut introduit par Le Tellier auprès de Mazarin. Dès 1649, Le Tellier le fit nommer conseiller d'état, ce qui l'aida à faire, vers 1650, un riche mariage. Il y eut pourtant d'abord peu de sympathie entre lui et Mazarin, et dans une lettre à Le Tellier, de juin 1650, Colbert s'exprime très-rudement sur le compte du cardinal, pour qui il n'a, dit-il, « aucune estime »³. Ces deux hommes présentaient, en effet, une singulière opposition de natures. Quel contraste entre le type de Mazarin, élégant sans noblesse, doux sans bonté, marqué surtout du cachet de la ruse et de la subtilité, et les traits vigoureux, austères et durs, les manières populaires et un peu âpres de Colbert, qui, né, pour ainsi dire, homme fait, sans

ressants à ce sujet. Le grand-oncle de Colbert, Odart Colbert, riche négociant de Troyes, faisait en France et en Italie un vaste commerce de draperies, d'étamines, de toiles, de soies et même de vins et de blés. Le grand-père, puis la grand'mère et le père de Colbert, moins favorisés de la fortune que leur frère et oncle de Troyes, furent associés en partie à ses opérations. Plus tard, cette famille, suivant la coutume des bourgeois qui achetaient des fiefs et qui abandonnaient la marchandise pour les offices, afficha des prétentions à la noblesse, fondées sur ce que deux des ancêtres, un siècle auparavant, auraient pris la qualité d'écuyer. Quant à la prétendue descendance d'un chevalier écossais établi à Reims dès le xiv° siècle, on ne voit pas qu'elle ait été revendiquée avant le ministère de Colbert, qui, du reste, faisait bon marché, en particulier, de toutes ces vanités. — *V.* les *Œuvres* inédites de P.-J. Grosley, de Troyes, t. I, art. Colbert, et P. Clément, *Histoire de Colbert*, p. 75-78 ; et Pièces justificatives, p. 454-559.

1. Il apprit le latin à cinquante ans, étant ministre ; il employait à cette étude le temps de ses courses en voiture et menait un professeur dans son carrosse.

2. Trésorier des droits payés au roi pour obtenir un office dévolu ou resté au fisc, pour acquérir une maîtrise ou pour être admis à exercer une profession quelconque.

3. *Bulletin de la Société de l'Histoire de France*, t. II, p. 214 ; 1835.

enfance et sans jeunesse, n'avait jamais eu le temps d'apprendre les élégances de la vie, pas plus qu'il n'en avait connu les plaisirs! Il suffit de comparer l'œil spirituel, caressant et sceptique du prélat italien avec le fier regard qui jaillit de dessous les épais et noirs sourcils du bourgeois de Reims. Colbert, lui, était de la race du lion, et non de celle du renard. Toutefois, ce regard interrogateur, qui, lorsque l'on contemple le beau portrait gravé par Nanteuil [1], semble vouloir scruter votre pensée jusqu'au fond de vos entrailles, n'intimide qu'au premier abord; on y sent bientôt, au lieu de la douceur extérieure de Mazarin, qui provient de l'indifférence et de la facilité des mœurs, une bonté intime et sérieuse, émanée des profondeurs de l'âme!

Mazarin et Colbert ne différaient pas moins par l'intelligence que par le caractère : l'esprit du cardinal était aisé, souple et brillant; la compréhension de Colbert était un peu lente et ne saisissait qu'avec effort, mais saisissait invinciblement tout ce qu'elle étreignait; la nature lui faisait acheter chaque progrès au prix d'une lutte opiniâtre, mais elle l'avait dédommagé en lui accordant l'instrument d'une victoire toujours certaine : c'était une puissance d'attention et de volonté qui n'apparut au même degré que chez un seul homme de ce temps, chez Louis XIV; c'était une persévérance à creuser un rocher goutte à goutte.

Les dispositions mutuelles de Colbert et de Mazarin changèrent. Colbert, sans cesser d'avoir dans l'âme un idéal de l'homme d'état bien différent de Mazarin, apprécia les rares talents du cardinal et le besoin que la France avait de lui : Mazarin, de son côté, estimait chez les autres les vertus qu'il n'avait pas, quand elles pouvaient le servir; il donna peu à peu toute sa confiance au protégé de Le Tellier. Après avoir éprouvé la droiture et le grand sens de Colbert, durant l'époque critique de 1651 et 1652, il le prit pour intendant, le chargea de diriger toutes ses affaires privées et l'employa dans beaucoup d'affaires publiques. La probité de Colbert, comme autrefois celle de Sulli, n'impliquait pas le mépris des richesses, qui ont leur valeur, du moins comme moyen d'action, aux yeux du politique. L'intendant de Mazarin profita de sa posi-

---

1. Nanteuil a évidemment un peu trop adouci le rude type de Colbert; Girardon aussi, dans le buste qui est à Versailles.

tion, honorablement d'ailleurs, pour lui et sa famille. Il témoigna désormais à son patron un entier dévouement et se résigna à vivre parmi des désordres qu'il ne pouvait empêcher et dont le contact ne pouvait être sans quelque souillure, mais dont il témoignait quelquefois assez librement son chagrin [1]. Toutefois, s'il subissait les déprédations de Mazarin comme un mal inévitable, il ne pouvait se résigner de même à celles de Fouquet, qui, à son jugement, n'était pas, comme le cardinal, nécessaire à la France et qui tendait à transformer un mal passager en une lésion organique et incurable. Il avait suivi de l'œil Fouquet depuis son entrée aux affaires : il essaya d'abord d'agir sur lui amiablement, autant que le permettait l'inégalité de leur position; puis, le jugeant incorrigible, il commença de lui faire la guerre auprès du cardinal.

L'embarras de Mazarin était grand : le cardinal sentait qu'on ruinait l'état et eût bien souhaité d'arrêter le fléau, mais ne savait comment frapper son complice sans s'exposer à de honteuses récriminations et ne voulait pas renoncer à ses propres habitudes. Au moment de la mort de Servien, collègue titulaire de Fouquet dans la surintendance, Mazarin hésita beaucoup; puis, au lieu d'imposer à Fouquet un surveillant dans la personne d'un nouveau collègue, il lui fit accorder par le roi la pleine et entière possession de la surintendance (21 février 1659) et ajourna toute réforme à la paix. Les désordres, cependant, furent plus grands cette année-là qu'ils n'avaient jamais été : le 1er octobre 1659, comme les négociations avec l'Espagne s'achevaient à Saint-Jean-de-Luz, Colbert se décida à expédier de Paris au cardinal un mémoire sur le rétablissement des finances : il y proposait à la fois de châtier le passé et d'organiser l'avenir; il voulait qu'on instituât une chambre de justice, composée de membres de tous les parlements, afin de poursuivre les traitants et de leur faire restituer leurs gains illicites, et il développait un plan de réforme simple, substantiel et lumineux [2]. Cette pièce devait être pour

1. *V.* la lettre de Colbert à Mazarin, du 8 juin 1657, sur les spéculations du cardinal dans les fournitures, citée par M. P. Clément, *Histoire de Colbert*, p. 91.

2. Ce fut au retour d'une mission diplomatique en Italie que Colbert fit cette démarche : Mazarin l'avait chargé d'engager le pape et les princes italiens à secourir Venise contre le Turc. Colbert ne réussit qu'à Turin.

Colbert ce qu'avait été pour Richelieu le fameux discours aux État-Généraux de 1614, le programme du futur ministre.

Fouquet, déjà en défiance des intentions du cardinal, avait partout des agents aux aguets; le général des postes, qui lui était vendu, intercepta la dépêche et la lui communiqua avant de la laisser parvenir à destination. Fouquet, effrayé, consulta un homme d'intrigue, Gourville, dont nous avons de bien curieux mémoires : Gourville intervint très-habilement auprès de Mazarin et, à l'occasion des bruits qui, disait-il, se répandaient sur la disgrâce prochaine de Fouquet, il représenta au cardinal qu'abattre le surintendant et poursuivre les gens d'affaires, au moment où l'on allait avoir besoin de beaucoup d'argent comptant pour le mariage du roi, c'était provoquer une crise financière qui fermerait toutes les bourses[1]. Mazarin, après avoir un instant incliné à la réforme, se rendit aux observations de Gourville et voulut même réconcilier Colbert avec Fouquet. Celui-ci, néanmoins, ne se rassura pas et, pensant que Mazarin n'avait qu'ajourné sa perte, il combina les projets de résistance les plus téméraires. Une foule de hauts personnages dans la cour, la robe et l'armée, lui devaient l'obtention ou le prix de leurs charges; il n'avait rien négligé pour entourer le roi, la reine mère et le premier ministre de ses créatures et de ses espions. Si tous les gens qui avaient reçu son argent lui eussent donné leur dévouement en échange, il eût eu, en effet, un parti formidable. Il s'imaginait pouvoir renouveler la Fronde : il comptait sur plusieurs gouverneurs de villes fortes; il avait acheté Belle-Isle, pour son propre compte, de la maison de Retz, et il fortifiait cette importante position maritime pour s'en faire une place de sûreté. L'année 1660 se passa ainsi. Mazarin mourut : Fouquet se crut sauvé.

C'était tout le contraire! Mazarin n'avait pas eu dessein de le perdre. Ce ministre, en mourant, bien qu'il eût révélé au roi les principaux abus, avait conseillé à Louis XIV, comme on l'a déjà dit plus haut, d'employer à la fois Fouquet et Colbert, en contrôlant le premier par le second. A l'un, pensait Mazarin, on pouvait conserver l'exécution; à l'autre, il est vrai, devait être toute la

---

1. *Mém.* de Gourville, p. 525 et suiv.

confiance. On assure que les dernières paroles de Mazarin à Louis auraient été : — « Sire, je vous dois tout ; mais je m'acquitte avec « Votre Majesté en lui donnant Colbert[1]. » C'est bien, en effet, par ce legs magnifique que le successeur de Richelieu, transmettant si dignement l'héritage qu'il avait lui-même reçu du grand Armand, a couronné ses services et mérité le pardon de ses méfaits devant la postérité.

Malgré des préventions trop bien fondées[2], le roi voulut d'abord suivre l'avis du cardinal : il ne se contenta même pas de laisser à Fouquet la surintendance ; il l'appela, comme on l'a vu, au conseil secret où n'entrèrent que trois des ministres. Seulement, il défendit « qu'il se fît rien aux finances sans être enregistré dans un livre qui lui devoit demeurer ». C'était l'ancien *registre des fonds* que Louis rétablissait : il le confia à Colbert, qu'il chargea en outre de faire de ce registre un extrait fort abrégé, où il pût « voir à tout moment, d'un coup d'œil, l'état des fonds et des dépenses faites ou à faire[3] ». Colbert, gratifié d'une charge d'intendant des finances, entra, en cette qualité, dans le conseil des finances, jusque-là purement nominal et à la discrétion de Fouquet[4]. Le roi déclara au surintendant qu'il voulait connaître les finances et le conjura de ne lui rien cacher à cet égard, l'assurant « que le passé étoit passé et oublié », pourvu qu'on fût sincère à l'avenir. Fouquet avoua quelques-uns des désordres passés, protesta de sa sincérité et, dès le lendemain, commença de présenter au roi des états où les dépenses étaient grossies et les recettes diminuées. Il se figurait que personne ne serait capable de contrôler ses assertions, ni de voir clair dans le chaos qu'il avait fait autour de lui. Il avait compté sans le génie et sans la science de Colbert. Colbert, chaque soir, renversait les chiffres que Fouquet avait échafaudés le matin et démontrait au roi les mensonges du

1. *Mém.* de Choisi, p. 579.
2. Une scène scandaleuse, qui s'était passée dans l'antichambre de Mazarin, six semaines avant la mort de ce ministre, avait dû revenir aux oreilles du roi et ajouter à l'effet des révélations du cardinal. Le surintendant et l'abbé, son frère, s'étant pris *de querelle*, l'abbé avait traité le surintendant de *voleur*, et lui avait reproché publiquement les onéreuses dépenses de ses bâtiments, de sa table, de son jeu, de ses maîtresses. — Gui Patin, *Lettres*, t. II, p. 195. — *Mém.* de Choisi, p. 580.
3. *Œuvres* de Louis XIV, t. I, *Mém. et Instr.*, p. 24-26.
4. *Mém.* de Choisi, p. 578.

surintendant. Les plus éclairés des affidés de Fouquet, surtout Pellisson, brillant littérateur, dont il avait fait son premier commis, et Gourville, aventurier spirituel et sans scrupule dont il avait aidé la fortune, lui signalèrent le péril, lui remontrèrent que les temps étaient changés, qu'il fallait s'arrêter à tout prix. Mais comment s'arrêter? renoncer à cette existence de sultan[1], cesser de tenir la cour et la ville à ses gages, se retourner contre ces partisans, ces gens d'affaires, qui étaient à la fois ses amis et ses complices, qui n'avaient rien fait que de son aveu et à son profit comme au leur? Fouquet ne le voulut ni ne le put. Il s'étourdit lui-même et s'opiniâtra dans l'idée que le roi se rebuterait de ces occupations arides; que le champ finirait par lui rester libre.

Le roi avait déjà décidé sa perte! Louis, suivant son propre témoignage, ne pensa d'abord qu'à destituer le surintendant; mais il réfléchit bientôt qu'un homme aussi ambitieux, aussi présomptueux, aussi hardi, armé de tant de moyens de nuire, n'accepterait pas tranquillement la disgrâce, abuserait des secrets de l'état pour se venger et s'efforcerait de fomenter des troubles, d'entraver, par tous les moyens, la marche du gouvernement. Le souvenir de la Fronde préoccupait vivement Louis XIV. Colbert et Le Tellier, ennemi personnel du surintendant, ne contribuèrent pas à disposer le roi à l'indulgence. Le troisième des ministres dirigeants, Lionne, lié avec Fouquet par la conformité des goûts et par des intérêts d'argent, ne fut point admis dans la confidence des projets du roi. L'arrestation et le procès de Fouquet furent résolus en mai 1661[2].

On ne pouvait, toutefois, réaliser immédiatement ce dessein sans s'exposer aux plus graves embarras. Avant d'entamer une révolution financière, il était nécessaire que les besoins les plus urgents fussent assurés par des rentrées de fonds que Fouquet

---

1. C'est à Fouquet que fait allusion ce vers de Boileau si connu :
    Jamais surintendant ne trouva de cruelles.
            Satire VII.
Les dames du plus haut parage venaient secrètement « lui tenir compagnie, au poids de l'or, » dans sa voluptueuse retraite de Saint-Mandé. *Mém.* de Choisi, p. 573.

2. Colbert, *Mémoires sur les finances*, ap. F. Joubleau, t. II, p. 293. — *OEuvres de Louis XIV*, t. Ier, *mém et Instruct.*, p. 102. — *Mém.* de Choisi, p. 580.

seul était à même de procurer [1] : de plus, le procès de Fouquet entraînant la rupture de tous les baux et traités conclus par ce ministre, il fallait qu'on pût réaffermer sur-le-champ les revenus publics, et l'été était la saison la plus avantageuse pour ces sortes d'affaires. La catastrophe fut donc ajournée au mois de septembre.

Louis XIV s'imposa, quatre mois durant, une contrainte qu'il sut déguiser avec une merveilleuse habileté, si pénible qu'elle fût à son impérieuse nature. Il avait au plus haut degré l'art de dissimuler sans mentir : art de roi, qui n'est guère praticable que pour l'homme qui interroge et qu'on n'interroge pas. Le mensonge était incompatible avec son orgueilleuse dignité et avec le respect qu'il avait de lui-même. Le secret, enfermé entre quatre ou cinq personnes, fut bien gardé. Louis, quoiqu'il ne consultât point sa mère sur les affaires courantes, n'avait pas cru devoir prendre un si grand parti sans l'en avertir [2].

Les précautions furent prises de loin pour désarmer Fouquet. Sa charge de procureur général lui assurait le privilége de ne pouvoir être jugé que par le parlement, toutes les chambres assemblées : le roi ne se fiait point, et pour cause, à la justice du parlement; Fouquet fut amené adroitement à vendre sa charge. On lui fit, dit-on, dépouiller sa robe dans l'espoir du cordon bleu, que le roi ne voulait plus donner aux gens de justice. Il comptait, d'ailleurs, devenir chancelier à la mort du vieux Séguier. Sur les 1,400,000 francs du prix de sa charge, il offrit un million en pur don au roi, qui lui avait témoigné le désir d'avoir de l'argent comptant. Il prépara ainsi les instruments de sa propre ruine. On craignait qu'au moment de son arrestation, ses amis n'essayassent de se cantonner dans Belle-Isle et d'agiter la Bre-

---

1. Fouquet assure que, de mars à septembre 1661, il emprunta, *sur ses billets*, 20 millions pour le roi. — *Œuvres* de M. Fouquet, t. V, p. 96.

2. Anne d'Autriche était assez favorable à Fouquet, bien qu'elle le réputât *grand voleur*, comme dit madame de Motteville; mais la vieille duchesse de Chevreuse s'employa pour faire approuver à la reine mère la perte du surintendant. Madame de Chevreuse termina ainsi sa carrière politique en intriguant pour la bonne cause : c'était peut-être la première fois de sa vie que cela lui arrivait, et il est juste d'ajouter que l'intérêt public n'était pour rien dans sa détermination. V. *Mém.* de madame de Motteville, p. 515 et suiv. — *Id.* de madame La Fayette, ap. Collect. Michaud, 3e série, t. VIII, p. 185.

tagne et la Normandie, où couvaient de vieux mécontentements : on arrangea pour le mois de septembre, un voyage de Bretagne, sous prétexte de tenir les États Provinciaux à Nantes et d'obtenir un plus fort don gratuit des Bretons par la présence du roi : le roi devait par là se trouver à portée de contenir l'Ouest.

La folle confiance de Fouquet semblait croître à mesure que tout s'unissait pour rendre sa perte plus certaine. La passion était d'accord contre lui avec la raison d'état. Il avait froissé le roi, non pas seulement dans sa dignité en tâchant de se jouer de lui, mais dans ses affections les plus intimes et les plus chères. Louis était alors dans la première ardeur d'un amour secret pour mademoiselle de La Vallière : Fouquet s'avisa de tenter auprès de cette jeune personne les séductions *dorées* qui lui avaient tant de fois réussi. Repoussé avec dédain, il devina à quel rival il avait affaire et, au lieu de se retirer en silence, il voulut devenir le confident de celle dont il n'avait pu être l'amant : il prétendait se faire de la *maîtresse du roi* une alliée et un instrument politique. Mademoiselle de La Vallière était l'amante de Louis et non la *maîtresse du roi* : les insinuations du surintendant lui parurent un nouvel outrage, et Louis fut exaspéré de voir Fouquet fouiller insolemment jusque dans les mystères de son cœur.

Ce fut sur ces entrefaites qu'eut lieu la fête de Vaux, si célèbre dans les souvenirs du xviie siècle. Le roi l'avait provoquée, ou pour endormir plus complétement le surintendant, ou pour juger, par ses propres yeux, des magnificences prodiguées par Fouquet dans ce palais de fée [1]. Fouquet y avait dépensé environ 9 millions (près de 18 d'aujourd'hui et peut-être 45 en valeur relative) en bâtiments, en décorations, en objets d'art, en plantations, en terrassements, en canaux, en jets d'eau [2] : trois

---

1. Vaux-le-Vicomte, la principale des maisons de Fouquet, est à une lieue de Melun. C'est aujourd'hui Vaux-le-Praslin.
2. Voltaire dit à tort 18 millions. *Siècle de Louis XIV*, t. II, p. 192. — Les plombs des conduits et des pièces d'eau furent vendus à eux seuls 490,000 livres, vers 1760, par le duc de Villars, qui fit dépecer et vendre à la livre les beaux groupes de statues de plomb qui formaient les jets d'eau. — Une particularité caractéristique, que nous tenons d'un des architectes chargés de la restauration du château, est la mauvaise qualité des matériaux de construction. Sous un mince revêtement de pierres de taille, on trouve de mauvais matériaux mal cimentés. Cela peint bien le désordre de Fouquet ; comme il volait, il était volé.

villages avaient été achetés et détruits pour agrandir le parc. Vaux dépassait en splendeur Saint-Germain, Fontainebleau et toutes les maisons royales. Lebrun, déjà fameux, était en train de peindre les salles et les plafonds ; Puget était parti pour aller en Italie charger trois vaisseaux des marbres destinés à orner le château et les jardins ; Lenostre, ce grand artiste, par qui les *jardins à la française* sont devenus des monuments aussi imposants que les palais qu'ils environnent, avait commencé sa renommée en dessinant les bosquets et les parterres de Vaux. La fête donnée par Fouquet au roi sous ces beaux ombrages, parmi toutes ces eaux jaillissantes, pleine de surprises et de machines ingénieuses combinées par Lebrun et par l'ingénieur italien Torelli, eut pour intermède une comédie-ballet de Molière, *les Fâcheux*, avec un prologue de Pellisson [1].

La comédie était au dehors, le drame au dedans. Le roi en parcourant les somptueux appartements de Vaux, s'était heurté à chaque pas contre la téméraire devise de Fouquet. C'était un écureuil avec cette légende : *Quò non ascendet* (Où ne montera-t-il pas) [2] ? On dit que, dans un cabinet, Louis aperçut quelque chose de plus irritant encore, le portrait de mademoiselle de La Vallière. La colère royale débordait : Louis eut un instant la pensée de faire arrêter Fouquet au milieu de la fête [3] ; la reine mère l'en dissuada et il partit sans avoir rien laissé paraître (17 août).

Fouquet, néanmoins, avait eu vent du péril qui le menaçait : son infatuation se dissipait. Il essaya de revenir sur ses pas : il fit au roi des demi-aveux, implora son pardon, jura de se réformer. Louis l'écouta d'une façon si bienveillante, qu'il crut le danger

---

1. On avait déjà joué à Vaux l'*École des Maris* deux mois auparavant, dans une fête donnée au frère du roi. — V. la lettre de La Fontaine à Maucroix ; ap. La Fontaine, édition Walckenaër, t. VI, p. 473. — Le *Songe de Vaux*, ibid., t. V, p. 351.

2. On voit partout encore à Vaux l'écureuil, au-dessous duquel rampe une couleuvre, armes *parlantes* de Colbert (*coluber*). — Dans la salle des gardes, l'écureuil grimpe au-dessus du royal *Soleil* lui-même. — Cette salle immense devait être peinte tout entière par Lebrun, qui avait projeté une composition embrassant plus de 600 figures : il voulait évidemment lutter avec la salle de bal peinte par Primatice à Fontainebleau. Les cartons ont été retrouvés et rachetés en Allemagne par les propriétaires actuels, M. et madame de Praslin. (Écrit en 1846, peu avant l'effroyable catastrophe de cette famille.)

3. L'abbé de Choisi (p. 586) prétend que Louis était venu avec cette intention.

passé. Fouquet se trompait : sa confession incomplète n'avait pas touché le roi; il était trop tard.

Louis XIV partit pour la Bretagne dans les derniers jours d'août. Fouquet, bien que souffrant de la fièvre tierce, suivit le roi. Des doutes terribles ébranlaient par moments sa confiance accoutumée. Toute la cour était agitée par une grande attente : la lutte de Fouquet et de Colbert n'était plus un secret pour personne. Le roi arriva le 1ᵉʳ septembre à Nantes. Fouquet, frappé des présages menaçants qui s'amoncelaient sur sa tête, prit enfin l'épouvante, songea à s'enfuir à Belle-Isle et perdit deux ou trois jours en hésitations. Le 5 septembre, comme il sortait du château de Nantes, après le conseil, il fut arrêté par un lieutenant des mousquetaires. Le roi, qui se savait environné des créatures du surintendant, n'avait point osé se fier au capitaine des gardes du corps et avait mis un grand mystère dans ses préparatifs. Fouquet fut conduit au château d'Angers, parmi les imprécations du peuple. Son principal commis, Pellisson, deux des trois trésoriers de l'épargne et plusieurs intendants des finances, ses collaborateurs et ses complices, furent arrêtés après lui : le roi envoya mettre le scellé dans ses maisons. Rien ne remua, ni à Belle-Isle ni ailleurs ; la cour et la finance étaient dans la stupeur : tant de gens se sentaient compromis! Le ministre Lionne se crut perdu : ses besoins et ses passions l'avaient entraîné à recevoir de Fouquet des services d'argent. Louis XIV se hâta de le rassurer : le jeune roi n'avait garde de se priver des services de ce grand politique [1].

Louis retourna sur-le-champ de Nantes à Fontainebleau et, le 15 septembre, parut une ordonnance royale qui changeait de fond en comble l'administration des finances. Le roi supprimait la commission de surintendant et annonçait qu'il prenait en personne le gouvernement de ses finances, en appelant près de lui un conseil composé de personnes probes et capables, par l'avis duquel il agirait dans toutes les affaires qui étaient auparavant

---

1. *Mém* de Choisi, p. 587-590. — Conrart, dans une lettre publiée à la suite de ses Mémoires, p. 256, par M. Monmerqué, dit qu'on trouva dans les papiers de Fouquet une note où il traitait Lionne d'homme « sans cœur, d'esprit fort médiocre, propre à rien, et à qui on fera faire toutes choses pour 100 pistoles. » Un tel jugement porté sur un des premiers diplomates qu'ait eus la France, donne la mesure de la légèreté et du peu de bon sens de Fouquet.

résolues et exécutées par le surintendant seul. — Le conseil royal sera composé d'un chef et de trois conseillers, dont l'un sera intendant des finances. — Le roi se réserve à lui seul la signature de toutes les ordonnances de comptant. — L'intendant des finances qui aura l'honneur d'être du conseil royal aura l'épargne dans son département et tiendra le registre de toute la recette et dépense, dont il ne donnera communication à personne, sans ordre exprès de Sa Majesté. Toutes les ordonnances seront remises entre ses mains pour être rapportées à Sa Majesté, enregistrées et paraphées par lui, et ensuite expédiées par les trésoriers de l'épargne [1]. Ledit intendant fera rendre tous les comptes des fermes, recettes générales, domaines, affaires extraordinaires et recettes de toute nature, pour en être par lui fait rapport au conseil royal et être lesdits comptes arrêtés et signés par Sa Majesté [2] et ensuite par ceux du conseil.

L'ancien conseil ordinaire des finances est maintenu, mais tout à fait subalternisé. Tous les traités, baux et rôles de l'épargne, etc., sont attribués au conseil royal [3].

Le maréchal de Villeroi, nommé chef du conseil royal des finances, n'eut qu'une autorité nominale. Colbert, avec le simple titre d'intendant, eut la réalité du pouvoir, sous l'active surveillance du roi, qui entrait avec passion dans tous les détails du service, jusqu'à présider en personne à l'adjudication des fermes.

Les finances n'étaient pour Colbert qu'un point d'appui d'où il allait saisir toutes les branches de la puissance publique. Il était prêt sur tout et propre à tout. Ses longues méditations avaient embrassé toutes les parties du gouvernement, et il n'avait montré à Mazarin que la moindre portion de lui-même : durant dix années, il avait vécu d'une double existence, l'une extérieure, avec Mazarin, l'autre intérieure, avec la grande ombre de Richelieu, objet de son culte inviolable. Il s'était également pénétré de tout ce qu'avait fait son maître et de tout ce qui restait à faire en

---

1. Ces trésoriers furent bientôt supprimés et remplacés par un simple garde du trésor.
2. Ce ne fut pas seulement dans les finances, mais dans tous les départements que le roi se réserva ainsi la signature.
3. *Anciennes Lois françaises*, t. XVIII, p. 9.

suivant les mêmes principes[1] ; mais il sentait que la forme devait être différente. Richelieu a régné à la face du soleil : lui ne peut diriger qu'en paraissant obéir. Il lui faut ménager l'amour-propre d'un jeune roi jaloux de son autorité, avide d'action, avide de renommée, prétendant avoir l'initiative de toutes les entreprises, l'honneur de tous les succès. Il s'effacera donc, il prendra pour lui les soucis, les fatigues, les ressentiments des intérêts froissés, et laissera au roi les louanges et la reconnaissance du peuple, satisfait de voir ses inspirations réalisées, même au profit de la gloire d'autrui, et de rester dans le demi-jour, pourvu que, par lui, la France resplendisse de mille rayons.

La modestie prudemment calculée de Colbert ne se démentit pas[2] ; il se contenta des titres les plus simples possible, de ceux-là seulement qui étaient indispensables pour motiver son intervention dans les divers services de l'état : il ne s'intitula longtemps qu'intendant et conseiller au conseil royal des finances; le titre de contrôleur général, qui lui fut attribué par commission seulement en 1666, avait été partagé jusque-là entre deux officiers et n'avait nullement l'éclat qu'il eut depuis. En 1664, Colbert acheta la surintendance des bâtiments, afin d'avoir la haute main sur les beaux-arts et sur les plaisirs et les goûts du roi : cette charge avait été jusqu'alors de peu d'importance. Il entreprit ses immenses travaux maritimes, comme simple intendant ayant le département de la marine. Lionne y avait la signature, comme ministre d'état, et Colbert occupait dans la marine, vis-à-vis de Lionne, la même position que Lionne avait tenue, dans les affaires étrangères, vis-à-vis de Brienne. Ce fut seulement en 1669 que Colbert fut investi d'une charge de secrétaire d'état, ayant dans son département la marine, le commerce et les colonies, la maison du roi, Paris, les gouvernements de l'Ile-de-France et de l'Orléanais, les affaires du clergé, les haras, etc. Il menait toutes les

---

1. Quand on traitait au conseil de quelque affaire importante, Colbert ne manquait jamais d'en appeler à la mémoire de Richelieu. C'était devenu chez lui une sorte de formule, au point que Louis XIV en plaisantait. — « Voilà Colbert qui va nous dire: *Sire, ce grand cardinal de Richelieu*, etc. » V. *Mémoire sur la marine de France*, par M. de Valincourt, p. 41, en tête des *Mémoires* du marquis de Villette, publié par M. Monmerqué pour la Société de l'histoire de France.
2. V. *Mém.* de madame de Motteville, p. 525.

affaires de la France depuis huit ans, quand il devint l'égal, en rang officiel, d'obscurs ministres dont l'histoire a gardé à peine le nom.

Du jour de son entrée au conseil royal des finances, tous ses plans s'étaient déroulés dans un ordre majestueux et avec cette rigueur de méthode, cette harmonie et cette logique invincible qui marquent entre tous les siècles le siècle de Descartes, et qui ont laissé des monuments aussi glorieux dans le monde réel que dans le monde des idées.

Heureuse la France, heureuse l'humanité tout entière, si le brillant monarque qui avait compris et sanctionné ces plans et qui en recueillait la gloire eût suivi jusqu'à la fin le guide que la Providence lui avait donné!

On peut résumer en peu de lignes l'idée générale du système de Colbert : les grandes conceptions sont toujours simples.

Réduire les charges de l'état et accroître le revenu disponible par la révision de tous les titres des créanciers, par la réduction du nombre des offices et par la réforme de l'administration.

Alléger le fardeau des campagnes, en augmentant le nombre des contribuables par la suppression d'une foule de priviléges, en réformant les abus de la perception et en diminuant la taille et la gabelle, qui pèsent principalement sur les paysans.

Compenser, pour le trésor, cette diminution, en augmentant le produit des impôts indirects, qui atteignent toutes les classes et surtout les habitants des villes; obtenir cette augmentation, non par l'accroissement des droits, qu'il faut au contraire réduire, mais par une meilleure administration, par le progrès de la consommation et par le dégagement des revenus aliénés.

Diminuer l'importance des classes judiciaire et financière au profit des classes agricole, commerçante et industrielle; faire refluer vers les professions utiles les capitaux dévorés par la chicane et par l'achat des charges et offices; réprimer inflexiblement les violences de la petite noblesse et des agents du fisc contre le peuple des campagnes; assurer partout protection et sécurité aux personnes et aux biens.

Encourager la population agricole, non pas seulement par la diminution des impôts et la suppression des abus les plus criants, mais par un ensemble de mesures destinées à favoriser la multiplication du bétail, principe essentiel de toute bonne agriculture.

Régler, dans l'intérêt commun de l'agriculture et de la navigation, l'aménagement général des eaux et forêts; améliorer toutes les anciennes voies de communication et en créer de nouvelles par terre et par eau.

Constituer en France une puissante industrie manufacturière et un vaste commerce, ayant pour véhicule au loin et sur nos côtes une nombreuse marine marchande et pour protection une grande marine militaire, destinée, en outre, à peser dans les questions politiques à l'égal de l'armée de terre.

Enfin, développer à l'intérieur l'essor, au dehors l'influence du génie national, en prodiguant les encouragements aux arts, aux lettres, aux sciences; faire éclore tous les germes, provoquer toutes les activités morales, intellectuelles et matérielles de la France à un épanouissement universel.

Les écrivains qui ont représenté Colbert comme un homme spécial, favorisant certaines des forces nationales aux dépens des autres, sacrifiant, par exemple, l'agriculture à l'industrie, n'ont absolument rien compris au génie ni à l'œuvre de ce grand homme, aussi universel que son maître Richelieu. Colbert pensait qu'une grande nation, une société *complète*, doit être à la fois agricole, industrielle et navigatrice, et que la France a reçu de la nature, au plus éminent degré, les conditions nécessaires de cette triple fonction : toute sa vie fut employée à poursuivre la réalisation de cette pensée.

Il faut voir maintenant, dans les diverses parties de l'administration, l'application de ce plan magnifique[1], pendant les glorieuses années où régna véritablement la pensée de Colbert, c'est-à-dire, de 1661 à 1672 Plus tard, sa carrière, bien qu'encore signalée par des créations imposantes, ne fut plus qu'une douloureuse lutte. Si l'on veut se rendre compte clairement des principales opérations de Colbert, on doit renoncer à le suivre, d'année en année, à travers l'ensemble de ses travaux : l'infinie variété des objets qu'il embrasse ne jetterait qu'éblouissement

---

1. Ce qui concerne les lettres et les arts sera traité dans le livre suivant.

et confusion dans l'esprit du spectateur. Il faut se réduire à examiner successivement les principaux objets par ordre de matières.

La réforme de l'administration financière, de l'instrument essentiel du pouvoir, attire nécessairement les premiers regards. A peine le conseil royal des finances a-t-il remplacé la surintendance, qu'il inaugure son avénement par une série de mesures éclatantes et décisives. Les trois trésoriers de l'épargne, les deux directeurs des finances, les deux contrôleurs généraux sont supprimés, et tous les services, jusque-là indépendants les uns des autres, ressortissent au conseil royal et au contrôle général tenu par Colbert en commission; toutes les élections créées depuis 1630 sont supprimées, avec beaucoup d'autres offices de finances; le nombre des officiers est réduit dans les anciennes élections. Le roi repousse les offres immenses par lesquelles les officiers de finances s'efforcent de faire révoquer cette décision[1]. Le langage de Richelieu reparaît, avec ses idées, dans le préambule de cette ordonnance, où le conseil, au nom du roi, expose à grands traits les maux causés aux « professions utiles », aux peuples de la campagne et à l'état en général par la multiplication des offices. On sent que le gouvernement de la *raison* est revenu : la loi ne se contente plus d'ordonner; elle démontre et convainc avant de prescrire. Toutes les ordonnances du ministère de Colbert se reconnaissent à ce caractère[2].

Un édit encore plus important déclare *casuels* tous les offices comptables, c'est-à-dire qu'il les rend viagers, d'héréditaires qu'ils étaient comme les offices de judicature : ceux « dont on a le plus d'intérêt de connaître la valeur ou le mystère, » sont mis en simple commission, révocable à volonté. C'était la condition où Colbert eût voulu pouvoir les réduire tous. Les officiers comptables sont assujettis au cautionnement et à la résidence : les anciennes dispositions qui assuraient à l'état un privilége illimité sur les biens des comptables sont rétablies. Les comptables avaient

---

1. Ils offrirent jusqu'à 61 millions! Colbert, *Mém. sur les finances*, ap. F. Joubleau, t. II, p 330. Ce chiffre étonne; mais il est répété deux fois.
2. Forbonnais, *Recherches sur les finances*, t. I, p. 284. — Les offices supprimés furent remboursés sur le pied du prix réel payé par les acheteurs. On laissa aux officiers supprimés un quartier du revenu de leurs offices jusqu'au remboursement qui fut fourni en partie par une taxe sur les officiers conservés. *Ibid.*, p. 285.

cessé depuis longtemps de tenir des écritures en règle et de présenter les comptes-rendus périodiques que Sulli leur avait autrefois imposés : ils prétendaient n'avoir jamais d'argent et n'*avançaient* à l'état ses propres deniers que moyennant des remises qu'ils faisaient monter jusqu'à 5 sous pour livre, y compris les frais de recouvrement et de transport. Les remises pour recouvrement des tailles sont abaissées de 5 sous à 15 deniers ; on s'affranchit des prétendues avances et l'on assure la disponibilité immédiate du revenu, en faisant souscrire aux receveurs généraux des obligations à quinze mois, délai auquel on évalue le recouvrement des tailles annuelles ; ces obligations se négocient à un taux modéré[1]. Chaque dépense, comme au temps de Sulli, est assignée sur un fonds spécial de recette. On reprend, pour les fermes, le système des adjudications publiques. La comptabilité des receveurs généraux et des fermiers et la comptabilité centrale sont réorganisées par un mécanisme aussi simple que savant[2]. Cinq commis suffisent au bureau du contrôle général, qui surveille tous les mouvements de cette immense machine des finances de France !

Les ordonnances de comptant « établies », dit un édit de 1669, « pour les dépenses secrètes de l'état, pour les prêts et affaires extraordinaires tolérés, et pour suppléer, dans les besoins pressants, aux revenus ordinaires », étaient trop de l'essence du gouvernement absolu, pour que Louis XIV ne s'en réservât pas la libre émission : Colbert les régularisa du moins autant que possible, et le roi consentit à les réduire à un chiffre modéré, comparativement au passé[3].

Parallèlement aux mesures qui règlent l'avenir, marche la réaction contre le passé, réaction rigoureuse, mais nécessaire.

---

1. « Expédient très-licite, très-naturel, abandonné plus tard, mais auquel le premier consul s'empressa de revenir en 1801. » P. Clément, *Histoire de Colbert*, p. 125. — Cet expédient, très-utile à une époque de transition, mais qui aurait des inconvénients dans l'état normal, a été remplacé, depuis 1814, par un système de compte courant à dix jours.

2. Bailli, *Histoire financière de la France*, t. I, p. 421. Nous regrettons de ne pouvoir citer l'exposition de ce mécanisme savamment faite par M. Bailli.

3. Ces ordonnances devaient être brûlées chaque année en présence du roi ; mais on négligea souvent cette précaution. *V.* les pièces citées par M. Clément, *Histoire de Colbert*, p. 128-130.

Toutes les réformes administratives n'eussent pas tiré la France de l'abîme si l'on n'eût comblé le gouffre des finances aux dépens de ceux qui l'avaient creusé. Il fallait liquider l'effrayant arriéré qui écrasait l'état, si l'on voulait rendre à l'état la faculté de respirer et d'agir. Cet arriéré, dettes ou anticipations, dépassait 451 millions [1] (qui vaudraient plus de 2 milliards d'aujourd'hui).

Deux mois après l'arrestation de Fouquet et la création du conseil royal, parut une ordonnance qui instituait une chambre de justice pour la recherche des abus et malversations commis dans les finances depuis 1635 (novembre 1661). Le roi y déclare qu'après avoir heureusement et glorieusement terminé une guerre de vingt-cinq ans, il ne peut mieux répondre aux grâces du ciel qu'en déchargeant ses peuples d'une partie des impositions à mesure que les finances se rétabliront, qu'en bannissant le luxe, réformant les abus, etc. C'est dans ce but qu'il a pris lui-même la direction de ses finances, où il s'est assuré que les désordres financiers ont produit tous les maux de ses peuples, « pendant « qu'un petit nombre de personnes ont, par des voies illégitimes, « élevé des fortunes subites et prodigieuses. — Nous avons résolu, » dit-il, « tant pour satisfaire à la justice et marquer à nos peuples « combien nous avons en horreur ceux qui ont exercé sur eux « tant d'injustice et de violence, que pour en empêcher à l'avenir « la continuation, de faire punir exemplairement tous les auteurs « et complices des crimes énormes de péculat qui ont épuisé nos « finances et appauvri nos provinces. » Le roi établit donc une chambre de justice composée du premier président, d'un autre président et de quatre conseillers au parlement de Paris, de quatre maîtres des requêtes, de deux conseillers au grand conseil, d'un président et de deux conseillers de la chambre des comptes, de deux conseillers de la cour des aides, d'un conseiller de chacun des parlements provinciaux, d'un avocat-général au parlement de Paris, faisant fonction de procureur-général, et d'un greffier, pour rechercher et punir tous les crimes commis à l'occasion des finances « par quelques personnes de quelque qualité et conditions qu'elles soient. » Le sixième des

---

1. Mallet (premier commis du contrôleur-général Desmarets, neveu de Colbert), *Comptes-rendus des finances*, p. 97 ; Paris, 1789.

amendes à prononcer est accordé aux dénonciateurs, que le procureur-général en la chambre de justice ne sera pas obligé de faire connaître, nonobstant l'ordonnance d'Orléans. Tous édits, lettres royaux, etc., depuis le mois de mars 1635, portant décharge en faveur des comptables et autres pour le fait des finances, sont révoqués, et dérogation est ordonnée à la prescription des crimes non poursuivis pendant vingt années [1].

C'était l'exécution du plan proposé à Mazarin par Colbert en 1659. Les financiers avaient offert 20 millions comptant pour détourner le coup. Le roi avait refusé, bien que tout le conseil, de peur de la perturbation que la chambre de justice causerait dans le commerce et dans la perception des impôts, fût d'avis d'accepter. Le roi se décida par des raisons morales et politiques [2].

Un silence d'épouvante régnait parmi les financiers et leurs nobles complices : le peuple applaudissait avec fureur. Pour la première fois, depuis longues années, on se réjouissait en bas, tandis qu'on tremblait en haut. La popularité du roi s'enracina profondément dans les masses.

Les opérations de la chambre de justice furent poussées d'abord avec une vigueur extraordinaire. Tous les comptables, fermiers et leurs cointéressés, ayant eu part dans les finances depuis 1635, furent sommés de présenter immédiatement un état de leurs biens avec justification d'origine, à peine de confiscation (2 décembre 1661). L'assistance de l'autorité ecclésiastique fut requise ; on lut dans les églises des monitoires par lesquels tous les fidèles étaient sommés, à peine d'excommunication, de révéler les délits financiers qui seraient à leur connaissance (11 décembre 1661 - 2 octobre 1663). Toutes les transactions privées faites par les gens de finances depuis 1635 furent invalidées, afin d'empêcher les traitants de se mettre à couvert sous des substitutions de biens. Cette fois, il était évident que les petits ne paieraient pas pour les gros, suivant la coutume. Une foule de gens riches étaient poursuivis, emprisonnés ou en fuite. Les plus opulents étaient les plus chaudement traqués ; par exemple, la compagnie financière des

---

1. *Anciennes Lois françaises*, t. XVIII, p. 12.
2. Colbert, *Mém. sur les affaires des finances de France*; ap. F. Joubleau, t. II, p. 303-305.

gabelles, qui avait, disait-on, 40 millions de fortune, malgré les énormes profusions de ses membres [1].

Un grand procès dominait toutes ces procédures : c'était le procès du roi déchu des traitants, de Nicolas Fouquet. La France entière en suivait les dramatiques péripéties avec une curiosité passionnée. Les découvertes faites à Saint-Mandé, une des maisons de l'ex-surintendant, avaient transpiré dans le public : on avait trouvé, non pas seulement la correspondance politique et galante de Fouquet, qui compromettait, à des titres bien divers, tant d'hommes et tant de femmes de qualité, mais encore un plan très-détaillé de rébellion conçu dès 1657, lors des premiers nuages élevés entre Fouquet et Mazarin, et remanié depuis. Le surintendant y réglait tout ce qu'auraient à faire ses parents et amis, si le cardinal le faisait arrêter : Belle-Isle et Concarneau, petite place bretonne dont il avait le gouvernement, devaient être les pivots de la résistance ; il comptait, pour la guerre civile, sur beaucoup de places et beaucoup de gens qui lui eussent manqué sans aucun doute ; mais son plan, pour être téméraire et mal digéré, n'en était pas moins coupable [2]. Cette révélation produisit une impression terrible sur Louis XIV, qui y trouva tous ses soupçons changés en certitude et qui crut y voir la nécessité d'un grand exemple à la manière de Richelieu : Louis, qui se fût tenu pour satisfait d'abord de la destitution, puis de l'emprisonnement de Fouquet, veut maintenant sa tête ; il ne se contente pas de lui avoir donné des juges ; secondé par Colbert, il surveille, il presse, il influence ses juges avec un acharnement implacable : roi et ministre oublient trop la différence qui doit exister entre une cause judiciaire et une affaire d'état, et semblent ne considérer la condamnation d'un criminel avéré que comme une question de forme.

L'homme que poursuivaient de si formidables adversaires n'était rien moins qu'abandonné généralement, et la colère du roi et de Colbert ne pouvait qu'être redoublée par le zèle qu'une foule de gens déployaient en faveur du captif. Le premier étour-

---

1. P. Clément, *Histoire de Colbert*, p. 102.
2. M. Clément a publié intégralement le fameux plan de Fouquet, dans son *Histoire de Colbert*, p. 41 et suiv.

dissement passé, il s'était formé, pour sauver Fouquet, ce qu'on pourrait, sans trop d'exagération, appeler un grand parti. Si beaucoup des obligés de l'ex-surintendant lui faisaient défaut, les puissants intérêts et les passions remuantes que froissaient les réformes du nouveau gouvernement, ramenaient bien des partisans au ministre déchu. Les gens de robe lui étaient favorables par un reste d'esprit frondeur; les courtisans, par regret de sa munificence et par hostilité contre ce qu'ils nommaient l'*avarice* de Colbert. L'intérêt privé et l'esprit de corps ne combattaient pas seuls pour lui : les qualités mêlées à ces vices avaient séduit de nobles cœurs : ami fidèle et généreux esprit, ouvert à tous les arts, à toutes les connaissances, il recueillit dans le malheur ce qu'il avait semé dans la bonne fortune. Les beaux esprits, les artistes et les femmes, tous ceux qui se gouvernent par impression plus que par réflexion, le défendaient avec ardeur. Une femme, qui était alors le plus bel ornement de la société française et qui en devait être le peintre le plus aimable et le plus animé, madame de Sévigné, se fit dans le monde l'actif et zélé champion d'un homme qu'elle avait accepté comme ami, après l'avoir repoussé comme amant : La Fontaine, par ses harmonieuses et touchantes élégies, Pellisson, par ses *Discours au roi*, chefs-d'œuvre d'éloquence que Voltaire a comparés aux types immortels du genre, aux *Orationes* de Cicéron même, d'autres, par des satires sanglantes contre Colbert, travaillèrent l'opinion publique. La reine mère et son entourage conseillaient à demi-voix l'indulgence; Turenne, naturellement bienveillant pour les malheureux et, de plus, un peu jaloux de Colbert et un peu mécontent de ce que le roi, tout en le consultant fort, ne l'appelait point au conseil [1], était d'accord avec son ancien rival Condé pour solliciter en faveur de Fouquet. Enfin, la bourgeoisie parisienne, qui avait eu sa part dans la curée des abus et qui s'irritait de voir que l'on commençât à reviser les rentes qu'elle avait achetées à vil prix, suivait le mouvement des hautes classes; chacun, d'ailleurs, intérêt à part, cédait à la pente de l'esprit français, toujours sympathique au malheur,

---

1. Colbert; *Mém. sur les finances*, ap. F. Joubleau, t. II, p. 323. C'était en raison même de sa gloire et de sa grande autorité que le roi le tenait en dehors du conseil, de peur qu'il ne le dominât.

même mérité, et il n'était pas jusqu'au pauvre peuple qui ne finît par s'apitoyer sur le sort de la victime qu'on voulait immoler à ses intérêts.

Ce mouvement d'opinion eût été impuissant à sauver la vie de Fouquet, si la chambre de justice y fût demeurée fermée; mais la chambre était travaillée au moins aussi activement par les amis que par les ennemis du prisonnier. Quoique le roi eût bien eu soin, comme il le dit dans ses Mémoires, d'en écarter tous les parents et amis des financiers, la chambre se composait de magistrats qui n'oubliaient pas l'esprit de corps et n'étaient point inaccessibles aux rumeurs du dehors. Le premier président de Lamoignon, ami de Turenne, eût, comme lui, souhaité d'avoir plus de part au gouvernement et n'aimait pas les manières rudes et impérieuses de Colbert : il était blessé de n'avoir pu empêcher qu'on réduisît de trois quartiers à deux les augmentations de gages acquises à bas prix par la magistrature dans les dernières années. C'était un homme de grande vertu et il n'eût jamais cédé sciemment à des passions privées; mais il croyait ne faire que son devoir en se tenant en garde contre les suggestions du roi et du ministre; les irrégularités commises par les agents du pouvoir au début de la procédure, l'intervention de Colbert et de ses affidés dans des actes qui n'appartenaient qu'aux magistrats, avaient dû gravement indisposer Lamoignon et ses collègues, habitués à regarder les formes comme sacrées : l'homme d'état dévoué à une grande idée et fort de la pureté de ses intentions est souvent entraîné à trop de relâchement dans le choix des moyens, et Colbert avait hérité de son maître Richelieu un dangereux mépris pour les formes [1].

Fouquet, d'ailleurs, déploya une extrême habileté dans sa défense. Amené à Vincennes à la fin de décembre 1661, il avait commencé par réclamer les priviléges attachés aux fonctions de surintendant, qui n'avait de compte à rendre qu'au roi, puis ceux de *vétéran* du parlement, ayant droit d'être jugé par cette cour suprême et non par une commission. La chambre de justice

---

1. Il est curieux de comparer le portrait de Colbert par Lamoignon, dans le *Recueil des Arrêts de M. le premier président de Lamoignon*, t. I, p. 28, et le portrait de Lamoignon par Colbert, dans le *Mémoire sur les finances*; ap. Joubleau, t. II, p. 322.

passa outre. Fouquet, alors, se défendit sous toutes réserves et, lorsque parut, après dix-huit mois de procédure, l'acte d'accusation, il répondit, avec une promptitude vraiment extraordinaire, par des écrits qui coururent d'abord manuscrits et dont l'ensemble ne forme pas moins de 15 volumes in-18[1]. Son système, très-captieux, consistait à se couvrir du nom de Mazarin et à rejeter sur le défunt cardinal la responsabilité de tous les désordres. Il accusait Colbert d'avoir fait disparaître, pendant l'inventaire de ses papiers, tout ce qui pouvait le justifier et compromettre la mémoire de Mazarin. On ne saurait guère douter que Louis XIV et Colbert n'aient, en effet, protégé à tout prix la réputation du feu cardinal, de même qu'ils retranchèrent du procès tout ce qui concernait les dames et les courtisans qu'on ne voulait pas envelopper dans la ruine de leur bienfaiteur; mais, quoi qu'on pense de ce procédé, il est certain que les pièces supprimées, en flétrissant Mazarin, n'eussent pas justifié Fouquet.

L'anxiété publique augmentait à mesure que cette grande cause avançait lentement vers son dénoûment. Une foule d'autres procès avaient marché côte à côte avec celui de Fouquet. La chambre de justice frappait successivement tous les traitants de taxes énormes : Gourville et Bruant, un des principaux commis des finances, avaient été condamnés à mort par contumace; un autre financier, nommé Dumont, fut pendu devant la Bastille, où Fouquet était enfermé (15 juin 1664) : deux sergents de taille, coupables d'horribles exactions et de meurtre dans l'exercice de leurs fonctions, avaient subi le même supplice à Orléans; d'autres furent envoyés aux galères, parmi les acclamations du peuple que ces hommes impitoyables s'étaient habitués à traiter avec tant de barbarie. Les amis de Fouquet s'effrayaient, le gouvernement s'applaudissait de voir la chambre de justice frapper des mêmes coups les chefs de la finance et leurs misérables suppôts.

Les débats du procès de Fouquet s'ouvrirent seulement le 14 novembre 1664 et durèrent jusqu'au 4 décembre. L'accusé n'y montra pas moins de ressources que dans ses défenses écrites : il répéta que c'était Mazarin qui l'avait poussé à toutes ses sca-

---

1. Les amis de Fouquet les firent imprimer en Hollande dès 1665. Le gouvernement de Louis XIV les laissa réimprimer à Paris en 1696.

breuses opérations, et même à l'achat de Belle-Isle; que, pour le projet trouvé à Saint-Mandé, c'était une folle pensée dont il rougissait, mais à laquelle il n'avait donné aucune suite. Les deux rapporteurs choisis par la chambre de justice présentèrent ensuite leurs conclusions : le premier, le maître des requêtes d'Ormesson, conclut au bannissement perpétuel avec confiscation de biens, pour abus, malversations « et autres cas résultant du procès »; le second, Sainte-Hélène, conseiller au parlement de Rouen, conclut à la mort. L'acquittement, qui eût été une calamité publique, était devenu impossible, et chacun comprit que la question n'était plus posée qu'entre une peine rigoureuse et une peine modérée. Le parti de Fouquet se rattacha avec passion à l'avis le moins sévère, que le gouvernement repoussait avec courroux. La peine du bannissement, qui eût permis à Fouquet de porter à l'étranger son talent pour l'intrigue, armé des secrets de l'état, ne répondait aucunement, comme eût fait celle de la prison, ni à la nature du délit, ni aux besoins de la situation. On redoubla d'efforts de part et d'autre auprès des juges, avec un emportement qui ôtait toute mesure et tout scrupule. Après des incidents dramatiques que nous ont conservés les lettres de madame de Sévigné et le journal manuscrit de d'Ormesson, l'arrêt fut rendu le 20 décembre : l'avis de d'Ormesson fut suivi par 13 voix contre 9. La vie de Fouquet était sauvée[1].

Le roi ne put cacher son désappointement : le soir, chez mademoiselle de La Vallière, il laissa échapper un mot terrible : — « S'il eût été condamné à mort, je l'aurois laissé mourir[2] »!

Louis fit une chose étrange, inouïe, que l'on a considérée, surtout dans ces derniers temps, comme un des grands scandales de l'histoire. Prenant le contre-pied du droit attribué à la clémence royale d'adoucir les peines des condamnés, il aggrava la sentence de Fouquet et, au lieu de l'envoyer en exil, il le fit conduire prisonnier à Pignerol, avec l'intention de ne jamais lui rendre la

---

1. *Œuvres* de M. Fouquet, *passim*. — *Discours de Pellisson au roi.* — *Lettres* de madame de Sévigné, t. I, lettres 18 à 28. — *Œuvres* de J. de La Fontaine, édit. Walckenaër, t. VI, p. 11. — Walckenaër, *Histoire de la vie et des ouvrages de J. de La Fontaine*, 3ᵉ édit., p. 112 et suiv. — *Journal* ms. de M. d'Ormesson, analysé par M. P. Clément, dans son étude sur Fouquet, et par M. Chéruel, *de l'Administration de Louis XIV*.
2. *Œuvres* de J. Racine, édit. de Geoffroi, t. VI, p. 335; *Fragments historiques*.

liberté. Pour apprécier la moralité de cette action qui blesse si profondément tous nos principes d'ordre légal et de justice, il faut se rappeler les maximes que professaient alors les hommes de gouvernement sur le droit arbitraire qu'aurait le chef de l'état d'ôter la liberté aux sujets dangereux[1]. Louis XIV n'eut pas plus de doute sur son droit que sur la nécessité d'user de ce droit, et commit en conscience un acte parfaitement contraire à la morale publique. Les précautions excessives qu'il prescrivit pour la garde de Fouquet, l'isolement absolu auquel le prisonnier fut réduit, les privations qu'on lui imposa, furent dictés bien moins par la vengeance que par la crainte, exagérée peut-être, du mal que Fouquet pourrait faire s'il s'échappait. Ce fut seulement quand un long espace de temps eut relâché tous les liens d'affection ou d'intérêt noués par le malheureux surintendant et eut annulé, par les changements survenus dans la face de l'Europe, l'importance des secrets qu'il possédait, ce fut seulement alors que la rigueur de Louis s'adoucit par degrés, que la séquestration cessa et qu'enfin la famille de Fouquet obtint l'autorisation d'aller s'établir auprès de lui (mai 1679). Cette faveur semblait présager un pardon prochain : on dit que la permission de quitter Pignerol fut signée par le roi ; mais Fouquet n'en put profiter : sa santé était détruite et il mourut le 23 mars 1680[2].

1. Richelieu, *Testament politique,* 2ᵉ part , c. v.
2. Cette mort a été contestée et l'on a voulu rattacher à Fouquet une lugubre tradition qui attriste de son ombre l'histoire secrète du règne de Louis XIV.
On sait qu'un prisonnier masqué et inconnu, objet d'une surveillance extraordinaire, mourut, en 1703, à la Bastille, où il avait été amené des îles Sainte-Marguerite en 1698 : il était resté enfermé une dizaine d'années dans ces îles et l'on retrouve sa trace avec certitude au fort d'Exilles et à Pignerol jusque vers 1681. Ce fait singulier, qui commença de s'ébruiter vaguement un peu avant le milieu du xviiiᵉ siècle, excita une curiosité immense après que Voltaire s'en fut emparé dans son *Siècle de Louis XIV,* où il l'exposa sous le demi-jour le plus émouvant et le plus tragique. Mille conjectures circulèrent : — aucun grand personnage n'avait disparu en Europe vers 1680. — Quel intérêt si puissant avait le gouvernement de Louis XIV à dérober ce mystérieux visage à tout œil humain? Bien des explications plus ou moins chimériques, plus ou moins plausibles, avaient été tentées sur l'*homme au masque de fer* (désignation erronée qui a prévalu; le masque n'était pas de fer, mais de velours noir : c'était probablement un de ces *loups* si longtemps en usage), lorsqu'en 1837, le bibliophile Jacob (M. Paul Lacroix) publia sur ce sujet un livre très-ingénieux où il discutait toutes les hypothèses et commentait habilement les faits et les dates pour établir qu'en 1680, on aurait fait passer Fouquet pour mort, qu'on l'aurait masqué, séquestré de nouveau et traîné de forteresse en forteresse jusqu'à sa mort *réelle* en 1703.

La chambre de justice, si elle avait refusé au roi et à Colbert l'exemple sanglant qu'ils lui demandaient, servit du moins leurs plans financiers en conscience. Toutes les créances frauduleuses sur l'état furent annulées; tous les bénéfices frauduleux furent répétés de ceux qui les avaient perçus. Les rigueurs contre les personnes ne furent pas poussées à l'extrémité. Après quelques châtiments sévères, un édit de juillet 1665 convertit les peines corporelles en peines pécuniaires, et les financiers furent relâchés moyennant rançon; mais la rançon, cette fois, fut bien effective et monta à des sommes énormes. Les officiers comptables ne furent amnistiés qu'au prix de 25 millions d'amendes; 10 autres

Il nous est impossible d'admettre cette solution du problème : l'authenticité de la correspondance du ministre Louvois avec le gouverneur de la prison de Pignerol, au sujet de la mort de Fouquet, en mars 1680, ne nous paraît pas contestable, et cette preuve matérielle n'existerait pas, que nous ne pourrions encore croire à un retour de rigueur si étrange, si barbare et si peu motivé de la part de Louis XIV, quand tous les documents officiels attestent que les ressentiments s'étaient apaisés peu à peu et qu'on avait cessé de craindre un vieillard qui ne demandait plus qu'un peu d'air libre avant de mourir. — Il y a beaucoup plus de présomptions en faveur de l'opinion du baron de Heiss, reproduite par plusieurs écrivains et, en dernier lieu, par M. Delort (*Histoire de l'homme au masque de fer;* 1825), opinion qui veut que *l'homme au masque* ait été un secrétaire du duc de Mantoue, nommé Mattioli, enlevé par ordre de Louis XIV en 1679, pour avoir trompé le gouvernement français et cherché à coaliser contre lui les princes italiens. Mais, si frappants que soient, à certains égards, les rapprochements entre Mattioli et le *masque de fer* également gardés par le gouverneur Saint-Mars à Pignerol et à Exilles, si graves que soient les témoignages suivant lesquels Mattioli aurait été transféré aux îles Sainte-Marguerite, la position subalterne de Mattioli, que Catinat et Louvois, dans leurs lettres, traitent de *fripon* et que Saint-Mars menace du *bâton*, s'accorde mal, nous ne disons pas avec les traditions relatives au profond respect que les gardiens, le gouverneur, le ministre même, auraient témoigné au prisonnier, — ces traditions peuvent être contestées, — mais avec les détails et les documents authentiques donnés par le savant et judicieux père Griffet sur l'extrême mystère dont on entourait le prisonnier à la Bastille, plus de vingt ans après l'enlèvement de l'obscur Mattioli, sur le masque qu'il ne quittait jamais, sur les précautions employées après sa mort pour anéantir les traces de son séjour à la Bastille, ce qui explique comment on ne trouva rien qui le concernât après la prise de cette forteresse. Bien des esprits s'obstineront toujours à rechercher, sous ce masque impénétrable, un plus dangereux secret, on ne sait quelle ressemblance accusatrice, et l'opinion la plus populaire, quoique la plus dénuée de tout indice, sera toujours sans doute celle qu'a laissé transpirer Voltaire, sous le couvert de son éditeur, dans la huitième édition du *Dictionnaire philosophique* (1771). Selon cette opinion, l'honneur de la maison royale aurait été engagé dans le secret, et la victime inconnue aurait été un fils illégitime d'Anne d'Autriche. Le seul crime privé dont Louis XIV fût peut-être capable, était un crime inspiré par le fanatisme de l'honneur monarchique. Quoi qu'il en soit, l'histoire n'a pas le droit de prononcer sur ce qui ne sortira jamais du domaine des conjectures.

millions furent levés sur des traitants qui s'étaient fait payer des rentes créées sans enregistrement ou déjà remboursées par l'état, ou qui, s'étant engagés à rembourser, pour l'état, des rentes ou des offices, s'étaient soustraits à leur engagement par la connivence de l'ancienne administration. Toutes les sortes de délits financiers dépistés par Colbert furent châtiés avec une sévérité non moins productive par la chambre : l'ensemble des taxes sur les traitants atteignit la somme de 110 millions! Les dames de la cour, les princes, les gens en faveur, eurent bien quelque part à cet immense butin, chose inévitable dans une monarchie; mais la majeure partie, sans comparaison, profita réellement à l'état et servit à le soulager de ses charges. La chambre de justice fut supprimée en 1669, par commisération pour les familles que « l'appréhension de ces recherches tenoit dans une inquiétude continuelle[1] ».

Dans le chiffre de 110 millions doivent entrer sans doute les remboursements exigés des traitants pour ce qui concernait les rentes usuraires, sans être précisément frauduleuses, pendant le cours de la grande opération entreprise par Colbert sur la réduction des rentes. Cette opération a été blâmée dans son ensemble par beaucoup d'écrivains de notre siècle et du précédent, qui l'ont représentée comme essentiellement contraire aux principes du crédit public. Il est facile, quand on administre sous l'empire d'un crédit public fortement organisé, où les emprunts et les constitutions de rentes se font à des conditions plus ou moins satisfaisantes, mais toujours régulières, il est facile de respecter des engagements que la nation est habituée, avec raison, à regarder comme inviolables et qu'on ne transgresserait pas sans renverser l'état. Mais quel rapport entre la dette moderne et le chaos finan-

---

1. *Journal* de M. d'Ormesson, analysé par M. P. Clément, ch. 2. — Bailli. *Histoire financière de la France*, t. I, p. 416 et suiv. — *Anciennes Lois françaises*, t. XVIII, p. 36. — M. Joubleau (t. I, p. 41), parle de sommes bien autrement immenses; suivant lui, on aurait levé 219 millions rien que sur les financiers du second ordre! Nous ne pouvons croire à de tels chiffres ; cela vaudrait un milliard d'aujourd'hui ! — M. Joubleau donne un état de l'emploi des taxes, confiscations et restitutions au remboursement des offices, rentes, droits, etc., supprimés, des avances des gens d'affaires, etc.; l'état comprend environ 104 millions; en y joignant le remboursement de l'aliénation d'un million de rentes et quelques réductions de tailles, on arrive à un chiffre voisin des 135 millions que nous mentionnons. La chambre de justice, de décembre 1665 jusqu'en août 1669, n'avait plus été qu'une commission de liquidation.

cier du xviie siècle, chaos enfanté à la fois par l'absence de tout principe administratif et de toute moralité chez les administrateurs! Il faut se figurer ce que c'était que ces rentes de toute origine, assignées par catégories sur toute sorte de fonds divers que l'on soustrayait sans cesse pour satisfaire aux premiers besoins venus. Il y avait des quartiers de rente qu'on réassignait d'année en année pendant quinze ou vingt ans, sans parler des réductions qui avaient eu lieu déjà plus d'une fois. Les variations de la valeur des titres de rentes sur la place étaient telles, que certains titres tombaient parfois jusqu'à 3 fr., à 2 fr. de capital pour 1 fr. de rente. Il se pratiquait alors sur la rente des spéculations analogues à celles relatives aux billets de l'épargne (voir ci-dessus, p. 19). Les financiers, les courtisans, les gros bourgeois achetaient ces titres avilis et, sitôt que l'état se trouvait un peu en fonds, ils faisaient décider un rachat de rentes par l'administration financière, leur complice, et obtenaient d'être remboursés au denier 14, ou même au denier 18, de ce qu'ils avaient payé au denier 2 ou 3[1]. Est-il raisonnable de reprocher à Colbert de n'avoir pas respecté de pareilles opérations?

Ce qui est vrai, c'est que l'excès du mal poussa Colbert à proclamer un principe excessif en sens contraire ; à savoir, que l'état n'est obligé de payer que l'intérêt légal du capital réel qu'il a reçu. Colbert considérait l'état comme un mineur qui a toujours droit de revenir sur les engagements onéreux qu'on lui a fait contracter, et il lui appliquait les principes admis, quant au taux de l'intérêt, pour les contrats entre particuliers. Toute discussion théorique à part, la conséquence de ce système était de rendre les emprunts impossibles tant que l'administration des finances n'inspirerait pas une confiance sans réserve ; car, si le prêteur croit avoir la moindre chance à courir, il ne s'y exposera que dans l'espoir d'un revenu supérieur à l'intérêt légal. L'état, si l'on n'a pas foi en lui, se trouve à quelques égards dans une position pire qu'un emprunteur ordinaire; il est le seul débiteur contre la mauvaise foi duquel on n'ait pas de recours, ce qui augmente les risques du prêteur (il est vrai qu'on ne perd jamais tout avec lui, comme parfois avec les particuliers).

---

1. Forbonnais, *Recherches sur les finances*, t. 1, p. 221-223, 273.

Colbert vit bien certainement cette conséquence, mais ne s'y arrêta pas : dans l'ardeur de réaction qui l'animait contre la désastreuse habitude des anticipations, il ne s'effrayait pas de l'idée de rendre les emprunts pour longtemps impossibles, car son but était de mettre la France à même de se passer d'emprunts.

Les déductions les plus rigoureuses furent tirées du principe posé. Dès 1652, il avait été prescrit de revenir sur les rachats de rentes opérés par l'état depuis 1630 et d'obliger les titulaires remboursés à rendre l'excédant du remboursement sur le prix d'achat payé par eux, avec les intérêts : cette prescription, éludée sous Mazarin, fut renouvelée. Toutes les rentes créées depuis 1656 furent annulées, sauf remboursement aux acquéreurs de bonne foi sur le pied du prix payé par eux en leur déduisant les intérêts perçus en trop : ces rentes montaient à plus de 8 millions et demi. La révision menaçait successivement toutes les natures de rentes. La bourgeoisie parisienne s'agita, comme elle avait fait sous Henri IV et sous Mazarin, comme elle faisait toutes les fois qu'on touchait aux rentes : elle finit par obtenir quelques concessions ; les rentes postérieures à 1656, au lieu d'être remboursées, furent réduites provisoirement à 300 fr. pour 1,000 et assignées sur les fermes : les possesseurs trouvèrent cette réduction préférable au remboursement (dont le roi se réservait, du reste, la faculté), tant les acquisitions s'étaient opérées à vil prix. La répétition des remboursements opérés depuis 1630 ne fut point exigée intégralement : on accorda une sorte de capitulation aux débiteurs (décembre 1664).

La réduction générale continua : les rentes provenant des émissions indéfinies, ouvertes en 1634 et depuis, furent éteintes à bon compte. En 1664, on avait commencé de reviser toutes les anciennes rentes; toutes étaient fort au-dessous de leur valeur primitive; les rentes de l'Hôtel de Ville, les moins mal soutenues, ne se payaient plus depuis très-longtemps que sur le pied de deux quartiers et demi au plus; les rentes sur les tailles ne se payaient guère au-dessus d'un quartier. Le capital négociable était descendu sur la place à proportion des intérêts. Un plan de réduction proportionnelle enveloppa tous les titres. Les rentes qui, de 1,000 fr. par an, étaient tombées à 625 (2 quartiers et demi), furent réduites à 500, et le capital évalué à 9,000 fr., sur le pied du denier 18, si le roi jugeait à propos de le rembourser : il en fut ainsi des autres catégories jusqu'à la plus maltraitée, qu'on réduisit à 300 fr. pour 1,000. C'est là ce fameux *retranchement* des rentes auxquels Boileau fait allusion[1], et dont madame de Sévigné se plaint si vivement[2]. On doit avouer que les plaintes n'étaient pas mal fondées : le plan adopté était fort arbitraire ; le nouveau *retranchement*, ainsi généralisé, devenait injuste, et il n'était pas équitable de fixer un taux de remboursement forcé au-dessous du cours de la place[3].

Plus louables furent les mesures par lesquelles la chambre de justice et le conseil d'état remirent l'état en possession d'une foule de droits et de revenus aliénés à vil prix, parmi lesquels figuraient les greffes, la meilleure partie des aides et l'octroi de beaucoup de villes (1662-1665). Une commission spéciale fut instituée en 1667 pour le recouvrement du domaine aliéné ou usurpé[4], qui valait bien 3 millions de rentes : les aliénataires de bonne foi durent être remboursés de ce qu'ils avaient payé et des améliorations par eux faites. Malgré les réductions énormes imposées à la plupart des créances sur l'état, le remboursement des aliénataires qui jouissaient des revenus publics, ou par leurs propres mains, ou par des rentes assignées sur les impôts, coûta 120 millions, de 1662 à 1669[5]. De pareils chiffres ont leur éloquence! Les taxes sur les traitants et l'amélioration des revenus permirent de faire face à cette prodigieuse dépense.

Les réformes financières de Colbert furent en quelque sorte couronnées par l'édit de décembre 1663, qui abaissa l'intérêt

---

1. . . . . Plus pâle qu'un rentier,
   À l'aspect d'un arrêt qui retranche un quartier.
                                              Satire III.

2. Lettre du 27 novembre 1664.
3. Forbonnais, t. I, p. 306, 381-382. — Bailli, t. I, p. 418. — P. Clément, *Hist. de Colbert*, p. 107. — F. Joubleau, t. I, p. 46-63.
4. *Anciennes Lois françaises*, t. XVIII, p. 181. On remarque que les usurpateurs de terres vagues eurent confirmation de leurs usurpations en payant par an le vingtième du revenu de la terre qu'ils avaient mise en valeur. On reconnaît ici la sollicitude de Colbert pour l'agriculture. V. Forbonnais, t. I, p. 384.
5. Forbonnais, t. I, p. 405. — Bailli, t. I, p. 418. — P. Clément, p. 107. — V. aussi l'édit de révocation de la chambre de justice. *Anciennes Lois françaises*, t. XVIII, p. 361.

légal du denier 18 au denier 20, c'est-à-dire de 5 1/2 à 5 pour 100. L'intérêt légal, que Sulli avait abaissé, en 1601, du denier 14 au denier 16, et Richelieu, en 1634, du denier 16 au denier 18, est encore aujourd'hui au point où Colbert essaya de le fixer, mais ne put le maintenir. Ce n'était pas en vue des futurs emprunts de l'état qu'agissait Colbert en cette occasion, lui qui eût voulu anéantir jusqu'à la pensée des emprunts : c'était dans l'intérêt du commerce, des manufactures et de l'agriculture ; il cherchait tout à la fois à procurer aux travailleurs des capitaux à bas prix, et à faire refluer vers les professions utiles les possesseurs des capitaux, en diminuant la rente dont vivait le capitaliste oisif[1].

La même pensée favorable au travail et à la production nationale se retrouve, associée à la pensée de réduire les charges de l'état, dans la diminution du nombre des offices, que Colbert fit coïncider avec l'annulation des créances frauduleuses, la réduction des rentes et le dégagement des revenus. Colbert avait commencé, comme on l'a vu, par abolir beaucoup d'offices de finances : il poursuivit son œuvre ; tous les triennaux et quatriennaux (une seule charge était partagée entre trois ou quatre titulaires exerçant à tour de rôle) furent supprimés (décembre 1663). Tous ceux des offices de la maison du roi qui conféraient des titres, des appointements et des priviléges sans fonctions effectives furent supprimés (30 mai 1664). On abolit 215 charges de secrétaires du roi ; on réduisit le nombre des notaires, des procureurs, des huissiers, des sergents (avril 1664) ; on ôta l'hérédité aux procu-

---

1. *V.* l'édit portant réduction des constitutions de rentes, dans Forbonnais, t. I, p. 385. — A l'année suivante, 1666, appartient une autre opération importante, qui a complétement subsisté jusqu'à nous : la réforme de la fabrication des monnaies. Le monnayage, avant Colbert, était affermé à des orfévres ou à des banquiers, qui payaient à l'état un faible droit de seigneuriage. L'abandon d'une fonction de telle conséquence à des particuliers produisait quelques abus quant au titre et au poids des monnaies, et, de plus, les baux obligeaient le roi, dans l'intérêt des fermiers, à ne laisser sortir du royaume aucun ouvrage d'or et d'argent, et même à ne pas donner cours aux monnaies étrangères, restrictions incompatibles avec les projets de Colbert sur le commerce et sur l'industrie de l'orfévrerie et de la bijouterie. Colbert fit reprendre la fabrication des monnaies par l'état et la confia à des directeurs, qui furent tout à la fois régisseurs pour le compte de l'état et entrepreneurs des frais de fabrication, sous la surveillance de contrôleurs et d'un directeur général. Cette forme d'administration n'a pas changé depuis. *V.* Bailli, *Histoire financière de la France*, t. I, p. 447.

reurs; il y eut une nouvelle réduction sur les augmentations de gages qu'on avait vendues à vil prix aux officiers. On trouva, sans aucun expédient extraordinaire, les moyens de suffire aux remboursements des offices abolis.

Colbert eût souhaité pouvoir aller plus loin et sur un plan plus systématique. En 1664, il fit dresser, dans chaque généralité, l'état de tous les offices de justice et de finance avec leur valeur officielle et réelle, leurs gages et le droit annuel qui leur était imposé pour prix de l'hérédité[1]. Après les réductions opérées dans les premières années de Colbert, le nombre des offices s'élevait encore à 45,780, pour une besogne à laquelle 6,000 eussent suffi, s'il en faut croire Forbonnais. Ces 45,780 offices n'étaient évalués qu'à un peu plus de 187 millions, dans les calculs officiels qui servaient de base au droit annuel; mais, sur le pied des transactions entre particuliers, ils valaient réellement près de 420 millions (au moins 860 de notre monnaie). Si l'on veut apprécier l'énormité des capitaux engagés dans les charges, il faut ajouter à ces 420 millions la valeur des charges de cour et des charges militaires; Forbonnais estime le tout ensemble à près de 800 millions (peut-être près de 4 milliards d'aujourd'hui en valeur relative!) et pense que les achats d'office et les réserves destinées à ces achats stérilisaient annuellement une soixantaine de millions ainsi détournés du travail et de la production.

Les offices de justice et de finance produisaient 8,346,847 francs de gages, sur lesquels le gouvernement retenait 2 millions pour le droit annuel[2]. Les gages n'étaient que la moindre partie du revenu des offices : il y avait des droits, des remises, des taxations, des épices; mais, en somme, le revenu n'était pas très-

1. Vers la même époque, Colbert adressa à tous les intendants une circulaire qui leur prescrivait une information générale sur l'état du royaume. Ce que demandait Colbert n'était rien moins qu'une statistique universelle de la France, admirablement classifiée, avec examen de tous les moyens d'amélioration en tous genres. Nous n'avons pu savoir ce qu'était devenue cette pièce importante, mentionnée par M. d'Hauterive dans ses *Conseils à un jeune voyageur;* 1826, in-8°. — Les intendants créés par Richelieu, supprimés pendant la Fronde et rétablis dès 1653, étaient le grand ressort du pouvoir ministériel. On les choisissait parmi les maîtres des requêtes, ou même parmi les conseillers d'état.

2. V. le tableau des offices dans Forbonnais, *Recherches sur les finances*, t. I, p. 328. — Beaucoup d'officiers trouvaient moyen, par faveur, de ne pas payer le droit annuel, et la retenue de 2 millions était en partie nominale.

considérable, au moins pour les magistrats, car les officiers de finances tiraient nécessairement un tout autre parti de leurs fonctions. C'était la considération, l'autorité attachée à la robe qui donnait un si haut prix aux charges de judicature. Bien des gens avaient peine à se déshabituer de voir dans *Messieurs du parlement* les tuteurs des rois et les arbitres de l'état. Louis XIV et Colbert, celui-ci surtout, eussent bien voulu abattre l'hérédité et la vénalité; en attendant, par des raisons à la fois politiques et économiques, ils s'attaquèrent au prix des charges. Une ordonnance de décembre 1665 annonça que le roi voulait bien accorder la continuation du droit annuel pour quelques années encore, quoiqu'il eût préféré réduire le trop grand nombre des officiers à mesure des vacances; mais qu'il voulait mettre un terme aux désordres causés par l'excès de la cherté des offices et faciliter l'entrée des charges aux personnes de mérite qui en étaient exclues par un prix sans bornes. Suivait la fixation de la valeur des charges : un office de président à mortier [1], 350,000 livres; de maître des requêtes ou d'avocat-général, 150,000; de conseiller, 90,000 à 100,000; premier président de la chambre des comptes, 400,000; autre président, 200,000; maître des comptes, 120,000. Les sommes étaient moindres pour les autres cours [2].

Le système suivi par le gouvernement de Louis XIV vis-à-vis des gens de robe assura l'observation de cet édit : la valeur que l'opinion attachait aux charges ne put manquer de diminuer, quand on vit, pendant les opérations de la chambre de justice, des garnisaires s'installer chez les présidents, alliés ou cointéressés des traitants, comme chez de simples bourgeois; quand on vit révoquer les priviléges de noblesse accordés aux magistrats depuis 1644 (en 1669) et l'orgueilleux titre de cours souveraines remplacé officiellement par celui de cours supérieures, comme si le roi rappelait à lui cette délégation de souveraineté que s'attribuaient ces grands corps; quand on vit enfin disparaître les der-

---

1. La première présidence n'était pas vénale : le roi y nommait.
2. *Anciennes Lois françaises*, t. XVIII, p. 66. — La même ordonnance rétablit les anciennes conditions d'âge tombées en désuétude : quarante ans pour un président; vingt-sept pour un conseiller; trente pour un avocat-général. C'était un nouveau coup porté à l'aristocratie héréditaire, au profit de la science et de la dignité judiciaire.

niers débris du droit de remontrances. De là cette baisse qui continua au-dessous du maximum fixé par l'ordonnance de 1665[1]. Colbert avait atteint son but.

La grande opération du dégagement des revenus publics, à laquelle se rattachait tout ce qui tendait à réduire les charges de l'état[2], avait été poussée à fond, comme on l'a vu, dès les premières années du ministère de Colbert, et fut à peu près achevée en 1669. Colbert avait mené de front, avec le dégagement du revenu de l'état, une autre entreprise moins éclatante, mais presque aussi essentielle, le dégagement du revenu des communes. Aucune de ses œuvres n'a mieux révélé son dévouement éclairé aux intérêts du peuple; aucune n'a soulevé contre lui plus de clameurs intéressées. Colbert, avec ce coup d'œil que l'amour du bien armait d'une pénétration irrésistible, avait reconnu, dans la situation des finances communales, un mal profond qui consumait sourdement villes et campagnes. La pesanteur des impôts, depuis l'origine de la grande guerre, avait induit peu à peu les communautés urbaines et rurales à des aliénations de biens ou à des emprunts; dans les campagnes, les seigneurs avaient envahi à peu de frais des masses énormes de propriétés communales; quant aux villes, l'ordonnance de décembre 1647, en les dépouillant de leurs octrois au profit de l'état, avait fait déborder le mal comme un torrent chez elles. Les villes, privées d'une portion considérable de leurs ressources et ne voulant pas user de la permission qu'on leur accordait de doubler l'octroi, se précipitèrent dans la voie de ruine où elles étaient entrées d'abord d'un pas timide. Un débordement d'effroyables abus mit alors à nu le fond de ce régime de libertés locales qui, depuis que le pouvoir central en avait étouffé la vitalité démocratique, était dégénéré en petites oligarchies bourgeoises dans la plus grande partie de la France, surtout dans ces pays d'états qui expiaient par plus d'une fâcheuse compensation le très-grand avantage de n'avoir point

---

1. Cette baisse a été attribuée à des causes tout à fait chimériques. C'est là une des erreurs dont fourmille un écrivain sur lequel nous aurons à revenir, l'économiste Bois-Guillebert.

2. Il ne faut pas oublier, parmi les réductions de charges, le licenciement d'une partie de l'armée, combiné de manière à en diminuer le moins possible la force réelle. On reviendra là-dessus.

affaire aux agents du fisc. Ici, les riches bourgeois, qui accaparaient les offices municipaux, firent contracter à leurs villes des emprunts sans proportions avec les ressources ni avec les besoins [1]; on peut juger à quelles conditions; ils étaient eux-mêmes les prêteurs. Là, on recourut à des impositions extraordinaires; les notables ne se contentèrent pas d'en rejeter le fardeau sur le menu peuple; ils s'en approprièrent une partie. Ailleurs, on aliéna les communaux; ce furent encore les riches et les magistrats urbains qui se les adjugèrent à vil prix; dans la banlieue des villes comme dans les villages, les troupeaux disparaissaient avec les pâtures communes [2].

Colbert attaqua de front l'aristocratie municipale, comme il avait attaqué les traitants. Dès 1662, il demanda que, dans chaque généralité, l'état des dettes communales fût remis à l'intendant. En 1663, après que la chambre de justice eut annulé les baux des octrois, annulation juste et indispensable qu'on a blâmée bien à tort, Colbert se hâta de rendre aux villes la moitié de leurs octrois et ordonna la nomination de commissaires chargés de liquider les dettes communales. Les oligarchies urbaines, secondées, dans les pays d'états, par la représentation du Tiers, qui se composait généralement des magistrats municipaux, résistèrent au ministre avec toute l'obstination de l'orgueil et de la cupidité; mais le peuple comprit fort bien où étaient ses amis et ses ennemis, s'ameuta dans beaucoup de villes contre les magistrats et les riches qui essayaient d'entraver le bon vouloir de Colbert et usa des droits politiques, là où il les avait conservés, pour enlever à ses adversaires les fonctions d'officiers de ville et de répartiteurs des impôts. En Bourgogne, le parlement voulut, suivant les termes de son premier président, intervenir en faveur des *honnêtes gens* (les *honnêtes gens* qui avaient volé les communes dont l'administration leur était confiée), casser les élections faites par la *canaille* et châtier les *factieux*. Le conseil du roi arrêta ce beau zèle et retira la connaissance de ces troubles au parlement de Dijon pour l'attribuer

1. La ville de Beaune, qui n'avait que 16,500 livres de revenu, les octrois compris, devait 559,494 livres en 1664. Arnai-le-Duc devait 317,087 livres. — V. *Une Province sous Louis XIV*, par Alex. Thomas, p. 246.
2. Dans d'autres lieux, cependant, les magistrats municipaux et les notables furent ruinés tour à tour par le principe de la solidarité.

à l'intendant de la province, c'est-à-dire à l'homme de confiance de Colbert (1664-1665), Le peuple eut gain de cause. La liquidation des dettes communales fut opérée d'après les mêmes principes que la liquidation des dettes de l'état, et, en avril 1667, parut le célèbre règlement général sur les biens communaux aliénés.

« Pour dépouiller les communautés », y est-il dit, « on s'est
« servi de dettes simulées, et l'on a abusé des formes de la jus-
« tice. Aussi, ces communes (communaux), qui avaient été con-
« cédées pour demeurer inséparablement attachées aux habitants
« des lieux, afin de donner moyen aux habitants de nourrir des
« bestiaux et de fertiliser leurs terres par les engrais, en ayant
« été aliénées, les habitants, privés des moyens de faire subsister
« leurs familles, ont été forcés d'abandonner leurs maisons, et,
« par cet abandonnement, les bestiaux ont péri, les terres sont
« demeurées incultes, les manufactures et le commerce ont souf-
« fert. A ces causes, sous un mois, les habitants des paroisses et
« communautés, dans toute l'étendue du royaume, rentreront,
« sans formalité de justice, dans les prés, bois, terres, usages, etc.,
« et tous biens communs par eux vendus ou baillés à baux à cens
« ou emphytéotiques depuis 1620, en remboursant en dix ans le
« principal des aliénations faites pour causes légitimes, avec inté-
« rêt au denier 24. Les sommes nécessaires pour lesdits rembour-
« sements seront levées sur tous les habitants, même les exempts
« et les privilégiés. Tous les seigneurs qui auront élevé des pré-
« tentions sur le droit de tiers dans les communaux, depuis 1630,
« en sont déboutés; ceux qui auront des titres et une possession
« antérieure à 1630, ne pourront user que dudit *tiers* à eux main-
« tenu, et ni eux ni leurs fermiers ne pourront user du commu-
« nal, à peine de réunion de leur *tiers* au communal. Le roi remet
« aux communes le droit de *tiers* qui peut lui appartenir dans les
« communaux, sauf réserve du *tiers et danger* (tiers et dixième; 13
« sur 30) dans les forêts [1] ».

Ceci regardait surtout la noblesse féodale, de même que la

---

1. *Anciennes Lois françaises*, t. XVIII, p. 187. — Ce que nous venons de citer n'est guère que l'application, à la France entière, d'une ordonnance publiée en 1659, au profit des villages de Champagne (*V.* ci-dessus, p. 527); mais l'édit de 1667 renferme encore d'autres dispositions d'une importance souveraine pour l'agriculture et dont nous parlerons plus loin.

liquidation des dettes avait principalement atteint le patriciat bourgeois : l'aristocratie municipale fut frappée de nouveau par un arrêt du conseil du 18 juin 1668, qui prescrivit aux villes qui auraient des députations à envoyer au roi de choisir d'autres députés que les maires, échevins, consuls, etc.; attendu que ceux-ci avaient coutume de susciter ou supposer des affaires à leurs communautés, afin de se faire expédier et défrayer largement à Paris ou à la cour, quand ils y étaient appelés par leurs intérêts privés. De là procédaient en partie les dettes des villes [1].

De pareils faits donnent bien des lumières sur l'état réel des institutions. On aurait grand tort, néanmoins, de conclure de ces révélations sur les abus municipaux, qu'il ait été bon de détruire les libertés municipales, au lieu de les restaurer. On va voir que Colbert fit quelque effort en leur faveur.

En 1669, Colbert se fit remettre l'état général des dépenses et des revenus des communes, avec les baux des dix dernières années et les comptes rendus administratifs. En 1671, il obligea les provinces d'éteindre les dettes des communautés rurales, c'est-à-dire que les villes aidèrent les villages à se liquider : pour la Bourgogne seule, il s'agissait de 2,800,000 livres. Jamais gouvernement, pas même au temps de Henri IV et de Sulli, n'avait fait une pareille chose en faveur des campagnes, habituées à payer pour tout le monde, bien loin qu'on payât pour elles !

Après avoir libéré les communes, Colbert leur interdit les aliénations absolument et les emprunts presque en tout cas, en imposant les plus sévères précautions pour le très-petit nombre d'occasions où les emprunts pourraient être autorisés à charge de remboursement dans un délai fixé. L'état des dépenses communales dut être soumis aux intendants et au conseil du roi. Toute dépense extraordinaire et tout impôt destiné à y subvenir durent être votés par l'assemblée générale des habitants et approuvés par le roi, sur l'avis de l'intendant (avril 1683) [2].

---

1. L'arrêt est dans Alex. Thomas : *Une province sous Louis XIV*, p. 246; 1844. Remarquable travail sur l'histoire de Bourgogne, plein de documents précieux, ordonnés avec une lucidité et une fermeté de vues peu communes.
2. Sur l'ensemble de ces opérations, *V*. Forbonnais, t. I, p. 311-313. — On ne saurait donner les mêmes éloges à la prorogation qu'obtint le clergé de la faculté de racheter les biens ecclésiastiques aliénés depuis un siècle : cette faculté avait été

On vient de voir comment Colbert réorganisa l'administration et reconstruisit le mécanisme des finances, comment il arracha l'état et les communes à la frauduleuse exploitation des capitalistes ; pour compléter le tableau des finances, pendant la première période de ce grand ministre, il reste à montrer comment Colbert agit sur la matière même du revenu public, sur le système des impôts, et quels furent les résultats directs de son administration pour le trésor national.

Les trois grandes sources de l'impôt étaient la taille, impôt direct, les aides, fermes, etc., impôt indirect, et la gabelle, impôt direct là où le sel était distribué forcément, indirect là où le sel s'achetait librement. A l'époque de la mort de Mazarin, la taille était énorme dans les pays d'élection, c'est-à-dire dans les trois quarts de la France : les aides et les gabelles étaient très-lourdes pour le peuple, soit par leur chiffre [1], soit par les cruelles vexations de leur perception, et presque improductives pour l'état, à cause des aliénations et des mauvaises conditions des baux. Dès 1661, on commença de réduire la taille [2], et Colbert, en même temps, abolit brusquement toutes les augmentations établies sur les aides depuis 1645, et qui ne montaient pas à moins de 10 sous pour livre du principal. On est frappé d'admiration en voyant Colbert débuter par réduire de 33 p. 0/0 un impôt sur l'accroissement duquel il fondait en grande partie ses espérances. Foulant aux pieds les routines du fisc, il avait compris que la consommation s'accroît dans une proportion égale ou même supérieure à l'abaissement des droits qui pèsent sur les objets consommables, et que le trésor public ne perd pas ce que le bien-être du peuple gagne.

L'attente de Colbert ne fut pas déçue : malgré la réduction des aides, les aides et autres fermes furent adjugées, à la fin de 1661,

prorogée à diverses reprises, malgré les graves inconvénients que signale l'édit même qui la renouvelle pour cinq ans (mars 1666) : ces prorogations se renouvelèrent pendant quarante ans encore. Il est vrai que le clergé n'obtint pas ces faveurs gratuitement et qu'il donna plusieurs millions au roi. *Anciennes Lois*, t. XVIII, p. 74 ; 424.

1. L'impôt du sel produisait près de 20 millions (plus de 40 de notre monnaie).
2. Il y a de la difficulté sur les chiffres : suivant le *Mémoire* de Colbert sur les finances, le roi aurait réduit les tailles de 4 millions dans les derniers mois de 1661 (V. F. Joubleau, t. II, p. 305) : suivant un tableau donné par M. Joubleau (t. I, p. 16), la première réduction n'eût été que de quelques centaines de mille francs.

avec 3 millions de bénéfice sur les baux précédents, que Fouquet avait livrés à vil prix à ses complices, et les fermiers s'assujettirent à payer par douzièmes mensuels, ce qui arrivait, pour les impôts indirects, presque au même résultat que les *obligations des receveurs généraux* pour les impôts directs. En 1662, nouvelle augmentation de près de 4 millions dans le produit des fermes, grâce à la réunion des entrées de Paris avec les aides en un même bail et au dégagement de beaucoup de droits aliénés sur les aides. La gabelle fut diminuée dans les pays d'élection et un peu augmentée dans le Midi, pour tendre à un équilibre des charges que Colbert désirait établir aussi dans les tailles. Ce qui restait de l'arriéré des tailles antérieures à 1656 fut remis au peuple.

Si l'on compare l'état des revenus en 1661 et en 1662 [1], on voit le total monter de 84,222,096 fr. à 87,587,807, par la plus-value des baux. En 1661, les charges avaient été à 52,477,184 fr., le revenu net, à 31,845,041 ; en 1662, les charges sont réduites à 43,543,382 fr. ; le revenu net est monté à 44,314,376. Le progrès apparent est de 12 millions et demi ; le progrès réel de près de 21 millions et demi, parce que Fouquet imputait sur le revenu net 9 millions d'intérêts aux traitants.

De 1662 à 1663, diminution de 3 millions sur la taille et réduction d'un écu par minot (cent livres) de sel, ce qui diminue la gabelle d'un million et demi. Le revenu brut, cependant, par l'augmentation du casuel et des fermes, s'élève encore de plus d'un million, à 88,906,002 fr. : les charges descendent à 37,784,300 francs ; le revenu net atteint 51,121,802 francs [2].

Dans la même année 1663, paraît un grand règlement sur l'assiette et la perception des tailles, renouvelant les règlements de Sulli (1600) et de Richelieu (1634), « que l'artifice des riches contribuables trouve moyen d'éluder aux dépens des misérables. » Des commissaires sont nommés pour aviser à la réforme de ces abus, l'intention du roi étant que les diminutions ultérieures profitent exclusivement aux gens qui ont été surtaxés. Un des plus

1. F Joubleau, t. I, p. 15-16. — Il y a quelques lacunes. Les tableaux donnés par M. Joubleau ne parlent pas de la taille de Provence ; 2 millions donnés par le clergé en 1661 sont aussi en dehors, ainsi que la subvention annuelle de 1,292,906 livres. 12 sous 9 deniers payée par le clergé.

2. Forbonnais, t. I, p. 298-311.

grands abus était la prétention des privilégiés nobles, ecclésiastiques ou bourgeois des villes franches, à étendre leur privilége à leurs fermiers. On remit les fermiers à la taille [1]. En 1664, toutes les lettres de noblesse accordées ou vendues depuis 1634 sont révoquées, sauf le cas de signalés services, ces priviléges ayant été conférés « au préjudice de plusieurs paroisses, incapables « depuis lors de payer leur taille, à cause du grand nombre « d'exempts qui recueilloient les principaux fruits de la terre, « sans contribuer aux impositions dont ils devroient porter la « meilleure partie au soulagement des pauvres. » Après les nouveaux nobles, les maires, échevins et autres officiers municipaux, et toute cette portion vaniteuse de la bourgeoisie, qui, pour remplir ou avoir rempli quelque petit office, pour avoir acheté quelque titre de sinécure, prétendait s'exempter de la taille, sont presque généralement dépouillés de leurs priviléges; à plus forte raison les usurpateurs des titres nobiliaires sont-ils sévèrement poursuivis : en Provence seulement, on en découvrit douze cent cinquante-sept [2]. On ne s'attaque pas seulement aux priviléges des individus ou des familles; on commence à porter la main sur ceux des localités. Non-seulement les bonnes villes, mais les campagnes de quelques districts ne payaient pas la taille, en vertu d'exemptions qui remontaient au moyen âge. Le Boulonnais était dans ce cas, et les paysans motivaient leur exemption sur ce qu'ils avaient conservé une milice organisée parmi eux depuis le temps où ils étaient sans cesse en guerre avec les Anglais de Calais. En 1662, le roi ayant décidé de faire cesser cet état de choses, une légère taille fut imposée sur le Boulonnais. Le peuple se révolta, peut-être « excité par la noblesse », dit Louis XIV dans ses Mémoires (t. Ier; Mém. p. 213), et plusieurs milliers d'hommes prirent les armes. Le roi envoya des troupes : la plupart des insurgés se dispersèrent et ne furent point recherchés; de ceux qui essayèrent de se défendre et qu'on prit les armes à la main, quelques-uns furent exécutés; la plupart furent condamnés

---

1. Les privilégiés s'agitèrent si bien et crièrent si fort, qu'en 1667, ils obtinrent de pouvoir faire valoir par intermédiaire jusqu'à deux charrues sans que leurs gens fussent à la taille. *Anciennes Lois françaises*, t. XVIII, p. 103.

2. P. Clément, *Histoire de Colbert*, p. 159-160. — Forbonnais, *Recherches sur les finances*, t. I, p. 316.

aux galères; répression bien rigoureuse, dont Louis XIV s'excuse en quelque sorte, en disant qu'il crut « devoir suivre sa raison plutôt que son inclination »[1].

En 1664 et 1665, nouvelles diminutions d'un million et d'un million et demi sur la taille. Le revenu brut, en 1664, est de 89,243,319 francs[2] : les charges sont à 35,525,214 francs; revenu net, 53,718,105 francs. En 1665, revenu brut, 88,453,641 francs; charges, 39,805,242 francs; revenu net, 58,645,599 francs. Les tailles sont réduites à 35,343,219 francs[3]. En quatre ans, les charges annuelles ont été diminuées de 22 millions et demi, et le revenu net augmenté de près de 36. De tels chiffres en disent plus que toutes les paroles!

Ces brillants résultats ne satisfaisaient pas encore l'âme patriotique de Colbert : il eût voulu non-seulement soulager le peuple et enrichir l'État dans le présent, mais assurer l'avenir par des réformes fondamentales, que ses successeurs n'eussent pas le pouvoir d'ébranler. Ce n'était point assez de diminuer la taille, qu'il comptait bien réduire encore (son vœu eût été de l'abaisser jusqu'à 25 millions) : il eût voulu en changer radicalement le système et substituer, dans toute la France, à la taille *personnelle*, assise sur les ressources des taillables arbitrairement évaluées, la taille *réelle*, assise sur les propriétés non nobles, telle qu'elle existait en Languedoc ou en Provence : c'était cette différence de régime fiscal, bien plus encore que le maintien des États Provinciaux, qui produisait la supériorité de bien-être qu'on remarquait dans ces contrées. Les plus stricts et les plus sages règlements ne réussissaient jamais à faire disparaître les monstrueuses iniquités que facilitait la taille arbitraire. Transporter l'inégalité des personnes aux choses, c'eût été un pas immense vers l'égalité; mais les difficultés étaient en raison de la grandeur de l'œuvre : les classes privilégiées, qui enveloppaient tout le royaume dans

---

1. Œuvres de Louis XIV, t. I; *Mém.*, p. 212-263.
2. Suivant Forbonnais; Mallet diffère de près d'un million en moins; p. 287.
3. Sans la taille et les dons gratuits des pays d'états, évalués à environ 6 millions par Forbonnais, p. 379-388. — En 1664, tous les droits et impôts de circulation furent profondément remaniés dans un célèbre tarif; nous en parlerons à l'article du commerce.

un réseau aux mailles innombrables, étaient disposées à une opiniâtre résistance : elles prenaient même l'offensive en cherchant à réduire les provinces de taille réelle à la condition des autres. Une déclaration royale de février 1666, condamnant les prétentions des nobles provençaux, statua que les biens nobles de Provence continueraient à jouir de la franchise des tailles aux mains des personnes roturières comme des personnes nobles, et que les biens roturiers demeureraient taillables aux mains des personnes nobles comme des roturières. Les nobles, à force de clameurs, obtinrent que la mesure n'eût pas d'effet rétroactif, et que l'on compensât les biens nobles qu'ils avaient vendus et les biens roturiers qu'ils avaient achetés depuis un siècle [1].

Colbert attaqua à son tour. On ne pouvait aborder à la légère cette gigantesque opération : il fallait s'y préparer de loin par de vastes études, par des tentatives partielles; Colbert prit pour terrain d'essai la généralité de Montauban (Haute-Guyenne), la fit cadastrer en trois ans (1666-1669) et y introduisit la taille *réelle*, qu'il assit non-seulement sur les biens-fonds, mais sur les revenus industriels [2], sur les capitaux mobiliers, sur les rentes : les journaliers, ceux qui n'avaient que leurs bras pour vivre, furent complétement exempts, au grand scandale des oisifs et des privilégiés. C'est dans ce *beau règlement*, comme l'appelle avec admiration Forbonnais, qu'il faut chercher la plus intime pensée de Colbert sur le système fiscal : Colbert s'était attaché, et avec raison, aux impôts de consommation, les plus équitables dans un temps de privilége, puisqu'ils échappent au privilége ; mais il ne se dissimulait pas les inconvénients de cette sorte d'impôts, si onéreux pour les classes pauvres, si coûteux et souvent si vexatoires dans leur perception, et, s'il eût vécu après la destruction des priviléges, il eût essayé de demander ses principales ressources peut-être à l'impôt sur les revenus.

Le résultat immédiat ne répondit pas complétement à l'attente de Colbert, par suite des abus qui s'étaient glissés dans la forme

---

1. *Anciennes Lois françaises*, t. XVIII, p. 71.
2. Un dixième du produit présumé dans les villes, un douzième dans les campagnes. — Tous les anoblissements de biens, postérieurs à l'an 1600, furent révoqués.

de la taille réelle, et le ministre réformateur, avant d'appliquer partout le régime essayé dans la généralité de Montauban et d'établir la taille réelle là où elle n'existait pas, jugea nécessaire de la corriger là où elle existait. De grands événements survinrent, qui dérangèrent ses plans et l'obligèrent de s'absorber dans la recherche des ressources financières, au service d'une politique qui n'était plus la sienne : sa pensée avait cessé d'être prépondérante sur les destinées de la France, et ce ne fut qu'après la paix de Nimègue qu'il put revenir à ses desseins. En 1681, il réunit en conférence les intendants des provinces de taille réelle (Languedoc, Provence, Haute-Guyenne), et ceux des provinces de taille *mixte* (Dauphiné et Basse-Guyenne)[1] : de cette conférence sortit un projet de reconstitution de la taille réelle ; le projet des intendants fut converti en loi pour les provinces du Midi, mais Colbert ne put aller plus loin : la mort enleva bientôt ce grand homme à la France et, avec lui, périrent ses desseins pour le bien du peuple. La taille arbitraire subsista encore tout un siècle dans les trois quarts de la France, et, quand elle disparut, ce fut avec l'ancien régime tout entier[2] !

1. En Dauphiné, sur cinq mille feux, quinze cents ne payaient pas la taille. — Monthion, *Particularités sur les ministres des finances*, p. 24.

2. Forbonnais, t. 1, p. 317-319. — Monthion, *Particularités sur les ministres des finances*, p. 22. — Œuvres de d'Aguesseau, t. XIII, p. 35 ; in-4°, 1789 ; *Discours sur la vie et la mort de M. d'Aguesseau* (le père). Ce discours, qu'on peut comparer, par l'élévation morale et religieuse qui y règne, à tout ce que l'éloquence antique et l'éloquence chrétienne nous ont laissé de plus nobles souvenirs, est un véritable monument consacré par le chancelier d'Aguesseau à la mémoire d'un père moins célèbre que son fils, mais non moins digne du respect de la France. D'Aguesseau père, le confident, l'agent préféré de Colbert, fut un de ces hommes de dévouement qui disparaissent dans l'auréole des grands hommes, mais qui sont leurs infatigables, leurs indispensables auxiliaires, et qu'il est juste et pieux de rappeler quelquefois à la postérité trop oublieuse. Le *Discours sur la vie de d'Aguesseau* renferme, sur le caractère et le gouvernement de Colbert, de précieux renseignements auxquels on a eu trop rarement recours. Rien de frappant comme l'histoire de la liaison de d'Aguesseau avec le grand ministre. D'Aguesseau, fils d'un premier président au parlement de Bordeaux, était maître des requêtes et président au grand conseil, quoique fort jeune encore, pendant les premières années du ministère de Colbert. Élevé dans les sentiments et les opinions parlementaires, il était d'ailleurs défavorablement prévenu contre le ministre « par la réputation de dureté que M. Colbert s'était acquise en voulant établir un meilleur ordre dans les finances ». Un jour (c'était en 1665), il avait à rapporter au conseil, comme maître des requêtes, une affaire importante concernant la finance : il la traite en magistrat, Colbert, en contrôleur général ; une vive discussion s'engage entre eux ; d'Aguesseau soutient, sans ménagement et

Dès 1666, les événements du dehors avaient un peu arrêté l'amélioration progressive du système d'impôts : le revenu brut, élevé à 93,585,311 fr., y compris 2,400,000 fr. de don gratuit du clergé, s'était augmenté de plus de 5 millions sur 1,665 ; mais le revenu net, à 59,478,035 fr., ne s'était augmenté que d'environ 800,000 fr., et les charges, au lieu de continuer à décroître, avaient monté de 4,300,000 fr. environ; la taille avait subi une légère crue de 700,000 à 800,000 fr.; elle monta encore de 600,000 à 700,000 fr., en 1667; mais les charges redescendirent de 34,107,256 fr. à 32,554,813, et le revenu net atteignit 63,016,826 fr. sur un revenu brut de 95,571,759 fr.[1]. La guerre de 1666 à 1668, courte et heureuse, ne nécessita que peu d'efforts, et le mouvement d'amélioration reprit son cours dès 1667, malgré les grandes dépenses de fortifications et de bâtiments où s'était engagé le roi et auxquelles Colbert trouva moyen de suffire. Divers droits d'aides furent supprimés; les droits sur les vins furent diminués, et le vieux droit du sou pour livre fut aboli, sur toutes les denrées autres que le vin, dans les villes qui l'avaient conservé. L'année suivante (septembre 1668), parut le règlement général sur les gabelles, que M. de Monthion appelle « un chef-d'œuvre d'in-

avec un remarquable talent, l'avis que lui inspire sa conscience. Le conseil, suivant la coutume, décide en faveur du ministre. On savait que Colbert souffrait peu la contradiction ; l'on croyait la carrière des emplois fermée au jeune maître des requêtes, qui en prenait philosophiquement son parti. — Peu de temps après, d'Aguesseau reçoit la première commission d'intendant qui vient à vaquer. Saisi d'étonnement, il va remercier Colbert : il entre avec crainte et répugnance... il sort plein de confiance et de joie, « moins par les témoignages d'estime qu'il reçut de M. Colbert, que par les bonnes intentions qu'il reconnut en lui pour le soulagement des peuples et pour tout ce qui pouvait contribuer au bien public ».

D'Aguesseau régit successivement, « à la commune satisfaction du ministre et des peuples », les intendances de Limoges, de Bordeaux et de Bas-Languedoc, où il laissa les souvenirs d'une administration modèle, analogue à ce que fut, un siècle plus tard, celle de Turgot. Le chancelier d'Aguesseau fait, des relations de son père avec Colbert, un tableau qu'on prendrait pour une imitation du gouvernement idéal rêvé par l'auteur de *Télémaque*, si l'authenticité n'en était incontestable. D'Aguesseau, dans sa vieillesse, ne cessait d'entretenir ses enfants du bonheur que c'était de servir sous un tel ministre, durant les belles années où « un rival ambitieux et insensible à la ruine de l'état (Louvois) ne paralysait pas encore les bonnes intentions de M. Colbert. On était sûr de lui faire sa cour en ne faisant que son devoir »! Quel témoignage !

1. Forbonnais, t. I, p. 397-402. — Mallet diffère de 3 millions 1/2 en moins sur le revenu brut et le revenu net. Les différences une fois établies, la proportion est la même.

dustrie financière : — il y établit l'organisation la moins défectueuse d'un impôt vicieux par sa nature [1] ». La gabelle forcée, en 1667, avait été abolie et changée en vente volontaire, à prix fixe, dans vingt-deux greniers à sel ; en 1668, même changement dans trente-six autres : il ne resta plus que quarante-huit greniers à gabelle forcée[2]. La taille, en 1668, recommença de recevoir une légère diminution de 700,000 fr.

Le chiffre général de l'impôt continuait cependant à s'accroître et atteignit, en 1668, près de 99 millions, suivant Mallet, et plus de 102, suivant Forbonnais ; les charges s'étaient accrues de nouveau à 57,735,477 fr. ; mais le revenu net avait monté à 64,540,607 fr., suivant Forbonnais, ou 3 millions de moins au dire de Mallet. L'accroissement ne résultait plus d'exactions destructives, mais des progrès que faisaient le commerce, la circulation, la richesse publique, du dégagement du domaine, de l'accroissement du casuel ; les impôts de consommation produisaient de plus en plus à mesure qu'on les dégrevait et qu'on rendait leur perception moins oppressive : les douanes devenaient productives aussi, et l'impôt direct des pays d'états était un peu augmenté, pendant qu'on diminuait celui des pays d'élection, afin de rétablir un juste équilibre. Colbert, néanmoins, trouvait le chiffre général trop fort ; mais les magnificences de la cour étaient très-dispendieuses et les admirables travaux des places frontières et des ports exigeaient de larges ressources.

En 1669, l'impôt général est réduit d'environ 7 millions, pendant que le revenu net s'accroît de plus de 4, que les charges sont réduites de 9, la taille de 2 et la gabelle et les aides encore allégées.

En 1670, le revenu brut et le revenu net montent un peu ensemble : les charges descendent au-dessous de 26 millions ; encore faut-il en déduire 3 millions de remises sur les tailles accordées à des provinces souffrantes : les rentes sur l'Hôtel de Ville sont réduites à 7,246,000 fr. La taille est à peu près station-

---

1. Monthion, *Particularités sur les ministres des finances*, p. 25. — *V.* aussi Bailli, *Histoire financière de la France*, t. I, p. 433.
2. Forbonnais, t. I, p. 565. Il ne resta guère plus qu'un cinquième de la France en gabelle forcée.

naire. C'est là sans doute encore une situation florissante ; cependant, pour la première fois depuis 1661, un fait alarmant apparaît : la dépense réelle dépasse de plus de 10 millions et demi la dépense projetée, et de près de 9 et demi le revenu net. Le faste de la cour, les bâtiments du roi, ont amené ce découvert, malgré les énergiques représentations de Colbert sur ce qu'il y a de vraiment *extraordinaire* à ordonner la dépense sans être assuré de la recette qui la doit couvrir.

Il fallut, pour avoir une ressource immédiate, rehausser le droit sur le vin en gros; premier chagrin de Colbert et première dérogation à son système. On établit, en même temps, sur tous les actes passés entre particuliers, un droit de contrôle proportionnel à l'importance des transactions, avec clause de nullité pour les actes qui seraient soustraits au contrôle (enregistrement)[1]. Le revenu brut et le revenu net furent augmentés de plusieurs millions en 1671, afin de regagner le niveau, et atteignirent les chiffres les plus élevés qu'on eût encore vus sous Colbert ; c'étaient, suivant Forbonnais, 104 millions et demi et 77,648,911 ; suivant Mallet, 100 millions et 73. Colbert parvint à ne pas augmenter la taille, à n'augmenter les charges que d'un million et, après avoir couvert le déficit de 1670, à ménager près de 9 millions pour l'excédant probable de la dépense réelle sur la dépense projetée de 1671. Cet excédant, causé non plus seulement par les *plaisirs du roi*, mais par les préparatifs de la guerre imminente contre la Hollande, dépassa encore de 2 millions la réserve de Colbert.

Ce fut ainsi qu'on atteignit l'année 1672, qui devait avoir, sur l'administration de Colbert et sur les destins de notre patrie, une grande et fatale influence. Les onze années dont on a essayé d'indiquer les principaux résultats furent la plus belle période de l'histoire financière de l'ancienne France. On est heureux de pouvoir s'y reposer quelques moments avant de s'engager dans le récit des temps moins prospères qui vont suivre.

1. Forbonnais, t. I, p. 447.

LIVRE LXXX

LOUIS XIV ET COLBERT, SUITE.

§ I. JUSTICE ET POLICE. — *Grands jours d'Auvergne.* Conseil de justice. Pussort et Lamoignon. Ordonnance civile. Ordonnance criminelle. Hôpitaux. Ordonnance sur la police de Paris. La Reinie. Ordonnances sur les couvents et sur la population. — § II. EAUX ET FORÊTS. AGRICULTURE. CANALISATION. — Ordonnance des eaux et forêts. Règlements sur le commerce des grains. Multiplication du bétail. Routes royales. Riquet. (Canal des deux mers.) — § III. COLONIES. MARINE. COMMERCE. INDUSTRIE. Compagnies des Indes Occidentales et Orientales, du Nord, du Levant. Ports francs. Marine militaire : régime des classes. Ordonnances sur la marine. Constructions navales. Brest et Rochefort. — Edits du *tarif.* Système protecteur. Entrepôts. Manufactures. Statuts et règlements des fabriques. Ordonnance du commerce.

1664-1673.

§ I.

JUSTICE ET POLICE.

Ces hautes et patriotiques conceptions que l'on vient de montrer à l'œuvre dans les finances, on les retrouvera se déployant parallèlement dans les autres branches du gouvernement et de l'économie nationale : majestueux spectacle qu'il n'est pas donné à l'histoire d'offrir souvent aux regards des hommes ! Dans la justice et la police, dans la production agricole et industrielle, dans le commerce et dans la marine, intervient avec une égale sollicitude la pensée de Colbert. Cette intervention est un peu moins patente, mais non pas moins certaine dans les réformes judiciaires que dans le reste.

Dès que la paix des Pyrénées eut permis de reporter les regards sur l'intérieur du royaume, les désordres qui infestaient quelques provinces du centre avaient fait projeter d'y tenir les Grands-Jours, et les énormes abus de la chicane avaient fait commencer quelques travaux pour la réformation de la procédure civile[1]; mais les résolutions efficaces ne furent prises qu'après que Colbert eut exécuté ses principales opérations financières. Les traitants châtiés, on passa aux gentilshommes et aux gens de loi.

Il faut lire la curieuse relation des Grands-Jours d'Auvergne, écrite par Fléchier dans sa jeunesse[2], si l'on veut se faire une idée de la barbarie dans laquelle étaient encore plongées certaines contrées de la France, au milieu de cette brillante civilisation du xviie siècle, et si l'on veut savoir comment vivaient dans leurs terres, au milieu de leurs *sujets*, bon nombre de ces seigneurs qui se montraient si galants et si doucereux dans les ruelles de Paris : on se croirait en pleine féodalité. Un moment étourdis par le marteau du grand démolisseur, qui avait abattu tant de châteaux, les hobereaux montagnards de l'Auvergne, du Limousin, de la Marche, du Forez, avaient repris leurs habitudes sous le faible gouvernement de Mazarin. Protégés par leur éloignement de Paris et du parlement et par la nature du pays qu'ils habitaient, ils intimidaient ou gagnaient les juges subalternes, et commettaient impunément toute espèce de violences et d'exactions. Un seul trait fera comprendre l'état de ces contrées. Il y avait encore, au fond de l'Auvergne, des seigneurs qui prétendaient user du *droit de noces* (droit de jambage), ou, tout au moins, vendre chèrement l'exemption de ce droit aux nouveaux mariés[3]! Le servage de glèbe existait encore dans quelques contrées[4].

1. Gui Patin, *Lettres*, t. II, p. 13-14, 141.
2. L'abbé Fléchier, alors âgé de trente-trois ans, suivit en Auvergne un maître des requêtes dont il élevait le fils et qui fut chargé des sceaux près la cour des Grands-Jours. Sa relation, très-spirituelle, très-facile, mais un peu légère et badine pour un si grave sujet, n'annonce pas beaucoup encore le grand orateur sacré ni le saint prélat, et sent plutôt l'abbé mondain et le goût des ruelles; par obéissance pour la mode du temps, il s'y montre au moins aussi préoccupé des galanteries de la ville que des arrêts du tribunal : on aperçoit toutefois, sous cette légèreté affectée, beaucoup de raison et de nobles sentiments d'humanité. Les *Mémoires sur les Grands-Jours d'Auvergne* ont été publiés, en 1844, par M. Gonod, bibliothécaire de la ville de Clermont.
3. Nouvelle preuve à ajouter à celles que nous avons données de choses dont personne ne doutait au xviie siècle, alors qu'on en avait encore les restes vivants sous les yeux. V. aussi le supplément de Ducange, au mot *Braconagium*.
4. Dans le Combrailles; il n'existait plus en Auvergne, mais les héritages de main-

Le 31 août 1665, une déclaration royale, largement et noblement motivée[1], ordonna la tenue d'une juridiction ou cour « vulgairement appelée les Grands-Jours, » dans la ville de Clermont, pour l'Auvergne, le Bourbonnais, le Nivernais, le Forez, le Beaujolais, le Lyonnais, le Combrailles, la Marche et le Berri. Un président au parlement, un maître des requêtes, seize conseillers, un avocat général et un substitut du procureur général furent désignés pour tenir ces assises extraordinaires. Leurs pouvoirs étaient à peu près absolus. Ils devaient juger en dernier ressort toutes les causes civiles et criminelles, punir les « abus et fautes des officiers desdits pays, » réformer les mauvais usages, tant dans le style de procédure que dans l'instruction et expédition des procès, et vider les procès criminels avant tous autres. Il était enjoint aux baillis, sénéchaux, leurs lieutenants et tous autres juges d'informer incessamment de toute sorte de crimes, afin de préparer la matière des Grands-Jours.

Une seconde déclaration ordonna de mettre garnison chez les contumaces, de raser les châteaux où l'on ferait la moindre résistance à la justice, et défendit, sous peine de mort, de recevoir et d'assister les contumaces.

La publication des édits royaux et la prompte arrivée de *Messieurs des Grands-Jours* à Clermont produisirent dans toutes ces contrées une émotion extraordinaire. Le peuple accueillit les magistrats

---

morte subsistaient encore. V. Fléchier, *Mémoires sur les Grands Jours d'Auvergne*, p. 112, 174.

1..... « La licence des guerres étrangères et civiles, qui, depuis trente ans, « désoloient notre royaume, ayant non-seulement affaibli la force des lois, mais « encore introduit un grand nombre d'abus, tant en l'administration de nos finances « qu'en l'administration de la justice, le premier et principal objet que nous nous « sommes proposé, et celui auquel, après l'affermissement de nos conquêtes, après « la réparation de nos finances et le rétablissement du commerce, nous avons des- « tiné tous nos soins, a été de faire régner la justice, et régner par elle dans notre « État...; mais, comme nous sommes averti que le mal est plus grand dans les pro- « vinces éloignées de notre cour de parlement, que les lois y sont méprisées, les « peuples exposés à toutes sortes de violences et d'oppressions, que les personnes « foibles et misérables ne trouvent aucun secours dans l'autorité de la justice, que « les gentilshommes abusent souvent de leur crédit pour commettre des actions « indignes de leur naissance, et que, d'ailleurs, la foiblesse des officiers (subalternes) « est si grande, que, ne pouvant résister à leurs vexations (des gentilshommes), les « crimes demeurent impunis... Pour remédier à tous ces désordres, nous avons, etc. » — *Anciennes Lois françaises*, t. XVIII, p. 60.

parisiens comme des libérateurs, et l'on a conservé un remarquable monument de sa joie, le chant populaire ou Noël des Grands-Jours[1]. La terreur, au contraire, planait sur les châteaux ; une foule de gentilshommes quittaient la province et la France, ou se cachaient dans les montagnes ; les autres s'efforçaient d'amadouer leurs paysans : « Ceux qui avoient été les tyrans des pauvres devenoient leurs suppliants : il se faisoit plus de restitutions qu'au jubilé. » Les paysans haussaient le ton, à mesure que les nobles s'humiliaient, et, comme il arrive aux

1. A la suite des *Mémoires* de Fléchier sur les Grands-Jours.

Aughâ, gens, aughâ !	Écoutez, gens, écoutez !
Le cco vous reprocha,	Le ciel vous reproche
Qu'aquou ei trop pleghâ,	Que c'est trop plier,
Et, sens gro boughâ,	Et, sans rien bouger,
Vous leissâ raughâ.	Vous laisser ronger.
Laus Grands-Jours	Les Grands-Jours
Ne sont pas toujours.	Ne sont pas toujours.
Embey Noé le temps s'aprocha	Vers Noël le temps s'approche
Par fondre la cliocha ;	Pour fondre la cloche :
Laus fourneaux sont tout chauds,	Les fourneaux sont tout chauds ;
Nous z'avons ce que chaut.	Nous avons ce qu'il faut.
Courraz, curaz de la parocha,	Courez, curé de la paroisse,
Couraz, parrouchaux.	Courez, paroissiens.
L'home de châté	L'homme du château
Au grangei arracha	A l'homme de la grange arrache
Ce que le sauté....	Ce qui le soutient...
Le couchou	Le cochon
Io pré, monn l'auchou,	Il prend, aussi l'oison,
Le chabri, l'agneau et la vacha.	Le chevreau, l'agneau et la vache ;
Annou sio se fâcha,	Encore, s'il se fâche,
Pren l'arère et le biaou,	Prend la charrue et le bœuf,
Et peu l'y douna per la pacha,	Et puis lui donne par la face,
Et laus côs sont siaus.	Et les coups sont siens.
Le noble que diaou	Le noble qui doit
Tout ce que sa raça	Tout ce que sa race
A manghâ de biaou,	A mangé de bœuf,
Tout le vi qu'lo binou,	Tout le vin qu'il a bu,
Moué queuqu'habit nisou,	Et son habit neuf,
Ni pagâ	Ni payer
Ne vo ni pleidiâ ;	Ne veut ni plaider ;
Mas le marchand de chez se chassa,	Mais chasse de chez lui le marchand,
. . . .	. . . .
Par tout payamen le menaça	Pour tout paiement le menace
De côps de baton.	De coups de bâton.
A parler francei,	A parler français,
Chaque gentilhome	Chaque gentilhomme,
Dau matin au sei	Du matin au soir,

hommes qu'on relève subitement d'une oppression profonde, ils entraient dans une espèce d'ivresse, et ne mettaient point de bornes à leurs prétentions ni à leurs espérances. « Si l'on ne leur parle avec honneur, et si l'on manque de les saluer civilement, ils en appellent aux Grands-Jours, menacent de faire punir, et protestent de violence. Une dame de la campagne se plaignoit que tous ses paysans avoient acheté des gants et croyoient qu'ils n'étoient plus obligés de travailler, et que le roi ne considéroit plus qu'eux en son royaume… Lorsque des personnes de qualité et

Foué creschi saus ceys,	Fait croître ses cens (ses droits féodaux),
Et d'un liard n'a seis :	Et d'un liard en a six;
Viaou sens fé,	Vit sans foi,
Prend le pra, le fé,	Prend le pré, le foin,
Le champ et laus chaux dau bounhomme,	Les champs et les choux du bonhomme,
. . . .	. . . .
Bat qué que l'y deiplé,	Bat qui lui déplaît,
Et, comm'un rey dins son royaume,	Et, comme un roi dans son royaume,
Dit qu'aquou l'y plé.	Dit que cela lui plaît.
Vez Cliarmou ou l'yo	Vers Clermont il y a
Queuques gens de roba,	Quelques gens de robe,
Que font, dins que lio,	Qui font dans ce lieu
Moué qu'on ne sonlio,	Mieux qu'on n'avait coutume,
. . . .	. . . .
Aux pleintis,	Aux plaintifs,
Tant iront-ils chaitis,	Tant soient-ils chétifs,
Pas un d'ys ne lieu fé la boba :	Pas un d'eux ne fait la moue :
Qu'a bé foué, z'an troba.	Qui a bien fait le trouve.
Ségur dins son logis,	Tranquille dans son logis,
L'eynoucen ne crent gis;	L'innocent ne craint rien;
Mais le meichant que tua, que roba,	Mais le méchant qui tue, qui vole,
Foué bé de fugir.	Fait bien de fuir.
Tant sio sauvaghou	Tant soit farouche
Le veitit de seda,	Le vêtu de soie,
Loen de sou donjhou,	Loin de son donjon,
Io l'o méma jou	Il a le même joug
Que le boulonghou.	Que le vêtu de toile.
. . . . . .	. . . . . .
. . . . . .	. . . . . .
Dans châtiaux sens pô,	Des châteaux sans pain,
Sens mighâ, ni crouta,	Sans mie ni croûte,
Vi, pichez ni pot.	Vin, pichet ni pot,
Pus nus qu'un tripot,	Plus nus qu'un jeu de paume,
Chacun fut que pôt.	Chacun fuit comme il peut.
. . . .	. . . .
L'home qu'é fautey,	L'homme qui est fautif,
Gentilhome ou gatey,	Gentilhomme ou coquin,
Foué bé d'avé paou de l'harmina	Fait bien d'avoir peur de l'hermine
Amoué dau mortey.	Et du mortier.

de fort bonnes mœurs, qui ne craignoient point la justice la plus sévère, et qui s'étoient acquis la bienveillance des peuples, venoient à Clermont, ces bonnes gens les assuroient de leur protection, et leur présentoient des attestations de vie et mœurs. Ils étoient persuadés que le roi n'envoyoit cette compagnie (des Grands-Jours) que pour les faire rentrer dans leur bien, de quelque manière qu'ils l'eussent vendu, et, sur cela, ils comptoient déjà pour leur héritage tout ce que leurs ancêtres avoient vendu, remontant jusqu'à la troisième génération » [1].

Ce qui aide à comprendre cette prétention des paysans, c'est que, dans les campagnes, les mêmes causes qui avaient réduit les communes à aliéner leurs antiques communaux avaient dû forcer les laboureurs à vendre une foule de petites propriétés acquises à la sueur de leur front et du front de leurs pères [2].

Les Grands-Jours ne pouvaient avoir de tels résultats; c'étaient la diminution des tailles et l'assistance donnée à l'agriculture, qui devaient faciliter au paysan le rachat de son champ ou de sa vigne. Les Grands-Jours firent du moins avec vigueur ce qu'ils avaient mission de faire : ni les dignités, ni les titres, ni les hautes alliances ne préservèrent les coupables. La redoutable compagnie débuta par l'arrestation, le procès et l'exécution d'un des plus grands seigneurs d'Auvergne, le vicomte de La Mothe-Canillac, condamné pour meurtre. Si les exécutions capitales ne furent pas très-nombreuses, cela tint à ce que la plupart des coupables avaient pris la fuite; mais les condamnations par contumace, entraînant la démolition des châteaux et la confiscation des biens, furent en grand nombre : il y eut deux cent soixante-treize contumaces condamnés au gibet, quatre-vingt-seize au bannissement, quarante-quatre à la décapitation, trente-deux à la roue, vingt-huit aux galères. Parmi les criminels jugés en personne, on

---

1. Fléchier, *Grands-Jours d'Auvergne*, p. 55, 177.
2. Il y a, sur le mouvement et les phases de la petite propriété en France, de très éloquentes pages dans le beau livre de Michelet : *Le Peuple*. Nous ferons toutefois nos réserves sur ce qui regarde les ouvrages de Bois-Guillebert. Ce n'est point du tout sous Colbert, comme le prétend Bois-Guillebert, mais, au contraire, pendant la période antérieure, « que la plupart des paysans propriétaires furent obligés de vendre leurs propriétés. » V. Forbonnais, *Observations œconomiques*, t. II, p. 14.

remarque un gentilhomme condamné à trois ans de galères pour avoir tué un paysan. Le grand sénéchal d'Auvergne, parent du condamné La Mothe-Canillac, fut poursuivi au criminel; le grand prévôt du Bourbonnais fut condamné, comme complice d'un meurtre, au bannissement et à une forte amende. Le marquis de Canillac (tous ces Canillac étaient une race diabolique!) fut exécuté en effigie avec le comte d'Apchier, les comtes du Palais, parents de Turenne, et bien d'autres [1].

La cour des Grands-Jours ne se contenta pas de punir le mal; elle tâcha d'en prévenir le retour par de sages règlements : 1° contre les abus des justices seigneuriales; 2° contre les vexations des seigneurs au sujet des corvées à eux dues; 3° sur le style et l'abréviation des procès; 4° enfin, sur la réformation du clergé, qui n'avait pas moins de besoin d'être réformé que la noblesse. Les Grands-Jours furent levés après trois mois d'assises (fin octobre 1665-fin janvier 1666), et la mémoire en fut consacrée par une médaille qui représentait la Justice tenant d'une main le glaive et la balance, et relevant, de l'autre, une femme éplorée, avec cette légende : *Provinciæ ab injuriis potentiorum vindicatæ* (les provinces délivrées de l'oppression des grands).

Les règlements de la cour des Grands-Jours sur les matières civiles obtinrent l'approbation générale et contribuèrent à fonder les bases des grandes ordonnances de 1667 et de 1670. Le règle-

---

[1]. Quelques-uns de ces procès étaient de vrais types du genre ; par exemple, l'affaire du baron de Sénégas. On accusait ce seigneur d'avoir fait des levées d'argent à main armée sur des particuliers et même sur des communautés, d'avoir empêché la levée des tailles du roi, imposé des redevances sur des villages, exigé des corvées indues, démoli une chapelle pour en employer les matériaux à fortifier une de ses maisons, usurpé des dîmes, assassiné deux ou trois personnes, rançonné d'autres individus, enfermé un de ses justiciables durant plusieurs mois dans une armoire humide où il ne pouvait se tenir debout ni assis. Sénégas, qui s'était laissé prendre, manqua l'échafaud d'une voix et fut condamné à la confiscation des biens et au bannissement perpétuel. Le marquis de Canillac était un autre Sénégas, mais avec une nuance de bel esprit railleur et bouffon : il avait à sa solde douze bandits qu'il nommait ses *douze apôtres*, et trouvait mille moyens ingénieux de dépouiller ses *sujets* par force ou par ruse et de leur faire payer dix tailles pour une. — Une histoire plus étrange encore est celle de d'Espinchal, gentilhomme brillant de tous les dons extérieurs et capable de tous les forfaits, qui, condamné à mort pour des assassinats et maints autres crimes, échappa à toutes les recherches par son adresse et son audace, sortit enfin de France pour prendre du service en Allemagne, y combattit plus tard contre son pays et finit par se faire gracier pour des services diplomatiques.

ment sur la réforme des mœurs ecclésiastiques souleva de violentes réclamations au sein de l'assemblée du clergé, qui siégeait alors à Paris : le clergé se plaignit au roi de « l'attentat plein d'horreur de ces laïques, qui s'ingéraient d'ordonner la visite des églises, pour informer si la discipline était observée dans les monastères et si les sacrements étaient administrés dans les paroisses comme ils doivent être. Le roi fit surseoir à l'exécution du règlement, et le conseil, par arrêt du 1er avril 1666, ordonna que, sans tenir compte du règlement nouveau, on observât les ordonnances d'Orléans et de Blois sur ces mêmes objets, avec défense à tous juges laïques de prendre connaissance de l'administration des sacrements et autres matières spirituelles. Le clergé, médiocrement satisfait, n'accepta l'arrêt du conseil que faute de pouvoir obtenir davantage.

Il y avait, sans doute, des choses utiles dans le règlement des Grands-Jours contre les désordres du clergé ; néanmoins la véritable réforme, au fond, eût dû être, non pas d'empêcher les moines et les religieuses de quitter le froc ou le voile après l'avoir pris, mais d'empêcher qu'on fît prendre l'habit de religion à ceux qui n'en voulaient pas. C'est ce que Fléchier paraît déjà fort bien comprendre dans sa relation [1].

Dans le courant de 1666, l'œuvre des Grands-Jours d'Auvergne fut complétée par de semblables assises qu'une commission du parlement de Toulouse alla tenir au Puy en Velai, pour le Velai, le Vivarais et les Cévennes, et par les pouvoirs donnés à d'Aguesseau, intendant de Limousin, pour faire le procès, dans sa généralité financière, « à certains gentilshommes qui commettoient toute sorte de violences et qui avoient à leurs gages des faussaires et des gens de sac et de corde [2]. »

Les Grands-Jours n'avaient été qu'un épisode des réformes judiciaires projetées. Un document très-précieux [3] atteste l'étendue

---

1. *V.* les *Grands-Jours d'Auvergne*, p. 61, et pièces à la suite, p. 398. — A la manière dont Fléchier parle des filles jetées dans les couvents par la tyrannie paternelle, on pressent le généreux libérateur de la *religieuse de Nîmes*.
2. *Œuvres* de Louis XIV, t. II, p. 240. — *Id.* de d'Aguesseau, t. III ; *Discours sur la vie et la mort de M. d'Aguesseau*.
3. Projet de réforme dans l'administration de la justice, par Colbert ; publié dans la *Revue Rétrospective*, n° XI, 2ᵉ série, 3 novembre 1835.

des vues de Colbert en ce qui concernait les choses de la justice et prouve que là, comme ailleurs, l'impulsion principale venait de cet homme universel. C'est un Mémoire au roi, en date du 15 mai 1665. Colbert, rapportant tout au roi, comme de coutume, expose que Sa Majesté a « dit en deux mots tout ce que la plus « profonde méditation des plus habiles hommes du monde pour-« roit inventer sur ce sujet en plusieurs années », à savoir : « qu'elle veut réduire en un seul corps d'ordonnances tout ce qui « est nécessaire pour rendre la jurisprudence fixe et certaine, et « réduire le nombre des juges, comme le seul moyen qui n'a « point encore été tenté d'abréger les procès ; — il ne nous reste », ajoute-t-il, « qu'à expliquer nos sentiments, suivant l'ordre qu'il « a plu à Sa Majesté nous en donner, des moyens que l'on peut « pratiquer pour parvenir à ces deux grandes fins ».

Il propose donc, pour le premier point, la création d'un « conseil particulier pour le fait de la justice, composé de conseillers d'état et des plus habiles avocats de parlement[1] », et divisé en sections pour la justice civile, la criminelle et la police, plus l'envoi de maîtres des requêtes auprès des parlements et des autres cours supérieures, lesquels tiendraient, avec les chefs et les « plus gens de bien » de ces corps, des conférences qui seraient rapportées au conseil de justice. Le roi aiderait et couronnerait ce grand travail par une visite générale de son royaume, dans laquelle les conseillers d'état et maîtres des requêtes à sa suite rendraient la justice ordinaire partout où Sa Majesté séjournerait : toutes autres justices, même celles des parlements, seraient suspendues et expurgées en la présence du roi. Le conseil de justice aurait à reviser toutes les anciennes et nouvelles ordonnances, à examiner la discipline des compagnies pour l'uniformiser, les conflits pour en prévenir le retour, les divers degrés de juridiction pour en diminuer le nombre, les procès et frais pour les réduire.

Quant à la police du royaume, on commencera par s'occuper de Paris, « qui donne facilement le mouvement à toutes les autres

---

1. Cette préférence accordée aux avocats sur les membres du parlement était fort légitime : par suite du prix exorbitant des charges, la plupart des jurisconsultes éminents restaient dans le barreau ou dans les tribunaux inférieurs. Patru resta toujours avocat au parlement; Domat ne fut jamais qu'avocat du roi au présidial de Clermont.

villes ». En ce qui concerne la police générale, il faut « rendre difficiles toutes les conditions des hommes qui tendent à se soustraire au travail qui va au bien général de l'état » ; ces conditions sont celles des officiers de justice, des prêtres, des moines et des religieuses, quand ils sont en trop grand nombre : « Il seroit peut-être bon de rendre les vœux de religion un peu plus difficiles et de reculer l'âge pour les rendre valables, même de retrancher l'usage des dots et des pensions des religieuses [1] ».

Il faut, au contraire « favoriser et rendre honorables et avanta-
« geuses, autant qu'il se pourra, toutes les conditions des hommes
« qui tendent au bien public, c'est-à-dire : les soldats, les mar-
« chands, les laboureurs et gens de journée.

« Après avoir avancé ce travail, peut-être que Sa Majesté vou-
« dra que l'on poursuive pour achever le corps entier des ordon-
« nances, et que l'on examine de même celles qui concernent les
« domaines de la couronne, les finances, les eaux et forêts, l'ami-
« rauté, les fonctions de toutes les charges et offices du royaume...
« les juridictions du grand conseil, des chambres des comptes,
« des cours des aides, cours des monnaies, greniers à sels, et
« généralement, *afin de rendre ce corps d'ordonnances aussi complet*
« *que celui de Justinien pour le droit romain.* »

Pour le second point, la réduction du nombre des juges, Colbert propose l'ordonnance dont on a parlé plus haut (V. p. 53), sur la diminution du prix des charges, mais comme moyen d'arriver à quelque chose de beaucoup plus hardi et plus considérable, c'est-à-dire, à la suppression de l'hérédité et de la vénalité avant sept ou huit ans. Le roi eût remboursé, dans l'intervalle, les charges qui seraient venues à vaquer et fût arrivé à réduire les officiers au nombre où ils étaient cent ans auparavant, et à rendre la justice gratuite en augmentant les gages des juges.

Richelieu, dans son Testament, n'avait pas même osé rêver une telle entreprise. Il ne devait être donné qu'à la Révolution d'accomplir le vœu du ministre de Louis XIV !

Le conseil de justice, constitué d'après le plan de Colbert et pré-

---

[1]. En 1693, les dots des religieuses furent réduites à 500 et 530 livres de rente dans les monastères fondés depuis 1600. Elles furent abolies dans les couvents plus anciens.

sidé par le chancelier, entra en fonctions le 10 octobre 1665 [1] :
Colbert, bien entendu, en fit partie, avec l'oncle de sa femme, le
vieux Pussort, conseiller d'état, qu'il employait beaucoup dans les
affaires judiciaires, et qui était, à ses yeux, un de ces instruments
rigides et inflexibles comme il en faut pour tailler les réformes
dans le vif. Dans la séance d'ouverture, Colbert, sous la forme
adroite d'un doute sur les intentions du roi, provoqua Louis XIV
à ne pas se contenter de réformer l'administration de la justice,
mais à embrasser un plus grand dessein, à savoir « de réduire
tout son royaume sous une même loi, même mesure et même
poids », dessein déjà formé dit-il, par Louis XI, « le plus habile de
« tous nos rois », et depuis par Henri IV. « Quand même la chose
« seroit impossible », ajouta-t-il, « en faisant ses efforts d'y parve-
« nir, Votre Majesté trouveroit assurément tant de belles choses à
« faire, qu'elle seroit dignement récompensée des soins qu'elle en
« auroit voulu prendre [2] ».

Là encore, ce n'était pas la monarchie qui devait réaliser les
vues du ministre patriote. Comme il avait fallu trente ans de
guerre pour accomplir l'œuvre de Richelieu, il eût fallu trente
ans de paix pour accomplir l'œuvre de Colbert, complément de
l'autre : Louis XIV ne les accorda pas. Quelques fragments seulement de la pensée de Colbert sur l'unité des lois prirent corps; la
France judiciaire a vécu de ces fragments jusqu'en 1789.

Si les idées les plus progressives de Colbert ne furent point
effectuées, le plan général de son Mémoire au roi fut cependant
suivi.

Le conseil de justice s'appliqua sans délai à préparer une grande
ordonnance sur la procédure civile : le premier président de
Lamoignon, les avocats généraux Talon et Bignon, et quelques
autres membres du parlement de Paris, furent appelés à coopérer
à ce travail. Suivant le biographe de Lamoignon, Colbert, qui
avait chargé son oncle Pussort de préparer la besogne, voulait en
exclure les parlementaires. Lamoignon, feignant d'ignorer ce

---

1. Et non le 28 octobre 1666, comme le dit le président Hénault. — Il y eut, outre les sections de la justice civile, de la criminelle et de la police, une section des affaires ecclésiastiques et une des affaires de la noblesse.
2. *Revue Rétrospective,* n° XI, 2ᵉ série, 30 novembre 1835, p. 248.

qui se passait, alla trouver le roi et lui proposa de réformer la justice comme il avait réformé les finances. Louis lui dit de se concerter avec Colbert et Pussort. Louis, dans ses Mémoires et Instructions (t. II, p. 272), expose, à ce sujet, que ne voulant ni envoyer l'ordonnance tout simplement au parlement, de peur de « quelque chicane », ni la porter lui-même en lit de justice, de peur qu'on ne dît plus tard qu'elle aurait été enregistrée sans connaissance de cause, il fit appeler les députés de toutes les chambres du parlement chez le chancelier, où les articles préparés furent lus et discutés dans des conférences entre les parlementaires et des commissaires du conseil; s'il s'élevait quelque difficulté *raisonnable*, elle était rapportée au roi, qui décidait[1].

L'Ordonnance Civile, connue aussi sous le nom de Code Louis, parut en avril 1667. C'est un véritable code de procédure en XXXV titres. L'histoire ne peut entrer dans le détail de ces matières spéciales[2]; le préambule indique suffisamment le but de l'édit. Le roi y déclare que les ordonnances sagement établies par ses prédécesseurs pour terminer les procès étaient négligées ou changées par le temps ou la malice des plaideurs; que, même,

1. Lamoignon nourrissait de son côté la pensée d'une législation uniforme pour la France. Assisté de deux savants avocats, Auzanet et Fourcroi, il entreprit un vaste travail pour ramener à l'unité les 285 coutumes qui partageaient la France, entreprise grandiose, mais impossible, le droit coutumier émanant en majeure partie d'un principe essentiellement contraire à l'unité, c'est-à-dire, du principe féodal.

2. Nous croyons devoir toutefois donner les titres de l'ordonnance, pour en faire comprendre la distribution. — I. De l'observation des ordonnances. — II. Des ajournements. — III. — Des délais sur les assignations et ajournements. — IV. Des présentations. — V. Des congés et défauts en matière civile. — VI. Des fins de non procéder. — VII. Des délais pour délibérer. — VIII. Des garants. — IX. Des exceptions dilatoires, et de l'abrogation des vues et montrées. — X. Des interrogatoires sur faits et articles. — XI. Des délais et procédures ès cours de parlement, grand conseil et cours des aides, en première instance et cause d'appel. — XII. Des compulsoires et collations de pièces. — XIII. De l'abrogation des enquêtes d'examen à futur et des enquêtes par *turbes*. — XIV. Des contestations en cause. — XV. Des procédures sur la possession des bénéfices et sur les règles. — XVI. De la forme de procéder par-devant les juges et consuls des marchands. — XVII. Des matières sommaires. — XVIII. Des complaintes et réintégrandes. — XIX. Des séquestres, et des commissaires et gardiens des fruits et choses mobilières. — XX. Des faits qui gisent en preuve vocale ou littérale. — XXI. Des descentes sur les lieux, taxe des officiers qui iront en commission, nomination et rapports d'experts. — XXII. Des enquêtes. — XXIII. Des reproches des témoins. — XXIV. Des récusations des

elles étaient observées différemment en plusieurs cours, ce qui causait la ruine des familles par la multiplicité des procédures, par les frais des poursuites et la variété des jugements, et qu'il était nécessaire d'y pourvoir et rendre l'expédition des affaires plus prompte, plus facile et plus sûre par le retranchement de plusieurs actes inutiles et par l'établissement d'un style uniforme dans toutes les cours et siéges du royaume. Les effets de l'ordonnance civile ont été appréciés, en quelques lignes, par un savant et vertueux magistrat[1]. « La propriété étant moins longtemps incertaine, par l'abréviation des contestations portées devant les tribunaux, les procédures, dont les frais corrodent les produits du sol et de l'industrie, étant mieux réglées et moins dispendieuses, les transactions du commerce furent plus assurées, et, affranchies de ce genre d'impôt judiciaire, laissèrent une plus grande marge aux charges du fisc ».

Une ordonnance d'août 1669 compléta l'édit de 1666, en ce qui concernait les évocations, le règlement de la compétence des juges, les *committimus*, les lettres d'état, les répits aux débiteurs[2].

Plusieurs autres édits furent encore comme autant d'appendices au Code Louis : ce sont l'établissement d'une nouvelle chambre, la

---

juges. — XXV. Des prises à partie. — XXVI. De la forme de procéder aux jugements et des prononciations. — XXVII. De l'exécution des jugements. — XXVIII. Des réceptions de caution. — XXIX. De la reddition des comptes. — XXX. De la liquidation des fruits. — XXXI. Des dépens. — XXXII. De la taxe et liquidation des dommages et intérêts. — XXXIII. Des saisies et exécutions, et ventes des meubles, grains, bestiaux et choses mobilières (on parlera plus loin de cet article, si important pour l'agriculture). — XXXIV De la décharge des contraintes par corps. — XXXV. Des requêtes civiles. — On doit observer que le titre Ier déclara cette ordonnance, comme tous les édits et déclarations que le roi pourra faire à l'avenir, obligatoires pour les officialités aussi bien que pour les tribunaux laïques.

1. M. de Monthion, *Particularités sur les ministres des finances*, p. 56. — D'Aguesseau, cependant, n'admet pas que l'ordonnance ait si bien atteint son but et dit que les officiers ministériels et les juges en annulèrent les effets par le perfectionnement de la science de la chicane. Œuvres de d'Aguesseau, t. XIII, p. 215 ; édit. in-8°. Les causes qu'assigne d'Aguesseau à cette recrudescence du mal se rattachent au retour d'abus fiscaux qui réagirent sur la judicature et qu'il fut impossible à Colbert de prévenir dans ses dernières années.

2. Les deux ordonnances sont dans le recueil des *Anciennes Lois françaises*, t. XVIII, p. 103 et 341. — La publication du Code Louis fut consacrée par plusieurs médailles dont une représente le roi tenant des balances en présence de la Justice, avec cette légende : *Justitias judicanti* (au jugé des juges). — *V.* P. Clément, *Histoire de Colbert*, p. 242.

Tournelle civile, au parlement de Paris, pour le jugement des procès dont l'objet ne s'élève pas à 1,000 écus (août 1669); la réduction des épices et vacations des juges à la taxe faite en chaque procès par le président, tous autres droits étant abolis (mars 1673); la prescription de formules uniformes imprimées aux procureurs, aux huissiers, etc., afin d'établir un style uniforme pour tout le royaume (mars 1673). Cette utile mesure rencontra tant de difficultés, qu'on la révoqua en 1674[1].

Le plus important, le plus sage établissement de Colbert, en ce qui touche le droit civil, fut la publicité des hypothèques. Un édit de mars 1673 constitua le régime hypothécaire à peu près tel qu'il est maintenant : des greffes furent créés auprès des sièges présidiaux pour l'enregistrement des hypothèques; les créanciers qui n'enregistraient pas perdaient leur rang. L'hypothèque du roi sur les biens des comptables et des fermiers, celle des mineurs sur les biens de leurs tuteurs, des femmes sur les biens de leurs maris pour les dots, douaires, obligations contractées avec et pour les maris, celle des enfants, pour leur douaire, « ès coutumes où il leur est propre », étaient réservées de droit sans enregistrement. Si grandes que soient les imperfections qui en appellent aujourd'hui la réforme, le régime hypothécaire était alors un immense progrès, un progrès si hardi, que Colbert ne put le maintenir. Les motifs allégués dans le préambule de l'ordonnance étaient d'établir la sûreté dans les hypothèques et d'empêcher « que les biens « d'un débiteur solvable ne fussent consumés en frais de justice, « faute de pouvoir faire paraître la solvabilité »; mais la pensée intime de Colbert était de protéger les capitaux de la bourgeoisie contre les emprunts de la noblesse, en forçant celle-ci de révéler l'état réel de ses propriétés à ses créanciers et de leur donner un gage bien défini au lieu d'une vague et dérisoire hypothèque générale. C'était encore un moyen de faire refluer vers l'agriculture et l'industrie bien des capitaux qu'engloutissait un luxe

---

1. En janvier 1672, on remarque une première intervention du pouvoir laïque dans la tenue des registres de l'état civil. Il est enjoint aux curés ou vicaires d'apporter au greffe du siége présidial, dans le ressort duquel ils habitent, les registres des baptêmes et mortuaires des quarante dernières années, pour être paraphés par le juge. *Anciennes Lois françaises*, t. XIX, p. 1.

d'emprunt. Les *don Juan* et les *Dorante* trouvèrent très-mauvais de ne plus pouvoir exploiter à leur aise M. *Dimanche* et M. *Jourdain*: les courtisans crièrent si fort contre cette révélation de l'état des familles, que le roi révoqua l'ordonnance dès l'année suivante[1].

Cependant, de la procédure civile, le conseil de justice était passé à la procédure criminelle. L'Ordonnance Criminelle fut publiée en août 1670 [2]. Ce code de procédure criminelle se signale

1. *Anciennes Lois françaises*, t. XIX, p. 73, 86, 89. — La Ferrière, *Histoire du Droit français*, t. I, p. 459; 1re édit.
2. En voici les titres : — Titre I. De la compétence des juges. On y voit que les officiers de robe courte ou juges militaires, prévôts des maréchaux et autres, connaissent en dernier ressort des crimes commis par vagabonds, gens sans aveu ou repris de justice. Les ecclésiastiques, gentilshommes et secrétaires du roi (titre honorifique très-recherché de la haute bourgeoisie) peuvent demander d'être jugés par toute la grand'chambre de celui des parlements où leurs procès seront portés. Les juges-prévôts (juges inférieurs aux présidiaux) ne peuvent connaître des crimes commis par gentilshommes ou officiers de judicature. — Titre II. Des procédures particulières aux prévôts des maréchaux, vice-baillis, vice-sénéchaux et lieutenants criminels de robe courte. — Titre III. Des plaintes, dénonciations et accusations. — Titre IV. Des procès-verbaux des juges. — Titre V. Des rapports des médecins et chirurgiens. — Titre VI. Des informations. — Titre VII. Des monitoires. Les officiaux sont tenus, à peine de saisie de leur temporel, d'accorder les monitoires requis au nom du roi, et les curés et vicaires sont tenus de les publier. Les monitoires enjoignaient, sous peine d'excommunication, à tous particuliers, clercs ou laïques, de révéler à la justice tout ce qui était à leur connaissance relativement aux crimes commis. Les institutions civiles et religieuses étaient encore trop mêlées pour que cette assistance exigée de l'autorité ecclésiastique par le pouvoir judiciaire parût étrange à personne. — Titre VIII. De la reconnaissance des écritures et signatures en matière criminelle. — Titre IX. Du crime de faux. — Titre X. Des décrets (de citation), de leur exécution et des élargissements. — Titre XI. Des excuses ou *exoines* (*exonerationes*, décharges) des accusés. — Titre XII. Des sentences de provisions. — Titre XIII. Des prisons, greffiers des geôles, geôliers et guichetiers. Ce titre prescrit diverses mesures pour empêcher les exactions des geôliers envers les prisonniers. Les prisons seront disposées en sorte que la santé des prisonniers n'en soit point incommodée. Les soins à leur donner en cas de maladie sont réglés. — Titre XIV. Des interrogatoires des accusés. Les interrogatoires seront commencés au plus tard dans les vingt-quatre heures après l'emprisonnement, à peine de dommages et intérêts contre les juges. Les accusés ne pourront obtenir de conseil, si ce n'est en cas de concussion, banqueroute, fausseté de pièces et autres crimes où il s'agit de l'état des personnes. La première de ces dispositions était excellente; la seconde, qui ne faisait, du reste, que confirmer les lois existantes, n'était pas seulement dure, mais injuste au plus haut degré envers les accusés, puisqu'on leur interdisait ce qu'on accordait à leurs adversaires, aux *parties civiles*. — Titre XV. Des récolements et confrontation des témoins. — Titre XVI. Des lettres d'abolition, rémission, pardon, pour ester à droit, rappel de ban ou de galères, commutation de peine, réhabilitation et révision de procès. Ne seront données aucunes lettres d'abolition pour les duels ni pour les assassinats prémédités, pour les rapts avec

par les mêmes mérites d'ordre, de clarté, d'unité, de simplification que l'Ordonnance Civile; beaucoup d'abus de détail sont corrigés; mais, malheureusement, on ne toucha pas au principe du mal, c'est-à-dire aux funestes dispositions de l'ordonnance de Villers-Cotterets (1539), sur la procédure secrète et l'interdiction du ministère des avocats aux accusés dans la plupart des cas[1]. On confirma ces dispositions si entachées d'arbitraire, si contraires aux droits de la défense, si éloignées des vrais moyens d'éclairer la religion des juges. Un esprit de sévérité mal entendu poussa Pussort à faire maintenir les principes de Poyet, le chan-

---

violence, pour les outrages aux magistrats. — Titre XVII. Des défauts et contumaces. — Les contumaces ont cinq ans pour se représenter. — Titre XVIII. Des muets et sourds, et de ceux qui refusent de répondre. — Titre XIX. Des jugements et procès-verbaux de questions et tortures. L'accusé ne pourra être appliqué deux fois à la question pour un même fait. Une fois délié et ôté entièrement de la question, il ne pourra plus y être remis. C'était faire pénétrer une première lueur d'humanité dans la partie la plus odieuse et la plus absurde de la barbare procédure du moyen âge; mais on le faisait aux dépens de la logique, car des institutions dont le principe est radicalement antirationnel et antihumain ne sauraient être amendées. — Titre XX. De la conversion des procès civils en criminels, et de la réception en procès ordinaires. — Titre XXI. De la manière de faire le procès aux communautés des villes, bourgs et villages, corps et compagnies, en cas de rébellion, de violence, de crime collectif; les condamnations seront de réparation civile, dommages-intérêts, amendes, perte de priviléges, etc. — Titre XXII. De la manière de faire le procès au cadavre ou à la mémoire d'un défunt, pour duel, suicide ou mort en résistant par force à justice. Les procès faits aux cadavres pour suicide, acte dont Dieu seul est juge, rentraient dans cette confusion de la religion et de l'ordre civil que l'on signalait tout à l'heure à propos des monitoires. — Titre XXIII. De l'abrogation des appointements, écritures et forclusions en matières criminelles. — Titre XXIV. Des conclusions définitives des procureurs du roi et de ceux des justices seigneuriales. — Titre XXV. Des sentences, jugements et arrêts. Il faut au moins trois juges pour les jugements sujets à l'appel et sept pour les jugements en dernier ressort; si le nombre des officiers du siége est insuffisant, on prendra des gradués (en droit civil). Il faut une voix de majorité pour condamner au premier degré; deux voix en dernier ressort. Le sacrement de confession sera offert aux condamnés à mort, et ils seront assistés d'un ecclésiastique jusqu'au lieu du supplice. Cette dernière disposition est dictée par un sentiment non moins humain que religieux. — Titre XXVI. Des appellations. — Titre XXVII. Des procédures à l'effet de purger la mémoire d'un défunt. — Titre XXVIII. Des faits justificatifs. Les frais de la preuve des faits justificatifs seront à la charge de l'accusé, s'il le peut faire; sinon, ils doivent être avancés par la partie civile, s'il y en a. Mauvaise disposition, résultant de ce déplorable système de justice payée par les plaideurs, que Colbert eût voulu et ne put détruire. — *V.* l'Ordonnance ap. *Anciennes Lois françaises*, t. XVIII, p. 371.

1. La procédure secrète était bien antérieure à 1539, mais pas générale avant cette époque.

celier de 1539, contre les maximes plus sages et plus humaines que soutenait Lamoignon. L'Ordonnance Criminelle est restée, en somme, la moins hardie, la moins novatrice et la moins louable des réformes législatives de Colbert. On peut comprendre jusqu'à un certain point ces erreurs, quand on voit un magistrat tel que d'Aguesseau approuver cette ordonnance.

A ces mêmes habitudes du moyen âge, appartiennent certaines mesures contre les blasphémateurs. Le parlement, en 1647, avait renouvelé toutes les peines atroces d'autrefois contre ceux qui blasphémaient, non pas seulement Dieu, mais les saints : en 1666, une déclaration du roi, tout en supprimant implicitement la peine de mort qu'appliquait parfois le parlement, maintient la peine de la lèvre coupée, à la sixième récidive, et de la langue coupée, si le blasphémateur continue [1].

Par compensation, la raison et l'humanité durent un notable service au gouvernement de Louis XIV : ce fut d'avoir mis fin aux procès de sorcellerie. Une bonne part de cet éloge revient au parlement de Paris, chose singulière pour qui connaît l'esprit stationnaire de ce grand corps. Dès 1660, le parlement de Paris « ne reconnaissoit plus de sorciers; aussi n'y en avoit-il point dans son ressort » [2]. Plusieurs parlements suivaient la même tendance. Le parlement de Rouen, au contraire, s'obstinait à trouver partout des sorciers, et son histoire présente une foule de procès de magie dans la première moitié du xviie siècle [3]. En 1670, il recom-

---

1. *Anciennes Lois françaises*, t. XVII, p. 65; — t. XVIII, p. 86. — En 1681, une sentence du grand prévôt, rendue par ordre du roi lui-même, à qui rapport est fait du procès, condamne un vendeur d'eau-de-vie suivant la cour à avoir la langue percée. — On doit savoir gré à Louis XIV d'avoir banni de la cour et tâché de bannir du royaume les habitudes grossières et impies de jurements et de blasphèmes qui étaient du *bel air* avant lui; mais ce n'était point par ces procédés sauvages qu'il convenait d'attaquer le mal.

2. *Lettres* de G. Patin, t. II, p. 46.

3. Floquet, *Histoire du parlement de Normandie*, t. V, p. 619 et suiv. En 1647, il y avait eu à Louviers un grand procès qui rappelait singulièrement la trop fameuse affaire des religieuses de Loudun. Cette fois, ce fut un ancien ennemi de Richelieu, l'archevêque de Toulouse Montchal, qui, envoyé par la régente à la tête d'une commission, sanctionna la procédure et proclama l'authenticité de la *possession* des religieuses de Louviers : un malheureux vicaire, appelé Boullé, fut brûlé vif à Rouen. Il n'y a pas moyen de chercher ici de prétendues machinations politiques, et la catastrophe de Boullé peut servir à expliquer celle de Grandier. Le rôle que les capucins jouèrent dans les deux affaires complète l'analogie. La différence consiste dans le

mençait de plus belle et avait fait arrêter d'un seul coup trente-quatre sorciers. Le conseil du roi mit ordre à ce beau zèle : des lettres du roi (7 août 1670) commuèrent en simple bannissement l'arrêt de mort déjà prononcé contre quatre de ces malheureux et ordonnèrent de surseoir quant aux autres; puis un arrêt du conseil, en 1672, supprima toutes les procédures faites en Normandie pour raison du crime de sortilége et ordonna d'ouvrir les prisons à toutes les personnes détenues pour ce seul fait. Dix ans plus tard, en 1682, une déclaration royale fixa la jurisprudence pour tout le royaume, maintint la peine de mort pour le seul cas de sacrilége, prescrivit le bannissement des devins et menaça de punitions exemplaires quiconque « surprendroit des personnes ignorantes et crédules par des opérations de prétendue magie ». Les prétendus associés du diable n'étaient plus, aux yeux des conseillers du roi, que des escrocs ou des fous : la raison triomphait dans les ordonnances des hommes d'état comme dans les livres des philosophes [1].

Selon le plan de Colbert, la réforme de la police, prise dans le sens le plus large du mot, avait marché de front avec les travaux sur la jurisprudence civile et criminelle [2].

Les hôpitaux, « par motif de charité et non par ordre de police », comme dit une ordonnance de 1656, avaient attiré l'attention du gouvernement avant le ministère de Colbert : l'esprit de bienfaisance, introduit auprès de la reine mère par Vincent de Paul, avait créé l'hôpital général de Paris, asile de plus de six mille pauvres. La grande question de l'extinction du vagabondage et de la mendicité préoccupait vivement le roi et Colbert [3], et, dès le mois de juin 1662, un édit avait ordonné l'établissement d'un hôpital en chaque ville et gros bourg du royaume, pour les

---

point de départ : à Louviers, la folie des religieuses était venue de confesseurs qui leur avaient enseigné un mysticisme matérialiste et sensuel, une espèce d'adamisme ou de molinosisme. — Floquet, t. V, p. 686 et suiv.

1. Floquet, t. V, p. 718 et suiv. — V. Malebranche, *De la Recherche de la Vérité*, l. II, 3ᵉ part., c. VI; *Des sorciers par imagination et des loups-garous*.

2. Nous parlerons plus loin de ce qui concerne la police des grains et de l'industrie, ces matières demandant à être traitées à part, à cause de leur importance.

3. Le roi projetait de tâcher « qu'il n'y ait personne qui ne soit assuré de sa subsistance, ou par son travail ou par un secours ordinaire et réglé ». Œuvres de Louis XIV, t. I, *Mémoires et Instructions*, p. 154.

pauvres malades, invalides et orphelins, « lesquels seront instruits à la piété et aux métiers dont ils pourront se rendre capables ». Plusieurs villes avaient déjà des institutions analogues, et souvent les meilleures ordonnances royales ne furent que la généralisation de certains établissements municipaux, il faut le dire à la louange de nos vieilles communes [1].

La maison des enfants trouvés, fondée par le vénérable Vincent de Paul, fut érigée en hôpital, unie à l'hôpital général (juin 1670) et augmentée d'une succursale.

L'hôpital général de Paris et les autres maisons analogues rendirent d'immenses services, mais leurs ressources n'étaient pas suffisantes pour donner du travail et du pain à tous ceux qui en manquaient, et, d'ailleurs, les mendiants de profession, population aussi vicieuse que misérable, ne voulaient à aucun prix du travail ni de la vie sédentaire; ce n'était que par force qu'ils entraient à l'hôpital. Le vagabondage subsistait donc et continuait de fournir des recrues aux laquais et aux soldats licenciés qui formaient ces bandes redoutables de malfaiteurs nocturnes, par lesquels

> Le bois le plus obscur et le moins fréquenté
> Est, au prix de Paris, un lieu de sûreté [2].

Pendant le jour même, des rixes et des meurtres avaient lieu parfois jusque dans les galeries du Palais; la mauvaise organisation de la police, de la garde et du guet, trop peu nombreux, trop mal payés, rendait la répression presque nulle.

Tout cela changea. Les défenses aux pages et aux laquais de porter des armes furent renouvelées sous des peines terribles, qui, cette fois, ne furent plus une vaine menace. Les soldats et les agents de police furent réorganisés sur un nouveau pied. De sages règlements furent promulgués pour l'éclairage, le nettoiement et

---

1. *Anciennes Lois françaises*, t. XVIII, p. 18. — *V.* les intéressants détails donnés par M. P. Clément sur le bureau des pauvres de Beauvais, maison de travail où l'on employait les indigents, selon leur âge et leurs forces. — *Histoire de Colbert*, p. 116. — Le Tiers-État, aux États-Généraux de 1614, avait demandé que des hôpitaux fussent partout établis, mais aux dépens de l'Église, conformément à la destination primitive des revenus ecclésiastiques.

2. Boileau, *Satire* VI.

la sûreté de Paris, qui sortit enfin de ses ténèbres et de sa boue séculaires, et une institution nouvelle assura le maintien et la direction vigoureuse de ces salutaires innovations. La charge de lieutenant civil du prévôt de Paris fut supprimée, et ses attributions furent divisées entre un nouveau lieutenant civil, chargé seulement des fonctions judiciaires, et un lieutenant général de police, ayant le soin de tout ce qui regarde la sûreté et la salubrité de la ville, les approvisionnements, la surveillance des halles, des foires, des corps de métiers, et le jugement des délits qui n'emportent pas de peines afflictives (avril 1667). Le premier lieutenant de police de Paris fut le fameux La Reinie, un de ces hommes de tête et de main tels que les savait choisir Colbert. La nouvelle police fut, sous ses fondateurs, un instrument de protection et de sécurité publique; si, plus tard, elle devint une machine d'espionnage, de tyrannie et de corruption au service des passions les plus honteuses, ce n'est pas à eux qu'il faut s'en prendre [1].

L'institution du lieutenant de police ne dépouillait pas le corps de ville de son antique autorité, et la célèbre ordonnance de décembre 1672 régla tout ce qui concernait la police de l'Hôtel de Ville et la juridiction du prévôt des marchands et des échevins, l'approvisionnement et l'économie de la capitale. L'esprit général de cette espèce de charte économique est de protéger le consommateur contre les monopoles et les coalitions des intermédiaires qui se placent entre lui et le producteur [2], et d'assurer autant que possible le bon marché des denrées; mais les moyens employés sont loin d'être tous satisfaisants, et les rédacteurs de l'ordonnance ne comprennent point assez que, puisqu'on ne peut se passer d'intermédiaires, il ne faut pas mettre à leurs opérations licites des obstacles qui finissent par nuire au producteur et au

---

1. *Anciennes Lois françaises*, t. XVIII, p. 100. — Un édit de janvier 1662 avait accordé au duc de Roannez, l'ami de Pascal, et à deux autres seigneurs, le privilège de l'établissement des carrosses à 5 sous, avec des conditions à peu près analogues à celles des *omnibus*. — *Ibid.*, p. 16.

2. En cas de coalition entre les marchands pour accaparer les marchandises et faire hausser les prix par l'emmagasinement dans les ports ou aux lieux d'achat dans les provinces, le prévôt et les échevins peuvent faire amener d'autorité la marchandise à Paris, en remboursant les propriétaires. — La juridiction des prévôt et échevins s'étendait sur la Seine, la Marne, l'Yonne, l'Oise, le Loing et les affluents; leurs jugements étaient exécutés par provision nonobstant appel.

consommateur même. L'ordonnance, pour faciliter l'approvisionnement direct des Parisiens, va jusqu'à interdire aux commerçants d'acheter aucunes denrées dans un rayon de quelques lieues autour de Paris et oblige ainsi les producteurs des environs d'amener eux-mêmes leurs produits sur le marché de la capitale. Ce qui est plus louable, c'est l'abolition des droits de la *compagnie française* sur les transports par eau, « pour laisser l'entière liberté au commerce et exciter les marchands, trafiquant sur les rivières, d'amener des provisions à Paris » ; du monopole de la *marchandise de l'eau*, qui se perdait dans la nuit des siècles, il ne restait plus qu'un léger droit de *hanse*, nom teutonique qui rappelait les Franks.

L'ordonnance sur la police de Paris fut suivie d'un autre édit qui fait époque dans les fastes de la capitale. En février 1674, les seize justices seigneuriales, auxquelles étaient encore soumise une partie de la ville et presque tous les faubourgs, furent supprimées et réunies « au siége présidial et de la prévôté et vicomté de Paris, tenu au Châtelet ». Les seigneurs ecclésiastiques et leurs officiers furent indemnisés par le roi [1].

Tous les efforts du gouvernement, à diverses époques, pour arrêter l'accroissement de Paris avaient été impuissants : l'enceinte, agrandie par Richelieu, était déjà trop étroite. En 1670, on commença d'élever, du côté du nord, par delà les limites de Richelieu, de nouveaux boulevards revêtus de murailles et plantés d'arbres : ces boulevards, fameux dans le monde entier, ont beaucoup changé d'aspect, mais n'ont plus changé de place; seulement, un autre Paris s'est formé au delà des murs rasés et des fossés aplanis.

Des mesures importantes sur la police générale du royaume accompagnent les édits qui touchent spécialement Paris et les autres villes. Tel est l'édit qui interdit sévèrement d'établir de nouveaux couvents sans permission expresse du roi, motivée sur l'avis des autorités ecclésiastiques et municipales.. Les couvents

---

1. *Anciennes Lois françaises*, t. XIX, p. 25; 129. — L'archevêque de Paris eut un brevet de duc et pair et 6,000 francs de rente pour indemnité. — L'édit de 1674 ne fut pas tout à fait définitif; car le prieur de Saint-Martin-des-Champs et l'abbé de Saint-Germain-des-Prés parvinrent à se faire réintégrer dans leurs droits féodaux (1678-1693).

qui s'établiront sans être autorisés ne pourront jamais obtenir l'autorisation après coup; c'était l'indispensable complément de l'interdiction précédente. Des mesures rigoureuses sont prescrites contre les évêques et les officiers royaux ou municipaux qui conniveraient à la violation de l'ordonnance. Toutes lettres d'amortissement accordées aux communautés pour les biens qu'elles acquerraient à l'avenir sont révoquées. Toutes communautés établies depuis trente ans, les séminaires diocésains exceptés, représenteront leurs lettres d'autorisation, pour y être pourvu par confirmation, suppression ou réunion à d'autres monastères (décembre 1666)[1].

Une ordonnance de novembre 1666 offre un contraste significatif avec l'édit contre les couvents. Le roi y déclare, qu'à l'exemple des Romains, imité par la province de Bourgogne dans ses usages particuliers, il a résolu d'accorder des priviléges à la fécondité des mariages. Le roi, donc, exempte de toute contribution aux charges publiques, jusqu'à l'âge de vingt-cinq ans, ceux de ses sujets qui se marient avant d'avoir vingt ans. Tout père ayant dix enfants vivants, nés en loyal mariage, sans qu'aucun soit prêtre ni religieux, sera exempt de toute contribution aux charges publiques, soit d'état, soit de ville et communauté. L'enfant mort sous les drapeaux comptera comme vivant. Tout père ayant douze enfants vivants ou morts sera également exempt. Tous sujets taillables, non mariés à vingt et un ans, seront, au contraire, imposés en proportion de leurs biens, moyens et commerce. Les gentilshommes et leurs femmes, ayant dix enfants vivants ou morts au service, non prêtres ni religieux, auront 1,000 livres de pension : ceux qui en auront douze, auront 2,000 livres. Les bourgeois non taillables et habitants des villes franches, et leurs femmes, auront, dans les mêmes cas, moitié de la pension attribuée aux nobles.

En juillet 1667, on alla bien plus loin : les faveurs accordées

---

1. *Anciennes Lois françaises*, t. XVIII, p. 94. — Un règlement d'octobre 1670 s'attaque à un abus très-scandaleux et très-commun. Certains ecclésiastiques se faisaient donner des cures et des prébendes pour les résigner à d'autres, à charge de grosses pensions, qui mettaient les titulaires hors d'état de desservir ces bénéfices avec l'assiduité et la décence requises. *Ibid.*, p. 423.

aux gentilshommes, les 1,000 et 2,000 livres de pension furent étendues à tous les sujets du roi en pareil cas [1].

Nous ne discuterons pas ici le problème si grave et si complexe de la population. Pendant des siècles, prêtres, hommes d'état, philosophes, ont été d'accord pour représenter l'accroissement indéfini de la population, les uns, comme le signe de la protection du ciel, les autres, comme le principe de la prospérité publique. Depuis que cet accroissement, favorisé par des causes très-diverses, est devenu beaucoup plus rapide, la peur a pris la plupart des politiques et des économistes, qui y voient maintenant un fléau et le principe de la misère. Quoi qu'il en soit de cette question qui en implique tant d'autres et qui ne porte pas sa solution en elle-même, Colbert ne fit que mettre en pratique ce qui était l'opinion universelle de son temps, ce qui était encore, dans le siècle suivant, l'opinion de Montesquieu et de Forbonnais.

L'exclusion donnée, en fait de priviléges et de pensions, aux parents qui avaient des enfants prêtres ou religieux, devait avoir l'excellent effet de détourner les petits nobles et les bourgeois d'imposer par force la profession religieuse à leurs enfants mâles; l'excitation au mariage avant vingt ans ne mérite certes pas les mêmes éloges et ne peut se justifier à aucun point de vue.

La suppression des dix-sept fêtes, accordée par l'archevêque de Paris et par ses confrères, à son exemple, fut, pour l'accroissement de la production et pour le bien-être des travailleurs, un de ces encouragements dont personne ne saurait contester l'efficacité. Cette suppression était bien insuffisante, mais on ne put obtenir davantage [2].

§ II.

EAUX ET FORÊTS. — AGRICULTURE. — CANALISATION.

Comme les ordonnances sur la justice et la police, les règlements sur le domaine et sur les communaux, dont on a parlé plus haut en détail (avril 1667), (voy., ci-dessus p. 50, 56), et le règle-

---

1. *Anciennes Lois françaises*, t. XVIII, p. 90-190.
2. V. *OEuvres* de Louis XIV, t. II, p. 238; an. 1666. — Il resta trente-huit fêtes chômées, ce qui faisait, avec les dimanches, quatre-vingt-dix jours d'inaction par an.

ment général pour les chambres des comptes et pour tous comptables et officiers de finances ¹ (août 1669), sont autant d'applications du plan de Colbert.

Il en est de même de la magnifique ordonnance des eaux et forêts (août 1669). Si quelques parties du système économique de Colbert sont difficiles à défendre contre les économistes modernes, ici, au contraire, on peut affirmer, non-seulement que rien n'a été amélioré, mais que tous les changements apportés aux dispositions capitales de l'œuvre de Colbert ont été désastreux. « Médité et préparé pendant huit années par Colbert et par vingt et un commissaires, choisis parmi les hommes spéciaux les plus habiles... ce règlement seul eût illustré un ministre. Depuis Charlemagne, qui avait aussi organisé le service si important des eaux et forêts, une multitude de lois confuses, contradictoires, étant survenues, les préposés, sans direction et sans responsabilité, permettaient à la cupidité particulière les envahissements les plus préjudiciables au bien public. Le nouveau règlement... fonda l'unité du système dans toutes les provinces et l'uniformité de jurisprudence pour tous les délits ; il fit constater avec exactitude la contenance et l'étendue des bois, détermina leur mode de conservation et d'aménagement, les précautions et les formalités relatives aux coupes et à la vente de leurs produits ² ». On ne peut qu'indiquer ici quelques prescriptions essentielles. — Le quart des bois appartenant aux communes et aux ecclésiastiques doit être en haute futaie, conformément aux ordonnances de 1573 et de 1597. L'état a droit de prendre, dans les forêts des particuliers et des commu-

---

1. L'art. 43 de ce règlement établit que les officiers de finances entrés en charge depuis le 1ᵉʳ janvier 1661, qui ne prendront point part ci-après dans les traités et affaires extraordinaires, ou ne recevront que l'intérêt légal des prêts qu'ils feront au roi, seront exempts de toute recherche de chambre de justice. — *Anciennes Lois françaises*, t. XVIII, p. 311.

2. P. Clément, *Histoire de Colbert*, p. 243. — La juridiction des juges des eaux et forêts était très-étendue et comprenait, entre autres, les délits de chasse et de pêche, les dégâts et entreprises au détriment des rivières. — La pénalité des délits de chasse est un peu adoucie par l'édit de 1669 : la peine de mort disparaît. Défense est renouvelée aux roturiers et à tous ne possédant fiefs, seigneuries ni haute justice, de chasser en aucune manière, à peine d'amende, et de carcan et bannissement temporaire en cas de double récidive. Par compensation, défense rigoureuse aux seigneurs de chasser dans les terres où le blé a levé, et dans les vignes après le 1ᵉʳ mai. — *Anciennes Lois françaises*, t. XVIII, p. 219.

nautés, les bois nécessaires pour la marine et les maisons royales, en payant la juste valeur estimée par experts. Des règles sont prescrites à tous sujets du roi pour les obliger à maintenir dans leurs bois une quantité suffisante d'arbres de haute futaie. Ceux qui possèdent des bois de haute futaie à dix lieues de la mer et à deux lieues des rivières navigables ne pourront les vendre ou faire exploiter, qu'ils n'aient prévenu, six mois d'avance, le grand maître des eaux et forêts et le contrôleur général des finances, à peine de 3,000 francs d'amende et confiscation des bois coupés ou vendus. D'autres articles assurent l'entretien des routes forestières et des chemins de halage le long des rivières. Tous les péages établis sans titre sur les rivières depuis cent ans sont supprimés, à peine de répétition du quadruple contre les seigneurs ou leurs fermiers qui les exigeraient : aucun de ces droits, même avec titre, ne sera maintenu là où il n'est pas motivé par l'entretien d'une chaussée, d'un bac, d'une écluse ou d'un pont à la charge du seigneur ou du propriétaire.

L'intérêt de la navigation maritime et fluviale domine le code forestier de 1669; c'est pour la marine militaire et commerçante que Louis XIV et Colbert, comme ils le disent en termes si nobles dans le préambule de l'édit, protègent avec tant de sollicitude les hautes futaies propres aux constructions navales; l'agriculture, pourtant, n'est point oubliée non plus dans cet aménagement de la partie du territoire qui ne lui appartient pas, mais qui exerce sur son domaine une influence mystérieuse. Non-seulement le défrichement des forêts était défendu sans autorisation expresse, mais il paraît que tous les terrains d'une pente fortement inclinée furent soumis au régime forestier, disposition d'une admirable prévoyance, qui, si l'on eût su la maintenir, eût épargné à la France les conséquences les plus funestes du déboisement des montagnes! L'Ordonnance des Eaux et Forêts est un de ces monuments qu'on peut renverser, mais qu'on ne remplace pas, car ils sont l'ordre et la raison même, et le Code forestier de 1827 est loin d'être un progrès sur le code de 1669. Il n'y aurait rien de plus à souhaiter à la France que le système forestier de 1669[1], complété

---

1. On sent que nous ne parlons que de ce qui regarde le système d'administration.

par un système d'irrigation et par un système de reboisement.

Avec l'Ordonnance des Eaux et Forêts, on vient d'effleurer l'agriculture, à laquelle touche aussi, dans ses articles les plus importants, l'ordonnance sur la police de Paris. Le moment est venu d'aborder l'administration de Colbert sous un autre aspect : après avoir examiné la régie des revenus, le système des impôts, la justice, la police, tout ce qui concerne la direction et la conservation des forces existantes, il faut passer à ce qui peut s'appeler la partie supérieure du gouvernement, c'est-à-dire à la création directe ou indirecte des forces et des richesses nouvelles, à la production ou à l'excitation à produire. C'est là surtout l'œuvre dans laquelle les gouvernements éclairés se montrent les ministres de la Providence : c'est celle aussi où les vues les plus fermes peuvent se troubler, où l'imperfection des facultés humaines arrête, égare parfois les plus vastes génies.

Les mesures adoptées par Colbert au sujet des produits agricoles ont suscité contre sa mémoire, depuis le milieu du XVIIIe siècle, de vives, d'incessantes attaques. Le système d'un gouvernement et d'une époque ne doit point être jugé d'après des maximes purement abstraites, sans tenir compte de l'état du pays ni de la législation antérieure. C'est pourtant ce qu'ont fait les adversaires du grand ministre ; ils ont été plus loin ; ils ont accepté des données fausses sans les vérifier : ils ont suivi des guides infidèles et, lors même qu'ils pouvaient avoir raison sur les principes, ils se sont complètement trompés sur les faits.

Le point de départ de toute cette polémique est dans les deux ouvrages de Bois-Guillebert[1]. Les économistes du XVIIIe siècle, séduits par les propositions neuves et audacieuses, par les asser-

---

1. *Détail de la France;* 1697; *Factum de la France;* 1707 ; suivi du *Traité des Grains.* — Nous avions abordé cet écrivain avec les préventions les plus favorables; mais il est de ceux qu'il ne faut pas éprouver à la pierre de touche de l'histoire! Nous ne jugeons ici que la partie historique de ses livres; nous n'avons point à nous occuper encore de ses intentions ni de ses vues théoriques : nous dirons seulement qu'un examen impartial de l'ensemble de ses travaux permet de comprendre à la fois et le mépris de Voltaire et l'admiration des économistes. Il est étrange qu'un même esprit ait témoigné si peu de jugement et de critique dans l'appréciation des faits, et tant de force et parfois tant de pénétration dans la recherche des lois économiques. *V.* le *Recueil des Économistes financiers du* XVIIIe *siècle*, publié par M. E. Daire, p. 171, 244, 254, 261, 265, 308. Paris, Guillaumin, 1843.

tions tranchantes, par l'espèce d'éloquence incorrecte et abrupte de ce précurseur de leurs doctrines, ont, pour la plupart répété de confiance ses jugements sur le passé, et, quand le plus savant et le plus impartial d'entre eux, Forbonnais, revenant sur la sorte de surprise qu'il avait aussi un moment subie, eut renversé tout cet échafaudage de faits mal étudiés, de dates fausses, de chiffres controuvés, qu'avait déjà si rudement secoué le bon sens de Voltaire, les autres n'en parurent guère tenir compte, et certains de leurs successeurs semblent l'avoir aujourd'hui complétement oublié.

Pour apprécier la valeur de l'acte d'accusation dressé par Bois-Guillebert, il faut le résumer dans toute sa crudité. Si l'on en croit cet écrivain, « durant onze cents ans, les subsides avoient été proportionnés en France aux forces des contribuables, comme ils le sont encore dans le reste du monde, même dans les pays les plus barbares!... » Les chemins avaient été libres (de péages), le commerce, libre, en France comme ailleurs!... Grâce aux parlements, *palladium et Dieu tutélaire de la France*, le royaume « se trouvoit, en 1660, dans l'état le plus florissant où il se fût jamais vu ». Depuis 1660 ou 1661, depuis l'avénement de *prétendus grands hommes*, tout a empiré, tout s'est perdu; le revenu de la France a diminué de 500 ou 600 millions par an; — 500 ou 600 millions, c'est trop peu dire : — de 1,500 millions! — en trente ou quarante ans (il écrit en 1697), la France a perdu la moitié de son revenu; les propriétés ont perdu la moitié de leur valeur; la consommation a diminué des trois quarts. Les causes de cette ruine sont la taille arbitraire et mal réglée, l'accroissement des aides, des péages et des douanes, les *affaires extraordinaires* avec les traitants, enfin, les entraves mises au commerce des grains et les efforts du gouvernement pour maintenir le blé à vil prix, ce qui écrase les producteurs de la première richesse du pays.

On croit rêver en voyant se dresser devant soi ces monstrueux paradoxes. La liberté des transactions, le bien-être, la juste proportion des charges régnant durant tout le moyen âge, et maintenus dans le monde entier, excepté dans la France de Colbert! La France, au comble de la prospérité pendant les guerres étrangères et civiles et le pillage universel, est précipitée par Colbert du haut de cette prospérité ! Les abus de la taille, des aides, des péages, des affaires avec les traitants, imputés à Colbert, qui a arraché la France aux traitants, qui n'a touché à la taille que pour la diminuer et en réprimer les abus par les mêmes moyens que Sulli, qui n'a touché aux aides, du moins pendant les dix premières années de son ministère, que pour les réduire et demander l'accroissement du revenu à l'accroissement de la consommation, signe infaillible de l'accroissement du bien-être public, qui enfin n'a touché aux péages et aux droits d'exportation (les blés à part), que pour en diminuer le nombre et le poids !...

Exposer de telles folies, c'est les réfuter ! Reste toutefois une question sérieuse, celle du commerce des grains et des restrictions à ce commerce.

Et d'abord, existait-il avant Colbert, sur cette matière, un système de liberté, et Colbert y a-t-il substitué un système d'interdiction?

Non; il n'existait pas de tel système ! Le régime antérieur à Colbert consistait en alternatives d'exportation sans droits et sans réserve, et de brusques interdictions. L'exportation illimitée, combinée avec l'absence de magasins, amenait la cherté[1] : la prohibition tardive ne ramenait pas la denrée enlevée à bas prix par l'étranger, ne calmait pas les paniques qui exagèrent l'enchérissement bien au delà du déficit réel, et les entraves mises à la circulation intérieure par les autorités locales changeaient la cherté en famine; les réserves en grains entretenues par quelques villes, mieux administrées que les autres, ne soulageaient que ces villes et n'empêchaient pas qu'on mourût de faim alentour[2]. Ce qu'on peut admettre, c'est que l'exportation était plus souvent permise que défendue, et que la cherté était fréquente : le peuple,

---

1. L'autorité n'emmagasinait pas, empêchait les marchands d'emmagasiner et ne le permettait aux cultivateurs que dans de certaines limites.

2. M. Pierre Clément, dans son estimable et consciencieuse *Histoire de Colbert*, où nous regrettons qu'il ait trop cédé aux préventions des économistes, dit que le libre commerce des grains avait été de *droit commun*, depuis Charlemagne jusqu'à la fin du règne de Charles V. C'est une grave erreur : il n'y avait pas de *droit commun* au moyen âge; tous les excès du despotisme et tous les abus de la licence s'y coudoyaient; la circulation des grains y était soumise aux paniques et aux caprices des

écrivait Jean Bodin au xvie siècle, aime mieux la guerre que la paix, parce qu'en temps de guerre, les grains restent en France au lieu de passer en Angleterre et en Espagne. Sous le ministère de L'Hospital, les mesures restrictives dominent et pour le dedans et pour le dehors. La plus ancienne tentative faite pour généraliser les principes de prévoyance adoptés par quelques cités appartient au chancelier Birague, le premier de nos ministres qui ait régi les intérêts matériels du royaume sur un plan systématique : un édit de 1577 prescrivit à toutes les villes d'entretenir des réserves pour trois mois, et ordonna la libre circulation de province à province. En même temps, la défense faite en 1569 aux propriétaires et fermiers de garder leurs blés plus de deux ans dans les greniers, fut renouvelée. Sulli lui-même n'érigea point du tout la libre exportation en principe légal ; il la favorisa par des permissions qu'il paraît avoir renouvelées annuellement, et maintint avec fermeté la circulation intérieure contre les autorités locales, toujours prêtes à l'entraver.

Les alternatives d'exportation et de prohibition recommencèrent sous Louis XIII et sous Mazarin : il y eut d'énormes variations de prix, des disettes cruelles ; on peut affirmer que jamais, depuis les Guerres de Religion, les campagnes n'avaient été aussi malheureuses que durant la période de 1650 à 1660, présentée par Bois-Guillebert comme le point culminant de la prospérité.

Louis XIV et Colbert prirent le gouvernement en main dans de douloureuses circonstances. Après trois années de prix élevé et à peine supportable, le blé avait enchéri d'une manière effrayante par suite de la très-mauvaise récolte de 1661, et le parlement de Paris, par un arrêt rendu quinze jours avant la chute de Fouquet (19 août 1661), avait défendu aux marchands de contracter

---

seigneurs, des communes, des officiers royaux. L'extrême difficulté des transports devait d'ailleurs rendre à peu près nul le commerce des grains à distance. *V.* Bailli, *Histoire financière de la France,* t I, p. 57, sur les Établissements de saint Louis, qui essaya de détruire dans le domaine royal les abus les plus criants et les monopoles, en déterminant les cas exceptionnels où l'exportation d'un district dans un autre pourrait être interdite. Sous Philippe de Valois, un édit prohiba tout achat de grains n'ayant pas pour objet la consommation immédiate. Les mesures analogues abondent pendant le xive et le xve siècle.

aucune société pour le commerce du blé et de faire aucun amas de grains, et autorisé les cours de justice à réserver, pour la consommation de leurs justiciables, les blés recueillis dans l'étendue de leur ressort. C'est ainsi que les parlements, *ces dieux tutélaires de la France*, comme les appelle Bois-Guillebert, protégeaient le libre commerce des grains, que ce même Bois-Guillebert proclame le salut de l'état. Et l'arrêt de 1661 n'était nullement un fait exceptionnel. Cet arrêt, reproduit par les autres parlements, ne manqua pas d'aggraver le mal qu'il était destiné à combattre. La disette arriva, dans certaines provinces, jusqu'à la plus affreuse famine [1].

Le roi et le ministre firent tout ce qu'il était possible de faire, selon les idées du temps. Malgré les arrêts des parlements, qu'on accuse à tort Colbert d'avoir maintenus, le gouvernement obligea les provinces à s'entre-secourir et à secourir Paris [2] : il contraignit « les particuliers à ouvrir leurs magasins et à exposer leurs denrées à un prix équitable : » ce sont, du moins, les propres termes de Louis XIV dans ses Mémoires (t. Ier, p. 152). On peut condamner, au nom de la science, le *maximum*, qui d'ailleurs est presque toujours illusoire; mais il est juste de rappeler que la fixation du prix des denrées par les autorités royale, provinciale, municipale, avait toujours existé en droit et en fait; on retrouve les denrées taxées jusque dans les coutumes, dans les lois permanentes [3]. L'importation des grains étrangers était habituellement libre : le gouvernement la provoqua en exemptant du droit de 30 sous par tonneau les navires étrangers qui apporteraient du blé; on fit venir par mer, de Dantzig et d'autres ports lointains,

---

1. Forbonnais, *Recherches sur les finances de France*, t. I, p. 291; — et *Observations œconomiques*, t. II, p. 14-17. — Bailli, *Histoire financière de la France*, p. 452. — V. les tristes détails donnés par M. P. Clément sur la misère des provinces du centre; *Histoire de Colbert*, p. 118 et suiv. — Suivant M. Clément, le prix du muids de blé, de 158 livres, où il était en février 1659, prix déjà fort élevé, monta à Paris jusqu'à 346 livres en juin 1662. Dans les provinces, ce fut bien pis : le muids se vendit à Blois jusqu'à 650 livres.

2. Il fallut employer la contrainte pour faire venir de Guyenne à Paris vingt-cinq mille sacs de blé que voulait retenir le parlement de Bordeaux. P. Clément, *Histoire de Colbert*, p. 112.

3. V. Dutot, *Essai sur le Commerce*; dans le Recueil des *Économistes financiers du dix-huitième siècle*.

des grains achetés aux frais de l'épargne et que l'état revendit en partie à un prix modéré et distribua gratuitement pour le reste. Le roi fit distribuer jusqu'à cent mille livres de pain par jour à 2 sous la livre. On tâcha de soulager les grandes villes avec du blé, les campagnes avec de l'argent. Ces remèdes furent toutefois bien insuffisants : le mal, qui avait atteint son plus haut période durant l'été de 1662, ne diminua que faiblement après la récolte de cette année, qui ne fut pas bonne, et ne cessa pas avant la récolte de 1663 [1].

Ces calamités produisirent sur Colbert une impression profonde. Il chercha les moyens d'en prévenir le retour. Le régime antérieur, sous lequel on allait au hasard, pendant des années, d'un extrême à l'autre, lui parut condamné par ses fruits. Il se fit un système : ce ne fut point du tout, comme on l'a souvent répété, l'interdiction absolue d'exporter, ce fut l'interdiction ou la permission avec droits ou même sans droits, suivant l'appréciation que le gouvernement ferait annuellement de la récolte et des ressources nationales. On n'a pas conservé les arrêts du conseil relatifs aux grains pendant les premières années qui suivirent la disette de 1661-1663; mais on en possède un grand nombre de 1669 à 1683, et l'on y voit que l'exportation fut autorisée neuf ans sur quatorze. Huit arrêts l'autorisent, moyennant un droit de 22 francs par muid; cinq, avec des droits inférieurs de moitié ou des trois quarts; huit, avec exemption de tous droits. Le maximum de 22 francs par muid représenterait un droit de 2 francs à 2 francs 35 centimes environ de notre monnaie par hectolitre [2], ce qui n'a sans doute rien d'exorbitant. Il importe d'ajouter que la prohibition durant cinq années sur quatorze n'était point un état normal aux yeux de Colbert, et que les arrêts du conseil la motivent le plus souvent sur la nécessité de faire subsister de grandes masses de troupes pendant la guerre de Hollande et

---

1. *OEuvres* de Louis XIV, t. I, *Mémoires et Instructions*, p. 153. — *Lettres* de G. Patin, citées par M. P. Clément, *Histoire de Colbert*, p. 112.
2. Le muid pesait 18 hectolitres 72/100. — Le marc d'argent était à 26 fr. 10 s. avant 1678; à 29 fr. 6 s. 11 d. de 1679 à 1683. Bois-Guillebert parle d'un droit de 66 fr. le muid : ce droit n'a jamais existé sous Colbert et fut apparemment établi par ses successeurs.

d'empêcher les ennemis de venir chercher des ressources en France. En temps de paix, la prohibition eût été plus rare.

Ce n'est pas à dire assurément que le système adopté par Colbert ait été le meilleur possible : il avait des inconvénients graves; il ne donnait pas aux négociants en grains, utiles agents du nivellement des prix, la latitude nécessaire pour calculer leurs opérations; et, d'une autre part, il ne réglementait pas l'importation, qui doit être régie par une loi correspondante à la loi de l'exportation, sous peine de léser le producteur national. On peut regretter que Colbert ne soit pas arrivé à l'idée de l'échelle mobile des droits, à laquelle sa conception pouvait le conduire [1]; mais on ne peut l'accuser, s'il a mieux fait qu'on ne faisait avant lui, ce qui est de toute évidence.

Colbert, on doit en convenir, ne souhaitait pas que la France fît un grand commerce de grains au dehors : travaillant à créer une puissante industrie et, par conséquent, à développer la consommation intérieure en créant un peuple industriel à côté du peuple agricole, il préférait que les produits de la France servissent à nourrir les travailleurs français. Avait-il si grand tort, au moins dans le présent? Après tout, le marché par excellence pour les denrées de première nécessité, c'est le marché intérieur : tout accroissement de population ou de bien-être dans le pays, toute amélioration dans les routes et les canaux, ouvre au producteur agricole un débouché supérieur aux débouchés lointains. L'importation et l'exportation des grains n'opèrent, en temps normal, que sur des quantités bien restreintes relativement à la consommation d'un grand peuple. Le commerce extérieur doit être considéré moins en lui-même que pour sa valeur d'opinion : ce doit être une sorte de régulateur des prix qui empêche la denrée de tomber dans l'avilissement, par la possibilité de tenter fortune au dehors, et qui l'empêche de s'élever artificiellement, en opposant aux manœuvres des accapareurs la possibilité de la concurrence étrangère.

1. Nous ne parlons pas du droit fixe, égal sur l'importation et l'exportation, que des esprits très-éclairés préfèrent à l'échelle mobile. Ce système était beaucoup plus éloigné de l'ordre d'idées où se trouvait Colbert. Il a de grands avantages pour le commerce; mais, en cas de disette, il rencontrerait de graves difficultés : comment maintenir le droit d'importation en présence d'un peuple affamé?

Le mal réel, sous Colbert, fut beaucoup moins dans les restrictions à l'exportation que dans les entraves au commerce intérieur. Les ordonnances sur la police de Paris, surtout la grande ordonnance de décembre 1672, sont hérissées de gênes et de formalités rigoureuses. Interdiction de vendre les grains ailleurs que dans les lieux à ce destinés. Défense d'aller au-devant de la denrée et de l'acheter en chemin. Défense d'acheter la denrée sur les ports pour l'y revendre. Défense aux revendeurs, aux hôteliers, d'acheter qu'à certaines heures et en petite quantité. Les forains (marchands du dehors) doivent vendre sur le port même les grains et farines amenés par eau, et ne pas les débarquer ni les emmagasiner, sinon sur permission de l'échevinage, au cas où la denrée serait en péril de se gâter; la denrée, dans ce cas, doit être ramenée sur le port, dans un délai fixé, pour y être vendue. Une fois la vente ouverte, le premier prix accepté ne pourra être augmenté. Défense d'acheter les blés en vert et avant la récolte.

Quelques-unes de ces prescriptions pouvaient être nécessaires; mais il en est d'autres que personne aujourd'hui ne soutiendrait et qui ont dû être nuisibles dans tous les temps. Là, toutefois, pas plus qu'en ce qui regarde l'exportation, Colbert n'a empiré l'ordre antérieur. L'ordonnance de 1672 n'est pas autre chose, en cette matière, que l'ordonnance de 1415 rajeunie, laquelle n'avait jamais cessé d'être le code de la police de l'Hôtel de Ville[1]. Tout ce qu'on peut reprocher ici au grand ministre, c'est de n'avoir point amélioré.

Maintenant, quels ont été les résultats effectifs de l'administration de Colbert sur le prix des grains et la prospérité de l'agriculture? Il est certain que Colbert se préoccupa beaucoup de l'idée d'empêcher les variations exorbitantes qui écrasent le consommateur pauvre et qui ne sont nullement dans le véritable intérêt du producteur; mais est-il vrai que, sous lui, le cultivateur ait été ruiné par l'avilissement permanent du prix de sa denrée? Voici sur quoi Bois-Guillebert se fonde pour l'affirmer : il établit une prétendue loi économique suivant laquelle le prix des blés, du milieu du xvie siècle au milieu du xviie, aurait doublé tous les

---

1. *Anciennes Lois françaises*, t. XIX, p. 25. — *V.* ci-dessus, p. 86, et comparez avec l'édit de 1415; *Anciennes Lois françaises*, t. VIII, p. 430.

trente ans, par suite de la multiplication des métaux précieux et parallèlement à l'enchérissement de toutes les autres denrées. Depuis 1660, cette progression aurait été arrêtée violemment : le prix du blé aurait baissé au lieu de continuer à monter comme celui des autres denrées. En supposant que les chiffres donnés par Bois-Guillebert fussent authentiques, il eût dû ne pas confondre la valeur nominale et la valeur intrinsèque des monnaies, erreur qu'il commet perpétuellement, et ramener la livre nominale de 1550 et celle de 1650 à l'étalon commun du marc d'argent. Non-seulement il ne l'a pas fait, mais, quand on le ferait pour lui, sa loi d'accroissement, ainsi réduite, resterait encore une exorbitante exagération; car ses chiffres sont controuvés. D'après Dupré de Saint-Maur et Forbonnais, le prix du setier de Paris équivalait en moyenne, au milieu du xvie siècle, à 13 ou 14 livres [1]; sous Charles IX et Henri III, dans les années où la guerre civile ne sévit pas, il vaut 15 à 16 livres; sous Henri IV, vingt ou trente ans plus tard, à l'époque éminemment agricole de Sully et d'Olivier de Serres, 15 à 16 livres encore; l'enchérissement ne vient que sous Louis XIII, de 1621 à 1626, où le prix monte à 23 livres 8 sous, puis à 37 livres, mais par disette, et où le gouvernement de Richelieu s'efforce d'arrêter cette hausse accidentelle, en prohibant l'exportation. Enfin, sous Mazarin, de 1637 à 1660, le setier revient à un peu plus de 25 livres. En un siècle et plus, le prix n'a donc pas tout à fait doublé; mais, qui plus est, les 25 livres ne sont pas un prix normal, mais un prix exhaussé par la rareté de la denrée, résultat de la misère et du découragement du paysan. Il est donc naturel que l'abondance du produit et la sécurité du travail amènent quelque baisse sous Colbert [2], une fois la famine de 1662 passée : la moyenne, de 1665 à 1685, paraît avoir été d'environ 22 livres, avec moins de variations et de crises qu'on n'en avait encore vu [2]. Ce prix était,

---

1. Nous suivons les évaluations faites par Forbonnais en monnaie de son temps (vers 1760) : le rapport de la livre ou du franc au marc a subi depuis une variation de 10 p. 0/0.

2. Forbonnais, *Observations œconomiques*, t. I, p. 3-12. — Les moyennes, en statistique, n'ont une valeur un peu sérieuse que quand elles portent sur une période qui n'est point traversée par des crises extraordinaires. Sur une période de dix ans, une année de famine rend la moyenne du prix des grains tout à fait illusoire. M. Clé-

au prix du temps de Sulli, presque comme 3 à 2, et équivaudrait aujourd'hui à 15 francs l'hectolitre; ce prix, aujourd'hui encore, malgré l'énorme dépréciation qu'a subie l'argent depuis un siècle et demi, ne serait trop faible que d'un quart à peine.

Sont-ce bien là ces conditions ruineuses, cet écrasement de l'agriculture, qui ont été le sujet de tant de déclamations[1]?...

ment, *Histoire de Colbert*, p. 276, donne la moyenne de 1643 à 1662 comparée avec celle de 1663 à 1682. Dans la première de ces deux époques, il y eut deux famines, en 1650 et 1662, sans compter les chertés; dans la seconde époque, il n'y en eut point. Il n'y a donc pas lieu à comparaison.

1. Nous trouvons, dans les pièces à la suite des *Mémoires sur les Grands-Jours d'Auvergne*, p. 401, un tarif des vivres à Clermont en 1665-1666, qui prouve que le prix du pain n'était nullement avili relativement aux autres comestibles. Le pain de pur froment est taxé à 9 deniers les 10 onces, ce qui ferait aujourd'hui environ 12 c. 3/4 le 1/2 kilogramme. Le pain 2/3 froment, 1/3 seigle est à 10 deniers la livre, près de 35 c. le pain de 2 kil. Le bœuf est à 2 s. la livre, aujourd'hui 20 c.; le mouton et le veau, 3 s. la livre (30 c.); la paire de chapons, 20 à 30 s. (2 à 3 fr.); la viande était donc proportionnellement à meilleur marché que le pain. — Nous avons entre les mains les titres et les baux d'une terre du Vexin, un des pays dans lesquels Bois-Guillebert a cherché le plus d'exemples: de tout le laps de temps compris entre le milieu du XVIIe siècle et le milieu du XVIIIe, c'est la première moitié du ministère de Colbert, la moitié pendant laquelle ce ministre dirigea la France selon ses principes, qui offre le prix de fermage le plus élevé. On ne peut tirer de conclusions d'un fait particulier; mais nous sommes persuadés que ce fait se reproduirait à peu près partout où l'on ferait des recherches analogues. Forbonnais, à une époque pourtant où il n'avait pas encore rejeté complètement les données de Bois-Guillebert, a démontré, dans ses *Recherches sur les finances de France*, t. I, p. 297-299, que la condition du peuple des campagnes était beaucoup plus mauvaise vers 1750 qu'au temps de Colbert; une des causes de cette décadence, suivant lui, était un avilissement des grains postérieur à la mort de Colbert et devenu permanent, de sorte qu'en 1754, les blés, contrairement à l'enchérissement de tout le reste, étaient à beaucoup plus bas prix qu'en 1683. Les restrictions au commerce, très-aggravées après Colbert, avaient pu rendre la baisse exagérée en France; mais la baisse était un fait général en Europe, un fait indépendant des lois et de la police; et l'Angleterre, tout en adoptant, depuis 1688, un système de hausse factice par les primes à l'exportation et les restrictions à l'importation, n'était parvenue qu'à maintenir chez elle une moyenne de 22 livres 10 s. le setier, presque exactement la moyenne de Colbert. V. *Observations œconomiques*, t. II, p. 18 et suivantes, sur les causes de cette baisse. La cause la plus générale doit être l'extension même de la culture du froment, qui auparavant était presque une denrée de luxe, et qui, produit plus économiquement par de meilleurs procédés de culture, est devenu l'aliment du plus grand nombre. Nous avons suivi les chiffres de Forbonnais: ceux de Messance (*Recherches sur la population*) sont encore plus favorables à Colbert au point de vue agricole. On y peut suivre l'avilissement graduel du blé depuis le commencement jusqu'au milieu du XVIIIe siècle. — Nous sommes étonné que M. Joubleau, dans ses *Études sur Colbert*, riches de faits et de documents nouveaux, n'ait pas tenu plus de compte des observations décisives de Forbonnais, et qu'il ait répété que Colbert avait « porté un coup mortel à l'agriculture. »

Non-seulement le prix du blé ne fut point avili sous Colbert, mais l'abaissement n'en fut pas suffisant pour assurer du pain de froment à prix modéré à tous les travailleurs des ateliers que créait ce ministre, et la majorité des classes laborieuses dut continuer à se nourrir de grains inférieurs.

Si, en examinant isolément la délicate question du commerce des blés et en reconnaissant les abus du système restrictif, on voit néanmoins se dissiper la fantasmagorie évoquée contre Colbert ; si l'on est forcé d'avouer que les campagnes furent dans une meilleure condition[1] sous lui qu'elles n'avaient été auparavant, qu'elles ne furent après, de bien des années[2], que sera-ce si l'on rapproche de la question des grains l'autre face du problème agricole, la question des bestiaux? Quel est, aux yeux de tout agronome, le vrai signe de la prospérité agricole? — La multiplication du bétail, générateur des récoltes abondantes et source des profits du laboureur.

On va voir ce que fit Colbert à ce sujet.

Après avoir promis des gratifications, des primes aux receveurs des tailles qui auraient fait rentrer l'impôt dans le délai fixé, *sans poursuites ni contraintes*[3], il passe aux encouragements directs.

En 1663, l'ancienne défense de saisir les bestiaux de labour pour la taille est renouvelée.

Le droit de pied fourché sur le bétail est aboli à vingt lieues autour de Paris.

La pauvreté de la plupart des fermiers et des métayers ne leur permettait pas de se procurer du bétail pour l'engraisser, en

---

1. Meilleure, ou moins mauvaise, si l'on veut; car, pour bonne, elle ne pouvait l'être, tant que subsisteraient les droits féodaux, la dîme, la taille arbitraire et la gabelle forcée. Ici, la main d'un grand ministre ne suffisait pas! — A ce propos, remarquons en passant qu'on prétend que la dîme ne pesait pas sur le paysan, qu'elle diminuait seulement la rente du propriétaire oisif; comme s'il n'y eût pas eu des paysans propriétaires! Beaucoup de paysans avaient déjà en toute propriété des morceaux de terre; une infinité d'autres avaient des terres à cens perpétuel, ce qui était une vraie propriété grevée seulement d'une rente invariable : ceux-là payaient bien la dîme à leurs dépens!

2. Les faits affligeants que cite M. Clément (p. 278-279), et qui sont postérieurs à 1672, prouvent bien qu'il y avait encore de grandes misères dans les campagnes, mais non pas que ces misères n'avaient point été et ne redevinrent pas beaucoup plus générales et plus permanentes.

3. Bailli, *Histoire financière de France*, t. I, p. 491.

dehors des bêtes de labour et de charroi : une multitude d'entre eux n'étaient pas même propriétaires de leurs attelages; il fallait encourager les propriétaires et les capitalistes à donner des bestiaux à cheptel aux fermiers [1]. Une ordonnance intervint donc, qui défendit de saisir, pour la taille des chepteliers, plus du cinquième des bestiaux donnés à cheptel, et d'en rien saisir pour la solidarité entre les chepteliers et leurs coparoissiens [2].

En 1667, une disposition du code Louis (tit. XXXII, art. 14) ordonne qu'en cas de saisie, on laissera aux personnes saisies une vache, trois brebis ou deux chèvres.

La même année, l'ordonnance sur les communaux, à la suite des belles dispositions dont on a parlé ci-dessus (page 56), proclame la prescription suivante :

« Attendu qu'il seroit impossible de rétablir la culture des terres
« et de les améliorer par les engrais en laissant les bestiaux sujets
« aux saisies, nous défendons aux huissiers et aux sergents de
« saisir ni vendre aucuns bestiaux pendant quatre années, soit
« pour dettes de communautés ou particulières, à peine d'inter-
« diction et de 3,000 livres d'amendes, sans préjudice du privi-
« lége des créanciers qui auront donné des bestiaux à cheptel, et
« des propriétaires des fermes et terres pour leurs loyers et fer-
« mages. »

L'interdiction de saisir les bestiaux pour dettes fut renouvelée de quatre ans en quatre ans, tant que vécut Colbert.

L'effet de ces mesures fut tel, que, dès 1669, la France, non-seulement n'avait plus besoin de tirer du bétail de l'étranger, ni pour elle-même ni pour ses colonies, mais qu'elle en avait à revendre, suivant les propres paroles de Colbert. La multiplication des bestiaux fut si rapide, qu'elle dépassa les besoins de la consommation, moins prompts à s'accroître, et que les campa-

---

1. On sait que, par cette sorte de contrat, le fermier partage avec le prêteur le croît et le profit du bétail prêté, et rend à la fin du bail le même nombre de têtes qu'il a reçu.

2. Forbonnais, *Recherches sur les finances*, t. I, p. 320. — Même après ces importantes restrictions à la saisie pour la taille, Colbert recommandait encore expressément aux receveurs de ne saisir les bestiaux non exempts que très-rarement, « à la dernière extrémité et pour effrayer. » — P. Clément, *Histoire de Colbert*, p. 267.

gnards se plaignaient, en 1670, de n'avoir point un débit suffisant de leurs bêtes. On les avait cependant protégés, et par une augmentation des droits d'importation, qui repoussait presque entièrement les bestiaux d'Allemagne et de Flandre, et par la suppression des droits d'entrée et de sortie sur les bestiaux de province à province[1]. Colbert, au reste, s'il subit l'influence du préjugé contre l'emmagasinage des blés par les négociants, n'en maintint pas moins à l'intérieur la libre circulation des grains comme des bestiaux : ce sont deux questions qu'il ne faut pas confondre[2].

L'accroissement et l'amélioration des races chevalines, la plus noble branche de la domestication des animaux, la plus importante peut-être par son double rapport avec la richesse agricole et la puissance militaire, ne pouvait manquer de partager les soins de Colbert avec la multiplication du bétail. Il s'en occupa aussitôt après son avénement et là, comme pour les eaux et forêts, ce qu'il fit est resté le modèle de tout ce qui se peut et se doit faire. Un arrêt du conseil fut rendu, le 17 octobre 1665, afin de rétablir les haras ruinés par les guerres et désordres passés, et « même les augmenter en telle sorte, que les sujets du roi ne « fussent plus obligés de porter leurs deniers dans les pays étran- « gers pour achats de chevaux. » Le roi avait fait acheter des étalons en Frise, en Hollande, en Danemark et en Barbarie, et ordonna de distribuer les carrossiers sur les côtes, depuis la Bretagne jusqu'à la Garonne, « où il y a des cavales de taille nécessaire à cet effet », et les barbes dans l'intérieur du Poitou, de la Saintonge et de l'Auvergne. Divers priviléges sont accordés aux particuliers chargés du soin des étalons, que l'on confie à des propriétaires aisés, plutôt que de les réunir dans des établissements dispendieux; les cavales qui auront servi à la reproduction et les poulains qui en seront provenus ne pour-

---

1. Lettres de Colbert, du 10 juin 1669, dans Forbonnais, *Recherches sur les finances*, t. I, p. 321, et du 28 novembre 1670, dans P. Clément, p. 268.

2. Il faut encore ajouter aux bienfaits de Colbert envers les campagnes l'ordonnance par laquelle les habitants de la Picardie, de la Champagne et des Trois-Évêchés, qui avaient si cruellement souffert de la guerre, obtinrent remise de la moitié des arrérages des rentes foncières qu'ils n'avaient pu payer depuis le commencement de la guerre jusqu'en 1661. *V.* Forbonnais, *Recherches*, etc., t. I, p. 313.

ront être saisis pour tailles, impôts, ni dettes de communautés[1].

Ce qui n'était pas moins essentiel à l'agriculture que les encouragements à l'éducation du bétail et des chevaux, c'était l'amélioration des moyens de transport par terre et par eau, réclamée aussi avec urgence par l'industrie et par le commerce. A quoi bon, en effet, produire des denrées qu'on ne pourrait faire parvenir jusqu'aux consommateurs? Colbert fit beaucoup pour la viabilité nationale; il reprit la trace de Henri IV et de Sulli, répara les anciennes routes, en construisit de nouvelles, commença ce bel ensemble de routes royales, qui fut continué, après lui, par le xviii° siècle, protégea la navigabilité des rivières contre les usurpations des riverains qui les obstruaient, et couronna ses travaux en ce genre par une création impérissable, le canal des Deux Mers. Sans doute, la gloire principale appartient à l'homme extraordinaire qui, sans le secours de la science et par la seule force de son génie naturel, osa concevoir et sut amener à bien l'entreprise colossale que le préjugé déclarait impossible; mais cet homme ne fût jamais parvenu à son but, s'il n'eût rencontré au faîte du pouvoir un autre homme qui le comprit, l'aima, le soutint avec une invincible persévérance contre les obstacles des préventions et de l'envie. A des inventeurs tels que Riquet, il faut des patrons comme Colbert.

La pensée de mettre en communication par un canal l'Océan et la Méditerranée n'était pas nouvelle. Il semblait que l'unité territoriale de la France ne serait pas complète, tant que notre commerce naval serait obligé de faire le tour immense de l'Espagne pour passer d'une de nos mers dans l'autre. Aussitôt que le génie français, perfectionnant les inventions de l'Italie, eut fait, au xvi° siècle, la découverte décisive des canaux à point de partage, et que l'on jugea possible de réunir les bassins de deux fleuves malgré les terrains élevés qui séparent leurs eaux, Adam de Crapone, le grand ingénieur provençal, proposa la réunion des deux mers par la Garonne, l'Ariége et l'Aude. Les plus brillantes espérances se rattachèrent à cette idée : on se figura que le commerce, non-seulement de la France, mais de l'Europe, déserte-

---

1. *Anciennes Lois françaises*, t. XVIII, p. 63.

rait la voie du détroit de Gibraltar, dès qu'un passage lui serait ouvert à travers la France méridionale. Les Guerres de Religion survinrent, qui ajournèrent tous les travaux et tous les progrès ; puis Henri IV et Sulli, sans méconnaître la valeur du projet de Crapone, s'attachèrent à un autre plan de cet homme illustre et ouvrirent le canal de Briare comme point de départ d'un grand système de canalisation. Depuis, des études avaient été ordonnées à plusieurs reprises, par les gouverneurs et les États du Languedoc ; mais le canal des Deux-Mers demeurait toujours un simple projet. La différence de niveau entre le Haut et le Bas-Languedoc, la sécheresse et l'inégalité du terrain, l'énorme difficulté de s'emparer des eaux de la montagne Noire [1] qui pouvaient seules alimenter le canal, effrayaient les plus hardis. Un jeune officier de finances, « un homme de gabelle », comme il s'intitule modestement lui-même dans sa correspondance, presque sans lettres et sans études mathématiques, mais né géomètre comme Pascal, résolut le problème par des observations patientes que dirigeait cet instinct ou plutôt cette intuition miraculeuse qui fait les inventeurs. Pierre-Paul Riquet trouva le point de partage le plus convenable, non point entre l'Ariége et l'Aude, comme le voulait Crapone, mais entre les deux petites rivières de Fresques et de Lers, qui vont, la première à l'Aude, la seconde à la Garonne. C'était au lieu nommé les Pierres-de-Naurouse, peu éloigné de Castelnaudari, à deux cent cinquante-trois mètres au-dessus des deux mers. Maître de tout son plan, certain du succès, il s'adressa à Colbert et proposa intrépidement de tenter à ses frais le premier essai de conduite des eaux sur une petite échelle. Il fut autorisé et réussit (1665).

L'entreprise fut décidée ; mais les frais en devaient être considérables : ni le roi ni Colbert ne voulaient mettre la dépense entière à la charge du trésor, et les États de Languedoc ne montraient que du mauvais vouloir. Riquet proposa de se faire entrepreneur aussi bien qu'ingénieur du canal, pourvu que le roi se chargeât d'indemniser les propriétaires dont on prendrait les terres, et que le canal, les rigoles qui devaient l'alimenter et les

---

1. Grand rameau détaché des Cévennes, qui court au sud-ouest, dans la direction des Pyrénées et relie presque ces deux systèmes de montagnes.

chaussées lui fussent données en fief perpétuel avec droit exclusif de bâtir, sur les bords du canal, des moulins, des magasins, etc. La question de savoir s'il convenait que le canal restât entre les mains de l'état ou fut aliéné à des particuliers fut débattue dans le conseil du roi. L'offre de Riquet fut acceptée. Il est tout à fait improbable que Colbert ait regardé l'abandon de la propriété des grandes voies publiques aux particuliers comme une chose bonne en elle-même : l'imperfection des moyens et du personnel qui étaient à la disposition du gouvernement, dans un temps où l'état ne pouvait pas même percevoir directement l'ensemble des impôts et se trouvait forcé d'en livrer la plus grande partie à des fermiers, voilà évidemment ce qui décida Colbert à suivre l'exemple donné par Richelieu, lors de l'achèvement du canal de Briare de 1638 à 1642). Il est fâcheux que le gouvernement de Louis XIV n'ait pas cherché le moyen terme d'une très-longue jouissance, d'une emphytéose séculaire.

Un édit d'octobre 1666 donna force de loi à la proposition de Riquet. Le roi fixa les droits à percevoir sur les transports et, en créant un certain nombre d'offices vénaux au profit de l'entrepreneur, obligea indirectement les États de Languedoc à prendre leur part de la dépense par le rachat qu'ils firent de ces offices onéreux.

Riquet dévoua tout ce qui lui restait de vie à l'exécution de sa grande œuvre : huit mille, dix mille, parfois jusqu'à douze mille ouvriers, y travaillèrent incessamment pendant près de quinze années. Des rigoles de vingt lieues de développement allèrent arracher aux flancs sauvages de la montagne Noire des torrents d'eau qu'elles conduisirent au bassin de Naurouse, point de partage d'où les deux branches du canal furent dirigées l'une vers l'Aude, l'autre vers la Garonne. Afin de se prémunir contre les sécheresses, on ferma par un énorme barrage en maçonnerie le vallon de Saint-Féréol, dans la montagne Noire, au-dessous de Revel ; on arrêta dans ce vallon les eaux qu'y versait la montagne et on le changea en un lac artificiel de sept mille deux cents pieds de longueur, trois mille de largeur et cent vingt de profondeur. La plus courte des deux branches du canal, qui rejoint la Garonne à Toulouse, fut achevée en 1672 ; la seconde branche, plus que triple en étendue, demanda huit à neuf ans encore et se compliqua d'une autre grande opération.

On avait reconnu qu'on ne pouvait se servir de l'Aude, cours d'eau trop insuffisant, et qu'il fallait continuer la branche orientale du canal jusqu'à la mer. La double embouchure de l'Aude, par Narbonne et par Vendres, n'aboutit qu'à des lagunes très-basses (les étangs de Bages et de Vendres), qui débouchent elles-mêmes sur des rades sans profondeur. On laissa l'Aude à droite ; on traversa plusieurs lits de rivières, l'Orbe, l'Hérault, etc., et l'on dirigea le canal sur l'étang de Thau, le seul des lacs salés de cette côte qui puisse porter des navires d'un fort tonnage. Entre ce lac et la mer, s'élève le promontoire de Cette, au pied duquel les États de Languedoc, en 1598, avaient déjà établi un port. On fit déboucher le canal dans l'étang de Thau, puis on joignit l'étang au port par un autre canal de mille pas et l'on creusa le port afin de le rendre capable de recevoir des vaisseaux de cinq à six cents tonneaux. La position était si heureusement choisie, que Cette est encore aujourd'hui le seul port notable du Languedoc et que son importance va croissant.

Riquet n'eut pas la joie d'inaugurer lui-même son glorieux ouvrage : il mourut le 1er octobre 1680, et la jonction des deux mers fut accomplie au printemps de 1681. Le canal de Languedoc a environ cinquante-six lieues (de vingt-cinq au degré) de Toulouse à Cette, et soixante-quinze écluses y remédient à la double inclinaison des deux bassins traversés. Sa profondeur est de neuf pieds ; sa largeur de quarante. Il coûta environ 17 millions (à peu près le double en monnaie d'aujourd'hui). L'admiration témoignée par Vauban, lorsqu'il inspecta les travaux après la mort de Riquet, est la mesure du respect que mérite cette création supérieure aux plus imposants travaux des Romains. Le résultat matériel ne fut pas aussi magnifique qu'on l'avait espéré : les inconvénients des transbordements de marchandises et les incertitudes de la navigation de la Garonne empêchèrent le commerce extérieur d'abandonner le détroit de Gibraltar pour le chemin nouveau qu'on lui offrait ; mais le canal n'en fut pas moins un bienfait inestimable pour les communications intérieures des diverses parties de notre Midi, et surtout pour les échanges entre la région agricole de Toulouse et d'Agen et la région industrielle du Bas-Languedoc. Le canal, suivant l'expression de d'Aguesseau, devint l'âme et la vie du Languedoc [1].

L'œuvre de la canalisation de la France n'a plus été interrompue : avant la fin du xviie siècle, le canal des Deux-Mers fut repris et prolongé, sous des noms divers, de Cette à Aigues-Mortes et jusqu'au Rhône, et alla chercher aux lieux de production les sels et les vins de ces contrées. Pendant ce temps, une nouvelle communication fut ouverte entre la Loire et la Seine. Le canal de Briare, qui débouche à Montargis dans le Loing, affluent navigable de la Seine, assurait les communications de la Haute-Loire avec Paris, autant que le permettent les caprices de ce fleuve; mais les bateaux de la Loire inférieure, pendant les sécheresses de l'été et par les vents d'est, ne pouvaient remonter jusqu'à Briare. Le frère du roi, à qui le duché d'Orléans avait été donné en apanage en 1661, offrit d'entreprendre, d'Orléans à Montargis, un canal dans lequel on rassemblerait les eaux de la forêt d'Orléans, moyennant que ce canal fût joint à son apanage, ce qui fut exécuté (1679-1692). Enfin, l'illustre Vauban exécuta, dans le nord de la France, des travaux de canalisation dont on parlera en même temps que de ses travaux militaires, et prépara des projets qui n'ont été complétement réalisés que de nos jours. Parmi ces projets, l'idée du canal de Bourgogne, qui devait réunir les bassins du Rhône et de la Seine par la Saône et par l'Yonne, avait passé de Henri IV et de Sulli à Colbert [2].

---

1. *Histoire du canal de Languedoc*, par les descendants de P.-P. Riquet de Bonrepos, 1 vol. in-8°. — *Discours sur la vie et la mort de M. d'Aguesseau*, ap. Œuvres du chancelier d'Aguesseau, in-4°, t. XIII. D'Aguesseau père, intendant de Languedoc de 1673 à 1685, seconda puissamment Riquet. — *Mémoires pour servir à l'Histoire du Languedoc*, par M. de Basville (successeur de d'Aguesseau dans l'intendance). — *Vie de J-B. Colbert* (par Sandraz de Courtils), réimprimée dans les *Archives curieuses*, 2e sér., t. IX, p. 81-89; ouvrage malveillant et médiocre, mais qui renferme des détails précieux sur les travaux publics sous Colbert. — P. Clément, *Histoire de Colbert*, p. 202-212. — F. Joubleau, *Études sur Colbert*, t. I, p. 273-283. — *Encyclopédie Nouvelle*, art. Canal, par M. L. Reynaud.

2. *Anciennes Lois françaises*, t. XIX, p. 187. — Costaz, *Histoire de l'administration en France*, t. I, p. 62. — *Encyclopédie Nouvelle*, art. Canal, par M. L. Reynaud.

§ III.

COLONIES, MARINE MARCHANDE, MARINE MILITAIRE, COMMERCE ET MANUFACTURES.

L'histoire des routes et des canaux amène naturellement sur le terrain de l'industrie, du commerce et de la marine, objets pour lesquels Colbert a fait de si grandes choses, et des choses non moins controversées que ses mesures relatives à l'agriculture.

On a déjà exposé plus haut (p. 9 et suivantes) la situation où se trouvait la France commerciale sous Fouquet, à la veille de l'entrée de Colbert dans le ministère. La marine marchande et militaire était presque anéantie, l'effet du nouveau droit différentiel n'ayant pas encore eu le temps de se faire sentir. Le commerce et l'industrie étaient gênés, étranglés, non par un système quelconque, mais par une aveugle fiscalité. La tentative systématique faite sous Charles IX par le chancelier Birague[1], afin de favoriser le travail national en prohibant les produits des manufactures étrangères, avait été mal soutenue. Les habitudes fiscales ne s'accommodaient ni de la prohibition des marchandises étrangères, ni de la suppression des droits de sortie sur les marchandises nationales; la fiscalité défendait son domaine comme chose inviolable, et l'exportation, qui, au moyen âge, avait toujours supporté la plus forte partie des droits de douane, la supportait peut-être encore en 1661! Quant à l'organisation intérieure de l'industrie, aucune modification considérable n'y avait été apportée par la législation depuis les ordonnances de 1581 et de 1597. L'édit de 1581 avait généralisé l'obligation imposée aux artisans, pour pouvoir travailler à leur compte, de se faire recevoir *maîtres*, soit par les jurés des métiers là où il y avait *jurande*, soit par les officiers royaux là où les jurandes n'existaient pas; en même temps, à la vérité, les conditions de la maîtrise avaient été rendues moins difficiles et moins onéreuses, et quelques garanties avaient été données aux aspirants contre le mauvais vouloir et les exactions des anciens maîtres, toujours disposés à barricader

---

1. *V.* notre t. IX, p. 383.

l'entrée de la corporation. Les artisans établis avaient cessé d'être complétement cloués au lieu où ils avaient été reçus maîtres, et pouvaient, bien qu'avec quelques restrictions, transporter ailleurs leur industrie. L'édit de 1597 avait soumis le commerce aux mêmes règlements que l'industrie. Il subsistait toutefois quelques asiles privilégiés de travail libre, et quelques exemptions étaient accordées çà et là à certaines professions, à certaines classes de personnes. Aux États-Généraux de 1614, le Tiers, dans son cahier demeuré justement fameux, demanda le rapport des ordonnances de 1581 et de 1597, la suppression de tout droit de réception sur l'artisan qui lève boutique, l'abolition des corps de métiers et des jurandes établis depuis 1576, et le libre exercice des métiers qui n'étaient point érigés en corporation avant cette époque, sauf visite des ouvrages et marchandises par experts, l'abolition des compagnies privilégiées pour le commerce extérieur et les colonies, et la pleine liberté du commerce[1], trafic et manufactures à l'intérieur du royaume, combinée avec le système prohibitif de Birague vis-à-vis de l'étranger.

Les vœux du Tiers-État n'avaient point été exaucés, mais le lien de l'organisation industrielle s'était relâché à quelques égards, et il s'était introduit une confusion qui profitait parfois au travail libre, au prix de luttes et de tiraillements continuels entre les corporations et les particuliers qui prétendaient travailler isolément et qui, là où il existait des jurandes, succombaient le plus souvent sous les procès et les tracasseries. En général, le désordre servait plutôt les monopoleurs qu'il ne leur nuisait, et c'était plutôt les règlements utiles que les abus qui tombaient en désuétude. Les marques de fabrique, les garanties de la qualité des marchandises, devenaient illusoires; mais les corporations savaient bien maintenir ou aggraver la domination tyrannique des maîtres sur les apprentis et l'exploitation du consommateur par les marchands.

Colbert apporta au pouvoir un système complet sur toutes ces matières. Rétablir les industries déchues ou souffrantes, créer celles qui n'existaient pas encore, attirer en France tous les genres

---

1. Il n'est pas question ici du commerce des grains, considéré comme tout à fait à part.

de fabrication qu'on peut y pratiquer, y compris les industries de luxe, contre lesquelles les lois somptuaires s'émoussaient toujours et dont il fallait se décider à recevoir les produits de la main des nationaux ou de celle des étrangers;

Reprendre, quant aux douanes, le plan essayé par Birague, mais en l'améliorant et en substituant presque généralement la protection, qui excite au travail, à la prohibition absolue, qui encourage la paresse;

Organiser les producteurs et les commerçants comme une puissante armée soumise à une direction intelligente et active, afin d'assurer la victoire industrielle de la France par l'ordre et l'ensemble des efforts, et d'obtenir la meilleure et la plus belle qualité des produits, en imposant à tous les travailleurs les procédés reconnus les plus perfectionnés par les hommes compétents;

Alléger les entraves fiscales qui gênaient la circulation;

Rendre à la France la part qui lui appartient dans le commerce maritime du monde; lui restituer le transport de ses produits que lui enlevaient ses voisins, surtout les Hollandais; agrandir, développer les colonies et les attacher exclusivement à la mère-patrie comme productrices et consommatrices, ainsi que faisaient les autres nations; envoyer dans les Indes Orientales le commerce français chercher directement les marchandises de la Haute-Asie, au lieu de les recevoir par l'intermédiaire des Hollandais, et assurer du moins à notre marine le bénéfice de ce transport, puisqu'on ne pouvait se passer d'un trafic réputé désavantageux à l'Europe (le commerce de la Haute-Asie se soldait presque entièrement en argent et attirait en Orient une grande partie des métaux précieux extraits d'Amérique par les Espagnols);

Organiser les gens de mer et le commerce lointain en grands corps comme l'industrie et le commerce intérieur, et donner pour soutien à la puissance commerciale de la France une marine militaire établie sur des bases inébranlables et dans des proportions jusqu'alors inconnues.

Aussitôt les finances restaurées, Colbert attaqua les questions commerciales par les colonies et par le commerce maritime. Il avait débuté par toucher aux douanes d'une façon qui, de prime abord, pouvait paraître contraire à son but. La Hollande avait réclamé avec beaucoup de force et de persévérance contre le droit de 50 sous par tonneau qui frappait sa navigation : dans un traité d'alliance, renouvelé entre la France et les Provinces-Unies le 27 avril 1662, la France accorda une concession : à savoir que les 50 sous par tonneau ne seraient exigés des navires hollandais qu'une seule fois pour chaque voyage, à la sortie et non à l'entrée des ports français, et que les navires qui venaient charger du sel ne paieraient que moitié du droit[1]. La mesure adoptée par Fouquet avait été un peu brusque et un peu rude, et nos provinces maritimes elles-mêmes, dont on rompait les relations sans être encore en mesure de les dédommager, avaient joint leurs plaintes à celles des étrangers : des considérations diplomatiques relatives au Portugal et à l'Angleterre militaient aussi en faveur des Hollandais.

C'était reculer pour avancer plus sûrement : Colbert, pendant ce temps, travaillait avec ardeur à mettre le commerce français en état de se passer de ces onéreux commissionnaires. Le gouvernement, en 1663, racheta des mains de la compagnie de la Nouvelle-France le Canada, Terre-Neuve et l'Acadie[2]. Puis, de 1664 à 1665, il retira successivement toutes les Antilles françaises des mains des particuliers qui les avaient achetées de la compagnie des Iles, et qui s'en faisaient des espèces de principautés féodales[3]. La compagnie de Madagascar et des Indes Orientales remit également au roi un privilége dont elle était incapable d'user, bien qu'un héroïque aventurier nommé Lacase, qui avait pris un ascendant extraordinaire sur les Malegaches, eût récem-

---

1. Dumont, *Corps diplomatique*, t. VI, 2ᵉ part., p. 412. — Le droit fut maintenu intégralement sur les navires anglais. — Les Hollandais conservèrent le droit de faire en France toute espèce de trafic, sauf celui des fanons et de l'huile de baleine, attribué par Fouquet à une compagnie privilégiée.

2. Dès 1644, la compagnie, se sentant impuissante à exploiter son privilége, avait cédé tous ses droits utiles aux colons, moyennant une redevance de mille peaux de castor par an : elle n'avait donc plus qu'une simple suzeraineté.

3. La Martinique, Sainte-Lucie, la Grenade et les Grenadines, vendues 60,000 livres par la compagnie, furent rachetées 220,000 livres par l'état; la Guadeloupe et ses dépendances, vendues 73,000 livres, furent rachetées 125,000. Saint-Christophe, Sainte-Croix, Saint-Barthélemi et la Tortue, avec les prétentions sur Saint-Domingue, avaient été léguées à l'ordre de Malte par l'acquéreur, qui les avait payés 120,000 livres; le roi les racheta 500,000. — Forbonnais, *Recherches sur les finances*, t. I, p. 324.

ment sauvé la petite colonie française compromise par l'intolérance imprudente d'un missionnaire (1663-1664)[1]

Colbert eut alors à choisir entre deux partis : livrer les colonies et la grande navigation au commerce libre, en protégeant les colons et les navigateurs par des établissements militaires au compte de l'état et en conservant à l'état l'administration directe des colonies; ou bien reconstituer de nouvelles compagnies plus riches, plus nombreuses, plus fortement organisées et plus énergiquement soutenues par le pouvoir royal. Au commencement du siècle, une voix digne d'être entendue, la voix du Tiers-État, s'était prononcée contre les compagnies privilégiées; mais, depuis, le système des monopoles avait prévalu dans les états maritimes. A l'exemple des compagnies fondées par Richelieu, qui avaient mal réussi, on opposait les succès des compagnies anglaises et hollandaises : l'éclatante fortune de la compagnie hollandaise des Indes Orientales fascinait surtout les esprits ; avant la Guerre des Provinces-Unies contre Cromwell, cette association avait donné en moyenne à ses associés 22 p. 100 d'intérêt de leurs fonds, et le dividende s'était élevé, une année, jusqu'à 62 1/2 p. 100[2]. On proposait cette prospérité comme un exemple normal, quoique, en Hollande même, malgré l'habileté commerciale, l'économie, le *bon ménage* naturel à ce peuple de marchands et de matelots, la compagnie des Indes Occidentales, fondée en 1622, fût loin d'avoir le même succès que la compagnie d'Orient; mais on expliquait la décadence de la compagnie d'Occident par la perte du Brésil, que les Portugais avaient achevé de reprendre sur les Hollandais[3]. La crainte que les particuliers isolés ne se risquassent point avec assez de hardiesse ni de ressources paraît avoir décidé Colbert en faveur des compagnies. Ce fut une résolution malheureuse, bien que peut-être inévitable : les sociétés privilégiées, qui interdisent le commerce à tout le reste des citoyens et qui maintiennent les

---

1. *Histoire générale des voyages*, t. VIII, p. 554 et suiv.
2. P. Clément, *Histoire de Colbert*, p. 135. — Les profits de la guerre contre l'Espagne avaient été pour beaucoup dans les bénéfices : de 1621 à 1634, la compagnie avait pris aux Espagnols cinq cent quarante-trois vaisseaux, dont la vente rapporta 180 millions. Elle posséda jusqu'à huit cents navires. V. Weiss, *Histoire d'Espagne depuis Philippe II*, t. I, p. 333.
3. La compagnie hollandaise d'Occident liquida à perte en 1665.

denrées à un prix artificiellement élevé par l'effet naturel du monopole, ne peuvent être une bonne institution nulle part, quoiqu'elles aient pu être parfois *un mal nécessaire* [1] ; mais ces corps intermédiaires entre l'état et les citoyens paraissent surtout antipathiques au génie de la France.

Le principe posé, Colbert l'appliqua avec sa vigueur et son intelligence ordinaires.

Le continent de l'Amérique du Sud n'avait point été compris par Richelieu dans le privilége accordé à la compagnie des Antilles : Cayenne et les côtes voisines, reconnues, en 1604, par le Breton La Revardière, avaient été, depuis 1624, l'objet de plusieurs tentatives de colonisation, dont une très-sérieuse, en 1651, avait échoué par la mauvaise conduite des chefs. L'île de Cayenne et le fort Louis, bâti en 1637 dans cette île, furent abandonnés, et les Hollandais, qui avaient fondé un établissement prospère dans une autre partie de la Guyane, occupèrent Cayenne en 1656. Une nouvelle compagnie ne tarda pas cependant à s'organiser en France pour établir une colonie sur la terre ferme de l'Amérique du Sud. En 1663, les navires de cette compagnie obligèrent les Hollandais à évacuer Cayenne. Colbert prit la compagnie de l'Amérique du Sud pour le noyau d'une grande compagnie des Indes Occidentales, à laquelle le roi, par lettres-patentes du 28 mai 1664, concéda pour quarante ans toutes les Antilles, l'Ile de Cayenne et toute la terre ferme de l'Amérique appelée *France équinoxiale*, depuis la rivière des Amazones jusqu'à celle d'Orénoque, la *Nouvelle France*, « depuis le nord du pays de Canada jusqu'à la Virginie et Floride », ensemble toute la côte d'Afrique, depuis le cap Vert jusqu'au cap de Bonne-Espérance, « soit que lesdits pays nous
« appartiennent », dit le roi, « pour être ou pour avoir été ci-devant
« habités par les François, soit que ladite compagnie s'y établisse
« en chassant ou soumettant les sauvages ou naturels du pays, ou
« les autres nations de l'Europe qui ne sont dans notre alliance [2] ».

Pendant un délai fixé, tout sujet du roi eut droit d'entrer dans

---

1. Ce sont les expressions mêmes de l'illustre Jean de Witt. — *V.* ses *Mémoires*, c. X-XI.

2. *Anciennes Lois françaises*, t. XVIII, p. 35. — On voit que Louis XIV prétendait à la Guyane entière, qu'on avait décorée du nom de *France équinoxiale*, en manière de prise de possession.

la compagnie en y apportant une mise de fonds dont le minimum fut déterminé.

La compagnie dieppoise et rouennaise qui occupait le comptoir fondé en 1626 à Saint-Louis du Sénégal, avait cédé le Sénégal pour 150,000 livres à la compagnie des Indes Occidentales : celle-ci eut ainsi le droit d'exploiter toute la côte occidentale d'Afrique. Triste exploitation, triste commerce, qui prit l'homme pour principale marchandise! Le transport des esclaves aux Antilles fut ce qui rattacha la côte d'Afrique aux possessions américaines de la compagnie. Toutes les nations européennes s'engageaient de plus en plus, à la suite des Espagnols et des Portugais, dans cette voie fatale de la traite des noirs : le développement des cultures tropicales devait coûter cher à l'humanité! On verra plus tard que Colbert, qui avait trouvé le travail esclave établi aux colonies, essaya d'en arrêter les plus odieux excès et de réserver du moins aux nègres quelques-uns des droits de la créature humaine.

La compagnie fut exemptée de tous droits d'entrée et de sortie sur les denrées nécessaires à ses armements et de la moitié des droits sur toutes les marchandises qu'elle porterait de France aux pays de sa concession ou de ces pays en France. Le remboursement des concessions antérieures rachetées par l'état avait été imputé sur le capital de la compagnie : le roi en dédommagea les associés en avançant une somme égale au dixième du capital, sur laquelle il s'engagea de faire porter les pertes que ferait la compagnie. Un conseil supérieur fut établi à la Martinique, avec pouvoir de juger en dernier ressort les procès civils et criminels : il se composait du gouverneur, pourvu par le roi sur la nomination des directeurs de la compagnie, des officiers commis par les directeurs et des gradués résidant en l'île, ou, à leur défaut, de six des principaux habitants [1].

Au moment où parut l'ordonnance qui fondait la compagnie d'Occident, Colbert préparait activement une autre association pour les Indes Orientales. Cette seconde société était plus difficile à constituer. On n'avait pas là, comme de l'autre côté, une colonisation tout établie pour base; on se trouvait, au contraire, face

---

1. *Anciennes Lois françaises*, t. XVIII, p. 37-41. — Forbonnais, *Recherches sur les finances*, t. I, p. 324.

à face avec de puissantes compagnies étrangères, en possession de tous les avantages auxquels on aspirait. Trois compagnies françaises, depuis le temps de Henri IV, avaient tenté la fortune avec des ressources médiocres et s'étaient ruinées. Colbert fit des efforts extraordinaires pour gagner l'opinion. Il fit rédiger un appel au public, une espèce de manifeste, par un académicien nommé Charpentier, et il inculqua si bien ses espérances et ses desseins aux principaux négociants, qu'une assemblée du commerce de Paris présenta au roi, le 26 mai 1664, un projet de statuts pour la future compagnie. Le projet fut approuvé avec quelques modifications, et des lettres furent expédiées par le roi et par les syndics provisoires aux maires et échevins de chacune des bonnes villes, pour les inviter à convoquer les habitants en assemblée générale et à dresser la liste de ceux qui voudraient figurer parmi les associés. Tous les corps de magistrature, tous les dignitaires, tous les gens riches furent engagés à souscrire : on sut bientôt, à la cour et ailleurs, qu'on ne pouvait être agréable au roi si l'on ne s'intéressait dans la compagnie. Le roi et Colbert, tout en établissant le monopole, eussent voulu le supprimer de fait en y faisant participer tout le monde; mais l'association n'eût pu être réellement universelle et nationale que si l'on eût pu trouver une combinaison qui lui permît de rester perpétuellement ouverte aux nouveaux venus, au lieu d'être ouverte à tous seulement pour quelques mois.

L'édit constitutif de la compagnie des Indes Orientales parut au moins d'août 1664. Chacun pouvait s'y intéresser sans dérogation de noblesse ni perte de privilèges. Le minimum des souscriptions était fixé à 1,000 francs. Les étrangers étaient autorisés à souscrire, avec divers privilèges et garanties : des privilèges étaient accordés aux officiers royaux et aux particuliers qui souscriraient. La compagnie devait être régie par une chambre de vingt et un directeurs électifs et temporaires, dont douze de Paris et neuf des provinces; les trois quarts au moins devaient être négociants en activité; les autres, anciens négociants, excepté deux bourgeois non commerçants [1]. Les affaires intérieures de la

---

1. Colbert fut président à vie de la chambre des directeurs, avec le prévôt des marchands de Paris pour vice-président.

compagnie seraient jugées par trois des directeurs choisis comme arbitres; les affaires extérieures, par les juges-consuls. Des tribunaux consulaires seraient établis dans les villes qui n'en possédaient pas et où le besoin s'en ferait sentir. Le roi accordait pour cinquante ans à la compagnie le privilége du commerce et de la navigation dans les Indes Orientales et dans toutes les mers d'Orient et du Sud, depuis le cap de Bonne-Espérance jusqu'aux détroits de Magellan et de Le Maire, en faisant le tour du globe d'Orient en Occident. Il concédait à la compagnie, à perpétuité, toutes les terres, places et îles qu'elle pourrait conquérir ou occuper, y compris Madagascar et les îles voisines, moyennant foi et hommage, et redevance d'une couronne et d'un sceptre d'or du poids de 50 marcs à chaque mutation de roi. La compagnie devrait établir dans les pays conquis des ecclésiastiques pour instruire les peuples en la religion catholique. Elle avait droit : 1° d'instituer des juges souverains, qui prêteraient serment au roi et rendraient gratuitement la justice, suivant les lois et ordonnances du royaume et la coutume de Paris; 2° de nommer, pour le commandement des armes, un lieutenant général qui serait pourvu par le roi et lui prêterait serment, ainsi que feraient tous les officiers inférieurs; 3° de faire la paix ou la guerre avec les rois des Indes; 4° d'arborer sur ses vaisseaux le pavillon blanc [1]. Non-seulement les colons français, mais les habitants des pays soumis, qui embrasseront la religion catholique, seront réputés naturels français, aptes à tous les droits civils. Les artisans qui auront exercé leurs métiers pendant huit ans dans les pays susdits seront reçus maîtres en France sans présenter de *chef-d'œuvre*. Les prises faites sur les ennemis par la compagnie, au delà de la Ligne, lui appartiendront. Le roi promet de faire escorter par sa marine les convois de la compagnie jusqu'aux Indes, le retour compris [2]. Pendant la durée du privilége, les objets nécessaires à la construction et à l'avitaillement des navires de la compagnie

---

1. C'était le privilége des vaisseaux de guerre : les vaisseaux de commerce portaient le pavillon bleu avec une croix blanche. — *V. Édits, déclarations, règlements et ordonnances sur la marine;* — Ordon. du 9 octobre 1661. — Paris, 1675, in-4°.

2. Pour éviter les frais et acclimater les marins, on adopta un système de stations triennales aux colonies, au lieu de faire circuler continuellement les vaisseaux de guerre.

seront exempts de tous droits d'entrée. Les marchandises des Indes, déchargées pour être réexportées dans les pays étrangers ou dans les provinces exemptes, seront entreposées dans les ports du royaume sans payer aucuns droits. Le roi avancera le cinquième de la valeur des trois premiers armements, non-seulement sans intérêts, mais en s'engageant à supporter sur cette avance les pertes que pourra essuyer la compagnie durant les dix premières années (le roi dépassa ses engagements et versa 4 millions). Le fonds total de la compagnie est fixé à 15 millions. Le roi accorde à la compagnie une prime de 50 francs par tonneau à l'exportation et de 75 francs par tonneau à l'importation pour les vaisseaux qui seront équipés et chargés en France. (Cette prime équivalait à la remise de droits faite à la compagnie d'Occident.)

Deux ans après, en 1666, le roi gratifia la compagnie orientale de toutes les terres vagues qui appartenaient au domaine à Port-Louis et dans la baie que forment les embouchures du Blavet et du Scorff. La compagnie établit ses chantiers, ses magasins et son arsenal, non point à Port-Louis, mais de l'autre côté de la baie, à l'embouchure du Scorff : ce fut là l'origine de la ville et du port de Lorient (l'Orient), qui ne fut qu'un entrepôt sous Louis XIV et ne devint une riche et florissante cité que dans le cours du règne suivant.

Le roi avait donné pour devise à la compagnie d'Orient une fleur de lis avec cette légende : *Florebo quocumque ferar* (je fleurirai partout où l'on me portera). Cette brillante prophétie ne fut pas réalisée. La compagnie débuta par installer un conseil souverain à Madagascar, dont on avait changé le nom en celui d'île Dauphine pour célébrer la naissance d'un fils né au roi en 1661. On remarque, dans les statuts dressés par la police de Madagascar, la défense, sous peine de mort, d'introduire la traite des esclaves dans l'île, et l'ordre, sous des peines sévères, de traiter humainement les indigènes dont on emploierait les services. Louis XIV et Colbert, tout en acceptant l'esclavage là où il existait, voulaient au moins l'empêcher de s'introduire là où il n'existait pas.

Malheureusement, si les statuts étaient sages [1], la conduite des

---

1. Au moins en partie; car on a blâmé, non sans raison, l'obligation imposée aux

hommes chargés de les appliquer ne le fut pas. La plupart des employés et les chefs même commissionnés par la compagnie n'eurent ni ordre ni accord entre eux, et ne surent pas tirer parti des éléments de succès qu'ils avaient entre les mains : ils laissèrent perdre tout le fruit des exploits de l'héroïque aventurier Lacase, qui avait épousé une princesse malegache et ménagé aux Français des milliers de vassaux et d'auxiliaires. La colonie fut si mal conduite, que, dès 1670, la compagnie, rebutée, rétrocéda l'île au roi : la plupart des colons quittèrent le fort Dauphin et le fort Saint-Louis (dans la baie d'Anton-Gil, au nord-est de l'île), et passèrent à l'île Bourbon, où Saint-Denis avait été fondé en 1665 : le peu de Français restés à Madagascar furent massacrés par les indigènes, et, pendant près d'un siècle, il n'y eut point de nouvelle tentative pour faire valoir les droits conservés par la couronne sur la grande île qu'on avait nommée la France africaine.

Le commerce de l'Inde, qui était le but dont les établissements de Madagascar et de Bourbon n'étaient que les moyens, avait commencé cependant avec quelque activité : un comptoir avait été fondé à Surate en 1668 et, en 1669, on avait obtenu du roi de Golconde et de Carnate la liberté de trafiquer sans payer aucuns droits dans ses états; on avait fondé un comptoir à Masulipatam et une forteresse à Porto-Novo, dans le voisinage de Madras, où les Anglais étaient déjà établis. Un comptoir fut ensuite installé à Bantam, dans l'île de Java, pour rivaliser avec la colonie hollandaise de Batavia. En 1672, on préparait une tentative sur Ceylan, position bien choisie pour dominer l'Océan indien, et l'on pouvait encore espérer que l'échec de Madagascar se réparerait dans les mers de l'Inde [1].

Quels que fussent les inconvénients des compagnies privilégiées, l'impulsion donnée aux esprits vers les choses de la mer était éminemment salutaire. Toutes les imaginations étaient fascinées par le mouvement extraordinaire que produisaient sur nos côtes

---

colons d'emporter avec eux la coutume de Paris au bout du monde, comme si la législation ne devait pas varier avec les climats, les besoins et les situations.

1. *V. Histoire de la Compagnie des Indes Orientales*, par Dufresne de Francheville, et les pièces à la suite; — et *Histoire générale des voyages*, t. VIII, p. 561-596.

les enrôlements, les arrivages, la construction des puissants navires des compagnies, qui avaient les dimensions des galions d'Espagne (huit cents à quatorze cents tonneaux), sans en avoir l'informe pesanteur. Le gouvernement entretenait, par les faveurs les mieux entendues, le mouvement qu'il avait créé : des primes de 4 à 6 francs par tonneau furent accordées à tous négociants qui feraient construire des navires au-dessus de cent tonneaux. Des prix furent décernés aux constructeurs les plus habiles. La navigation du Nord fut spécialement encouragée par une prime de 40 sous par tonneau à tout navire français qui irait chercher dans la Baltique des goudrons, des bois de construction, etc. [1]. La pêche de la morue à Terre-Neuve, si importante, fut sagement réglementée [2]. Les navires furent déclarés biens-meubles, pour faciliter les transactions. Enfin, une ordonnance royale d'août 1669 autorisa « tous gentilshommes à prendre part dans les vaisseaux
« marchands, denrées et marchandises d'iceux, sans être censés
« déroger à noblesse, pourvu qu'ils ne vendent point en détail [3] ».
Cette politique persévérante ne demeura pas sans fruits. En 1664,

1. Forbonnais, *Recherches sur les finances*, t. I, p. 326.
2. *Anciennes Lois françaises*, t. XVIII, p. 433. — Colbert fit déclarer obligatoire pour tous pêcheurs français un règlement fait par les armateurs bretons en 1640 et confirmé par le parlement de Rennes, pour la pêche sur la côte du Petit Nord. Les Bretons seuls faisaient alors cette pêche; mais, depuis, les autres provinces maritimes avaient commencé de partager avec eux.
3. La noblesse, aux États-Généraux de 1614, avait demandé de pouvoir faire le *grand trafic* sans déroger. — Le préambule de l'ordonnance de 1669 est très-frappant. « Le commerce », y est-il dit, « et particulièrement celui qui se fait sur mer, « a toujours été en grande considération par les nations les mieux policées... mais, « quoique les lois et ordonnances de notre royaume n'aient proprement défendu aux « gentilshommes que le trafic en détail, avec l'exercice des arts mécaniques et l'ex« ploitation des fermes d'autrui; que la peine des contraventions aux règlements qui « ont été faits pour raison de ce, n'ait été que la privation des priviléges de noblesse « sans une entière extinction de la qualité; que nous nous soyons bien souvent « porté, ainsi que les rois nos prédécesseurs, à relever nos sujets de ces dérogeances; « que, par la coutume de Bretagne et les priviléges de la ville de Lyon, la noblesse « et le négoce aient été rendus compatibles..... Comme il importe au bien de nos « sujets et à notre propre satisfaction d'effacer les restes d'une opinion qui s'est uni« versellement répandue, que le commerce maritime est incompatible avec la no« blesse... nous avons estimé à propos, etc. » — *Anciennes Lois françaises*, t. XVIII, p. 217. — Montesquieu (*Esprit des Lois*, l. XX, c. 21-22) blâme cette mesure et dit qu'il est « contre l'esprit de la monarchie que la noblesse y fasse le commerce ». Il peut avoir raison au point de vue de la monarchie; mais Colbert était de cette école de Richelieu, qui n'avait pas coutume de sacrifier l'intérêt de la puissance nationale à l'intérêt abstrait d'une forme politique.

au moment de la formation des deux grandes compagnies, le commerce français possédait en tout deux mille trois cent soixante-huit navires, dont mille soixante-trois n'étaient que des barques de dix à trente tonneaux ; trois cent vingt-neuf seulement étaient au-dessus de cent tonneaux, et quatre-vingt-cinq au-dessus de deux cents tonneaux ; il n'y en avait que dix-neuf de trois cents à quatre cents, et pas un au-dessus de ce dernier tonnage[1]. La France ne resta pas longtemps réduite à un état naval si peu digne d'elle, et, d'année en année, on vit croître le nombre et le tonnage de ses navires.

Les modifications que ne tarda point à subir le système colonial, au moins en Occident, contribuèrent sensiblement à ce progrès. La compagnie des Indes Occidentales avait repris, à peu de chose près, les errements de sa devancière, l'ancienne compagnie fondée par Richelieu. Elle avait prétendu interdire aux îles françaises le commerce avec les Hollandais, avant d'être en état de le remplacer, ce qui avait failli occasionner une disette et une révolte parmi les planteurs. Elle prétendait prendre les denrées des planteurs à vil prix et les revendre cher en France. Ses affaires, déjà mal engagées par cet égoïsme inintelligent, souffrirent beaucoup d'une guerre dans laquelle la France s'engagea à la suite des Hollandais contre l'Angleterre, en 1666, et qui, bien que très-courte et sans grandes conséquences pour la mère-patrie, fut assez chaude dans les mers d'Amérique[2]. Colbert, mécontent de la manière dont se gouvernaient les colonies d'Occident, songea sérieusement à y porter remède. Au Canada, le mal était d'une autre nature qu'aux Antilles : c'était la prédominance qu'on y avait laissé prendre à l'élément ecclésiastique, et surtout aux jésuites. Pendant que, sous les deux premiers Stuarts, les colonies anglaises de la Virginie et surtout de la Nouvelle-Angleterre étaient devenues l'asile d'une foule de dissidents, qui venaient chercher la liberté religieuse et politique au delà des mers et y apportaient un énergique esprit d'activité et de progrès, une

---

1. *État envoyé par les officiers de l'amirauté à M. Colbert, intendant des finances ayant le département de la marine*, en 1664; dans l'*Histoire de la marine française*, par E. Sue, t. I, p. 271-274; 2ᵉ édit. — Il est regrettable que l'auteur ait donné une forme romanesque à ce livre plein de documents précieux et parfaitement authentiques.

2. On reviendra ailleurs sur ces événements.

orthodoxie étroite et tracassière avait, au contraire, écarté les protestants de notre Canada, et l'esprit monastique avait entravé les développements de la colonie en y étouffant le libre essor des individualités, si nécessaire à une société naissante. Colbert adressa, en 1668, à l'intendant du roi au Canada, un très-intéressant mémoire sur les moyens d'améliorer la colonie. Les jésuites, dit-il, établissent trop fortement leur autorité par la crainte des excommunications. L'intendant s'emploiera pour les porter à adoucir leur trop grande sévérité [1]. — Les jésuites tiennent les sauvages éloignés des Français, et les empêchent de se mêler à eux par le voisinage, par l'éducation des enfants et par les mariages. Il faut agir doucement pour leur faire quitter cette maxime pernicieuse et attirer les sauvages parmi les Français. — Il faut empêcher, autant qu'il se pourra, la trop grande quantité des prêtres, des religieux et des religieuses. — Il faut favoriser les mariages et chercher tous les expédients imaginables pour la conservation et la multiplication des habitants.

Colbert, bien secondé par l'intendant Talon, imprima quelque élan à la colonie canadienne; cependant, en 1676, elle ne comptait pas encore huit mille colons. Les Antilles allaient plus vite. L'expérience commençait à démontrer à Colbert les vices du monopole : les colons de Saint-Domingue, flibustiers, boucaniers et autres, s'étaient insurgés contre la compagnie, qui leur vendait les marchandises deux tiers plus cher que ne le faisaient les Hollandais. Le gouverneur d'Ogeron obtint de Colbert un arrêt du conseil qui autorisa tout navire français à faire le commerce aux Antilles, *avec la permission* de la compagnie et en lui payant un

---

1. « Que jamais les jésuites », dit Colbert, « ne s'aperçoivent que l'intendant « veuille blâmer leur conduite, car *il deviendrait dans ce cas presque inutile au service « du roi.* » V. l'*Instruction*, ap. Joubleau, t. II, p. 385-389. — Les jésuites motivaient leur système d'isolement sur la facilité plus grande qu'ils auraient ainsi de maintenir la pureté de la religion parmi les sauvages convertis; leur idée était celle qu'ils ont réalisée au Paraguai; créer une société modèle en dehors des habitudes européennes. — Quant au commerce du vin et de l'eau-de-vie dont il est fort question dans l'*Instruction* de Colbert, nous devons dire que, quels que soient les faits qui ont donné lieu aux récriminations auxquelles nous avons fait allusion (t. XI, p. 319), la lutte, au temps de Colbert, paraît tout à fait sérieuse et sincère entre l'intérêt commercial des colons et l'intérêt moral au nom duquel le clergé colonial, jésuites et autres, combat ce trafic.

droit (10 septembre 1668). La compagnie avait trop besoin du gouvernement pour refuser les *permissions* qui lui étaient imposées. Ce sage retour à la liberté commerciale fut également propice aux colons et aux armateurs français, surtout lorsque des mesures complémentaires en eurent étendu et assuré les effets deux ou trois ans après[1]. D'Ogeron acheva de pacifier ses turbulents administrés : ce fut lui qui civilisa les flibustiers et qui les transforma en vrais colons[2].

Colbert ne crut pas pouvoir toucher, de longtemps encore, au monopole de la compagnie des Indes Orientales ; mais, partout ailleurs, il renonça au principe du commerce exclusif et essaya d'un système mixte, c'est-à-dire qu'il organisa des compagnies dotées de certains avantages par le gouvernement, sans interdire aux particuliers de leur faire concurrence. Ainsi, Fouquet ayant formé, de 1660 à 1661, une compagnie du Nord, à laquelle il avait exclusivement attribué le commerce des fanons et de l'huile de baleine, et cette compagnie ayant liquidé à perte, Colbert en fonda une autre pour vingt ans, sans monopole, mais avec primes de 3 francs par barrique d'eau-de-vie exportée, et de 4 francs par tonneau de toute autre marchandise exportée ou importée (la prime venant en déduction des droits). Point de droits sur les munitions et objets nécessaires à l'équipement et avitaillement. Point de droit de transit. Promesse d'acheter, de la compagnie, pour le compte de l'état, à prix raisonnable et débattu, toutes les

---

1. Forbonnais, *Recherches sur les finances*, t. I, p. 434. — *Anciennes Lois françaises*, t. XVIII, p. 198. — Malgré les lois qui excluaient des colonies quiconque n'était pas catholique, des Juifs s'était établis à la Martinique, où ils avaient fait de grandes dépenses pour la culture des terres ; Colbert obtint du roi qu'on les y laissât avec liberté de conscience. P. Clément, *Histoire de Colbert*, p. 179. — En 1671, une amnistie générale fut accordée aux habitants des îles de la Tortue et de Saint-Domingue, c'est-à-dire aux boucaniers et aux flibustiers. Le mois suivant (novembre 1671), un règlement fut publié sur le commandement des armes, la justice, la police, les finances et le choix des officiers aux îles de l'Amérique. — Le gouverneur général nommé par le roi aura la présidence dans le conseil souverain de chaque île, quand il y sera ; après lui, le directeur ou l'agent général de la compagnie des Indes Occidentales ; puis le gouverneur particulier de l'île. Le gouverneur général a le choix des officiers de guerre. On suivra la coutume de Paris et les ordonnances du royaume pour la justice. Les conseils souverains travailleront à perfectionner les manufactures des sucres, des tabacs, etc. — *Anciennes Lois françaises*, t. XVIII, p. 439.

2. Rainal, *Histoire philosophique des Deux Indes*, t. III, p. 413.

marchandises propres pour la construction et armement des vaisseaux du roi et pour les fournitures et provisions des armées navales. Droit de *naturalité* aux matelots étrangers qui auront servi six ans sur les navires de la compagnie.

Le roi entre pour un tiers dans le *fonds capital* de la compagnie et supportera seul les pertes des six premières années. Les convois seront escortés par les vaisseaux du roi [1].

Colbert travaillait en même temps à restaurer le commerce du Levant, autrefois si florissant, alors si déchu. Non-seulement la France avait perdu les avantages exclusifs qu'elle avait possédés dans l'empire ottoman, mais elle n'avait pas même gardé l'égalité avec ses rivales : l'Angleterre, la Hollande et Venise ne payaient plus en Turquie que 3 p. 100 de droits de douanes ; la France en payait toujours 5. Des avanies continuelles harcelaient les négociants français, et la piraterie barbaresque était incessamment déchaînée, avec la connivence de la Porte othomane. En 1664, au moment de la fondation des compagnies des Deux Indes, Colbert suggéra au roi une tentative d'établissement sur la côte algérienne, afin d'avoir un point d'appui pour la répression des pirates et d'assurer à la France le commerce de ces contrées. Une escadre française attaqua et prit Gigeri (Djidjelli) ; on reperdit presque aussitôt cette place, par la faute du chef de l'expédition, et le but fut manqué [2]. Les rapports du cabinet français avec la Porte othomane restèrent mal assis durant plusieurs années. Colbert n'en poursuivit pas moins son dessein. La malveillance des Turcs et leurs droits de douane n'avaient pas plus contribué à abaisser le commerce français dans le Levant, que la mauvaise organisation des consulats, érigés en charges héréditaires. Les consuls, au lieu de remplir leurs charges, les affermaient à des traitants, qui commettaient mille exactions ; ils faisaient des dettes au nom de l'état, commerçaient pour leur compte, en dépit des ordonnances, et abusaient de leur autorité pour ruiner leurs con-

---

1. Édits de juin 1669, dans les preuves de P. Clément, *Histoire de Colbert*, p. 460. Les facilités à la naturalisation des matelots étrangers furent généralisées peu de temps après. — Forbonnais, *Recherches*, etc., t. I, p. 421, 432. — La compagnie devait commercer en Zélande, Hollande, côtes d'Allemagne, Danemark, mer Baltique, Suède, Norvége, Moscovie, etc.

2. On reviendra ailleurs sur cette expédition.

currents. Colbert commença par lancer contre ces abus de rigoureux arrêts du conseil (1664-1666) ; puis, après avoir réformé le corps consulaire, il adressa à tous les consuls une de ces belles circulaires qui resteront les modèles éternels des instructions d'un chef de gouvernement à ses subordonnés (15 mars 1669), et il fit envoyer à Constantinople un nouvel ambassadeur chargé de presser énergiquement la réparation des griefs de la France. L'ambassadeur, M. de Nointel, eut d'abord peu de succès, et reçut un ordre de rappel en 1671 : le divan prit l'alarme à ce signal de rupture, pria l'ambassadeur de rester et renoua les négociations, qui, en juin 1673, aboutirent enfin à un traité avantageux pour la France. Les droits de douane furent réduits à 3 p. 100 pour les Français comme pour les autres nations les plus favorisées ; toutes les anciennes immunités dont les Français avaient joui furent renouvelées et confirmées, ainsi que les droits de protection de la France sur le Saint-Sépulcre et sur les chrétiens d'Orient. Le sultan reconnut la préséance de l'ambassadeur de France sur les envoyés des autres rois et princes chrétiens résidant près de son *heureuse Porte* [1].

Le commerce français, le commerce marseillais surtout, était en mesure de mettre à profit ce retour de fortune. Marseille avait été autrefois port franc et les droits de douane ne s'y percevaient pas, mais les droits locaux s'y étaient multipliés et appesantis de telle sorte, que les étrangers s'en étaient peu à peu éloignés ; Marseille cependant n'avait ni assez de capitaux ni assez de navires pour suffire au vaste négoce dont sa position doit la rendre le centre. Colbert, sur l'avis des députés du commerce de France, fit rétablir la pleine franchise du port malgré les Marseillais eux-mêmes, plus jaloux qu'éclairés sur leurs véritables intérêts, et offrit de grands avantages aux étrangers pour les attirer à Marseille : il les exempta du droit d'aubaine, qui attribuait à l'état les biens des étrangers décédés en France (sauf les exceptions stipulées par les traités) ; il supprima toutes les taxes qui les frappaient, leur promit, en cas de guerre avec leurs gouvernements, exemption du droit de représailles et trois mois pour se retirer avec

---

1. Forbonnais, t. I, p. 408, 428. — P. Clément, *Histoire de Colbert*, p. 248 et suiv. — *Recueil des traités de commerce et de navigation*, t. II, p. 468.

leurs biens. Il leur accorda la naturalisation par le seul fait de mariage, d'achat de maison ou de douze ans de trafic exercé à Marseille. La franchise n'eut qu'une exception : un droit de 20 p. 100 fut établi sur les marchandises du Levant qui n'en seraient pas importées directement, exception habilement calculée pour faire de Marseille l'entrepôt de la Méditerranée (mars 1669)[1].

L'année suivante (1670), Colbert encouragea la formation d'une compagnie du Levant, à laquelle le roi prêta 200,000 francs, et accorda pour quatre ans une prime de 10 francs par pièce de drap qu'elle transporterait en Turquie, avec quelques autres priviléges.

Les espérances de Colbert ne furent point trompées. Le commerce avec l'empire othoman se releva : les négociants de ceux des états italiens qui n'avaient point de capitulations avec la Porte affluèrent à Marseille, y apportèrent leurs capitaux, y construisirent des navires sous pavillon français et doublèrent la richesse et l'activité de la grande cité provençale. Les produits de l'industrie française, les draps surtout, à la faveur du traité de 1673, recommencèrent à circuler dans les échelles du Levant, au grand chagrin des Anglais, et pénétrèrent, pour la première fois, jusqu'en Arménie et en Perse[2].

La compagnie du Levant, chose remarquable, ne fut pas l'auteur et n'eut pas le bénéfice de cette prospérité : la concurrence des particuliers l'emporta sur elle et elle finit par liquider à perte[3].

---

1. *Anciennes Lois françaises*, t. XVIII, p. 295. — Un des articles de l'ordonnance confirme les édits suivant lesquels les soies apportées d'Italie, du Levant, de Perse et d'Afrique par mer, ne peuvent entrer que par Marseille ou Rouen : les soies venant par terre d'Italie entrent par Lyon.
2. Forbonnais, *Recherches sur les finances*, t. I, p. 429 et suiv. — V. les intéressants détails donnés par M. T. Lavallée (*Revue indépendante* du 10 janvier 1844) sur les soins infinis que prit Colbert des relations avec les Échelles, et sur le développement de ces relations. « Les Provençaux », — dit le père Labat, « regardent le Levant comme leurs Indes ; c'est là où ils envoient presque tous leurs enfants pour les façonner au commerce ». — « Le commerce du Levant », dit le voyageur d'Arvieux, « était si florissant, que plus de soixante commissionnaires des marchands de Marseille et de Lyon, qui demeuraient à Séide et aux environs, gagnaient des sommes considérables à faire valoir leurs fonds dans ce pays, outre ce que leurs commissions produisaient. »
3. Forbonnais, *Recherches*, t. I, p. 434. — P. Clément, *Histoire de Colbert*, p. 184. La compagnie avait mécontenté Colbert par la mauvaise foi de certaines de ses opérations propres à discréditer le commerce français.

La compagnie du Nord n'était pas non plus bien prospère : une compagnie des Pyrénées, fondée pour le commerce avec l'Espagne et, à ce qu'il semble, chargée de fournir à la marine les bois et autres produits des Pyrénées, eut encore moins de succès. L'expérience prononçait décidément contre toute espèce de privilége, aussi bien que contre le monopole absolu. La supériorité de l'activité individuelle et spontanée sur ces agrégations factices était démontrée par les faits.

Une sorte d'association bien préférable est celle qui, laissant à chacun la liberté et la responsabilité de ses efforts, assure à tous garantie contre les accidents que ne peut prévenir la prudence humaine. Des compagnies d'assurance contre les *grosses aventures* et les périls de la mer furent instituées par Colbert à Paris et à Marseille, sur le modèle d'associations analogues qui existaient déjà sur une moindre échelle dans plusieurs de nos ports[1].

Colbert ne négligeait pas plus l'Océan que la Méditerranée : il disputait aux Anglais le commerce du Portugal, y fondait plusieurs consulats, obtenait du gouvernement portugais l'établissement d'un entrepôt franc à Lisbonne, tâchait de ménager à la *France*, par des mesures très-sagement combinées, le transit par terre de Flandre en Espagne et en Italie, et faisait de Dunkerque, redevenu français[2], le port franc du Nord, comme Marseille était celui du Midi : le port de Bayonne, franc aussi, mais moins complétement, était comme l'étape entre Dunkerque et Lisbonne.

La création et l'organisation de la marine militaire, ce chef-d'œuvre de Colbert, que chaque génération salue en passant d'un cri d'admiration, se développait simultanément avec le progrès de la marine marchande puissamment protégée sur toutes les mers par le pavillon royal. Là, point d'écoles, point de tâtonnements, point d'expériences malheureuses : tout, du premier jet, se coulait en bronze.

La question fondamentale était le personnel de l'armée de mer.

1 P. Clément, *Histoire de Colbert*, p. 287. — *Vie de J. B. Colbert* par Sandraz de Courtilz), ap. *Archives Curieuses*, 2ᵉ série, t. IX, p. 116.
2. Nous disons ailleurs comment.

Dans l'armée de terre, la misère du peuple durant la grande guerre, l'esprit militaire croissant parmi les classes inférieures, l'appât d'une solde qui était beaucoup plus forte qu'elle ne l'es depuis le xviii° siècle, avaient jusque-là fourni des recrues en nombre surabondant : on recrutait dans le peuple entier, et le premier venu faisait un soldat. Il n'en était pas de même dans la flotte. Là, il fallait des hommes tout dressés à un service bien autrement difficile, des hommes qui, par leur profession et leurs mœurs, forment un peuple à part dans le peuple. Et ces hommes ne venaient pas volontairement à l'appel du pouvoir : ils préféraient au *service du roi* le service du commerce, plus productif et moins sévère. Jusqu'alors, on n'avait eu d'autre ressource, au moment des armements, que de fermer les ports, d'interrompre violemment les expéditions du commerce et de faire la presse des matelots. Que le gouvernement fît cette opération lui-même ou la fît faire par les villes et les districts auxquels il imposait un contingent, c'était toujours l'arbitraire qui présidait à la levée des marins ; grossier et inique régime qui était alors universel, et qui a subsisté jusqu'à nos jours chez nos voisins, si fiers de leurs libertés et de leur grandeur maritime.

Chez nous, Colbert mit fin à ce régime par une conception de génie. Il proposa au roi de décider que tous les gens de mer ne feraient plus qu'une grande armée nationale servant la patrie à tour de rôle dans la guerre et dans le commerce.

Une ordonnance du 17 septembre 1665 prescrivit d'enrôler tous les matelots dans les gouvernements de La Rochelle, de Brouage et des îles de Ré et d'Oléron, et de les diviser en trois classes, « l'une desquelles sera censée engagée dès le premier jour de « l'an, sous la caution des communautés des côtes maritimes, « pour servir sur les vaisseaux de Sa Majesté, et, les deux années « suivantes, sur les vaisseaux marchands; et, ainsi, lesdites « classes auront à rouler alternativement sur les vaisseaux de « guerre de Sa Majesté et sur ceux des négociants. »

Trois ans après (22 septembre 1668), l'établissement du régime des classes fut ordonné dans toute la France. Ce fut la base de ces institutions maritimes, les plus belles du monde entier, qui ont fait la gloire de la France dans ses grandes époques et qui, dans les jours d'abaissement, restent debout pour promettre le retour de temps meilleurs [1].

Des ordonnances complémentaires : 1° exemptèrent les pêcheurs et maîtres de barques, pourvu qu'ils eussent toujours un apprenti, un *garçon de bord*, qui, après deux ans de noviciat, serait inscrit dans les classes; 2° accordèrent diverses exemptions et priviléges aux matelots embarqués sur les vaisseaux du roi; 3° assurèrent demi-solde, pour l'année de disponibilité, à ceux des matelots qu'on n'embarquerait pas, si toute la classe n'était pas employée. La Bretagne et la Provence s'agitèrent et réclamèrent contre l'excès du service exigé : on leur fit des concessions; la Provence eut quatre classes au lieu de trois; la Bretagne en obtint cinq (1670-1671). L'enclassement général et la répartition du service ne furent complétement organisés que quelques années après : en 1671, l'ordonnance n'était point encore exécutée dans le Languedoc, la Normandie et la Picardie; deux édits de 1673 et 1674 prescrivirent d'en achever l'exécution. Un premier recensement avait eu lieu cependant en 1670 et avait présenté un effectif de trente-six mille matelots, non compris les officiers, maîtres, patrons, novices et mousses. Cet effectif ne cessa de s'accroître [2].

Les marins qui servaient à l'étranger en grand nombre avaient été rappelés par les injonctions les plus sévères : une ordonnance d'août 1669 interdit, à peine de confiscation de corps et de biens, de prendre du service militaire ou maritime au dehors; la peine de mort contre ceux qui oublient ainsi « ce qu'ils doivent à leur naissance et à leur patrie », fut, peu après, remplacée par les galères. La peine de mort fut maintenue contre les déserteurs.

L'inscription maritime assurait les matelots; le roi et Colbert

1. La première forme du régime des classes a dû être nécessairement modifiée : le roulement annuel avait trop d'inconvénients et de difficultés pratiques et a été remplacé par une combinaison qui, tout à la fois, fournit à l'état des ressources plus grandes encore et plus soudaines en cas de péril et établit, entre les marins célibataires, mariés et pères de famille, des différences équitables.

2. *Édits, Déclarations*, etc., sur la marine, Paris, 1675, in-4°, p. 307, 323, 345, 548. — *Code maritime*, par Beaussant, t. I, p. 27-28. — *Précis historique de la marine française*, par M. Chassériau, p. 637. — P. Clément, *Histoire de Colbert*, p. 377. — *Instruction de Colbert au marquis de Seignelai, son fils; ibid*, p. 476. — F. Joubleau, *Études sur Colbert*, t. II, p. 43-88. — On pense que la Bretagne fournissait du quart au tiers de l'inscription. — *Anciennes Lois françaises*, t. XVIII, p. 366-369, 427; t. XIX, p. 114.

songèrent à former les officiers. De 1668 à 1670, on créa une compagnie de deux cents gardes de la marine, dont cent cinquante jeunes gentilshommes et cinquante « soldats de fortune ». Ce fut une espèce d'école militaire pour la marine. Plus tard, en 1683, les gardes de la marine furent portés au nombre de huit cents : ils suivaient des cours d'hydrographie, de géographie, de mathématiques, et apprenaient la manœuvre des navires. Les lieutenants et les enseignes de vaisseau étaient assujettis à suivre avec eux les cours des écoles d'hydrographie ou de pilotage. D'une part, on excitait, par tous les moyens, la noblesse à entrer dans le service maritime, dont elle avait peu l'habitude et le goût; de l'autre part, on offrait des grades aux capitaines-marchands habiles, « afin de « donner de l'émulation aux uns (à la marine marchande) et « d'exciter les autres (les nobles) à s'instruire »[1]. Plus tard, on appliqua ce même principe d'émulation généreuse aux équipages, par ces décorations collectives, ces croix que l'on suspendait aux mâts de vaisseaux illustrés par quelque action d'éclat.

Aux écoles d'hydrographie se rattachent les travaux de description des côtes de France et des côtes étrangères ordonnés par Colbert. Des écoles furent aussi fondées pour l'artillerie de marine.

Tandis qu'on travaillait à former un corps d'officiers instruits dans leurs véritables fonctions, on leur enlevait les fonctions qui ne devaient pas leur appartenir. L'administration était puissamment organisée et tout à fait séparée du commandement militaire. On ne fit exception que pour un seul homme, pour l'illustre Duquesne, qui, tout en conservant son commandement d'escadre, eut la haute main sur les travaux de Brest et des côtes voisines. Deux intendances générales furent créées, l'une à La Rochelle, pour l'Océan, sous Colbert du Terron, cousin du ministre, l'autre à Toulon, pour la Méditerranée, sous Leroux d'Infreville, énergique vieillard qui avait eu la part la plus active à la première organisation de la marine sous Richelieu et qui ne servit pas Louis XIV et Colbert avec moins d'efficacité. Les principaux rouages de cette grande machine, sous les intendants généraux, furent les intendants des ports, les commissaires aux revues, les com-

---

1. *Principes de M. Colbert sur la marine*, publié par E. Sue.

missaires des ports. La paie des matelots et l'approvisionnement furent retirés aux capitaines des navires de guerre. Tout trafic, tout transport de marchandises leur fut interdit. Il leur fut défendu de quitter leur bord pour coucher à terre.

De nombreuses ordonnances se succédaient sur la construction et l'armement des vaisseaux, sur la conservation des arsenaux, sur la police navale. On profita de tous les progrès qu'avait faits l'art de la construction chez les Anglais et les Hollandais, pour dépasser les étrangers et pour élever les navires à des proportions colossales [1]

L'accroissement de la flotte française en dix ans fut quelque chose à confondre l'imagination. En 1661, on n'avait, les galères à part, que trente bâtiments de guerre, dont trois seulement de soixante à soixante-dix canons : en 1666, on en eut soixante-dix, dont cinquante vaisseaux et vingt brûlots ; quatre vaisseaux por-

1. Les vaisseaux de premier rang auront trois ponts, et de soixante-dix à cent vingt canons; les vaisseaux du second rang auront deux ponts et cinquante-six à soixante-dix canons; ceux de troisième rang, deux ponts et quarante à cinquante canons; quatrième rang, deux ponts et trente à quarante canons; les frégates légères, un seul tillac et huit à seize canons. D'excellentes dispositions sont prises pour débarrasser les ponts, faciliter les manœuvres, espacer les canons (ordonnances de juillet 1670 et mars 1671). — Colbert recommande expressément d'imiter et surpasser, s'il se peut, la « propreté et l'arrangement des Hollandais : c'est « l'âme de la marine ». — En même temps, il condamne le luxe chez les officiers Il veut qu'on ne laisse pas languir les vaisseaux sur les chantiers; « qu'on ne soit pas plus d'un an à construire un vaisseau ». — Un conseil de construction est établi dans chacun des principaux ports : les vaisseaux seront plus longs et moins larges que par le passé; les hauteurs entre les ponts seront diminuées; on diminuera le tirant d'eau en aplatissant les varangues (23 mars 1671). — 21 août 1671 : l'uniformité des poids et mesures est prescrite dans les ports et arsenaux. — 23 octobre 1671 : règlement pour la conservation et la police des arsenaux de marine et des vaisseaux. — 13 septembre 1673 : règlement sur les formes et les proportions uniformes à donner aux vaisseaux. Il y aura des modèles ou *gabarits* dans tous les ports. On s'occupe surtout d'alléger les navires : on supprime même les figures en relief qui décoraient les poupes, en permettant seulement des ornements légers. — 22 novembre 1673 : règlement sur la solde. Le capitaine d'un vaisseau de premier rang a 300 francs par mois, outre la table; le lieutenant, 100; l'enseigne, 50; les officiers mariniers, maîtres, pilotes, aides, de 15 à 50; les matelots, de 12 à 15. Les vaisseaux de premier rang ont de six cents à huits cents hommes d'équipage. — 6 octobre 1674 : grand règlement sur la police des arsenaux, resté la base de toutes les améliorations ultérieures. Le mot de *police* est pris ici dans le sens le plus étendu; car on y traite de l'administration tout entière : 1° de la construction des chantiers, des magasins et de tous autres bâtiments nécessaires aux arsenaux; 2° de l'achat des marchandises, bois, armes et munitions; tous les approvisionnements doivent être d'origine française, excepté le cuivre, le plomb, le talc et partie des bois, qu'on pourra tirer du

taient de quatre-vingts à quatre-vingt-quatre canons ; en 1671, de soixante-dix, on arriva à cent quatre-vingt-seize ! Le roi fixa l'effectif normal à cent vingt vaisseaux, divisés en cinq classes, et portant de vingt à cent vingt canons ; trente frégates légères, correspondant à nos petits bricks ; vingt brûlots et vingt-quatre flûtes (corvettes de charge) ; en tout, cent quatre-vingt-quatorze bâtiments, partagés entre les cinq arsenaux de Toulon, Rochefort, Brest, le Havre et Dunkerque, sans compter les galères stationnées à Toulon et à Marseille. Cet effectif devait employer cinq mille canons de fer et trois mille de cuivre ou de fonte verte [1].

Les immenses constructions de la marine furent inégalement partagées entre les cinq ports qu'on vient de nommer. Le port de Dunkerque, que l'heureuse diplomatie de Louis XIV venait de rendre à la France, admirablement placé pour les corsaires et les bâtiments de second ordre, manquait d'étendue et de profondeur pour les vaisseaux de premier rang. Le Havre avait été reconnu

dehors par l'intermédiaire des marchans français. (Qu'eût dit Colbert, s'il eût pu prévoir qu'il viendrait un temps où le gouvernement français tirerait de « l'étranger, par navires étrangers », les approvisionnements les plus importants, pour un imperceptible bénéfice sur le fret, et cela en présence des souffrances et de l'affaissement de la marine marchande nationale ? — Écrit en 1846.) Il doit y avoir toujours un approvisionnement double du nécessaire pour l'entretien des vaisseaux existants, et, dans chaque arsenal, toujours du bois pour bâtir six vaisseaux neufs ; les fournitures seront données par adjudication. Puis viennent des dispositions sur la tenue des registres, le rangement, la conservation des matières ; sur les ouvriers de l'arsenal ; sur la fabrique des ustensiles de fer, de la corderie, de la voilerie ; sur les fonderies. — Colbert avait introduit en France les fonderies de canons de fer. Les calibres d'ordonnance, pour les canons de fonte verte, étaient de 36, 24, 18, 12, 8, 6, 4 ; pour les canons de fer, de 18, 12, 8, 6, 4. — Les provisions de bouche doivent être françaises comme les autres munitions. La police des vaisseaux est aussi réglementée à la suite, ainsi que la conservation des ports, rades et entrées des rivières servant aux arsenaux, et les attributions des fonctionnaires civils et militaires. Le roi ordonne l'établissement de deux hôpitaux dans les arsenaux de Rochefort et de Toulon, pour les marins estropiés au service. Il y aura un vaisseau-hôpital à la suite des flottes.

Édits, Déclarations, etc., *sur la marine*, p. 43, 47, 52, 59, 81, 93, 379. — *Instruction de Colbert à Seignelai, son fils*, publiée par M. P. Clément, dans les pièces de l'*Histoire de Colbert*, p. 483 et suiv. — On remarque, dans le règlement de 1674, que les sculpteurs et peintres sont invités à retrancher les dépenses superflues au dedans des navires, « où il ne convient pas de mettre tant d'ornements ». Aujourd'hui, on déploie trop souvent à l'intérieur un luxe puéril d'ameublement, tandis qu'au dehors les navires sont nus et sombres dans leur coque noire et blanche. Alors, c'est le contraire qu'on voulait.

1. Forbonnais, *Recherches sur les finances*, t. I, p. 389, 460. — E. Sue, 2ᵉ édit., *Histoire de la marine française*, t. I, p. 121. — *Précis historique de la marine française*, par M. Chassériau.

peu propre à la marine de guerre et fut négligé dorenavant pour Brest, dont la grandeur commençait.

Brest avait été, jusqu'à Richelieu, un poste militaire plutôt qu'un port. Ce fut d'Infreville qui révéla Brest au grand cardinal. A cette extrémité du continent où l'antique *Corne de Gaule* s'enfonce dans l'Océan, entre les masses granitiques du Léonnais et de la Cornouaille, la mer s'est ouvert un passage d'une lieue de long sur un mille de large, au delà duquel le flot s'épanche librement dans une baie intérieure où pourraient manœuvrer toutes les flottes du monde. Sur le bord septentrional de la baie, à une lieue du *goulet* par où débouche la mer, s'élevaient une vieille forteresse et une bourgade au-dessus d'une petite rivière, le Penfeld, qui, d'entre les rocs de schiste et de granit, se vient jeter à la baie. D'Infreville, durant une inspection de nos côtes du *Ponant*, qu'il fit en 1629 par ordre de Richelieu [1], reconnut que là était la première de nos positions sur l'Océan. Deux ans après, le 29 mars 1631, une ordonnance royale, d'un haut intérêt dans les fastes de notre marine, ôta aux capitaines de vaisseaux le soin de leurs bâtiments quand ils n'étaient pas employés, et ordonna la réunion de tous les vaisseaux du roi dans les trois ports de Brouage, Brest et le Havre [2]. La prédilection de Richelieu pour Brouage et pour les côtes de l'Aunis, théâtre de sa gloire, finit par céder à l'évidence ; mais Richelieu mourut avant que les travaux de Brest fussent bien avancés, et tout fut suspendu sous Mazarin. Les rives du Penfeld étaient depuis longtemps retombées dans leur silence séculaire, quand, au printemps de 1665, Duquesne arriva de la Méditerranée avec une escadre dans la baie de Brest. C'était Colbert qui l'envoyait. Durant huit à neuf ans, le grand marin ne quitta guère ces parages. De concert avec l'intendant de Seuil, il dirigea la construction des navires, des magasins, des chantiers, de tout

---

1. Un autre agent du cardinal, M. de Séguiran, premier président de la chambre des comptes d'Aix, inspecta, la même année, les côtes de Provence et en fit lever la carte. Le but de Richelieu était la fortification générale des côtes. M. E. Sue a publié les relations de MM. d'Infreville et de Séguiran à la suite de la *Correspondance de Sourdis*, t. III.

2. Cette importante ordonnance est inédite : elle a été analysée par M. A. Billard dans son excellente Notice sur Brest; *Histoire des villes de France*, publiée sous la direction de M. Aristide Guilbert, t. I, p. 137.

ce qui forma cet immense arsenal, qui est une cité tout entière. La poudre, qui faisait voler en éclats les granits du Penfeld, arracha au port, tout en l'élargissant, les matériaux indestructibles de l'arsenal et des nouveaux remparts. Les deux bords du *goulet* s'armèrent de batteries formidables pour fermer aux flottes ennemies la rade de Brest. Le mauvais vouloir du parlement de Bretagne et des propriétaires de forêts ne réussit point à entraver cette œuvre de géants.

On a nommé tout à l'heure un autre port dont le nom figure pour la première fois dans cette histoire : Rochefort est en effet une création de Louis XIV et de Colbert. La résolution avait été prise, en même temps qu'on fondait Brest sur les bases jetées par Richelieu, d'établir un autre grand arsenal dans les parages de l'Aunis, centre de tous les mouvements maritimes pendant le règne précédent. Brouage, malgré le rôle qu'il avait joué, n'offrait pas des conditions convenables : on songea à l'embouchure de la Seudre, puis à la Charente. La profondeur de ce fleuve permet aux plus forts navires de remonter son cours plusieurs lieues : on hésita entre Soubise et Tonnai-Charente ; puis, sur l'avis de l'intendant général Colbert du Terron et de l'ingénieur Clerville, on se décida pour Rochefort, alors château et village situé entre les deux petites villes qu'on vient de nommer (fin 1665). On a regretté que le village du Vergeroux, plus voisin de l'embouchure du fleuve et situé dans un air plus pur et dans un lieu plus commode pour l'entrée et la sortie des vaisseaux, n'ait pas été préféré à Rochefort. Peut-être eût-il été moins sûr sous le rapport militaire. Quoi qu'il en soit, les travaux de Rochefort furent poussés avec une activité miraculeuse : une cité nouvelle sembla éclore du sein des flots en quelques années. Pour juger des proportions imposantes du nouvel arsenal, il suffit de se rappeler qu'on y construisit, dans la seule année 1671, treize vaisseaux de haut bord, et qu'on en arma trente et un. L'entrée de la Charente, que protégeaient déjà les forteresses des îles de Ré, d'Oléron et d'Aix fut défendue par plusieurs forts [1].

On fortifiait, sur ces entrefaites, Dunkerque et le Havre, et l'on

---

1. *V.* la Notice sur Rochefort, dans l'*Histoire des villes de France*, t. III, p. 391 et suiv.

préparait l'agrandissement du port et de la ville de Toulon, devenus tout à fait insuffisants aux destinées qui leur étaient promises ; mais les gigantesques travaux de Toulon ne furent pas sérieusement entamés avant l'achèvement de Brest et de Rochefort. Colbert projetait un entrepôt pour la marine à Belle-Isle et l'agrandissement de Port-Vendres, afin d'avoir un port militaire sur la frontière d'Espagne. Colbert nourrissait encore un autre dessein pour compléter l'armement naval de la France : il sentait qu'un point d'attaque et de refuge nous manquait au bout de cette presqu'île du Cotentin que la Basse-Normandie pousse comme un énorme promontoire en face de l'Angleterre : il ne tint pas à lui que la France ne possédât dans la rade de la Hougue un port qui eût prévenu une funeste catastrophe !

C'était sous le couvert de Lionne, qui ne s'occupait que de sa diplomatie, et comme simple intendant de finances, que Colbert avait conduit toutes ces grandes choses pendant les six premières années de son administration maritime. En 1667, le roi lui en attribua la direction d'une façon plus officielle, Lionne gardant toutefois la signature des ordres à expédier. Le même règlement du roi statua que Colbert demeurerait chargé des fortifications des places, tant de mer que de terre, et des approvisionnements, tant des armées que des garnisons. Ainsi, Colbert mit la main jusque dans le ministère de la guerre[1]. Enfin, en 1669, Lionne qui, depuis 1663, avait le titre de secrétaire d'état des affaires étrangères, céda entièrement le département de la marine à Colbert, devenu secrétaire d'état. La même année, la surintendance de la navigation, qui avait été, depuis quelque temps, un embarras sinon une entrave, fut supprimée à la mort du duc de Beaufort, qui en était titulaire, et l'amirauté, abolie par Richelieu, fut rétablie nominalement au profit d'un enfant naturel du roi et de mademoiselle de La Vallière, le comte de Vermandois. Colbert obtint bientôt après (1671) la survivance de la charge de secrétaire d'état pour son fils, le jeune marquis de Seignelai[2], et le

---

1. *V.* ce règlement dans E. Sue, *Histoire de la marine française*, t. I, p. 264.
2. Les plus beaux morceaux qu'on ait de la main de Colbert sont les instructions adressées à ce fils, qui en sut profiter, chose rare chez les héritiers des grands hommes. *V.* Forbonnais, t. I, p. 448 et suivantes ; P. Clément, p. 468-491 ; Joubleau, t. II, p. 375, 420.

roi, en 1672, forma un conseil de marine, composé de Colbert, de Pussort, de six autres conseillers d'état et maîtres des requêtes, et de Seignelai, ayant le département de la marine[1]. Dans ce conseil s'élabora la fameuse ordonnance de 1681, couronnement de l'administration de Colbert et objet de l'admiration de l'Europe entière.

Tout ce qui concerne le commerce de terre et de mer et l'industrie, source du commerce, avait été régi par Colbert aux mêmes conditions que la marine et avec le même concours intelligent et infatigable de la part du roi. Le roi présidait tous les quinze jours un conseil où l'on traitait du commerce et des manufactures : un édit de 1664 partagea la France en trois grandes divisions commerciales et ordonna aux négociants de choisir deux députés dans chaque ville maritime ou commerçante. Les députés des trois régions devaient se réunir annuellement en trois groupes, afin d'examiner l'état du commerce et des manufactures et d'adresser leurs observations au roi par le canal de trois d'entre eux désignés par Colbert pour suivre la cour[2].

La première des grandes mesures de Colbert sur les tarifs et le commerce général fut l'édit de septembre 1664. Cette ordonnance débute par l'exposé de ce que le gouvernement a fait pour le pays, depuis que le roi a pris lui-même le soin de ses finances, et par l'annonce de ce qu'il veut faire[3]. « Le sieur Colbert....., intendant des finances, ayant le département des fermes et du commerce », a été chargé de présenter un rapport au roi sur tous les droits qui grèvent la circulation, l'importation et l'exportation des marchandises, et qui ont toujours été croissant depuis le milieu du siècle passé. Le roi reconnaît l'abus énorme de ces droits, si multipliés et si confus qu'ils arrêtent à chaque pas le marchand et le réduisent à la discrétion suspecte des commis, toujours sûrs d'être appuyés, dans leurs exactions, par les tribunaux exceptionnels qui connaissent de ces matières. Il y avait telle imposition, par exemple, qui se levait non pas seulement entre l'Anjou et la

---

1. *Anciennes Lois françaises*, t. XIX, p. 165.
2. Forbonnais, t. I, p. 327.
3. Le roi annonce qu'il consacre un million par an à l'encouragement des manufactures et de la navigation.

Bretagne, mais entre les divers cantons et presque entre les villages de l'Anjou ; et cette déplorable exaction datait pourtant du sage ministère de Sulli ! Le roi proclame la nécessité de réduire la plupart de ces droits à un seul droit d'entrée et un de sortie, et de les diminuer considérablement, afin d'encourager les voyages de long cours, l'industrie, etc., « et de divertir », ajoute-t-il, « par des occupations honnêtes, l'inclination de nos sujets à une « vie oisive et rampante, sous le titre de divers offices sans fonc- « tions, et sous de fausses apparences d'une médiocre attache aux « bonnes lettres ou à la pratique, laquelle dégénère à une dange- « reuse chicane qui infecte et ruine nos provinces ».

Plusieurs impositions intérieures étaient donc supprimées : tous les droits d'exportation et d'importation, simplifiés et réunis, eussent dû être portés à la frontière : le Tiers-État, aux États-Généraux de 1614, avait demandé l'unité commerciale de la France ; mais la plupart des provinces *exemptes,* qui, sans être complétement affranchies de tous droits, dans leur commerce avec l'étranger, n'étaient pas soumises aux douanes générales, avaient refusé de déférer au vœu patriotique du Tiers-État et montraient la même opposition aux vues de Colbert. Ces provinces éloignées du centre, opiniâtrément attachées, moitié par peur du fisc, moitié par préjugé et par vanité, à ce qui leur restait des priviléges que les rois avaient juré de leur conserver lors de leur réunion à la France, aimaient mieux continuer à voir la ligne des douanes entre elles et le reste du royaume qu'entre elles et l'étranger. C'était là le plus grand obstacle qui restait à l'homogénéité de la France. Il était apparemment bien fort pour que Louis XIV et Colbert n'aient pas osé le renverser ! Les lignes des bureaux du tarif n'enveloppèrent donc que la Normandie, la Picardie, la Champagne, la Bourgogne, la Bresse, le Bourbonais, le Berri, le Poitou, l'Aunis, l'Anjou et le Maine, sans parler des provinces enfermées entre celles qu'on vient de nommer, comme l'Ile-de-France, l'Orléanais, la Touraine et le Nivernais. Près de la moitié du royaume, c'est-à-dire, 1° tout le Midi, depuis l'Angoumois, le Limousin, la Saintonge, la Marche, l'Auvergne et le Lyonnais jusqu'aux Pyrénées et la Méditerranée ; 2° la Bretagne ; 3° l'Artois et les portions de la Flandre et du Hainaut acquises par le traité des

Pyrénées, conservèrent le régime antérieur avec toutes ses diversités; on les qualifia, en style financier, de *provinces étrangères* [1]. Enfin, l'Alsace, les Trois Évêchés et les trois ports francs, Marseille, Dunkerque et Bayonne, furent *traités comme pays étrangers* sous le rapport des douanes, c'est-à-dire qu'ils conservèrent entière liberté de commerce avec l'étranger sans aucuns droits, mais en payant, pour commercer avec l'intérieur, les mêmes droits que l'étranger.

Si incomplet que la résistance de l'esprit provincial eût rendu l'édit du tarif, c'était encore un beau résultat que d'avoir uniformisé et simplifié les impôts indirects et les douanes dans la moitié de la France. A l'intérieur, une foule de droits vexatoires et compliqués avaient été fondus ensemble et réduits. « Colbert », dit un écrivain d'un grand savoir en matière de finances [2], « fonda le régime des acquits-à-caution, dont le contrôle ingénieux permet de suivre le mouvement des marchandises depuis le lieu de la production jusqu'à celui de la vente en détail, de ne jamais réclamer l'avance de l'impôt au propriétaire ni au négociant, et d'en attendre avec sécurité le paiement de la main même du consommateur. Cette précieuse méthode fut appliquée avec succès à un grand nombre de denrées, et surtout aux vins, eaux-de-vie et autres boissons : le cultivateur de ces derniers produits fut même affranchi de tous droits pour sa consommation sur les lieux des récoltes. »

A l'extérieur, un système de production habilement calculé remplace le chaos fiscal : les taxations exorbitantes sur l'entrée des matières premières et des denrées tropicales sont réduites; en compensation, les droits d'entrée sont augmentés modérément sur la plupart des objets de fabrication étrangère, et ceux qui en étaient exempts y sont soumis; tous les droits de sortie sur les objets fabriqués sont diminués, ainsi que les droits de

---

1. Le régime de la Provence et du Languedoc était mixte : comme exemptes des tailles (le Languedoc en payait un équivalent), ces provinces étaient réputées *étrangères;* cependant elles étaient soumises à certains droits de douanes ou traites. foraines; la Provence même était enclose entre une double ligne de bureaux du côté de l'intérieur et du côté de l'étranger. V. Forbonnais, *Recherches sur les finances*, t. I, p. 356 et suiv.
2. M. le marquis d'Audiffret, *Système financier de la France*, t. II, p. 426.

sortie sur les vins et eaux-de-vie, dont Colbert encourage l'exportation, comme la circulation intérieure, avec une faveur toute particulière : il se retrouvait ici sur le terrain de l'agriculture [1].

L'édit du tarif se termine par une heureuse et savante innovation, qui efface en partie les inconvénients de ce régime douanier qui coupe la France en deux moitiés étrangères l'une à l'autre. Onze entrepôts francs sont établis dans les villes de La Rochelle, Ingrande, Rouen, Le Havre, Dieppe, Calais, Abbeville, Amiens, Guise, Troies et Saint-Jean-de-Losne, toutes situées dans les provinces soumises au régime de l'édit et à peu de distance des lignes douanières. Les négociants des provinces dites *étrangères* sont autorisés à envoyer dans ces entrepôts leurs marchandises destinées à l'étranger, sans payer les droits pour la traversée des provinces soumises à l'édit (ou *provinces des cinq grosses fermes*) : les barrières intérieures sont ainsi levées pour la réexportation et ne subsistent que pour le commerce entre les deux moitiés de la France [2].

Quelques années après (février 1670), Colbert fit un nouveau pas : il étendit la faculté des entrepôts à toutes les villes maritimes et admit les négociants étrangers à en profiter ; il leur offrit, suivant ses propres expressions, « les ports de France comme une
« étape générale pour y tenir toute sorte de marchandises, soit
« pour les vendre en France (avec droits), soit pour les trans-
« porter hors du royaume, moyennant la restitution des droits
« d'entrée qu'ils auraient payés ».

1. Quant aux fers, Colbert, qui en craignait le renchérissement et le manque, maintint l'équilibre entre les droits d'entrée et de sortie. *V.* Forbonnais, *Recherches sur les finances*, t. I, p. 507. — Forbonnais reproche à Colbert de n'avoir pas rendu le droit proportionnel à la valeur respective des vins : on n'est pas plus avancé aujourd'hui à cet égard qu'il y a deux siècles, et cette équitable proportion n'existe pas encore. On a toujours reculé devant les difficultés pratiques de la vérification des crus. — La réduction des droits ne fut point opérée dans la proportion de la valeur intrinsèque des marchandises, mais dans la proportion des taxes antérieures, ce qui soulagea tout le monde, mais en laissant subsister l'inégalité proportionnelle des charges. C'était une concession à la routine fiscale, qui parvint à faire rétablir quelques-unes des taxes supprimées et à faire maintenir des droits de sortie plus forts qu'il n'eût fallu dans l'intérêt de l'exportation. — *V.* Forbonnais, t. I, p. 350 et suiv.

2. *V.* l'édit dans Forbonnais, t. I, p. 325-330 ; — et *Histoire du tarif de* 1664, par Dufresne de Francheville, 2 vol. in-4°.

Colbert espérait faire ainsi de la France l'entrepôt du commerce européen.

Une excellente institution, créée pour obvier aux abus de la perception, compléta l'édit de 1664 : « Afin de mettre un terme aux fréquentes collisions qui s'élevaient entre les commis et les redevables, Colbert établit un comité de trois négociants et de trois fermiers généraux, chargés de concilier les difficultés ou de résoudre les doutes résultant de l'application des tarifs [1]. »

C'est en cette même année 1664 que l'impulsion commence d'être donnée aux manufactures. En août 1664, le roi, jugeant « utile de rétablir la fabrique de tapisseries façon de Flandre, « introduite à Paris et ailleurs par Henri le Grand, » et tombée sous la régence de Marie de Médicis, accorda privilége à un tapissier parisien, sur la recommandation de Colbert, pour fonder une manufacture de tapis à Beauvais. La manufacture des Gobelins fut rétablie trois ans après (novembre 1667) et acquit bien vite une renommée européenne par ses magnifiques reproductions des grandes œuvres de la peinture.

Dans le préambule du privilége accordé à la fabrique de Beauvais, le roi annonce l'intention de mettre son royaume « en état de se passer de recourir aux étrangers pour les choses nécessaires à l'usage et à la commodité de ses sujets [2]. » Cette doctrine a été fort reprochée à Colbert par les économistes, comme conduisant à l'anéantissement de tout échange entre les peuples : poussée à l'extrême par l'esprit de système ou par des intérêts exclusifs, elle conduit en effet à violer les lois providentielles qui n'ont pas rendu tout climat et toute nation aptes à toute production ; néanmoins, dans l'état d'antagonisme où vivaient les nations, antagonisme qui n'a diminué que grâce à l'esprit du xviiie siècle, il était naturel que chaque peuple s'abstînt de demander à l'étranger ce qu'il pouvait produire chez lui à des conditions raisonnables et, surtout, assurât la liberté de ses mouvements en évitant de dépendre d'un rival pour les articles commerciaux de première nécessité [3]. La France, d'ailleurs, si propre à enfanter presque

---

1. D'Audiffret, *Système financier de la France*, t. II, p. 431.
2. *Anciennes Lois françaises*, t. XVIII, p. 39.
3. La dépendance est réciproque, dira-t-on ; cela n'est pas toujours vrai ; il serait facile de citer des exemples contraires.

toutes les sortes de productions, mais si commodément placée pour recevoir de toutes mains les productions des autres peuples, eût laissé engourdir ses plus précieuses facultés et fût restée au-dessous de ses destinées industrielles, s'il ne se fût manifesté en elle une certaine réaction contre cette facilité à s'ouvrir passivement à toutes les choses extérieures, et une salutaire excitation à produire, savamment soutenue par ses chefs. Il faut bien le dire, si les principes de Sulli et des économistes en matière d'industrie eussent prévalu sur ceux d'Henri IV et de Colbert[1], la France ne fabriquerait ni soieries, ni cotonnades, ni draps fins, ni étoffes de laines fines, sans parler de tant d'autres industries, qui sont venues successivement du dehors accroître la richesse nationale. Le libre échange est, comme la paix universelle, un but idéal vers lequel il faut tendre, mais ce n'est pas le point de départ du progrès industriel.

Parmi les industries déchues que ravivèrent les soins de Colbert, figure celle de la garance, une des plantes tinctoriales aujourd'hui les plus importantes (vers 1671). Cette riche culture industrielle, d'origine orientale, qui date chez nous des Romains, qui était restée assez florissante sous les rois franks et dont Olivier de Serres connaissait toute la valeur, s'est ranimée sous Colbert et développée au xviiie siècle grâce à un aventurier intelligent qui avait vécu en Orient, Jean Althen; elle couvre aujourd'hui toute la plaine du Comtat et rapporte plus de vingt-cinq millions à ces contrées[2].

En 1665, les manufactures éclosent de toutes parts : les fabriques d'ouvrages de fil s'établissent au Quesnoi, à Arras, à Reims, Sedan, Château-Thierri, Loudun, Alençon, Aurillac, etc. Les Van-Robais, habiles fabricants hollandais, attirés par Colbert, introduisent à Abbeville la fabrication des draps fins, façon de Hollande[3]. Les draperies, sergeries, tanneries, corroieries, se multiplient et se perfectionnent. Les points de Gênes, de Venise et d'Espagne

---

1. *V*. t. XII, p. 30.
2. Nous avions été induit en erreur dans notre édition précédente sur ce qui concerne la garance et J. Althen. *V. Notes sur Jean Althen, la culture et le commerce de la garance*; Avignon; Bonnet fils; 1819; in-8º (par M. Achard).
3. La fabrique de Sedan est antérieure à Colbert : elle date de 1646. Celle de Louviers ne s'organisa qu'en 1681. Celle d'Elbeuf est du temps de Colbert.

sont introduits en France : une manufacture de glaces est établie au faubourg Saint-Antoine, à l'instar de Venise ; c'étaient en grande partie des Français qui soutenaient à Venise ces deux sortes de manufactures. Colbert rappelle par tous les moyens en France les industriels, les artistes, les marins qui prêtaient à l'étranger des intelligences et des bras que réclamait la patrie ; en même temps, il attire du dehors, par toutes sortes d'avances et de libéralités, les artisans étrangers les plus adroits. Les métiers à bas, autrefois inventés en France, puis oubliés chez nous tandis qu'ils se répandaient en Angleterre, avaient été rapportés par deux Nîmois en 1656 : cette industrie prend un grand développement. On établit des verreries et des cristalleries, des fonderies et des batteries de cuivre et d'airain, des fabriques de fer-blanc, de cordages, de toiles à voiles, puis en 1668, des moulins à fer et acier, des aciéries.

En 1666 et 1667, les points de fil, les étoffes et passements d'or et d'argent, les dentelles, venant de l'étranger, sont prohibés. La prohibition absolue ne frappe, comme on voit, que quelques articles de luxe : sur tout le reste, il y a protection, non prohibition[1].

La protection, à la vérité, fut puissamment renforcée en 1667. Colbert aspirait à se passer des produits manufacturés de l'Angleterre et de la Hollande, aussi bien que de leur courtage maritime. Le mouvement industriel des trois dernières années lui fit croire qu'il pouvait agir sans ménagement. Un nouveau tarif augmenta les droits de sortie sur quelques matières premières (cuirs, peaux en poil, poil de chèvre), que Colbert voulait réserver à l'industrie nationale, et doubla, ou à peu près, les droits d'entrée sur la draperie, la bonneterie, les tapis, les cuirs fabriqués, les toiles, les sucres, les huiles de poisson, les dentelles, les glaces et le fer-blanc[2].

---

1. *V.* dans les *Mémoires et Instructions de Louis XIV* (*OEuvres* de Louis XIV, t. II, p. 255), un curieux passage sur l'opposition que fit le commerce parisien aux prohibitions. « Les marchands, de longtemps accoutumés au commerce de ces ouvrages, croyoient trouver mieux leur compte sur des marchandises venant de loin, et dont la juste valeur étoit inconnue, que sur celles qui se fabriquoient ici à la vue de tout le public. »

2. *V.* P. Clément, *Histoire de Colbert*, p. 231, 315. — Ce même tarif affranchit de

Les bornes furent-elles dépassées ou non? Les intérêts généraux de la France furent-ils servis ou lésés par ce coup d'état industriel? C'est une question délicate et difficile, qui, aujourd'hui encore, reste indécise pour beaucoup d'esprits éclairés. Quant aux denrées coloniales et aux produits de la pêche importés par navires étrangers, il est clair qu'on doit approuver Colbert sans réserve. Le reste n'était-il pas nécessaire temporairement à l'établissement des manufactures?

L'Angleterre et la Hollande se montrèrent également irritées du coup qui les frappait. L'Angleterre, avec sa violence accoutumée, ne se contenta pas d'exercer des représailles en augmentant les droits sur nos vins et nos eaux-de-vie; elle rendit ces droits rétroactifs de plusieurs années! Colbert avait pensé que les Anglais, quoi que nous fissions, ne pourraient se passer de nos vins. L'événement ne lui donna pas tort de son vivant, et les Anglais, malgré l'élévation des droits, continuèrent, assez longtemps encore, à enlever nos vins et nos eaux-de-vie de la Gironde et de la Charente[1] : ils finirent pourtant par leur substituer les vins de Portugal et des Canaries. Ce fut une grande perte pour la Guyenne ; mais le tarif de 1667 n'en fut pas la seule, ni peut-être même la principale cause. Après que l'Angleterre se fut tout à fait assujetti commercialement le Portugal par le traité de Methuen, elle eut un intérêt évident à préférer aux vins français les vins portugais, qui d'ailleurs devinrent en grande partie propriété anglaise. Ce changement eût donc bien pu s'opérer dans tous les cas. Il faut dire aussi que l'échange des vins français contre les draps anglais, qui faisait le fond du commerce entre les deux pays, s'opérait de la façon la plus désavantageuse à la France : avant même l'Acte de Navigation, des règlements anglais, contraires à l'esprit des traités, réservaient exclusivement l'importation des vins aux navires d'Angleterre, et les vexations systématiques que

---

tous droits le commerce des bestiaux entre le Berri et le Bourbonnais, d'une part, et les provinces *étrangères* de l'autre.

1. Il y eut même un accroissement considérable d'exportation de 1667 à 1674. V. Joubleau, t. I, p. 384. En 1688, l'Angleterre seule tirait encore 15,000 tonneaux de vins de France par an ; en 1828, l'Angleterre, l'Écosse et l'Irlande réunies n'en tiraient plus que 6,000 à 7,000. V. *Journal des Économistes*, t. IV, p. 390 ; *Question vinicole*, par M. Laissac.

les étrangers subissaient dans les ports anglais produisaient à peu près le même résultat, quant à l'exportation des draps[1]. A la suite du tarif de 1667 et des représailles anglaises, il y eut des négociations pendant plusieurs années pour se rapprocher et arriver à un traité de commerce. Colbert eût consenti de prendre pour base l'égalité complète de traitement entre les sujets des deux nations. Ce fut l'Angleterre qui refusa[2]. Ceci est tout à fait décisif et justifie radicalement le tarif de 1667.

Les Hollandais, plus gravement atteints encore que les Anglais, puisque leur commerce était beaucoup plus étendu[3], ne se plaignirent pas avec moins de vivacité, et l'âpreté des remontrances de leur ambassadeur Van-Beuningen ne contribua pas peu à accroître les mauvaises dispositions de Louis XIV envers leur république. Ils hésitèrent néanmoins trois années entières avant d'user de représailles, craignant de se nuire à eux-mêmes autant qu'à la France en grevant de gros droits les vins et eaux-de-vie français. Trois à quatre cents vaisseaux hollandais, suivant le témoignage de Colbert, enlevaient chaque année une masse de nos liquides, que la Hollande consommait pour un tiers et réexportait pour deux tiers dans tout le Nord. La Hollande menaça de remplacer les vins de France par les vins du Rhin : Colbert s'en inquiéta peu, persuadé que le Nord ne changerait pas ses habitudes pour plaire aux Hollandais et recevrait les produits de la France des mains mêmes de la marine française, au lieu de les recevoir par intermédiaire, ce qui était précisément son but : il ne croyait même pas que la Hollande pût réduire sa consommation intérieure sans dommage pour sa marine[4]. Il attaqua sans balancer le commerce

---

1. Cette inégalité dans les rapports commerciaux se retrouvait partout. Ainsi, d'après le traité de 1606, les draps anglais, reconnus de mauvaise qualité à l'entrée en France, devaient être renvoyés en Angleterre : en pareil cas, les draps français présentés en Angleterre étaient confisqués. V. *Recueil des traités de commerce et de navigation*, par MM. d'Hauterive et de Cussi, t. II, p, 9.

2. P. Clément, *Histoire de Colbert*, p. 319, 320.

3. Leurs manufactures avaient pris un essor extraordinaire. V. les *Mémoires* de J. de Witt, qui assure qu'elles faisaient subsister 700,000 personnes, et la grande pêche, 500,000.

4. Dépêches de Colbert dans Forbonnais, t. 1, p. 418. — Colbert, voyant que les armateurs français n'étaient pas en état de suppléer complètement et sur-le-champ aux Hollandais, après que les Provinces-Unies eurent prohibé les vins, eaux-de-vie et manufactures de France, prit des mesures avec les négociants de Hambourg, de

hollandais dans les Antilles en même temps que dans le nord de l'Europe. Après avoir établi la liberté du commerce entre les colonies et la France, il interdit aux navires étrangers d'aborder aux colonies et aux habitants de les recevoir, à peine de confiscation (juin 1670) ; puis il défendit aux propriétaires des vaisseaux construits aux Iles et à la Nouvelle-France de commercer avec l'étranger, exempta de tous droits les marchandises françaises destinées aux colonies (juin 1671) et donna même des primes pour le transport des bœufs, des lards, des toiles de France, etc. aux Iles, en défendant l'introduction des produits similaires étrangers. Le plan de Colbert réussit quant à l'Amérique et le commerce des Antilles françaises ne profita plus qu'à la France [1]. Colbert avait aussi beaucoup de chances de succès dans le Nord.

La réglementation intérieure du travail avait suivi de près la promulgation du premier tarif qui protégeait le travail vis-à-vis du dehors. Le premier règlement de Colbert sur les manufactures et fabriques est du 8 avril 1666 : les statuts et règlements des diverses branches d'industrie se succédèrent rapidement ; les statuts des anciennes corporations furent revisés ; on en créa de nouveaux et l'on établit des corps de métiers dans beaucoup de villes où les édits de 1581 et de 1597 étaient tombés en désuétude et où le travail était livré à lui-même. Les édits qui organisent ces nouvelles corporations allèguent pour motif que, là où il n'y a point de maîtrise constituée (en jurande), règnent la confusion et le désordre et que, les ouvriers ayant eu entière liberté de faire leurs étoffes de plusieurs grandeurs et largeurs, selon leur caprice, le débit en a considérablement diminué, à cause de leur défectuosité [2]. Une ordonnance de 1669 régla les longueur, largeur et qualité des draps, serges et de toutes les étoffes de laines et de fil. Les étoffes de soie, les tapisseries, etc., furent réglementées à leur tour. Les teinturiers furent subdivisés en deux corps d'état, pour le *grand teint* et le *petit teint*. Enfin, en mars 1673, un édit, rendu à l'oc-

Danemark et de Suède pour l'exportation de nos denrées dans le Nord. *Ibid.*, page 461.

1. *V. Anciennes Lois françaises*, t. XVIII, p. 371, 434, 439.
2. Édit du 23 août 1666, sur la manufacture des serges d'Aumale, ap. *Recueil des règlements concernant les manufactures et fabriques du royaume*, 4 vol. in-4°, 1730-1749, t. II, p. 408.

casion de la communauté des barbiers, étuvistes et perruquiers, ordonna expressément l'exécution des édits de 1581 et 1597 dans tout le royaume et généralisa ainsi le régime des communautés et des jurandes, pour tous « ceux qui font profession de commerce, denrées ou arts ». La maîtrise sans la jurande, n'était guère qu'une formalité fiscale : la jurande constituait seule la corporation, par l'élection des gardes et jurés du métier chargés de veiller aux statuts, d'examiner les *chefs-d'œuvre* des aspirants à la maîtrise et de décider des réceptions. Des chambres de communauté furent instituées dans tous les Hôtels de Ville, pour régler sommairement les *défectuosités* des manufactures et tenir dans le devoir jurés et ouvriers.

Les adversaires de Colbert ont fait une rude guerre à l'organisation du travail qu'il conçut et réalisa et qui, suivant eux, empira la condition des travailleurs. Les maîtres, disent-ils, furent opprimés par des règlements de fabrication tellement rigoureux, que la moindre infraction exposait à des amendes, à des confiscations de marchandises, et même à des châtiments corporels [1]. Les ouvriers furent opprimés à leur tour par les dures conditions du noviciat industriel et par le maintien de la coutume qui donnait aux aspirants à la maîtrise leurs rivaux pour juges. L'édit de 1581 permettait aux maîtres d'avoir un nombre illimité d'apprentis : les nouveaux édits n'accordèrent qu'un seul apprenti à chaque maître, ce qui restreignait de plus en plus le droit au travail, érigé en privilége. La durée de l'apprentissage fut étendue jusqu'à cinq ans dans beaucoup d'états : le compagnonnage, condition intermédiaire entre l'apprentissage et la maîtrise, ne durait pas moins. Après ce long noviciat, l'aspirant devait présenter un *chef-d'œuvre* comme spécimen de sa capacité, et les gardes et jurés du métier,

1. Un arrêt du roi en son conseil royal du commerce, du 24 décembre 1670, ordonne d'exposer sur un poteau les étoffes défectueuses, avec le nom du marchand ou de l'ouvrier (du fabricant) trouvé en faute. En cas de récidive, le marchand ou l'ouvrier, outre l'exposition et la destruction de sa marchandise, sera blâmé par les maîtres et gardes ou jurés de la profession, en pleine assemblée du corps. Pour la troisième fois, il sera lui-même attaché au poteau pendant deux heures. *Recueil des règlements concernant les manufactures*, t. I, p. 524. — Cette peine exorbitante paraît n'avoir été que comminatoire; Colbert en sentit probablement l'exagération et l'odieux : on ne la mit point à exécution. — Les amendes s'appliquaient moitié au roi, un quart à la jurande, un quart aux pauvres.

qui le jugeaient, étaient ses concurrents futurs ; il était souvent obligé de se les concilier par des présents, par des banquets dispendieux, sans parler des droits de réception qu'il devait payer au roi et à la corporation. Les fils et les gendres de maîtres, par d'anciens priviléges que Colbert trouva et laissa debout[1], étaient exempts d'une grande partie de ces charges et de ces conditions, de toutes même, dans certains métiers : l'hérédité féodale, le principe de la caste, était ainsi constituée jusque dans le peuple des travailleurs.

Une partie de ces reproches sont justes ; d'autres portent sur des usages tellement enracinés dans les vieux corps de métiers, qu'il est plus que douteux que l'état de la société eût permis à Colbert de les détruire. Sur certains points, la sollicitude et les largesses du ministre pourvurent aux inconvénients du régime établi. Il fut interdit de saisir les meubles et les outils des ouvriers, mesure analogue à la défense si souvent répétée de saisir les bestiaux de labour. De nombreuses faveurs pécuniaires furent accordées aux ouvriers, en même temps qu'aux entrepreneurs d'industrie. Les ouvriers des manufactures royales furent exemptés de taille en tout ou en partie : ils échappaient d'ailleurs à une grande partie des conditions onéreuses des corporations. Le droit de 30 livres (60 fr.) que payaient les compagnons leur fut remboursé et on leur donna même des outils gratuitement ; chaque ouvrier qui épousait une fille de l'endroit où il travaillait reçut une gratification de 6 pistoles (132 fr. de notre monnaie), et 2 pistoles à la naissance du premier enfant. L'État contribuait ainsi largement aux frais d'établissement des artisans[2]. On peut affirmer aussi que la surveillance de Colbert et de ses agents rendait les gardes et jurés des métiers circonspects dans l'exercice de leur pouvoir ; les dispositions des anciennes ordonnances qui interdisaient les exactions sur les aspirants et les banquets de réception avaient été renouvelées et observées avec sévérité.

Par malheur, les remèdes avaient un caractère moins durable que les abus. Les remèdes devaient disparaître pour la plupart avec l'homme qui les appliquait ; les abus subsistaient dans le

---

1. Il les diminua notablement.
2. P. Clément, *Histoire de Colbert*, p. 235.

fond même de l'institution. Il est permis de regretter que Colbert, entraîné par le désir de soumettre l'industrie tout entière à un principe d'unité, n'ait pas suivi le vœu des États de 1614, qui voulaient qu'on laissât le travail libre partout ailleurs que dans les vieux corps de métier, sous condition de visite et de marque des ouvrages par experts et prud'hommes ; mais sans doute Colbert ne crut pas pouvoir organiser une surveillance efficace en dehors des jurandes.

Les statuts et règlements des manufactures n'ont pas été moins attaqués au point de vue des intérêts généraux du commerce. L'extrême division du travail, le fractionnement de l'industrie en corps nombreux, auxquels il était défendu d'empiéter les uns sur les autres, devait, dit-on, multiplier les procès entre ces corporations et empêcher des combinaisons industrielles d'où peuvent résulter de grands progrès. La cherté des produits, résultat nécessaire du monopole de corporations fermées qui font la loi au consommateur, et qui ont à supporter des charges qu'elles rejettent sur le public[1], devait rendre la plupart de ces produits inaccessibles aux paysans, à la masse du peuple. La rigueur des règlements contre toute altération des procédés prescrits, par conséquent contre toute innovation, devait immobiliser l'industrie.

Ces imputations n'étaient pas sans fondement. Le régime manufacturier contenait en germe beaucoup d'embarras, de souffrances et de périls pour l'avenir. — Oui ; mais, dans le présent, il apporta la richesse et la prospérité. Ces règlements, ces statuts, qui, par le progrès des sciences naturelles et des arts mécaniques, devaient un jour devenir un obstacle et comme une chaîne aux pieds de l'industrie française, lui donnèrent d'abord des ailes. Chefs-d'œuvre de la science industrielle du siècle, ils érigèrent en lois générales les procédés les plus perfectionnés qu'eussent pu découvrir les premiers fabricants de l'Europe, procédés que la routine, toute-puissante encore, eût peut-être repoussés durant des générations

---

1. Par exemple, les frais de procès contre des corporations rivales, ou les frais de rachat des lettres de maîtrise créées par des édits bursaux. Quand le roi faisait de ces créations, personne ne pouvait être reçu maître dans le métier en question que les lettres de maîtrise n'eussent trouvé acheteur. Les jurandes les achetaient et les amortissaient dans l'intérêt des fils de maîtres, dont l'établissement se fût trouvé retardé.

entières ; ils offraient en même temps à l'acheteur les plus puissantes garanties de la loyauté du commerce et de la qualité du produit. Ils poussèrent la France de cinquante ans en avant ! C'était aux successeurs de Colbert de suivre l'esprit et non la lettre de ses lois, et de les modifier selon le besoin des temps.

Quant aux procès des corps de métiers entre eux et des fabricants contre les marchands, Colbert avait tâché de garantir les travailleurs contre la chicane par la multiplication des tribunaux consulaires et par l'attribution aux magistrats municipaux de la connaissance en première instance des différends entre les ouvriers des manufactures et entre les ouvriers (fabricants) et les marchands (Paris et Lyon conservèrent leurs usages particuliers)[1].

La vigilance du gouvernement et la nécessité de faire concurrence aux étrangers sur les marchés du dehors ne permirent pas non plus l'exhaussement illimité des prix, et la France recouvra le commerce du Levant, grâce surtout aux marques de fabrique, qui inspirèrent aux Orientaux une confiance méritée. Quoi qu'en aient pu dire par envie ou par légèreté quelques contemporains auxquels l'esprit de système sert trop facilement d'écho, le succès de Colbert fut éclatant[2] : dès 1669, plus de quarante-quatre mille métiers étaient employés dans l'industrie des laines ; le commerce de Lyon, objet des soins incessants de Colbert, se releva pour ne plus déchoir : les soieries produisirent bientôt un mouvement de 50 millions par an (100 millions d'aujourd'hui, qui en représenteraient peut-être 250). Le plus large avenir industriel était ouvert à la France en 1672, à l'époque culminante du ministère de Colbert. Si, plus tard, le mouvement se ralentit, si le grand ministre vit, avant de mourir, des années moins prospères, la cause

---

1. *Anciennes Lois françaises*, t. XVIII, p. 363.
2. Nous sommes étonné qu'un écrivain aussi grave, aussi éclairé que M. P. Clément ait pu citer comme une autorité contre Colbert le frivole abbé de Choisy, qui connaissait beaucoup mieux les ruelles et les coulisses que les manufactures, et qui n'a fait que rajeunir en style académique une phrase de Sulli, accompagnée d'assertions tranchantes et de réflexions malignes de son cru. D'Aguesseau, Forbonnais et le satirique Saint-Simon lui-même fournissent des témoignages un peu plus sérieux. — Nous citerons, parmi les économistes modernes qui ont équitablement apprécié les résultats immédiats des établissements de Colbert, deux hommes éminents qui poussent aussi loin que possible les opinions favorables à la liberté du commerce, MM. Vincens et Renouard. *V. Journal des Économistes*, t. II, p. 2, et t. VI, p. 39-40.

en fut dans la politique et dans la guerre, et non dans les lois économiques.

Un imposant monument législatif, l'ordonnance du commerce, couronne cette brillante période. Cette ordonnance fut pour le commerce ce qu'étaient les statuts pour l'industrie, si ce n'est que l'opinion a toujours été unanime en sa faveur. Plusieurs édits partiels l'avaient précédée. Une déclaration du 9 janvier 1664, sur le fait et négoce des lettres de change et billets à ordre et au porteur, fixe les délais et les formalités des protêts, des recours, etc. Deux ordonnances concernent spécialement le commerce de Lyon : l'une (avril 1664) autorise, dans cette ville et les pays de Lyonnais, Forez et Beaujolais, les femmes à s'obliger conjointement avec leurs maris, sans réserve de biens dotaux ni paraphernaux, contrairement au droit romain ; l'autre concerne la juridiction des prévôt des marchands et échevins de Lyon, juges-gardiens et conservateurs des priviléges des foires de ladite ville. Le jugement de tous les procès relatifs au négoce en matière civile et criminelle, les banqueroutes frauduleuses inclusivement, leur est attribué : ils jugent en dernier ressort les procès de commerce jusqu'à concurrence de 500 livres (juillet 1669)[1].

L'ordonnance du commerce ne parut qu'en mars 1673. C'est un véritable code en douze titres, digne à peu près en tous points des

1. Sur ces édits, V. *Anciennes Lois françaises*, t. XVIII, p. 28-33-211. — L'édit d'avril 1664 est intéressant pour l'histoire de la législation : « Certaines provinces », y est-il dit, « se sont conservées dans la possession de décider par les lois romaines les affaires sur lesquelles il n'y avoit point d'ordonnance faite par les rois : les autres sont régies par coutumes; d'autres, nonobstant que généralement régies par le droit romain, ont reçu, en certains cas, des usages différents. Lyon, le Lyonnois, Forez et Beaujolois sont de ces dernières, lesquelles se sont établies, par une longue suite d'années, un usage différent de la loi *Julia* du fonds dotal, et ont reçu pour valables les obligations passées par les femmes, conjointement avec leurs maris, sans distinction de biens, etc..., à cause qu'elles ont trouvé ledit usage plus favorable aux affaires des familles, lesquelles, dans le temps qu'elles avoient besoin d'argent (comme il arrive souvent parmi la noblesse, dont les biens consistent ordinairement en fonds qu'ils peuvent rarement obliger à cause des substitutions), ne trouveroient aucun secours dans les occasions les plus pressantes, si les femmes ne pouvoient donner assurance de leur part; cet usage n'est pas moins nécessaire au grand commerce qui fleurit dans notre ville de Lyon et lieux circonvoisins. — Pour ces considérations, sur les remontrances de nos chers et bien-aimés les prévôt des marchands et échevins de Lyon, contre certains arrêts qui, depuis quelque temps, auroient détruit, suivant la loi *Julia*, les obligations des femmes, contre cet usage établi, déclarons, etc. »

lumières du ministre et de l'homme spécial qu'il appela à concourir à son œuvre [1]. — Titre Ier. Des apprentis négociants et marchands, tant en gros qu'en détail. — Le séjour dans la maison paternelle compte comme apprentissage aux fils de marchands ; mais, après l'apprentissage, il leur faut, comme aux autres aspirants, servir encore pendant un pareil laps de temps (correspondant au compagnonnage des artisans), avant d'être reçus maîtres. On ne peut être reçu maître qu'à vingt ans accomplis. Défense aux particuliers et aux communautés de prendre des aspirants aucun présent pour leur réception, à peine d'amende ; défense à l'aspirant de faire aucun festin, à peine de nullité de sa réception. — Les marchands et les ouvriers en bâtiments doivent demander le paiement dans l'année : les fournisseurs de comestibles et quelques autres détaillants doivent le demander dans les six mois. Au delà de ce délai, ils peuvent toutefois encore déférer le serment aux débiteurs. — Titre II. Des agents de banque et courtiers. — Titre III. Des livres et registres des négociants, marchands et banquiers. Aux mesures destinées à garantir l'authenticité des livres se joignent des dispositions sur la correspondance et les inventaires. — Titre IV. Des sociétés. — Dans toute société les contestations entre associés seront jugées par arbitres. — Titre V. Des lettres et billets de change, et promesses d'en fournir. — Les lettres de change doivent être payées ou protestées dans les dix jours après l'échéance. — Titre VI. Des intérêts du change et du rechange. — Défense de prendre l'intérêt d'intérêt. — Titre VII. Des contraintes par corps. — Titre VIII. Des séparations de biens. — Titre IX. Des défenses et lettres de répit. — Ce titre est relatif au dépôt du bilan. — Titre X. Des cessions de biens. — Titre XI. Des faillites et banqueroutes. — La banqueroute frauduleuse est punie de mort [2]. — Titre XII. De la juridiction des consuls (des tribunaux de commerce). C'est le développement et l'extension des principes posés dans l'édit de 1563, qui avait créé les premiers tribunaux de commerce. « Sous l'empire de l'édit de 1565, la compétence consulaire était limitée aux contestations des mar-

---

1. Savari, auteur du *Parfait Négociant*.
2. Cette rigueur outrée n'était que la conséquence de la législation sur le vol. La banqueroute frauduleuse était assimilée au vol de la pire espèce.

chands entre eux pour fait de marchandise : elle était à la fois personnelle et réelle. L'ordonnance de 1673 imprima un caractère de légalité à un contrat essentiellement commercial, qui avait pris naissance dans les déchirements et les persécutions du moyen âge, la lettre de change. Rapide véhicule des valeurs commerciales, lien des relations éloignées, transport effectif de sommes dues sur des places étrangères, la lettre de change fut considérée comme un acte à part, un acte commercial par sa nature et attributif de la juridiction consulaire; elle détermina une compétence purement *réelle; entre toutes personnes*, elle fut soumise à la juridiction des juges-consuls » [1].

Colbert atteignit par là le double but de l'ordonnance, garantir le négociant honnête contre la fraude, et le commerce en général contre la chicane.

Nous avons achevé de considérer sous ses diverses faces économiques cette administration colossale qui semble avoir réuni en quelques années les travaux de plusieurs siècles. Jamais la France ne s'était vue dans une situation semblable à celle qu'elle occupait en 1672; jamais elle n'avait atteint une telle hauteur de puissance et de majesté. Non-seulement les admirateurs et les panégyristes du règne de Louis XIV, mais ses détracteurs les plus systématiques, Saint-Simon lui-même, se sont inclinés devant le souvenir de cette époque immortelle. « Tout était florissant dans l'état », s'écrie Saint-Simon; « tout y était riche : Colbert avait mis les finances, la marine, le commerce, les manufactures, les lettres même, au plus haut point!.... » [2]. La France grandissait par la paix, comme elle avait grandi par la guerre. Quant au dehors, depuis le traité des Pyrénées, des événements étaient survenus qui avaient rendu bien plus éclatante encore la supériorité de la France sur l'Espagne : la guerre de tarifs et de primes,

---

1. Laferrière, *Histoire du droit français*, t. I, p. 453, 1re édit. — Les billets de change, pour lettres de change fournies ou à fournir, observe M. Laferrière, n'eurent pas le même caractère : pour qu'on les attribuât à la juridiction consulaire, il fallut qu'une des deux parties contractantes eût la qualité de commerçant. Par le code de commerce actuel, le billet de change est devenu acte de commerce dans tous les cas et le billet à ordre a été placé dans la condition mixte où était le billet de change sous Colbert. Sous l'édit de 1673, le billet à ordre n'était acte de commerce qu'entre deux commerçants.

2. Saint-Simon, t. XXIV, p. 63, 121, édit. in-12.

habilement conduite par Colbert, menait à réduire dans de justes bornes le développement exorbitant de puissance commerciale et maritime que s'était arrogé la Hollande aux dépens des autres nations, et à contenir l'Angleterre, qui brûlait d'enlever cette suprématie à la Hollande afin de l'exercer d'une façon bien plus dangereuse pour l'Europe. L'intérêt de la France, qui venait d'être facilement victorieuse dans une brillante et fructueuse promenade militaire [1], semblait être la paix en Europe et en Amérique : une voix mystérieuse, voix du passé et de l'avenir tous ensemble, appelait son activité guerrière sur d'autres rivages.

On verra plus tard comment cet appel ne fut pas entendu et comment notre patrie fut entraînée hors de la voie de sagesse et de prospérité où l'avait engagée Colbert; mais, avant d'entrer dans cette autre époque où la gloire ne sera plus la sœur de la justice, où la France va parfois combattre pour des intérêts qui ne sont plus ceux du progrès et de l'humanité, il reste à contempler, sout de nouveaux aspects, l'heureuse période pendant laquelle tant de merveilleux génies éclairèrent et embellirent cette France qu'enrichissait et que fortifiait Colbert. Ce sont les dix ou douze plus belles années dont ait joui notre patrie : ne nous hâtons pas de les quitter. Les temples et les palais, les théâtres et les académies, nous appellent au sortir des bureaux, des ateliers et des ports. Partout rayonne l'activité féconde d'un grand peuple : partout s'épanchent des torrents de vie et de lumière. Là, encore, nous retrouverons le grand ministre à côté du grand roi, non plus créateurs, mais inspirateurs et protecteurs, mais centre, l'un et l'autre et l'un par l'autre, de ce cercle magnifique formé par la réunion de toutes les gloires [2].

1. La guerre de 1667 : nous la raconterons plus loin.
2. Nous ne devons pas terminer cette étude sur la principale période de l'administration de Colbert sans rendre hommage à la vaste publication de M. Depping : *Correspondance administrative sous le règne de Louis XIV;* ap. Recueil des *Documents inédits.* Les introductions qui précèdent ces quatre volumes sont des morceaux de grande importance. T. I, États Provinciaux; affaires municipales et communales. — T. II, administration de la justice; affaires des parlements et d'autres corps judiciaires; police publique et secrète; galères. — T. III, finances, commerce et industrie. — T. IV, travaux publics; affaires religieuses et ecclésiastiques; protestants; littérature, sciences et arts.

LIVRE LXXXI

LOUIS XIV ET COLBERT, *SUITE*.

MOUVEMENT INTELLECTUEL ET MORAL. § 1. LE GRAND ROI ET LA COUR. Les grands. Les lettrés. Les académies. Le clergé. L'étiquette. Les femmes. Fêtes de la cour. — § 2. SCIENCES ET LETTRES. Académie des sciences. Huygens. L'Observatoire. Picard. Cassini. Roëmer. Érudition. Baluze. Mabillon. Ducange. D'Herbelot. Voyageurs. Le droit civil à Paris. — § 3. POÉSIE. THÉATRE. LA LITTÉRATURE ET LA SOCIÉTÉ. MOLIÈRE. Boileau. RACINE. Lulli et Quinault. *Question du théâtre*. LA FONTAINE. Madame de La Fayette. MADAME DE SÉVIGNÉ. — § 4. MORALISTES. ÉLOQUENCE SACRÉE. La Rochefoucauld. Nicole. BOSSUET. Bourdaloue. — § 5. BEAUX-ARTS. VERSAILLES. Colbert surintendant des bâtiments. Lebrun directeur de l'Académie de peinture et de sculpture et des Gobelins. Perrault; le Louvre. Louis XIV abandonne le Louvre pour VERSAILLES. Hardouin-Mansart. Le Nostre. Les Invalides. — § 6. L'ÉDUCATION DU DAUPHIN. THÉORIES DE LOUIS XIV ET DE BOSSUET. L'ÉTAT ET L'ÉGLISE. La *Politique de l'Écriture sainte* et les *Mémoires et Instructions* du roi à son fils. — Affaires des jansénistes et des protestants. Controverses de Bossuet et des ministres. Conversions. Splendeur et périls.

1661 — 1672.

§ 1. LOUIS XIV ET SA COUR.

On a essayé naguère de montrer Louis XIV dans son conseil, dirigeant, sous l'inspiration et par le bras de Colbert, cette grande officine administrative et législative d'où émanèrent tant d'utiles réformes et de glorieuses créations. Il est temps de le voir au milieu de sa cour, d'étudier sa pensée dans ce qu'on pourrait appeler le gouvernement des mœurs et des idées, comme on l'a étudiée dans le gouvernement des intérêts matériels, dans les institutions économiques. Il n'est pas d'autre chemin pour pénétrer au cœur de la société française de ce temps. Nos historiens de l'ancien régime ont souvent mérité le reproche d'avoir écrit l'histoire des cours au lieu de l'histoire des nations. C'était Louis XIV qui leur avait donné cette habitude; leur point de vue, si faux quand ils l'appliquaient à un passé lointain, était presque vrai relativement aux belles années du grand roi. Durant la période où cette histoire est parvenue, la France paraît s'absorber dans la cour, la cour dans le roi : impossible de se placer ailleurs que sur les marches du trône, si l'on veut comprendre et juger le mouvement national de ce siècle.

La cour a été, dans nos annales, comme le vêtement de la royauté, changeant d'âge en âge à mesure que la royauté se transformait : chacune des phases de la vie de cour répond à une révolution sociale ou politique. Au moyen âge, quand le royaume est partagé en grands fiefs, les grands fiefs en petites seigneuries, l'isolement est d'abord la règle, la vie en commun est l'exception. Ce n'est qu'à de certaines époques et pour de certaines solennités que les petits nobles se réunissent autour des grands, ou les grands autour du roi tenant sa cour plénière. Les progrès de la sociabilité coïncidant peu à peu avec ceux de la puissance et de la richesse royales, les premiers Valois s'entourent de la haute noblesse durant des saisons entières et réalisent l'idéal de la vie de cour [1] selon les mœurs chevaleresques. Tout cela s'abîme dans les guerres anglaises. Quand la monarchie se reconstitue, Louis XI, l'antipode de la chevalerie, n'a point de cour. La cour se reforme par degrés sous les règnes suivants et resplendit d'un éclat inconnu sous François Ier, en qui s'unissent les mœurs nouvelles de la Renaissance avec ce qui subsiste des traditions chevaleresques. La royauté du XVIe siècle apparaît environnée de puissantes individualités, princes et gouverneurs, qui, tout en procédant d'elle, ont encore une importance personnelle considérable, importance qui s'exagère sous les faibles successeurs de François Ier jusqu'à engendrer de grandes factions. Cette cour monarchico-aristocratique disparaît à son tour dans les Guerres de Religion. Peu ou point de cour sous Louis XIII. Comme Louis XI après les Guerres des Anglais, Richelieu, après les Guerres de Religion, est incessamment occupé à frapper et à terrifier la haute noblesse, c'est-à-dire l'élément essentiel de la cour. Richelieu descendu au

---

1. Le nom et la chose appartiennent à la société chevaleresque. Le dérivé le plus caractéristique du mot *cour* est *courtoisie*, qui est, relativement à la vie de château, à la société chevaleresque et féodale, ce que sont les mots *politesse, urbanité, civilité*, relativement à la vie des cités, à la civilisation d'origine grecque et latine.

tombeau, la réaction avortée de la Fronde a démontré à tous l'impuissance du parti nobiliaire. La royauté peut désormais rappeler la haute noblesse auprès d'elle : elle est maîtresse de la façonner à son gré.

Louis XIV le comprend et, avec la sûreté de coup d'œil et la persévérance qui le distinguent, il résout de mettre la haute noblesse tout entière dans sa main, en l'obligeant, d'une part, à se fixer à la cour, à entourer le roi d'un cortége permanent et, de l'autre part, à servir régulièrement dans l'armée, dans des conditions tout à fait contraires à ses habitudes, à ses préjugés et à ses prétentions [1].

Les conséquences de ces innovations doivent être extrêmement considérables. Plus de cabales seigneuriales dans les provinces; plus de domination ou d'influence traditionnelle dans les localités où les grands cessent de résider; plus de vie de château ni de *domesticité* noble; les grands seigneurs, dévorés par le luxe toujours croissant de la cour, luxe qui les rend de plus en plus dépendants de la faveur royale, n'ont plus ni le moyen ni le besoin de nourrir à leurs gages la petite noblesse. C'est la fin, bien réelle cette fois, des existences féodales : toutes les *maisons* des grands sont absorbées par la *maison du roi*, qui a toute la haute noblesse pour *domestique*, dans l'ancienne acception du mot. La petite noblesse, déjà gênée par le renchérissement progressif de toutes choses et par l'accroissement des besoins artificiels, voit retomber tous ses cadets à sa charge. Le roi et Colbert surtout voudraient lui ouvrir la ressource du commerce, mais elle ne s'y prête pas et n'accepte d'autre ressource honnête que les emplois de l'armée qu'elle encombre. Les grands, à leur tour, une fois bien obérés, retomberont sur les bras du roi. Il y a là, en compensation d'immenses avantages politiques, de graves embarras financiers pour l'avenir : il faudra que la royauté en vienne à nourrir tout ce monde aux dépens du peuple. Arrive un règne faible et désordonné, et l'on peut prédire la transformation de la monarchie en une exploitation générale de la France par les courtisans ligués.

1. On entrera dans quelques détails à ce sujet quand on aura à exposer l'organisation de l'armée.

Mais qui songe, autour du jeune et triomphant monarque, à ces éventualités lointaines? Dans le présent, Louis atteint pleinement son but et complète les résultats généraux de sa politique intérieure par quelques mesures spéciales dont la plus notable est la triennalité des gouvernements, qui avait été demandée par les États de 1614. Les gouvernements de villes et de provinces, viagers en droit, héréditaires en fait par les survivances passées en usage, avaient failli renouveler la féodalité. Louis XIV ne les accorde plus que pour trois ans, sauf prorogation par provisions nouvelles, et couronne ainsi l'œuvre de Richelieu, en ôtant à ces offices militaires tout caractère de propriété directe ou indirecte pour les réduire à redevenir de simples fonctions temporaires [1].

Louis n'a pas besoin d'user de contrainte pour réussir. Il lui suffirait de faire comprendre bien clairement que toutes les faveurs, soit utiles, soit honorifiques, sont pour ceux qui vivent à la cour et servent le roi; mais ce n'est pas là le seul mobile dont il dispose : l'attrait inexprimable qu'exerce sa cour est plus puissant que l'intérêt même. Une fois qu'on a goûté de cette existence si éclatante, si animée, si variée, on ne saurait plus la quitter pour retourner au manoir natal, sans périr de langueur et d'ennui; tout semble glacé et mort loin de ce lieu d'enchantement, qui apparaît à la ville et à la province comme l'idéal même de la vie humaine. C'est un empyrée terrestre dont on ne peut se consoler d'être banni. Là sont réunis tous les plaisirs du corps et de l'esprit, toutes les excitations de l'imagination et de l'intelligence. Louis n'appelle pas seulement autour de lui les privilégiés de la naissance, mais tout ce qui se distingue à un titre quelconque, par l'esprit, le talent, la science, même par les défauts brillants qui font cortége à la richesse [2]. Unir pour régner, c'est la maxime des grands gouvernements [3]. Tout unir pour tout tenir dans une

---

1. Déjà il avait ôté aux gouverneurs le maniement de fonds que leur avait laissé reprendre Mazarin. Les garnisons, renouvelées peu à peu sans la participation des gouverneurs, devinrent réellement, non plus les troupes des gouverneurs, mais les troupes du roi. — *V. Œuvres* de Louis XIV, *Mémoires et Instructions*, etc., t. I, p. 197; an. 1662.

2. Les *beaux joueurs*, les parvenus, gens de luxe et de plaisir, s'introduisaient facilement à la cour. La libéralité leur tenait lieu de naissance.

3. *V.* les réflexions de Louis XIV à ce sujet; *Œuvres* de Louis XIV, t. II, p. 189.

seule main, pour tout résumer en soi, voilà ce que prétend faire et ce que fait Louis XIV. Toute gloire devient un rayon du royal soleil, qui emprunte à tous, mais qui rend aussi la lumière à tous par les vibrations ardentes qu'il communique à tout ce qui l'environne.

La conduite de Louis XIV n'est pas moins habilement calculée envers les gens de lettres qu'envers les gens de qualité. Il reconnaît, accepte et fait servir à sa grandeur l'importance toujours croissante qu'acquièrent dans la nation les choses de l'esprit. Ses inclinations personnelles l'y portent non moins que sa politique. Il a cela de commun avec son grand ministre, que tous deux suppléent à une instruction insuffisante par la rectitude du jugement et le goût naturel; Louis étant, des deux, à ce qu'il semble, le meilleur juge dans la littérature et Colbert dans les beaux-arts. Là encore, c'est la trace de Richelieu que reprennent Louis et Colbert, en travaillant à développer les destinées que le cardinal-roi avait rêvées pour la langue et la littérature françaises. Louis ambitionne et conquiert l'honneur de faire revoir à l'Europe lettrée un autre siècle d'Auguste : il sait que les lettres ne sont point ingrates et qu'elles donnent au prince qui les protége la popularité au dedans, au dehors une influence moins directe, mais plus étendue et plus profonde que celle de la diplomatie. Le progrès des lettres doit avoir d'autres résultats encore, moins apparents, mais aussi certains. Tout se tient dans les manifestations de l'intelligence et de l'activité d'un peuple : il est impossible que le sentiment du beau, du noble, de l'élégant, règne dans la littérature, sans se refléter non pas seulement dans les beaux-arts, mais dans les arts industriels, dans les inventions et les procédés relatifs aux besoins de la vie. Colbert, suivant l'observation d'un écrivain homme d'état[1], lie certainement dans sa pensée l'assistance donnée aux lettres avec les efforts victorieux qu'il fait pour assurer à l'industrie française cette supériorité de goût et d'élégance qu'elle ne doit plus perdre.

Les lettrés sont donc attirés à la cour comme les grands, avec cette différence, que ce qui, en réalité, abaisse ceux-ci élève ceux-

---

1. M. Necker.

là. Les gens de lettres sont enlevés définitivement à la domesticité des grands pour devenir les pensionnaires du roi, non plus par des bénéfices ecclésiastiques jetés subrepticement en commende à quelques beaux esprits, mais par des pensions directement assignées sur l'épargne à quiconque est réputé digne d'encouragement. Ce n'est pas l'indépendance, sans doute, mais c'est ne plus dépendre que de celui de qui tout dépend. On régularise ainsi sur une plus grande échelle ce qu'avaient commencé Richelieu et Mazarin[1].

Le patronage offert aux lettres ne se borne pas à quelque assistance pécuniaire. Le corps qui représente officiellement la littérature, l'Académie française, reçoit de Colbert, qui siège sur ses bancs[2], toute espèce d'encouragements et de faveurs. Le roi en personne se déclare protecteur de l'Académie, qui avait eu d'abord pour protecteur officiel le chancelier Séguier, et l'admet au rang des grands corps de l'état, en l'autorisant à venir le haranguer dans les occasions solennelles, » de même que le parlement et les autres compagnies supérieures ». Dans la société

1. La première liste des pensions littéraires, arrêtée en 1663, comprend trente-quatre écrivains français. Elle fut dressée par Chapelain et Costar, sur l'ordre de Colbert. Chapelain ne s'y maltraite pas : il se fait adjuger 3,000 fr. de pension, comme au « plus grand poëte françois qui ait jamais été et du plus solide jugement. » A cela près, la liste est ce qu'elle pouvait être, mélangée de noms illustres, de noms estimés, de noms oubliés ou décriés. La postérité seule est compétente, en pareil cas, pour faire le triage, et Chapelain, après tout, était un assez bon juge, s'il n'était pas le *plus grand poète françois* etc. Corneille est désigné comme le « premier poëte dramatique du monde », et Molière, qui n'était pas encore l'auteur du Tartufe et du Misanthrope, comme un « excellent poëte comique. »
La liste de 1663 a été insérée dans les *OEuvres* de Louis XIV, t. I, p. 223, d'après les mss. de Colbert. La société des bibliophiles français a publié, en 1825, les listes des années suivantes jusqu'en 1679. Le total, en 1663, ne dépasse guère 60,000 livres pour les écrivains français : il n'alla jamais fort au delà de 80,000. V. Dulaure, *Histoire de Paris*, t. V, p. 292; VI° éd.

2. Colbert ne se fit nullement dispenser du discours de réception obligé, comme l'a prétendu l'abbé d'Olivet dans son *Histoire de l'Académie* : il harangua, au contraire, *la savante compagnie* avec beaucoup de *grâce et de succès*, au dire de la *Gazette de France* du 30 avril 1667. Il établit les jetons de présence pour stimuler l'achèvement du fameux dictionnaire. La publicité des séances de réception, qui accrut beaucoup l'influence et la popularité de l'Académie, appartient à la même époque. V. les *Mémoires* de Charles Perrault, liv. I et III, sur tout ce qui regarde les académies. Colbert maintint, dans une circonstance caractéristique, cette égalité entre académiciens qui était dans la pensée du fondateur. Un grand seigneur, membre de l'Académie, s'était fait apporter un fauteuil, Colbert en fit envoyer trente-neuf autres. C'est là l'origine des *quarante fauteuils*.

du XVIIe siècle, où le cérémonial joue un rôle si considérable, c'est là une innovation capitale pour la dignité des lettres.

À côté de l'Académie française s'élève, sur ces entrefaites, une seconde académie, d'abord dans de modestes proportions. C'est un *petit conseil* que se forme Colbert « pour toutes les choses dépendantes des belles-lettres ». Dans ce concert de magnificences qui doit environner le roi, la *petite académie* fournira les inscriptions pour les monuments, les motifs et les légendes des médailles, les sujets qui doivent inspirer les artistes, les devises des fêtes et des carrousels, et leurs descriptions destinées à éblouir des royales splendeurs les pays étrangers. Enfin elle préparera et rédigera l'histoire du roi à mesure qu'il réalisera les grandes actions qu'il projette. L'Académie des inscriptions et belles-lettres, œuvre d'une pensée tout individuelle et toute politique, s'affranchira un jour des liens de son origine et deviendra le centre des sciences historiques, philologiques et archéologiques, comme l'Académie française est le centre de la littérature nationale.

Le plan de Richelieu est agrandi et généralisé. On étend aux sciences et aux arts la discipline qu'il avait donnée aux lettres en vue de la langue française. L'Angleterre venait de montrer l'exemple pour ce qui regarde les sciences, en fondant la *Société royale* de Londres (1662). Louis XIV et Colbert répondent par l'établissement de l'Académie des sciences (1666). Ces deux compagnies, qu'illustreront tant de grandes découvertes, sont destinées à une rivalité éminemment féconde pour la civilisation européenne [1].

L'Académie de peinture et de sculpture avait été instituée dès 1648, sous Mazarin : elle reçoit de Colbert des règlements nouveaux, et l'Académie d'architecture est fondée en 1671. L'esprit

---

1. Les deux académies française et anglaise existaient de fait, comme sociétés libres, assez longtemps avant de recevoir la consécration officielle. Les savants français s'assemblaient chez M. de Montmor, conseiller d'état, comme les littérateurs s'étaient autrefois assemblés chez Conrart, avant les lettres-patentes de Richelieu. — Ce fut à Chapelain que Colbert demanda le plan d'organisation pour l'Académie des Inscriptions et pour l'Académie des sciences. Les rapports de Chapelain ont été conservés : il s'y montre homme de bon sens et de bon conseil, et digne de la confiance que Colbert avait en lui. V. *Revue rétrospective*, 2e série, t. I, p. 81 et suivantes.

méthodique et régulateur du xvii° siècle se fait illusion sur les résultats que peut produire la discipline académique dans les beaux-arts, cet inaliénable domaine de la libre inspiration [1] ; mais Colbert n'en rend pas moins à l'art français un grand service en créant à Rome une succursale de l'académie parisienne, établissement qui semble inspiré par l'esprit du Poussin lui-même, et où les jeunes artistes français vont mûrir leur talent au milieu des chefs-d'œuvre antiques et modernes qui peuplent l'Italie (1667).

Les bienfaits de Louis et de Colbert envers les littérateurs, les savants et les artistes ne s'arrêtent pas aux frontières du royaume : le roi charge ses ambassadeurs de rechercher dans chaque pays les hommes dont les travaux ont mérité l'estime publique ; les uns sont attirés en France par les positions honorables et avantageuses qu'on leur offre ; les autres reçoivent des gratifications, des pensions accompagnées des lettres les plus flatteuses de la main de Colbert, sans autre condition que l'obligation tacite de témoigner avec éclat leur gratitude [2]. L'effet de ces libéralités qui vont chercher le mérite aux deux bouts de l'Europe sans distinction de nationalité, et qui font du roi de France le protecteur de la république des lettres, est immense et hors de toute proportion avec la dépense matérielle [3]. Depuis Rome et Florence jusqu'à Stockholm, tout retentit des louanges de Louis le Grand.

---

1. On s'imaginait que l'académie de Rome, dite de *Saint-Luc*, avait produit « tous les grands sujets qui ont paru depuis deux siècles dans les arts. » — Ordonnance de novembre 1676 ; ap. *Recueil des anciennes lois françaises*, t. XIX. p. 169.

2. *V.* les lettres de Colbert à Vossius, Heineccius, Gratiani, Allatius, Beklerus, Servatius, Hevelius ; ap. *Revue rétrospective*, 2° série, t. I, p. 78-83. — Quelques savants étrangers acceptèrent cependant des conditions d'une autre nature et se firent les agents secrets de la diplomatie française ; ainsi Hermann Conring.). P. Clément, *Histoire de Colbert*, p. 190.

3. Les pensions aux savants étrangers ne dépassèrent pas vingt et quelques mille livres par an ; les gratifications, il est vrai, furent beaucoup plus considérables. L'astronome Hevelius, de Dantzig, ayant perdu sa bibliothèque dans un incendie, Louis XIV la lui remplaça. L'astronome italien Viviani « fit bâtir à Florence une maison des libéralités de Louis XIV. Il mit en lettres d'or, sur le frontispice : *Ædes à Deo datæ* ; allusion au surnom de *Dieu-donné* dont la voix publique avait nommé ce prince à sa naissance. » Voltaire, *Siècle de Louis XIV*, c. xxv. Douze panégyriques de Louis XIV furent prononcés dans autant de villes d'Italie, et les étrangers ne contribuèrent pas moins que les Français à l'adoption de ce langage mythologique et idolâtrique dont on enivra le grand roi. — Les pensions aux gens de

Les bienfaits matériels, les avantages sociaux accordés aux lettrés et aux artistes, sont bien loin d'expliquer complétement l'action que Louis XIV exerce sur le génie de son temps. Aux sciences, il fournit avec libéralité les instruments de leurs expériences et de leurs observations : c'est là tout ce qui dépend du pouvoir suprême ; pour les lettres et les arts, il peut faire et il fait davantage. Il leur offre à sa cour un milieu qui détermine leur développement dans une certaine direction. Il leur impose, dans une sorte d'harmonie générale, l'esprit d'ordre, d'unité, de gravité tempérée par l'élégance qui est en lui et qui est lui-même, pour ainsi dire. Il reprend du haut du trône cette espèce de direction spirituelle qu'avait possédée une société particulière et se fait l'héritier de l'hôtel de Rambouillet, en élargissant l'héritage. Quelle influence ne doit pas avoir sur les productions de l'intelligence et de l'imagination l'admission des écrivains et des artistes dans cette vie de cour où tout respire un air de grandeur, de goût et de magnificence, où tout anime, soutient et contient à la fois l'essor de l'esprit !

Il en est de même pour le clergé, dont le roi aime à rapprocher de sa personne les membres les plus éminents par le talent et le savoir, tout en les écartant des fonctions politiques. Les orateurs ecclésiastiques, qui commencent à s'élever à des hauteurs inconnues, gagnent singulièrement dans la fréquentation d'une telle société et achèvent de s'y dépouiller de la déclamation vulgaire et de la pédanterie scolastique. Le clergé n'est pas moins redevable, sous le rapport moral, à Louis, qui use généralement avec conscience des droits reconnus à la royauté par le concordat et qui appelle aux prélatures les sujets les plus propres à rehausser la considération de l'épiscopat. Le seul reproche qu'on lui puisse faire, à cet égard, c'est de rendre bon nombre de ces prélats peu *canoniques,* en leur rendant le séjour de sa cour plus agréable que celui de leurs diocèses [1].

lettres français et étrangers, et les académies, coûtèrent à Louis XIV 1,707,148 liv. de 1664 à 1690. — *V.* Eckard, *Supplément aux recherches historiques sur Versailles,* p. 59.

1. On se rappelle l'épigramme de Racine, qui se termine ainsi :

Nous avons cinquante-deux prélats
Qui ne *résident* pas.

Quand on a ainsi analysé les éléments de cette cour, on ne s'étonne plus tant que les historiens y aient vu toute la France. C'est, au moins, l'abrégé de la France et le résumé de toutes ses puissances. L'ordre maintenu par Louis XIV dans ce petit monde dont il est l'âme n'est guère moins intéressant à étudier que les éléments mêmes dont ce monde se compose. L'étiquette, sans accepter les gênes extravagantes que subit la cour d'Espagne et que le génie français n'eût pas supportées, prend une extension inconnue et proportionnelle à l'accroissement de la splendeur royale. Le nombre des charges de cour, des fonctions relatives au service de la personne du roi, est augmenté. Les distances sont diminuées ou transposées entre les diverses classes, et augmentées entre toutes les classes et le roi. Diminuées, au moins indirectement, entre les classes, elles sont fortement marquées en ce que l'on juge à propos de conserver, en même temps que des égards inaccoutumés sont imposés aux supérieurs envers les inférieurs, le roi lui-même donnant l'exemple [1]. L'étiquette est calculée pour servir la monarchie aux dépens de l'aristocratie : elle tend à faire prévaloir la fonction sur la naissance, les distinctions qui procèdent de la faveur royale sur celles qui sont inhérentes à la race. Les ducs et pairs, dont le titre rappelle vaguement la grande vassalité, bien qu'il n'en reste pas chez eux même une ombre, sont multipliés afin de réduire encore leur importance, et le roi donne le pas aux maréchaux sur eux, mais le leur donne, par compensation, sur les présidents des *cours supérieures*. Les ministres de race bourgeoise sont affublés de titres et élevés peu à peu, dans le cérémonial, au niveau des gens de haute naissance, puis des ducs et pairs mêmes et des grands officiers de la couronne. A l'armée, la haute noblesse n'est plus nécessairement préférée à la petite, ni même à la bourgeoisie, pour les grades, et l'on y mesure les gens au grade et non plus à la qualité. Certaines prérogatives honorifiques sont toutefois

---

1. On a vu, ci-dessus, p. 72 et suivantes, l'énergique répression des violences nobiliaires. Une anecdote caractéristique est celle de ce marquis de Pellevé qui avait battu un villageois. Celui-ci porta plainte au roi en personne. Louis traita si sévèrement Pellevé, que ce courtisan, pour rentrer en faveur, ne crut pas pouvoir moins faire que d'équiper un régiment à ses frais et de l'offrir au roi. Il fut tué dans la guerre de Hollande.

maintenues à la haute noblesse pour la consoler d'avoir vu passer dans des mains bourgeoises le réel du pouvoir. Le cordon bleu ne se donne qu'aux gens de noblesse ancienne ou réputés tels : on sait la belle conduite du maréchal Fabert, qui refusa le cordon plutôt que de consentir à déguiser sa naissance plébéienne [1]. L'admission à manger en public avec le roi est également un privilége de la qualité. Le *justaucorps à brevet*, costume adopté par le roi et que personne, pas même les princes du sang, ne doit se permettre de porter sans un brevet de la main royale, est une distinction qui ne s'accorde qu'aux personnages les plus considérables de la cour par la naissance ou par la faveur, mais qui établit une sorte d'égalité entre ceux que le roi en gratifie. Quant aux hommes distingués par leurs talents, qui n'ont ni naissance ni hautes fonctions, le roi a pour eux des dédommagements qui consistent en grâces privées, en marques de faveur intime et d'honorable familiarité : il les honore d'homme à homme, tout en laissant subsister à leur égard les distances officielles des rangs et des dignités [2].

La cour est une machine savante et compliquée que Louis gouverne avec une habileté souveraine. Toutes les paroles, tous les mouvements, toute la conduite du roi, sont combinés d'après un plan invariable, combinés sans qu'il y paraisse, et parfois même, peut-être, sans que Louis s'en rende compte à lui-même, sa politique ne demandant presque aucun effort à ses instincts et se confondant naturellement avec eux. A toute heure, en tout lieu,

---

1. Voltaire dit à tort que Fabert refusa, quoiqu'on le dispensât de fournir des preuves de noblesse. Le roi s'était fait une loi d'observer les statuts de l'ordre, qui exigeaient quatre générations de noblesse; mais il eût fermé les yeux sur les *preuves* telles quelles de la famille Fabert, comme il le fit plus tard pour les familles Colbert et Le Tellier. *V.* la lettre de Fabert au roi et la réponse du roi; ap. *Œuvres de Louis XIV*, t. V, p. 64. Ces deux lettres sont également honorables pour le roi et pour le maréchal. Fabert a été, sinon une des plus brillantes figures du XVIIe siècle, du moins un des caractères les plus nobles et les plus purs qu'ait produits cette grande époque. On vient de publier une correspondance de ce maréchal, où il se montre non plus seulement un guerrier loyal et dévoué, mais un philosophe religieux et un vrai sage. *V.* la *Vérité sur les Arnauld, complétée à l'aide de leur correspondance inédite*, par M. P. Varin; deux vol. in-8°; 1847.

2. Saint-Simon, *Mémoires*, éd. de 1840, t. XXIV, p. 74-80; 137-139. — Saint-Simon apprécie l'étiquette au point de vue aristocratique. — *Œuvres* de Louis XIV, t. VI, p. 375. — Voltaire, *Siècle de Louis XIV*, t. II, chap. 23. — Walckenaër, *Mém. sur madame de Sévigné*, t. II, passim.

dans les moindres circonstances de la vie, il est toujours roi ; merveilleux art de régner, dont il a trouvé, dont il emportera le secret. Son affabilité ne se dément jamais : il témoigne à tous intérêt et bienveillance ; il se montre indulgent aux fautes qui se peuvent réparer; sa majesté est tempérée par une familiarité grave et n'impose la limite qu'il veut maintenir que par la politesse même dont il ne se départ pas envers autrui ; il s'abstient absolument de ces traits piquants ou ironiques qui blessent si cruellement en tombant de la bouche de l'homme auquel on ne peut répondre. Pour exciter le zèle des Français à le servir, il sait employer tous les ressorts, le patriotisme, l'ambition, l'honneur, l'émulation, jusqu'à la flatterie; mais, s'il flatte ses sujets, c'est en roi et non pas, comme autrefois Louis XI, en intervertissant les rôles.

Résolu de faire de sa cour le type même de la civilisation et d'assurer à la France la suprématie des mœurs comme celle de la langue et de la littérature, il sent que ce qui marque le cachet d'une société c'est la position qu'on y fait aux femmes et les procédés dont on use à leur égard. Il enseigne à tous par son exemple, la courtoisie la plus exquise envers toutes les femmes, fussent-elles de la plus modeste condition [1]. Il réduit en système la galanterie noble et sérieuse dont sa mère, l'Espagnole Anne d'Autriche, lui avait donné le goût et l'habitude. Le ton et les manières de la cour, quoique moins tendus et plus libres que n'avait été le ton de l'hôtel de Rambouillet, deviennent parfaitement décents et délicats. Les mœurs acquièrent une élégance sans égale. Les derniers restes de la rudesse et de la grossièreté anciennes, qui produisaient encore d'étranges dissonances dans la cour si brillante et si artiste de François Ier [2], ont entièrement disparu sous Louis XIV, et, pour la première fois, la société française atteint la véritable harmonie des mœurs polies. C'est dans ce siècle si éloigné de la chevalerie et du moyen âge que se réalise, quant aux manières et aux formes, l'idéal chevaleresque. Les fêtes de

---

[1]. « Jamais il n'a passé devant la moindre coiffe sans soulever son chapeau, je dis aux femmes de chambre, et qu'il connaissait pour telles. » Saint-Simon, éd. de 1840, t. XXIV, p. 144.

[2]. On se rappelle les singulières anecdotes dont fourmille Brantôme!

Louis XIV surpassent tout ce qu'avaient rêvé les romanciers. Il faut se transporter par la pensée au milieu de ces joûtes, d'où l'on a supprimé le danger en remplaçant les luttes de la force par celles de l'adresse et où la plus brillante jeunesse du monde rivalise de grâce et d'agilité devant une incomparable élite de femmes resplendissantes d'esprit et de beauté. Il faut ressusciter, avec les relations contemporaines, ces journées pleines d'enchantements, ces *nuits enflammées*[1] où les eaux et les feux, maîtrisés et transformés par la main de l'homme, prodiguent mille prestiges parmi les bosquets semés des chefs-d'œuvre de l'art et les palais éphémères qu'improvise le génie des machinistes et des décorateurs; où, enfin, les féeriques splendeurs qui fatiguent les yeux ont pour intermèdes les plus nobles plaisirs de l'intelligence, les créations de la poésie, et de quelle poésie!... Mais, surtout, si l'on veut comprendre, il ne faut jamais perdre de vue la grande figure qui s'est dessiné à elle-même ce cadre magnifique. Toujours Louis est en scène; toujours il est le centre et le principe de toutes choses. Soit qu'il apparaisse dans les ballets mythologiques sous les attributs empruntés au dieu du soleil[2], soit qu'il chevauche dans les carrousels sous l'armure des héros de l'antiquité, soit qu'il préside seulement aux spectacles et aux banquets dans son vêtement ordinaire, avec sa vaste chevelure flottante, son large surtout éclatant d'or et d'argent, sa profusion de rubans et de plumes, costume dont l'ampleur théâtrale rehausse encore *sa grande mine*, toujours son air et son port sont quelque chose d'unique; toujours il est le premier entre tous. Sa vie entière est comme une œuvre d'art, ordonnée sur un rhythme plein d'harmonie et de majesté. C'est un rôle admirablement joué, parce qu'il est joué en conscience, et, comme font les grands acteurs, à la fois d'inspiration et de réflexion. Louis pose pour lui-même comme pour la cour, pour la France et pour le monde.

1. Racine, *Bérénice*.
2. Il avait pris le soleil pour devise dès 1656, dans une fête donnée au Palais-Royal; mais la légende si connue : *Nec pluribus impar*, ne fut inventée que pour le célèbre carrousel des Tuileries, qui a donné son nom à la place du Carrousel (en 1662). Le corps de la devise représente le soleil éclairant la terre de ses rayons, et la légende signifie qu'il serait capable de suffire à plusieurs terres. Cette légende est bien fastueuse, et surtout obscure et embarrassée, ainsi que Louis lui-même en convient dans ses Mémoires. — *Œuvres* de Louis XIV, t. I; *Mém.*, p. 196.

Les innombrables témoignages qui nous restent de l'admiration générale attestent le succès de Louis devant cet immense public. La flatterie n'avait besoin que de dire ce que voyaient tous les yeux et, chose presque unique dans l'histoire, les courtisans pouvaient être sincères. D'une juste admiration à une aveugle idolâtrie la pente devait être presque insensible.

§ II.

SCIENCES ET LETTRES.

Les lettres et les arts n'étaient, aux yeux des contemporains, qu'une partie de ce vaste concert dont Louis réglait l'harmonie : on ne les considérait qu'en vue de l'ensemble; c'était un des moyens; la monarchie, le roi, était le but. La monarchie de Louis XIV a passé avec la société formée autour d'elle et pour elle : les créations intellectuelles du xviie siècle ne passeront pas et sont presque devenues ce siècle entier pour la postérité ; elles réclament donc, dans l'histoire, une place supérieure aux *formes* et aux coutumes transitoires auxquelles elles survivent ; cependant, l'histoire, qui s'efforce de raviver dans ses tableaux cette société éteinte, doit rechercher dans ces œuvres immortelles, non pas seulement leur valeur intrinsèque, mais aussi leur influence immédiate sur la France de leur temps. La vie, les créations, les tendances des grands écrivains sont incessamment mêlées à la vie et à la politique du grand roi. Il n'y a plus rien ici de la souveraine indépendance de Descartes, de Pascal ou de Corneille [1]. Les poëtes et les artistes sont plus ou moins, comme les administrateurs et les guerriers, des lieutenants de Louis XIV; presque tous concourent à une œuvre commune, pour ainsi dire, sous une même discipline.

C'est naturellement dans la littérature proprement dite et les beaux-arts que cet esprit se trouve le plus fortement imprimé, puisque c'est là que se traduisent les sentiments et les idées

---

1. Corneille a beau se faire humble, dans ses préfaces, vis-à-vis des grands et mêmes des riches de son temps; en réalité, il ne sert personne et ne demande d'inspirations à personne.

morales et sociales d'une génération. Les sciences de l'idée abstraite et de la nature extérieure n'ont pas un rapport si direct à l'état social, mais s'y rattachent, comme on l'a dit, par les secours et les instruments que leur fournit le pouvoir. La pensée du xvii° siècle déploie une activité universelle. Il faut essayer de la suivre dans ses directions diverses, au moins par de rapides indications.

Le mouvement scientifique des temps modernes poursuit son cours, qui ne doit plus s'arrêter. Une foule d'intelligences distinguées s'avancent dans la route ouverte par les grands génies, par les Descartes, les Fermat, les Pascal. Les esprits s'ouvrent, les lumières se répandent, de nombreuses sociétés savantes se forment à Paris et dans les provinces, et prennent peu à peu la prépondérance sur les *bureaux d'esprit*, qui sont comme la *monnaie de l'hôtel Rambouillet*, et dont la scolastique galante et poétique commence à tomber en discrédit. On disserte sur la *méthode*, sur l'âme et sur la nature au lieu de disserter sur le *parfait amant* et la géographie de l'empire de *Tendre*. Un souffle puissant agite la France; les femmes semblent disposées à suivre les hommes dans cette voie austère et l'on voit des filles de dix-huit ans étudier leur âme et se former l'esprit, non plus dans l'*Astrée* ou dans *Clélie*, mais dans les *Méditations métaphysiques* ou les *Pensées chrétiennes*. La métaphysique, les mathématiques et les sciences naturelles maintiennent leur féconde alliance dans l'ample sein de la philosophie. Le cartésianisme règne dans les sociétés libres et entame le corps enseignant par la docte corporation des oratoriens; organisé comme un grand parti, il a partout ses prédicateurs et ses missionnaires; les uns enseignant sa métaphysique, les autres sa physique, quelques-uns tout l'ensemble de sa doctrine. En même temps que de nombreux disciples s'attachent à reproduire et à commenter littéralement la pensée du maître, sans rien ajouter, sans rien redresser, il se prépare en France et au dehors de grands livres philosophiques qui éclateront dans peu d'années et qui développeront, transformeront ou dénatureront l'œuvre du père de la science. Spinoza et Malebranche sont à l'œuvre. Dans les mathématiques, quelques hommes éminents, les Roberval, les Bouillaud, tout en profitant de la méthode cartésienne, suivent vers l'indivisible et l'infini une direction plus rapprochée de Fermat que de Descartes, mais qui n'atteindra son but que hors de France, avec Leibniz et Newton. En métaphysique, la petite école atomiste et sensualiste de Gassendi tente çà et là de disputer le terrain sans beaucoup d'éclat ni de succès. Ce ne sont pas les écoles rivales que peut redouter le cartésianisme, au moins dans le présent, mais bien plutôt les puissances ecclésiastiques et laïques dont les ombrages s'accroissent à mesure que sa domination intellectuelle s'étend.

Ces ombrages, Rome et les jésuites, enfin déclarés contre Descartes [1], travaillent à les faire partager à Louis XIV. En 1667, les restes du philosophe sont apportés de Suède en France et déposés solennellement à Sainte-Geneviève, dans ce même lieu où la Révolution doit les rapporter un jour en triomphe pour inaugurer le Temple des Grands Hommes. On prépare à Descartes de dignes funérailles... Ces funérailles lui sont refusées! Les adversaires de la philosophie réveillent chez Louis XIV cette crainte des idées, naturelle à tout pouvoir absolu; le protecteur des lettres et des arts défend de prononcer publiquement l'éloge funèbre du plus grand génie qui ait illustré la littérature française!....

Cet acte réactionnaire de la royauté politique contre la royauté de l'intelligence n'arrête pourtant pas les effets du bon vouloir que Louis et Colbert témoignent aux sciences en général, et l'Académie des sciences se fonde sur ces entrefaites. On remarque, parmi les premiers membres de cette célèbre société, les géomètres Roberval et Carcavi, l'anatomiste Pecquet, le physicien Mariotte, le médecin Cureau de La Chambre, profond physionomiste, dont Louis XIV consultait volontiers la vive intuition et les indications sagaces; Claude Perrault, savant et artiste, médecin, physicien, anatomiste, architecte, un de ces esprits flexibles qui s'appliquent et réussissent à tout; l'abbé Picard, géographe et astronome, un des hommes auxquels la science française doit le plus de reconnaissance; enfin, un étranger attiré en France par Colbert, le Hollandais Huygens, déjà illustré par ses découvertes

---

1. Les ouvrages de Descartes furent mis à l'index à Rome, en 1662, *donec corrigerentur*. Ce n'était point une condamnation absolue : Rome gardait quelques ménagements.

sur le système de la planète de Saturne et sur l'application du pendule aux horloges et à la recherche des longitudes. L'Académie se divisa en cinq sections : les mathématiques pures et appliquées, l'astronomie, la botanique, l'anatomie et la chimie. Cette division était encore imparfaite, sans doute; mais un pas décisif attesta le triomphe du véritable esprit scientifique : l'astrologie et la recherche de la pierre philosophale furent formellement exclues du cercle des travaux académiques. Les sublimes découvertes qui avaient révélé à la science l'infini physique et qui la poussaient vers l'infini mathématique livraient à son activité un assez vaste champ pour qu'elle n'eût plus à s'épuiser à la recherche de lois chimériques ou insaisissables; parvenue à la virilité, la science renonçait aux rêves qui avaient bercé son imagination durant sa longue enfance. C'était encore là une victoire pour la méthode cartésienne; c'était bien dans ce sens que Descartes avait proscrit les qualités occultes et la recherche des causes finales.

A ces cinq sections avait été un moment ajoutée une section de théologie; mais la Sorbonne prit l'alarme et réclama si vivement, que Colbert consentit à supprimer la théologie. « Il fut en même temps résolu qu'on ne disputeroit point sur des matières de controverse ni de politique, à cause du péril qu'il y a de remuer ces sujets sans mission ou sans nécessité [1]. » L'existence d'une section de théologie eût conduit logiquement à établir des sections de métaphysique, de morale et de politique, et à fonder une société vraiment encyclopédique embrassant tout le domaine de l'intelligence humaine; sa suppression renferma l'Académie des sciences dans le domaine exclusif des mathématiques et de la nature extérieure.

Ce champ, si étendu encore et destiné à s'élargir toujours, l'Académie sait l'exploiter avec gloire. Les mathématiques pures ont la prépondérance à Paris, comme la physique expérimentale dans la Société royale de Londres, supériorité respective assez conforme au génie des deux nations. Il est une autre science expérimentale par ses procédés, philosophique par son esprit, où la France a la même suprématie que dans les mathématiques : c'est

---

1. Ch. Perrault, *Mémoires*, t. I, p. 51. — Perrault donne d'intéressants détails sur les premiers temps de l'académie.

l'anatomie comparée. Dans l'anatomie proprement dite, les deux nations rivalisent d'efforts. C'est un Français, Pecquet, qui complète la découverte de l'Anglais Harvey, en montrant dans le canal thoracique le réservoir du chyle où s'élabore le sang. Deux autres Français, Duvernei et Vieussens, perfectionnent, l'un, la connaissance de l'organe de l'ouïe, l'autre l'anatomie des nerfs. La partie de la théorie cartésienne relative au corps humain et à l'union de l'âme et du corps reçoit une forte atteinte par le *Discours sur l'anatomie du cerveau*, que publie à Paris le Danois Sténon. L'anatomiste danois dépouille la glande pinéale du rôle capital que lui attribuait Descartes, qui en faisait le centre des perceptions et des fonctions de l'âme (1669).

Les Français ont dans la chirurgie cette supériorité qu'ils doivent garder indéfiniment.

La chimie, délivrée des superstitions alchimiques, commence à étudier sérieusement les éléments de la composition des corps. Lémeri, dans son *Cours de Chimie*, publié en 1675, dégage cette science des prétentions folles et du langage barbare qu'on lui imposait, et en pose nettement le but et les moyens [1].

La mécanique est cultivée avec une égale ardeur dans les principes et dans les applications. L'influence de Colbert ne permettait pas de négliger l'utilité pratique. L'Académie préside à la confection des machines, soit déjà connues, soit d'invention nouvelle, que réclame le gouvernement pour la marine, pour l'industrie ou pour tout autre usage [2]. Huygens paie magnifiquement l'hospitalité française par des travaux impérissables : en même temps qu'il donne à la pratique la pendule, la montre de poche et la montre marine, il donne à la théorie, dans son *Horologium oscillatorium*, dédié à Louis XIV (1673), le principe de la conservation des forces vives, dépassant ainsi la physique cartésienne, la mécanique pure, pour entrer dans la dynamique. Par ce principe, il a peut-être la gloire, sans être philosophe, de déterminer la direction du plus grand génie philosophique qui doive apparaître parmi

---

1. Sur l'anatomie et la chimie, V. Portal, *Histoire de l'anatomie*, t. III, p. 464. — IV, p. 101 ; — Fontenelle, *Éloge de Lemeri*.

2. Ch. Perrault mentionne dans ses *Mémoires* (p. 48) l'invention des machines à draguer, des scieries, des métiers à bas et à rubans, etc.

les successeurs de Descartes. Ce physicien, étranger à la métaphysique, peut être considéré comme l'anneau intermédiaire entre Descartes et Leibniz.

De nombreux travaux sur les chocs des corps, sur la chute des graves, et, en général, sur les lois du mouvement, d'importantes améliorations aux instruments d'optique, signalèrent de plus le séjour de Huygens en France, où il passa quinze ans (1666-1681). A une époque postérieure de sa vie appartiennent, au moins par la date de leur publication, ses admirables études sur la lumière; on sait qu'il y fonda une théorie inspirée par l'esprit cartésien et qui, éclipsée momentanément par l'école anglaise, devait reparaître dans notre siècle, perfectionnée et victorieuse [1].

L'astronomie, pendant ce temps, met activement à profit les bienfaits du pouvoir royal, qui lui a élevé un palais rempli des instruments les plus puissants que la science eût alors à sa disposition, l'Observatoire, construit, de 1667 à 1672, sur les dessins de Claude Perrault. Picard organise en quelque sorte l'astronomie pratique, invente des instruments (micromètre, lunette d'épreuve) qui renouvellent tout le système des observations, et conçoit le premier, à ce qu'il semble, l'idée décisive des observations simultanées sur divers points du globe. Il s'unit à Carcavi pour presser le roi et Colbert de faire venir d'Italie Dominique Cassini, fameux dans toute l'Europe par sa méridienne de Bologne, qui lui avait permis de résoudre d'importants problèmes touchant la théorie du soleil, et par ses découvertes sur le système de Jupiter et la rotation de cette planète et de Mars. Cassini est accueilli par Louis XIV comme le prince de la science (1669). A peine installé à l'Observatoire, il fait décider, de concert avec Picard, l'envoi d'un observateur à Cayenne pour y étudier, dans des conditions plus favorables qu'à Paris, la parallaxe de Mars, alors fort proche de la terre. Ce voyage établit, par l'observation, la valeur exacte de la parallaxe du soleil, que Cassini avait devinée par induction, et l'on connaît enfin la vraie distance de la terre au soleil et les dimensions de notre système planétaire, bien plus vaste que Kepler ne l'avait pensé. On constate aussi la loi de décroissement de la

---

1. *Biographie Universelle*, art. Huygens. — *Dictionnaire* de Chaufepié, *id.*

pesanteur en allant du pôle à l'équateur, point de départ de la démonstration de Newton sur l'aplatissement de la terre vers les pôles (1671-1672). Cassini découvre ensuite quatre nouveaux satellites de Saturne. Il remplit les vues du gouvernement français en faisant servir ses travaux astronomiques au progrès de la géographie et de la navigation. Naturalisé et marié en France, où il fait souche de savants, il est somptueusement récompensé de ses services; mais, peut-être, la faveur éclatante et méritée du brillant Italien fait-elle un peu trop négliger le bon et modeste abbé Picard, dont on ne seconde point assez activement les projets pour rectifier la géographie de la France. C'est pourtant à Picard qu'appartient l'honneur d'avoir le premier entrepris de mesurer un degré du globe terrestre : il commença, en 1669, cette célèbre méridienne de l'Observatoire, qui devait servir de base, tout à la fois, à notre géographie nationale et au système céleste de Newton. Elle fut achevée par La Hire et Cassini.

La France devait en partie Cassini à Picard : elle lui doit encore Roëmer, qu'il rencontre durant un voyage scientifique dans le nord de l'Europe et qu'il ramène de Danemark à Paris, sans crainte de se donner un rival de plus (1671). Le jeune astronome danois imprime dans l'histoire de l'Académie des sciences une trace ineffaçable. Comme Huygens, il développe et rectifie en même temps la physique cartésienne; il redresse une erreur de Descartes qui entravait la marche de la science et prouve que la propagation de la lumière solaire n'est point instantanée, mais successive (1675). Huygens, de son côté, établit une vérité corrélative, c'est à savoir l'élasticité du milieu éthéré que traverse cette lumière et que Descartes croyait dur et composé de globules serrés et immobiles. Huygens part de là pour développer la belle théorie cartésienne qui fait de la lumière, non point un corps, mais un simple effet mécanique résultant du mouvement imprimé par le soleil au milieu éthéré, qui réagit à son tour sur notre atmosphère et sur notre organe visuel. Roëmer, après avoir observé avec Huygens et Cassini la quantité de temps que demande la perception du son et de la lumière (1677), parvient à calculer la vitesse du rayon solaire, conquête vraiment merveilleuse du génie. Outre ses grandes découvertes, l'Observatoire lui doit d'ingénieuses machines pour l'indication des mouvements planétaires et pour le calcul des éclipses¹.

Le mouvement scientifique, vu d'ensemble, est donc aussi fécond que bien dirigé², quoique la défiance du pouvoir religieux impose encore plus d'un obstacle. On n'ose encore enseigner à ciel ouvert le système de Copernic, et Cassini ne se déclare jamais nettement en sa faveur. Un orage s'amasse, d'une autre part, contre cet audacieux cartésianisme qui prétend tout soumettre à la raison. Les réserves pratiques faites par Descartes relativement au domaine religieux ne rassurent pas l'autorité traditionnelle, qui sent bien que ces réserves sont peu d'accord avec la méthode et que les disciples tireront tôt ou tard les conséquences des principes posés par le maître.

Les études historiques, qui ne sont pas encore reliées à la science générale, à la philosophie, comme le sont les sciences exactes et naturelles, continuent de suivre, dans la voie modeste, mais éminemment utile de l'érudition pure, la vigoureuse impulsion donnée pendant la première moitié du siècle. Les monuments des fastes nationaux sont de plus en plus recherchés et mis en lumière. L'esprit de nationalité intervient parfois d'une façon singulière dans les travaux des érudits. Quelques écrivains, avec plus de patriotisme que de critique, veulent faire des Franks une colonie gauloise revenue dans sa terre natale, afin qu'il ne fût pas dit que la Gaule fût « pays de conquête ». Le jésuite Lacarri prête le secours de son érudition à cette opinion déjà formulée au XVIe siècle par Jean Bodin, et tout récemment par le feudiste Chantereau-Lefèvre³. Des travailleurs infatigables passent leur vie à extraire des carrières du passé les matériaux de l'histoire. Étienne Baluze, bibliothécaire de Colbert⁴ et son agent scientifique,

---

1. *Encyclopédie nouvelle*, art. Cassini, par M. J. Reynaud. — *Biographie Univers.*, art. Rœmer et Picard. — *Dictionnaire* de Chaufepié, art. Rœmer. — Ch. Perrault, *Mém.*, t. I.

2. Comme œuvre de vulgarisation de la science, il faut citer les *Éléments de géométrie* d'Antoine Arnauld, excellent modèle de tous les ouvrages de ce genre et bien digne d'être sorti des mêmes mains que l'*Art de penser*.

3. Chantereau-Lefèvre, *Traité des Fiefs*, 1662. — Lacarri, *Historia coloniarum tam à Gallis missarum*, etc., *quam in Gallias deductarum ab exteris*, etc., 1677. — Aug. Thierry, *Considérations sur l'Histoire de France*.

4. La riche bibliothèque de Colbert, formée par les soins de Baluze, est aujourd'hui un des principaux fonds de notre Bibliothèque nationale.

édite et commente un grand nombre de monuments importants pour l'histoire religieuse et pour l'histoire nationale, les uns complétement nouveaux, les autres édités sur de meilleurs textes; son œuvre la plus notable est le recueil des Capitulaires et des Formules, c'est-à-dire, de la législation des rois franks[1]. La congrégation de Saint-Maur poursuit ses vastes travaux inaugurés sous Richelieu et Mazarin; un religieux en qui se résume toute la science bénédictine et dont le nom est devenu, pour ainsi dire, le nom de l'érudition même, le père Mabillon, a débuté, en 1667, par l'édition des œuvres complètes de saint Bernard, puis publie successivement les huit volumes in-f° des Actes des saints de l'ordre de saint Benoît, large répertoire d'histoire ecclésiastique et d'histoire générale. Il donne ensuite, dans sa *Diplomatique*, les principes d'après lesquels on peut vérifier l'authenticité d'une grande partie des sources historiques, et règlemente ainsi la marche de la science (1681). Pendant plus de vingt-cinq années encore après cette œuvre capitale, il poursuivra sa carrière sans trêve, sans repos. Aussi vénérable par sa sincérité courageuse qu'étonnant par son savoir et son activité, on le verra tour à tour servir le gallicanisme par les armes qui lui sont familières, combattre pour la science, tantôt contre l'ascétisme, tantôt contre la superstition, mourir enfin, la plume à la main, comme il a vécu, sur un grand ouvrage entrepris à soixante ans et que la mort seule peut le forcer d'interrompre.

Un homme d'une classe qui fournissait peu de sujets aux lettres, un officier de finances, rend peut-être à la science des services supérieurs à ceux de Mabillon lui-même : Charles Dufresne Ducange, trésorier de France en la généralité d'Amiens, fait plus peut-être à lui seul que tous les autres savants ensemble pour la connaissance du moyen âge. Après avoir donné au public l'histoire de Constantinople sous les empereurs français (1657) et les Mémoires de Joinville, enrichis d'observations, de dissertations, de pièces du plus haut intérêt (1668), après avoir dressé, à la demande de Colbert, le projet d'un nouveau recueil des historiens de France, projet qui sera la base de l'immense recueil des

---

1. *Capitularia regum francorum*, etc.; 1677.

bénédictins, il met au jour le Glossaire de la basse latinité, c'est-à-dire, de cette étrange langue officielle du moyen âge, où les radicaux des langues barbares étaient venus en foule se fondre dans le moule d'un latin corrompu, œuvre d'une difficulté et d'une utilité incomparables et qui mérite à son auteur une éternelle reconnaissance [1] Il fait encore, plus tard, pour la Grèce byzantine, ce qu'il a fait pour la basse latinité (*Glossarium mediæ et infimæ Græciæ*, 1688), et publie les principaux historiens byzantins, avec des travaux originaux de sa main sur les fastes de Constantinople (1670-1680-1686-1689 [2]).

Aucun autre nom d'érudit contemporain ne saurait être mis en parallèle avec les noms de Mabillon et de Ducange ; cependant, il est encore de laborieux ouvriers de la science que l'histoire ne doit pas oublier. Ainsi, Denys Godefroi, deuxième du nom, auteur du Cérémonial de France (2 vol. in-f°) et de l'Histoire des officiers de la couronne, éditeur des historiens originaux des règnes de Charles VI, Charles VII, Louis XI et Charles VIII, etc. ; Le Laboureur, qui ajoute aux historiens de Charles VI la belle chronique du religieux de Saint-Denys, et qui jette tant de lumières sur l'histoire du XVIᵉ siècle par ses commentaires sur Castelnau ; l'abbé Moréri, mort, épuisé de travail, après avoir publié à trente ans son dictionnaire historique (1673), ouvrage essentiel qui, refondu et augmenté après la mort de l'auteur, est resté et restera, malgré ses imperfections, une des bases de toute bibliothèque. Au janséniste Tillemont appartient une place plus élevée que celle des simples érudits, les deux ou trois grands noms de l'érudition exceptés ; ce n'est plus seulement un préparateur de matériaux historiques, c'est un historien, qui peut laisser à désirer sous le rapport de l'art, mais qui satisfait à toutes les exigences de la plus

---

1. *Glossarium ad scriptores mediæ et infimæ latinitatis, in quo latina vocabula, novatæ significationis, explicantur, complures ævi medii ritus et mores, legum, consuetudinum municipalium et jurisprudentiæ recentioris formulæ et obsoletæ voces, utriusque ordinis ecclesiastici et laici dignitates et officia*, etc. ; *enucleantur et illustrantur* ; 1678 ; 3 vol. in-f°. Les bénédictins ont depuis remanié et complété l'œuvre de Ducange et l'ont étendue jusqu'à 9 vol. in-f°. — On l'a réimprimé récemment in-8°.

2. Cousin, président en la Cour des monnaies, mérite d'être nommé après Ducange pour ses nombreuses traductions d'historiens grecs et byzantins, entre autres d'Eusèbe de Césarée. « Personne », dit Voltaire, « n'a plus ouvert que lui les sources de l'histoire. »

sévère méthode par la solidité de sa critique, l'étendue de ses recherches et la rectitude de ses jugements. A propos d'une grande histoire de l'Eglise, qu'il projette et qu'un autre exécutera, il éclaircit la chronologie et l'histoire politique des siècles qui correspondent aux premiers âges du Christianisme et publie l'histoire des empereurs romains, puis d'excellents mémoires sur l'histoire ecclésiastique.

La numismatique, une des sciences auxiliaires de l'histoire, est constituée sur ces entrefaites par Spanheim, Vaillant et Jobert, comme la diplomatie l'est par Mabillon. Vaillant, par les ordres de Colbert, va chercher, à travers mille périls, dans les régions de l'antiquité classique, les matériaux de la science, et en forme le cabinet royal des médailles, origine du cabinet de la Bibliothèque royale [1]. Jobert systématise un peu plus tard, dans son livre de la *Science des Médailles*, les résultats des travaux de ses devanciers (1692).

La philologie grecque et latine se maintient dans une condition florissante; la poésie latine a même plus d'éclat chez nous qu'au xvie siècle, et plusieurs hommes d'église, tels que Santeuil et les jésuites Rapin et La Rue, dépensent dans ce genre artificiel des talents distingués.

Les études orientales sont en progrès. Un homme supérieur, d'Herbelot, que l'Italie avait voulu s'approprier et que Colbert a rappelé en France, passe sa vie à concentrer, sous la forme d'un dictionnaire, le fruit d'immenses recherches sur l'histoire et la littérature de l'Asie occidentale et musulmane. La *Bibliothèque orientale*, qui ne parut qu'après la mort de d'Herbelot (en 1697), fut pour l'Europe une véritable révélation. Tout y est puisé directement aux sources arabes, turques, persanes et tatares. D'Herbelot eut pour élèves et pour continuateurs en orientalisme Petis de La Croix et Galland, si populaire par sa traduction des *Mille et une Nuits*.

De nombreux voyages, tour à tour scientifiques et politiques, sont entrepris par ordre du gouvernement français en Orient. Les

---

1. En 1666, Colbert fait transporter la Bibliothèque royale de la rue de la Harpe, où elle était depuis Henri IV, dans deux maisons de la rue Vivienne qui lui appartiennent, près de son hôtel.

curieuses relations de d'Arvieux sur l'Arabie et la Syrie valent une mention particulière. D'autres voyages de cette époque sont restés plus célèbres : ce sont les aventures et les récits d'hommes que la curiosité et l'esprit de découvertes avaient poussé spontanément au fond de l'Asie; tels que Chardin, fils d'un joaillier de Paris, si connu par ses excellents écrits sur la Perse; l'audacieux et infatigable Tavernier, mort, pour ainsi dire sur la grand'route, à quatre-vingt-quatre ans, après soixante ans de courses à travers le monde ; Thévenot, grand voyageur, grand compilateur de voyages et grand archéologue; Bernier médecin de Montpellier, qui alla se faire médecin du Grand Mogol et porter Descartes et Gassendi à la cour de Schah-Jehan et d'Aureng-Zeb [1].

De grandes choses sont faites par Louis XIV et Colbert pour une science qui, plus que toutes celles dont on vient d'indiquer les progrès, se lie intimement à la science et aux devoirs du gouvernement, la science du droit. L'enseignement du droit civil, du droit romain, est réinstallé dans Paris, où il n'avait fait qu'une courte apparition du temps de Cujas et d'où l'hostilité ecclésiastique avait réussi jusqu'alors à le bannir. En même temps, le droit français, le droit des coutumes et des ordonnances, est érigé de simple pratique en science officielle et enseigné dans les universités, dans celle de Bourges d'abord (en 1665), puis successivement dans les autres. Une excellente édition du Code théodosien, œuvre posthume de Jacques Godefroi, avait paru en 1665 ; plusieurs jurisconsultes publient des ouvrages recommandables où l'esprit rationnel du droit romain éclaire les coutumes; ainsi, Ricard commente la coutume de Senlis, Basnage la coutume de Normandie, Salvaing les usages féodaux du Dauphiné. Un grand esprit, connu dans le monde religieux par son étroite liaison avec Pascal et toute l'école de Port-Royal, prépare, sous la double inspiration du sentiment chrétien et de la nouvelle méthode philosophique, un livre qui doit régner sur une des phases principales de l'histoire du droit ; mais la publication du grand ouvrage de Domat appartient à une époque plus éloignée.

---

1. Bernier raconte que le vizir Daneck-Mend-Khan passait toutes les après-midis à philosopher avec lui sur Descartes et Gassendi, sur le globe terrestre, sur la sphère, sur l'anatomie. *Voyages* de Bernier; Paris, 1670-1671.

§ III.

POÉSIE. THÉATRE. LA LITTÉRATURE ET LA SOCIÉTÉ. — MOLIÈRE. BOILEAU. RACINE. LA FONTAINE. MADAME DE SÉVIGNÉ.

Si considérables que soient demeurés quelques-uns des noms scientifiques qui appartiennent à la première période du gouvernement de Louis XIV, le prodigieux éclat des noms littéraires les a rejetés dans une demi-lumière. A peine Louis XIV avait-il saisi le gouvernail de l'état, qu'il s'était opéré un épanouissement de poésie tel que la France n'a jamais rien vu de semblable. Quatre génies, sinon égaux entre eux, au moins souverains chacun dans la portion de l'espace qu'ils s'attribuent, envahissent à la fois ce ciel de la poésie au plus haut duquel planait solitairement l'aigle vieilli de Corneille.

Le premier qui vienne prendre place dans le cercle magique que Louis XIV a tracé autour de lui, est le génie de la comédie. L'épopée avait avorté; la tragédie n'avait pas attendu l'avénement du grand roi pour s'élancer d'un seul bond au faîte suprême; la comédie, à laquelle le grand tragique a ouvert la carrière dans l'intervalle de ses héroïques créations, prend possession à son tour du terrain que lui a préparé le progrès social par le mouvement toujours croissant des relations et des idées : cet art, qui ne peut fleurir que dans les civilisations très-polies, très-avancées et très-complexes, va dépasser la hauteur qu'il avait atteinte chez les anciens, et la gloire de vaincre Aristophane et Térence est donnée à un enfant du vieux Paris, éclos sous les piliers des halles. Molière résume en lui et porte jusqu'au sublime les qualités de cet esprit parisien, qui n'est lui-même que le résumé et comme l'essence de l'esprit français.

Les biographes ont raconté plus ou moins exactement par quelles circonstances le fils du tapissier, qui semblait destiné à grandir parmi des soins vulgaires, fut appelé à recevoir l'éducation la plus forte et la plus savante, mais non pas peut-être la mieux conduite quant à la direction de l'esprit. Élevé dans l'épicuréisme scientifique par Gassendi en personne, puis lié à une petite société d'épicuriens pratiques, qui, dans leurs habitudes fort différentes de celles du grave Gassendi, mêlaient l'incrédulité au plaisir, ce point de départ influa sur la suite de sa vie plus qu'il n'eût été désirable pour son repos et son bonheur, bien que sa pensée se fût ralliée plus tard à une plus haute philosophie [1]. A vingt ans, il monta sur le théâtre, qu'il ne devait plus quitter, et, comme Shakspeare, il commença de se préparer, en représentant les éphémères productions des auteurs contemporains, à les remplacer par des œuvres immortelles. Sa renommée n'eut rien de précoce. La comédie est un fruit de l'âge mûr, pour les poëtes comme pour les nations. Il courut longtemps les provinces avec une troupe de comédiens, étudiant le monde et la vie et préludant à ses créations par des essais plein de verve et de mouvement, mais où le poëte original ne se décelait pas encore. *Les Précieuses Ridicules* révélèrent enfin Molière : ce fut l'inauguration de la vraie comédie de mœurs (1659). Le succès fut éclatant et légitime, car Molière n'avait attaqué que les *fausses précieuses* et non les *véritables*, c'est-à-dire, que le travers romanesque, qui, déjà fatigant dans la haute société, devenait insupportable chez les imitatrices subalternes. Maître de son art, sûr de lui-même, Molière était revenu à Paris. Protégé par Fouquet, qui accaparait tous les talents et pour qui il écrivit deux ouvrages, il fit partie, pour ainsi dire, de cette dépouille de Fouquet que Louis XIV transporta de Vaux à Versailles, et sa troupe ne tarda point à devenir officiellement la *troupe royale*. Chacune de ses pièces fut désormais un événement.

L'apparition de la comédie, qui s'adresse moins aux passions qu'au jugement, ne pouvait exciter l'enivrement qui avait accueilli la tragédie naissante ; mais avec quelle intime satisfaction, avec quelles joies sereines de l'esprit, les hommes éclairés ne virent-ils point substituer aux froides imitations de la comédie latine et espagnole la vivante reproduction de la société française et rem-

---

1. *V.* sa dispute avec Chapelle sur Descartes et Gassendi, dans sa *Vie*, par Grimarest, réimprimée ap. *Archives curieuses*, 2ᵉ sér., t. X. Il fut très-lié, dans ses dernières années, avec le fameux cartésien Rohault. — Grimarest ne mérite aucune confiance pour l'histoire de la jeunesse de Molière ; mais les anecdotes relatives aux jours de gloire du grand comique étaient sans doute de notoriété publique lorsque Grimarest écrivit. — *V.* la *Vie de Molière*, par M. Taschereau.

placer la vaine et stérile curiosité des imbroglios par les leçons morales qui ressortent du spectacle même de la réalité habilement choisie! Ce naturel exquis et charmant des caractères et du langage, ce style où la liberté et le vif coloris du vieux français s'unissent à l'esprit d'ordre et de clarté qui marque le siècle nouveau, cette originalité sans égale de la langue et de l'idée, cette veine intarissable du dialogue, ce vers aussi plein et aussi puissant que le vers cornélien, et où le trait comique jaillit avec la même force et le même imprévu que le trait héroïque chez Corneille, tout enfin chez Molière conquiert et ravit les saines intelligences.

Molière ne touche pas seulement à des questions d'art et de forme : on s'en aperçoit à l'agitation qu'il soulève autour de lui; c'est le propre de la vraie comédie de remuer à fond la société. Les idées novatrices les plus hardies éclatent dans *l'École des Maris* et dans *l'École des Femmes*. Les vieilles maximes juives et romaines sur l'infériorité et sur la soumission de la femme sont attaquées à la fois par les armes du ridicule et par celles de la raison. Ces maximes incarnées dans les lois, l'enthousiasme de la réaction chevaleresque s'était efforcé sans succès de les anéantir en prosternant l'homme devant la femme; maintenant, c'est la philosophie qui, par la bouche d'un poète, les condamne au nom de l'équité, du bonheur intérieur et de la famille mieux comprise. Une honnête liberté, une digne égalité, une *société* véritable dans le mariage, tel est l'idéal vrai et humain que le poète propose, à la place de cette utopie chevaleresque qui, s'étant elle-même déclarée incompatible avec les nécessités de la vie et de la famille, n'a pu déraciner la vieille tyrannie domestique.

Les *précieuses*, les femmes formées à cette école de l'hôtel de Rambouillet, qui avait mérité à tant de titres la reconnaissance de la société française, tenaient trop encore à ce qu'il y avait de chimérique dans l'esprit de la chevalerie dégénéré en esprit romanesque; elles ne savent pas reconnaître à quel point la comédie nouvelle sert les intérêts de leur sexe[1]. Elles s'aheurtent avec

---

1. Il y a toujours des réserves à faire dans ces généralités : il s'en fallut de beaucoup, assurément, que toutes les femmes de la haute société fussent malveillantes envers Molière.

exagération à quelques restes de plaisanterie un peu vulgaire et de vieille licence comique que Molière a le tort de ne point bannir de son théâtre; elles se liguent avec les têtes éventées et les petits-maîtres de la cour, ennemis-nés du naturel et du bon sens, et le poëte est assailli de clameurs que quelques sots poussent jusqu'à l'insulte.

Les représailles ne se font point attendre : Molière consomme avec les *précieuses* une rupture regrettable à plus d'un égard et charge à fond sur les *marquis*[1]. L'impertinence de la jeune noblesse, ses travers, puis ses vices, sont traduits sur la scène devant la cour et la France, et persiflés avec une verve impitoyable. Le *marquis* devient le plastron de la comédie : désormais, Molière le lui dit en face, il remplacera le *valet bouffon* des comiques latins! Quelle révolution dans les mœurs, que le seigneur devenu le jouet des *vilains!* Quelle vengeance pour la bourgeoisie si longtemps bafouée par les grands!

Cette vengeance eût été impossible si Molière n'eût pu compter sur un illustre complice. Louis XIV est son second contre les marquis. Le monarque absolu encourage, tout au moins, s'il n'inspire le poëte populaire, et se complaît à laisser humilier l'orgueil de cette noblesse tant de fois rebelle, qu'il force à rire d'elle-même du bout des lèvres. C'est encore l'œuvre de Richelieu qui se continue avec des armes nouvelles et les plus décisives de toutes. Si l'on en doit croire une anecdote célèbre, Louis va jusqu'à faire asseoir à sa table, en présence des grands stupéfiés, le comédien-poëte que ses valets de chambre gentilshommes « ne trouvaient pas bon pour manger avec eux[2] ».

Il s'en faut d'ailleurs que Molière manque de mesure et de prudence dans son système d'agression : le poëte fournit au roi, par ses réserves adroites, les meilleures excuses de ne pas l'abandonner. Très-habile à éviter les positions extrêmes, il se ménage de façon à neutraliser les gens raisonnables des classes mêmes qu'il attaque. S'il se raille des prudes, il vante les bonnes mœurs.

---

1. *V.* la *Critique de l'École des Femmes* et l'*Impromptu de Versailles* (1663).
2. Louis XIV n'eût jamais invité Molière à son grand couvert : l'étiquette, érigée en maximes d'État, ne le permettait pas; mais il put, comme on le rapporte, faire manger le poëte avec lui le matin dans sa chambre. L'anecdote, du reste, n'est pas certaine. Un peintre illustre, M. Ingres, l'a récemment consacrée.

S'il tombe sur les petits-maîtres, *l'honnête homme* qu'il reproduit sans cesse comme son type de prédilection, c'est l'homme du monde élégant et poli. Il oppose au courtisan extravagant le courtisan spirituel et sensé et reconnaît deux juges à titre égal, la cour et le parterre, le jugement des esprits délicats et le sentiment des masses.

Cette mesure ne lui fait pas défaut dans l'entreprise la plus hardie et la plus généreuse de sa vie.

En 1664, Louis XIV donne à Versailles cette incomparable fête de sept jours où il réunit toutes les merveilles, moins pour éblouir sa cour et le monde que pour charmer les yeux d'une seule femme, qui dérobe modestement son triomphe au sein de la foule et qui voudrait cacher à toute la terre son bonheur troublé de remords. Là, dans l'intervalle des carrousels, des bals et des festins, les intermèdes de la poésie mythologique traduisent, en allusions saisies de tous, les passions qui agitent la cour et jusqu'au cœur du monarque. Molière accepte avec Benserade, le chantre ordinaire des galanteries de la cour, une lutte poétique où il lui est honorable de ne pas vaincre, puis égaie le brillant auditoire par une comédie bouffonne. C'est avoir acheté par assez de folie le droit d'être sage : il se relève et termine la fête par le *Tartufe*, comme par un coup de foudre

Tartufe est comme la seconde partie des *Provinciales*, destinée à rester aussi fameuse et bien plus populaire que la première, parce que la poésie dramatique vivifie pour toujours les types une fois touchés de son souffle et que la matière ici n'était pas susceptible de vieillir. C'est bien la suite de la même guerre, mais élevée à un caractère de généralité tout à fait nouveau : d'un côté, le philosophe a remplacé le sectaire; de l'autre, les adversaires se sont modifiés aussi. Pascal attaquait les erreurs de l'esprit; Molière attaque la perversité du cœur. Tartufe n'est plus le jésuite, mais l'athée travesti en jésuite. Il y a dans cette attaque contre l'hypocrisie une inspiration vraiment prophétique. Ce n'est pas encore là le vice dominant de l'époque. Tant que le roi sera jeune, galant, d'esprit libre et ouvert, le danger ne paraît pas très-imminent, bien qu'on puisse saisir çà et là des symptômes alarmants, tels que le refus d'un éloge public à Descartes. Mais que le roi tourne à la dévotion pratique et à la rigidité, avec l'esprit d'unité, d'ordre extérieur, de convention et d'imitation qui règne, l'hypocrisie envahira tout. C'est l'ennemi de demain que Molière combat d'avance. C'est là qu'on reconnaît le génie!

Molière avait pris à partie cette fois un adversaire plus redoutable que les marquis et les précieuses ; Tartufe sait bien montrer sa puissance et engager dans sa cause une grande partie des dévots sincères, de ceux que Molière avait pourtant séparés si soigneusement de leurs frauduleux copistes. Les hommes les plus dignes de respect par leur piété véritable se laissent persuader que les intérêts du ciel sont en jeu : l'archevêque Péréfixe lance un mandement; le premier président de Lamoignon fait interdire la représentation de la pièce à Paris; le grand orateur chrétien, Bourdaloue, éclate en chaire [1]; Louis XIV continue à couvrir Molière de sa protection. L'élite de la cour, à la tête de laquelle se place le grand Condé, toujours ami des hardiesses de l'esprit, malgré la circonspection qu'il s'est dorénavant imposée, soutient le poète auprès du monarque. Louis cependant hésite à permettre que l'ouvrage suive son cours. La pièce est autorisée, puis arrêtée de nouveau; après diverses alternatives, la formidable cabale est réduite au silence et Molière demeure enfin victorieux (1665-1667-1669). Il est peu d'incidents qui aient fait plus d'honneur à Louis XIV.

Ce brillant tableau n'est pourtant pas sans ombres. La faveur royale est achetée par des sacrifices de plus d'une sorte. Si loin qu'on soit des préjugés hostiles à la profession du théâtre, on ne saurait se défendre d'une impression pénible, à voir ce grand penseur obligé de se rendre l'esclave des plaisirs quotidiens du roi, de bouffonner pour distraire le maître. On a porté contre Molière une accusation plus grave : on a cherché dans son *Amphitryon*, imitation libre de Plaute, des allusions flatteuses à cette nouvelle phase des royales amours, si funeste à la morale publique, où Louis, las d'être heureux, devint infidèle à la douce La Vallière pour la brillante et superbe Montespan, où las de se contraindre, il sortit de la demi-ombre dont La Vallière l'avait obligé de s'en-

---

1. *V.* le *Sermon sur l'hypocrisie.*

velopper et commença d'étaler à tous les regards l'orgueil de son double adultère. Un examen plus attentif des faits et des dates permet heureusement de disculper le poëte d'une coupable connivence; en 1668, date de l'*Amphitryon*, le roi gardait encore les apparences et n'eût pas permis qu'on célébrât au théâtre ses amours *olympiennes* sous ses propres auspices [1].

C'est un grand malheur pour un écrivain que d'avoir à plaire à un autre maître qu'au public, ce maître fût-il Louis XIV. On ne peut douter que Molière, tout en affectionnant le prince dont il dépendait, n'ait plus d'une fois senti l'amertume de la dépendance. Son œuvre la plus parfaite révèle ce qui couvait de tristesse et de sourdes colères sous la gaieté obligée du comédien. Il est vrai que les affections domestiques avaient peut-être plus de part encore à sa mélancolie que les circonstances du dehors. Victime lui-même de la passion qu'il avait le plus raillée, de la jalousie, il anoblissait les douleurs de sa sensibilité froissée en supportant avec dignité les suites d'une faute trop expiée [2].

La création typique de Molière, c'est évidemment le *Misanthrope* (1666); c'est là qu'il a versé toute cette grande âme blessée par elle-même, par les autres, par la société. Ce type, cependant, il ne l'a point saisi de prime saut; Alceste n'a été conçu d'abord, ainsi que don Quichotte, que comme la personnification d'un travers ou d'un ridicule; puis l'un et l'autre personnage a grandi, s'est transformé, s'est emparé du poëte, est devenu le poëte lui-même; de cœur, Molière est Alceste, comme Cervantes a été don Quichotte; mais la raison des deux grands moralistes est restée libre, et ils se jugent en jugeant leurs héros. Les élans fougueux d'Alceste partent du fond de l'âme de Molière, et la raison de Molière, ou, si l'on veut, sa résignation au train inévitable du monde, en réprouve la violence. Alceste et Philinte, c'est encore l'idéal et le réel, l'antithèse de don Quichotte et de Sancho, si ce n'est qu'au lieu de l'esprit et de la matière, ce qui est surtout en opposition ici, c'est

---

1. Nous avons accueilli à tort cette tradition dans notre édition précédente.
2. La faute d'avoir épousé par amour la jeune sœur d'une femme qui avait été sa maîtresse. On avança que cette prétendue sœur était la fille de l'ancienne maîtresse du poëte. On alla plus loin. Ses ennemis osèrent l'accuser d'avoir épousé sa propre fille, calomnie dont l'absurdité a été démontrée par les contemporains.

le vrai et le convenu, l'homme selon la nature et l'homme selon la société.

Molière et la comédie avaient atteint ensemble leur plus grande hauteur : ils n'avaient plus de progrès à faire après le *Misanthrope*[1].

Au moment où Molière parvient au sommet de sa gloire, des poëtes plus jeunes commencent à s'élever à ses côtés. Il en est un qui seconde vaillamment, à certains égards, son œuvre morale et politique, tout en exécutant une œuvre personnelle très-spéciale et très-caractérisée. C'est un autre enfant de Paris, nourri dans l'enclos du palais, comme Molière dans le quartier Saint-Honoré[2]. Boileau aussi représente l'esprit parisien, mais avec moins d'étendue, de force imaginative et de profondeur philosophique. Dépourvu de cette puissance créatrice, de cette sensibilité universelle, de cette passion multiforme, qui font le poëte dramatique, aussi bien que des ailes ardentes du lyrisme, il se juge avec un admirable bon sens et s'enfonce dans la satire, dans l'épître et dans la poésie didactique. Son royaume a des bornes un peu étroites, mais il s'y fait roi absolu. Son œuvre a ceci de particulier, qu'elle est complétement réfléchie et d'une rigueur logique qui semble appartenir à l'esprit des mathématiques plus qu'à l'esprit de la poésie. Boileau marche à ses fins par la route la plus droite, fût-elle un peu sèche et poudreuse, sans se laisser distraire par les sentiers fleuris d'alentour. Ce n'est pas de lui qu'on pourrait dire que *le poëte est chose légère!*

Boileau entreprend et exécute, en dehors de l'Académie et contre les académiciens eux-mêmes, la police générale, puis la législation du *Parnasse*. Pour apprécier ce qu'il fit, il faut se rappeler l'état du goût et de l'opinion littéraire quand il parut. La littérature française ressemblait à une galerie où des tableaux

1. On ne peut se dispenser de rappeler en passant l'étonnante figure de *don Juan*, le grand seigneur magnifique et corrompu, athée et hypocrite comme Tartufe, brave comme les héros du théâtre espagnol, d'où il tire son origine, philosophe et humain, par éclairs, au milieu de sa dépravation, plein d'abîmes plus profonds que l'abîme fantastique où il s'engloutit (1665). Le type primitif n'est point à Molière; mais avec quelle vigueur il a marqué de sa griffe de loin cette création destinée à recevoir successivement l'empreinte des plus éclatants génies!
2. Boileau se disait issu du fameux prévôt de Paris sous saint Louis, Étienne Boileve ou Buileau.

immortels sont confondus avec des toiles médiocres ou infimes; que ne sait pas nettement démêler l'œil inexpérimenté d'un public ardent, mais novice. Boileau est l'expert qui rétablit l'ordre et enseigne le discernement. Il fait plus : il ne montre pas seulement ce qu'il faut faire, mais comment il faut faire. La langue de la prose était achevée après Balzac, Descartes et Pascal; la langue de la poésie ne l'était pas encore après l'incomparable, mais inégal Corneille. Malherbe n'avait vaincu qu'à demi et appelait un successeur. Molière, il est vrai, faisait en ce moment même la langue de la comédie; mais ce n'est là, pour ainsi dire, qu'un des dialectes de la langue poétique et, encore, la rapidité du travail ne permettait-elle pas toujours au grand comique un certain degré d'achèvement qu'on ne songe guère à regretter en lisant Molière, mais dont on sent l'importance en lisant Boileau. Cet homme est le plus grand artisan de style qui ait existé. Et il faut prendre ici le style dans son acception la plus large : qui ne songe qu'à la forme ne suffit pas à la forme; qui ne sait pas remplir de pensée le moule du vers, ne coule pas le vers en bronze : les beaux vers ne se coulent pas à vide [1].

La pensée de Boileau est rarement élevée et profonde; mais elle est presque toujours saine, droite et forte, et vole au but comme un trait d'acier. Il chasse aux idées fausses aussi bien qu'aux vers faux. Il dégage la poésie de ce qui l'alourdit comme de ce qui la dénature, de l'érudition pédantesque comme des pointes et des faux brillants : c'est là peut-être le trait le plus original de la révolution qu'il consomme. La plus risible de toutes les méprises serait de prendre Boileau pour un pédant de collége. Ses provisions littéraires sont assez minces : trois ou quatre des anciens, et Malherbe à peu près seul chez les modernes, voilà toutes ses autorités, ou plutôt il ne reconnaît qu'une seule autorité, la raison, et ne cite occasionnellement les anciens que comme ses interprètes. Il jette dans l'abîme le pont qui joignait le XVIIe siècle au XVIe et au moyen âge, afin d'assurer au génie

---

1. Boileau s'est rendu justice à lui-même sous ce rapport :

Et mon vers, bien ou mal, dit toujours quelque chose.

Épître IX.

littéraire cette même spontanéité, cette même liberté d'allure qu'a reprise le génie philosophique [1].

Sans doute, on peut relever chez lui quelques banalités de rhéteur : il n'évite pas toujours la déclamation ni la vulgarité, ce double écueil de la satire et de la poésie familière; mais les taches sont rares et les beautés de détail sont innombrables. Pour la propriété des termes, la justesse de l'expression, le choix et la suite logique des métaphores, c'est un modèle qu'on ne saurait trop étudier : son vers plein, souple et fort, aisé et dégagé, satisfait également l'oreille et l'esprit. En somme, on n'a jamais mieux écrit, on n'écrira jamais mieux en vers français.

Comme tous les novateurs, Boileau a ses excès : la violence de son langage envers les auteurs contemporains, dont il renverse la gloire usurpée, est vraiment en dehors des mœurs modernes; mais il y a, dans ces âcres personnalités, dans cette violence, un courage et une indépendance qui en font pardonner l'emportement. Les hommes qu'il attaque sont puissants à la cour et dans les académies; ce sont eux qui tiennent, comme on l'a dit, la feuille des bénéfices littéraires. Il risque de se fermer la porte de la faveur et n'hésite pas entre sa fortune et l'intérêt de l'art. Il ne s'en prend pas seulement aux mauvais poëtes; il va bravement se ranger à côté de Molière dans la lutte engagée par la poésie bourgeoise contre l'orgueil nobiliaire : la satire *sur* ou plutôt *contre la noblesse* dépasse en hardiesse l'immolation des marquis aux risées du parterre; l'attaque au principe même de la noblesse héréditaire y est directe et rigoureuse.

Le vent soufflait de ce côté : ce furent là, dit-on, les premiers vers de Boileau qui arrivèrent, encore inédits, jusqu'à Louis XIV, et le grand roi y prêta une oreille indulgente (1665). Le *Discours au Roi*, qui prouva que le satirique savait aussi louer au besoin (1665), était fait pour inspirer à Louis des dispositions plus favorables encore; mais les ennemis nombreux et influents que s'était attirés le poëte lui fermèrent plusieurs années l'accès de la cour, et Boileau n'avait point encore eu de rapports personnels avec le roi, lorsqu'il lui adressa sa belle *Épître première* (1669). Boileau,

---

[1]. Nous n'examinons pas ici les inconvénients qui ont plus ou moins compensé les avantages de cette rupture des traditions.

dans cette pièce, abandonne habilement à la foule des louangeurs subalternes les banalités guerrières et s'applique à célébrer chez Louis l'homme de gouvernement, le grand administrateur. Il y a là une rare habileté sous le rapport de l'art, mais il y a aussi un certain courage dans ces attaques contre les conquérants et cet éloge de la modération, en face d'un jeune monarque avide de gloire et enivré de lui-même. Le grand Corneille avait déjà enveloppé de louanges analogues les mêmes avis.

Boileau fut enfin présenté au roi et appelé au milieu de ce monde brillant qui avait tant à profiter de son jugement exquis et de son goût sévère. Une sympathie naturelle fit apprécier pleinement à Louis XIV cet esprit plus droit que large, plus net et plus vif qu'éclatant, mais surtout amoureux d'ordre et de méthode. La cour n'altéra ni la franchise de l'homme ni la verve de l'écrivain.

La comédie et la poésie familière ne pouvaient cependant suffire aux besoins intellectuels de cette société. Auprès de ces miroirs trop fidèles de la réalité, elle aspirait à retrouver une autre expression d'elle-même idéalisée par la poésie héroïque. Un troisième poëte avait paru. Tandis que l'âcre Boileau lançait à pleines mains ses flèches sur les écrivains en crédit, un jeune homme plein de douceur et de grâce, et dont les grands traits nobles et réguliers ressemblaient extraordinairement à ceux du roi, avait fait son entrée dans le monde littéraire et à la cour, sous les auspices de Molière. Ce jeune homme, lié d'amitié tout à la fois avec Molière et avec Boileau, c'était Jean Racine. Il était, comme eux, de famille bourgeoise, mais étranger à Paris et sans fortune. Molière lui ouvrit sa bourse et son expérience dramatique. Boileau lui apprit à ne pas s'abandonner à sa facile veine, à la condenser pour la fortifier. Son développement fut rapide. En 1664, à vingt-quatre ans, il débute au théâtre par *la Thébaïde*, qui n'est guère qu'une amplification de rhétorique ; en 1665, il donne *Alexandre*, où, parmi de fades amours à la Scudéri, abondent déjà les beaux vers et les sentiments élevés ; en 1667, *Andromaque* révèle à la France un tragique de premier ordre. Ce ne sont pas des Grecs, assurément, que les héros de Racine. Le moyen de faire comprendre des Grecs homériques à cette

France du xviie siècle, si pleine d'elle-même, si absorbée dans sa propre vie! Et il ne faut pas oublier que c'est surtout la supériorité des mœurs modernes touchant les rapports des sexes qui ne permettait pas de mettre en cette occasion les vrais anciens sur la scène sans soulever les spectateurs. Les personnages de Racine sont beaucoup moins grecs que ceux de Corneille ne sont romains; mais ils sont hommes, c'est assez! La jalousie, l'amour maternel, le regret du bonheur perdu, les plus intimes voix du cœur, n'avaient point encore parlé un langage si pénétrant et si harmonieux. Les deux admirables rôles d'Hermione et d'Andromaque annoncent à Corneille un rival, et au théâtre une voie nouvelle.

Les Plaideurs (1668), charmante plaisanterie où se mêlent les souvenirs d'Aristophane et de Rabelais, coïncident heureusement avec la célèbre Ordonnance Civile de 1667, rendue en grande partie contre la chicane, et montrent Racine sous un tout autre aspect; mais cette infidélité bien pardonnable à la muse tragique ne se renouvellera pas.

Après avoir effleuré le terrain de Molière avec *les Plaideurs*, Racine envahit le terrain de Corneille avec *Britannicus* (1669). La popularité est d'abord moindre que pour *Andromaque* : l'intérêt est moins touchant et moins passionné, et l'on ne retrouve pas, dans ce sujet romain, les coups de foudre de Corneille ; mais *Britannicus* est une de ces œuvres que la réflexion grandit : la savante mise en scène de l'histoire, le Néron naissant et l'Agrippine si fortement saisis, l'art des nuances et des transitions si habilement gradué, la perfection soutenue du style, la vérité des caractères, vrais, cette fois, pour la plupart, et comme hommes et comme Romains, amènent les penseurs à Racine et, par les penseurs, ramènent le public.

Une tradition appuyée sur le témoignage de Boileau, attribue à *Britannicus* un succès d'une autre nature. Louis XIV aurait, dit-on, renoncé à figurer en public dans les ballets et les carrousels, après avoir entendu les vers où Racine montrait Néron se donnant en spectacle au peuple et disputant *des prix indignes de ses mains*. Si le fait est vrai, ce dut être là un succès que le poète obtint sans l'avoir cherché, car Racine n'avait certes pas songé à faire à Louis XIV une allusion aussi injurieuse ! Quoi qu'il en soit, Louis touchait alors à sa trente-deuxième année, et le sentiment des convenances qu'il avait à un si haut degré l'eût probablement amené de lui-même à quitter des divertissements qui avaient rehaussé l'éclat de sa première jeunesse, mais qui n'étaient plus séants à la gravité de son âge mûr.

À *Britannicus*, Racine fait succéder immédiatement une nouvelle lutte avec Corneille ; mais, ici, c'est le grand vieillard qui se laisse imprudemment attirer dans un élément où son jeune rival doit avoir sur lui tout avantage. Une princesse qui est l'idole de la cour et la muse des écrivains et des artistes, la belle-sœur du roi, madame Henriette d'Angleterre [1], propose aux deux poëtes, comme sujet de concours, les amours et la séparation de Titus et de Bérénice, donnée plus élégiaque que tragique (1670). On sait quel charme inexprimable Racine sut répandre sur ce drame mélancolique et tendre, et quel intérêt y ajoutèrent, pour les contemporains, des allusions directes à la rupture du roi et de Marie Mancini, des allusions plus voilées au penchant mutuel et contenu du roi et de Madame elle-même, et ce portrait de Bérénice qui rappelait si bien La Vallière. Tout contribuait à donner au sentiment qui remplit cette pièce le plus profond accent de vérité. C'était dans son propre cœur que le poëte étudiait le cœur du *monarque*; on n'ignorait pas que l'actrice qui rendait au public ému l'image de toutes ces illustres amours était elle-même l'objet de la passion du poëte [2].

L'attrait des allusions a passé et le charme est resté ; le temps n'a enlevé à *Bérénice* aucune de ses grâces. C'est que, d'*Andromaque* à *Bérénice*, Racine avait fait un pas immense. Ici, le jargon de la galanterie a disparu sans retour devant la langue éternelle du cœur. Virgile est égalé par cette poésie, dont la richesse même semble n'être que l'épanchement naturel et non l'ornement de la

---

1. Fille de Charles Ier et femme de Philippe de France, duc d'Orléans, frère de Louis XIV.

2. Il est à croire que la Champmeslé fut indirectement le principal obstacle à la réparation d'un tort grave qu'avait eu Racine envers Molière ; Racine avait abandonné le théâtre de Molière pour aller porter ses pièces au théâtre de l'hôtel de Bourgogne, où jouait mademoiselle de Champmeslé. L'amour-propre d'auteur l'y avait entraîné : l'amour l'y retint.

passion. Le vers de Racine, c'est le vers parfait de Boileau, transfiguré par une inspiration vivifiante qui répand sur cette froide et correcte beauté une lumière d'une suavité sans égale.

La scène, où brillent à la fois Corneille, Molière et Racine, éclate d'une gloire sans comparaison et dans le monde moderne et dans l'antiquité romaine : il faut remonter jusqu'aux beaux jours d'Athènes pour retrouver ainsi, florissant ensemble, les deux formes capitales de l'art dramatique. Un genre nouveau, sans rien ajouter à la grandeur littéraire de la France, ajoute singulièrement à la splendeur du théâtre par la réunion de divers arts en un seul. La musique, la poésie, la danse, la peinture, la mécanique, s'unissent pour enfanter l'opéra, qui rappelle cette magnificence extérieure de la tragédie grecque qu'on refusait trop à la tragédie française. Mazarin, le premier, avait introduit en France cette sorte de poëme éclose sur la mélodieuse terre d'Italie, mais sans lui assurer d'établissement fixe, et le grand Corneille, qui toucha à tous les genres, avait donné, en 1650, une *tragédie à machines, Andromède*. L'*Académie royale de musique*, après divers essais, est définitivement fondée en 1672, par l'association du musicien florentin Lulli et du poëte français Quinault. Le privilége royal de fondation autorise formellement « les gentilshommes et demoiselles à chanter aux représentations de ladite académie sans déroger [1]. » Quinault était connu avant cette époque par un grand nombre de tragédies, de comédies, de pièces mêlées, toutes médiocres, sauf une seule, *la Mère coquette*, qui annonçait un vrai talent. Sa versification douce, coulante et facile, se trouva essentiellement propre à la musique; son talent de composition se perfectionna, et ses opéras lui firent une place à part dans notre littérature. Boileau a été pour lui bien sévère; mais, depuis, on a poussé la réhabilitation trop loin. Il faut subir bien des fadeurs pour saisir chez Quinault des éclairs de vraie poésie et de sentiment vraiment passionné; l'on a grand'peine à s'intéresser aux amants de l'opéra quand on sort d'auprès de Bérénice. Quoi qu'on ait voulu prétendre, le jugement des plus illustres contemporains sur Lulli et Quinault était fondé en raison : le

---

1. Félibien, *Histoire de Paris*, preuves, t. IV, p. 226.

style simple, large, puissamment accentué du compositeur est fort supérieur aux tièdes inspirations de l'écrivain et motive la prépondérance et la haute faveur qu'obtint le créateur de la musique dramatique en France [1]. Il est plus aisé de défendre Quinault sous le rapport moral contre le rigide Boileau : ses lieux communs amoureux, séparés de la pompe et de l'harmonie qui les rehaussaient, paraissent, en vérité, assez innocents.

Si Boileau réprouvait l'opéra, comme amollissant les âmes, d'autres allaient plus loin et condamnaient absolument toute espèce de représentations scéniques. La question du théâtre, devenu une portion si considérable de la vie intellectuelle de la France, prit la portée d'une véritable question sociale et religieuse. Richelieu l'avait tranchée. Voyant dans le théâtre un puissant instrument de civilisation et trop rigoureux logicien pour honorer l'art en flétrissant les artistes, il avait renié solennellement, du haut des marches du trône, le préjugé qui avilissait la profession du comédien ; mais le préjugé contraire au théâtre avait de trop fortes racines pour disparaître sur un mot du pouvoir politique. Sous Mazarin, lors de l'introduction de l'opéra à la cour, un vif débat s'éleva entre les théologiens : les indulgents l'emportèrent et rassurèrent la conscience incertaine d'Anne d'Autriche. L'esprit janséniste raviva la querelle dans les premières années du gouvernement de Louis XIV et dirigea une violente attaque contre la scène. Nicole, le plus modéré pourtant des hommes illustres de Port-Royal, traita *d'empoisonneurs publics* les poëtes de théâtre dans une de ses polémiques, ce qui lui valut, de la part du jeune Racine, ancien élève de Port-Royal et transfuge du jansénisme, une réplique spirituelle et mordante, qui eût été mieux placée dans une autre bouche [2]. Entre les combattants qui s'entre-choquèrent la plume à la main dans cette lutte, on remarque le prince de Conti, ce frère du grand Condé, qui, tout jeune encore, avait été autrefois un des chefs de la Fronde, puis,

---

1. Lambert, Boissier et le musicien Molière contribuèrent aussi à la révolution musicale qui s'opéra en France. « On commençait à introduire alors dans les orchestres un plus grand nombre d'instruments : aux violons on joignit les flûtes, les clavecins, les guitares, les téorbes, les luths. » Walckenaër, *Mémoires sur madame de Sévigné*, t. II, p. 479.
2. *V.* la première *Visionnaire* de Nicole et les lettres de Racine.

d'ami des arts et de protecteur de Molière, s'était fait janséniste exalté avec sa sœur, la fameuse duchesse de Longueville. Bossuet n'écrivit contre le théâtre que beaucoup plus tard ; mais, déjà célèbre et influent par son talent oratoire, il était de cœur et de parole avec les plus opiniâtres adversaires de l'art dramatique.

L'intervention d'un pareil nom indique assez qu'il ne s'agit pas là d'une prévention aveugle ni d'un grossier fanatisme, mais d'un grand problème moral. Tous les théologiens du dogme étroit, du christianisme rigoureux [1], sont d'accord contre le théâtre ; ce n'est pour eux qu'une des innombrables déductions logiques du dogme des peines éternelles. Toutes les réunions de divertissements, et surtout les bals et les spectacles dramatiques, peuvent, en thèse générale, induire directement ou indirectement au péché, et, par le fait, induisent certainement au péché un plus ou moins grand nombre d'âmes chrétiennes. Or, tout péché mortel dont l'âme ne s'est pas reconnue et repentie en ce monde emportant la damnation éternelle, la règle essentielle de conduite est de supprimer à tout prix les occasions du péché. Donc il faut réduire les manifestations de la vie humaine à la moindre expansion possible : moins on vit, moins on pèche. Donc il faut supprimer toutes les réunions où les passions s'allument et où l'intensité de la vie se multiplie par la communication des sentiments et des idées, dût-on appauvrir la nature humaine de ses plus riches facultés et mutiler le plus bel ouvrage de Dieu [2].

Ainsi, dans ce conflit, tous les logiciens de la théologie sont d'un côté ; de l'autre, sont réunis les indulgents par complaisance et par politique, l'école des jésuites, et les indulgents par sentiment, que leur cœur, autant que leur imagination et leur esprit, soulève contre cette sombre théorie, les hommes qui ont le bon sens de savoir avoir raison contre la logique : Fléchier est de ceux-là [3] ; saint François de Sales en eût été.

Le théâtre est devenu heureusement trop nécessaire à la France de Louis XIV pour que l'anathème d'une fraction de l'Église

1. *V.* notre t. XII, p. 73.
2. On verra plus tard, au XVIIIe siècle, la même thèse reprise, en dehors du christianisme, par l'esprit stoïcien, qui est le jansénisme de la philosophie.
3. Fléchier approuve la comédie, « pourvu qu'elle n'offense ni l'honnêteté ni l'ordre de la société civile ». *Grands Jours d'Auvergne*, p. 140.

suffise à l'abattre : il poursuit sa course triomphante; mais la guerre n'est pas finie, et les mystères du cœur humain réservent, avant peu d'années, une conquête éclatante et inespérée aux ennemis de l'art profane, la conquête du second des tragiques français.

Molière, le plus attaqué des poëtes dramatiques, avait continué de répondre par des succès. En 1668, il avait donné *l'Avare*, un des chefs-d'œuvre de la comédie de caractère. En 1670, paraît *le Bourgeois Gentilhomme*, pièce qui cache, sous des scènes d'une gaieté bouffonne, des intentions fort sérieuses. Déjà, dans *l'École des Femmes,* il s'était attaqué à la vanité bourgeoise et aux plébéiens qui changent les noms de leurs parents pour des pseudonymes nobiliaires; cette fois, il flagelle, pendant trois actes entiers, la noblesse du coffre-fort, que Boileau, de son côté, n'épargnait pas plus que la noblesse de parchemins, et il montre fort clairement que, s'il est le poëte de la bourgeoisie, il n'est pas celui de l'aristocratie bourgeoise. Du reste, il a soin de faire en sorte qu'on ne puisse prendre cette chasse aux parvenus pour une amende honorable aux marquis et, dans sa pièce, si le bourgeois est ridicule, le noble est vil : le *comte Dorante* est le type de ces *chevaliers d'industrie* vivant aux dépens de la sottise enrichie, qui doivent défrayer la comédie de second ordre après Molière.

A ces pièces en prose succède un grand ouvrage en vers, digne, quant à la forme, d'être placé à côté des œuvres les plus parfaites de Molière : ce sont *les Femmes savantes* (1672). Par malheur, la forme seule mérite cet éloge, et les réserves qu'on a faites contre *Amphitryon* au nom de la morale, il faut les renouveler ici au nom de la philosophie. Si Molière n'a voulu qu'attaquer la pédanterie chez les femmes, rien de mieux; mais un si petit travers, si exceptionnel, si peu redoutable, ne méritait pas un si grand effort : c'est prendre la massue d'Hercule pour écraser un insecte. L'exagération du spiritualisme et du mépris de la matière n'a jamais été non plus un danger, quand elle n'est pas liée à l'ascétisme religieux, et, du temps de Molière, pas plus qu'avant ou après lui, l'éducation des femmes n'a péché par l'exagération du développement scientifique. Si, comme il est difficile d'en douter, Molière a visé plus loin qu'au pédantisme, s'il a voulu ridiculiser, comme plus tard le fit Boileau, l'essor des femmes vers les idées et la science, essor qui devait être si favorable à la philosophie qu'il aimait, s'il a voulu flatter la défiance du roi contre les idées, il faut le blâmer franchement, ou plutôt le plaindre, de s'être démenti et d'être quasi revenu au vieux parti d'*Arnolphe* contre son propre parti. C'était à *Arnolphe,* et non à *Chrysale,* l'homme raisonnable, qu'il appartenait d'enjoindre aux femmes

> De laisser la science aux docteurs de la ville.

Sans doute le soin des choses du dehors doit être au mari, de même que le soin de l'intérieur appartient à la femme ; mais les connaissances de l'esprit ne sont point affaires du dehors [1].

Il y a aussi très-évidemment, sur un autre point, une influence fâcheuse qui pèse sur Molière. La pensée d'autrui perce à travers la parole du poëte, quand il reproche, en termes fort discourtois, aux gens de plume, de se croire dans l'état d'importantes personnes, *pour être imprimés et reliés en veau.* Les gens de lettres sont immolés d'une façon étrange aux gens du monde, à la cour : l'équilibre que Molière maintient ordinairement d'une main si ferme est là tout à fait rompu ; une autre main, une main souveraine, fait sans doute pencher la balance. Chose curieuse, Louis XIV fait perdre l'équilibre à son poëte au moment même où il le fait perdre à l'Europe : *les Femmes savantes* apparaissent avec la guerre de Hollande.

Molière fût revenu, on peut le présumer, à sa véritable voie ; mais le terme de sa trop courte carrière était déjà marqué. Sa santé était ruinée et, dès le commencement de 1673, il expira presque sur la scène, où sa sollicitude pour sa troupe, qu'il traitait en père, l'avait retenu jusqu'à l'entier épuisement de ses forces [2]. Il avait à peine cinquante et un ans.

La querelle du théâtre se renouvela autour de ses restes chauds

---

1. *V.* sur cette grave question de l'éducation des femmes, les considérations sensées et pratiques de M. E. Legouvé ; *Histoire morale des femmes.*
2. La crise mortelle le saisit comme il achevait de jouer le principal rôle du *Malade imaginaire,* son dernier ouvrage, long feu roulant de plaisanteries contre les médecins et la médecine, qu'il avait si souvent pris pour plastron. Là encore, il a quelque peu dépassé le but et le ridicule déversé sur un art aussi essentiel n'a pas été sans inconvénients.

encore. Le grand homme faillit ne pas trouver six pieds de terre dans ce Paris qui lui était redevable de tant de gloire ! Il fallut que Louis XIV intervînt pour obliger les rigoristes du clergé à octroyer la sépulture au comédien-poëte. On sait de quel anathème Bossuet outragea cette tombe à jamais illustre. Un autre homme d'église répondit en reprochant aux Français, en beaux vers, leur ingratitude envers le réformateur de la ville et de la cour. C'était le jésuite Bouhours, esprit aimable et fin, habile critique, élégant écrivain, qui a mérité une des places les plus honorables entre nos auteurs du second ordre [1].

La postérité a prononcé en faveur du défenseur contre l'adversaire de Molière.

Aucune des grandes physionomies littéraires de notre histoire n'est restée plus populaire que cette belle figure mélancolique et souriante, pleine de méditation, de sensibilité, de raillerie sans amertume et d'indulgente sagesse.

Si Molière eut des défaillances, des faiblesses, s'il douta de bien des choses, il ne douta jamais de l'humanité, et jamais plus de bonté ne fut unie à plus de génie. La tradition nationale l'a placé en regard de Corneille, comme l'autre colonne de la poésie française. Ses imperfections tiennent à d'autres causes que les fautes du père de la tragédie, c'est-à-dire à la rapidité du travail, nécessitée par sa position complexe d'auteur, de directeur et d'acteur, et aux concessions faites à ses deux maîtres, au roi et au peuple. Ses dénoûments sont presque toujours faibles ; il n'évite pas toujours les disparates et sa plaisanterie dégénère trop souvent en bouffonnerie. Sa prose est généralement excellente, sans doute ; cependant il eût été lui-même fort étonné qu'on le louât d'avoir écrit une partie de ses ouvrages en prose ; car il n'écrivait en prose que lorsqu'il n'avait pas le loisir d'écrire en vers. Il a, par le caractère, par la position, par les qualités et les défauts, de nombreuses analogies avec Shakspeare ; mais, s'il y a chez lui moins d'étendue, il y a plus de lucidité et les taches sont infiniment moindres, grâce à son esprit mieux pondéré et à la supériorité de la société où il a vécu. Ils ont mérité cette commune

---

1. *Vie de Molière*, par Voltaire.

louange, d'avoir été les deux poëtes modernes qui ont le mieux connu les hommes.

Personne ne pouvait remplacer Molière ; mais les grands poëtes qui restaient à la France semblèrent s'efforcer d'alléger le regret de sa perte en se surpassant eux-mêmes par de nouvelles créations.

Boileau publie à la fois, en 1674, les quatre premiers chants de son poëme héroï-comique du *Lutrin*, chef-d'œuvre de poésie narrative et descriptive, et *l'Art poétique*, ce résumé de toute la pensée du grand critique, qui est le code de la littérature du xviie siècle, et l'on peut ajouter le code du bon sens, au moins dans les vues générales et les conseils de conduite littéraire. L'*Art poétique* semble un recueil de centons et de maximes, tant il fourmille de vers devenus proverbes ; mais cette poésie n'est devenue banale qu'à force d'être judicieusement pensée et vigoureusement écrite. Il faut, pour ainsi dire, tâcher, si l'on veut la juger à son prix, de l'entendre pour la première fois.

Les applications spéciales, les règles particulières, sont controversables : il n'en saurait être autrement. Pour ce qui regarde les règles du poëme dramatique, objet de tant de débats, il faut se rappeler qu'elles étaient universellement admises en France avant que Boileau prît la plume[1], et qu'il n'a eu que le mérite, ou le tort, si l'on veut, de les avoir mises en beaux vers. Il est permis de penser que Boileau exagère un peu la dignité de l'art, le *decorum* littéraire ; l'opinion générale n'a pas ratifié sa sévérité envers les *farces* de Molière, son arrêt de proscription contre ce qu'on peut nommer le comique inférieur. Dans ses jugements sur le passé, il montre une ignorance dédaigneuse de la vieille poésie nationale : il affirme que nos *vieux romanciers* ne connaissaient de règle que leur caprice et ne prend pas la peine de s'assurer que troubadours et trouvères connaissaient fort bien le *nombre* et la *césure* et la *mesure* aussi ! On est disposé à s'irriter de cette légèreté superbe, lorsqu'un trait de lumière vous révèle le sens de l'aversion du critique pour le moyen âge : c'est la poésie féodale que le poëte bourgeois repousse du pied dans les ténèbres. Il

---

1. *V.* notre t. XII, p. 131 et suiv.

ne sauve du moyen âge qu'un seul nom ; il ne s'y reconnaît qu'un seul ancêtre : ce n'est pas Thibauld de Champagne ou Charles d'Orléans, c'est le *truand* Villon, cette fleur poétique qui a germé dans les ruisseaux de Paris. La poésie populaire a fait un beau chemin, de la cour des Miracles au grand escalier de Versailles !

Boileau ne brise donc pas, en fait, avec tout le passé de la France : s'il rejette les anciennes formes, il n'en hérite pas moins de l'esprit des écoles parisiennes, de l'esprit des fabliaux ; il est l'héritier de Rutebœuf comme de Villon. Il garde l'esprit populaire français, en retournant, non plus au nom de l'autorité, mais au nom de la raison, sous la discipline de nos vieux maîtres, les Grecs et les Latins, retour nécessaire pour assurer nos conquêtes intellectuelles et affermir notre esprit dans l'ordre, le goût et la lumière enseignés à la Gaule par la Grèce et Rome.

Ce n'est pas qu'il comprenne complétement cette antiquité sous laquelle il s'abrite. Il proclame la poésie et la mythologie inséparables, et il ne comprend pas la mythologie. On ne peut la comprendre, si l'on n'est plongé dans la nature comme les anciens, et Boileau prend pour un système d'allégories abstraites ce panthéisme de la vie universelle qui est l'âme de la poésie grecque !

Il veut cependant enchaîner la poésie à ce qui n'est plus, pour lui-même, qu'une froide abstraction, qu'une forme sans vie, et il proscrit absolument, au contraire, le merveilleux chrétien non par mépris, mais par trop de respect, et comme ne pouvant recevoir, sans sacrilége, les ornements de l'imagination. C'est là le sujet d'une nouvelle lutte analogue à la querelle du théâtre : les jansénistes et les rigoristes partagent l'opinion de Boileau; les hommes de sentiment et d'imagination, que ne satisfait pas l'austère nudité de la croix, et les politiques qui ne veulent pas qu'on prive la religion d'aucune sorte de prestige, s'efforcent d'empêcher qu'on bannisse le christianisme du Parnasse [1]. Ni l'un ni l'autre des deux partis ne paraît soupçonner que le merveilleux chrétien

---

1. Il ne faudrait pas s'exagérer la pensée de Boileau : il ne prétendait nullement interdire à la poésie l'expression des sentiments chrétiens ni la reproduction des faits historiques du christianisme, mais seulement l'intervention des êtres surnaturels de la religion au milieu d'une action fictive.

vient d'enfanter aux bords de la Tamise son *Iliade* et son *Homère*.

Boileau et les rigoristes, d'ailleurs, d'accord sur le principe, se tournent le dos quant aux conséquences ; car les uns concluent à la condamnation presque absolue de l'art ; l'autre, à son indépendance, à sa sécularisation, pour ainsi dire. Boileau prêche aux écrivains une morale rigide ; mais le solide équilibre de son esprit et son amour de l'art le retiennent et le retiendront toujours sur la pente du jansénisme, où le passionné Racine ne tardera point à se précipiter.

A l'époque où nous sommes parvenus, rien ne présage encore une telle réaction chez le brillant tragique dont la couronne s'enrichit presque chaque année d'un nouveau fleuron. En 1672, c'est *Bajazet*, qui introduit sur notre scène les mystères du sérail et de la politique othomane, sans ajouter beaucoup à la renommée de l'auteur d'*Andromaque*, de *Britannicus* et de *Bérénice*. En 1673, *Mithridate* ramène Racine sur le terrain de Corneille. L'imitation est visible : elle est heureuse, mais sans atteindre tout à fait à la hauteur cornélienne. Il y a toutefois dans la pièce une de ces créations dont personne n'avait fourni le modèle à Racine, et la noble et touchante figure de Monime fait la plus grande beauté de *Mithridate*.

Après cette seconde épreuve, Racine se décide à quitter le domaine de son formidable rival, et un nouvel élan le reporte, avec *Iphigénie*, dans la Grèce héroïque, à laquelle il avait dû son premier triomphe (1674). Jamais son génie n'avait encore rayonné d'un tel éclat : il lutte de coloris et d'harmonie avec les plus grands poëtes de l'antiquité. Ses héros ne sont pas Grecs par les mœurs, quoi qu'en puisse penser et son siècle et lui-même ; mais ils le sont par la beauté du langage et la fleur de poésie qui brille en eux. Il n'y a plus là rien de ces disparates qui choquent parfois dans *Andromaque*. L'harmonie est aussi soutenue dans les caractères, dans les sentiments, que dans le style. Le mouvement des scènes, la conduite de l'action, le profond intérêt du sujet, tout se réunit pour entraîner le spectateur, tout impose une admiration sans réserve.

La Grèce des héros et des dieux a trop bien accueilli Racine pour qu'il abandonne cette patrie adoptive de sa muse. Il s'élève d'une aile plus puissante encore dans l'étincelant empyrée de l'hellénisme. *Iphigénie* pâlit devant *Phèdre* (1677). La tragédie de passion ne peut plus dépasser ce terme : Racine a atteint la perfection de son genre. *Bérénice* a été l'expression la plus parfaite des sentiments doux ; *Phèdre* des sentiments passionnés : l'une est l'amour élégiaque ; l'autre, le véritable amour tragique. Toutes deux ensemble expriment le génie de Racine, comme *Nicomède* exprime le génie de Corneille.

Ce fut seulement quand Racine eut ainsi produit tous les fruits de sa jeunesse, qu'il fut permis de le mettre en parallèle avec l'auteur du *Cid*, comme on l'avait fait prématurément. La lutte de ces deux gloires, après avoir divisé la société contemporaine, s'est prolongée jusqu'à nos jours, l'un ou l'autre des deux poètes emportant la balance, suivant que l'énergie ou la politesse prédominait dans les mœurs et dans les idées. Tout est contraste entre ces deux hommes ; leur physionomie seule suffirait à indiquer la différence de leur génie : la majesté qui éclate sur le front et sur les lèvres de Corneille est un peu rude et rustique comme celle des dieux de la vieille Rome ; la beauté de Racine est la plus élégante et la plus régulière, mais la moins accentuée peut-être entre les physionomies des grands hommes de ce temps, presque toutes si belles. Leur vie à tous deux ne diffère pas moins. La vie simple et silencieuse du plus puissant des tragiques est un éclatant démenti à ceux qui veulent que la poésie ne puisse éclore qu'au sein d'une existence pleine de mouvement et de tumulte, parmi les tempêtes et les désordres des passions déchaînées. Chez Corneille, rien ne se dépense au dehors : toute la force vitale se concentre dans le cœur et dans la tête. Au début de la vie, un amour profond sans violence, malheureux et résigné, qui laisse longtemps un souvenir doux et triste, puis un second attachement, le mariage, une vie de famille, calme et obscure, dans une médiocrité trop souvent voisine de l'indigence, voilà tout l'homme privé ; le reste est au génie. Effleurant à peine la société, Corneille va libre, seul et quasi sauvage comme Michel-Ange : il est gauche et lourd dans le monde comme le cygne hors de son élément. Peut-être cette concentration perpétuelle en soi-même, en condensant sa force, lui donne-t-elle quelque chose d'un peu tendu et forcé ; peut-être plus de vie réelle eût-elle rendu plus souples et plus naturels les mouvements de cet inflexible colosse.

Chez Racine, au contraire, la vie extérieure a beaucoup d'éclat et de mouvement, bien qu'il y ait toujours dans cette agitation de la dignité, de la mesure et du nombre, pour ainsi dire. Homme du monde et de cour, très-mêlé aux vicissitudes de la société contemporaine, il s'inspire de ses passions et des passions de ceux qui l'environnent et fait vibrer autour de lui toutes les impressions du moment, en rendant à la société, sous une forme idéale et splendide, ce qu'elle lui a prêté d'inspirations. Sa carrière est destinée à d'étonnantes péripéties : d'une éducation ascétique, il a passé au théâtre, à la vie libre et brillante de l'artiste; bientôt on le verra, ressaisi par les souvenirs de son enfance, rompre avec l'art *profane*, avec l'hellénisme, avec l'amour et la gloire, pour aller se rejeter sous le joug austère de ses premiers maîtres, et cela vers l'époque où une révolution beaucoup moins complète, mais analogue sous quelques rapports, s'opérera dans les mœurs du monarque qui est son idéal.

Il n'est pas besoin d'insister beaucoup sur les caractères qui distinguent les œuvres des deux grands tragiques, œuvres qui sont dans toutes les mémoires. Les progrès dus à Racine consistent surtout dans l'harmonie soutenue, dans l'unité du ton et de la couleur, dans le perfectionnement de l'ordonnance dramatique : la concentration et la gradation de l'intérêt sont admirables chez lui ; on ne peut pas plus le surpasser dans les plans que dans le style, qui réunit, comme chez les anciens, ses modèles, la force et la grâce, la hardiesse et le bon sens, l'éclat et la simplicité. Pourtant, il ne faut pas l'oublier, Corneille, bien moins achevé, est plus varié dans la forme comme dans l'invention. Racine n'a qu'un style, parfait, à la vérité; Corneille, dans la poésie, comme Pascal, dans la prose, a tous les styles[1].

L'essentielle, l'incontestable supériorité de Corneille, est dans le principe admiratif de son art[2]. Ce n'est pas que, dans la tragédie racinienne, les leçons soient directement contraires à la

---

1. Nous devons cette observation à un grand maître en fait de style, au grand poëte que la France a récemment perdu, à Béranger.
2. *V.* notre t. XII, p. 141.

morale, ni que le devoir soit immolé systématiquement à la passion ; mais l'intérêt dramatique porte sur la passion, et non sur le sacrifice de la passion ; l'impression qui reste chez le spectateur attendrit l'âme d'une douloureuse pitié. L'intérêt, chez Corneille, porte sur la vertu, et l'impression finale exalte et fortifie l'âme au lieu de l'attendrir.

Il n'est pas temps encore, néanmoins, à l'époque où nous sommes parvenus, de juger définitivement Racine. Il ne peut plus se surpasser dans la carrière où il a remporté ses triomphes ; mais il peut encore s'ouvrir quelque voie nouvelle. Nous le retrouverons un jour.

Nous avons étudié séparément trois des grands poëtes du règne de Louis XIV. Si différents de génie et de nature, ils sont réunis par de certains traits généraux, qui leur sont même communs, jusqu'à un certain point, avec le grand homme de la génération précédente qui prolonge auprès d'eux sa vieillesse. Ces traits sont les caractères essentiels de l'art du siècle.

La sociabilité naturelle de la France, développée avec un progrès rapide depuis la fin des Guerres de Religion et portée au comble par la vie de cour telle que la constitue Louis XIV, domine toute la littérature du xviie siècle, en se combinant avec l'esprit cartésien. Le cartésianisme apprend à l'homme à s'étudier en soi-même du haut de sa raison. La société, la cour, qui est la société par excellence, lui apprennent à s'étudier dans ses rapports avec les autres hommes. La littérature, la poésie spécialement, tourne presque tout entière sur ce double pivot ; elle est exclusivement *humaine* : d'une part, elle oublie la nature extérieure et, de l'autre, absorbée à la fois par l'activité de la vie collective et par l'énergique sentiment de l'individualité, elle a peu le sentiment de l'infini et de la grande Unité. Le cartésianisme contribue à faire dédaigner des poëtes le monde extérieur, qui n'est plus, à ses yeux, qu'une machine inanimée où s'est éteinte la vie universelle, si profondément sentie des anciens.

La plupart des poëtes de ce temps ne parlent de la nature que par tradition et à travers la mythologie, dont ils n'entendent plus les mystères, comme on l'a observé tout à l'heure à propos de Boileau. Rien n'est plus frappant que la différence entre ce siècle et le nôtre sur la manière de sentir la nature. Le moindre vallon solitaire est, pour les gens du xviie siècle, une *solitude horrible;* le moindre rocher, un *chaos affreux.* Ce ne sont pourtant pas des cœurs pusillanimes, et la comparaison, quant à la force morale, ne serait pas à notre avantage; mais c'est l'excès de leur sociabilité, la nécessité absolue de la *conversation*, qui leur donne cette horreur du *désert.* L'homme est tout pour eux, dans la vie réelle comme dans la poésie; ils voient le monde entier dans cet *abrégé du monde :* de là et leur supériorité et leur insuffisance.

Il est cependant, à la même époque, un quatrième grand poëte qui échappe à cette commune définition et dont l'inspiration est si différente, qu'il ne semble presque point appartenir à ce siècle.

Jean de La Fontaine, ami de Molière, de Racine et de Boileau, et plus rapproché, par son âge, du premier que des deux autres [1], est le plus lent de tous à donner les fruits de son génie. Il prolonge sa jeunesse à rêver et à se laisser vivre dans une oisiveté épicurienne, en consumant le temps avec la même insouciance que les autres biens. Quelques poésies légères, empreintes d'une facilité nonchalante et voluptueuse, échappent çà et là, comme par caprice, à la paresse de sa veine. Un cri du cœur, que lui arrache la catastrophe de Fouquet, attire un commencement de célébrité sur son nom. Il avait déjà quarante ans. Bientôt après, des contes en vers, qu'a inspirés la société galante et peu scrupuleuse des nièces de Mazarin [2] et qui rappellent, par le choix des sujets, Boccace et la reine de Navarre, annoncent, par leur grâce mêlée de licence et de naïveté, un écrivain original de plus.

La Fontaine s'élève ensuite à l'expression de sentiments plus délicats et plus poétiques. Sa *Psyché*, roman mêlé de vers, où la légende grecque se confond si heureusement avec les descriptions des merveilles que Louis XIV accumule dans les jardins tout mythologiques de Versailles, a conservé, malgré les changements du goût, tout le charme de ses grâcieuses fantaisies et de ses élégants badinages (1669). Entre tous les ouvrages de ce genre,

---

1. La Fontaine était né en 1621; Molière, en 1622; Boileau, en 1636; Racine, en 1639.

2. Les duchesses de Bouillon et de Mazarin et la comtesse de Soissons.

sujets à se faner comme la mode et la circonstance, il a seul gardé sa fleur [1]. Les petits poëmes mythologiques de La Fontaine sont d'un ordre supérieur encore : il y règne une langueur voluptueuse et tendre, une sorte de demi-jour doux et pénétrant, tout différent de l'éclatante lumière que Racine répand sur ses sujets grecs ; c'est une beauté plus négligée, qui trouve dans son abandon même un attrait nouveau ; le vers fluide et nombreux coule sans effort comme la forme naturelle de la pensée du poëte. Les épîtres et les autres poésies familières offrent la même spontanéité, le même naturel heureux et charmant. Rien n'est plus frappant, dans ce genre, que le contraste de Boileau et de La Fontaine : une seule idée remplit l'un et fait sa force, mais lui donne quelque chose d'un peu roide et d'uniformément magistral ; le réformateur, le législateur du Parnasse n'oublie jamais sa mission. L'autre, au contraire, reçoit l'inspiration et ne la commande pas : il vous entraîne d'autant mieux qu'il ne sait où il vous conduit, et pourtant il est, au fond, plus philosophe que Boileau et presque autant que Molière, mais philosophe à sa façon, par instinct plus que par méthode.

Sa philosophie, sa poésie, son âme tout entière, sont résumées dans une création qui fera vivre son nom à jamais. Il serait un rare écrivain avec les seuls ouvrages que nous venons d'indiquer ; mais ce n'est pas là son titre par excellence. Un an avant *Psyché*, il avait publié les six premiers livres de ses *Fables* (1668) : les livres VII à XI parurent dix ans après (1678-1679) ; le livre XII, en 1694 seulement.

Le vieil apologue, dont l'Orient avait bercé l'enfance du monde, était arrivé à la France après avoir passé par la Grèce et Rome. Le roman du *Renard*, imitation de l'antique poëme indo-persan de *Kelilch et Demneh*, avait donné à l'apologue le développement des *Chansons de Gestes* : les fabliaux l'avaient ramené à une forme plus brève et moins éloignée des proportions données par l'antiquité classique : le xvie siècle, après le moyen âge, avait parfois répété ces leçons données à l'orgueil humain par l'organe em-

---

1. C'est encore là une dépouille de Fouquet. La Fontaine avait essayé d'abord ce genre de composition pour son patron, dans son ouvrage inachevé du *Songe de Vaux*.

prunté des êtres inférieurs. La Fontaine s'empare de ces matériaux, les transfigure et les consacre à l'immortalité.

Tout a été dit sur l'art infini de ces mille petits drames où tous les êtres qui vivent ou végètent viennent tour à tour faire leçon au *roi de la nature*, les uns, avec leurs allures véritables, les autres, plaisamment travestis en hommes. La morale des fables a suscité quelques controverses. On a eu tort, en effet[1], de chercher dans La Fontaine un maître de morale pour l'enfance. La Fontaine ressemblait trop aux enfants par le défaut d'esprit de suite et de prévoyance pour être propre à les instruire. Il était plutôt fait pour enseigner indirectement les hommes. S'il y a des contradictions dans la morale des fables, le *bonhomme* n'y songe pas et ne s'en soucie guère. Bien qu'il dise :

> Le conte fait passer le précepte avec lui.....
> Et conter pour conter me semble peu d'affaire,

On peut sans trop de témérité, soupçonner qu'il tient plus encore au *conte* qu'au *précepte*. Il écrit suivant l'idée qui lui survient et le sujet que lui fournit la mine des apologues antiques, aussi riche en contradictions que celle des proverbes, où se heurtent les traditions les plus opposées. Quelques-unes des fables, on en doit convenir, semblent prêcher l'égoïsme et la sagesse de bas étage ; mais la plupart abondent en excellents conseils : certaines flattent, d'autres attaquent assez hardiment le pouvoir absolu. Celles-ci se distinguent par une sensibilité douce et naïve ; dans celles-là brille par éclairs la plus haute philosophie[2] : s'il n'y a pas là de règles générales de conduite, quel trésor d'observations échappe au *fablier* quasi sans qu'il y pense !

Un trait général tranche sur toute l'œuvre de La Fontaine : ce qui caractérise l'auteur des *Fables*, c'est précisément ce qui manque à ses illustres contemporains, le sentiment de la nature extérieure. Les autres disent : raison ; il répond : nature. Il a aussi sa raison, assurément, mais qui ressemble un peu à celle

---

1. *V.* les réflexions de J. J. Rousseau dans l'*Émile*.
2. Par exemple, la *Mort et le Mourant*, l. VIII, fable 1 ; et les beaux vers contre l'astrologie et le fatalisme, l. VIII, fable 17 ; et contre les stoïciens, qui détruisent l'homme en détruisant les passions, t. XII, fable 20.

de ses héros : elle est d'instinct et d'inspiration plus que de réflexion. Il se joue de ses animaux ; mais il les aime, il vit parmi eux, il les étudie avec sollicitude. Sa réfutation de la doctrine cartésienne sur l'existence mécanique des bêtes est un appel très-sérieux au sentiment général et à l'expérience en faveur des animaux. Il ne se borne pas à l'étude des animaux : il sait fort bien la physique, et ce n'est pas lui qui commettrait sur l'astronomie les bévues de Boileau : en plus d'un lieu, il expose avec éloquence les découvertes de la philosophie naturelle; plus hardi que les astronomes de profession, du moins que Cassini[1], il prend vaillamment parti pour Copernic; il décide entre Descartes et Gassendi.

La prépondérance de la nature est le principe de ses défauts comme de ses qualités : la licence qu'on a reprochée à ses contes et à ses poésies légères procède bien moins du libertinage de l'esprit que d'un abandon naïf à l'instinct naturel. Le grain de malice qui assaisonne ses voluptueux tableaux ne doit pas faire illusion à cet égard.

Au fond, il y a, chez La Fontaine, des tendances qui doivent déplaire à Louis XIV et une inspiration exceptionnelle qui ne doit être qu'à demi comprise des autres poëtes contemporains, et surtout du *législateur du Parnasse*. Sa libre fantaisie est par trop indocile à l'esprit d'ordre et de règlement qui signale essentiellement ce règne. C'est un étranger, sinon un ennemi, pour la cour du Grand Roi. Ses avances demeurent inutiles. C'est la nature de son génie, bien plus que son attachement à Fouquet, qui éloigne de lui la faveur. L'amitié de Fouquet n'a pas empêché la fortune de Pellisson, bien autrement engagé que La Fontaine dans la disgrâce de leur commun patron et appelé du fond d'un cachot jusque dans le cabinet et dans l'intime confidence du roi.

La popularité du fabuliste, insuffisamment apprécié de son temps, s'est accrue de génération en génération : elle est devenue universelle. Au milieu des révolutions littéraires, on est obligé

---

1. *V.* Fables, l. vii, p. 18, *Un animal dans la lune*.

« Je le rends immobile, et la terre chemine ; »

dit La Fontaine en parlant du soleil.

parfois d'expliquer et de défendre Boileau : personne, au monde, ne songerait aujourd'hui à contester La Fontaine [1].

C'est qu'aucun poëte n'a plus de racines et ne tient à plus de choses que cet écrivain pourtant si spontané. Sa langue unique, inimitable, à laquelle on trouve à peine le courage de reprocher quelques taches de négligence et de paresse, tient fortement à l'ancienne tradition française, au vieux *gaulois*, comme on disait alors, que les autres poëtes rejettent. Il garde ou reprend en partie les locutions et les termes du xvie siècle et du moyen âge, et les orne d'une fleur nouvelle. Le vieux Paris et la vieille Champagne, sa mère, les conteurs d'autrefois, Marot, Rabelais, revivent en lui. Il est l'homme de l'ancienne France et, en même temps, sans imiter aucun des écrivains de l'antiquité grecque et latine, il est plus de leur famille qu'aucun de nos *classiques* : la nature le relie à l'antiquité; il comprend, comme Théocrite et Virgile, les voix secrètes des eaux et des bois, et la lumière inspiratrice des chantres de Sicile, la lumière sereine des beaux soirs d'été, dore aussi les vers qui coulent si doucement de sa veine.

Comme les anciens, cependant, c'est la nature finie que chante La Fontaine. Si, dans le xviie siècle, il est le seul grand poëte qui représente la nature, tandis que les autres s'enferment dans le cœur et dans la raison de l'homme, pas plus que ses émules il n'exprime le sentiment de l'infini. De même que l'antiquité, dont il reproduit l'esprit moins par imitation que par analogie, le siècle de Louis XIV étreint trop fortement l'homme, la réalité, la raison pratique, le fini, pour s'engager volontiers dans les sphères sans bornes : ce siècle est anthropomorphiste, lui aussi, lui qui arrive à se faire presque un dieu visible d'un homme, d'un roi ! Il est très-grand, mais d'une grandeur exacte et mesurée dont on voit partout les bornes.

A peine a-t-on salué le génie exceptionnel de La Fontaine, que, pour continuer cette revue littéraire du grand règne, il faut rentrer dans le mouvement général du temps qui vous presse sous tant de formes diverses. L'étude exclusive de l'homme reparaît dans toutes les branches de la littérature.

---

1. Depuis que nous avons écrit ces lignes, il y a eu cependant une exception illustre.

Une révolution salutaire commençait à s'opérer dans un genre de composition destiné à être comme le commentaire et le complément du théâtre, pour les analyses patiemment approfondies et développées du cœur humain. Le roman, après la scène, échappe enfin au faux goût dont il avait été longtemps le principal foyer, et, tandis qu'un savant d'une vaste érudition et d'une imagination active, le célèbre Huet, en expose les origines et la théorie, une femme en réforme la pratique par ses aimables ouvrages et le fait passer de la galanterie hyperbolique et du faux bel esprit, où le retenait une autre femme, au sentiment et au naturel : par *Zaïde* (1670), et surtout par la *Princesse de Clèves* (1678), madame de La Fayette détrône mademoiselle de Scudéri.

Le roman semble appartenir de droit aux femmes; mais ce n'est pas le seul genre dont s'empare la vivacité de leur esprit, qui brille de tant d'éclat dans cette société où règnent tour à tour la gracieuse Henriette d'Angleterre et l'étincelante Montespan. Les Mémoires historiques qu'elles écrivent sont animés comme le drame même de la réalité : nous retrouvons là madame de La Fayette à côté de madame de Motteville, de mademoiselle de Montpensier, de la duchesse de Nemours. Plusieurs réussissent dans la poésie. Madame de La Suze mérite les éloges de Boileau et prend place entre les meilleurs élégiaques modernes. Madame Deshoulières commence à essayer sa veine ingénieuse et facile.

Mais les femmes de ce temps doivent leur principale gloire, aux yeux de la postérité, à ce qui n'a pu devenir une branche de littérature que dans un tel état social. La conversation parlée a produit la conversation écrite, toutes deux ayant pour principes l'habitude d'analyser tous ses sentiments, toutes ses idées, tous les incidents de sa vie, et le besoin d'en entretenir ceux qu'on affectionne, à charge de réciprocité. De là ces renommées acquises par des correspondances auxquelles l'amitié donne d'abord une demi-publicité, une sorte de publicité inédite, puis dont la postérité fait des livres. Tout est à un tel diapason dans cette puissante époque, que les lettres familières d'une mère à sa fille deviennent un grand monument historique et littéraire [1].

---

1. En parlant des titres littéraires des femmes au XVIIe siècle, il ne faut pas oublier que les *précieuses* prirent l'initiative de cette réforme de l'orthographe qui

Le *genre épistolaire* est personnifié dans madame de Sévigné. Il faut se résoudre à être banal, si l'on veut parler, après tant et de si excellents panégyristes, des qualités de ce charmant esprit qui a su mettre une si prodigieuse variété dans l'expression d'un sentiment toujours le même, et faire pivoter la cour, la ville, la province, le monde entier, autour de sa fille. Mais ce que l'histoire ne peut se dispenser de rappeler, c'est que tous les Mémoires du temps ensemble n'en donnent pas un tableau plus fidèle et plus complet que madame de Sévigné à elle seule. Les lettres de madame de Sévigné ne sont pas un livre sur le siècle; c'est le siècle lui-même qui empreint son image indestructible dans un miroir merveilleux. C'est là seulement qu'il se montre de face et en toute sincérité, ce siècle à la fois railleur et soumis, raisonneur et religieux, raisonneur qui met des questions si fondamentales en dehors de ses raisonnements, religieux d'une religion bien extérieure, bien *convenable*, pas hypocrite pourtant, le sentiment de la règle et de la convenance ayant pénétré le fond même de la vie : plus d'un doute s'entrevoit parfois sur certains dogmes religieux [1], ou sur la royauté, cet autre dogme terrestre; mais on n'y insiste pas : on se hâte de passer outre en fermant les yeux. Cette sorte d'esprit religieux ne comporte pas le détachement des biens de ce monde : ces gens si dévots, loin d'avoir le renoncement ascétique, n'ont pas même l'indifférence philosophique [2]. On reconnaît, dans la société française de Louis XIV, ce même mélange d'intérêt calculateur et de religion qui s'est établi à demeure chez les peuples protestants, à l'exemple des Juifs; néanmoins, les *conversions,* les *retraites* éclatantes, qui précipitent assez fréquemment les femmes et quelquefois les hommes du milieu des pompes de la cour dans les cloîtres les plus austères, attestent que l'esprit ascétique n'est point éteint; mais ce n'est pas à lui qu'on

---

triompha dans le siècle suivant avec Voltaire. *V.* les intéressantes études publiées par M. Walckenaër sur la langue et la littérature à l'hôtel de Rambouillet; ap. *Revue indépendante* des 10 et 25 juillet 1847.

1. On sait la répugnance de madame de Sévigné, quoique demi-janséniste, pour le dogme des peines éternelles.

2. Il y a, dans la correspondance de Bossuet, des choses très-caractéristiques sur ce besoin de bien-être et de grande existence : les illustres prélats du xviie siècle étaient fort loin, à cet égard, des mœurs des anciens Pères.

fait le plus de sacrifices. Ainsi, les affections naturelles sont de plus en plus sacrifiées à l'orgueil de famille dans la noblesse et dans la haute bourgeoisie : on le voit dans la famille même de la femme illustre qui fut le modèle des mères et qui ne fut point imitée de sa fille, grande intelligence et cœur sec. A côté de l'espèce de gravité que donne un arrangement si exact des choses, on rencontre une disposition singulière à plaisanter de tout, qui dénote souvent la force d'âme, l'héroïque insouciance gauloise, mais qui ressemble trop quelquefois à l'insensibilité. C'est là ce qui a fait, dans certaines occasions, juger défavorablement madame de Sévigné : ce n'est pas à son cœur qu'il faut s'en prendre, mais à des habitudes d'esprit qui lui sont communes avec tous ses contemporains.

Quant aux erreurs de jugement et de goût qu'a pu commettre madame de Sévigné, on les a extrêmement exagérées : elle ne se trompe complétement que lorsque ses affections personnelles sont en jeu, comme lorsqu'il s'agit de Fouquet et de Colbert; en littérature, elle pense, en général, comme les esprits les plus élevés de son temps, et, si elle ne rend pas pleinement justice à Racine, elle n'en a pas moins raison de soutenir la cause du vieux Corneille. Elle réclame ainsi pour la grande génération des contemporains de Richelieu contre une génération plus polie, plus élégante, mais déjà moins forte et dont l'idéal s'abaisse [1].

§ IV.

MORALISTES. — ELOQUENCE SACREE. — BOSSUET. BOURDALOUE.

Après avoir étudié les écrivains qui célèbrent systématiquement ou qui peignent avec naïveté la brillante société de Louis XIV, il faut passer maintenant aux écrivains qui sondent les plaies morales cachées sous ces dehors splendides, ou qui, tout en prétendant montrer le néant de cet éclat comme de toutes les choses humaines, augmentent aux yeux de la postérité, par l'éloquence même de leurs démonstrations, cette gloire de leur siècle qu'ils foulent aux pieds.

---

1. La première édition des *Lettres de madame de Sévigné* à sa fille ne parut qu'en 1726. Le recueil s'est complété dans les éditions postérieures.

Le premier qui se présente entre les moralistes est un personnage déjà connu dans l'histoire politique avant de l'être dans l'histoire littéraire; c'est le duc de La Rochefoucauld, un des anciens chefs de la Fronde. Ses *Maximes* ou *Réflexions morales* parurent en 1665. La Rochefoucauld appartient à la classe des moralistes qui observent, plutôt qu'à la classe des moralistes qui dogmatisent sur les mœurs. Son petit livre est comme un feu continu d'observations fines, ingénieuses, frappantes ou profondes, quelquefois paradoxales, contestables ou trop subtiles, le plus souvent justes, au moins en fait, et toujours exprimées dans une langue excellente, avec une précision incisive et lumineuse. C'est le premier ouvrage *publié* dans ce style vif et coupé, à jets rapides; car les *Pensées* de Pascal ne virent le jour que huit ans après la mort de leur auteur, en 1670. Nous ne comparons ici, bien entendu, que la concision et la vivacité du style; car la puissance et l'éclat foudroyant de la pensée de Pascal sont incomparables.

L'œuvre de La Rochefoucauld est une œuvre d'une rare distinction, et, cependant, l'impression qui résulte de cette lecture est malsaine à l'âme. Ce n'est pas que les observations soient fausses; les choses se passent le plus souvent, en fait, comme il le dit; mais le mal vient de ce qu'il est trop porté à généraliser comme arrivant toujours et nécessairement ce qui arrive souvent, et surtout de ce qu'il ne montre point d'idéal au-dessus de cette réalité vicieuse. Il en exagère d'ailleurs le vice, faute de le bien définir. Non-seulement il ne montre pas d'idéal, mais il le nie implicitement, en niant, ou peu s'en faut, toutes les vertus, c'est-à-dire tous les principes qui portent l'homme à agir en vue de l'ordre général et non de l'intérêt particulier, et en les présentant comme des apparences sous lesquelles se cache le moteur unique, l'amour-propre. Or, cet amour-propre, auquel il rapporte tout, il n'en pénètre pas l'essence et en méconnaît les limites, faute de métaphysique. Qu'une dose d'amour-propre se mêle à toutes nos actions, cela est naturel et même nécessaire; il faut bien que la distinction de notre personnalité subsiste dans chacun de nos actes; mais qu'il n'y ait que l'amour-propre, ici est l'erreur. L'amour-propre est l'une des deux faces de la vie; La Rochefoucauld n'a pas vu l'autre, l'attrait qui nous porte vers autrui et qui devient vertu en se réglant d'après l'ordre moral. La Rochefoucauld connaît les hommes; il ne connaît pas l'homme.

La vie active de l'auteur des *Maximes* avait eu sur la direction de ses idées une grande influence. Le frondeur vaincu et mécontent reparait toujours sous le moraliste. La Fronde n'avait pas été une école où l'on pût apprendre à voir l'humanité en beau : il y avait eu là toutes les misères morales et pas une des vertus qui surgissent dans les révolutions sérieuses. Malheureusement pour La Rochefoucauld, il avait donné plus que personne l'exemple de ces misères et sa misanthropie n'a point droit de nous toucher : elle n'a pas les motifs de celle d'Alceste. Quand il peint l'égoïsme, il n'a que faire de chercher son modèle hors de lui-même [1].

Passer de La Rochefoucauld à Nicole, des *Maximes* aux *Essais de Morale* (1670-1678), c'est changer d'atmosphère. Tous deux sont d'excellents observateurs ; mais l'un est plus vif, plus subtil, d'une logique qui sous-entend la démonstration sans la donner ; l'autre, développant ce que son rival indique d'un trait rapide, est plus ample, plus lié, plus calme, et à la fois plus métaphysicien et plus sympathique. L'un saisit l'esprit, l'autre touche le cœur. L'un nous refoulait dans une étroite personnalité et nous enfermait dans les bornes de nous-mêmes comme dans un cercle de fer ; l'autre ne constate les mêmes misères que pour nous exciter à nous en affranchir et nous pousse hors de nous-mêmes et du monde pour nous jeter en Dieu. L'idéal n'est rien pour La Rochefoucauld : il est tout pour Nicole. Malheureusement, c'est l'idéal du jansénisme. A la vérité, ce jansénisme n'a pas la sombre rigueur de celui de Pascal et la violence de Nicole contre le théâtre est une exception dans cet esprit modéré et doux. Il y a dans ses *Essais* des parties admirables et que doit accepter toute croyance élevée et sincère [2].

---

1. Nous l'avions trop bien traité dans notre édition précédente : M. Cousin n'a été que juste en se montrant si sévère envers ce triste personnage. V. *Madame de Longueville*, passim.

2. « Les *Essais de morale* ne périront pas. Le chapitre surtout des moyens de conserver la paix dans la société est un chef-d'œuvre auquel on ne trouve rien d'égal en ce genre dans l'antiquité. » Voltaire, *Catalogue des écrivains du siècle de Louis XIV*.

En somme, si l'effet moral que produit La Rochefoucauld est mauvais, l'impression que laisse Nicole est bienfaisante, malgré quelques objections partielles portant sur ce qu'il a de commun avec tous les écrivains de sa croyance. On a l'âme attristée en lisant l'un, relevée et consolée en lisant l'autre. Leurs observations sont souvent les mêmes : leur jugement sur ces observations est toujours différent, parce qu'ils sont séparés de toute la hauteur d'un principe, la charité, qui éclaire Nicole et refuse sa lumière à La Rochefoucauld.

Il est une autre classe de moralistes par profession, qui ne proposent pas leurs sentiments particuliers au jugement réfléchi du lecteur, mais qui, du haut de la chaire, enseignent d'autorité à la foule soumise les maximes consacrées. L'éloquence religieuse apparaît, dans le siècle de Louis XIV, sous deux formes principales. L'une, essentielle au christianisme qu'elle a fondé, entretenu, défendu depuis dix-huit siècles, c'est le sermon, la prédication, œuvre d'enseignement moral et dogmatique où la beauté de la forme ne doit être que l'accessoire, où l'orateur ne doit trouver l'éloquence qu'en cherchant la vérité. L'autre, l'oraison funèbre, que le christianisme des premiers temps n'eût point sanctionnée, est surtout une œuvre d'art, une sorte de compromis entre l'orgueil des grands de la terre et la sévérité de la religion. L'oraison funèbre montre la religion consentant à étaler les pompes de la gloire humaine à condition de les faner au souffle de Dieu et d'opposer aux grandeurs d'un jour la grandeur qui ne passe pas. L'oraison funèbre était depuis longtemps en usage ; mais l'éclat inouï qu'elle reçoit au temps de Louis XIV en fait comme une création nouvelle et une propriété de ce siècle.

En 1652, au fort de la Fronde, deux jeunes gens de vingt-cinq à vingt-six ans avaient concouru ensemble pour la licence devant la Faculté de théologie de Paris. Le premier, sorti d'une puissante famille parisienne, brillant d'intelligence et de savoir, armé d'un caractère énergique et d'une opiniâtre volonté, mais emporté, dès sa première jeunesse, par l'ardeur d'une imagination passionnée, au milieu des voluptés et des orages du monde, semblait présager un autre cardinal de Retz. Le second, né d'une famille bourgeoise de province, dans la patrie de saint Bernard, grave et contenu dès l'enfance, doué d'un équilibre de facultés et d'un empire sur lui-même presque sans exemple, avait, depuis qu'il se connaissait, tendu exclusivement vers la théologie la puissance extraordinaire de son esprit et de sa volonté. L'un se nommait Armand Bouthillier de Rancé ; l'autre, Jacques-Bénigne Bossuet [1]. Rancé, excessif en tout, plein de tempêtes et d'abîmes comme Pascal, va bientôt se précipiter sans transition des bras de l'amour et de l'ambition dans un ascétisme terrible et fonder, au milieu d'une civilisation habituée à accommoder la religion malgré elle avec le monde, quelque chose de plus dur que Port-Royal et de plus sépulcral que la Thébaïde, l'idéal même de la *mortification,* la religion du désespoir, cette règle de la Trappe, qui a pour but, non plus, comme Port-Royal, de réformer l'Église et, par l'Église, le monde, mais de s'isoler du monde et de l'Église elle-même dans un tombeau anticipé, comme si tout effort était inutile et toute chance perdue de régénérer la chrétienté [2]. Bossuet, calme et ordonné dans sa théologie comme Descartes dans sa philosophie, consacrera sa vie entière, avec une force et une persévérance que rien ne pourra lasser, à défendre, à éclairer, à modérer, à raffermir cette Église militante dont Rancé est sorti en secouant la poussière de ses pieds.

Tout enfant encore, la majesté de la Bible a révélé Bossuet à lui-même en éveillant l'instinct de son génie. A quinze ans, il arrive à Paris le jour même où Richelieu, victorieux et mourant, y rentre dans cet étrange appareil qui est tout à la fois un triomphe et une pompe funèbre. La carrière du jeune écolier, déjà homme

---

1. Rancé, né en 1628, était de la famille Bouthillier, qui avait fourni deux ministres sous Richelieu. Bossuet était né à Dijon en 1627.

2. Ce fut dans un couvent de cisterciens réformés, au fond des bois du Perche, que Rancé établit sa règle en 1664. Port-Royal gardait la science comme moyen d'action : la Trappe, ne voulant plus agir, rejette la science comme inutile. Plus d'études monastiques : le travail des mains fait seul diversion à la prière. Comme il faut bien que l'activité humaine retrouve toujours son emploi, les trappistes sont devenus d'excellents agriculteurs. Le *trappisme* est la dernière extrémité du mouvement moral tenté par Saint-Cyran, et qui, ayant échoué, s'enferme dans son désespoir ; — du mouvement *moral,* disons-nous, car Rancé ne touche point au dogme et juge la dispute inutile. Le trappisme et le jésuitisme sont les deux pôles opposés de l'esprit monastique : le jésuite est le moine mêlé au monde pour dominer le monde ; le trappiste est le moine qui non-seulement s'interdit d'agir dans le monde, mais s'impose la loi d'ignorer ce qui s'y passe.

par la force et la persistance de la pensée, s'ouvre sous ces impressions solennelles. L'étude des classiques et la fréquentation de la haute société lettrée de Paris, qui admire sa précocité, polissent et disciplinent cet esprit qui déborde de la grandeur impétueuse des Livres saints. Ses premières relations contribuent à l'engager dans la voie des opinions gallicanes. Il a débuté dans la profession ecclésiastique par un appel comme d'abus, présage de ses luttes contre la cour de Rome. Il reçoit les encouragements et les conseils du critique de Launoi, le grand démolisseur des superstitions du moyen âge. Ses fortes études sur l'histoire de l'Église, sa prédilection pour les traditions les plus anciennes, le confirment dans le gallicanisme. Sa rigidité l'entraîne vers la morale des jansénistes : son grand sens pratique et compréhensif lui fait repousser leur doctrine de la grâce, sous laquelle il sent le fatalisme calviniste. Il voit du même œil que Jansénius et Saint-Cyran les périls qui menacent l'Église, mais il comprend autrement qu'eux la stratégie défensive. Jansénius et Saint-Cyran avaient tenté de régénérer l'Église par un seul principe poussé à ses dernières conséquences : Bossuet croit voir le salut du catholicisme dans un système tout opposé, qui est d'écarter les questions que Dieu a voulu rendre obscures à l'homme, d'imposer silence « aux esprits ardents et excessifs, plus propres à commettre ensemble les vérités chrétiennes qu'à les réduire à leur unité naturelle [1], » d'étouffer enfin tout ce qui a un air de nouveauté et de parti, pour rallier toutes les forces de l'Église sur le terrain le plus central. Il y a là moins de hardiesse et plus d'étendue, moins de logique et plus de politique que chez les hommes de Port-Royal; mais cette politique ne coûte rien à la conscience, car elle n'est que la mise en action d'une conviction profonde. Bossuet s'attachera autant que possible à n'avancer d'opinions que celles qui sont admises le plus anciennement et le plus généralement dans l'Église [2] : son originalité sera de ne point avoir d'originalité dans

1. *V. Oraison funèbre de Nicolas Cornet*, 1663.
2. Il y aura cependant quelques exceptions chez lui; ainsi l'Immaculée Conception. Quant à la sombre doctrine de la damnation des enfants morts sans baptême, il l'appuie sur une double décision des conciles de Lyon sous Grégoire X et de Florence sous Eugène IV, qui font « descendre dans l'enfer les âmes de ceux qui meurent ou dans le péché mortel actuel, *ou dans le seul péché originel,* pour y être

les choses du dogme : tandis que les autres grands théologiens ont, pour la plupart, conquis leur renommée en développant certains points particuliers de doctrine, Bossuet s'illustrera en se plaçant au centre de la doctrine sans rien s'approprier d'une façon spéciale : il veut devenir et il deviendra, pour ainsi dire, la voix même de l'Église.

Prêtre la même année que docteur de Sorbonne, après une retraite à Saint-Lazare, où il subit l'influence évangélique de l'excellent Vincent de Paul, qui dut contribuer à tempérer heureusement sa nature sévère et impérieuse, il retourna pendant six ans à Metz, où il occupait un canonicat, et il s'y prépara par d'immenses travaux à la destinée qu'il se sentait appelé à remplir. Quelques succès dans la controverse contre les protestants de Metz ne permirent pas qu'on l'oubliât à Paris. Il y revient enfin et débute en prêchant, aux Minimes de la place Royale, le carême de 1659. La ville s'étonne de ces accents que la chaire française n'a jamais fait entendre. La cour s'émeut à son tour. Louis XIV appelle Bossuet à prêcher devant lui l'Avent de 1661. Ces deux hommes se comprennent au premier mot, au premier regard. Leurs destinées s'inclinent l'une vers l'autre et se joignent pour ne plus se séparer. Louis, saisi d'un élan de sympathie rare dans cette âme si réservée, fait écrire au vieux père de Bossuet pour le féliciter d'avoir un tel fils [1].

L'orateur sacré poursuit sa carrière : des torrents d'éloquence coulent sans interruption, durant plus de dix ans, dans les chaires de Paris et de la cour (1659-1669), jusqu'à ce que la promotion de Bossuet à l'évêché de Condom, puis à un autre plus grand emploi, vienne changer sa position et ses devoirs. On n'a recueilli qu'une partie des sermons de cette période de sa vie : ils remplissent dix-neuf volumes in-12 [2]. Bossuet ne prêcha jamais deux

---

toutefois punies par des peines inégales. » *V. OEuvres* de Bossuet, éd. Didot; 1841, t. I, p. 553. Calvin est donc beaucoup moins dur que Bossuet et que les conciles de la fin du moyen âge.

1. *Histoire de Bossuet*, par M. de Bausset, t. I, p. 143.

2. Il n'y a dans ce nombre que quelques sermons appartenant aux temps postérieurs. Des innombrables discours prononcés par Bossuet comme évêque de Meaux, fort peu ont été écrits. Ceux des sermons de 1659 à 1669 qu'on a retrouvés n'ont été publiés qu'en 1772.

fois le même sermon. Par la fécondité comme par la hauteur du génie, il devait rappeler les infatigables docteurs des premiers âges. On ne saurait juger, d'après l'aspect de la lave refroidie, la majesté terrible de la lave vivante qui déborde. Cette sorte d'éloquence était destinée à l'oreille et non aux yeux. Et, pourtant, l'abrupte grandeur de cette parole à peine écrite, de ces discours incomplets et tronqués, est plus saisissante dans sa négligence que ne serait l'art le plus achevé. On dirait un tronc immense d'où jaillissent de toutes parts des jets incultes, mais d'une surabondante vigueur.

Parmi les sermons, on en remarque un certain nombre d'une forme plus travaillée et d'un caractère particulier. Ce sont les *Panégyriques des saints*, genre intermédiaire entre le sermon proprement dit et l'oraison funèbre, la louange de la gloire du héros s'y confondant avec la conclusion pieuse, au lieu de contraster comme dans l'oraison funèbre, puisqu'il s'agit ici des héros du ciel et non de la terre. Le sublime *Panégyrique de saint Paul* est peut-être le premier endroit où Bossuet se lève de toute sa hauteur.

Mais c'est dans les oraisons funèbres que le Corneille de la chaire est vraiment au complet de toutes ses prodigieuses qualités : c'est là ce qui restera dans la dernière postérité le titre le plus populaire de sa mémoire.

Bossuet avait vaincu, dans la prédication, les grandes renommées contemporaines, les Cheminais[1], les Desmares[2] ; il rencontra, dans l'oraison funèbre, des rivaux non moins fameux : Mascaron, dont le nom a survécu plus que les œuvres; Fléchier, nom aimé, pour le souvenir de l'homme plus encore que de l'écrivain, habile artiste en discours, pompeux sans emphase, fleuri sans fadeur, sinon sans recherche, rarement énergique, mais toujours élégant et disert. Cet art poli dans les ruelles littéraires se brise devant la parole foudroyante de Bossuet comme une fine lame damasquinée contre une massue de fer. Ici point de manière, nul procédé de style, nul artifice de rhétorique : c'est le mépris même de l'art, qui enfante chez Bossuet un art suprême par lequel toutes

1. De la compagnie de Jésus.
2. Oratorien janséniste.

les beautés incorrectes des sermons se condensent, se disciplinent et se coordonnent, et qui n'est que l'inspiration réglée et dirigée ; c'est encore le même jet continu de flamme intérieure, mais qui monte droit au ciel sans ondoyer aux souffles divers de la pensée.

Bossuet fait à lui seul un monde à part dans ce grand monde littéraire de Louis XIV. Les autres sont les fils adoptifs de Rome et de la Grèce ; lui a passé par Rome aussi, mais il vient de plus loin : il transporte l'Orient en Occident par des alliances de mots et d'idées d'une hardiesse et d'une nouveauté incroyables, par des figures gigantesques que le goût européen ne lui eût pas suggérées, mais qu'il sait proportionner harmonieusement en portant la mesure dans l'immensité même. Tel est le fruit de son commerce continuel avec la Bible, seule nourriture assez forte pour son génie. Les autres théologiens étudiaient froidement la Bible comme la matière de leur science : lui, y voit la science vivante, la parole toujours vibrante et enflammée ; il s'en pénètre et s'en revêt tout à la fois ; il fait siens tout ensemble l'esprit et la forme, autant que le permet la différence des temps et des langues. Il développe en peintures colossales les esquisses les plus audacieuses qu'ait jetées l'ardent crayon de Pascal. Planant sur tous les âges littéraires, touchant à tous les génies, il unit l'ampleur de la période latine et l'abondante couleur de notre XVIe siècle à l'impétuosité de Pascal et à la clarté de Descartes. Il entraîne des mondes d'idées et d'images comme en se jouant, et précipite, d'un élan pareil au vol de l'orage, les masses profondes de son discours. Qu'il célèbre la science modératrice d'un docteur ou les pieux travaux du chef d'un ordre religieux, qu'il plane comme un aigle sur les révolutions des empires qui jettent les rois sur l'échafaud et les reines dans l'exil, ou qu'il prête son cri lamentable et sublime à la consternation de la cour, terrifiée d'une mort qui semble foudroyer d'un seul coup toutes les splendeurs et toutes les grâces de la terre [1], il est toujours plus haut que son sujet et

---

1. *Oraison funèbre du P. Bourgoing, général de l'Oratoire*; 1662 ; — id. *du docteur N. Cornet, recteur de Sorbonne*; 1663 ; — id. *de la reine d'Angleterre, veuve de Charles Ier*; 1669 ; — id. *de Madame Henriette d'Angleterre, duchesse d'Orléans*; 1670. — Les autres oraisons funèbres sont postérieures. On n'a malheureusement pas conservé celle d'Anne d'Autriche, prononcée en 1666.

surpasse toujours l'attente. C'est tantôt une pompe inouïe, tantôt, au contraire, cette sorte de sublime que produit la grandeur de l'idée éclatant dans une auguste nudité par la simplicité même de l'expression; puis des éclats imprévus comme la foudre dans un ciel serein et jaillissant du point de l'horizon d'où on les attend le moins. L'harmonie sévère et prolongée de son style ressemble à ces grandes voix de la nature qui roulent en longs échos à travers les forêts et les montagnes.

S'il n'y a pas de procédé de style chez Bossuet, il y a un procédé de composition assez simple et donné par la nature même du genre comme on la concevait; c'est le contraste des grandeurs éphémères de ce monde avec la grandeur éternelle; mais, ce procédé, il en a fait un tel usage, que personne n'y touchera plus!

La France, qui peut opposer aux gloires du théâtre antique Corneille, Molière, Racine, n'a désormais non plus rien à envier à la Grèce ni à Rome pour les triomphes de l'éloquence : sa chaire égale leur tribune; Démosthène et Cicéron sont égalés par Bossuet, égalés quant au génie, surpassés quant à la sublimité du ton et de la matière.

Il est cependant quelques objections à faire, du point de vue religieux, au genre même des oraisons funèbres, tel que Bossuet l'a illustré. Les entraînements inévitables du panégyrique induisent à ériger en types accomplis de vertu des personnages fort éloignés de cet idéal : on donne sous leurs noms d'admirables leçons : mais ces noms ne servent ainsi d'exemplaires qu'aux dépens de la vérité. Ce n'est pas seulement les morts que flatte l'orateur : tous ces éloges funèbres aboutissent invariablement à l'éloge du roi, plus grand administrateur que les grands ministres, plus grand guerrier que les grands capitaines, plus juste, plus sage, plus pieux, plus magnanime que tout ce qu'on loue et ce qu'on regrette. Sans doute, un conseil est toujours caché sous la louange; mais, enfin, cette louange dépasse évidemment les convenances de la chaire chrétienne. Qu'un Bossuet en vienne à flatter, cela dit plus que tout au monde sur l'universel enivrement du siècle[1] !

---

1. Ces remarques portent sur l'ensemble des oraisons funèbres, et non pas seulement sur celles de la période où nous sommes.

D'autres considérations plus générales regardent l'œuvre oratoire de Bossuet dans son ensemble : il est essentiel de bien comprendre la nature et les tendances de ce puissant esprit. On a déjà indiqué plus haut quelque chose de son système. Le caractère le plus original de Bossuet, c'est le contraste qu'offre la rigueur dogmatique et disciplinaire du docteur, du régulateur de l'église gallicane, enfermé dans sa doctrine prudente et défensive comme dans une forteresse, avec l'imagination hardie de l'orateur et de l'écrivain, si indépendant de toutes les conventions littéraires, de toutes les règles de l'école. Mélange du génie hébraïque et du génie romain, Bossuet a l'audacieuse grandeur de l'un, le positif, l'exactitude, l'autorité, la politique de l'autre, la force de tous deux. L'Ancien Testament a, plus que l'Évangile, déterminé les formes de sa pensée. Le génie hébreu, intermédiaire entre le Haut-Orient et l'Europe, et dégagé, par une violente secousse, de l'unité panthéistique d'Égypte et d'Asie, a quelque chose de fini, de limité, de vivement arrêté dans le sublime même, et craint les rêves infinis. De même chez Bossuet. L'idée de l'infini lui arrive inévitablement dans ces questions de la vie éternelle qu'il manie sans cesse ; mais il ne s'y plonge pas : le cercle du dogme est pour lui si strictement fermé! Il craindrait d'en sortir s'il cédait à l'attrait des spéculations sans bornes, à l'élan de l'âme vers l'inconnu.

A plus forte raison, dans les choses de la terre, les élans vers l'avenir lui sont-ils étrangers. L'esprit tourné vers le passé, il voudrait immobiliser le présent : partout on sent chez lui l'horreur de l'instabilité; partout, sans le savoir, il commente éloquemment la grande image brahmanique de *ce monde affreux qui se dévore lui-même*. Le changement est le mal : l'état *immuable* est le bien ; le paradis est l'état *immuable*. Toute sa morale et son éloquence reposent sur une immense antithèse. Là où manque la notion du progrès dans le monde, c'est-à-dire de la marche de l'imparfait vers le parfait, sa source et son but, et où l'on déduit de la chute originelle la condamnation du monde, on ne peut voir dans l'univers que l'antithèse de l'éphémère et de l'éternel, et tout ce qui se meut, tout ce qui appartient au temps, ne paraît que vanité. Il y a entre le ciel et la terre opposition et non harmonie ; on ne peut aimer à la fois Dieu et le monde, la vie présente et la vie future. On ne peut pas même aimer à la fois Dieu et soi-même [1]. Cette idée n'est point assurément particulière à Bossuet ; elle est le fond même du christianisme rigide ; mais Bossuet se l'approprie par de si magnifiques développements et de si énergiques applications, qu'il semble la créer de nouveau [2].

La condamnation du monde conduit nécessairement dans la *voie étroite* : Bossuet, ses réserves faites sur l'article de la grâce, est aussi augustinien que les jansénistes. Dur à la chair, il n'est pas plus doux à l'esprit ; tout en proscrivant les superstitions particulières au moyen âge, il maintient les croyances qui scandalisaient de plus en plus l'esprit moderne, telles que la réalité de la magie et des apparitions, et la réprobation absolue des religions antiques comme n'ayant été que le culte sacrilége des démons, ce qui entraîne la damnation de tous les sages et de tous les héros de l'antiquité [3]. Le moyen âge lui-même avait reculé plus d'une fois devant cette sinistre doctrine.

S'il tient aux jansénistes par l'esprit de rigueur et d'exclusion, tempéré chez lui dans la pratique de la vie par le bon sens et la politique, il partage aussi leur esprit de charité envers *les frères en Jésus-Christ,* et il n'est nulle part plus grand ni aussi chrétien que dans ses sermons en faveur des pauvres.

A partir de 1670, pendant un assez grand nombre d'années, Bossuet, dévoué à d'autres emplois, abandonne presque entièrement la chaire : nous le retrouverons bientôt déployant de nouvelles faces de son génie et agissant par d'autres moyens sur son siècle.

Dans ce siècle fécond, aucune place ne reste longtemps vide : au moment même où Bossuet descend de la chaire, un autre grand sermonnaire y monte. Bourdaloue débute à Paris en 1669, à la cour, en 1670.

1. « Il y a », dit Bossuet, d'après saint Augustin, « il y a deux amours qui font ici toutes choses : *Amor sui usque ad contemptum Dei; amor Dei usque ad contemptum sui.* — Sermon pour la profession de madame de La Vallière. — Logiquement, il approuve Rancé et admire cette mort vivante de la Trappe.

2. L'idée dominante de Pascal est voisine, mais différemment posée : Pascal met l'antithèse dans l'homme même, dans l'homme intérieur.

3. Il traite Socrate, Marc Aurèle, Scipion, etc., *d'ennemis de Dieu, privés de sa connoissance et de son royaume éternel.* — *Oraison funèbre du prince de Condé.*

C'est encore là un de ces hommes, moins rares alors qu'à aucune autre époque de l'histoire, chez lesquels le caractère est en parfaite harmonie avec le talent. Engagé très-jeune dans l'habile Société de Jésus, toujours à l'affût des talents naissants (elle avait voulu enrôler Bossuet lui-même), Bourdaloue demeure toujours étranger, nous ne dirons pas seulement à toute intrigue, mais à tout intérêt autre que celui de sa mission évangélique, et ne sert sa compagnie que par l'éclat qu'il répand sur elle et qui efface en partie la marque des anathèmes de Pascal, sans toutefois reporter les choses au point où elles étaient avant les *Provinciales*. Bourdaloue, en effet, relève le nom, mais non pas la doctrine des jésuites : sa gloire ne fait pas que la tentative théorique de la compagnie n'ait point échoué, et il ne s'illustre qu'en prêchant la même morale et la même théologie que Bossuet, c'est-à-dire la morale rigide et la théologie moyenne et générale de l'Église.

Beaucoup de raison pratique, un bon sens lumineux, une dignité simple et soutenue dans les sentiments et dans l'expression; une profonde connaissance du cœur humain, attestée à chaque instant par des analyses et des peintures de mœurs qui sont autant de chefs-d'œuvre; un style d'une correction et d'une pureté typiques, dont la précision et la fermeté ne laissent rien à ajouter, rien à retrancher; une méthode claire, exacte et rigoureuse, peut-être un peu trop symétrique, au lieu de ces grands élans de Bossuet qui franchissent tout l'ordre vulgaire du discours; une éloquence calme, élégante et sévère, qui s'élève peu au-dessus de son niveau habituel, mais qui ne faiblit jamais; une lumière plus égale qu'éclatante; enfin, et sur toutes choses, un parfum d'honnêteté et de sincérité qu'on respire dans chaque parole, tels sont les traits les plus caractéristiques de cet orateur célèbre. Cette sereine satisfaction de l'esprit, que donne la lecture d'autres grands écrivains de ce temps, ainsi que nous l'avons signalé plus haut, on l'éprouve bien souvent à un très-haut degré en lisant Bourdaloue.

Ce n'est pas que Bourdaloue ait une grande portée métaphysique. Son *Accord de la Raison et la Foi* ne peut guère convaincre que des esprits convaincus d'avance, et il limite les droits de la raison spéculative plus qu'il n'est indispensable à la cause de sa foi : ni Bossuet, ni les anciens Pères, ni les scolastiques n'eussent ratifié l'interdiction de sonder les mystères dans les termes où il la formule. Il excelle dans les conseils de la vie pratique bien plus que dans la haute spéculation. C'est un moraliste de premier ordre ; ce n'est pas un philosophe dans la complète acception du mot.

Ce qu'il a de timidité dans la théologie et la métaphysique, qui, du reste, ne sont pas l'objet essentiel du sermonnaire, il le rachète bien par sa hardiesse en fait de morale sociale. Il est à cet égard dans la plus large tradition chrétienne et va fort au delà de Bossuet, qui, tout en condamnant les vanités de ce monde et en parlant très-dignement des pauvres et de la charité, est enclin, par son esprit d'autorité, à soutenir les grands et la hiérarchie établie. On sent vibrer, chez Bourdaloue, cette fibre populaire qu'avait Pascal et qui manque à Bossuet. Il ne s'attaque pas seulement au vice puissant : il ne ménage guère les institutions sociales contraires à l'esprit de l'Évangile. Il attaque vivement l'hérédité des emplois, dans l'intérêt même des héritiers incapables et de leur âme. Il va plus loin : L'idée de l'égalité l'obsède : il y revient souvent ; il s'exprime en des termes surprenants sur « la communauté que vouloient, » dit-il, « la nature et la raison, et que la corruption humaine a rendue impossible. » Il demande que les riches y reviennent, en quelque façon, « en rétablissant, par l'abandon de leur superflu, une espèce d'égalité entre eux et les pauvres. Quand les biens seront appliqués selon l'ordre de Dieu, toutes les conditions deviendront à peu près semblables. » Il traite d'actions également criminelles la spoliation de la propriété et le refus du riche de soulager le pauvre [1].

Pour éprouver pleinement la satisfaction dont nous parlions tout à l'heure, il faut, bien entendu, que le lecteur s'abandonne aux impressions que produit sur lui la rectitude d'esprit et de cœur qu'il sent chez l'écrivain, et qu'il ne lui conteste pas sa base. Les objections générales commencent, chose inévitable, au point de séparation entre les croyances du XVIIe siècle et les opinions

---

1. *V.* le *Sermon sur l'aumône.*

philosophiques modernes, sur ces solennelles questions telles que le petit nombre des élus, l'épreuve définitive de la vie présente, et ce caractère terrible, surnaturel, de la mort considérée comme une rupture absolue dans la chaîne de l'existence et comme l'anéantissement du temps. Mais on doit dire, à la gloire de Bourdaloue, qu'il n'est guère d'écrivain religieux qui soulève aussi peu d'objections particulières.

Les hardiesses sociales, dans lesquelles une société aussi fortement assise ne songe point à chercher de péril, ne font point obstacle à son succès auprès du monarque et des hautes classes. Sa popularité, comme sermonnaire, est plus grande, ou, du moins, doit être plus durable que celle de Bossuet : ses sermons sont des œuvres achevées pour la lecture comme pour la prédication orale, et non, comme les sermons de Bossuet, de simples esquisses ou des morceaux incomplets qui n'étaient pas destinés à l'impression ; cependant ce n'est peut-être point la seule cause de cette espèce de préférence des contemporains : l'emportement sublime, la hauteur biblique de Bossuet dépasse trop, à ce qu'il semble, l'horizon de Versailles, où l'on apprécie davantage le raisonneur méthodique que le génie inspiré. C'est bien moins par son éloquence que par sa doctrine et son caractère que Bossuet arrive à dominer toute la génération contemporaine. Chez lui, aux yeux des hommes de son temps, l'orateur semble absorbé par le docteur de l'église ; c'est qu'il a plus la pensée que la forme du siècle de Louis XIV.

Pendant plusieurs années, Bossuet et Bourdaloue forment une sorte de pieuse ligue pour la réforme du roi et de la cour : celui-ci agissant par la chaire, celui-là par l'influence privée, par les conseils directs et intimes, que lui facilite sa nouvelle position dans la maison royale, le roi l'ayant appelé à l'emploi de précepteur du dauphin (en 1670). Rien ne les rebute dans leurs efforts pour faire cesser le scandale de la trigamie du roi entre *les trois reines*, l'épouse légitime, la maîtresse régnante et l'ancienne maîtresse que Louis retient malgré elle, par un reste d'amitié, sinon d'amour. On a injustement accusé Bossuet d'avoir toléré cette situation étrange : n'étant ni le pasteur, ni le confesseur de Louis XIV, il n'avait point d'autorité sur sa conscience et ne saurait partager la responsabilité de la complaisance des confesseurs jésuites du roi, plus accommodants que leur confrère Bourdaloue.

Les efforts des deux grands orateurs chrétiens devaient être longtemps, mais pas toujours impuissants : l'éclatante retraite de madame de La Vallière aux Carmélites, cette Trappe des femmes, ne devait être que la première des victoires de l'austérité chrétienne sur ce monde d'orgueil et de volupté.

§ V.

BEAUX-ARTS. — VERSAILLES.

On a vu comment le mouvement général des lettres s'était concentré autour de Louis XIV, les uns, entre les écrivains, caressant les inclinations du monarque, les autres tâchant de modifier ou de corriger ses penchants, presque tous le prenant pour l'objet habituel de leur art, presque tous reproduisant sous mille formes son portrait plus ou moins idéalisé et faisant de Louis comme le type de l'homme par excellence.

Les beaux-arts ne peuvent manquer d'offrir un semblable spectacle, sous des traits plus apparents encore. En effet, les lettres, d'ordinaire, dépendent plus des gouvernements que les sciences, et les arts bien plus que les lettres. Les arts, entraînés et par leur nature même et par les circonstances particulières où ils se trouvent sous Louis XIV, s'assujettissent beaucoup plus complétement que les lettres à cet objet dominant, et c'est là pour eux une cause d'infériorité vis-à-vis de la poésie et de l'éloquence. La variété et, jusqu'à un certain point, la liberté se sont conservées dans les lettres : le souffle puissant qui les anime ne leur a pas permis de s'asservir, tout en acceptant un but commun et un certain ordre général. L'uniformité l'emporte dans les arts, que ne défend pas une aussi forte vitalité, et une pesante discipline y comprime l'essor individuel du talent, sinon du génie.

C'est que Louis et Colbert exercent sur les arts, non plus seulement une haute influence, mais une action directe et décisive. Colbert s'est emparé des arts et par goût et par système. Il veut prendre Louis par tous ses penchants, par l'imagination comme par la raison et par le cœur : il ne s'est pas seulement rendu nécessaire *au roi* pour tous les grands services publics; il s'est fait le confident des secrets de *l'homme* dans les circonstances les plus délicates des relations de Louis avec mademoiselle de La Vallière [1]; il veut être aussi l'agent des créations monumentales que l'amour de la gloire et de la magnificence va suggérer au roi, afin de diriger ces œuvres d'art vers un but vraiment national. Il achète, en 1664, la surintendance des bâtiments, en fait la direction générale des beaux-arts et y donne l'importance d'un ministère spécial. Par malheur, le roi et lui y apportent cet esprit réglementaire qui veut l'unité non-seulement dans les idées, mais dans les formes, esprit convenable à l'administration centrale d'un état, mais incompatible avec la spontanéité qui est le principe des beaux-arts.

La situation des arts confirme le roi et le ministre dans cette voie et leur sert d'excuse. Il n'apparaît point là, comme dans les lettres, une abondance de génies variés et originaux qu'on ne pourrait accoupler sous un joug commun sans une espèce de violence sacrilége. Au moment où Louis XIV prend le gouvernement en main, des deux grands peintres français, le plus jeune, Lesueur, a déjà disparu dans la fleur de ses années; l'autre, Poussin, depuis si longtemps fixé à Rome, touche au terme de sa carrière. Le seul sculpteur contemporain qui ait du génie, Puget, est aussi en Italie, et l'on ne connaît pas bien encore toute sa puissance. En France, on a devant soi force imitateurs des Carraches ou du Poussin, de très-habiles portraitistes [2], des paysagistes distingués, beaucoup de bons peintres et pas un grand peintre. Il en est de même pour les sculpteurs, qui ont reçu la tradition de Michel-Ange modérée et adoucie par la prudence française de

---

1. *V.* dans la *Revue rétrospective*, t. IV, p. 251 (juillet 1834), les curieux extraits d'un manuscrit de Colbert, intitulé : *Journal fait, par chacune semaine, de ce qui peut servir à l'histoire du roi, du 14 avril 1663 au 9 janvier 1665*. On y voit Colbert présidant à deux accouchements secrets de mademoiselle de La Vallière et au baptême des deux enfants sous des noms supposés.

2. Petitot, de Genève, a relevé l'émaillerie, déchue avec l'école de Limoges depuis le XVIᵉ siècle, et a peint sur émail toute la cour de Louis XIV. Ce sont autant de petits chefs-d'œuvre.

Franqueville[1] et de Sarrasin, et qui maintiennent leur art à un niveau honorable, mais sans créations éclatantes. Les trois artistes le plus en vue sont trois peintres : Philippe de Champagne, déjà sexagénaire; Pierre Mignard, qui, récemment revenu d'un long séjour à Rome, travaille à décorer, avec les frères Anguier, le riche édifice du Val-de-Grâce et couvre le dôme d'une vaste composition qui rappelle les grandes peintures murales d'Italie par les dimensions matérielles, mais non par la majesté inspirée[2]; enfin Charles Lebrun, alors dans toute la force de l'âge et du talent.

Le roi et Colbert, en quête d'un chef d'école, hésitent peu entre les trois. Champagne a toujours été plus sage que fécond et que hardi : ni son âge ni sa nature ne le rendent apte à ce que cherche le jeune monarque. Mignard n'a pas non plus les facultés qu'il faut pour les desseins de Louis. Nous avons déjà parlé de Lebrun[3], de ce qui lui manquait au dedans et de ses qualités extérieures. Ses qualités avaient grandi. C'était une ampleur de composition imposante, une science de l'effet théâtral, qui est à la science dramatique de Poussin ce qu'est l'opéra au drame de la vie réelle, mais qui ne s'écarte pourtant jamais des convenances ni du bon sens; une étonnante activité d'invention et d'exécution; le génie, non pas de la vraie peinture monumentale, où doit dominer une auguste simplicité de lignes, mais de la peinture de décoration; une abondance inépuisable de motifs, d'allégories, de gestes, de costumes, nourrie par de fortes études archéologiques qui mettent toute l'antiquité à sa disposition. Colbert sent que c'est là l'homme qu'il faut au roi et Louis s'attache à lui de prime abord. Il y avait entre Louis XIV et Lebrun *harmonie préétablie*, comme l'a dit spirituellement un excellent critique[4].

1. Artiste éminent, qui n'est pas apprécié chez nous à sa juste valeur, parce que ses plus beaux ouvrages sont à Gênes.
2. Cette œuvre qui a valu à Mignard l'honneur d'être célébré par Molière, est loin d'être sans mérite; Mignard, élégant dessinateur et bon coloriste, mais froid et peu inventif, n'avait toutefois ni l'élévation ni l'énergie nécessaires pour obtenir un vrai succès dans une entreprise aussi colossale. — Les sculptures des frères Anguier, dans cette même église, ont de la grâce et de la noblesse.
3. T. XII, p. 153.
4. M. Vitet. — Faut-il regretter que Puget, le plus grand artiste français du temps, n'ait pas été choisi à la place de Lebrun? — Cela est bien douteux. Puget

Lebrun est donc nommé premier peintre du roi et directeur de l'académie de peinture et de sculpture : c'était lui qui avait le plus contribué à la formation de ce corps dès 1648, ainsi qu'à la promulgation des règlements qui enrégimentaient tous les artistes et les élèves sous la discipline académique. Il fait de sa préséance une véritable dictature sur les innombrables ouvrages d'art exécutés par ordre du roi pour les palais, pour les châteaux, pour les monuments de tout genre. Sa domination ne se borne pas à la peinture et à la sculpture : nommé directeur des Gobelins (en 1667), où l'on fabriquait non-seulement des tapisseries, mais des mosaïques, des pièces d'orfévrerie et toute espèce d'ornements de sculpture et d'architecture en marbre, bronze et métaux précieux, « il se met en devoir d'organiser non-seulement les beaux-arts, mais toutes les industries entre les doigts desquelles il peut apercevoir un crayon ». Pendant plus d'un quart de siècle, « il devient l'arbitre et le juge suprême de toutes les idées d'artiste, le dispensateur de tous les types, le régulateur de toutes les formes ; c'est d'après ses modèles que les enfants dessinent dans les écoles ; c'est lui qui donne aux sculpteurs le dessin de leurs statues ; les meubles ne peuvent être ronds, carrés ou ovales que sous son bon plaisir, et les étoffes ne se brochent que d'après les cartons qu'il a fait tracer sous ses yeux [1] ».

Étonnant spectacle, dont la symétrie sans égale réjouit les yeux de Louis XIV autant que de Lebrun lui-même ! Le roi, pour ainsi dire, se mire dans l'artiste. Lebrun est admirablement secondé. Sa direction est également propre à étouffer les génies originaux et à faire éclore les capacités de second ordre. Une fois son orgueil et son ambition satisfaits par la première place, il est généreux dans ses procédés et fait volontiers le Mécène : il lui faut bien, d'ailleurs, des auxiliaires habiles. Une foule de talents naissent ou se transforment autour de lui, mais ils se ressemblent tous, à

était personnellement très-supérieur en force de génie à Lebrun ; mais son école eût été pire que l'école de Lebrun. Celui qu'on a nommé le Michel-Ange français, bien plus encore que le grand Florentin, qu'il reproduit de loin sur une moindre échelle, force les ressorts de la sculpture, oublie trop souvent, dans ses formes tourmentées, la vraie tradition de son art, la simple et sereine majesté des hautes époques. Ses disciples fussent promptement tombés dans le style berninesque.

1. Vitet, *Études sur les beaux arts en France*.

quelques nuances près; pas un n'a un type à soi, pas même les plus distingués de tous ces artistes, le sculpteur Coisevox et son rival Girardon, qui a gardé un nom illustre et qui le mérite par le beau tombeau de Richelieu [1]. Il est à remarquer que, si l'on excepte un homme dont la renommée appartient à une époque un peu postérieure, et qui a su se former et rester lui-même tout en gardant quelques rapports généraux avec Lebrun, le peintre Jouvenet, les sculpteurs de cette génération l'emportent par la qualité et peut-être par le nombre sur les peintres, ce qui s'est vu fréquemment chez nous et tient à l'esprit de l'art français : en subissant le type de Lebrun, ils le relèvent insensiblement, le simplifient et le rapprochent un peu de l'antique, non pas de la haute antiquité grecque, idéal trop élevé pour leur essor, mais, au moins, de l'antiquité gréco-romaine.

Si, dans la peinture et la statuaire, la domination de Lebrun tend à empêcher qu'il se produise d'autres créations originales que les siennes, dans les arts secondaires, dans les arts qui contribuent à l'ornement des habitations et à l'élégance de la vie, elle produit un résultat imposant et grandiose, une espèce d'harmonie majestueuse qui nous étonne encore aujourd'hui, lorsque nous contemplons les productions de ce temps. De même qu'on reconnaît les meubles, les vases, l'orfèvrerie, tout l'ornementisme du XVIe siècle, aux brillantes fantaisies, à l'infinie variété de l'imagination, le siècle de Louis XIV se reconnaît à la noblesse, à l'ampleur de la forme, à un certain mélange de richesse et de gravité, dégagé de ce qu'il y avait d'un peu lourd dans le goût de Henri IV et de Louis XIII.

L'empire de Lebrun s'arrêtait cependant au seuil de l'art qui est comme le milieu où s'épanouissent les autres arts, au seuil de l'architecture. Le premier peintre du roi n'avait plus là que des avis à présenter et non à imposer. L'architecture était en mauvaises mains lors de l'avénement de Louis et de Colbert. Le lourd Levau, premier architecte du roi, a laissé à la postérité un assez médiocre témoignage de son talent dans le collége Mazarin (au-

---

[1]. Dans l'église de la Sorbonne. La disposition du sujet, comme dans la plupart des ouvrages de Girardon, appartient à Lebrun. Les peintures de cette église sont de Philippe de Champagne.

jourd'hui l'Institut) : ce n'était pas là l'homme capable de réaliser les desseins que méditait Colbert, qui voulait achever le Louvre et le réunir aux Tuileries en un seul palais grand comme une ville entière. Chargé de réparer et de modifier les Tuileries, en 1664, Levau s'en acquitta fort mal, et il écrasa, par un dôme pesant et difforme, les élégantes constructions de Philibert Delorme[1]. Il avait commencé, dès 1660, à faire travailler au Louvre. Déjà, sous Louis XIII, l'architecte Lemercier, en agrandissant le plan de Pierre Lescot, l'avait altéré par la construction du dôme de l'horloge, que Levau imita aux Tuileries en l'alourdissant encore. Lemercier avait achevé dans le Louvre la façade intérieure de l'ouest et continué celle du sud : Levau commençait la façade extérieure du levant, qui devait être la principale, sur l'emplacement des vieilles tours de la royauté féodale, qui avaient subsisté de ce côté jusqu'à l'avénement de Louis XIV. Ce fut sur ces entrefaites que Colbert acquit la surintendance des bâtiments ; il vit le plan de Levau, le rejeta et mit la grande façade du Louvre au concours entre tous les architectes de France et d'Italie, invitant chacun à envoyer un dessin ; puis, sur la réputation extraordinaire qu'avait alors en Italie le cavalier Bernin, il se décida à attirer en France, par des honneurs et des dons extraordinaires, ce célèbre architecte et sculpteur des papes, qui avait remué à Rome des montagnes de pierre et de marbre et qu'on faisait passer pour le Michel-Ange du XVIIe siècle.

L'illusion se dissipa bien vite quand on eut vu de près ce prétendu grand homme. Bernin était un génie, si l'on veut; mais c'était le génie de la décadence. L'Italie de ce siècle n'était plus que l'ombre d'elle-même. Dans la poésie, elle ne connaissait plus que

Des faux brillants l'éclatante folie;

[1]. C'est à cette époque que furent décorés la grande galerie du Louvre et le pavillon de Flore, construits sous Henri IV, et le pavillon Marsan, élevé sous Louis XIII C'est ce qui explique pourquoi l'on voit partout les emblèmes de Louis XIV sur ces bâtiments antérieurs à son règne. La plupart des peintures des Tuileries sont aussi de ce temps. — En 1665, le jardin des Tuileries fut réuni au palais, dont il était séparé par une rue, et fut refait complétement par Le Nostre. En 1670, on commença de planter les Champs-Élysées, appelés d'abord le Grand-Cours.

dans les arts, ses grands peintres avaient disparu ; ses architectes et ses sculpteurs prenaient l'exagération pour l'énergie, le contourné pour la grâce, le gigantesque pour la grandeur. C'était du Michel-Ange dégénéré en caricature. Le sentiment de la forme et de la ligne se perdait de plus en plus. La France de Louis XIV avait trop de bon sens pour que le Bernin y pût réussir. Il trouva Lebrun froid, faible et commun : Lebrun le trouva extravagant. Lebrun, s'il était théâtral, n'était pas du moins ridiculement emphatique, et la disposition de ses ouvrages, pas plus que les gestes de ses figures, n'avait rien qui choquât la raison. Le Bernin heurta tout le monde par ses forfanteries et repartit au bout de quelques mois, à la grande satisfaction de Colbert, en laissant un plan qu'on n'exécuta pas. Le projet qui l'emporta définitivement fut celui d'un homme étranger jusqu'alors à la profession d'architecte, mais propre à tout par la merveilleuse variété de son intelligence et de son savoir : c'était le médecin Claude Perrault, qui devait la première idée de son plan à son frère Charles, premier commis des bâtiments sous Colbert[1].

On se mit puissamment à l'œuvre en 1666, sous la direction du médecin architecte : la grande façade orientale et deux autres façades extérieures, au sud et au nord, s'élevèrent successivement de terre. Des deux faces secondaires, celle du nord n'est remarquable que par une simplicité qui n'est pas sans grandeur ; celle du midi, plus ornée, garde dans sa riche ordonnance une sévérité imposante ; la façade principale du levant est devenue un des monuments les plus célèbres de l'Europe, sous le titre de *colonnade du Louvre*. L'aspect en est certainement grandiose et magnifique. Ces lignes pures, ces belles proportions attestent la supériorité de goût qu'avait acquise la France sur l'Italie déchue et la supériorité de Perrault sur les autres architectes français contemporains. Cependant on a reproché avec raison à Perrault d'avoir accouplé ses majestueuses colonnes deux à deux, sans que rien justifie cette singularité, au lieu de les aligner en un péristyle continu. Une autre objection porte sur tout le système de Perrault : il a fait disparaître, par la suppression des toits apparents,

---

1. *V.* toute l'histoire du voyage de Bernin et du projet de Cl. Perrault, dans les *Mémoires* de son frère Ch. Perrault, l. II.

les derniers vestiges de l'architecture nationale. Le xvie siècle avait déjà supprimé ces cages d'escaliers, héritières des tourelles du moyen âge, qui fournissaient tant d'heureux motifs à l'architecture ; les hauts combles disparus à leur tour, il ne reste plus qu'un style cosmopolite dénué de tout cachet spécial et indigène.

Il n'y a donc point là les éléments d'une véritable architecture française. Ce n'est encore qu'une des phases de cette ère de transition commencée au xvie siècle et dans laquelle s'agite toujours notre architecture ; mais cette phase porte dans ses constructions un caractère d'élégance et de majesté qui la met en harmonie avec la littérature, les mœurs et les idées du siècle de Louis XIV. Perrault nous semble, dans son genre, atteindre plus haut que Lebrun.

Perrault ne put achever son œuvre. A partir de 1670, si l'on jette les yeux sur l'état des dépenses du roi en bâtiments, on voit les fonds assignés au Louvre diminuer brusquement, puis disparaître tout à fait au bout de quelques années.

Colbert ne s'était pourtant pas refroidi pour le Louvre : ce que Colbert avait une fois voulu, il le voulait toujours. L'achèvement du Louvre et des Tuileries, le jardin des Tuileries refait par Le Nostre, les Champs-Élysées et les boulevards du Nord plantés, les quais construits, les rues élargies, les superbes arcs de triomphe élevés à la porte Saint-Antoine, à la place du Trône, à la porte Saint-Bernard, puis aux portes Saint-Denis et Saint-Martin, les deux plus beaux et les seuls qui aient subsisté[1], tout ce vaste plan de travaux émanait d'une même pensée, embellir Paris comme la capitale de la France, et le Louvre comme la capitale de Paris et comme le séjour glorieux du chef de la nation.

C'étaient là les vues de Colbert ; mais Louis XIV avait d'autres vues ! Quand les dépenses du Louvre baissent, les dépenses de

---

1. L'arc de la porte Saint-Antoine datait de Henri II et ne fut qu'agrandi par Blondel en 1670. Celui de la place du Trône, entrepris par Perrault en 1669, ne fut jamais achevé. L'arc Saint-Bernard était l'ouvrage de Blondel, ainsi que la porte Saint-Denis, ouvrage qui n'a pas été égalé depuis et qui fut sculpté par les frères Anguier, en partie d'après les dessins de Lebrun. La porte Saint-Martin est de Bullet, élève de Blondel. Les portes Saint-Denis et Saint-Martin furent commencées en 1670, comme l'atteste une médaille de cette année.

Versailles montent. Ici se manifeste la première dissidence entre le roi et le ministre. Louis se montre de moins en moins affectionné à ce séjour de Paris où Colbert voudrait fixer la majesté royale. Il préfère le plus souvent, même l'hiver, ses châteaux de Fontainebleau, de Chambord, de Saint-Germain : ce dernier a d'abord l'avantage; puis Versailles obtient une prépondérance croissante : Louis y abrite ses amours; il y donne à sa cour les plus brillantes de ces fêtes que Paris n'a été admis à contempler qu'une seule fois, à l'entrée du règne[1]; il commence d'y élever de grandes constructions.

Colbert tente alors un énergique effort pour arrêter Louis dans cette voie. Il écrit au roi :

« Voici, sire, un métier fort difficile que je vais entreprendre :
« il y a près de six mois que je balance à dire à Votre Majesté les
« choses fortes que je lui dis hier et celles que je vais lui dire
« encore... Votre Majesté sait qu'au défaut des actions éclatantes
« de la guerre, rien ne marque davantage la grandeur et l'esprit
« des princes que les bâtiments, et toujours la postérité les me-
« sure à l'aune de ces superbes machines qu'ils ont élevées pen-
« dant leur vie. Ah! quelle pitié que le plus grand des rois et
« le plus vertueux... fût mesuré à l'aune de Versailles! *Et toute-
« fois il y a à craindre ce malheur*. Pendant que Votre Majesté a
« dépensé de très-grandes sommes en cette maison, elle a négligé
« le Louvre, qui est assurément le plus superbe palais qu'il y ait
« au monde, et le plus digne de la grandeur de Votre Majesté; et
« Dieu veuille que tant d'occasions qui la peuvent nécessiter d'en-
« trer dans quelques grandes guerres ne lui ôtent les moyens
« d'achever ce superbe bâtiment[2]!... »

Les courageuses admonitions du ministre semblent d'abord faire impression sur le roi. Les travaux du Louvre sont poussés avec vigueur et les dépenses de Versailles se modèrent. Mais bientôt la chance tourne de nouveau, et sans retour. Louis n'écoute plus que sa propre pensée.

1. Le carrousel de 1662.
2. Monthion, *Particularités sur les ministres des finances*. — Guillaumot, cité par Eckard; *Lettre à M. J. Taschereau, au sujet des dépenses de Louis XIV*, etc.; Versailles, 1836, p. 18. — La lettre, dont nous ne citons qu'un extrait, ne peut être de 1663, comme le dit Guillaumot; les allusions qu'elle contient attestent qu'elle est de 1666.

Quel est donc le sens de ce débat? Pourquoi Colbert veut-il le roi à Paris? Pourquoi Louis n'y veut-il pas être?

Ce débat a un sens profond : c'est tout un système, toute une politique, qui est en balance sous cette question de résidence royale.

Colbert veut que le roi soit ce qu'avait été Richelieu, la France personnifiée; qu'il soit la pensée, comme Paris est la tête de la France, et que la pensée, pour ainsi dire, ne fasse pas divorce avec le cerveau où elle s'élabore.

Louis, au contraire, tend insensiblement à absorber la France dans sa personnalité, à être l'état au lieu d'exprimer et de représenter l'état, à être par soi et pour soi au lieu d'être par et pour la France. Paris l'importune et lui pèse : il sent sa grandeur à l'étroit dans cette cité reine qui ne procède pas de lui et qui l'enveloppe dans de gigantesques bras; il hait cette puissance populaire qui a humilié son enfance et plus d'une fois terrassé ses prédécesseurs. Jaloux de Paris, il jalouse jusqu'à l'ombre de ses propres aïeux, ou, du moins, il ne veut être en rien assujetti à leur mémoire. S'il préfère ses châteaux à Paris, il préfère Versailles à ses autres châteaux, parce que Fontainebleau, Chambord, Saint-Germain, sont des existences toutes créées, où François Ier et Henri IV ont marqué l'ineffaçable empreinte de leur gloire[1] : à Versailles, tout est à faire, sauf le modeste point de départ donné par Louis XIII, sauf ce petit château de son père que le Grand Roi respectera par une piété filiale qui ne coûtera rien à son orgueil : Louis XIV ne craint pas le souvenir de Louis XIII.

A Versailles, tout est à créer, disons-nous, non-seulement les monuments de l'art, mais la nature même. Ce tertre solitaire, bien qu'assez agréable par les bois et les collines qui l'entourent, est sans grandes vues, sans sites, sans eaux, sans habitants; c'est

---

1. On a prétendu que la vue lointaine des clochers de Saint-Denis, le dernier terme de la grandeur royale, avait chassé Louis XIV de Saint-Germain. Louis XIV n'était certes pas une nature pusillanime; mais ce perpétuel *memento mori* pouvait être, sinon effrayant, au moins importun à l'ivresse de vie et de puissance qui débordait en lui. — Au reste, Saint-Germain avait peut-être, à ses yeux, un plus grand tort que de montrer Saint-Denis : c'était de montrer Paris remplissant l'horizon.

un *favori sans mérite*, suivant le mot spirituel d'un contemporain [1]; mais c'est un mérite que de ne point avoir de mérite par soi-même et de tout devoir au maître! Ce que fait Louis pour le choix de son palais, on a lieu de craindre qu'il le fasse un jour pour le choix de ses généraux et de ses ministres!

Il n'y a point de sites, point d'eau, point d'habitants à Versailles : les sites, on les créera en créant un immense paysage de main d'homme ; les eaux, on les amènera de toute la contrée par des travaux qui effraient l'imagination ; les habitants, on les fera, si l'on peut le dire, sortir de terre en élevant toute une grande ville pour le service du château. Louis se fera ainsi une cité à lui, une forme à lui, dont il sera seul la vie. Versailles et la cour seront le corps et l'âme d'un même être, tous deux créés à même fin, pour la glorification du dieu terrestre auquel ils devront l'existence.

Les premiers travaux de Versailles avaient été conduits par ce même Levau à qui Colbert avait enlevé le Louvre. Levau mort, en 1670, la direction des travaux, avec le titre de premier architecte du roi, est confiée à un très-jeune homme, Jules Hardouin-Mansart, dont l'oncle, François Mansart, avait eu un grand renom dans l'architecture [2] et avait contribué plus que personne à pousser les constructeurs dans l'imitation servile de l'antique. Le neveu fait oublier l'oncle et devient le Lebrun de l'architecture. Le petit, mais pittoresque château de Louis XIII est enveloppé d'immenses constructions qui se rapprochent du style de Perrault et qui offrent au regard un étage richement décoré, élevé sur un soubassement plus simple et couronné d'un attique. Du côté de Paris, où le château de Louis XIII reste en vue, le contraste de cet édifice avec les constructions nouvelles fait de Versailles un entassement irrégulier, mais d'un effet singulier et frappant, par la disposition de ces trois cours qui vont diminuant de largeur jusqu'à la troisième, espèce de sanctuaire au fond duquel repose la majesté royale. Du côté opposé, l'aspect change comme par enchantement : là, tout est l'œuvre de Louis XIV, tout est nouveau et complétement symétrique. Le vaste développement

---

1. Le duc de Créqui.
2. C'est lui qui a inventé les *mansardes* ou toits *mansardés*.

des lignes horizontales compense le peu d'élévation des bâtiments. Là, plus aucun des heureux accidents de la vieille architecture nationale. La monotonie de cette uniformité absolue n'est interrompue que par l'extrême saillie du corps central en avant des deux ailes, saillie qui annonce la partie du palais consacrée par la présence du maître. Ce corps central domine de toutes parts, soit qu'on le regarde en face du milieu des jardins, soit que, du pied des collines boisées de Satori, on le voie de flanc s'élever sur sa prodigieuse terrasse, entre ce double Escalier de Géants auquel on ne peut rien comparer. Il faut monter de partout, afin de parvenir jusqu'au lieu où trône la majesté suprême.

La même pensée remplit l'intérieur du palais. La peinture y déifie Louis sous toutes les formes, dans la guerre et dans la paix, dans les arts et dans l'administration de l'empire; elle célèbre ses amours comme ses victoires, ses passions comme ses travaux. Tous les héros de l'antiquité, toutes les divinités de l'Olympe classique lui rendent hommage ou lui prêtent tour à tour leurs attributs. C'est Auguste, c'est Titus, c'est Alexandre; c'est Jupiter tonnant, c'est Hercule vainqueur des monstres; plus souvent, Apollon inspirateur des Muses et roi de la lumière. La mythologie n'est plus qu'une grande énigme dont le nom de Louis est le mot unique : il est à lui seul tous les dieux. Si les dieux abdiquent devant lui, les rois et les nations sont terrassés à ses pieds. A mesure que son règne se déroule, l'art reproduit sur la toile et le marbre en traits hyperboliques chacun de ses triomphes, chaque humiliation de ses ennemis, et fixe sur les voûtes éclatantes de Versailles un hosanna perpétuel en l'honneur du futur maître du monde.

Louis, toujours servi dans ses désirs par la fécondité de son siècle, a trouvé un troisième artiste, Lenostre, pour compléter Lebrun et Mansart. Grâce à Lenostre, Louis, des fenêtres de son incomparable *galerie des glaces*, ne voit rien qui ne soit de sa création. L'horizon entier est son ouvrage, car son jardin est tout l'horizon. C'est là tout à la fois le chef-d'œuvre de l'étonnant artiste qui a couvert la France de ses monuments de verdure, et le chef-d'œuvre de cet art singulier qu'il faut juger, non point isolément, mais dans ses rapports avec les édifices aux lignes desquels il marie ses lignes, architecture végétale qui encadre et complète l'architecture de pierre et de marbre. Des bosquets entiers ont été apportés tout grandis du fond des plus belles forêts de France, et l'art d'animer le marbre, et l'art de mouvoir les eaux, les remplissent de tous les prodiges que peut rêver l'imagination. Un peuple innombrable de statues anime les bocages et les pelouses, se mire dans les eaux ou sort du sein de l'onde. Toutes les déités des forêts, des fleuves et de la mer, tous les rêves de la poésie antique semblent s'être donné rendez-vous aux pieds du grand roi. Neptune semble faire jaillir de toutes parts les eaux de Versailles, qui se croisent dans les airs en voûtes étincelantes : Neptune s'est fait le serviteur de Louis; Diane, la solitaire déesse des bois, est devenue son amante, sous les traits de la chaste La Vallière. Apollon, son symbole favori, préside à tout ce monde enchanté. Aux deux extrémités de la perspective, on voit le soleil mythologique, transparent emblème du soleil de Louis, émerger des flots sur son char pour éclairer et régir la terre, et s'y replonger pour se délasser du gouvernement céleste dans l'ombre voluptueuse de la *grotte de Thétis*.

Louis a fait ce qu'il voulait : il a créé autour de lui un petit univers, où il est le seul être nécessaire et presque le seul être réel [1].

Mais les dieux terrestres ne créent pas d'un mot, comme le vrai Dieu. Ces bâtiments qui se déploient sur un front de six cents toises, le luxe inouï de ces appartements sans fin, cette incroyable multitude d'objets d'art, ces forêts transplantées, ces eaux du ciel ramassées de tous les versants des hauteurs dans les replis d'immenses conduits, depuis Trappes et Palaiseau jusqu'à Versailles, ces eaux de la Seine amenées de Marli par une machine gigantesque à travers cet aqueduc qui commande au loin la vallée du fleuve comme une superbe ruine romaine, et plus tard, entreprise bien autrement colossale ! cette rivière qu'on détourne de son lit et qu'on prétend apporter de trente lieues à Versailles par-dessus

---

1. Il y aurait vraiment plagiat à nous de ne pas citer l'intéressant ouvrage de M. H. Fortoul, *les Fastes de Versailles,* où les idées que nous venons de résumer sur le *symbolisme* de Versailles sont développées d'une manière si ingénieuse. — *V.* aussi Ch. Perrault, *Mém.*, l. III.

les vallons et les collines [1], coûtent à la France de douloureux efforts et des sueurs intarissables, et engloutissent des flots d'or grossissant d'année en année.

« Sire, » écrivait Colbert en 1675, « Sire... je supplie Votre
« Majesté de me permettre de lui dire qu'en guerre et en paix, elle
« n'a jamais consulté ses finances pour résoudre ses dépenses,
« ce qui est si extraordinaire, qu'assurément il n'y en a pas
« d'exemple ; et, si elle vouloit bien se faire représenter et com-
« parer les temps et les années passés depuis vingt-cinq ans que
« j'ai l'honneur de la servir [2], elle trouveroit que, quoique les
« recettes aient beaucoup augmenté, les dépenses ont de beaucoup
« excédé les recettes, et peut-être que cela convaincroit Votre
« Majesté à modérer et retrancher les excessives, et mettre par ce
« moyen un peu plus de proportion entre les recettes et les dé-
« penses [3]... »

Mais Louis répondait par une de ces maximes vagues et tranchantes qui voilent le sophisme et couvrent toutes les fautes :

« Le roi fait l'aumône en dépensant beaucoup [4]. »

On sent où doit entraîner un tel axiome, vrai dans un sens, très-faux dans un autre. Sans doute, un gouvernement qui *dépense beaucoup* en travaux propres à accroître la richesse nationale et profitables à l'universalité des citoyens, sert réellement les intérêts des classes pauvres ; mais il n'en est pas de même de celui qui consomme beaucoup en dépenses de luxe, en dépenses improductives [5], et qui fait passer ainsi dans les mains de quelques-uns les deniers arrachés aux sueurs de la multitude.

Versailles a coûté cher, très-cher à la France ; toutefois, il importe à la vérité historique d'écarter à cet égard des exagérations trop longtemps accréditées. Il ne faut s'arrêter ni aux décla-

---

1. La rivière d'Eure. Nous en reparlerons.
2. Colbert était entré en 1650 dans l'administration.
3. Extrait d'un *Mémoire* de Colbert au roi, cité par M. Blanqui, *Histoire de l'Économie politique*, t. II, p. 9. — On a vu, ci-dessus, p. 66, que les dépenses avaient recommencé à dépasser les recettes en 1670.
4. Lemontey, t. V, p. 144.
5. Est-il nécessaire d'observer que nous ne qualifions pas d'*improductive* la dépense des œuvres d'art propres à développer dans l'âme du peuple le sentiment du beau? On ne peut ramener à cette catégorie qu'une faible partie des dépenses de Versailles.

mations vagues de Saint-Simon, très-ignorant en matière de chiffres, ni aux évaluations hyperboliques d'orateurs et d'écrivains beaucoup plus éclairés que Saint-Simon, mais emportés par l'ardeur de la réaction contre la monarchie, tels que Mirabeau et Volney. Les comptes, ou du moins les résumés des comptes de dépenses de Louis XIV en bâtiments, pendant la plus grande partie de son règne, ont été retrouvés. Les frais de construction, de décoration et d'ameublement de Versailles, de 1664 à 1690, y compris les travaux hydrauliques et les jardins, plus les dépendances, c'est-à-dire Clagni, Trianon, Saint-Cyr et les deux églises de la nouvelle ville de Versailles, s'élèvent à environ cent sept millions, à quoi il faut ajouter un million ou un million et demi peut-être pour les dépenses des années 1661 à 1663, dont on ne connaît pas les comptes, et trois millions deux cent soixante mille francs pour la somptueuse chapelle, qui ne fut construite que de 1699 à 1710. La proportion du marc au franc ayant varié sous Louis XIV [1], il est difficile d'arriver à une réduction exacte en monnaie d'aujourd'hui : on a calculé qu'il fallait doubler les chiffres, puis retrancher à peu près un neuvième ; on aurait ainsi la valeur absolue ; mais, pour atteindre la valeur relative, si l'on considère l'avilissement des métaux précieux et le renchérissement des objets naturels ou fabriqués depuis un siècle et demi, on ne peut moins faire, à ce qu'il semble, que de doubler encore l'évaluation. On arrive ainsi à établir que la dépense de Versailles représenterait aujourd'hui plus de quatre cents millions [2]. Ce chiffre est énorme ; mais il n'est pas monstrueux comme les douze cents millions dont parle Mirabeau, ni surtout follement fantastique comme les quatre milliards six cents millions imaginés par Volney. On peut bien épuiser une nation, mais on ne peut pas lui extorquer ce qui n'existe pas. Où Louis XIV eût-il trouvé ces milliards [3] ?

1. Le marc a été, de 1640 à 1678, à 26 livres 10 sous ; de 1679 à 1689, à 29 livres 6 sous 11 deniers ; de 1690 à 1714, à 30 livres 10 sous 11 deniers.
2. Écrit en 1847. Il faut augmenter ce chiffre, à cause des masses d'or versées depuis dix ou onze ans par la Californie et l'Australie.
3. Le contemporain Saint-Simon, bien plus chimérique encore, prétend que Louis XIV a consommé *des milliards* à Marli, cette succursale de Versailles, qui fut commencée en 1679. Marli a coûté, de 1679 à 1690, 4 millions 1/2, et probable-

Pendant que le Louvre est délaissé inachevé et que les trésors de la France s'amoncellent dans les salons de Versailles, Louis donne toutefois à la capitale une royale marque de son souvenir : il l'enrichit d'un des plus majestueux édifices des temps modernes. Pendant qu'il élève à sa propre gloire un temple immense dont il est le dieu, il offre aux victimes de cette gloire, aux soldats épuisés ou mutilés en combattant pour ses ambitions, un asile ou plutôt un palais magnifique. Depuis la formation des armées régulières, quelques mesures particlles avaient été prises en faveur des soldats invalides : un certain nombre étaient mis, sous le titre d'*oblats*, à la charge des abbayes et des prieurés; quelques-uns servaient comme *mortes-paies* dans les garnisons de l'intérieur et dans les châteaux des seigneurs; mais la plupart étaient abandonnés à la charité publique. Henri IV, le premier, leur assigna un hôpital spécial; Louis XIII en plaça quelques centaines à Bicêtre; mais ces établissements étaient bien insuffisants. Louis XIV, en 1670, entreprend enfin de satisfaire complétement aux devoirs de l'état envers ses défenseurs; de vastes constructions s'élèvent dans un faubourg de Paris, peut-être, comme toujours, avec trop de sacrifices au faste; mais la grandeur de la pensée et des résultats peut bien faire excuser quelques erreurs. Six à sept mille vieux guerriers trouvent dans cet édifice, grand comme une ville, un bien-être assuré et un honorable repos; désormais, l'homme

ment à peu près autant, peut-être un peu plus, de 1690 à 1715; peut-être en tout 10 ou 12 millions, qui en représenteraient aujourd'hui, en valeur relative, environ 50. — Pour avoir le total des dépenses de Louis XIV en bâtiments, œuvres d'art et travaux publics, tant de luxe que d'utilité, il faudrait additionner le coût de Marli, des Invalides, des travaux exécutés à Saint-Germain, à Fontainebleau, à Chambord, au Louvre et aux Tuileries, des divers arcs de triomphe de Paris, de l'Observatoire, de la place Vendôme, du canal de Languedoc (pour la part payée par le roi), des Gobelins et autres manufactures, etc. La somme des comptes connus monte à 44 millions, qui, joints aux 112 environ de Versailles et des dépendances, font près de 156 millions, auxquels il en faut ajouter vraisemblablement une dizaine pour les comptes de Marli après 1790 et pour ceux des Invalides de 1670 à 1677 et de 1692 à 1703. Il est probable que cet ensemble de travaux coûterait aujourd'hui au moins 700 millions. Sur cette importante question financière, *V.* les *Dépenses de Louis XIV en bâtiments*, par Lemontey, dans la *Revue rétrospective*, t. II, p. 329 et suiv., 1834; le *Supplément aux recherches historiques sur Versailles*, par M. Eckard, 1836, contenant les états, au vrai, de toutes les sommes employées par Louis XIV aux créations de Versailles, Marli, etc., et la lettre de M. Eckard à M. J. Taschereau, directeur de la *Revue rétrospective;* Versailles, 1836. La publication de M. Eckard nous paraît décisive sur le fond et ne laisse à rectifier que quelques points secondaires.

pauvre que son courage entraîne sous les drapeaux de la patrie ne sera plus retenu par la pensée de l'abandon et de la misère qui menaçaient sa vieillesse ou son impuissance. Quelque personnalité qu'il pût y avoir là encore dans l'inspiration de Louis, l'intérêt de sa grandeur se confondait en cette occasion avec l'intérêt de la grandeur nationale : il est juste que le bénéfice de cette heureuse confusion profite à sa mémoire.

L'hôtel des Invalides, œuvre de l'architecte Libéral Bruant, répond, par son caractère mâle et son ornementisme tout militaire, à sa noble destination. Il fut achevé dès 1674. On n'acheva que trente ans après l'église, qui fut commencée par Bruant et terminée par Mansart. C'est à celui-ci qu'on doit le dôme couvert d'azur et d'or et surmonté d'une flèche hardie, qui est un des plus beaux ornements de Paris. Les détails et les ornements du dôme attestent trop la décadence du goût, qui devint de moins en moins pur vers la fin du règne; mais l'aspect général est saisissant, et aucun monument de Paris, Notre-Dame exceptée, ne produit de loin un aussi puissant effet.

L'Europe ne retentit que des splendeurs du grand roi de France : le peuple, qui porte le poids de cette magnificence, en écoute les récits avec une sorte d'orgueil, tant que le faix ne devient pas trop écrasant, et semble se complaire à se refléter dans cette éblouissante personnalité. La foule de Français et d'étrangers qui se presse incessamment aux portes de Versailles pour juger par ses yeux de ces merveilleuses relations, les trouve moins merveilleuses que la réalité; car Louis, s'il ne veut pas voir Paris, veut bien que Paris, la France et le monde viennent voir Versailles et apporter au pied de son trône le tribut de leur admiration.

§ VI.

L'ÉDUCATION DU DAUPHIN. — THÉORIES DE LOUIS XIV ET DE BOSSUET. — L'ÉTAT ET L'ÉGLISE. — RÉSUMÉ.

Louis XIV a donc imprimé sa personnalité sur toutes les formes de la pensée française : il est devenu, pour ainsi dire, son siècle même incarné. Mais Louis XIV ne prétend pas être seulement un éclatant météore. Après avoir posé et exprimé son individualité sous tous les aspects et par tous les moyens de la puissance humaine, il veut formuler l'idée générale qu'il a de ses fonctions et de son droit, et assurer la perpétuité de son œuvre et de son système.

De là, le caractère extraordinairement solennel qu'il donne à l'éducation du dauphin, son fils[1]. C'est un roi idéal, un type de la royauté, qu'il prétend former, afin que l'art continue en autrui ce que la nature et la volonté ont fait en lui-même. C'est dans les monuments de l'éducation du dauphin qu'on saisit le fond même de la pensée qui s'est manifestée au dehors dans la cour, dans les arts, dans les lettres.

Le choix des deux hommes chargés de diriger cette éducation est significatif ; l'un, le gouverneur, Montausier, mari de la célèbre mademoiselle de Rambouillet[2], passe pour le représentant de la société française en ce qu'elle a de plus élevé par l'intelligence et la moralité ; sa nomination paraît un gage que Louis XIV, au milieu de l'effervescence de ses propres passions, donne aux bonnes mœurs dans la personne d'un homme si renommé par son austère vertu[3]. Le nom de l'autre, du précepteur, dit tout. C'est Bossuet que Louis adjoint à Montausier, et qui prend de fait, dans l'œuvre commune, la prépondérance due à son génie. Louis et Bossuet, nous l'avons dit ailleurs, s'étaient compris au premier mot. L'amour de Bossuet pour l'ordre extérieur et la stabilité, ses opinions moyennes et traditionnelles, essentiellement opposées à l'esprit de secte et d'innovation individuelle que haïssent d'instinct les gouvernements, avaient fait pressentir au roi chez le théologien un puissant auxiliaire. Au moyen âge, l'esprit d'autorité, qui leur est commun à tous deux, les eût mis en opposition ; maintenant

---

1. Louis de France, né le 1er novembre 1661.
2. L'enfant royal passa des mains de la femme dans celles du mari ; car madame de Montausier avait été gouvernante du dauphin pendant son premier âge. Montausier fut nommé gouverneur du jeune prince en 1668 : Bossuet fut nommé précepteur en 1670.
3. Malheureusement, il y a des réserves à faire, et Montausier et sa femme, irréprochables dans leurs mœurs personnelles, montrèrent envers les passions d'autrui une indulgence qui n'était pas désintéressée quand le coupable était roi. C'est l'exemple le plus frappant de l'influence délétère qu'exerçait sur les caractères l'esprit de la cour, terrible compensation des avantages sociaux que nous avons décrits.

il les rapproche, Bossuet, enclin à subir l'autorité des faits, ayant accepté comme providentiel l'énorme développement du pouvoir temporel des rois. Dès sa première jeunesse, en pleine Fronde, Bossuet avait annoncé ses opinions monarchiques par un sermon sur ce texte caractéristique : *Timete Deum, honorificate regem* (Craignez Dieu; honorez le roi)[1]. Dieu et le roi, c'est sur cette double base qu'il échafaudera, en effet, toute sa théorie sociale.

Un plan général est savamment combiné par Bossuet et Montausier pour développer, dans tous les sens, l'esprit et le caractère de leur royal élève et en faire un homme complet et un prince modèle. Les plus habiles philologues, Pierre Danet, le père de La Rue, et cette docte Anne Lefèvre (depuis madame Dacier), qui prouva que l'érudition n'est pas plus inaccessible aux femmes que les arts d'imagination, bien d'autres encore, ont charge, sous la direction du sous-précepteur Huet, littérateur et savant universel, de publier des éditions des classiques latins, expliqués, éclaircis et annotés, afin d'initier le jeune prince à l'antiquité[2]. Des écrivains éminents par la profondeur de leur savoir ou par l'éclat de leur éloquence fouillent pour lui les fastes des nations. Cordemoi lui éclaircit, d'après Adrien de Valois, les ténèbres des deux premières races ; Fléchier et Tillemont travaillent à lui présenter des exemples, l'un dans la vie de Théodose, l'autre dans la vie de saint Louis, que Bossuet ne se lasse pas de recommander à l'admiration de son élève comme le type même de la vertu royale[3]. Blondel, l'architecte de la porte Saint-Denis, lui enseigne les mathématiques appliquées à l'art de la guerre. Enfin, Bossuet lui-même, planant sur tous ces talents divers qui lui apportent les fruits de leurs veilles comme de simples matériaux de son grand œuvre, déroule devant l'héritier de Louis le Grand tout l'ensemble de la connaissance humaine et bâtit pour lui des monuments qui dureront autant que la littérature et que la langue françaises.

1. *Vie de Bossuet*, par M. de Bausset, t. I, p. 51.
2. Ce sont les célèbres éditions dites *ad usum Delphini*.
3. La *Vie de saint Louis*, par Filleau de La Chaise, fut écrite d'après les matériaux de Tillemont : l'ouvrage original de Tillemont, beaucoup plus étendu, a été publié récemment par M. de Gaulle pour la Société de l'Histoire de France. Sur l'ensemble du plan d'éducation suivi par Bossuet, *V*. sa lettre écrite au pape Innocent XI en 1679; Œuvres de Bossuet, édit. Didot, 1841; t. I, p. 1.

Il en est trois, également imposants et qui, réunis par un lien logique, forment ensemble un immense édifice. L'un contient la philosophie, l'autre l'histoire, le troisième la politique.

Le premier est le traité *de la Connaissance de Dieu et de soi-même* [1].

L'analyse n'en est point ici nécessaire. Si judicieux, si solide, si excellent que soit presque en toutes ses parties ce livre qui restera toujours une des bases de l'enseignement philosophique, ce n'est point une conception originale, mais une lumineuse application des principes de Descartes. Si peu enclin que soit Bossuet aux nouveautés, sa haute raison n'a pu repousser la lumière de la Méthode. C'est une glorieuse victoire pour le père de la philosophie moderne, au moment où on lui refuse, pour ainsi dire, un tombeau, où le jésuitisme et la scolastique coalisés vont faire prohiber l'enseignement public de sa doctrine, que cette doctrine s'impose d'autorité au plus illustre défenseur des puissances établies et l'oblige, malgré ses défiances et ses anxiétés secrètes, à servir d'organe à la grande nouveauté : c'est comme malgré lui que Bossuet réclame l'assistance du novateur pour prouver les vérités fondamentales de la théodicée ; il voudrait bien, comme l'a prescrit la censure romaine, que Descartes fût expurgé ; il l'expurge lui-même selon son pouvoir, car il ne craint pas de supprimer deux de ses lettres inédites [2]; mais il ne l'attaque jamais : il le ménage, comme Descartes a ménagé l'Église, et semble combattu entre la reconnaissance du secours apporté à la théodicée et la crainte de l'imminente invasion de la raison sur la foi.

Quoique le traité métaphysique de Bossuet ne soit point une création originale dans l'ensemble, un si puissant esprit ne saurait toucher à la création d'autrui sans y ajouter quelque chose. Bossuet fait un pas en avant de Descartes : il réduit toutes les passions à l'amour comme à leur principe unique, mais il n'en tire pas les conséquences; il ne sépare pas, dans les passions, le principe moral d'avec les causes occasionnelles extérieures et abandonne complètement la passion à la sensation ; il ne pose pas

---

1. Resté inédit jusqu'en 1722.
2. Renouvier, *Manuel de philosophie moderne*, p. 207.

l'amour ou le sentiment en face de l'entendement comme un principe égal et ne met la conscience que dans la raison et non dans le sentiment. La question de l'union de l'âme et du corps est traitée avec autant d'abondance que de force, bien qu'avec plus de réserve que chez Descartes; la description du corps humain est un chef-d'œuvre. Les sens et la sensation sont placés nettement dans l'âme et non dans les organes dont l'âme se sert. L'âme est sensitive comme intellectuelle. L'âme et le corps sont un tout naturel. L'âme ne gouverne pas le corps comme une chose étrangère, mais comme une chose naturelle et intimement unie. « L'âme raisonnable est une substance intelligente née pour vivre dans un corps... L'homme tout entier est compris dans cette définition ».

— Non, peut-on répondre, l'homme tout entier n'est pas compris dans cette définition ; car l'âme n'est pas seulement une substance *intelligente*, mais encore une substance *aimante*. — Il le reconnaît plus loin lui-même. « L'intelligence », dit-il, « est pour le vrai; l'amour est pour le bien ».

Vers la fin du livre, la politique monarchique et la théologie historique commencent à envahir le terrain de la philosophie, et l'on voit avec étonnement s'introduire une maxime politique parmi les vérités éternelles et les règles invariables que le philosophe nous fait voir en Dieu. « En ces règles invariables », dit-il, « un sujet, qui se sent partie d'un état, voit qu'il doit l'obéissance au prince qui est chargé de la conduite du tout ». Ainsi les idées de sujet et de prince figurent à ses yeux entre les universaux et les archétypes.

Puis, sortant finalement de la méthode cartésienne, il fait aboutir toute son étude de Dieu et de l'homme au péché originel, par une transition assez brusque et peu attendue, avec d'étranges arguments sur la peine transmise du père aux enfants. On éprouve une singulière impression en tombant de la hauteur philosophique où il nous avait transportés dans des paroles comme celles-ci : « Il n'est pas moins juste de punir un homme dans ses enfants que dans ses membres et dans sa personne..... Les lois civiles ont imité cette loi primordiale ». — Pascal, au moins, avait bien reconnu que la justice qui punit le père sur les enfants n'avait rien de commun avec l'idée humaine de la justice. On sent respirer ici le dur génie du passé dans sa fatalité première, et déjà l'on entrevoit comment la monarchie héréditaire se relie, dans la pensée de Bossuet, à la religion, par cette doctrine de la transmission du père au fils qui est la base du péché originel.

Sa métaphysique est pourtant bien éloignée du fatalisme calviniste. « Un homme qui n'a pas l'esprit gâté », dit-il, « n'a pas besoin qu'on lui prouve son franc arbitre, car il le sent... La notion si claire que nous avons de nos fautes est une marque certaine de la liberté que nous avons eue à les commettre ». La liberté, suivant lui, naît de la réflexion, cette faculté que Dieu a donnée à l'homme et refusée aux animaux [1].

Il a même écrit un traité spécial du Libre Arbitre, qui est comme le complément de son grand traité philosophique. Il y établit que le libre arbitre nous est évident : 1° par l'évidence du sentiment; 2° par l'évidence du raisonnement. Il aperçoit donc ici les deux principes de certitude : s'il eût poussé plus avant et généralisé cette grande aperception, il eût pu compléter Descartes et la méthode philosophique. Mais il paraît mêler un peu confusément le *sentiment* avec l'*expérience* et ne va pas plus loin dans cette voie.

Il prouve très-bien et la réalité indubitable de notre liberté et la réalité non moins indubitable du gouvernement de notre liberté par Dieu, soit que nous concevions ou non l'accord de ces deux vérités. Quant à l'explication de cet accord, il incline vers celle de saint Thomas. Il n'avance, d'ailleurs, sur cette matière, rien de contraire à Descartes et reconnaît que le péché originel n'a point changé les rapports de Dieu et de l'homme quant au libre arbitre et à la dépendance de la liberté humaine relativement à Dieu.

Le second des trois ouvrages est le *Discours sur l'Histoire univer-*

---

1. Le chapitre sur la différence de l'homme et de l'animal est très-profondément étudié, à part quelques erreurs, et très-fortement raisonné en ce qui concerne le refus du raisonnement aux animaux. Le sens prudent de Bossuet répugne pourtant au machinisme absolu de l'animal. Bossuet ne se prononce pas nettement sur l'âme des bêtes : s'il leur dénie le raisonnement, il semble incliner à leur accorder des sensations; or, il a établi que la sensation était dans l'âme; donc les animaux ont une âme, c'est-à-dire un principe indissoluble et indestructible, bien que cette âme ne soit pas douée de raison. Il cherche à éluder cette conséquence, mais sans succès.

selle¹, demeuré, avec les *Oraisons funèbres*, l'œuvre la plus populaire de Bossuet. L'idée se rend plus aisément familière au grand nombre des esprits sous la forme vivante de l'histoire que sous la forme abstraite de la théorie. On pourrait intituler ce livre l'histoire du gouvernement de la Providence sur la terre. C'est une sublime conception et une création sans modèle. Nous n'avons point à revenir sur le génie et l'éloquence de Bossuet² : qu'on se figure ce génie et cette éloquence appliqués à un sujet tel que les fastes du genre humain embrassés du haut de la Bible !

Le *Discours sur l'Histoire universelle* se divise en trois parties : 1° les Époques, ou la suite des temps ; 2° les Considérations sur la suite de la religion ; 3° les Considérations sur les changements des empires.

En ce qui regarde les époques, Bossuet prend au pied de la lettre cette chronologie de la Vulgate, qui, par une sorte d'antithèse des périodes presque infinies de la Genèse indienne, fait le monde d'hier et resserre les origines du genre humain dans un si petit nombre de siècles, qu'elles y étouffent, pour ainsi dire. Il consent toutefois qu'on préfère, si l'on veut, la chronologie des Septante, qui laisse un peu plus de latitude aux premiers âges. Son monde primitif a été transformé par les progrès de l'histoire. L'ethnographie, la science qui enseigne les parentés des races et la formation des nations, n'était pas née encore et il n'est pas, sur ce point, en avant de ses contemporains.

Sur les deux autres parties, il y a quelques objections préalables à lui faire, les mêmes, à peu près, qu'on avait pu adresser à Pascal. Les notions acquises sont insuffisantes. Toute la Haute-Asie reste entièrement en dehors de son plan, comme elle est en dehors de l'ethnographie mosaïque; les Perses eux-mêmes ne sont pour lui que des adorateurs du soleil et il ne connaît guère davantage les croyances de nos pères les Gaulois. On conçoit l'importance de ces énormes lacunes pour l'histoire comparée des religions. L'opposition radicale qu'il établit entre la vraie et les fausses religions, l'une venant de Dieu, les autres du diable, du mal, n'est pas fondée sur une connaissance suffisante des religions autres

---

1. Publié en 1681.
2. *V.* ci-dessus, § 4.

que celle de Moïse. Il condamne sans entendre. De même, l'opposition absolue entre l'unité de la religion « dans ses différents états » et la mutabilité des empires est-elle aussi vraie que spécieuse et que féconde en images éclatantes ? N'y a-t-il pas aussi, dans un certain sens, unité, transmission et succession de la civilisation, de la société politique, « dans ses différents états ? »

Une fois le point de départ admis, les symboles des âges antéhistoriques acceptés littéralement comme des faits de l'histoire positive et la Judée posée comme le centre unique du monde[1], cette œuvre unique est construite avec une majesté qui saisit et enchaînée avec une force qui entraîne tout. Jamais l'ensemble des traditions sur lesquelles s'appuie la doctrine de la révélation chrétienne n'avait été concentré ni coordonné par un tel logicien. L'impression produite sur l'esprit d'une génération déjà si encline aux idées de suite et d'unité dut être et fut prodigieuse.

Des éclairs profonds sur la théodicée jaillissent parfois du sein de cette théologie tout historique : c'est là qu'on rencontre pour la première fois chez lui cette admirable explication métaphysique de la Trinité, qui lui avait échappé en écrivant le traité de la *Connaissance de Dieu et de soi-même*, et qu'il devait développer plus tard dans ses *Élévations sur les Mystères*[2].

De magnifiques tableaux des révolutions des empires, des vues pleines de grandeur sur les Grecs et les Romains, illustrent la dernière partie du Discours ; malgré sa condamnation systématique du paganisme, l'attrait du génie pour le génie emporte Bossuet toutes les fois qu'il est en présence des anciens et de leur gloire.

La continuation du *Discours sur l'Histoire universelle*, qui devait traiter des temps modernes, n'a jamais été écrite, non plus qu'un travail projeté par Bossuet sur les lois et coutumes du royaume de France.

Le troisième ouvrage, celui des trois qui est de nature à exercer

---

[1]. Il ne se dissimule pas tout à fait l'infériorité des Juifs vis-à-vis des Gaulois et d'autres peuples, quant à ce qu'il entrevoit de la claire et ferme croyance de ces derniers à l'immortalité de l'âme ; mais il tourne habilement la question, en montrant comme un mal cette vérité trop tôt connue avant de connaître Dieu.

[2]. Œuvres de Bossuet, édit. Didot, 1841, t. I, p. 213. Nous reparlerons plus tard des *Élévations sur les Mystères*.

l'influence la plus directe sur les affaires de ce monde, est la *Politique tirée des propres paroles de l'Écriture sainte*[1], vaste traité dans lequel l'auteur s'efforce d'identifier avec la religion sa théorie politique et d'appuyer le trône sur l'autel si fortement qu'on ne les puisse plus séparer. De cet inépuisable arsenal biblique, d'où les *indépendants* anglais avaient tiré naguère leur glaive républicain, il prétend faire sortir une armure impénétrable pour couvrir la royauté.

Le livre premier traite des principes de la société parmi les hommes. Son point de départ est incontestable : c'est la fraternité des hommes en Dieu, principe de la sociabilité humaine. Puis il expose la division du genre humain selon les langues et les familles, et la nécessité d'un gouvernement dans chaque nation. Du gouvernement, dit-il, est né le droit de propriété : tout droit doit venir de l'autorité publique (tout droit sur les choses, veut-il dire).

Ici se soulève déjà une puissante objection. Le droit de propriété, inhérent à l'individualité humaine, extension naturelle de la personne humaine sur les choses, ne naît pas du gouvernement : le droit social le détermine, le limite, mais ne le crée pas.

Le partage des biens entre les hommes, poursuit-il, et la division des hommes mêmes en peuples et en nations, ne doit point altérer la société générale du genre humain[2]. La loi de Moïse remet en quelque sorte en communauté les biens qui ont été partagés pour la commodité publique et particulière.

Il avait auparavant établi la nécessité des lois, c'est-à-dire des règles générales de conduite dans le gouvernement. Le premier principe des lois est de reconnaître la Divinité ; le second, de faire à autrui comme nous voulons qu'il nous soit fait.

« La loi est, dans son origine, comme un pacte et un traité solennel par lequel les hommes conviennent ensemble, *par l'autorité des princes,* de ce qui est nécessaire pour former leur société.

---

1. Publiée seulement en 1709, après la mort de Bossuet.
2. En même temps qu'il réclame pour l'unité du genre humain, il professe de saines maximes sur l'amour de la patrie. Quiconque n'aime pas la société civile dont il fait partie, c'est à-dire l'état (la nation, où il est né, est ennemi de lui-même et de tout le genre humain. »

On ne veut pas dire par là que l'autorité des lois dépende du consentement et acquiescement des peuples, mais seulement que le prince est assisté des plus sages têtes de la nation. » Chose singulière, Bossuet cite, pour appuyer cette doctrine, un exemple de la Bible qui conclut positivement en sens contraire; car l'Écriture y fait voir Moïse, le représentant de Dieu même, proposant la loi à l'exprès consentement de tout le peuple.

Suivant Bossuet, le prince est donc antérieur et supérieur à la loi. Qui donc a établi le prince? Le prince est donc immédiatement établi de Dieu même? C'est en effet la conclusion à laquelle arrive plus loin Bossuet.

Cependant le prince, dit-il, ne doit pas changer arbitrairement la loi. En général, les lois ne sont pas lois si elles n'ont quelque chose d'inviolable, c'est-à-dire si elles sont variables et sans consistance. Il y a des lois fondamentales qu'on ne peut changer : il est même très-dangereux de changer sans nécessité celles qui ne sont pas fondamentales.

Le livre II est intitulé : De l'Autorité.

« Dieu est le vrai roi. » En d'autres termes, la souveraineté n'est qu'en Dieu. Cela est évident. Mais Bossuet ne l'entend pas seulement dans ce sens idéal, et il ajoute que Dieu a régné visiblement en personne, d'abord sur tous les hommes, puis sur le peuple qu'il s'est choisi.

« Le premier empire humain est l'empire paternel dans chaque famille; puis les familles se sont réunies en sociétés sous des rois qui leur tenaient lieu de pères. Il y a eu au commencement une infinité de petits royaumes; les conquérants ont rompu cette concorde des nations. La monarchie est la forme de gouvernement la plus commune, la plus ancienne et la plus naturelle. »

Que le premier *empire humain* ait été le gouvernement de la famille par le père, rien de plus certain; mais de là à la royauté il n'y a pas de transition *naturelle*. Le gouvernement *le plus ancien et le plus naturel* a dû être celui des pères de famille associés. La nécessité de l'action unitaire a pu ensuite les pousser, dans la plupart de ces groupes primitifs, à se choisir un chef unique; mais, dans l'Occident presque entier, ces chefs n'ont jamais rien eu de commun avec les monarques tels que les définit Bossuet.

Le gouvernement absolu d'un seul est resté inconnu de nos aïeux pendant une longue suite de générations, le pouvoir, à tous les degrés, ayant été toujours au moins partagé entre le chef et les anciens, les prêtres ou les assemblées populaires. En Orient même, où l'opinion de Bossuet semble moins éloignée de la vérité, un autre principe, l'inspiration sacerdotale, la théocratie, a tout au moins balancé la monarchie.

Le gouvernement monarchique est le meilleur, poursuit Bossuet, et il en cherche le type dans le commandement des armées, qui exige l'unité. « Le gouvernement militaire, ayant la force en main, doit à la fin prévaloir. Il vaut donc mieux qu'il soit établi tout d'abord : il en sera moins violent. »

En voulant ainsi constituer la société sur la base d'un état exceptionnel, tel que l'état de guerre, il ne paraît pas soupçonner qu'il y ait un moyen d'empêcher le gouvernement militaire de prévaloir : c'est de mettre les armes aux mains de la nation entière, au lieu de les laisser à une caste guerrière.

« De toutes les monarchies, reprend-il, la meilleure est la successive ou héréditaire, de mâle en mâle et d'aîné en aîné. C'est celle que Dieu a établie dans son peuple. »

Là encore, la Bible ne paraît pas citée fort à propos, car c'est malgré les prophètes, malgré les inspirés du Seigneur, que la royauté est établie dans Israël; Dieu, selon le récit de l'Écriture, souffre qu'on l'établisse, mais ne l'établit pas, et, plus tard, quand il y a dérogation au droit d'aînesse, c'est par l'inspiration divine[1].

« Une des raisons pour lesquelles ce gouvernement est le meilleur, c'est qu'il se perpétue de lui-même. Rien n'est plus durable qu'un état qui dure et se perpétue par les mêmes causes qui font durer l'univers et qui perpétuent le genre humain. »

C'est-à-dire que, suivant Bossuet, le gouvernement des forces libres et douées de raison, des êtres dont le propre est de choisir, doit être assimilé au gouvernement de la nature physique, régie par des lois fatales et immuables?

Tout en représentant la monarchie comme le gouvernement par excellence, Bossuet ne nie pas la légitimité des autres gou-

---

1. *Samuel*, l. I, c. VIII; *Rois*, l. I, c. II.

vernements. « Il faut demeurer dans l'état auquel un long temps a accoutumé le peuple. Qui entreprend de renverser les gouvernements légitimes, en quelque forme qu'ils soient établis, n'est pas seulement ennemi public, mais encore ennemi de Dieu. »

Il se résume en affirmant avoir établi, par les Écritures, que la royauté a son origine dans la Divinité même et que la constitution monarchique est la plus conforme à la volonté de Dieu.

Quand on vit dans un ordre d'idées différent de celui où s'était placé Bossuet, ce n'est pas sans peine qu'on peut, nous ne dirons pas admettre, mais comprendre cette singulière déduction de la royauté céleste à la royauté terrestre et cette doctrine qui fait du roi l'image de Dieu. Si l'on pose, en face de l'être absolu et infini, la multitude des êtres finis, il semble évident que le multiple ne peut reproduire l'image imparfaite de l'unité que par l'association harmonique de ses éléments vivants, tous égaux par nature : tous les êtres finis sont égaux devant l'infini. La doctrine monarchique s'y prend autrement ; elle choisit arbitrairement ou plutôt laisse désigner par la fatalité de la naissance un certain être que Dieu avait fait tout semblable aux autres, et prétend que cet être soit, à lui seul, l'image de l'Être suprême.

Bossuet développe ensuite (livres III, IV, V) la nature et les propriétés de l'autorité royale.

« L'autorité royale est sacrée : Dieu établit les rois comme ses ministres, et règne par eux sur les peuples.

« On doit obéir aux princes par principe de religion et de conscience. Dieu a mis en eux quelque chose de divin.

« Les rois doivent respecter leur propre puissance, comme étant la puissance de Dieu, et en user saintement et religieusement pour le bien public.

« L'autorité royale est absolue. Le prince ne doit rendre compte à personne de ce qu'il ordonne. Les princes *sont des Dieux*, suivant le langage de l'Écriture, et participent en quelque façon à l'indépendance divine. Contre l'autorité du prince, il ne peut y avoir de remède que dans son autorité. Il n'y a point de force coactive contre le prince. Les rois ne sont pas pour cela affranchis des lois (en droit ; car, en fait, nul n'a mission de les contraindre à s'y soumettre). L'autorité royale est soumise à la raison. »

— Faible garantie, si la raison n'a point d'organe visible et autorisé!

« Il faut que le peuple craigne le prince.

« Qu'est-ce que la majesté? — Le prince est un personnage public : *tout l'état est en lui*; la volonté de tout le peuple est renfermée dans la sienne. Voyez un peuple immense réuni en une seule personne; voyez cette puissance sacrée, paternelle et absolue; voyez la raison secrète qui gouverne tout le corps de l'état renfermée dans une seule tête; vous voyez l'image de Dieu dans les rois, et vous avez l'idée de la majesté royale.

Il y a bien quelques correctifs à cette exaltation de la royauté. La grande antithèse des oraisons funèbres revient de temps à autre avertir ces *dieux de chair et de sang*, ces *dieux de boue et de poussière*, qu'ils mourront *comme des hommes*; mais ces avertissements aux hommes n'en laissent pas moins subsister l'apothéose de l'institution.

Le livre VI concerne les devoirs des sujets envers le prince.

« On ne doit pas examiner comment est établie la puissance du prince : c'est assez qu'on le trouve établi et régnant.

« La seule exception à l'obéissance, c'est quand le prince commande contre Dieu (encore la résistance doit-elle être passive).

« On doit le tribut au prince (c'est-à-dire que le consentement du peuple n'est pas nécessaire pour la levée des impôts).

« Il n'est permis de s'élever, pour quelque cause que ce soit, contre les princes. Parler contre le roi est un digne sujet du dernier supplice, et ce crime est presque traité d'égal à celui de blasphémer contre Dieu.

« Au caractère royal est inhérente une sainteté qui ne peut être effacée par aucun crime, même chez les princes infidèles[1]. »

Les livres VII et VIII contiennent les devoirs particuliers de la royauté.

« Le prince doit employer son autorité pour détruire dans son

---

1. En appliquant ses principes à l'histoire de France, Bossuet devrait condamner l'*usurpation* de Pepin et celle de Hugues Capet. Il ne le fait pas : il dit, à propos du premier, que, les Mérovingiens ayant failli, Dieu suscita une autre race; quant à la race capétienne, qu'il comble de louanges, il ne fait point de réflexions sur son avénement.

état les fausses religions. *Ceux qui ne veulent pas souffrir que le prince use de rigueur en matière de religion, parce que la religion doit être libre, sont dans une erreur impie.* »

Il ajoute, à la vérité, que la douceur, en général, est préférable et qu'il n'en faut venir aux rigueurs qu'à l'extrémité ; mais ceci n'est qu'une question d'application ; le principe a été nettement posé. Bossuet rappelle à l'héritier du trône de France le serment du sacre, dans lequel est compris cet engagement d'*exterminer* les hérétiques[1], qui est demeuré dans les formules de la monarchie comme une protestation menaçante contre le principe de l'édit de Nantes.

Il pose ensuite, entre le gouvernement absolu et le gouvernement arbitraire (ou despotique), une distinction que Montesquieu reproduira plus tard sous d'autres noms. Dans ce dernier gouvernement, « les sujets sont nés esclaves : il n'y a point de propriété ni de droit de succession, le fonds appartenant au prince, qui dispose de la vie comme des biens de ses sujets. Il n'y a de loi que sa volonté (ceci n'est pas tout à fait exact ; il n'y a guère d'état despotique qui n'ait quelque sorte de loi fondamentale ; les despotes musulmans, par exemple, sont soumis au Koran) ».

« Sous le gouvernement absolu, il y a des lois contre lesquelles tout ce qui se fait est nul de droit, et c'est là ce qui s'appelle le gouvernement *légitime* (c'est-à-dire fondé sur les lois). Dans le gouvernement légitime, les personnes sont libres, et la propriété des biens est légitime et inviolable.

« Le premier effet de la justice et des lois est de conserver, non-seulement à tout le corps de l'état, mais encore à chaque partie qui le compose, les droits accordés par les princes précédents. »

En fait, ces droits sont subordonnés à la volonté du prince régnant, puisque personne n'a qualité pour l'obliger à les respecter.

Les deux derniers livres (IX et X) traitent des *secours* (des moyens d'action) de la royauté ; à savoir : les armes, les finances et les conseils.

Il s'élève avec force contre les *conquérants ambitieux*. « Ceux

---

1. *Exterminare*, dans le sens primitif, veut dire tout au moins expulser, bannir. V. note t. X, p. 346.

qui font la guerre pour contenter leur ambition sont ennemis de Dieu. »

« Le prince doit modérer les impôts et ne point accabler le peuple, mais mesurer les impôts sur les besoins de l'état et sur les charges publiques. »

Il arrive enfin aux abus et aux tentations de la royauté et s'interroge sur les remèdes qu'on y peut apporter. Il prétend n'en point trouver qui soient en la main des hommes, et il écarte la *vaine recherche* des remèdes humains pour aller à des remèdes *plus généraux*, « à ceux que Dieu même a ordonnés aux rois contre la tentation de la puissance, » et qui se résument dans la crainte des jugements de Dieu et de la postérité.

On n'a que faire de commenter longuement cette déification de la monarchie absolue. Les conséquences en sont assez claires. L'expérience de l'histoire est là pour nous apprendre si l'esprit et le cœur de l'homme sont capables de résister au vertige de cette puissance absolue qui ne convient qu'à l'être absolu, et de vaincre ces tentations dont Bossuet ne peut se dissimuler la force incalculable. L'Évangile, lui, ne dit point à l'homme de se jeter au-devant de la tentation avec la confiance de la vaincre; il dit : « Seigneur, évitez-nous la tentation. » Si la crainte de Dieu est insuffisante contre le vertige et l'erreur du prince pieux, que sera-ce si le prince est indifférent ou impie ?

En ce cas, dira le théoricien de l'obéissance passive, il faut se soumettre au mauvais prince; il faut supporter l'injustice, l'oppression, les dernières violences, plutôt que de troubler la paix. — Qu'est-ce donc que cette paix abstraite à laquelle on sacrifierait toute liberté réelle sur la terre? Est-ce qu'il y a paix là où il y a oppression et violence? Que reste-t-il à troubler, et qu'a-t-on à perdre!

Sortons de ces généralités; appliquons la théorie à la France du XVIIe siècle. Admettons que l'on rencontre le prince juste et parfait, tel que le conçoit Bossuet. Dans quel sens dirigera-t-il l'état? — Il n'entreprendra pas d'injustes conquêtes; il n'accablera point le peuple d'impôts. — Soit! mais, à l'extérieur, il sera porté, dans *l'intérêt du genre humain*, à intervenir systématiquement dans les autres états pour y combattre les mouvements contraires à la monarchie, à ce gouvernement *préféré de Dieu,* ou aux intérêts de *la vraie religion ;* à l'intérieur, il écrasera par la force les dissidences religieuses, si la persuasion ne suffit point pour rétablir l'unité.

Le prince de Bossuet anéantira donc cette politique nationale et rationnelle qui a fait la grandeur et la prospérité de la France, pour y substituer une politique contraire à toutes les tendances et à toutes les conquêtes de l'esprit moderne.

Ce n'est pas tout encore. Le prince de Bossuet n'est pas complétement le prince de Louis XIV. Le théoricien de la monarchie reste encore en deçà de l'idéal du pouvoir selon le monarque, et les théories de Louis XIV dépassent celles de Bossuet.

Louis, aussi, a contribué directement, pour sa part, à *l'éducation du dauphin.* Dans ces *Mémoires et Instructions* à son fils que nous avons déjà bien des fois cités et dans quelques autres écrits, il a consigné ses doctrines sur les droits et les devoirs de la royauté. Il y exprime des sentiments honnêtes et humains ; il y parle de la religion en toute autre façon qu'on ne le pourrait croire d'après la réputation d'ignorance que lui ont faite les historiens à cet égard [1]. Sur presque tous les points, il est d'accord avec Bossuet. Ainsi, Bossuet sympathiserait avec l'horreur que Louis manifeste pour la condition des princes qui sont soumis à des assemblées populaires et qui n'ont pas seuls la résolution des affaires [2]. Bossuet accepterait, comme une simple variante de sa propre définition de la monarchie en général, la définition de la constitution française, telle qu'elle se trouve dans un traité de droit public écrit par l'ordre du roi. « La France est un état monarchique dans toute l'étendue de l'expression. Le roi y représente la nation entière, et chaque particulier ne représente qu'un seul individu envers le roi. Par conséquent, toute puissance, toute

---

1. Après avoir montré quel intérêt les princes ont à soutenir la religion, il établit que l'intérieur, chez eux, doit répondre à l'extérieur, et que les princes doivent croire eux-mêmes ce qu'ils veulent que les autres croient ; de là il part pour établir la religion sur le consentement universel, d'une manière véritablement remarquable, et qui prouve que, s'il ne connaissait pas la théologie en détail, il en avait raisonné sérieusement les principes généraux. V. Œuvres de Louis XIV, t. I, *Mémoires et Instruct.*, p. 89-95.

2. *Ibid.*, t. II, p. 28.

autorité, résident dans les mains du roi, et il ne peut y en avoir d'autres dans son royaume que celles qu'il établit. La nation ne fait pas corps en France. Elle réside tout entière dans la persoune du roi[1]. »

Mais il est un point fondamental où la conformité cesse. Bossuet réservait, en dehors de l'autorité absolue, le droit de la propriété individuelle. Louis n'admet pas cette réserve.

« Tout ce qui se trouve dans l'étendue de nos états, de quelque nature qu'il soit; nous appartient au même titre... Les deniers qui sont dans notre cassette, ceux qui demeurent entre les mains de nos trésoriers, et *ceux que nous laissons dans le commerce de nos peuples*, doivent être par nous également ménagés. Les rois sont seigneurs absolus et ont naturellement la disposition pleine et libre de tous les biens qui sont possédés aussi bien par les gens d'église que par les séculiers, pour en user en tous temps... selon le besoin général de leur état[2]. »

Il n'y a pas une grande différence pratique entre cette doctrine et celle qui admet le droit absolu du prince à lever l'impôt comme bon lui semble; mais il y a pourtant entre les deux l'épaisseur d'un principe. Pour employer les termes de la politique de l'Écriture sainte, Bossuet s'est arrêté à la monarchie *absolue;* Louis XIV va jusqu'à la monarchie *arbitraire*[3].

Telle est cette fameuse éducation du dauphin, dans laquelle la

---

1. Manusc. cité par Lemontey; *Essai sur la monarchie de Louis XIV. V. OEuvres* de Lemontey, t. V, p. 15.
2. *OEuvres* de Louis XIX, t. II, p. 93-121. — Ce passage a été écrit à propos des résistances du clergé aux exigences pécuniaires de la couronne, et il est suivi de réflexions d'ailleurs très-énergiques et très-judicieuses sur les prétentions des gens d'église à se soustraire aux charges publiques. Ici encore, le monarque et le théologien sont en dissidence; car Bossuet insiste fortement sur les priviléges des biens et des personnes ecclésiastiques, et sur les châtiments que Dieu a infligés, dans la Bible, aux violateurs de ces priviléges. *Politiq. de l'Écriture sainte*, l. VII, 4e-11e propositions. Ici, c'est Louis XIV qui, tout en avançant un principe monstrueux, soutient en fait le droit commun et l'intérêt général.
3. *V.* l'anecdote rapportée par Lemontey sur le voyageur Bernier, qui fut « questionné avec soin par les ministres (par Louvois?) sur l'état de la propriété dans l'Égypte, la Perse et le Mogol... Bernier... ne s'aperçut que trop de l'intention de ceux qui l'interrogeaient, et s'attacha à leur prouver que l'organisation de la propriété dans l'Orient n'était bonne qu'à produire des famines et des déserts. » *V. OEuvres* de Lemontey, t. V, p. 11. — Louis XIV aurait donc eu quelque velléité de se déclarer nettement l'unique propriétaire du sol.

monarchie, parvenue à sa complète réalisation, prend pleinement conscience d'elle-même. Si l'on songe à ce que devint l'objet de ces soins inouïs, si l'on compare la nullité du résultat à la grandeur de l'effort, on se reporte involontairement aux contrastes prodigieux des *Oraisons funèbres* et de l'*Histoire universelle;* la vanité de l'hérédité ajoute un nouveau chapitre à ces vanités humaines que peignait avec tant d'éloquence le précepteur du dauphin. Cet héritier idéal, sur le berceau duquel on a versé tous les trésors du génie, cet enfant dont on veut faire un Dieu, on ne réussit pas même à en faire un homme. A peine aurons-nous à le nommer dans la suite de cette histoire et, si nous nous sommes tant arrêté à son éducation, c'est uniquement pour y chercher les principes des actes de son père.

Quelles doivent être les conséquences de l'opinion qu'a Louis XIV de ses droits, combinée avec l'opinion qu'il a de sa personne, sinon de s'adorer lui-même, ou, pour prendre les choses au sens le plus favorable, d'adorer en soi le reflet de Dieu et l'image de la perfection sur la terre! Louis, en effet, a pour lui-même une admiration profonde, et, pour ainsi dire, naïve : on peut lire, dans ses *Mémoires*, le portrait magnifique qu'il fait de sa personne; il se chante à lui-même, avec attendrissement, l'hymne de sa propre louange[1]. Il salue en lui ce *miracle visible*[2] que proclament sa cour et son siècle.

Sa croyance à ses droits absolus explique tout naturellement des actes qui semblent, aux hommes de nos jours, contraires à toute morale et à toute honnêteté. Ainsi, des rentes sur l'état sont refusées à leurs légitimes détenteurs et employées à un autre usage[3]. — Le roi n'a-t-il pas droit de *ménager*, comme il l'entend, *les deniers qu'il laisse à ses sujets* et de leur retirer ce dont ils feraient un mauvais emploi? — La violation du secret des lettres, qui n'avait eu lieu, sous les gouvernements précédents, que par exception et dans des moments de trouble et de péril, est érigée en système et devient une fonction politique, une attribution

---

1. *OEuvres* de Louis XIV, t. II, p. 357, 424; Saint-Simon, éd. in-12, t. XXIV, p. 76.
2. Expression de Pellisson.
3. *V.* l'anecdote citée par Lémontey sur les frères Quesnel. — *OEuvres* de Lémontey, t. V, p. 132.

ministérielle¹. — Le roi n'a-t-il pas droit de tout connaître, afin de pourvoir à tout?

Comme Louis est entraîné par la logique d'un principe faux et non par la dépravation du cœur, l'homme, chez lui, n'abuse pas, pour satisfaire de mauvaises passions privées, de la monstrueuse prérogative que s'est arrogée le roi en envahissant les secrets des particuliers. On ne peut pourtant lui rendre sur tous les points le même témoignage : si le respect qu'il a de lui-même et le fonds d'honnêteté qu'il conserve le préservent sans peine des infamies où se plongera après lui la royauté dégénérée, son orgueil, qui traite toute résistance comme un sacrilége, l'emporte plus d'une fois à abuser de son pouvoir royal sur la liberté des citoyens pour frapper ce qui contrarie ses passions. Ainsi, le long emprisonnement de ce gentilhomme qui n'avait commis d'autre crime que de servir d'intermédiaire entre mademoiselle de La Vallière et le couvent où elle voulait se retirer, à une époque où Louis prétendait encore la conserver, tout en lui étant infidèle² ; ainsi, l'exil de Montespan, coupable d'avoir disputé sans ménagement sa femme au roi, et la séparation judiciaire entre la favorite et son mari, imposée à des juges complaisants.

« Quand on fait tout ce que l'on veut, il n'est pas aisé de ne vouloir que ce que l'on doit. »

C'est Louis lui-même qui, dans ses *Mémoires*³, prononce en ces

1. Ceci n'eut lieu que dans la seconde moitié du règne, après Colbert. *V.* Saint-Simon, t. XXIV, p. 140. Par compensation, les actes publics de despotisme oriental les plus caractérisés peut-être qu'ait commis Louis XIV sont antérieurs à l'administration de Colbert et à la mort de Mazarin : ce sont deux ordonnances dont la première, du 2 avril 1658, défend à tous propriétaires, non pas seulement de chasser sur leurs terres dans les six lieues à la ronde autour du château du Louvre, terrain réservé aux plaisirs du roi, mais encore de bâtir maison dans les champs ni faire fossés autour de leurs héritages, qui puissent empêcher le plaisir de la chasse à Sa Majesté ; l'autre, du 6 novembre 1660, défend d'élever sans permission dans Paris et à dix lieues à la ronde des constructions particulières, et menace des galères tous ouvriers qui désobéiront, afin d'assurer un nombre de travailleurs suffisant aux bâtiments du roi. L'objet de ces deux édits permet de les imputer au jeune roi plutôt qu'à Mazarin, quoique Louis ne prît point encore de part au gouvernement. *V. Recueil des Anciennes Lois françaises*, t. XVII, p. 364. — Lémontey, t. V, p. 142, et Gui Patin, t. II, p. 153.
2. Walckenaër, *Mémoires sur madame de Sévigné*, t. III, p. 211.
3. T. II, p. 81.

termes la condamnation du régime où un homme *peut tout ce qu'il veut.*

De tels actes, cependant, sont rares dans les premiers temps du règne. Les bonnes intentions, les bons conseils, le bon sens naturel, contiennent d'abord à bien des égards les tendances dangereuses et le progrès de l'égoïsme chez l'homme qui, étant le centre de tout, est si puissamment tenté de tout immoler à soi. A ses maximes despotiques sur la propriété universelle du prince, Louis ajoute, par correctif, que « le prince vertueux n'impose qu'avec retenue et n'exige qu'avec compassion [1]. » Il se montre, en général, d'accord avec Bossuet sur les devoirs de la royauté.

Mais, sur deux questions capitales, la religion et la politique extérieure, Louis n'a pas besoin, pour s'égarer et pour égarer la France, d'être en désaccord avec la théorie du trône et de l'autel. Au contraire, on ne doit craindre que de l'y voir trop fidèle.

En ce qui regarde la religion, il reste d'abord, à son tour, en deçà de la théorie de Bossuet, et les intentions qu'il exprime envers les protestants, dans ses *Mémoires* écrits vers 1670, sont très-importantes à recueillir comme point de comparaison avec ce qu'il fera plus tard.

« Quant à ce grand nombre de mes sujets de la religion prétendue réformée, qui étoit un mal... que je regarde avec douleur... il me semble que ceux qui vouloient employer des remèdes violents ne connoissoient pas la nature de ce mal, causé en partie par la chaleur des esprits, qu'il faut laisser passer et s'éteindre insensiblement, au lieu de l'exciter de nouveau par des contradictions aussi fortes, toujours inutiles d'ailleurs, quand la *corruption* n'est pas bornée à un certain nombre connu, mais répandue dans tout l'état...

« Je crus que le meilleur moyen, pour réduire peu à peu les huguenots de mon royaume, étoit, en premier lieu, de ne les point presser du tout par aucune rigueur nouvelle, de faire observer ce qu'ils avoient obtenu de mes prédécesseurs, mais de ne leur rien accorder au delà, et d'en renfermer même l'exécution dans les plus étroites bornes que la justice et la bienséance le pouvoient permettre.

---

1. *Œuvres* de Louis XIV, t. II, p. 45.

« Quant aux grâces qui dépendoient de moi seul, je résolus, et j'ai assez ponctuellement observé depuis, de ne leur en faire aucune... pour les obliger par là à considérer de temps en temps, d'eux-mêmes et sans violence, si c'étoit avec quelque bonne raison qu'ils se privoient volontairement des avantages qui pouvoient leur être communs avec tous mes autres sujets.

« Je résolus aussi d'attirer, même par récompense, ceux qui se rendroient dociles; d'animer, autant que je pourrois, les évêques, afin qu'ils travaillassent à leur instruction; de ne mettre, enfin, dans toutes les places (ecclésiastiques) dont j'ai la nomination que des personnes de piété, d'application, de savoir, capables de réparer, par une conduite toute contraire, les désordres que celle de leurs prédécesseurs avoit principalement produits dans l'Église [1]. »

Certes, ce plan de conduite, au point de vue moral, souffre de bien graves objections : ces privations et ces récompenses matérielles, employées comme instruments de conversion, font un étrange alliage avec la prédication catholique et les autres moyens légitimes du prosélytisme. On est déjà loin de Richelieu, qui appelait aux hautes fonctions les hommes capables, sans distinction de croyance, et qui s'en trouvait si bien, et la France aussi ! Mais, au moins, la persécution violente est formellement condamnée, comme impuissante, sinon comme criminelle [2].

Un autre débat religieux ne préoccupe pas moins Louis XIV et ses contemporains que la vieille querelle du protestantisme: c'est le nouveau schisme qui fermente dans le sein même de l'Église catholique. Louis paraît d'abord plus rude aux jansénistes qu'aux protestants, car il se contente de miner l'*hérésie* établie, et il attaque de front le schisme naissant pour l'empêcher de s'établir. C'est l'esprit de nouveauté et d'indépendance qu'il poursuit chez les jansénistes, bien plus que la doctrine en elle-même, et surtout que l'opinion spéciale qui est la cause immédiate de la lutte théolo-

---

1. OEuvres de Louis XIV. *Mémoires et Instruct.*, t. I, p. 84.
2. Du moins, la persécution contre le culte protestant autorisé par les lois; car des condamnations barbares frappaient de temps en temps les incrédules ou les excentriques en religion : deux affaires sinistres, pendant les plus belles années de Louis XIV, rappelèrent le procès de Vanini; le poëte satirique Petit et le mystique Morin furent brûlés vifs.

gique. Le roi n'a pas grand intérêt, sans doute, à ce que le pape, ou même l'église, soient réputés infaillibles sur les faits comme sur le dogme ¹; mais il s'irrite de ce que les jansénistes prétendent continuer à discuter après qu'il a ordonné la paix et le silence. Il estime son autorité engagée. De leur côté, les solitaires de Port-Royal et la plupart des religieuses associées à leurs convictions, dispersés, persécutés, demeurent inébranlables, et continuent la guerre de plume où le puissant auteur des *Provinciales* ne leur prête plus le secours de sa main glacée par la mort. Quatre évêques, dont un est le frère d'Antoine Arnaud ², et une foule d'ecclésiastiques, continuent, comme eux, à refuser de signer le formulaire antijanséniste imposé par le pape et par le roi. En 1665, un nouveau formulaire, qui confirme le précédent, est envoyé par le pape Alexandre VII, à la demande de Louis XIV, et enregistré en lit de justice au parlement. Le roi, dans sa déclaration, traite le jansénisme d'*hérésie naissante* et menace de saisie du temporel et de poursuites canoniques les évêques qui ne souscriront pas purement et simplement au formulaire. Les quatre évêques persistent dans leur résistance. Une vingtaine de prélats, qui pourtant ont signé, entreprennent de défendre leurs confrères contre les rigueurs qui les menacent; beaucoup d'autres encore, sans avoir de penchant pour le jansénisme, favorisent secrètement les opposants, par esprit de corps, par crainte que le procès de quatre évêques n'ébranle les priviléges et l'autorité de l'épiscopat.

Le roi, d'abord très-courroucé, ne parle que de faire faire le procès aux quatre prélats, fait défendre la circulation des lettres publiées en leur faveur par leurs confrères, demande au pape des commissaires pour les juger. Cependant, on lui suggère de prudentes réflexions : on lui fait sentir le péril de mettre le feu dans l'église gallicane, pour les intérêts de Rome, dont il a peu à se louer, beaucoup plus que pour les siens propres. On lui insinue quelques idées de transaction, qu'il ne repousse pas. La duchesse de Longueville emploie pour la protection des jansénistes l'activité qu'elle mettait jadis au service de la Fronde. Le ministre des

---

1. V. notre t. XIII, p. 493.
2. C'étaient les évêques d'Aleth, d'Angers, de Pamiers et de Beauvais.

affaires étrangères Lionne s'empare de cette affaire et la conduit avec son habileté accoutumée. Les quatre évêques consentent enfin à souscrire le formulaire contre les *cinq propositions*, mais sans rétracter leurs mandements ni leurs commentaires, et n'acceptent, pour eux et leur clergé, qu'une *soumission de respect et de discipline* sur le point de fait, c'est-à-dire sur la question de savoir si les *cinq propositions* sont ou non dans Jansénius (septembre 1668). Lionne détermine le nonce, puis le pape, à se contenter de cette demi-obéissance : les solitaires rentrent à Port-Royal ; Antoine Arnaud, le grand polémiste du parti, est présenté au roi, et l'Académie des inscriptions célèbre par une médaille cette réconciliation plus apparente que réelle, pompeusement intitulée la *paix de religion*[1].

Personne n'avait appelé cette pacification plus ardemment que Bossuet, aussi désireux de paix dans l'église que de guerre au dehors. Il veut tourner au profit du catholicisme ces forces qui le troublaient en prétendant le réformer. Les solitaires de Port-Royal avaient publié en Belgique une traduction française du Nouveau Testament, que l'archevêque de Paris, ami des Jésuites, et la censure romaine s'étaient hâtés de condamner. Bossuet s'unit à Port-Royal pour revoir le Nouveau Testament de Mons et faire lever les censures qui l'ont frappé, entreprise que l'opposition de l'archevêque Harlai, successeur de Péréfixe, l'oblige d'abandonner. Il pousse, avec plus de succès, les hommes de Port-Royal à se jeter dans la controverse contre les protestants. Ces infatigables athlètes s'y portaient assez d'eux-mêmes. Arnaud ne pouvait vivre sans combats.

Ce n'est pas cependant Arnaud, mais Nicole, qui est le principal auteur de l'ouvrage le plus important qui signale cette phase de l'histoire de Port-Royal, le Traité *de la Perpétuité de la Foi touchant l'Eucharistie* (1669-1671-1674). Le débat sur la *présence réelle*, un des principaux sujets de dissidence entre le catholicisme et le protestantisme, se renouvelle avec plus d'éclat que jamais. Les docteurs de la réforme, les Claude, les Aubertin, soutiennent le

---

1. J. Racine, *Histoire de Port-Royal*. — *Histoire des Cinq Propositions* (par un jésuite). — *Mémoires chronologiques et dogmatiques*. — *OEuvres* de Louis XIV, *Mém.*, t. I, p. 83; t. II, p. 241.

choc. Sur le terrain de la tradition et des témoignages historiques, on ne peut guère établir qu'il y ait ni vainqueurs ni vaincus : les Pères ont été fort divisés sur ce point, comme sur plusieurs autres, et, s'il n'est pas vrai que le dogme catholique ait été inventé au IXe siècle, il ne l'est pas non plus que les opinions reproduites par Luther, par Zwingli et par Calvin aient été sans défenseurs parmi les plus grands noms de l'église primitive[1]. Chacun peut revendiquer sa tradition. Reste aux catholiques leur grand argument : « L'Église a décidé. »

L'autorité de l'Église, c'est là, en effet, le point central de tout le combat entre les sectes chrétiennes. Nul ne le sent aussi profondément que Bossuet; nul ne dirige avec autant d'habileté vers ce point décisif tous les efforts de la stratégie théologique.

Un premier écrit publié à Metz, dès 1655, sur *la visibilité, la perpétuité et l'infaillibilité de l'Église,* avait révélé chez Bossuet un grand controversiste et attiré sur lui à cet égard l'attention du gouvernement. Le cardinal de Richelieu, depuis la prise de La Rochelle jusqu'à sa mort, avait souvent caressé la pensée d'une réunion pacifique des deux religions qui divisaient la France[2]. Cette idée n'avait pas cessé de couver dans les hautes régions du gouvernement : les *Mémoires* de Louis XIV y font allusion[3], et l'on s'en préoccupa sérieusement vers 1666. Un rôle considérable était destiné à Bossuet dans les plans du roi. Turenne fut consulté. C'était à la fois l'adhérent le plus illustre qui restât à la Réforme en France et l'un des plus disposés à se rapprocher du catholicisme, bien qu'il eût naguère refusé de vendre sa religion pour l'épée de connétable. On a conservé sa réponse : il y combat le projet d'une conférence générale entre les pasteurs réformés et les théologiens gallicans, comme n'étant propre qu'à alarmer les protestants sur le maintien de l'édit de Nantes, et il conseille des conférences locales sans éclat et sans appareil; il s'exprime, du reste, à peu près en catholique[4]. Sa femme et sa sœur, zélées calvinistes, l'avaient longtemps retenu sur cette pente; mais, après

---

1. *V.* notre t. III, p. 90.
2. *V.* notre t. XI, p. 511-512; note.
3. *Œuvres* de Louis XIV, t. I, p. 88.
4. *Ibid.,* t. VI, p. 359.

leur mort, il fait chaque jour un pas de plus vers l'église par la route du jansénisme. Ce que les livres de Port-Royal ont commencé, un livre de Bossuet, encore inédit, l'achève. C'est la fameuse *Exposition de la Foi catholique*.

Ce traité rapide, substantiel, pressant de logique, éclatant de clarté, est sans contredit le chef-d'œuvre du genre. Bossuet s'y applique à débarrasser le terrain de toutes les questions secondaires, ou qu'il répute telles : il réduit le catholicisme à sa plus simple expression; il écarte les traditions et les pratiques superstitieuses, qui, sans avoir été jamais officiellement sanctionnées par les conciles ni même par les papes, étaient, en fait, avec la connivence de Rome, presque toute la religion des masses dans le midi de l'Europe; il écarte la querelle des ultramontains et des gallicans, comme ne portant pas sur un point de foi; puis il s'attache à prouver qu'aucune des doctrines *essentielles* du catholicisme, telles qu'elles sont définies par le concile de Trente, ne renverse les fondements de la foi tels que les reconnaissent les protestants eux-mêmes et n'a pu être un motif légitime de séparation. Il ne dissimule rien, quoi qu'on en ait dit; mais il retranche d'autorité une partie des difficultés et aborde les autres, non pas en les voilant, mais en y jetant au contraire la plus vive lumière. Ce qu'il y a, dans son *Exposition*, de plus dur, de plus contraire au sentiment et à la raison, par exemple la condamnation des enfants morts sans baptême, qui fait dépendre d'un signe tout extérieur et de la négligence d'autrui le sort éternel d'une âme, ne saurait affaiblir son argumentation vis-à-vis du calvinisme genevois, qui, dépassant Calvin, accepte maintenant cette sinistre croyance.

L'*abjuration* de Turenne, en 1668, eut un retentissement immense. Une foule d'autres la suivirent, parmi lesquelles on remarque celles du célèbre littérateur Pellisson et du prince de Tarente, chef de la maison de La Trémoille [1]. La Réforme ne comptait quasi plus dans ses rangs un seul descendant de ces grandes familles féodales qui avaient livré tant de combats pour elle.

---

1. Montausier, le gouverneur du dauphin, avait aussi abjuré le protestantisme vant d'épouser mademoiselle de Rambouillet.

Les ministres protestants avaient crié d'abord que le catholicisme de Bossuet n'était pas le catholicisme de Rome, que l'*Exposition* serait condamnée par le pape. L'*Exposition*, qui avait quelque temps circulé inédite, fut publiée en 1671. Rome eut la sagesse de l'approuver. C'était une grande résolution de sa part : c'était accepter le terrain du dogme tel que le circonscrivait maintenant le gallicanisme et renoncer implicitement à imposer ses prétentions comme articles de foi [1]. La ratification des doctrines de Bossuet par le saint-siége enleva un argument puissant aux réformés et servit à motiver ou à colorer nombre de conversions.

Il resta aux réformés la ressource d'attaquer la sincérité et le désintéressement des défectionnaires. La faveur exclusive qu'un monarque tout-puissant témoignait aux catholiques, les encouragements de tout genre prodigués aux convertis, ne rendaient ces inculpations que trop vraisemblables, même dans cette première période du règne où le pouvoir s'abstenait de violences matérielles et où le trafic des consciences gardait encore quelque pudeur. Cependant il y aurait certainement injustice à ne voir partout que mensonge et corruption dans cette réaction orthodoxe. Quoique ce *ne soit pas* chose facile que de lire dans la conscience des hommes, qui n'y lisent pas toujours bien clairement eux-mêmes, on ne doute pas volontiers de la sincérité d'un Turenne, et sa *conversion* s'explique assez naturellement par une transformation graduelle d'opinion qu'on suit pas à pas dans son histoire, sans qu'on y veuille chercher des intérêts d'ambition et de famille. L'histoire de Turenne est celle de beaucoup d'autres. Les ardentes passions du xvie siècle une fois apaisées et la discussion redevenue plus calme, l'insuffisance des bases originaires de la Réforme avait commencé d'apparaître. Elle ne se trouvait plus en état de maintenir sa position primitive contre le retour offensif le plus redoutable qu'elle eût jamais eu à repousser. Bossuet, sans doute, ne donnait ni ne pouvait donner satisfaction aux sentiments, aux aspirations intimes qui avaient soulevé le grand mouvement du

---

1. On se rappelle que Rome et la France avaient été plus d'une fois sur le point de se déclarer réciproquement hérétiques pour les questions de la suprématie du pape ou du concile, de l'infaillibilité et de l'autorité temporelle du pape.

protestantisme, mais il en détruisait les résultats formulés, la construction logique, et démolissait pierre à pierre la contrefaçon d'église infaillible essayée à Genève. Quand les ultramontains, au nom de la souveraineté spirituelle et de l'infaillibilité du pape, attaquaient la réforme sur sa nouveauté, elle pouvait leur répondre : « Vous aussi, vous êtes nouveaux ; car les premiers siècles de l'église n'ont pas connu vos doctrines ! » Mais, si ces questions se trouvent rejetées parmi celles que n'a point décidées l'église et dont on peut disputer dans les écoles, l'argument tombe : il reste, en face du protestantisme nouveau-né, la grande et ancienne église, une dans ses dogmes fondamentaux, dans sa discipline générale et dans sa tradition ininterrompue, quoique divisée sur des points secondaires [1]. Bossuet pousse ses adversaires dans ce dilemme, ou de se soumettre à l'église, comme à la seule autorité solidement établie [2], ou de proclamer la négation de toute autorité visible, du moins de toute autorité infaillible, et l'émancipation de la conscience individuelle. La majorité de l'école arminienne prenait de plus en plus franchement ce dernier parti, au delà duquel Bossuet voyait poindre avec anxiété l'affranchissement de la lettre biblique, la souveraineté de la raison et de la conscience, le déisme et la religion naturelle [3]. Quelques arminiens et beaucoup de calvinistes partageaient l'effroi du docteur catholique et préféraient le parti de la soumission.

Outre ces raisons théologiques, les succès du catholicisme et les pertes de la réforme s'expliquent encore par la tendance générale de la société française de ce temps vers l'unité, grand mouvement inverse de celui du XVIe siècle. Cette unité était au moins aussi

1. Ou réputés tels ; car ces points sont capitaux pour les conséquences. Ces questions « dont on peut disputer dans les écoles » ne sont pas des problèmes abstraits de métaphysique ou de théologie ; ces questions sont de celles dont les solutions opposées renversent ou fondent les sociétés. Il ne s'agit là de rien moins que de savoir à qui appartient le monde.
2. En fait, il restait cependant à établir que le concile de Trente avait été œcuménique, tâche difficile.
3. « Quand on s'attache, ou tout à fait à la foi, comme font les catholiques, ou tout à fait à la raison humaine, comme les *infidèles*, on peut établir une suite, et faire comme un plan uni de doctrine ; mais, quand on veut faire un composé de l'un et de l'autre, on tombe dans des opinions dont les seules contrariétés font voir la fausseté toute manifeste. » — *Exposition de la doctrine de l'Église catholique;* ap. Œuvres de Bossuet, édit. Didot, t. I, p. 731.

monarchique que religieuse, et c'était vers la religion du roi tout autant que vers celle de l'église qu'on se sentait attiré. L'esprit de nationalité, plus ardent que réfléchi, qui exaltait la France, se précipitait vers la personnification brillante qui lui offrait Louis XIV et, sans débattre la théorie du pouvoir absolu, acceptait complaisamment la forme passagère dont le Grand Roi pensait pour toujours envelopper cet esprit destiné à bien d'autres phases.

Que ne s'est-on toujours contenté, dans la querelle religieuse, de cette controverse si digne, si grave, si modérée, si charitable même dans ses éloquentes attaques, si glorieuse à Bossuet et à toute l'église gallicane! Qui eût pu croire, à lire des écrits qui présentent un tel contraste avec la sauvage polémique du xvie siècle, qu'on fût à la veille du retour des persécutions!

Et pourtant, c'est la théorie du grand docteur gallican qui pousse vers cet abîme! Si l'on croit que la violence soit légitime, bien que la douceur soit meilleure, on sera invinciblement entraîné à la violence. Qui décidera de sa *nécessité*, si ce n'est la passion et l'orgueil qu'irrite toute résistance?

Louis XIV, d'abord retenu par Colbert et par sa propre raison, voudrait arrêter ou ralentir du moins l'impulsion qui l'emporte sur cette pente redoutable. Mais la raison pratique, quand elle n'a pas le génie pour flambeau, est bien faible pour lutter contre l'impérieuse logique des principes, et surtout des principes renforcés par les passions! Il faudrait opposer aux principes de Bossuet les principes de L'Hospital et de Henri IV; or, Louis XIV n'y croit pas. Richelieu lui-même a respecté la liberté religieuse plutôt en patriote qu'en philosophe; plutôt parce que la violation en eût été fatale à la France que parce que cette violation eût été contre le droit. Le même motif de maintenir l'édit de Nantes subsiste; l'œil d'aigle de Richelieu ne s'y fût pas trompé; l'œil de Louis XIV s'y trompera un jour! L'illusion des succès obtenus l'enveloppera peu à peu et lui voilera les obstacles quant à la consommation de l'œuvre. Louis s'engagera de plus en plus au delà de ses plans primitifs : les moyens d'action deviendront toujours plus condamnables; l'achat des conversions, réglé, tarifé, deviendra une branche de l'administration publique, sous la direction du converti Pellisson. Non-seulement l'exécution de l'édit de Nantes sera resserrée dans les plus étroites limites, mais les entraves nouvelles à l'exercice du culte, les vexations contre les personnes des réformés, se multiplieront de jour en jour. La majorité du clergé et de la magistrature excite incessamment le zèle et parfois dépasse les ordres du pouvoir royal. Une grande partie de la population est dans les mêmes sentiments : l'édit de Nantes n'avait été, pour bien des esprits, qu'une longue trêve, et ses principes n'avaient point pénétré au fond des cœurs. Beaucoup de gens concluaient de la nouvelle unité politique à l'ancienne unité religieuse, à l'unité imposée aux croyances, et la notion de la liberté de conscience était obscure dans les âmes; étrange anomalie dans un siècle où l'individualité humaine avait acquis un si prodigieux développement, dans le siècle de Descartes, et peut-être parmi ses disciples mêmes, dont une partie, suivant la lettre et non l'esprit de la Méthode, abandonnaient à l'autorité établie le domaine de la foi.

On vient de voir où marche le gouvernement de Louis XIV en ce qui regarde la religion. On verra tout à l'heure où il va dans la politique internationale. Où il va, c'est ce que n'a pas compris la France, quand elle saluait, avec un aveugle enthousiasme, la royauté reprenant de sa propre main les rênes de l'état, longtemps abandonnées aux premiers ministres. « La politique de la France moderne, conçue par un roi soldat et philosophe, qui avait dû la couronne bien moins à sa naissance qu'à son mérite, a été réalisée victorieusement par un ministre, espèce de dictateur, qui ne devait rien au hasard de la naissance, et qui, dans la plénitude de son libre arbitre, ne suivait d'autre boussole que l'intérêt de la civilisation française et faisait de la forme monarchique le moyen et non le but. Les successeurs de Richelieu, Colbert surtout, restent fidèles, autant qu'ils le peuvent, aux maximes du maître; mais, maintenant que la royauté a ressaisi l'autorité effective, la forme ne va-t-elle pas l'emporter sur le fond? D'autres intérêts ne vont-ils pas prédominer sur l'intérêt national? Les idées et les passions dynastiques ne vont-elles pas ébranler les fondements de l'admirable édifice politique élevé par la main du génie[1]?... »

1. Henri Martin; *De la France, de son génie et de ses destinées*, p. 189; 1847. —

La réponse n'est malheureusement pas douteuse, surtout quand on voit la royauté armée d'une théorie si rigoureusement logique, tandis que la politique nationale, plus pratiquée que formulée et qu'enseignée, est restée une sorte d'arcane pour la nation même '. Les passions de Louis ne se renfermeront même pas dans la théorie de Bossuet, et l'ambition du monarque débordera pardessus la politique monarchique.

Ainsi, sur cet horizon splendide du xviie siècle, montent peu à peu des nuées grosses d'orages : des éclairs encore sans foudre sillonnent l'espace ; mais les yeux de la multitude, éblouis du royal soleil, ne distinguent pas ces menaçantes lueurs : la France s'abandonne avec ivresse à la contemplation de sa gloire présente, sans songer à saisir ni à fixer les vrais principes de cette gloire, et ne sent pas que l'on commence à l'entraîner vers un avenir plein d'abîmes.

Jamais erreur fut-elle plus excusable! Comment résister à cette séduction que tous subissent et que tous contribuent à exercer? La société est comme un concert immense où toutes les parties s'associent pour former par leurs accents divers l'universelle harmonie. Chaque classe, chaque homme, donnent tout ce qu'ils peuvent donner à l'œuvre de la grandeur commune. La masse populaire, confiante dans les bonnes intentions du prince, soulagée par le bon ordre de l'administration, porte plus légèrement son fardeau et attend avec patience de l'avenir un soulagement plus grand. Le clergé, plus digne et plus éclairé qu'à aucune autre époque de notre histoire, et renfermé dans son ministère autant que le permet l'état du pays, instruit et moralise la société qu'il ne gouverne plus. La noblesse, qui a gagné en discipline non moins qu'en politesse ce qu'elle a perdu en indépendance,

---

L'*édifice politique* dont nous parlions est celui de la politique *extérieure*; il nous importe de prévenir toute équivoque.

1. L'association des nationalités sous la garantie de la France, qui est le fond de cette politique, ne s'est pas nettement dégagée de dessous l'équilibre européen, qui n'en est que l'enveloppe, et cet équilibre même est fort peu d'accord avec l'amas de prétentions sur toutes sortes de pays étrangers, entassé par les publicistes de Richelieu sous le titre de *Droits du Roi*. Richelieu, incapable de dévier du vrai but, ne voyait dans tout cela que des instruments d'intimidation diplomatique; mais Louis XIV, dans son ambition sans limite, prétendra faire un autre usage de ces dangereuses armes.

fournit la plupart des guerriers; le tiers état fournit presque tout le reste, surtout les grands administrateurs et les grands écrivains. En fait d'énergie morale et intellectuelle, de sens pratique, de force inventive et active, la bourgeoisie française est parvenue au plus haut degré de son développement : quelle bourgeoisie que celle qui a produit en un demi-siècle Colbert, Corneille, Pascal, Molière, Racine, La Fontaine, Boileau, Bossuet, Bourdaloue, Arnaud, Nicole, Domat, Fabert, Poussin, Lesueur, Le Lorrain, Lebrun, les Perrault, Puget, sans compter les hommes puissants pour le mal autant ou plus que pour le bien, les Fouquet, les Louvois [1] !

Merveilleux ensemble de la société la plus développée et la plus complète qui eût paru dans le monde depuis les anciens : vaste et vivant tableau dont l'aspect produit sur ce qui l'environne une fascination générale! Tous les peuples admirent et imitent. La langue, les modes, les idées de la France envahissent l'Europe. Les formes littéraires comme les formes du costume, comme les formes des objets d'art et de luxe, comme les habitudes de la vie, du moins dans les hautes classes, tout se met, et pour longtemps, à la française. Ce n'est pas là le souffle d'un engouement éphémère; c'est comme une atmosphère qui enveloppe peu à peu tous les objets et tous les êtres, et dans laquelle on s'accoutume à vivre.

Il est enfin conquis, ce sceptre de l'intelligence et de la civilisation qu'avait rêvé Richelieu pour la France! Pourquoi faut-il que déjà l'on s'apprête à compromettre cette bienfaisante suprématie, en poursuivant, au dehors, par d'autres moyens, une autre domination, et en abandonnant, à l'intérieur, les principes qui ont valu à la France une prospérité sans exemple!...

---

1. Descartes lui-même, enfant d'une famille de robe, appartenait plutôt, en réalité, au patriciat bourgeois qu'à la noblesse.

LIVRE LXXXII

LOUIS XIV, SUITE.

DIPLOMATIE ET GUERRE. — COLBERT, LIONNE, LE TELLIER ET LOUVOIS. — § 1. Réorganisation de l'armée. — Plans de politique extérieure. — L'Espagne reconnaît la préséance de la France. — Acquisition de Dunkerque. — Querelle avec Rome : le pape réduit à s'humilier devant Louis XIV. — Expédition contre les Barbaresques et intervention en Hongrie. — Projets sur la Belgique et la Franche-Comté. — Politique de la Hollande. Alliance avec la Hollande contre l'Angleterre. — Guerre des *Droits de la reine* · invasion de la Belgique; prise de Charleroi, de Bergues, de Furnes, de Tournai, de Douai, de Courtrai, d'Oudenarde, de Lille. — Paix de Breda, entre la France, l'Angleterre et la Hollande. — Traité secret de Louis XIV avec l'empereur Léopold pour le partage éventuel de la monarchie espagnole. — Traité conclu par la Hollande avec l'Angleterre et la Suède pour arrêter les conquêtes de Louis XIV en obligeant l'Espagne à lui faire des concessions. — Conquête de la Franche-Comté en quinze jours. — Paix d'Aix-la-Chapelle : l'Espagne cède à la France les places prises en Belgique, et Louis XIV rend la Franche-Comté. — § 2. Ressentiment de Louis XIV contre la Hollande : vastes négociations pour isoler cette république et préparer sa ruine.— L'influence de Colbert diminue. — Louis XIV aspire secrètement à l'Empire. — Traité avec l'Angleterre contre la Hollande. Grands préparatifs. — Affaires du Levant. Expédition de Candie. Projet de Leibniz pour détourner les armes françaises de la Hollande sur l'Égypte. Ce plan est écarté. Louis XIV déclare la guerre à la Hollande (1661-1672).

1661 — 1672.

§ 1.

LA GUERRE DES DROITS DE LA REINE.

1661-1668.

Après avoir étudié l'administration, la politique intérieure, les idées et les mœurs, les lettres et les arts pendant la première période du gouvernement de Louis XIV, il reste à suivre ce gouvernement dans ses rapports avec les peuples et les cabinets étrangers pendant le même laps de temps, c'est-à-dire jusqu'à la grande guerre qui bouleversa la politique européenne et changea les destinées de la France.

Louis, au moment où il saisit le pouvoir, jette sur l'Europe ce même regard pénétrant et ferme qu'il a plongé jusque dans les entrailles de la France. Prendre le traité des Pyrénées, non comme un but atteint par la monarchie française, mais comme un point de départ vers des agrandissements ultérieurs aux dépens de la monarchie espagnole, telle est la pensée qui s'empare tout d'abord de Louis, et qui devient le premier principe de sa politique extérieure. Cette pensée, si elle se contient dans de certaines limites, n'est encore que la continuation de la politique nationale, puisque la France n'a point atteint, par le traité des Pyrénées, les bornes de son développement naturel et que l'Espagne détient encore plusieurs provinces sur le sol gaulois. Au point de vue du droit positif, les arguments ne manquent point aux prétentions du jeune roi : l'Espagne, qui s'affaisse de plus en plus sous un gouvernement énervé, dont la caducité semble avoir perdu toute mémoire et toute prévoyance, l'Espagne a commis l'imprudence de ne pas payer, dans les délais convenus, la dot moyennant laquelle la fille aînée de Philippe IV a renoncé à l'héritage paternel en donnant sa main au roi de France. Louis XIV et son épouse, de leur côté, n'ont pas renouvelé la renonciation stipulée par le traité.

Louis, certain que les motifs ou les prétextes d'agir ne lui failliront point au besoin, attend avec impatience l'occasion des grandes choses et s'y prépare en organisant, durant la paix, les ressources de la guerre. On a déjà dit quels instruments admirables lui avaient laissés le précédent gouvernement. Colbert, de la même main qui organisait toute l'économie de la France, pesait encore puissamment sur la diplomatie par le commerce et la marine, et sur l'administration militaire par les finances, par les fonds des approvisionnements et des fortifications, par les mesures d'ordre et de discipline, par le règlement des rapports entre le soldat et le citoyen. Lionne n'avait pas de rival en Europe pour la conduite des négociations. Le secrétaire d'état de la guerre, Le Tellier, qui partageait avec Colbert le soin des affaires de l'intérieur, portait dans son ministère spécial le même ordre et la même vigueur que Colbert dans le reste de l'administration, et se préparait un aide et un successeur dans son fils, depuis si fameux sous le nom de marquis de Louvois. Le jeune Louvois, associé de très-bonne heure à son père, eut le département de la guerre en 1666, Le Tellier restant au conseil comme ministre d'état.

On travaille à consolider la domination française sur les pays nouvellement acquis, en attendant qu'on en acquière d'autres. Les conseils souverains des pays réunis à la France sont changés en présidiaux ressortissant aux parlements voisins. Les principaux emplois sont donnés à des Français choisis parmi l'élite des officiers royaux. Le roi s'entend avec les chefs de l'église pour rompre tout lien temporel entre les personnes et les biens ecclésiastiques des pays réunis et les autorités étrangères. Il obtient enfin le serment des dix villes impériales d'Alsace, qui l'avaient jusqu'alors refusé [1].

L'armée de terre est reconstituée sur un nouveau pied. Aussitôt après la conclusion du traité des Pyrénées, l'armée avait été réduite à moins de soixante-douze mille hommes par le licenciement de plus de la moitié des compagnies; mais Louis trouve moyen de garder à son service, en grande partie, les officiers des corps licenciés : il remplit de ces hommes d'élite, en leur donnant une haute paie, les corps de cavalerie qui composent la *maison du roi* (gardes du corps, mousquetaires, gens d'armes) et dont Le Tellier fait sortir, par l'établissement d'une discipline plus rigide, tout ce qui n'est pas véritablement militaire. Des fermiers, des paysans aisés, achetaient des places dans ces corps pour se faire exempter de la taille, puis achetaient l'exemption du service effectif. Cet abus est rendu impossible, et la maison du roi, portée de deux mille cinq cents à trois mille deux cents cavaliers, devient un corps modèle et une pépinière d'officiers [2]. Les mortes-paies,

---

1. *OEuvres* de Louis XIV, t. I, *Mém.*, p. 78.
2. L'infanterie de la garde royale s'élevait à six mille hommes, tant gardes françaises que gardes suisses. — Il y a une lettre de Colbert au roi, du plus haut intérêt, sur cette question des corps privilégiés, qui tient une si grande place dans le système militaire des monarchies. Le ministre patriote, à propos de l'accroissement et de la somptueuse tenue de ces corps, se prononce nettement contre le principe des gardes royales, au nom de l'unité de l'armée. « La prodigieuse différence qui se trouvera entre ces troupes et celles des armées abattra le cœur des officiers de l'infanterie et de la cavalerie et les minera. Ces troupes seront regardées comme l'objet particulier

soldats impotents et inutiles, qui formaient les petites garnisons de l'intérieur, sont supprimées : les passe-volants, soldats postiches que les capitaines faisaient paraître les jours de revue et disparaître le lendemain, disparaissent définitivement, dès que tout maniement de fonds et toute fourniture ont été enlevés aux chefs militaires, et le ministre de la guerre connaît enfin avec certitude de combien d'hommes il peut disposer : il n'y a plus que de vrais soldats sous les drapeaux. L'établissement de l'uniforme, au moyen de retenues sur la solde, établit définitivement la bonne tenue et l'unité des divers corps, et rend la surveillance bien plus facile et la répression des excès soldatesques plus efficace. Toute l'Europe imite bientôt la France à cet égard comme à tant d'autres. Une bonne organisation des inspections militaires complète l'œuvre, en même temps qu'une autre innovation, la plus décisive de toutes, consomme la révolution qui tendait à concentrer aux mains des ministres toute l'autorité auparavant éparse entre une foule de fonctionnaires, depuis les grands officiers de la couronne jusqu'aux simples capitaines de compagnies. Dans l'infanterie, par exemple, tous les chefs de compagnies tenaient leurs pouvoirs du colonel-général de l'infanterie et non du ministre : les capitaines, à leur tour, choisissaient les officiers inférieurs. La charge de colonel-général de l'infanterie est supprimée en 1661, à la mort du duc d'Épernon, fils du fameux favori de Henri III : les chefs de régiments, revêtus du titre de colonel, ne sont plus seulement les premiers entre les capitaines, et le régiment, non plus la compagnie, devient et reste la véritable *unité*, ce qui donne à l'infanterie, formée en groupes plus compactes, une plus solide organisation. Les régiments, à leur tour, sont au besoin groupés en brigades. D'une autre part, on les subdivise en bataillons de campagne et bataillons de réserve. Le roi, afin de relever l'infanterie française, donne les charges de colonels aux jeunes gens « les plus qualifiés de la cour, » autant qu'il les en reconnaît capables, et oblige à servir d'abord dans l'infanterie

de l'amitié et de la dépense du roi, ce qui causera de mauvais effets dans l'esprit des autres troupes, qui composeront assurément le plus grand nombre. » — Monthion, *Particularités sur les ministres des finances*, p. 75. — Colbert ne fut pas écouté et ne pouvait guère l'être.

tous ceux qui aspirent aux emplois plus recherchés de la cavalerie. Brigadiers, colonels, capitaines, lieutenants, enseignes, tout est désormais à la nomination du ministre. Il en est des places fortes comme des régiments. Les gouverneurs des places fortes se voient enlever le choix de leurs subordonnés, en même temps que les gouverneurs et les lieutenants-généraux des provinces voient leur autorité presque entièrement annulée par celle des intendants, ces puissants agents ministériels qui envahissent toutes les attributions et deviennent des espèces de proconsuls sous le suprême pouvoir du conseil du roi. Alors seulement la centralisation moderne est véritablement fondée [1].

Un effectif de soixante-douze mille hommes étant évidemment insuffisant pour faire face aux éventualités, on recommence à grossir peu à peu l'armée de terre par des levées exécutées sans bruit.

Quant à l'armée de mer, qui n'existait plus et qui n'avait jamais été organisée sur un plan régulier et permanent, on a exposé ailleurs [2] les grandes choses faites pour la créer.

Lorsque Louis reçoit des mains mourantes de Mazarin les rênes de l'état, l'Europe est en paix, si ce n'est sur quelques points extrêmes : c'est la Hongrie, que les Turcs, relevés de leur décadence prématurée par deux énergiques visirs, les Kiouprougli, le père et le fils, menacent d'arracher totalement à l'empire autrichien : c'est la vieille Crète, que Venise dispute pied à pied à ces mêmes Othomans; c'est, enfin, le Portugal; pour la ruine duquel l'Espagne rassemble le peu qui lui reste de passion et de ressources.

---

1. *OEuvres* de Louis XIV. *Mémoires et Instructions*, t. I, p. 57-197-206; — t. II, p. 11-21-77-92. — *Anciennes Lois françaises*, t. XVII, p. 406; t. XVIII, p. 93-192-369. — *Mém.* de Bussi-Rabutin, t. II, p. 169. — Quinci, *Histoire militaire de Louis le Grand*, t. I, p. 254. — A propos de l'armée et des mœurs militaires, c'est le lieu de faire une remarque assez intéressante sur les duels sous Louis XIV. Les sévères ordonnances promulguées, les médailles frappées pour célébrer l'*extinction* de cette *fureur homicide*, ne doivent pas faire illusion : les duels devinrent plus rares, moins bruyants et moins scandaleux, mais ne disparurent pas. Louis XIV lui-même pensait autrement, sur cette matière, comme homme que comme législateur, et n'eût pas souffert dans sa maison un officier qui n'eût pas relevé certaines insultes. Seulement il fallait que le duel passât pour rencontre fortuite. *V.* Lémontey, t. V, p. 46.

2. *V.* ci-dessus, p. 128-132.

Louis donne d'abord au Portugal la meilleure part de son attention : il pense que la monarchie espagnole, dont il ne connaît pas bien encore tout l'épuisement, se relèvera et redeviendra dangereuse pour la France, si elle recouvre le Portugal, et il se confirme dans la résolution, déjà prise sous Mazarin, de secourir sous main les Portugais en dépit du traité des Pyrénées. Il travaille à engager l'Angleterre dans le même dessein, et parce qu'il ne croit pas pouvoir agir seul assez efficacement, ne pouvant fournir qu'une assistance secrète, et parce qu'il juge essentiel à ses vues sur la Belgique de brouiller l'Angleterre avec l'Espagne. Des négociations à ce sujet avaient été entamées dès 1660 par Turenne, avec le consentement de Mazarin : un général allemand au service de la France, le comte de Schomberg[1], avait été proposer au roi d'Angleterre Charles II, nouvellement restauré, d'épouser la sœur du roi de Portugal, puis était allé conduire à Lisbonne une troupe d'officiers et de soldats d'élite, licenciés tout à point par Louis XIV. Le 30 mars 1661, quelques jours après la mort de Mazarin, le jeune frère de Louis XIV, Philippe de France, avait épousé Henriette d'Angleterre, sœur de Charles II, et reçu en cadeau de noces le duché d'Orléans. Un second traité de mariage fut signé le 23 juin entre Charles II et l'infante du Portugal; une riche dot en argent était assurée au monarque anglais, avec la cession de Tanger en Afrique et de Bombay dans l'Inde.

Étranges vicissitudes de l'histoire! Combien le regard de l'homme d'état le plus pénétrant est borné et perd facilement de vue les grandes lignes de la politique pour s'aheurter aux accidents du chemin! Mazarin et Turenne ralliant le Portugal à l'Angleterre et appelant les Anglais dans le détroit de Gibraltar[2]! Il est permis toutefois de penser que Richelieu ne l'eût pas fait.

Le gouvernement français ménage ensuite un accommodement

---

1. D'une autre maison que les deux maréchaux de Schomberg dont il a été question dans cette histoire. Ces premiers Schomberg, éteints en 1656, étaient d'origine saxonne ; l'autre Schomberg (ou plutôt Schœnberg) était originaire de l'électorat de Trèves ; les ruines pittoresques du château de Schœnberg se voient encore au bord du Rhin.

2. Cette première fois, ils ne s'y maintinrent pas : Charles II ne sut que faire de Tanger et l'évacua dès 1668, rebuté par la dépense de l'entretien et par les hostilités des Maures. *V.* Burnet, *Histoire des révolutions d'Angleterre*, t. I, p. 409, trad. franç.; La Haie; 1727.

entre le Portugal et la Hollande, qui avait bien de la peine à renoncer au Brésil reconquis par les Portugais, et à cesser ses courses fructueuses contre la marine portugaise de l'Inde. Le traité du 6 août 1661 accorde aux Provinces-Unies le droit de trafiquer entre le Portugal et le Brésil et de faire le commerce direct dans les possessions portugaises d'Afrique; les Hollandais sont admis de la sorte à une partie des avantages commerciaux que s'étaient arrogés les Anglais par le traité que Cromwell avait imposé aux Portugais.

Louis XIV envoie en outre chaque année d'assez forts subsides au Portugal et fournit la solde d'une partie des troupes que Charles II expédie au secours de son beau-frère Alphonse.

Après avoir assuré la protection du Portugal et compromis l'Angleterre vis-à-vis de l'Espagne, Louis et ses ministres avisent aux moyens d'empêcher que la Hollande ne se lie avec le cabinet de Madrid pour la protection éventuelle de la Belgique. Les rapports de la France avec la Hollande avaient été assez aigres sous Mazarin, depuis que, dans les grandes négociations de Westphalie, les Provinces-Unies avaient traité avec l'Espagne sans la France. Mazarin avait laissé les corsaires français enlever en quelques années plus de trois cents bâtiments de commerce hollandais, sans vouloir en faire justice[1], et, le célèbre Ruyter ayant pris en représailles deux navires de guerre français, on en était venu à un embargo réciproque en 1657. Comme cependant on ne voulait la guerre ni de part ni d'autre, on avait fini par se rapprocher, avec promesse de conclure un nouveau traité de commerce et de navigation; mais, sur ces entrefaites, l'établissement du droit de 50 sous par tonneau dans les ports de France en 1659 avait renouvelé au plus haut point le mécontentement des Hollandais. Après de longs débats, le gouvernement français consentit enfin à réduire de moitié le droit de 50 sous pour les navires hollandais, et un traité de commerce et d'alliance défensive fut signé le 27 avril 1662. Les deux parties se garantirent mutuellement tous leurs droits et possessions sur terre et sur mer, et spécialement le droit de pêche, article instamment réclamé par

---

1. On prétend qu'il était intéressé dans les prises.

les Hollandais et qui devait être peu agréable aux Anglais; l'Angleterre, en vertu de sa prétendue souveraineté sur les mers *britanniques*, contestait à la Hollande le droit de pêche dans les parages si poissonneux de l'Écosse[1]. Louis XIV n'était nullement disposé à reconnaître l'arrogante suprématie maritime de l'Angleterre et, si désireux qu'il fût de lier Charles II à sa politique, il n'entendait point payer si cher l'alliance anglaise. Il venait d'avoir un vif débat avec le gouvernement anglais sur la question du pavillon. L'on sait que l'Angleterre prétendait obliger tous les pavillons étrangers à s'abaisser devant le sien, dans les mers dont elle est environnée et même sur le grand Océan; lorsqu'un rapprochement s'opéra entre Louis XIV et Charles II à l'occasion du Portugal, on chercha un tempérament pour éviter les conflits entre les deux marines. Le cabinet anglais l'ayant pris sur un ton un peu trop superbe, Louis écrivit, à son ambassadeur à Londres, une lettre magnifique de résolution et de fierté.

« Le roi mon frère, ni ceux dont il prend conseil, ne me connoissent pas encore bien, quand ils prennent avec moi des voies de hauteur et d'une certaine fermeté qui sent la menace. Je ne connais puissance sous le ciel qui soit capable de me faire avancer un pas par un chemin de cette sorte, et il me peut bien arriver du mal, mais non pas une impression de crainte... C'est à moi à faire par ma conduite qu'ils ne demeurent pas longtemps en de semblables erreurs... Je prétends mettre bientôt mes forces de mer en tel état, que les Anglois tiendront à grâce que je veuille bien alors entendre à des tempéraments touchant un droit qui m'est dû plus légitimement qu'à eux. Le roi d'Angleterre et son chancelier peuvent bien voir à peu près quelles sont mes forces, mais ils ne voient pas mon cœur... Je saurai bien soutenir mon droit, quoi qu'il en puisse arriver[2]. »

Le gouvernement anglais, sans se désister formellement de ses prétentions, céda sur le point de fait[3] : Louis ayant fait passer cette année-là une escadre de l'Océan dans la Méditerranée, on convint que les deux marines éviteraient, autant que possible, de

---

1. Dumont, *Corps diplomatique*, t. VI, 2ᵉ part., p. 412. — *Vie de Ruyter*, t. I, p. 33 et suiv.; La Haie, 1679.
2. Œuvres de Louis XIV, t. V, *Lettres particulières*, p. 67 ; 25 janvier 1662.
3. *V.* une lettre de Colbert, citée par M. P. Clément, *Histoire de Colbert*, p. 317.

se rencontrer en pleine mer et qu'en cas de rencontre, on ne saluerait ni de part ni d'autre.

Louis XIV parvint à raccommoder, au moins pour un moment, l'Angleterre et la Hollande, et, de même qu'il avait détourné la Hollande de garantir la Belgique à l'Espagne, il réussit à détourner les Suisses de garantir la Franche-Comté et à resserrer plus étroitement que jamais la vieille alliance de la France avec les cantons helvétiques, qui promirent expressément de subordonner toute autre alliance à celle de leur plus ancienne alliée (4 septembre 1663)[1]. On remarque que, dans ce traité, Louis reprend les vieux titres de duc de Milan, comte d'Asti et seigneur de Gênes.

En même temps qu'il faisait jouer tous ces ressorts, afin que l'Espagne se trouvât isolée en cas de rupture, Louis avait engagé des négociations avec le cabinet de Madrid pour tâcher d'atteindre son but à l'amiable, c'est-à-dire de faire annuler la renonciation de sa femme à l'héritage paternel (juin 1661). Le jeune frère de la reine de France, l'héritier des couronnes espagnoles, mourut sur ces entrefaites, ce qui rendait la question tout à fait imminente; mais, quelques jours après, la reine d'Espagne mit au monde un autre fils, débile créature, espèce d'enfant vieillard, qui ne devait jamais devenir homme et avec qui devaient achever lentement de mourir et la race et la monarchie de Charles-Quint (1er-6 novembre 1661).

Au moment où naquit le nouvel infant d'Espagne, un incident, qui s'était produit en dehors de la négociation, menaçait d'amener la reprise immédiate des hostilités. Il s'agissait encore là d'une question de préséance comme dans l'affaire du pavillon. La couronne de France avait toujours tenu le premier rang en Europe après la couronne impériale. Au traité des Pyrénées, Mazarin, assez peu soucieux de l'étiquette, avait accepté l'égalité de fait, dans le cérémonial, entre la France et l'Espagne. Depuis, les ambassadeurs des deux couronnes évitaient de se rencontrer dans les cours étrangères. Rien de mieux que l'égalité, si elle eût été admise partout et entre tous les états; mais, dès qu'il y avait des rangs, il fallait garder le sien. Louis ne voulut plus de moyens

---

[1]. Dumont, *Corps diplomatique*, t. VI, 2e part., p. 473.

termes, et prescrivit à ses ambassadeurs de prendre le pas dans toutes les cérémonies sur les représentants de l'Espagne. Le cabinet espagnol, de son côté, n'entendait pas céder. La querelle éclata à Londres, où Philippe IV, malgré les engagements de Charles II avec le Portugal, entretenait encore un ambassadeur. Le jour de l'entrée d'un envoyé de Suède, une lutte à main armée, préméditée des deux parts, s'engagea entre l'escorte du comte d'Estrades, ambassadeur de France, et celle du baron de Vatteville, envoyé de Philippe IV. La populace de Londres, entraînée par les pistoles de Vatteville moins encore que par sa vieille antipathie contre les Français, intervint et décida la victoire en faveur des Espagnols, non pas sans qu'il leur en coûtât du sang. Le carrosse de d'Estrades fut brisé : plusieurs de ses gens furent tués; beaucoup d'autres, et son fils même, furent blessés, et Vatteville promena dans Londres la préséance triomphante de l'Espagne (10 octobre 1661).

Frivole triomphe, qui pouvait coûter cher ! A cette nouvelle, Louis XIV enjoignit à l'ambassadeur d'Espagne de quitter la France et à l'ambassadeur français en Espagne d'exiger le châtiment de Vatteville, avec une réparation qui rendît « de pareilles entreprises » dorénavant impossibles. Il signifia au cabinet de Madrid qu'il saurait bien se faire justice à lui-même, si on ne la lui faisait pas.

Toute la fierté du cabinet espagnol tomba devant la menace d'une guerre qu'il se sentit incapable de soutenir. Philippe IV essaya de couvrir sa retraite en écrivant à sa fille qu'il aimait son gendre comme son propre fils et qu'étant le plus vieux, c'était à lui d'être le plus sage. Vatteville fut rappelé, exilé à Burgos, et un ambassadeur extraordinaire vint déclarer à Louis XIV que les représentants de l'Espagne s'abstiendraient désormais de *concourir* avec les ambassadeurs français en toutes les cérémonies publiques auxquelles ceux-ci assisteraient. Louis prit acte, en présence de tout le corps diplomatique, de ce que le Roi Catholique avait donné ordre à ses ambassadeurs de céder le rang en toute occasion à ceux du roi de France (24 mars 1662) [1].

---

1. Dumont, *Corps diplomatique*, t. VI, 2ᵉ part., p. 403. — *Œuvres* de Louis XIV, t. I, *Mém.*, p. 118. — La Hodde, *Histoire de Louis XIV*, t. III, p. 26.

Les relations amicales, ou censées telles, furent donc renouées. Tandis que Louis visait à faire annuler la renonciation de sa femme, le cabinet espagnol tâchait, de son côté, d'amener la France à se joindre à lui contre l'Angleterre et le Portugal. Louis, qui venait d'unir de sa propre main les maisons de Stuart et de Bragance, ne repoussa pourtant pas les avances de l'Espagne et fit entendre qu'il pourrait accepter, si on lui offrait un motif suffisant pour le justifier, aux yeux du monde, d'entrer en guerre sans aucun sujet contre ses amis et alliés, comme il le dit assez naïvement [1]. Il demanda que la renonciation de sa femme fût déclarée nulle et qu'on lui assurât de plus des avantages immédiats, c'est-à-dire une concession territoriale, telle que la Franche-Comté et une partie des Pays-Bas Catholiques. A la rigueur, il autorisa son ambassadeur à ne pas insister sur ce qui regardait la renonciation, si des avantages suffisants lui étaient accordés du côté de la Belgique, et il invoqua pour la première fois, dans le cours de ces pourparlers, ses prétentions à revendiquer plusieurs provinces des Pays-Bas comme appartenant à la France, en vertu du droit de dévolution [2]. Philippe IV consulta ses théologiens sur la validité de la renonciation imposée à sa fille, puis répondit enfin négativement, tant sur ce point que sur les cessions territoriales (août 1662). C'était déjà quelque chose que d'en être arrivé à faire débattre cette question et à surprendre des signes d'hésitation parmi les principaux membres des conseils d'Espagne. Dans ses conférences avec l'archevêque d'Embrun, ambassadeur de France, le ministre Medina-Sidonia, un des successeurs de don Luis de Haro, avait posé le cas où, la renonciation de la reine de France étant annulée et l'infant venant à mourir, il faudrait aviser à ce que les deux couronnes ne pussent être réunies sur la même tête.

On ne pouvait donc pas dire que la négociation eût été inutile. Louis, s'il n'avait rien obtenu, avait pris date pour ses prétentions de toute nature et frappé aux portes de l'avenir.

La France continua d'assister le Portugal, qui se défendait avec

---

1. Mignet, *Succession d'Espagne*, t. I, p. 102.
2. Mignet, *Succession d'Espagne*, t. I, p. 173. — Sur le droit de dévolution, *V.* notre t. XII, p. 512.

les plus brillants succès contre les efforts de l'Espagne : la monarchie espagnole épuisait les restes de ses forces dans cette guerre malheureuse, où elle avait grand'peine à préserver son propre territoire, tandis que la France, sa victorieuse rivale, prospérait et grandissait chaque jour aux yeux des nations éblouies. L'affaire de Vatteville avait révélé Louis XIV à l'Europe. D'autres événements rehaussèrent encore l'opinion qu'on avait conçue du jeune monarque et de sa politique.

En 1662, Louis essaya d'arrondir le royaume à l'est et de fermer la trouée que formait encore la Lorraine entre notre vieille Champagne et les nouvelles provinces françaises des Trois-Évêchés et de l'Alsace. Les duchés de Lorraine et de Bar n'avaient été rendus au duc Charles IV, en 1661, que sous la condition qu'il ne relèverait pas les remparts de ses villes, qu'il n'aurait qu'une seule place forte, Marsal, et que les troupes françaises garderaient chez lui droit de passage. La Lorraine était donc sous la main de la France, mais elle n'était pas française. Louis voulait davantage. Il fit exploiter habilement par Lionne l'humeur mobile du vieux duc, qui vivait mal avec sa famille. Lionne décida le duc à signer un traité par lequel il cédait au roi ses deux duchés, moyennant 700,000 livres de rente viagère, 300,000 de rente reversible sur qui bon lui semblerait, l'extinction de ses dettes et de celles de ses devanciers, et, pour les princes de sa maison, le titre et les droits de princes du sang de France à prendre rang après les princes du sang actuellement existants (6 février 1662). Les ducs et pairs réclamèrent contre la barrière qu'on élevait entre les princes lorrains et eux ; le vieux chancelier Séguier prétendit que le roi « ne pouvoit faire de princes du sang qu'avec la reine. » Le traité n'en fut pas moins enregistré au parlement en lit de justice ; mais les lettres de jussion portaient que les princes lorrains n'entreraient en jouissance de leurs nouveaux droits qu'après avoir tous adhéré à la cession de la Lorraine. Cette condition ne fut pas remplie. Le frère et le neveu de Charles IV refusèrent leur ratification. Le duc lui-même, selon son habitude, voulut défaire, le lendemain, l'œuvre de la veille, et rappela son neveu à sa succession[1]. Le roi, de son côté, soutint que le traité ne pouvait être

1. Ce fut dans un acte fort bizarre que ce rappel eut lieu, à savoir dans le contrat

invalidé par l'opposition des tiers et réclama, aux termes de ce pacte, la remise de Marsal, l'unique forteresse du duc Charles. Celui-ci gagna le plus de temps qu'il put; Louis perdit patience et fit marcher un corps d'armée sur Marsal. Le duc plia devant la nécessité et livra Marsal, à condition que le reste de ses états lui serait rendu, d'après les bases du traité de 1661 : le traité de 1662 fut ainsi en quelque sorte implicitement annulé, et le roi, ajournant la réunion de la Lorraine, se contenta d'en avoir complété l'assujettissement (31 août 1663).

Un autre dessein de Louis XIV, pour l'agrandissement de la France, eut un succès plus complet. C'était avec un vif sentiment de regret et d'inquiétude que Louis voyait aux mains des Anglais cette belliqueuse Dunkerque, enlevée à la France par les désordres de la Fronde. Ses rapports avec Charles II, à propos des affaires de Portugal, lui avaient permis d'étudier à fond la situation de la restauration anglaise et le caractère personnel du Stuart restauré. Malgré la munificence dont le parlement avait usé envers la couronne dans les premières effusions de la restauration, la situation financière eût été difficile, même pour un prince sage, à cause des charges que la révolution avaient léguées à la royauté. Pour le prodigue et dissolu Charles II, la situation était impossible. Ne pouvant se contenir dans les bornes étroites de sa liste civile, lui, ses favoris et ses maîtresses, il eût été chercher jusqu'en enfer l'or que ses sujets lui mesuraient d'une main trop parcimonieuse. L'ambassadeur français, d'Estrades, avait le *mot* de Louis XIV et prépara le terrain, mais n'eut pas la peine de faire les avances. Charles II, qui avait déjà dévoré la dot de sa femme, la princesse de Portugal, prit les devants et proposa de vendre à la France Dunkerque et ses dépendances, qui, disait-il, lui coûtaient trop à entretenir. Il en demandait douze millions : il se rabattit enfin à cinq, et le traité fut signé le 27 octobre 1662. Il était temps : le lord-maire et les *aldermen* de Londres, informés

---

de mariage du duc avec la fille d'un apothicaire de Paris. Le vieux Charles IV s'était follement épris de cette jeune personne et, pour engager son frère à figurer dans le contrat, il révoqua ce qu'il avait fait au détriment de son neveu. Le roi empêcha ce singulier mariage en faisant enfermer la demoiselle dans un couvent par lettre de cachet (*V.* les divers traités dans Dumont, t. VI, 2ᵉ part., et *OEuvres de Louis XIV*, t. I, *Mémoires et Instructions*, p. 160).

de la négociation, avaient décidé d'offrir à Charles II, au nom de leur cité, tout ce qu'il voudrait pour ne point aliéner Dunkerque. Charles n'osa retirer sa parole, ce qui eût été, comme le lui dit d'Estrades, rompre pour jamais avec Louis XIV, et Louis fit joyeusement, le 2 décembre, son entrée dans sa bonne ville, reconquise par l'or et non par le fer[1].

Louis s'éleva dans l'opinion de la France de tout ce que perdit Charles dans l'opinion de l'Angleterre. Les Anglais ne pardonnèrent point aux Stuarts d'avoir aliéné ce nouveau Calais, dû au génie de Cromwell, et d'avoir accru, de leurs mains anglaises, la force maritime de la France : ce fut là un des griefs qui préparèrent la chute de la monarchie restaurée.

A peine Dunkerque fut-elle redevenue française qu'elle fut envahie par une armée entière d'ouvriers : trente mille hommes vinrent y construire de vastes fortifications, vers la terre et vers la mer, et creuser, entre la mer et la citadelle, un nouveau bassin capable de contenir trente navires de guerre. Dunkerque ne fut pas moins favorisée sous le rapport du commerce, et son port, gratifié d'une pleine franchise, devint l'entrepôt de toute cette côte[2]. Les vaillants marins dunkerquois furent bientôt aussi dévoués à la France que les plus vieux Français.

Ici, Louis devait sa réussite à son habileté et aux passions d'autrui. Ailleurs, comme on l'avait déjà vu dans l'affaire de Vatteville, ce fut de haute lutte qu'il brisa toute opposition. Sa diplomatie offrait un rare mélange d'adresse et de fierté.

Le gouvernement français était depuis quelques années en mésintelligence avec la cour de Rome. Le pape alors régnant, sous le nom d'Alexandre VII, était ce Fabio Chigi qu'on avait vu autrefois, nonce au congrès de Münster, soutenir contre la France les intérêts de la maison d'Autriche. Depuis son élévation au souverain pontificat, il avait fort mal vécu avec Mazarin, qui avait failli lui donner l'exclusion au nom de la France et qui avait affecté

---

1. *Œuvres* de Louis XIV, t. I, *Mém.*, p. 167. — Le Traité dans Dumont, t. VI, 2ᵉ part., p. 431. — Louis gagna 500,000 fr. d'escompte sur les 5 millions, en payant comptant par un banquier interposé.

2. *Anciennes Lois françaises*, t. XVIII, p. 21. — L'ordonnance sur la *franchise* de Dunkerque accorde le droit de naturalité, sans lettres ni finances, aux étrangers qui s'y *habitueront*.

de lui refuser toute part aux négociations du traité des Pyrénées. Mazarin mort, Louis XIV se fût volontiers rapproché du saint-siége, pourvu que sa dignité n'eût point à en souffrir : il expédia au pape un ambassadeur extraordinaire, le duc de Créqui ; mais des difficultés d'étiquette, que la fierté du monarque et de son représentant ne permit pas d'éluder, aigrirent de nouveau les esprits que cette démarche semblait devoir réconcilier. Les parents et les favoris du pape, qui gouvernaient Rome, piqués des hauteurs de Créqui, témoignèrent peu de respect pour les prérogatives, plus ou moins raisonnables, mais consacrées par l'usage, dont jouissaient les ambassadeurs. Les gens d'épée que Créqui menait à sa suite en grand nombre, cherchaient, de leur côté, les querelles au lieu de les éviter et mettaient le désordre dans Rome, par cette pétulance qu'on a trop souvent eu lieu de reprocher aux Français en pays étranger. Ils avaient des rixes continuelles avec les sbires et la garde corse du pape. Mario Chigi, frère du pape et commandeur des troupes pontificales, et le cardinal Imperiali, gouverneur de Rome, excitèrent, dit-on, ces soldats de police à tirer vengeance des affronts que leur avaient faits les Français. Le 20 août 1662, une nouvelle querelle amena un engagement général entre les gens de l'ambassadeur et les Corses. La garde corse, ses officiers en tête, repoussa ses adversaires, qui n'avaient d'armes que leurs épées, jusque dans le palais Farnèse, où logeait l'ambassadeur, cribla de balles la façade, fit feu sur Créqui lui-même, qui s'était montré au balcon pour apaiser le tumulte, et sur le carrosse de l'ambassadrice qui rentrait à l'hôtel. Un page fut tué à la portière de la voiture.

Quels qu'eussent pu être les torts antérieurs des Français, la violation du droit des gens était si éclatante, que les ambassadeurs des puissances les moins affectionnées à la France ne crurent pas pouvoir se dispenser de réclamer satisfaction pour Créqui. Le pape manifesta quelques regrets de ce qui s'était passé ; mais ces démonstrations parurent dérisoires à l'ambassadeur outragé : le cardinal Imperiali, soupçonné d'avoir provoqué le désordre, se trouvait placé à la tête de la congrégation chargée d'en punir les auteurs, et Mario Chigi avait fait évader les plus coupables depuis huit jours quand le pape mit leur tête à prix. Créqui, n'espérant point de réparation suffisante, quitta Rome et se retira en Toscane.

A la nouvelle de l'attentat commis contre son représentant, Louis XIV éclata par une lettre foudroyante, où, laissant de côté les formules diplomatiques, il demandait nettement à Sa Sainteté si elle avait dessein, ou non, de lui faire une satisfaction proportionnée à la grandeur de l'offense. « Nous ne demandons rien à « Votre Sainteté en cette rencontre », ajoutait-il ; « elle a témoigné « jusqu'ici tant d'aversion à notre personne et à notre couronne, « que nous croyons qu'il vaut mieux remettre à sa prudence « propre ses résolutions *sur lesquelles les nôtres se régleront* [1] « (30 août) ».

Les actes répondirent aux paroles. Le nonce fut renvoyé sous escorte jusqu'à la frontière. La résolution fut prise de refuser toute négociation directe avec le pape et ses ministres, et de les obliger à traiter avec l'ambassadeur offensé : le passage fut demandé à la cour d'Espagne et aux princes italiens pour faire marcher des troupes françaises par le Milanais et les états voisins vers Rome.

Louis comptait que la menace de la guerre suffirait pour faire plier Alexandre VII ; mais ce pontife espérait, de son côté, que les délais amortiraient le premier feu du jeune monarque et que la maison d'Autriche interviendrait en faveur du saint-siége. Alexandre repoussa comme exorbitantes les prétentions manifestées par Créqui, et brava même le roi par de nouvelles faveurs accordées aux personnages que l'ambassadeur français accusait d'avoir été les instigateurs de son affront. L'attitude de l'Espagne commença d'ébranler le saint-père : Philippe IV, qui ne voulait à aucun prix se brouiller avec son redoutable gendre, prit parti, à contre-cœur, pour Louis XIV. Le pape reçut la démission du cardinal gouverneur de Rome et fit enfin pendre un Corse et un sbire (décembre 1662) ; mais ni l'ambassadeur ni le roi ne s'estimèrent satisfaits à ce prix. Les démarches les plus hostiles se succédèrent pendant le cours de l'année suivante. Le parlement d'Aix fit signifier au pape, dans la personne du vice-légat qui gouvernait le Comtat Venaissin, d'avoir à représenter les titres en

---

1. Desmarets, *Histoire des démêlés avec la cour de Rome*, édit. in-4º, p. 41 ; *Preuves*, p. 9.

vertu desquels le saint-siége détenait cette ancienne dépendance de la Provence. Le vice-légat refusa. Le peuple d'Avignon se souleva, brisa les armoiries du pape et les remplaça par les armes de France. Le parlement de Provence prononça la réunion d'Avignon et du Comtat au royaume (26 juillet 1663).

Pendant ce temps, le parlement de Paris fulminait contre des thèses soutenues par quelques ecclésiastiques en faveur de l'infaillibilité du pape, et la Sorbonne condamnait, par une déclaration solennelle, la doctrine qui attribue au pape, 1° une autorité quelconque sur le temporel des rois; 2° le droit de déroger aux anciens canons; 3° la suprématie sur le concile général; enfin 4° l'infaillibilité (janvier-août 1663) [1].

Vers l'automne, les troupes qui avaient marché en Lorraine et obligé le duc Charles IV à livrer Marsal passèrent les Alpes et allèrent s'établir dans le Parmesan et le Modénais. Tous les passages leur furent ouverts par le gouverneur espagnol de Milan et par les états italiens. Louis XIV fixa au saint-père, pour accepter ses propositions, un délai qui devait expirer au 15 février 1664.

Tout moyen de résistance manquait à la cour de Rome. Les pouvoirs d'opinion peuvent tout ou ne peuvent rien, suivant l'état des esprits, et l'esprit des populations catholiques ne s'émut point de ce débat, dont il n'y eut pas moyen de faire une querelle de religion. L'empereur, après quelque hésitation, suivit l'exemple du roi d'Espagne; il avait de trop grandes affaires en Hongrie pour pouvoir, sans témérité, se compromettre vis-à-vis de Louis XIV. Le pape capitula au dernier moment, le 12 février. Il promit de dépêcher en France, avec le titre de légat, son neveu, le cardinal Chigi, qui devait protester au roi de « la très-grande douleur » qu'avaient causée à Sa Sainteté « les malheureux accidents » du 20 août 1662, « l'intention de Sa Sainteté n'ayant jamais été que « Sa Majesté fût offensée, ni M. le duc de Créqui, son ambassa- « deur. » Chigi devait de plus attester au roi *le profond respect, la dévotion, la fidélité* de toute sa famille envers la personne et la maison de Sa Majesté. « Si moi ou notre maison, » devait-il ajouter, « avions eu la moindre part dans l'attentat du 20me d'août,

---

1. *Mémoires chronologiques et dogmatiques.*

« nous nous jugerions nous-mêmes indignes du pardon que nous
« aurions voulu et dû demander à Votre Majesté. »

« Le cardinal Imperiali ira présenter en personne au roi ses très-humbles justifications.

« Don Mario déclarera au roi, en foi de cavalier, qu'il n'a eu aucune part à ce qui s'est passé le 20 août et se tiendra hors de Rome jusqu'à ce que le cardinal Chigi ait présenté à Sa Majesté les excuses de toute sa maison.

« Don Augustin (autre frère du pape) ira au-devant de M. l'ambassadeur, à S. Quirico ou à Civita-Vecchia (c'est-à-dire à la frontière), et lui témoignera le déplaisir de Sa Sainteté.

« Toute la nation corse sera déclarée incapable à jamais de servir dans Rome et dans tout l'état ecclésiastique, et le barigel de Rome (chef de la police) sera chassé.

« Il sera élevé une pyramide à Rome, vis-à-vis l'ancien corps de garde des Corses, avec une inscription contenant, en termes convenus, le décret rendu contre la nation corse. »

Enfin, le pape reconnaît au duc de Parme, allié de la France, la faculté de racheter, à prix fixé par le traité, les domaines de Castro et de Ronciglione, qui avaient été réunis à l'État de l'Église, et accorde une indemnité au duc de Modène pour les vallées de Comacchio. Le roi, de son côté, rend Avignon et le Comtat[1].

Il y avait des siècles que la cour de Rome n'avait été humiliée à ce point par un souverain catholique. C'était renouveler, sous une forme moins brutale, les affronts de Boniface VIII. Aussi le pape, dès le 18 février, protesta-t-il secrètement contre le traité[2]. Il n'en exécuta pas moins toutes les clauses, et l'effet moral auquel visait Louis XIV fut pleinement produit. « Le cardinal Chigi fut le premier légat de la cour romaine qui fut jamais envoyé pour demander pardon[3]. »

Il fut ainsi établi que personne, en Europe, ne pouvait offenser impunément le roi de France.

Tandis qu'il traitait si rudement le chef de l'église, Louis XIV n'en affectait que plus de zèle pour les intérêts de la chrétienté

---

1. Dumont, *Corps diplomatique*, t. VI, 3ᵉ part., p 1.
2. Daunou, *Essai sur la puissance temporelle des papes*, t. II, p. 171.
3. Voltaire, *Siècle de Louis XIV*, c. VII.

contre l'ennemi du dehors, contre ces Turcs qui continuaient à presser le siége de Candie, à étendre leurs conquêtes en Hongrie, à désoler, par leurs pirateries, toutes les plages de la Méditerranée. La vieille alliance de la couronne de France avec la Porte-Othomane, toujours impopulaire et moins nécessaire depuis que la France était devenue si forte, était en ce moment à peu près rompue, à la grande satisfaction et des peuples chrétiens du midi et de l'empire autrichien. Mazarin, peu avant sa mort, avait rappelé de Constantinople l'ambassadeur français, La Haie, qui avait essuyé de graves insultes du grand vizir à cause de sa connivence avec les Vénitiens, et la France n'avait plus de représentant auprès de la Porte. Divers plans furent proposés dans le conseil du roi pour attaquer la puissance othomane sur les côtes barbaresques et pour réprimer les pirates, qui étaient la terreur de la marine marchande et des provinces maritimes. Colbert engagea le roi à tenter un établissement militaire au milieu des Barbaresques; c'était le meilleur moyen de les tenir en bride. Une escadre commandée par le duc de Beaufort, l'ancien héros de la Fronde, alla débarquer cinq mille soldats d'élite devant Gigeri (ou Djidjelli), petit port algérien entre Bougie et Bone. On s'empara sans peine de Gigeri (22 juillet 1664); mais la discorde se mit entre Beaufort et ses officiers : on ne travailla point assez activement à se fortifier dans ce poste, commandé par des hauteurs voisines, et l'on y fut bientôt resserré par les Turcs d'Alger, renforcés de nombreuses bandes arabes et kabyles, tandis que Beaufort allait croiser devant Tunis au lieu de faire une diversion contre Alger, comme le roi l'avait ordonné. Les ressources militaires des Algériens, et surtout leur artillerie, étaient supérieures à ce qu'on avait pensé. Les maladies s'étaient mises dans le petit camp de Gigeri et, après avoir repoussé les premières attaques, l'on fut réduit à se rembarquer avec tant de précipitation, que l'on ne put emmener le canon (30 septembre). Un accident de mer coûta plus de monde aux Français que le fer de l'ennemi : un vaisseau de guerre, qui portait le régiment de Picardie, se brisa au retour sur les côtes de Provence, et ce régiment périt presque tout entier[1].

1. Relation de l'expédition de Gigeri, ap. *Recueil historique contenant diverses pièces*

Les succès de l'escadre de Beaufort, que commandait sous ce duc le fameux chevalier Paul, effacèrent bientôt l'impression de cet échec : deux flottilles algériennes furent écrasées dans le courant de 1665. Le dey d'Alger avait alors parmi ses captifs un officier français, Porcon du Babinais, commandant d'une frégate de trente-six canons équipée par la ville de Saint-Malo pour protéger ses navires de commerce. Porcon du Babinais, après avoir détruit un grand nombre de pirates, avait fini par succomber sous l'attaque de toute une flottille. Le dey l'envoya en France porter des propositions de paix à Louis XIV, après l'avoir fait jurer de revenir s'il échouait dans sa négociation et l'avoir prévenu que les têtes de six cents Français répondaient de sa parole. Les propositions étaient inacceptables : le prisonnier mit ordre à ses affaires en homme qui sait qu'il n'y aura plus pour lui de retour et repartit sans hésiter. Le dey, furieux du refus de Louis XIV, fit trancher la tête à du Babinais [1].

Le dévouement de ce Régulus breton ne fut pas perdu : l'abattement ne tarda point à remplacer la colère dans le cœur des chefs barbaresques. Tunis céda la première sous les canons de l'escadre française, embossée dans la baie de la Goulette. Le pacha et le divan de Tunis s'obligèrent à rendre tout ce qu'ils avaient d'esclaves français, à respecter les navires français, à relâcher dorénavant les Français qu'ils prendraient sur des navires étrangers, à savoir : les marchands et passagers, gratuitement; les soldats et matelots, moyennant 150 piastres par tête. Le libre commerce fut rétabli, moyennant les droits ordinaires, ainsi que la prééminence du consul de France sur les autres consuls. Les droits d'aubaine et de bris et naufrage furent supprimés à l'égard des Français (25 novembre 1665). Le comptoir du cap Negro fut rendu à la France, qui en tirait annuellement vingt mille muids de blé et quarante mille charges de légumes pour l'approvisionnement de la marine. Alger subit, six mois plus tard, les conditions à peu près semblables que lui imposa Louis XIV : un des articles stipulait que les marchands français seraient traités autant et plus

curieuses de ce temps; Cologne, 1666. — *OEuvres* de Louis XIV, t. V; correspond. an. 1664. — *Mém.* de Montglat, ap. *Recueil* Michaud, 3ᵉ sér., t. V, p. 336.

1. *Histoire des villes de France,* t. I, p. 56, art. SAINT-MALO.

favorablement qu'aucune nation étrangère (17 mai 1666). Plus de trois mille esclaves français furent mis en liberté[1].

La marine française recommença ainsi de compter dans la Méditerranée, en attendant qu'elle comptât partout.

L'intervention de Louis XIV dans la guerre de Hongrie eut encore plus d'éclat.

Les hostilités avaient recommencé, en 1660, entre l'empire othoman et l'Autriche, à l'occasion de la Transilvanie. Le Turc était suzerain de la Transilvanie et tenait directement Bude et la partie de la Hongrie à l'ouest et au sud du Danube, enfonçant comme un coin entre la Haute Hongrie, la Styrie et Vienne. Georges Rakoczi, prince de Transilvanie, ayant péri en combattant contre le sultan, son suzerain, les Turcs avaient poursuivi la maison de Rakoczi dans les domaines qu'elle possédait dans la Haute Hongrie. Les Rakoczi, et le nouveau prince élu par les Transilvains, Kemeni, invoquèrent le secours de l'empereur. L'Italien Montecuculi, le plus grand capitaine qu'eût à son service la maison d'Autriche, expulsa les Turcs d'une partie de la Transilvanie, mais ne put s'y maintenir; Kemeni fut tué dans une escarmouche. Les Turcs installèrent à sa place leur protégé, Michel Abaffi, et recommencèrent leurs attaques contre la Haute Hongrie (1661-1662).

Le secret de ces alternatives était dans les dispositions des Hongrois et des Transilvains, qui, sans cesse tiraillés entre deux oppresseurs, le Turc et l'Autrichien, et trop faibles pour se débarrasser de l'un et de l'autre, préféraient toujours le maître absent au maître présent. Quand les Turcs paraissaient, on appelait les Impériaux; puis, ceux-ci arrivés, on n'avait hâte que de les voir repartir; on ne leur fournissait ni vivres, ni logements; ils recouraient à la violence et le peuple se soulevait contre eux. Les défiances religieuses compliquaient encore les défiances politiques : le protestantisme, écrasé en Bohême, était resté puissant et irrité en Hongrie.

L'empereur réclama l'assistance de la diète germanique et de

---

1. Dumont, *Corps diplomatique*, t. VI, 3ᵉ part., p. 57. — III. — Lavallée, *Des Relations de la France avec l'Orient*; ap. *Revue indépendante* du 25 novembre 1843. — Œuvres de Louis XIV, t. II, p. 141.

tous les états chrétiens contre l'ennemi de la chrétienté. La France n'avait certes pas intérêt à protéger l'Autriche, mais elle ne pouvait empêcher l'Allemagne de s'ébranler à l'approche du Turc, et mieux valait pour elle prendre la direction de ce mouvement que de compromettre son influence en se tenant à l'écart. Louis XIV, à la première requête de Léopold, appuyée par le pape, répondit par des offres si magnifiques, qu'elles épouvantèrent l'empereur. Louis ne proposait pas moins de soixante mille auxiliaires, à fournir moitié par la France, moitié par l'Alliance du Rhin, c'est-à-dire, par les confédérés de la France en Allemagne. Léopold ne voulut point d'une invasion déguisée sous l'apparence d'un secours. « Le roi de France », s'écria-t-il, « seroit plus maître dans l'Empire que moi-même! » Il demanda de l'argent, que Louis n'accorda pas.

L'empereur s'alarmait, non sans motifs, de rencontrer partout la main de Louis. L'Alliance du Rhin, cette puissante machine construite en Allemagne par la France contre l'Autriche[1], était en ce moment même prorogée pour trois ans (mars 1663). Léopold s'efforçait en vain d'organiser une contre-ligue. Louis accoutumait les princes germains à invoquer sa médiation dans leurs débats et il enlaçait de plus en plus l'Allemagne en étendant le réseau de sa diplomatie, par-dessus l'empire, jusque sur les états plus éloignés de la France. Une alliance défensive fut conclue, en août 1663, entre la France et le Danemark, à la suite d'un traité de commerce avantageux à la marine française[2]. Une négociation secrète de très-haute importance fut, vers le même temps, entamée en Pologne. Dès 1661, cette république avait pris Louis XIV pour arbitre dans ses querelles avec la Moscovie[3]. En 1663, le roi

---

1. *V.* notre t. XII, p. 510.
2. Le traité de commerce est dans Dumont, *Corps diplomatique*, t. VI, 2ᵉ part., p. 436 (octobre ou novembre 1662). — Les dispositions en sont intéressantes. De grandes facilités sont accordées à la navigation française : ainsi les bâtiments français sont exempts de visite dans le Sund et dans l'embouchure de l'Elbe, et la douane danoise accepte la déclaration des papiers de bord sur le chargement. Les droits ne se paient pas au passage du Sund pour entrer dans la Baltique, mais seulement au retour, pourvu qu'on donne caution. Les Danois, de leur côté, obtiennent en France la même concession que les Hollandais sur les 50 sous par tonneau. Le but du traité est surtout d'avoir à prix modéré les matériaux de construction navale que fournit la Norwége. — Le Traité d'alliance est *ibid.*, p. 470.
3. *Œuvres* de Louis XIV, t. I, *Mém.*, p. 141.

Jean-Casimir Wasa, découragé par les troubles continuels de la Pologne et par les revers qu'attiraient sur le pays ces désordres intérieurs, songeait à déposer la couronne; sa femme, princesse de la branche des Gonzagues qui avait été longtemps établie en France [1], se mit en rapport avec Louis XIV pour préparer l'élection du duc d'Enghien, fils du grand Condé, au trône de Pologne. Il fut question aussi un moment de Condé lui-même, ou du prince de Conti, son frère. Louis voyait à regret se précipiter la décadence de la Pologne, victime à la fois de sa vicieuse constitution et de la réaction suédoise d'une part, gréco-russe de l'autre, qu'avaient provoquée les funestes agressions des jésuites contre le luthéranisme et la religion grecque. La Pologne avait perdu, sous Jean-Casimir, Smolensk, Tchernichef, etc., envahies par la Moscovie; l'Estonie et une partie de la Livonie, cédées à la Suède; la suzeraineté sur les hordes guerrières des Cosaques, qui se tournaient vers le tzar de Moscovie ou même vers le Turc; la suzeraineté sur le duché de Prusse, que le *grand-électeur*, Frédéric de Brandebourg, avait rendu indépendant. Louis XIV eût voulu arrêter cette ruine en refaisant ce qu'avait manqué honteusement Henri III, en intronisant l'esprit français sur la terre des Jagellons. Colbert, qu'on retrouve partout où les vrais *intérêts de la France* sont en jeu, poussait le roi avec passion dans cette voie, comme l'atteste une de ces admirables lettres où il versait toute son âme [2].

1. C'était cette Marie-Louise de Gonzague qui avait aimé autrefois Cinq-Mars. — Sur sa correspondance avec Louis XIV, V. Œuvres de Louis XIV, t. V, p. 105-139.

2. « Votre Majesté a quatre sortes de dépenses à faire : la première et la plus nécessaire de toutes, présentement, est la guerre de mer; la seconde, les affaires étrangères; la troisième, la guerre de terre; la quatrième, les dépenses du dedans du royaume, les plaisirs et les divertissements de Votre Majesté..... La quatrième doit souffrir toute la rigueur des retranchements et de toute l'économie possible, par cette belle maxime : *qu'il faut épargner cinq sous aux choses non nécessaires, et jeter les millions quand il est question de votre gloire.* Je déclare à Votre Majesté, en mon particulier, qu'un repas inutile de 3,000 livres me fait une peine incroyable; et, lorsqu'il est question de millions d'or pour la Pologne, je vendrois tout mon bien, j'engagerois ma femme et mes enfants, et j'irois à pied toute ma vie, pour y fournir, s'il étoit nécessaire! »

Lettre citée par Monthion, *Particularités sur les ministres des finances*, p. 44. Cette lettre est de 1666, époque où il fut question d'envoyer un corps d'armée en Pologne. Les hommes les plus éclairés de l'Allemagne pressentaient déjà, de leur côté, les

L'empereur, effrayé et jaloux de cette diplomatie qui le cernait presque de toutes parts, eût bien voulu pouvoir se passer des secours de la France et de ses confédérés ; mais le danger le plus pressant l'emporta sur le plus éloigné. Les Turcs avaient fait un grand effort durant l'été de 1663. Le second des Kiouprougli, le vizir Achmet, prenant la Hongrie autrichienne à revers, avait franchi le Danube à Bude avec cent mille combattants, envahi la contrée entre le Danube et les Carpathes, et lancé ses Tatares jusqu'aux portes de Presbourg et d'Olmutz. Montecuculi n'avait pu que se maintenir à grand'peine dans l'île de Schütt, espèce de vaste camp retranché formé par la nature en avant de Presbourg et de Vienne. Les places fortes de la Haute Hongrie tombaient les unes après les autres, et la diète germanique, que Léopold était allé trouver à Ratisbonne, ne répondait qu'avec une lenteur désespérante aux pressantes instances du chef de l'empire. La diète ne vota un grand secours qu'au mois de février 1664 ; mais l'Alliance du Rhin, en particulier, avait déjà accordé six mille cinq cents soldats, à condition que la diète viderait, avant de se séparer, certaines questions relatives à l'interprétation du traité de Westphalie. Le pape, l'Espagne, les états italiens, fournirent des subsides. Louis XIV persista à n'offrir que des soldats, et Léopold se résigna à accepter six mille Français.

Il n'eut point à s'en repentir. Les seuls auxiliaires qui rejoignirent les Impériaux à temps pour l'ouverture de la campagne furent les troupes de l'Alliance du Rhin. La diète, si lente à promettre ses soldats, n'avait pas été moins lente à les armer, et son contingent n'arriva qu'au mois de juillet, en même temps que les Français, qui étaient sous les ordres du comte de Coligni-Saligni, ancien frondeur, rentré d'exil avec le prince de Condé.

Lorsque s'opéra la jonction, la position des Impériaux était fort compromise. Ils avaient repris l'offensive au midi du Danube dès

conséquences qu'aurait la chute de cette république. Le *grand électeur*, Frédéric de Brandebourg, tout en enlevant la Prusse à la suzeraineté polonaise, s'exprime d'une façon bien remarquable à cet égard dans une proclamation adressée à *tous les Allemands*, en 1658, à l'occasion de ses démêlés avec la Suède. « Quels malheurs », dit-il, « seront réservés aux nations chrétiennes, si la Pologne, ce boulevard renommé « de la chrétienté, tombe en ruine ! » — Pfister, *Histoire d'Allemagne*, l. III, 2ᵉ époq., 2ᵉ divis., c. I.

le commencement de l'année; mais cette diversion, contraire à l'avis de Montecuculi, avait mal réussi. Le grand vizir les avait repoussés et, après avoir reporté ses principales forces sur la rive droite du Danube, il menaçait de forcer le passage du Raab et d'envahir la Styrie et l'Autriche. L'armée confédérée fut en mesure de faire face tout juste au moment décisif. Une tentative des Turcs pour franchir le Raab au pont de Kerment fut repoussée par Coligni (26 juillet 1664). Le grand vizir remonta le Raab jusqu'à Saint-Gothard, où était le quartier général des confédérés et, le 1er août, l'attaque fut engagée par toutes les forces musulmanes. Les janissaires et les spahis traversèrent la rivière et culbutèrent les troupes de la diète et une partie des régiments impériaux; les Allemands se rallièrent, mais les Turcs se renforçaient toujours et toute l'armée othomane allait bientôt se trouver réunie en deçà du Raab. La bataille semblait perdue, lorsque les Français s'ébranlèrent. On dit qu'Achmet Kiouprougli, en voyant déboucher la jeune noblesse française, avec ses habits couverts de rubans et ses perruques blondes, demanda « quelles étaient ces jeunes filles? »

Les *jeunes filles* enfoncèrent au premier choc les terribles janissaires : la masse de l'armée turque s'arrêta et oscilla sur elle-même; l'armée confédérée, ranimée par l'exemple des Français, s'élança en avant et chargea sur toute la ligne; les Turcs reculèrent d'abord lentement, la face tournée vers l'ennemi, puis lâchèrent pied et se précipitèrent en fuyant vers la rivière pour la repasser sous le feu des chrétiens : ils la comblèrent de leurs cadavres.

La fatigue des troupes, la nuit qui survint, les eaux du Raab qui grossirent le lendemain par un orage, et surtout le peu d'accord des généraux, empêchèrent de poursuivre sur-le-champ les Turcs, qui s'étaient ralliés sur l'autre rive et avaient conservé la meilleure partie de leur cavalerie. On s'attendait cependant à les voir expulsés de la Hongrie entière, quand on apprit avec étonnement que Léopold s'était hâté de traiter, sans l'aveu de la diète hongroise, à des conditions telles qu'il semblait le vaincu plutôt que le vainqueur. Une trêve de vingt ans fut signée, dès le 10 août, dans le camp du grand vizir. La Transilvanie redevenait indépendante sous ses princes électifs; mais le protégé des Turcs, Abaffi, gardait sa principauté : les Turcs conservaient les deux principales places qu'ils avaient conquises dans la Haute Hongrie et l'empereur faisait au sultan un *présent*, c'est-à-dire lui payait un tribut de 200,000 florins[1].

L'empereur et ses conseillers avaient pensé que la diète germanique se refroidirait aussitôt le péril passé et que la France et l'Alliance du Rhin n'aideraient pas l'Autriche à tirer parti de la victoire qu'elles lui avaient donnée. En effet, Louis XIV avait déjà expédié un ordre de rappel à ses troupes, comme nous l'apprennent les mémoires de leur commandant Coligni. Les ressources de l'empereur étaient médiocres, celles des Turcs grandes encore; enfin, la probabilité de la fin prochaine du roi d'Espagne faisait souhaiter à Léopold d'être délivré à tout prix de la guerre contre le Turc, pour pouvoir faire face aux éventualités dans les affaires intérieures de l'Europe.

La diète germanique avait profité des embarras de l'empereur pour étendre ses prérogatives et pour se rendre, en quelque sorte, permanente par l'établissement de délégués permanents : Louis XIV, de son côté, avait encore étendu son influence sur l'Allemagne; plusieurs petits princes adhérèrent à l'Alliance du Rhin (1664-1666). L'électeur de Brandebourg, Frédéric-Guillaume, profond politique qui préparait à sa race de grandes destinées et à l'Allemagne du Nord une ère nouvelle, évitait de se laisser envelopper dans l'Alliance du Rhin, de peur de se mettre sous la dépendance de la France, mais avait consenti à signer à part une alliance défensive avec Louis XIV (5 mars 1664). L'électeur de Saxe avait signé un traité semblable le 12 avril et, de plus, s'était engagé secrètement, moyennant 20,000 écus de pension, à voter, au collège électoral et à la diète, suivant les désirs de Louis XIV : la maison de Saxe s'abrutissait dans la matière, tandis que la maison de Brandebourg se relevait par la pensée politique[2].

---

1. *V. Mém.* de Montecuculi, édit. française; Paris, 1760. — *Id.* du comte de Coligni, publiés par M. Monmerqué pour la Société de l'Histoire de France, p. 83 et suiv. — Coxe, *Histoire de la maison d'Autriche*, t. III, c. LXII. — Lavallée, *Des Relations de la France avec l'Orient*; ap. *Revue indépendante* du 25 novembre 1843, p. 245-216. — Le traité, dans Dumont, t. VI, 3ᵉ part., p. 23.

2. Mignet, *Succession d'Espagne*, t. II, p. 20.

Les troupes françaises faisaient la police en Allemagne au nom de l'Alliance du Rhin : elles allèrent en Thuringe obliger la ville d'Erfurt à rentrer sous la suzeraineté de l'électeur de Mayence, pensionnaire de Louis XIV (octobre 1664).

Tous ces mouvements, qui montrent la France redoutable aux uns, secourable aux autres, présente, agissante et prépondérante partout, sont, dans la pensée de Louis, des moyens d'accroître cette force d'opinion qui double la force positive des états et qui souvent évite la nécessité d'y recourir ; mais ce sont aussi des moyens d'écarter les obstacles qui peuvent se placer entre lui et son vrai but, ou, du moins, son but immédiat et principal, c'est-à-dire l'agrandissement territorial et, spécialement, le complément de la France aux dépens de la monarchie espagnole par l'acquisition de la Belgique et de la Franche-Comté.

D'où viendront les obstacles à ce grand dessein?

Le plus difficile à surmonter ne sera pas l'Espagne elle-même ; ce ne sera pas l'empereur ; pas même la jalouse Angleterre, qui s'agite sous le sceptre énervant du Stuart restauré : ce sera l'ancienne alliée de la France, cette Hollande dont la richesse et la puissance dépassent si démesurément le territoire exigu et la faible population [1].

Les ombrages de la Hollande dataient de loin. Dès que la France avait commencé de prendre le dessus sur la maison d'Autriche, la crainte d'être en contact immédiat avec une si grande puissance et le désir de maintenir une barrière entre la France et les Provinces-Unies avaient préoccupé les Hollandais et contribué à déterminer leur défection de 1648. L'opposition qui se marquait de plus en plus sur les questions religieuses entre les deux gouvernements, l'appréhension vague que Louis XIV, gendre du Roi Catholique, ne se portât quelque jour l'héritier des vieilles prétentions de l'Espagne sur les Provinces-Unies elles-même, enfin, la peur mieux fondée que la France ne réparât une grande injustice en relevant Anvers par l'ouverture de l'Escaut et en ressuscitant ainsi une rivale à Amsterdam et à Rotterdam, rendaient l'idée de la réunion des Pays-Bas catholiques à la France aussi

---

1. Faible en comparaison des grands états, mais énorme par rapport au territoire.

impopulaire en Hollande qu'elle était populaire à Paris. Les efforts de Fouquet et de Colbert pour développer le commerce et la marine de la France avaient apporté de nouveaux griefs. Les Hollandais eussent voulu que la France se contentât de produire des matières premières pour alimenter leur commerce. Le traité de 1662, quoique avantageux à leur navigation qu'il garantissait contre les Anglais, n'avait pas suffi à les satisfaire et ils avaient vu de très-mauvais œil l'acquisition de Dunkerque par Louis XIV. Le danger essentiel, l'adversaire véritable pour la Hollande, c'était pourtant l'Angleterre, et non la France. Sans doute, avec la suprématie de la France, la Hollande devait voir réduire ce développement exorbitant que lui avaient valu l'engourdissement et l'inhabileté momentanée des autres nations à user de leurs avantages naturels : avec la suprématie de la France, c'était une diminution de puissance ; avec la suprématie de l'Angleterre, de l'Angleterre exclusivement commerçante et maritime comme la Hollande et armée de ressources infiniment supérieures en territoire et en population, c'était la ruine. Mais le premier des deux périls était imminent, l'autre éloigné : personne n'aime à descendre, et les politiques hollandais les moins disposés à une lutte ouverte contre la France se flattaient de détourner les vues de Louis XIV et de résister sans rompre.

Telle était la pensée de Jean de Witt, l'homme d'état sur lequel reposait alors la direction de la politique hollandaise.

On a déjà indiqué dans cette histoire les dissensions civiles des Provinces-Unies, les luttes quelquefois sanglantes du parti stathoudérien et du parti républicain : l'un ayant à sa tête les Nassau et formé de l'ancienne noblesse féodale, des gens de guerre et des pasteurs calvinistes ; l'autre formé de la bourgeoisie aisée et du commerce ; l'un tendant à la monarchie, l'autre soutenant les institutions fédéralistes avec un républicanisme un peu aristocratique, qui n'avait pas su se rattacher le menu peuple des villes et l'avait laissé tomber sous l'influence des Nassau. En 1650, une tentative violente du jeune Guillaume II de Nassau contre les États Généraux avait échoué, et le stathouder était mort quelques mois après sa défaite, laissant sa femme enceinte d'un enfant qui devait être le fameux Guillaume III. Le stathoudérat avait été aboli et le grand pensionnaire de la province de Hollande était devenu le premier personnage des Provinces-Unies et comme le président des États Généraux [1]. Jean de Witt remplissait depuis 1653 ces hautes fonctions : élu à vingt-cinq ans, il avait montré dès lors la maturité d'un grand homme d'état et le dévouement d'un grand citoyen : il ne se démentit jamais. Esprit à la fois philosophique et pratique [2], aimant les lettres et les arts autant que les affaires, savant administrateur, habile diplomate, homme de cabinet qui se transformait en héros au besoin, il ressemblait à ces derniers grands hommes de la Grèce qui nous ont laissé leur testament dans les pages de Plutarque, et un contemporain, juge très-compétent, le comte d'Estrades, comparait son esprit à celui du cardinal de Richelieu [3].

Jean de Witt avait toujours tâché d'adoucir les froissements qui avaient lieu entre son pays et la France, et s'était maintenu dans de bonnes relations personnelles avec les ministres et les ambassadeurs de Louis XIV. La restauration des Stuarts, si proches alliés des Nassau, lui faisait juger plus nécessaire que jamais de s'appuyer sur la France pour empêcher le parti stathoudérien de se relever à l'aide de l'influence anglaise; mais, absorbé par son point de vue national, il ne comprit malheureusement point assez les passions ni les intérêts d'autrui, et ne voulut pas voir assez nettement qu'il était impossible de garder l'amitié de la France si l'on prétendait lui fermer la Belgique.

Sans doute, les hommes d'état qui prétendaient interdire à la France de nouveaux accroissements avaient des raisons très-spécieuses à faire valoir. Ils pouvaient opposer la politique française

---

1. La Hollande était tellement supérieure aux six autres provinces en population et en richesse, qu'elle payait à elle seule 57 à 58 pour 100 de l'impôt fédéral. C'est là ce qui fit, chez nous, confondre sous le nom de Hollandais tous les habitants des sept provinces neerlandaises. — Le grand pensionnaire était député perpétuel de sa province aux États-Généraux : il proposait aux États-Généraux la matière de leurs délibérations et rédigeait leurs résolutions. Il était élu pour cinq ans, mais indéfiniment rééligible. *V.* Basnage, *Annales des Provinces-Unies*, t. I, et Williams, *Histoire des Gouvernements du Nord*, t. I.

2. Il avait été un des principaux disciples de Descartes.

3. Pellisson, *Histoire de Louis XIV*, t. III, p. 43. Il y a un beau portrait de lui au Musée de La Haie, en face de celui de son ennemi Guillaume III; il ressemble un peu à Pascal, avec plus de calme et d'équilibre moral dans son expression mélancolique.

à elle-même, en opposant le principe français de l'équilibre européen aux instincts naturels qui poussaient la France à se compléter. Dans la situation où se trouvait l'Europe, l'Espagne épuisée, l'Autriche affaiblie et garrottée, la Suède retombée de son élan héroïque dans une sorte d'affaissement, la Pologne déchirée par la discorde, l'Angleterre, qui, bien que robuste et pleine d'avenir, ne poursuivait pas, sous le Stuart restauré, l'audacieux essor de Cromwell, n'offraient nulle part une force qui parût capable de faire contre-poids à la puissance française, si de nouveaux progrès lui étaient immédiatement permis, même dans l'ordre naturel de ses destinées.

Quelle que fût la valeur de ces arguments, c'eût été chose fort difficile que de les faire agréer, même à la prudence fatiguée d'un vieux politique : les croire une barrière suffisante contre l'ardeur d'un jeune roi, avide d'action et de gloire, était tout à fait chimérique. La Hollande n'avait en réalité à choisir qu'entre l'alliance française avec ses conditions nécessaires, ses inconvénients et ses risques, ou une lutte terrible dans un avenir peu éloigné. Jean de Witt se fia trop aux ressources de la diplomatie, qui ne peut surmonter la force des choses. Il tenta les moyens termes et les expédients dilatoires; il prit les devants et proposa à Louis XIV de régler éventuellement le sort des Pays-Bas catholiques et de revenir au vieux projet d'ériger la Belgique en république, sauf à en détacher quelques places pour la France et pour la Hollande. Cette pensée avait été celle de Richelieu, à une époque où, ne croyant pas encore pouvoir conquérir la Belgique entière, il aimait mieux la voir indépendante que de la partager avec les Hollandais et que d'abandonner à ceux-ci les bouches de l'Escaut. Si la Belgique eût été constituée en corps d'état sous le patronage commun de la France et de la Hollande, l'influence prépondérante eût appartenu sans doute au plus puissant des deux patrons, à celui que la communauté de religion partout et la communauté de langue et de mœurs dans plusieurs provinces rapprochaient de la population patronée. En cas de guerre contre l'Angleterre ou contre l'empire, la Belgique eût suivi, comme alliée, la fortune de la France.

De Witt parla d'abord d'unir les dix-sept provinces des Pays-

Bas en un seul corps d'état, ce qui était inacceptable, puis d'une république catholique sous le patronage des deux puissances voisines : dans le cas où ce dessein ne réussirait pas, on en viendrait au partage entre la France et la Hollande (mars-mai 1663).

Suivant de graves témoignages, Colbert appuya fortement auprès du roi le projet de constituer la Belgique en république [1]. Louis consentit à l'alternative proposée par Jean de Witt ; mais, quand on en vint aux questions de temps et de moyens, il ne fut pas possible de s'entendre. Les Hollandais voulaient que l'affranchissement ou le partage de la Belgique n'eût lieu qu'après la mort, non-seulement de Philippe IV, mais de l'infant son fils ; c'était ajourner indéfiniment l'entreprise et nier implicitement les prétentions sur lesquelles Louis XIV échafaudait toute sa politique vis-à-vis des provinces belges. Louis croyait presque faire grâce à son beau-père, Philippe IV, en attendant jusqu'à la mort de ce prince pour disposer des provinces échues à la reine de France par le droit de dévolution.

De Witt parut entrer dans les raisons du roi et essaya de décider les chefs des cités hollandaises [2] à laisser retrancher du traité projeté ce qui regardait l'infant d'Espagne : il échoua. Il parvint du moins à empêcher que les Provinces-Unies ne cédassent aux instances de l'Espagne, qui les pressait de lui garantir les Pays-Bas catholiques par une alliance défensive (février-mars 1664). Il tenta de nouveau d'amener ses collègues à accepter les conditions de Louis XIV ; mais, au fond, Louis XIV aimait mieux rester les mains libres : ce fut lui qui ne voulut pas renouer [3].

La France et la Hollande restèrent en froid, mais sans se brouiller : le tarif établi par Colbert en 1664 sur les marchandises étrangères était de nature à rendre les dispositions des Hollandais moins amicales encore ; mais les périls auxquels les Provinces-Unies se trouvèrent exposées sur ces entrefaites les obligèrent à se rapprocher de la France.

Les querelles maritimes et commerciales, que la médiation de

---

1. Monthion, *Particularités sur les ministres des finances*.
2. Les États-Généraux n'avaient qu'un pouvoir très-borné et leurs résolutions étaient, en dernier lieu, approuvées ou rejetées par les villes.
3. Mignet, *Succession d'Espagne*, t. I, part. II, sect. 1.

Louis XIV avait un moment apaisées entre la Hollande et l'Angleterre, s'étaient renouvelées avec une vivacité croissante. Après bien des violences réciproques dans toutes les mers d'Orient et d'Amérique, la compagnie anglaise des côtes d'Afrique avait envahi les comptoirs hollandais du cap Vert et de Guinée, et un officier de la maison du duc d'York s'était emparé de la Nouvelle-Amsterdam, qui avait été autrefois un établissement anglais, et lui avait donné le nom de New-York, en l'honneur de son patron. L'amiral Ruyter alla reprendre les comptoirs d'Afrique; mais, pendant ce temps, les Anglais, suivant leur coutume, attaquaient à l'improviste leurs rivaux dans la Manche et les mers voisines, et enlevaient cent trente navires de commerce hollandais. Ils déclarèrent la guerre *après* (22 février 1665)[1].

La guerre n'était pas encore officiellement déclarée, que l'ambassadeur hollandais en France, Van-Beuninghen, avait déjà réclamé l'assistance de Louis XIV en vertu du pacte défensif de 1662. Ce fut pour Louis un embarras et une contrariété assez vive. Cette guerre compliquait la situation européenne d'une façon désavantageuse à ses desseins. Il eût bien souhaité de ne pas rompre, dans l'intérêt d'un allié fort douteux, avec le roi d'Angleterre, qui témoignait pour lui une inclination intéressée et qui semblait tout aussi disposé à se faire son pensionnaire que les petits princes d'Allemagne. Charles II allait jusqu'à offrir à Louis *carte blanche* pour les Pays-Bas catholiques, s'il n'assistait pas les Hollandais.

Louis essaya au moins d'obtenir des Hollandais, en échange de ses secours, la reconnaissance des droits de sa femme sur une partie de la Belgique. Les Hollandais persistèrent à demander, avant tout, l'exécution du traité de 1662, qui obligeait la France de les secourir dans les quatre mois de la déclaration de guerre. Le roi louvoya le plus qu'il put, dépêcha une ambassade à Londres pour tâcher d'interposer sa médiation et gagna ainsi l'automne de 1665 sans avoir pris parti. Les Hollandais avaient offert d'accepter le parlement de Paris pour juge de la validité des prises faites sur

---

1. Lingard, *Histoire d'Angleterre*, t. XII, c. II. — *Vie de l'amiral Ruyter*; Amsterdam, 1678; t. I, p. 30 et suiv. — De La Neuville, *Histoire de Hollande*, t. III, p. 228 et suiv.; Paris, 1693.

eux par les Anglais avant la déclaration de guerre. Pendant ce temps, la terrible lutte maritime de 1652 s'était renouvelée dans des proportions plus colossales encore. Le 13 juin 1665, les marines d'Angleterre et de Hollande en étaient venues aux mains près de Lowestoft, sur la côte de Suffolk. Les Anglais, commandés par le duc d'York, comptaient une centaine de vaisseaux et de frégates : plusieurs de leurs vaisseaux étaient à trois ponts; les Hollandais, aux ordres de l'amiral d'Opdam, avaient quelques bâtiments de plus, mais moins d'officiers habitués à manier les grands navires. Près de dix mille canons ébranlèrent au loin l'atmosphère de leurs effroyables détonations. Après neuf heures de combat, la mort de l'amiral d'Opdam, qui sauta avec son vaisseau, et la supériorité manœuvrière des Anglais, décidèrent la défaite des Hollandais. Les Anglais, dans cette journée, combattirent pour la première fois en ligne, innovation due au duc d'York. Une vingtaine de navires hollandais furent pris ou brûlés; le reste regagna, non sans peine, les bas-fonds du Texel et de la Meuse, où leurs quilles plates leur permettaient de s'engager, sans que les vaisseaux anglais, construits différemment, pussent les suivre. L'Angleterre célébra sa victoire par une médaille qui portait cette exergue : *Quatuor maria vindico* (Je revendique les quatre mers).

L'énergique activité de Jean de Witt et le retour de l'héroïque Ruyter, qui revenait de balayer la mer des Antilles, ranimèrent si promptement les Hollandais, que leur flotte remit à la voile au bout de deux mois. De Witt s'embarqua en personne avec Ruyter. Les vents et les flots semblèrent conjurés avec les ennemis de la Hollande : une tempête dispersa la flotte hollandaise et brisa ou livra aux Anglais un assez grand nombre de navires. Rien ne put abattre la magnanime opiniâtreté de Jean de Witt. Il reprit la mer avec la flotte à peine ralliée et alla jusqu'à l'embouchure de la Tamise présenter le combat aux Anglais, qui ne l'acceptèrent pas. Une épidémie meurtrière, qui désolait Londres, avait atteint la flotte britannique et balançait les succès que la mer avait accordés aux Anglais (août-octobre 1665).

Louis XIV n'eût certes pas vu volontiers l'Angleterre prendre dans la lutte une supériorité décidée, mais il n'était pas fâché de voir les deux flottes rivales s'affaiblir réciproquement, sans commettre dans leur choc sa marine renaissante. Il était d'ailleurs préoccupé en ce moment d'un immense intérêt personnel. Le cas en vue duquel il avait forgé tant de ressorts, préparé tant de combinaisons, était arrivé. Après avoir essuyé revers sur revers dans ses attaques contre le Portugal, l'Espagne, épuisée, ruinée, avait perdu son roi.

Les dernières années de Philippe IV avaient été bien tristes : la longue série de malheurs qui avait rempli son règne avait fini par changer son insouciance en une sombre mélancolie. L'Espagne n'avait bien senti toute sa faiblesse qu'après la paix avec la France, comme un blessé qui ne sent la profondeur de ses blessures que lorsqu'il a cessé d'être soutenu par l'animation de la lutte. La monarchie de Charles-Quint, la monarchie des deux mondes, n'avait plus en face d'elle que le petit royaume de Portugal et ne pouvait l'abattre. Plus de finances, plus de marine, plus d'armée. Les arsenaux étaient vides : les pirates barbaresques enlevaient les bâtiments espagnols en vue des ports désarmés. Le président du conseil des finances avait osé donner nettement l'avis de renoncer à la marine royale, faute de pouvoir l'entretenir. L'esprit militaire était complétement éteint dans les hautes classes; le marasme était partout; la solitude envahissait les campagnes incultes [1]. Ce ne fut que par des efforts inouïs que les conseils des Espagnes parvinrent, en 1663, à réunir une faible escadre et une armée de vingt mille hommes, pour la plupart étrangers. Cette armée alla se faire battre, à Ameyxial, par les Portugais renforcés de volontaires français et anglais et dirigés par Schomberg, élève de Turenne (8 juin 1663). En 1664, les Portugais entamèrent à leur tour la frontière espagnole et y prirent plusieurs places. Philippe IV fit un effort désespéré, tira de Belgique, d'Italie, d'Allemagne, le plus qu'il put de soldats, et jeta vingt-deux mille

---

1. *V.* sur la ruine de l'Espagne, le t. II de *L'Espagne depuis Philippe II jusqu'aux Bourbons*, par M. Ch. Weiss. L'auteur analyse très-bien toutes les causes de cette décadence : la grande propriété immobilisée par les majorats inaliénables et par la mainmorte ecclésiastique ; la *mesta* ou vaine pâture, mortelle à l'agriculture ; le préjugé contre l'industrie et le commerce ; le système d'impôts ; l'expatriation continue de l'élite de la nation pour l'Amérique et les possessions étrangères d'Europe, etc. — *V.* aussi Mignet, *Succession d'Espagne*, t. I, p. 314.

combattants sur le Portugal. Les Espagnols furent de nouveau complétement défaits à Villa-Viciosa (17 juin 1665). Le malheureux monarque laissa tomber la lettre qui lui annonçait cette fatale nouvelle, en s'écriant : *Dieu le veut!* Miné par le chagrin, il s'éteignit trois mois après (17 septembre 1665).

Il laissait un enfant chétif, qui semblait toujours prêt à rendre l'âme, sous la régence d'une mère incapable, Marie-Anne d'Autriche, que gouvernait un moine étranger, presque aussi incapable qu'elle, le jésuite Neidhard (Nithard ou Nidhardo), ancien précepteur de l'empereur Léopold, devenu confesseur de la reine d'Espagne. Philippe IV, par son testament, déclarait héritière de sa monarchie, à défaut de son fils Carlos (Charles II), sa seconde fille Marguerite, fiancée de l'empereur, la fille aînée, Marie-Thérèse, reine de France, étant exclue par sa renonciation.

Selon les prétentions de Louis XIV, non-seulement cette renonciation était nulle pour le cas où le petit roi Charles II viendrait à mourir, mais les droits de la reine de France étaient pleinement échus sur les provinces qui, d'après les coutumes, revenaient à la fille du premier lit de préférence au fils du second lit. Louis hésita s'il agirait immédiatement. Ayant échoué dans ses tentatives de médiation, il ne croyait pas devoir faire attendre davantage à la Hollande l'exécution du traité de 1662, et il jugea que le succès de ses desseins serait compromis s'il avait à combattre à la fois l'Angleterre, l'Espagne et probablement l'empereur. Colbert, dans l'intérêt du commerce et des manufactures, le détournait vivement d'engager sur-le-champ la guerre générale. Il résolut donc d'ajourner l'invasion de la Belgique jusqu'à ce qu'il eût obligé l'Angleterre à la paix avec la Hollande : pour cela, il fallait passer par la guerre. La guerre fut déclarée aux Anglais le 26 janvier 1666, mais avec de singuliers ménagements. Louis fit entendre à Charles II que la nécessité de dégager sa parole le contraignait seule à cette extrémité et garda une porte ouverte aux pourparlers. En même temps il entama des négociations avec l'Espagne, comme s'il eût espéré satisfaction par les voies pacifiques, et il déjoua, par la plus savante stratégie diplomatique, les projets du cabinet anglais, qui tâchait de se porter médiateur entre l'Espagne et le Portugal et de former contre la France une ligue où l'Angleterre et l'Espagne eussent attiré l'empereur et le Portugal même. Le Portugal, tout au contraire, resserra ses liens avec la France par le mariage du roi Alphonse VI et d'une princesse française, mademoiselle de Nemours (mars 1666). La Suède repoussa la proposition de rompre avec la France, tandis que le Danemark, à l'instigation de Louis XIV, rompait avec l'Angleterre. L'empereur, tenu en respect par l'Alliance du Rhin, n'osa seconder activement les Anglais, et l'Espagne elle-même se laissa endormir par les propositions de l'ambassadeur français [1].

La mère du roi de France et la tante du nouveau roi d'Espagne, Anne d'Autriche, était morte sur ces entrefaites, le 20 janvier 1666; cette princesse avait fait de vains efforts pour s'entremettre entre son fils et sa maison : depuis longtemps elle n'avait plus d'influence sérieuse sur la politique de la France.

Dans l'automne de 1665, Louis avait commencé de remplir ses engagements envers la Hollande, en envoyant huit mille combattants joindre les troupes des Provinces-Unies contre l'évêque de Munster : ce prélat guerrier et turbulent, espèce de *condottiere* mitré, ayant des prétentions sur quelques places occupées par les Hollandais, avait levé une armée assez nombreuse avec l'argent de l'Angleterre et s'était jeté sur les provinces d'Over-Yssel, de Drenthe et de Groningue, qu'il ravageait cruellement. Il invoqua en vain auprès du roi sa qualité de membre de l'Alliance du Rhin : les Français, réunis aux Hollandais et aux troupes des ducs de Lunebourg, le chassèrent des Provinces-Unies et le poursuivirent sur ses propres terres. L'électeur de Brandebourg, à l'instigation de Louis XIV, se déclara aussi pour la Hollande et le belliqueux prélat fut réduit à déposer les armes (19 avril 1666).

Le traité de 1662 ne fut pas aussi bien exécuté sur mer que sur terre et les Hollandais portèrent encore presque tout le poids de la guerre maritime dans la campagne de 1666; cependant les reproches que Louis XIV a essuyés des historiens à cet égard paraissent exagérés. Avant la fin de 1665, le roi avait instamment rappelé de la Méditerranée dans l'Océan la flotte que commandait le duc de Beaufort : si cet ordre ne fut point exécuté, c'est que,

---

1. Miguet, *Succession d'Espagne*, t. I, part. II, sect. 3,

durant l'hiver, une escadre anglaise se montra dans la Méditerranée. Beaufort reçut l'injonction de combattre l'ennemi partout où il le rencontrerait. Il remit à la voile de Toulon au mois d'avril : les Anglais avaient repassé le détroit de Gibraltar. Beaufort eut avis alors d'attendre devant Lisbonne quelques bâtiments chargés de conduire de La Rochelle à Lisbonne la nouvelle reine de Portugal : on craignait que cette flotte ne fût interceptée par les Espagnols si l'on n'assurait son entrée dans le Tage. Louis XIV engagea les Hollandais d'attendre l'arrivée de Beaufort sur la côte française du *Ponant*, avant de sortir de leurs ports; mais l'amiral Ruyter était déjà en mer quand cet avis fut adressé aux États-Généraux. Ruyter avait sous ses ordres quatre-vingt-trois navires de guerre, sans les brûlots et les petits yachts. Les Anglais commirent l'imprudence de diviser leurs forces : le prince Rupert, cousin de Charles II, alla, avec vingt et quelques voiles, au-devant de la flotte française, que les Anglais croyaient près d'entrer dans la Manche, tandis qu'elle stationnait tranquillement à l'embouchure du Tage. Le gros de la flotte britannique, au nombre d'environ soixante-dix voiles, se porta contre les Hollandais, sous le commandement de Monk. Un furieux choc eut lieu, le 11 juin, entre Dunkerque et Nord-Foreland. La nuit seule sépara les combattants. Les pertes étaient cruelles de part et d'autre; mais les Anglais avaient beaucoup plus souffert encore que leurs rivaux : les boulets ramés, redoutable invention de Jean de Witt, avaient fait de grands ravages sur leurs navires. Le combat se renouvela le lendemain; sur le soir, les Anglais, ne pouvant plus soutenir l'effort victorieux des Hollandais, se retirèrent vers leurs côtes et brûlèrent ceux de leurs bâtiments qu'ils ne purent emmener. Ils regagnèrent péniblement l'entrée de la Tamise, en laissant échoué sur un banc de sable leur plus beau vaisseau, le *Prince-Royal*, de 92 canons, qui fut pris et brûlé après plusieurs autres. Dans la soirée du troisième jour, l'escadre du prince Rupert les rejoignit. Ils revinrent à la charge avec une obstination désespérée, et la quatrième journée fut la plus sanglante et longtemps la plus incertaine de toutes. Enfin, Ruyter ayant coupé la ligne anglaise et mis le corps de bataille entre deux feux, la flotte anglaise cessa de disputer la victoire. Un épais brouillard, qui fit perdre sa trace au vainqueur, la sauva d'une entière destruction. Elle avait perdu au moins vingt-cinq grands navires, pris, brûlés ou coulés. Ce fut la plus terrible bataille navale qu'on eût jamais vue; elle couvrit Ruyter d'une gloire immortelle.

Les Anglais, aussi inébranlables que l'avaient été les Hollandais l'année précédente, firent de tels efforts pour réparer leur défaite, que Monk se retrouva en état de présenter de nouveau la bataille au bout de sept semaines (4 août). La flotte française n'avait pas encore paru. Cette fois, les savantes manœuvres de Ruyter et de ses lieutenants n'eurent pas un aussi heureux succès. Tandis que l'escadre du vice-amiral Tromp repoussait et poursuivait une des divisions anglaises, Ruyter, mal secondé par une autre escadre, dont les deux chefs venaient d'être tués, eut à supporter le choc de forces très-supérieures et fut contraint de se retirer en faisant reculer, de temps à autre, par sa fière contenance, l'ennemi qui le suivait. Il dut probablement son salut à des volontaires français, qui, s'étant jetés dans des chaloupes, détournèrent un brûlot lancé contre son navire.

Cette journée, glorieuse pour les Anglais, qui avaient si vite effacé leur revers, ne leur donnait pourtant point un sérieux avantage : les Hollandais se furent bientôt ralliés et la flotte anglaise leur refusa deux fois leur revanche en évitant le combat. Sur ces entrefaites, Beaufort arrivait enfin de Lisbonne à La Rochelle (23 août). La correspondance de Louis XIV prouve que l'amiral français n'avait nullement, comme on l'a prétendu, l'ordre d'éviter les Anglais, mais qu'il devait au contraire opérer sa jonction, sans plus de délai, avec la flotte hollandaise. Si cette jonction n'eut pas lieu, ce fut par la faute de Beaufort et non par la faute du roi : une maladie survenue à Ruyter y contribua beaucoup aussi. Les Hollandais, ne se sentant plus guidés par cette forte main, hésitèrent à s'avancer dans la Manche à la rencontre de leurs alliés, et Beaufort, arrivé à Dieppe avec une quarantaine de voiles, après avoir passé en vue de la flotte anglaise, que le vent empêcha de l'attaquer, apprit que la flotte hollandaise était au nord du Pas-de-Calais. Le roi lui manda de faire voile vers la Hollande ou de retourner à Brest, « selon la contenance des ennemis ». Beaufort regagna Brest après un vif engagement entre son arrière-garde et une escadre anglaise; un vaisseau français de 54 canons fut pris après une belle résistance; le reste de l'arrière-garde se dégagea bravement d'entre l'escadre ennemie, bien supérieure en nombre (commencement d'octobre) [1].

Ce petit échec avait été plus que compensé d'avance par les succès des Français sur des mers lointaines. L'île Saint-Christophe, une des Petites-Antilles, était partagée entre deux colonies française et anglaise. Les Anglais, qui étaient six mille contre moins de deux mille, ayant pris l'offensive contre des voisins plus aguerris qu'eux, avaient été complètement battus et chassés de l'île (avril 1666); puis, la lutte étant devenue générale dans cet archipel, les îles anglaises de Nièves, de Monserrat et d'Antigoa étaient tombées au pouvoir des Français; les Anglais, il est vrai, avaient, de leur côté, enlevé aux Français l'Acadie.

Louis rêvait de plus grandes et de plus prochaines conquêtes. L'année 1667 s'ouvrait: un an, dix-huit mois bientôt, s'étaient écoulés depuis la mort de son beau-père, et pourtant, détourné du but par une diversion qu'il n'avait pu prévenir, il n'avait encore revendiqué les droits de sa femme qu'en paroles : il perdait patience. La situation de l'Angleterre lui offrit une ouverture où il se précipita avec ardeur. Les pertes de la guerre n'avaient pas été les plus funestes pour la Grande-Bretagne : la peste en 1665, l'incendie en 1666, avaient terriblement désolé sa capitale; les deux tiers de Londres avaient été réduits en cendres au mois de septembre dernier, et des richesses immenses avaient été anéanties [2]. Des tentatives de négociation avaient eu lieu durant l'hiver, avec peu de bonne volonté du côté de Jean de Witt, qui redoutait une paix destinée à rendre à Louis la liberté d'agir en

---

1. V. Œuvres de Louis XIV, t. II, Mém., p. 215-230; et t. V, p. 380-382-391; lettres des 23 juillet, 12 août et 20 octobre 1666. — Si la flotte française ne fut point attaquée à son premier passage, elle le fut au retour. Il n'y avait donc pas, comme l'a dit M. Eugène Sue, de convention secrète à ce sujet entre Charles II et Louis XIV. — Histoire de la marine française, t. I, p. 211, 2ᵉ édit. — Sur les deux grandes batailles navales, V. la Vie de l'amiral Ruyter, t. I, p. 215-291. — Lingard, Histoire d'Angleterre, t. XII, c. II.

2. Cette catastrophe est la première cause de la régularité de construction qui étonne le voyageur dans Londres : la ville fut rebâtie presque en entier à une époque de goût symétrique et d'améliorations dans l'édilité et l'hygiène publique.

Belgique. Au mois de février, un ambassadeur anglais vint à Paris pour débattre les préliminaires d'une conférence à ouvrir entre les puissances belligérantes. Le roi fit entendre par Lionne à cet envoyé qu'il s'engagerait à rendre les Petites-Antilles anglaises, ce que Charles II souhaitait vivement, si Charles promettait de ne rien faire pendant un an contre les intérêts de la France, en attendant qu'une alliance plus étroite pût s'établir entre les deux rois : c'était en réalité une trêve d'un an ; car Louis s'engageait par là implicitement à ne plus donner à la Hollande d'assistance, au moins offensive. Charles consentit à ce pacte secret (avril 1667). Louis, tout récemment encore, s'était pourtant fort indigné que les États-Généraux lui soupçonnassent l'intention de s'accommoder sans eux avec le roi d'Angleterre, et il avait autorisé son ambassadeur à conclure avec les États une nouvelle convention pour la jonction des flottes, convention qu'il n'avait plus aucun dessein d'exécuter. Il s'excusa probablement à ses propres yeux en se disant que les Hollandais ne couraient aucun péril, puisque les Anglais, dans leur détresse financière, armaient seulement cette année-là deux escadrilles de frégates légères, et qu'il ne concluait pas la paix sans ses alliés, puisque des conférences publiques allaient s'ouvrir à Breda entre la France, l'Angleterre et la Hollande, par la médiation de la Suède [1].

Au moment où il s'assurait ainsi de la neutralité anglaise, il venait de conclure avec le Portugal un traité offensif contre l'Espagne (31 mars 1667); pacte de guerre où les intérêts du commerce n'étaient point oubliés et où les Français se trouvaient admis à tous les avantages commerciaux dont jouissaient les Anglais et les Hollandais. Le Portugal s'engageait à ne point faire de paix avec l'Espagne, et le roi de France s'engageait à payer au Portugal un subside de 1,800,000 livres par an, jusqu'à ce qu'il déclarât lui-même la guerre à l'Espagne [2].

Louis n'avait rien négligé non plus pour s'assurer de l'Allemagne. Il ne réussit point, cependant, à faire proroger de nouveau l'Alliance du Rhin, qui s'était renouvelée de trois ans en trois ans. Les

---

1. *OEuvres* de Louis XIV, t. II, p. 279 et suiv.; t. V, p. 299. — Mignet, t. II, p. 40-45.
2. Dumont, *Corps diplomatique*, t. VII, p. 17.

princes allemands ne redoutaient plus l'Autriche, hors d'état d'attenter à leurs libertés, et commençaient à craindre d'être absorbés par le redoutable allié qui les avait affranchis. Le faisceau formé en 1658 fut ainsi dissous; mais Louis répara partiellement cet échec, en achetant un à un plusieurs des princes du Rhin : leurs craintes cédèrent à leur avidité. Le duc de Neubourg [1], les électeurs de Cologne et de Mayence, l'évêque de Münster enfin, malgré ses récents démêlés avec la France, promirent de fermer le passage aux troupes que l'empereur pourrait tenter d'envoyer dans les Pays-Bas catholiques, comme l'Alliance du Rhin l'avait fermé en 1665, dans un moment où l'Espagne avait voulu renforcer ses garnisons de Belgique par des levées allemandes.

Dans le courant de 1666, Louis avait insinué à l'ambassadeur hollandais, Van Beuninghen, qu'il était disposé à tenir compte des appréhensions de la Hollande et à s'accommoder des provinces les plus rapprochées de la France, en laissant les Hollandais s'étendre par compensation dans leur voisinage [2]. De Witt avait fait la sourde oreille, quoique la Hollande eût de justes griefs contre l'Espagne, qui, par dépit de n'avoir pu obtenir la garantie des Hollandais pour ses possessions, avait fourni des secours aux Anglais et à l'évêque de Münster. Louis, alors, n'avait plus songé qu'à endormir tout à la fois la Hollande et l'Espagne. Jusqu'au dernier moment, il sut détourner l'inepte camarilla espagnole de rien faire pour mettre la Belgique et la Franche-Comté en défense. Les cris du gouverneur-général Castel-Rodrigo, qui voyait venir l'orage, ne purent secouer l'apathie de la régente et de son confesseur. Ces étranges héritiers de Charles-Quint et de Philippe II croyaient avoir tout fait en répondant aux réclamations de Louis XIV que le feu roi avait défendu, par son testament, d'aliéner un seul village des Pays-Bas. Louis n'ayant point agi sur-le-champ, ils pensèrent qu'il n'agirait jamais. Leur impuissance, sans doute, était grande; mais leur torpeur fut plus grande encore. Le 1er mai 1667, Louis écrivait encore à son ambassadeur à Madrid une lettre rassurante

1. La médiation de Louis XIV venait de terminer les longs débats qui duraient depuis 1610 entre les maisons de Brandebourg et de Neubourg pour la succession de Clèves. Brandebourg garda définitivement Clèves, La Mark et Ravensperg; Neubourg eut Juliers et Berg.
2. Œuvres de Louis XIV, t. II, p. 60.

pour l'Espagne; le 27 avril, il avait promis à la Hollande de ne rien entreprendre sans la prévenir; le 8 mai, la foudre éclata. Louis signifia à la régente d'Espagne la résolution qu'il avait prise « de marcher en personne, à la fin de ce mois, à la tête de son armée, pour essayer de se mettre en possession de ce qui lui appartient dans les Pays-Bas, du chef de la reine, ou d'un équivalent. » Il offrait derechef de terminer le différend par un accommodement amiable à des conditions modérées et, pourvu qu'on lui rendît justice, de défendre contre toute agression le reste des états de son *frère* le roi d'Espagne. « Nous n'entendons pas, » disait-il enfin, « que la paix soit rompue de notre part par notre « entrée dans les Pays-Bas, quoique à main armée, puisque nous « n'y marcherons que pour tâcher de nous mettre en possession « de ce qui nous est usurpé. »

A cette lettre était joint un livre intitulé : *Traité des droits de la Reine Très-Chrétienne sur divers États de la monarchie d'Espagne.* Ce traité, rédigé par un secrétaire de Turenne, nommé Duhan, qui avait, dit-on, signalé le premier au roi l'existence du droit de dévolution, posait d'abord les prétentions de la reine Marie-Thérèse à la succession totale de la monarchie espagnole, si la ligne masculine s'éteignait, puis ses droits actuels sur plusieurs provinces, à savoir le Brabant, Anvers, Malines, le Limbourg, la Haute-Gueldre, Namur, l'Artois[1], le Cambrésis, comme soumis au droit de dévolution; le Hainaut, comme devant, en qualité de franc-alleu et d'après sa coutume, appartenir aux enfants du premier lit; le tiers de la Franche-Comté, régie par une loi qui admettait le partage égal entre les enfants; le quart du Luxembourg, dont la coutume admettait aussi tous les enfants à la succession, mais en donnant aux fils une part double de la part des filles.

La discussion de ces points de droit coutumier serait aujourd'hui assez fastidieuse : la conclusion du traité, ou plutôt du manifeste, transportait la question sur un autre terrain. « Le roi « s'assure que ces peuples (des Pays-Bas catholiques) n'oublieront « pas que les rois de France étoient leurs seigneurs naturels avant

---

1. Il restait encore à l'Espagne, en Artois, Aire et Saint-Omer.

« même qu'il y eût des rois de Castille, et qu'ils aimeront rentrer
« dans le sein de cette ancienne patrie [1]. » C'était sous une forme
monarchique, dans laquelle on confondait les rois des Franks et
les rois de France, la revendication du principe de l'affinité d'origine et de celui des frontières naturelles.

Le traité *Des Droits de la Reine* fut envoyé à tous les princes et états de l'Europe. Le roi annonçait à la chrétienté l'invasion des Pays-Bas catholiques comme un simple *voyage*.

Le roi partit de Saint-Germain dès le 16 mai pour aller se mettre à la tête de l'armée. Tout était prêt. Les armements avaient marché de front avec les négociations. L'état militaire de la France avait été porté, peu à peu et à petit bruit, de soixante-douze mille hommes à cent-vingt-cinq mille : seize cents canons avaient été fondus en France, beaucoup d'autres achetés à l'étranger ; de grands magasins étaient préparés en Picardie et cinquante mille soldats attendaient le signal sur la frontière du nord. L'ensemble des opérations devait être conduit par le maréchal-général Turenne : le roi avait dit à ce grand capitaine qu'il voulait apprendre sous lui « le métier de la guerre [2] ». L'armée active était divisée en trois corps très-inégaux : le principal *corps, de* vingt-cinq mille fantassins et dix mille cavaliers, devait, sous le roi et Turenne, opérer dans le centre de la Belgique, entre la Meuse et la Lis. L'aile gauche, de six mille ou sept mille fantassins et deux mille chevaux, sous le maréchal d'Aumont, avait ordre d'agir entre la Lis et la mer. La droite, commandée par le lieutenant-général Créqui et forte de trois mille cinq cents cavaliers ou dragons et de trois mille fantassins, dont deux mille cinq cents auxiliaires exigés du duc de Lorraine, était postée à Sierck, sur la Moselle, pour veiller aux mouvements de l'Allemagne et inquiéter le Luxembourg.

Le roi arriva le 20 mai à Amiens, où était le quartier général de Turenne. Le 24, les hostilités commencèrent par l'occupation d'Armentières : on surprit le commandant occupé à démolir ses fortifications, d'après l'ordre du gouverneur des Pays-Bas. Le gouverneur Castel-Rodrigo, sur la nouvelle de l'invasion fran-

1. Mignet, *Succession d'Espagne*, t. II, p. 58-89.
2. *Œuvres* de Louis XIV, t. II, p. 431.

çaise, faisait partout démanteler les places de second ordre, pour concentrer dans les plus considérables le peu qu'il avait de forces. Le principal corps d'armée, réuni à Amiens, à Péronne et à La Fère, se porta rapidement de la Somme et de l'Oise sur la Sambre et, laissant sur sa gauche Cambrai, Valenciennes et Mons sans les attaquer, occupa Binch en passant et ne s'arrêta qu'à Charleroi. Castel-Rodrigo n'avait pas cru pouvoir garder cette clef du Brabant : il avait fait miner les nouvelles fortifications commencées par lui-même depuis deux ans, puis évacuer la place. L'avant-garde française y entra le 2 juin.

Les jeunes officiers criaient qu'il fallait marcher droit à Bruxelles et abattre d'un seul coup le gouvernement espagnol des Pays-Bas; mais Turenne fit observer au roi que Castel-Rodrigo ne manquerait pas d'entasser dans sa capitale tout ce qu'il avait de ressources défensives et que l'infanterie française, « composée la plupart de nouveaux soldats, pourroit se rebuter ou se ruiner par un siége de longue durée [1] ». On employa donc l'armée, pendant une quinzaine de jours, à relever les remparts de Charleroi, pour en faire une place d'armes au cœur de la Belgique, puis on tourna de la Sambre vers l'Escaut : on se saisit d'Ath en chemin et, du 17 au 21 juin, on investit Tournai. Le maréchal d'Aumont rejoignit le roi et Turenne devant Tournai avec son petit corps d'armée, qui avait pris Bergues le 6 juin et Furnes le 12. Dès le 24, les Tournaisiens, voyant les assiégeants maîtres de la contrescarpe, s'ameutèrent, obligèrent leur faible garnison de se retirer dans la citadelle et capitulèrent moyennant la conservation de leurs priviléges. La citadelle se rendit le lendemain. Le roi fit son entrée dans Tournai aux acclamations de cette antique cité, qui, tombée autrefois par la conquête sous la domination étrangère, n'avait pas oublié son origine ni ses vieilles affections françaises. Rien ne pouvait être plus populaire en France que la recouvrance de Tournai. La découverte du tombeau de Childeric (Hilderik), père du grand Clovis, avait tout récemment ravivé les traditions nationales sur ce berceau de l'empire des Franks [2].

---

1. *OEuvres* de Louis XIV, t. II, p. 300.
2. Les précieux débris trouvés dans ce tombeau, en 1655, étaient passés entre les

Tournai pris, on se rabattit sur Douai. Le roi et Turenne, n'ayant point en tête d'adversaire qui pût tenir la campagne, opéraient à loisir et préféraient aux coup d'éclat, aux pointes hardies, ces solides conquêtes de frontières qui se renouent immédiatement au corps de l'état et ne se reperdent plus guère. La tranchée fut ouverte devant Douai le 3 juillet et les attaques furent menées avec une extrême vigueur. Vauban, qui avait révélé, dans les dernières années de la précédente guerre, un talent de premier ordre pour la conduite des siéges, dirigeait les travaux. A Douai, pas plus qu'à Tournai, les Espagnols n'avaient eu le temps de renforcer la garnison : les bourgeois de Douai se montraient d'abord beaucoup plus disposés à résister que n'avaient fait les Tournaisiens; mais leurs dispositions belliqueuses tombèrent, quand ils virent les Français, au bout de trois jours, en mesure de donner l'assaut au corps de la place. La ville et le fort de Scarpe, qui la couvrait du côté du Nord, se rendirent le 6 juillet.

Quelques jours après, le maréchal d'Aumont investit Courtrai (14 juillet). La ville capitula le 16 et la citadelle le 18. Le roi, sur ces entrefaites, amena la reine à Douai, à Orchies, à Tournai, pour la montrer à ses nouveaux sujets : toutes les beautés de la cour accompagnaient Marie-Thérèse; la magnificence et la galanterie de Versailles s'étalèrent au milieu de la guerre devant les Flamands émerveillés. Les Douaisiens effacèrent le souvenir de leur résistance par le brillant accueil qu'ils firent à la reine.

L'intermède fut court : Louis rejoignit l'armée, qui, maîtresse du cours de la Lis par Courtrai, descendait l'Escaut et attaquait Oudenarde. Cette ville, écrasée par une artillerie formidable, se rendit en deux jours (31 juillet). La prise d'Oudenarde devait préparer celle de Dendermonde, place plus importante par sa position entre Gand, Bruxelles et Anvers; mais l'avant-garde royale n'arriva point assez tôt devant Dendermonde pour empêcher le comte de Marsin, envoyé de Bruxelles par Castel-Rodrigo, de se jeter dans la ville avec dix-huit cents soldats et d'inonder les alentours en lâchant les écluses. C'était ce même Marsin qui

mains de l'électeur de Mayence, qui en fit hommage à Louis XIV, en 1665. *V. Œuvres de Louis XIV*, t. V; *Lettres particulières*, p. 307.

avait été le lieutenant favori du grand Condé et qui, exclu de l'amnistie de 1659 par Mazarin, était resté au service de l'Espagne. Turenne conseilla au roi de ne pas s'opiniâtrer à ce siége, qui eût pu consumer le reste de la campagne. Le 5 août, l'armée décampa et tourna le dos à Gand et à Bruxelles. Des cris commençaient à s'élever contre cette *retraite :* ils cessèrent quand l'armée s'arrêta devant Lille (8-10 juillet).

Le siége de la grande cité wallonne était une entreprise bien autrement éclatante que l'attaque de Dendermonde, et Louis XIV revendique, dans ses Mémoires, l'honneur de l'avoir personnellement conçue [1]. Lille renfermait dix-huit cents fantassins et mille cavaliers d'élite, deux mille *curtins,* milice provinciale presque aussi aguerrie que les troupes régulières et, si l'on en doit croire les relations du temps, quinze mille habitants capables de porter les armes [2]. Le comte de Brouai, gouverneur de Lille, n'épargna rien pour exalter l'esprit municipal et pour réveiller l'attachement populaire en faveur de l'héritier des anciens ducs de Bourgogne. Il fit promener par les rues le portrait du petit roi Charles II et demanda un nouveau serment à la bourgeoisie, qui jura en foule de mourir plutôt que de capituler. On plaça devant l'Hôtel de Ville un cheval de bois, avec une botte de foin et une inscription en mauvais vers, où l'on assurait que le cheval mangerait le foin avant que la ville se rendît.

Les assiégeants ne s'effrayèrent pas de cette excitation factice et entamèrent une double ligne de contrevallation et de circonvallation. Le gouverneur avait envoyé prier le roi de choisir, pour son logis, la plus belle maison des environs et de l'en avertir, afin qu'il défendît de tirer sur le quartier royal. Louis remercia Brouai de cette courtoisie, mais lui déclara que son quartier était dans tout son camp.

Les actes répondirent aux paroles : le roi passa les nuits au bivouac et la plupart des journées à la tranchée, prêt à repousser en personne les sorties. Un jour, en visitant la tranchée, il poussa jusqu'à un endroit fort exposé au feu des assiégés : les courtisans

---

1. *Œuvres* de Louis XIV, t. II, p. 431.
2. La population de la ville a peu varié depuis, l'enceinte ne s'étant point élargie; mais il s'est entassé dans la banlieue une grande masse d'hommes.

le pressaient de se retirer ; il hésitait. Le vieux duc de Charost, un de ses capitaines des gardes, s'approcha de son oreille : — « Sire, » lui dit-il, « le vin est tiré, il faut le boire. » Louis acheva sa promenade sans presser le pas et sut gré à Charost d'avoir préféré son honneur à sa vie [1].

La présence du roi animait les troupes à supporter des privations causées par l'inexpérience de Louvois, qui avait mal combiné le service des vivres, et par la valetaille que traînaient après eux les courtisans, foule parasite qui contribuait à épuiser les approvisionnements destinés aux gens de guerre. Turenne, très-paternel envers les soldats, mais assez rude avec les généraux et les ministres, adressa au jeune secrétaire d'état de la guerre une admonition qui laissa une longue rancune dans le cœur de Louvois et de son père Le Tellier [2].

Les lignes furent cependant achevées le 18 août; le maréchal d'Aumont couvrait le siége et observait les mouvements des Espagnols, qui rassemblaient des troupes à Alost et à Ypres pour tâcher de troubler le siége. Le 18 au soir, la tranchée avait été ouverte. Le 21, une batterie de vingt-quatre pièces de gros calibre démonta presque tous les canons qui défendaient la porte de Fives et les dehors voisins. Le 23, le marquis de Créqui arriva des bords de la Moselle avec son petit corps d'armée. Rien ne remuant du côté de l'Allemagne, on avait cru pouvoir réunir toutes les forces actives afin d'assurer le succès de l'entreprise. Dans la nuit du 24 au 25, la contrescarpe fut emportée et l'on y logea vingt-deux pièces de 24. La nuit du 26 au 27, on enleva deux demi-lunes, et l'on attacha le mineur au corps de la place.

Depuis plusieurs jours, l'épouvante régnait dans la ville et, dès le 22, les bourgeois, démentant les bravades qu'on leur avait suggérées, avaient signifié au gouverneur qu'ils capituleraient s'ils n'étaient secourus le 27. Les gens des métiers avaient répondu avec une extrême froideur aux exhortations des chefs espagnols et ne s'étaient armés, au nombre de huit mille, que lentement et de mauvaise grâce. Dès la nuit même où les Français gagnèrent

---

1. *Mém.* de Choisi, ap. Collect. Michaud, 3ᵉ sér., t. VI.
2. *Analyse de la campagne de 1667*, par le général de Grimoard, dans les *OEuvres* de Louis XIV, t. III, p. 74.

le pied du rempart, le peuple se porta en tumulte à l'Hôtel de Ville et exigea communication des lettres par lesquelles le gouverneur général des Pays-Bas promettait secours au gouverneur de Lille. Le secours n'était annoncé que pour le 10 septembre. Le peuple n'en voulut pas entendre davantage et fit cesser sur-le-champ le feu des remparts. Le gouverneur avait jugé impossible de comprimer ce mouvement : il envoya des députés au roi pour offrir de se rendre sous quatre jours à défaut de secours; le roi exigea qu'il se rendît le jour même. Le soir, une porte de la ville fut remise aux Français; le lendemain, 28 août au matin, la garnison sortit avec les honneurs de la guerre et le roi fit son entrée dans Lille.

Toute la Flandre wallonne était redevenue française au prix de moins d'efforts et de sang qu'il n'en eût coûté, au moyen âge, pour forcer une seule de ses places. C'est qu'il ne s'était rencontré là aucun grand intérêt, aucune grande idée, qui pût porter les populations à refuser de rentrer dans le giron de la mère-patrie. Ce sont là les seules bonnes et légitimes conquêtes, celles qui tombent dans la main du conquérant comme des fruits mûrs, celles qui peuvent bien transgresser les lois politiques forgées par les hommes, mais qui sont conformes aux lois de la Providence et qui, loin de violer le principe des nationalités, le réalisent.

Le comte de Marsin, mestre de camp général des troupes espagnoles, était à Ypres depuis le 25 août avec une douzaine de mille hommes, dont deux tiers de cavalerie; il n'avait eu ni le temps ni la force d'essayer de sauver Lille. Le roi et Turenne, dès le 27, conçurent l'espoir de lui couper le retour sur Gand et sur Bruxelles. Le lieutenant général Créqui, dont la cavalerie avait été postée sur la Lys, entre Lille et Ypres, eut ordre de se porter rapidement entre le canal de Bruges et le canal du Sas-de-Gand. Le 28 août, toute l'armée suivit le corps de Créqui. Marsin, en apprenant la perte de Lille, avait envoyé le peu qu'il avait d'infanterie à Dixmuyde, Nieuport et Ostende, et s'était dirigé en toute hâte, avec huit mille chevaux, sur Gand par Bruges. Le 31 août, au point du jour, il rencontra l'avant-garde française qui lui barrait la route de Gand. Informé que le gros de l'armée royale n'était pas loin, il voulut se replier sur Bruges. Il n'en eut pas le temps : chargé avec une irrésistible impétuosité, il fut enfoncé, renversé, mis en pleine déroute; une partie de ses escadrons furent poursuivis jusqu'au bord de la mer, sur le territoire de la Flandre hollandaise; le reste fut chassé jusqu'aux portes de Bruges : deux mille cavaliers furent tués, pris ou dispersés.

Le 1ᵉʳ septembre, toute l'armée française se trouva réunie devant les murs de Gand. Plusieurs généraux pressaient le roi de mettre à profit la défaite de Marsin pour attaquer cette grande cité; mais l'armée était très-fatiguée de tant de travaux et de marches, et surtout du mauvais temps : les grandes pluies avaient commencé pendant le siége de Lille et ne discontinuaient pas; l'infanterie était fort diminuée par les garnisons des nouvelles conquêtes, et l'on n'était pas sûr que les villes de langue flamande cédassent aussi facilement que les villes de langue française, bien que l'exemple de Dunkerque fût de bon augure à cet égard. Des considérations politiques agissaient aussi sur l'esprit du roi : Louis désirait encore ménager la Hollande et surtout mûrissait de vastes projets secrets qui pouvaient, jusqu'à un certain point, retenir ses armes. Il résolut de ne plus rien tenter d'important cette année et de se fortifier seulement dans les positions prises. Dès le 2 septembre, il repartit pour Saint-Germain, laissant l'armée à Turenne.

Le maréchal-général fut cependant obligé de faire encore une entreprise après le départ du roi. Le gouverneur des Pays-Bas ayant jeté une garnison dans Alost, afin de couvrir Bruxelles et d'inquiéter les garnisons françaises, Turenne alla, le 11 septembre, assaillir Alost de vive force, la contraignit de capituler dès le lendemain, et rasa les fortifications. Ne pouvant, à cause du mauvais temps, s'établir sur le canal de Bruxelles à Anvers, il occupa les villes et les bourgs de la Dender jusqu'à la fin d'octobre, puis répartit l'armée en quartiers d'hiver le 1ᵉʳ novembre [1].

L'invasion de la Belgique avait soulevé une vive agitation dans tous les cabinets de l'Europe, et les évolutions de la diplomatie n'avaient pas été moins actives ni moins compliquées durant cette

---

1. La *Campagne royale ès-années* 1667-1668; Paris, 1668, in-18. — Pellisson, *Histoire de Louis XIV*, t. II, l. v. — *Œuvres* de Louis XIV, t. II, p. 296-314; t. III, p. 31-87.

courte campagne, que les marches et les contre-marches de la stratégie.

Le gouvernement espagnol, à la première nouvelle de l'attaque, s'était résigné à l'abandon de ses vaines prétentions sur le Portugal, pour concentrer ses efforts dans la défense des Pays-Bas. C'était un peu tard! Impossible d'augmenter les impôts sur l'Espagne ou sur les possessions d'Italie; quant au tribut annuel de l'Amérique, cette unique ressource de la détresse castillane, on n'attendait les galions qu'à la fin de l'année. « On essaya de sauver la monarchie par souscription [1]. » L'appel ne fut point entendu. La nation se souciait peu de ces Pays-Bas, de ces possessions étrangères, qui l'avaient ruinée. A peine lui restait-il quelque souci d'elle-même. Presque personne ne paya ni ne s'enrôla. Le gouvernement fut réduit à opérer un nouveau retranchement sur les rentes, c'est-à-dire à faire banqueroute des trois quarts.

Accablée de son impuissance, l'Espagne, en jetant sa déclaration de guerre à un rival qui prétendait lui enlever ses provinces sans rompre la paix (14 juillet), appela toute l'Europe à son aide. Tout le monde négocia, mais personne ne se trouva en mesure ou en volonté de combattre pour elle. Elle s'était hâtée de signer un traité de commerce avec l'Angleterre [2] : Charles Stuart ne lui en refusa pas moins l'autorisation de lever des soldats dans ses états. Elle invoqua l'empereur et l'empire en faveur du *cercle de Bourgogne*. Louis XIV l'avait prévenue auprès de la diète germanique : le roi de France avait promis de ne pas soustraire à la dépendance de l'empire les places qu'il prendrait dans le cercle de Bourgogne, qui comprenait la Franche-Comté et la Belgique, moins la Flandre, et il avait requis la diète, de son côté, d'observer le traité de Westphalie en empêchant l'envoi de troupes allemandes au secours des Espagnols; même communication avait été adressée à l'empereur. Léopold, timide et peu actif d'ailleurs, ne put engager la diète qu'à offrir sa médiation : la diète ne voulut point garantir aux Espagnols le cercle de Bourgogne.

---

1. Mignet, *Succession d'Espagne*, t. II, p. 121-137.
2. Ce traité accordait aux Anglais les mêmes droits qu'aux Hollandais, particulièrement le droit de tiers pavillon entre l'Espagne et les Indes Orientales. *V.* Dumont, t. VII, p. 27.

Léopold, pour son compte personnel, ne bougea pas; il n'avait pas vingt mille soldats sur pied, et il n'osa même point faire de recrues sur ses propres terres, de peur d'offenser le roi¹.

Le gouverneur des Pays-Bas se tourna vers le Nord : il essaya d'entraîner l'électeur de Brandebourg et, par lui, les princes de la Basse-Saxe. Les princes protestants de l'Allemagne septentrionale, ainsi que la Suède, étaient mécontents du patronage trop peu déguisé que Louis XIV accordait aux intérêts catholiques dans l'empire et de son intervention continuelle dans les affaires germaniques : le projet d'établir un prince français sur le trône de Pologne les inquiétait fort. Sur ces entrefaites, la mort de l'habile reine de Pologne, principal appui de ce projet, en rendit le succès plus que douteux. Louis XIV jugea nécessaire d'y renoncer et offrit aux princes allemands de soutenir la candidature d'un d'entre eux, du duc de Neubourg, si le roi Jean-Casimir persistait dans la pensée d'abdiquer ². L'électeur de Brandebourg parut alors se rapprocher du roi, mais peu sincèrement, et continua de négocier en même temps à Paris et à Bruxelles, se contentant toutefois de rester en observation et de se réserver.

Le gouverneur des Pays-Bas avait agi plus instamment encore auprès de la Hollande, qui s'empressa de demander au roi à quelles conditions il consentirait à traiter avec les Espagnols. Louis ne se pressa pas de répondre. L'ambassadeur Van Beuningen, alors, l'assura que, s'il se contentait d'une partie des Pays-Bas éloignée des frontières hollandaises, les Provinces-Unies se joindraient à lui pour forcer les Espagnols à céder. C'était ce que le roi avait proposé l'année précédente. Louis répliqua, de son camp devant Douai (4 juillet), qu'il se contenterait de la Franche-

1. Il y a des détails très-piquants à ce sujet dans les négociations entre les cabinets de France et d'Autriche. « Le roi », écrivait plaisamment le ministre Lionne à l'ambassadeur Grémonville, « le roi vous trouve le ministre de la terre le plus effronté (et en cela Sa Majesté vous donne la plus grande louange que vous puissiez désirer), de vous être mis en tête d'empêcher, par vos persuasions et par vos menaces, qu'un empereur, successeur de tous les Césars, n'ose pas faire des recrues à ses troupes. » V. Mignet, t. II, p. 248.

2. Il abdiqua, en effet, le 16 septembre 1668, et se retira en France, où on lui donna l'abbaye de Saint-Germain-des-Prés. Il eut pour successeur, non pas le duc de Neubourg, mais Michel Wiesnowiecki, pauvre et obscur gentilhomme élu par l'esprit de faction à cause de sa nullité même et dont le règne fut une honte et une ruine pour la Pologne.

Comté, du Luxembourg, du Cambresis, de Saint-Omer, Aire, Bergues, Charleroi, Tournai et Douai. Les Hollandais se récrièrent. De Witt déclara à l'ambassadeur français qu'il ne pourrait soutenir les prétentions du roi, à moins que Louis ne les modérât et ne s'engageât, en cas de mort du roi d'Espagne, à reprendre l'ancien projet d'ériger le reste de la Belgique en république, la part de la Hollande faite, ou à partager toute la Belgique, si le premier plan échouait. Louis différa de répondre positivement.

Pendant ce temps, les négociations de Breda entre la Hollande et ses alliés, d'une part, et l'Angleterre de l'autre, touchaient à leur conclusion. Les difficultés étaient assez grandes de la part de l'Angleterre. De Witt les trancha par un coup d'éclat. Il savait que les Anglais, grâce à la mauvaise administration de Charles II, avaient peu de forces à la mer. Il lança Ruyter et son frère Corneille de Witt, avec soixante-dix vaisseaux et frégates et seize brûlots, droit à la Tamise, dont il avait sondé les passes en personne l'année précédente (4 juin 1667). Les Hollandais s'emparèrent du fort de Sheerness, forcèrent l'entrée de la rivière de Chatam, y prirent ou brûlèrent un grand nombre de vaisseaux de guerre, détruisirent ou enlevèrent les magasins de la marine, remontèrent la Tamise jusqu'à Gravesend, et restèrent maîtres pendant plusieurs semaines de l'embouchure du grand fleuve britannique.

L'Angleterre ploya sous ce coup si humiliant pour son orgueil : la paix fut signée le 31 juillet. Il y eut trois actes différents. Par le premier, la France et l'Angleterre se rendirent ce qu'elles s'étaient enlevé en Amérique [1]. Par le second, l'Angleterre et la Hollande convinrent de garder chacune ce qu'elles s'étaient pris, en colonies, comptoirs, navires et marchandises : les Anglais conservèrent la meilleure partie des possessions hollandaises de l'Amérique septentrionale, c'est-à-dire New-York et New-Jersey; les Hollandais gardèrent l'île de Pulo-Ron, dans les Moluques, et Surinam. La question de pavillon fut réglée dans les mêmes termes que lors du traité avec Cromwell, les Hollandais s'obligeant à saluer le pavillon anglais, de flotte à flotte, *dans les mers britanniques*, et se

---

1. Outre l'Acadie, nommée dans le traité, les Anglais rendirent Cayenne, dont ils venaient de s'emparer au moment où l'on traita. *V.* les actes dans Dumont, t. VII, p. 44 et suiv.

réservant implicitement l'égalité ailleurs. Un troisième traité réconcilia l'Angleterre et le Danemark.

Il semblait que les Provinces-Unies eussent pu tirer plus de fruit de leurs glorieux succès ; mais de Witt et ses amis n'avaient pas cru devoir résister plus longtemps aux cris du commerce, qui réclamait la paix sur les mers, et avaient eu hâte eux-mêmes d'en finir avec l'Angleterre pour pouvoir se tourner tout entiers vers la Belgique. C'était d'ailleurs pour leur parti une grande victoire que de n'avoir point accordé à la maison de Stuart le rétablissement de la maison de Nassau. L'année précédente, après l'échec naval du mois d'août, le parti orangiste s'était vivement agité, et de Witt, pour enlever à ses adversaires un instrument qui menaçait de devenir bientôt un chef redoutable, avait été obligé de faire lui-même adopter le jeune prince d'Orange, Guillaume III, par la province de Hollande, comme enfant de l'état, et de se charger de son éducation politique. Fortifié maintenant par la manière glorieuse dont il avait terminé la guerre, il réussit à faire arrêter par les États de Hollande que le stathoudérat ne serait jamais rétabli dans cette province, et que, s'il l'était dans quelqu'une des autres, il serait incompatible avec la charge de capitaine-général des Provinces-Unies (15 août). On fit jurer ce décret au jeune prince comme à tous les fonctionnaires de la république, et on lui laissa espérer à ce prix qu'on l'introduirait dans le conseil d'état à vingt ans et qu'on le ferait capitaine-général à vingt-deux [1].

Aussitôt après la paix, l'Angleterre offrit sa médiation à la France et à l'Espagne. Le nouveau pape Clément IX (Jules Rospigliosi), élu le 20 juin en remplacement d'Alexandre VII, avait fait une pareille offre, et la Suède aussi. La diète de Ratisbonne avait arrêté l'envoi d'ambassadeurs vers les cours belligérantes. Louis XIV ne repoussa aucune de ces propositions et montra des dispositions conciliantes. Il présenta aux Provinces-Unies et à l'empereur la prompte fin de son *voyage* aux Pay-Bas comme une preuve de sa modération et annonça, le 29 septembre, à l'ambassadeur hollandais, qu'il acceptait de nouvelles propositions for-

---

1. Mignet, *Succession d'Espagne*, t. I, p. 485. — Pellisson, t. III, l. VIII. — La Neuville (Ad. Baillet), *Histoire de Hollande*, t. III, p. 306.

mulées par Jean de Witt, c'est-à-dire l'engagement éventuel pour le cas de mort du roi d'Espagne et, quant à présent, l'alternative entre la cession des places qu'il avait conquises et la cession du Luxembourg, du Cambresis, d'Aire et de Saint-Omer. Le roi ajoutait seulement, dans ce dernier cas, Douai, Bergues et Furnes : Charleroi serait démantelé. Ces prétentions, amoindries, tandis que les conquêtes s'étaient accrues, n'avaient rien que de fort modeste. Il était entendu que l'Espagne reconnaîtrait le roi de Portugal et accepterait avant la fin de mars 1668 : sinon, la Hollande s'unirait au roi contre elle. Louis accorda une trêve de trois mois au gouverneur des Pays-Bas catholiques (octobre-décembre 1667)[1].

Tous les cabinets de l'Europe, un seul excepté, ignoraient le secret de la modération du jeune conquérant. C'était la grandeur même de son ambition qui le rendait modéré. La Belgique et la Franche-Comté, qui eussent suffi à la France, ne lui suffisaien point! Voyant la couronne d'Espagne sur la tête d'un frêle enfant toujours prêt à rendre le faible souffle qui l'animait, il songeait à s'assurer la moitié de la monarchie espagnole. Le petit Charles II mort, il ne restait d'autres héritiers légitimes de Philippe IV que la reine de France et l'impératrice, sa sœur cadette, mariée en 1666. Louis XIV, au commencement de 1667, avait proposé à l'empereur de régler d'avance entre eux deux le partage éventuel du grand héritage. Léopold refusa d'abord, mais faiblement, sans autre motif que la peur de fâcher la cour d'Espagne si elle avait vent de l'affaire : il sentait l'impossibilité de maintenir en principe, au profit de sa femme, la renonciation de la reine de France; cette ouverture amiable contribua à l'empêcher de se mettre en mesure d'intervenir en Belgique. Louis, de son côté, affecta de vouloir complaire à l'empereur en ne poussant pas ses avantages jusqu'au bout. Après le retour du roi à Saint-Germain, le résident de l'empereur en France insinua qu'on pourrait renouer (8 octobre 1667). Les avances de l'agent autrichien furent vivement accueillies et les négociations furent rouvertes et conduites à Vienne, avec une dextérité et une vigueur extraordinaires, par

---

1. *OEuvres* de Louis XIV, t. II. p. 437 et suiv. — Mignet, t. II, p. 492.

l'ambassadeur français Grémonville [1]. La supériorité des diplomates français de ce siècle sur la plupart des diplomates étrangers est quelque chose de bien frappant ; ce n'est pas seulement par le talent, c'est surtout par la force morale qu'ils les surpassent ; du côté des étrangers, l'intérêt personnel, sous la forme la plus grossière et la plus déhontée, compromet ou trahit sans cesse les intérêts de l'état confiés à l'agent politique ; du côté des Français, la personnalité de l'agent s'identifie passionnément avec l'œuvre entreprise, et son dévouement à l'état et au prince est sans réserve : leur gloire est sa gloire et il n'attend que d'eux sa récompense. Heureuse la France, si l'admirable école de politiques et de guerriers qu'elle possédait n'eût été employée qu'à servir un système vraiment national !

Le 19 janvier 1668, un traité secret fut signé à Vienne entre le roi et l'empereur : Louis y renouvelait la promesse qu'il avait faite aux Hollandais, quant à sa *satisfaction* actuelle. Si l'Espagne n'accordait pas cette satisfaction avant le 15 mars, l'empereur s'interdisait de secourir les Pays-Bas Catholiques ; il se réservait de secourir les autres possessions espagnoles sans rompre avec le roi. Si le roi d'Espagne meurt sans enfants et que l'empereur et le roi ou leurs héritiers lui survivent, le roi ou ses ayants droit auront la Belgique, la Franche-Comté, la Navarre, Rosas en Catalogne, les présides d'Afrique (Oran, Melilla, Ceuta, etc.), les Deux-Siciles et les Philippines ; l'empereur aura l'Espagne, moins la Navarre et Rosas, avec le Milanais, les présides de Toscane, les Baléares, la Sardaigne, les Canaries et toutes les Indes-Occidentales. Le traité sera valable tant que le roi d'Espagne, Charles II, n'aura pas un enfant de six ans [2].

C'étaient là, sans doute, de brillantes espérances : en admettant que la succession espagnole dût suivre les lois ordinaires de l'hérédité, il semblait naturel que Louis XIV revendiquât sa part, afin d'empêcher la maison d'Autriche de ressaisir son ancienne prépondérance en réunissant toute sa puissance sur une seule tête, et, pourtant, c'était une première déviation de la vraie politique

---

1. Cette négociation est vraiment un modèle *classique* pour l'instruction des diplomates : elle est largement développée dans Mignet, t. II, p. 330-440.
2. *V.* Mignet, t. II, p. 441 et suiv.

française. Mieux eût valu, dans le présent, la Belgique, même incomplète, et la Franche-Comté, que l'espoir de la moitié d'un empire hypothéqué sur la mort d'autrui et sur l'inconnu! Mieux eût valu, dans l'avenir, renoncer à un agrandissement arbitraire et, au lieu de disposer de l'Espagne sans son aveu, la pousser, le cas échéant, à exclure les étrangers, à remplacer sa dynastie éteinte par quelque branche bâtarde ou par quelque grand de Castille, pensée qui circulait au delà des Pyrénées. On ne peut pourtant pas trop faire un crime à Louis XIV d'avoir agi comme il le fit : ceci était trop loin de l'ordre d'idées dynastiques où il se trouvait engagé; mais, malheureusement, le traité secret de partage n'était pas encore, comme on le verra, le dernier mot de son ambition.

Le traité fut suivi d'une concession importante faite par le roi à l'empereur. Louis prorogea jusqu'au 15 mai le délai fixé aux Espagnols pour accepter ses conditions et promit à Léopold de ne point augmenter ses prétentions immédiates, quels que fussent, jusqu'à cette date, les événements de la campagne qui allait s'ouvrir.

Une autre négociation, non moins considérable et destinée à produire des résultats plus immédiats, avait marché en Hollande parallèlement aux pourparlers de Vienne.

Aussitôt après la paix conclue avec l'Angleterre, la Hollande, redevenue maîtresse de ses mouvements, avait manifesté d'une façon fort claire envers la France des dispositions malveillantes, qui ne tenaient pas seulement à l'invasion de la Belgique, mais encore et surtout au nouveau tarif dont Colbert venait de frapper les marchandises étrangères [1]. Elle avait maintenu quarante vaisseaux à flot et décrété la levée de vingt-cinq mille soldats, et l'ambassadeur Van Beuningen avait parlé ouvertement à Lionne d'une coalition défensive contre la France, si le roi ne modérait pas ses exigences. Louis, en effet, comme on l'a vu, se modéra, puisqu'il accepta presque complétement les bases posées par Jean de Witt. Il fut fort étonné et irrité que son acceptation ne fût point accueillie avec empressement en Hollande et qu'on prétendît lui imposer en outre la renonciation de sa femme à la succession

---

1. *V.* ci-dessus, p. 143.

d'Espagne (octobre 1667). De Witt ne dirigeait pas toujours à son gré les régences des villes hollandaises, pouvoir plus réel au fond que les États-Généraux dans ce gouvernement fédératif, et lui-même d'ailleurs n'était point inébranlable dans le système de l'alliance française. Pendant la campagne de Flandre, le gouverneur des Pays-Bas Catholiques ayant offert aux Provinces-Unies de leur remettre en dépôt Bruges, Ostende et d'autres places, à condition d'un prêt considérable et d'un secours de troupes qui seraient censées licenciées du service de la Hollande, l'affaire avait manqué, non par le refus de Jean de Witt, mais seulement parce que le gouverneur espagnol n'avait point insisté en voyant les Français s'arrêter après la prise de Lille.

De Witt, pourtant, tâcha de calmer le roi et de trouver quelque moyen terme entre les prétentions françaises et les défiances hollandaises ; mais la question fut bientôt transportée sur un autre terrain par l'intervention de la diplomatie anglaise.

Louis XIV, immédiatement après la paix de Breda, avait expédié à Londres un ambassadeur chargé de proposer à Charles II une alliance offensive contre l'Espagne et de lui offrir pour appâts la promesse d'un traité de commerce, l'abandon de l'Amérique espagnole aux armes anglaises, l'assistance, au besoin, contre ses sujets rebelles, enfin des subsides et jusqu'à la cession d'une place maritime en Flandre, s'il consentait à ce que la Belgique devînt française (septembre 1667)[1]. Ceci se passait avant que la grande négociation de partage fût rouverte avec l'empereur.

Charles II, toujours aux expédients, inclinait personnellement à se lier avec Louis XIV, dont il appréciait la *libéralité* ; mais, autour de lui, dans son parlement, dans son conseil même, la vieille jalousie contre la France prédominait. Charles n'accepta point : il offrit seulement à Louis de *vendre* la prolongation de sa neutralité pendant une seconde année, puis fit à son tour des ouvertures, non contre l'Espagne, mais contre la Hollande. Il était animé d'un vif ressentiment contre les républicains hollandais, qui l'avaient autrefois traité avec fort peu d'égards pendant son exil, et l'affront qu'il venait de recevoir par l'invasion de la Ta-

---

1. Lionne avait conseillé au roi d'offrir Ostende et Nieuport, ce qui a lieu d'étonner de la part d'un si habile politique. *V.* Mignet, t. II, p. 505.

mise l'avait ulcéré contre Jean de Witt (décembre 1667)[1]. Il n'avait pourtant en réalité aucun parti pris.

Louis XIV, malgré ses griefs, ne consentit point à rompre avec la Hollande, tant qu'elle n'aurait pas violé le pacte de 1662.

Charles II n'avait pas même attendu la réponse de Louis pour se retourner vers la Hollande; il avait entretenu avec la France et les Provinces-Unies une double négociation, sans peut-être bien savoir lui-même qui des deux il tromperait. Les agents hollandais en Angleterre, depuis la paix, n'avaient cessé de presser Charles de se joindre à la Hollande pour s'interposer entre la France et l'Espagne, et Charles avait répondu à leurs instances en dépêchant à La Haie, au mois de décembre, un diplomate très-hostile aux intérêts français, sir William Temple, qui alla jusqu'à proposer à Jean de Witt une alliance offensive entre l'Angleterre et la Hollande pour protéger la Belgique. De Witt parut peu disposé à un parti aussi extrême, et plus enclin à une alliance défensive. Temple alla chercher des pleins pouvoirs à Londres, les rapporta dans les premiers jours de janvier et engagea dans les pourparlers l'ambassadeur de Suède en Hollande. Le 23 janvier 1668, un traité fut signé à La Haie entre l'ambassadeur anglais et les sept *commissaires des affaires secrètes* présidés par le grand pensionnaire de Hollande. L'Angleterre et la Hollande y conviennent de demander au roi de France : 1° de s'obliger à la paix avec l'Espagne, pourvu qu'elle lui cède les places qu'il a conquises ou l'équivalent déjà réclamé par lui-même; 2° d'accorder trêve aux Pays-Bas catholiques jusqu'à la fin de mai. L'Angleterre et la Hollande s'engagent à faire avoir au roi de France la satisfaction ci-dessus dite. Moyennant cet engagement, elles disposeront le roi de France à ne plus porter ses armes aux Pays-Bas et à se reposer sur elles du soin d'obliger l'Espagne à céder. La paix qui se conclura entre la France et l'Espagne sera garantie tant par l'Angleterre et les Provinces-Unies que par l'empereur et par tous les autres rois et princes voisins, avec obligation d'armement général contre celle des deux parties qui enfreindrait la paix.

Les conventions avaient été habilement formulées par de Witt :

---

1. *V.* les curieux détails que donnent les *Mémoires* de Gourville ; ap. Collect. Michaud, 3ᵉ sér., t. V, p. 544.

Louis XIV n'avait point à se plaindre, au moins en ce sens, qu'on accordait ce qu'il avait demandé et qu'on ne réclamait plus la renonciation de la reine; mais, en même temps, on l'enlaçait de manière à lui interdire toute nouvelle entreprise, au moins tant que vivrait le roi d'Espagne.

Par articles secrets, l'Angleterre et la Hollande convenaient de faire la guerre à Louis XIV, s'il se dédisait, et prétendaient l'obliger à faire la paix sans y comprendre le Portugal, dans le cas où l'Espagne s'obstinerait sur ce point.

Le même jour, l'ambassadeur de Suède en Hollande adhéra à l'alliance anglo-batave; fait grave et qui semblait déplacer les bases de la politique européenne, fondée depuis quarante ans sur l'union de la France et de la Suède [1].

La nouvelle du traité de La Haie trouva Louis XIV prêt à monter à cheval pour rentrer en campagne. Le gouverneur des Pays-Bas catholiques ne s'était pas soucié de la nouvelle trêve que sollicitaient pour lui les puissances médiatrices et avait prétendu que l'hiver lui donnerait bien cette trêve malgré les Français. Louis XIV préparait à cette bravade une foudroyante réponse. Sans connaître encore ce qui s'était passé à La Haie, il venait d'adresser au pape, au roi d'Angleterre, aux princes allemands, à la Suède, la même promesse qu'à l'empereur, c'est-à-dire la promesse de ne pas augmenter ses prétentions, quel que fût le succès de ses armes; mais il n'était nullement disposé à laisser à d'autres le soin de contraindre l'Espagne. Seulement il s'apprêtait, cette fois, à porter ses coups ailleurs qu'en Belgique, moins encore par ménagement pour la Hollande et les princes allemands du Bas-Rhin, que par l'espoir d'un succès plus éclatant et surtout plus rapide. Les ministres, qui désiraient faire équilibre à l'influence de Turenne en rappelant sur la scène le grand Condé, tenu à l'écart depuis son retour d'exil, avaient contribué à suggérer au roi un plan qui faisait de Condé, en quelque sorte, son lieutenant obligé. L'attaque de la Franche-Comté avait donc été résolue et les préparatifs avaient été confiés à Condé, comme gouverneur de Bourgogne.

---

1. Mignet, t. II, p. 495-557. — *OEuvres* de Louis XIV, t. II, p. 326, 360, 437 et suiv. — La Neuville, t. III, p. 315.

La Franche-Comté, ainsi qu'on a eu l'occasion de l'indiquer plus d'une fois dans la suite de cette histoire, était dans une condition tout à fait à part entre les possessions espognoles. Le gouvernement espagnol ménageait la Belgique bien plus que Milan ou Naples, la Franche-Comté bien plus que la Belgique. La position de la Franche-Comté, complétement séparée du reste de la monarchie et enclavée au milieu de terres étrangères, avait obligé de tout lui accorder pour qu'elle n'eût rien à gagner à un changement d'état. L'Espagne la possédait moins qu'elle n'empêchait la France de la posséder : les Comtois ne fournissaient guère au gouvernement espagnol, au lieu d'argent et de soldats, que des agents diplomatiques, fonctions pour lesquelles ils témoignaient une vocation toute particulière [1]. L'autorité du gouverneur-général des Pays-Bas, dont ils relevaient, était chez eux à peu près nominale : le pouvoir réel, limité d'ailleurs par les libertés municipales, était partagé, ou plutôt tiraillé, entre le gouverneur de la province, pris parmi les seigneurs comtois, et le parlement de Dôle, qui faisait en petit ce que le parlement de Paris avait voulu faire en grand, qui administrait. L'oligarchie parlementaire avait saisi une prépondérance toujours croissante et sur le gouverneur et sur les États triennaux de la province. Presque point de troupes régulières, si ce n'est de faibles garnisons à Dôle, à Grai, à Besançon et dans quelques forts des montagnes ; derrière ces quelques soldats, huit à neuf mille hommes de milices bourgeoises et quelques centaines de gentilshommes de l'arrière-ban, voilà quelles étaient les ressources défensives. L'état des places avait été reconnu un peu à l'avance : le prince de Condé prévint le roi que quatorze mille hommes et dix pièces de siége suffiraient, pourvu que l'attaque eût lieu à l'improviste. Louis laissa au prince toute la conduite de l'affaire. Condé amusa le gouverneur et le parlement comtois de l'espoir que le roi consentirait au renouvellement de leur vieille neutralité, moyennant une forte somme d'argent, ainsi qu'il s'était pratiqué dans la guerre précédente. D'autres artifices détournèrent l'attention des Suisses, qui regar-

---

1. Le *don gratuit* des États de la province au Roi Catholique ne dépassait pas 200,000 livres pour trois ans. V. Pellisson, *Histoire de Louis XIV*, t. II, p. 261. A la vérité, les salines produisaient beaucoup.

daient la Franche-Comté quasi du même œil que les Hollandais la Belgique, et qui, l'an passé, avaient presque promis d'envoyer une armée au secours des Comtois en cas d'invasion. Pendant ce temps, dix-huit à vingt mille soldats filaient vers la Bourgogne, de divers côtés et sous divers prétextes : des munitions de guerre et de bouche s'amassaient à petit bruit. Le marquis d'Yenne, gouverneur de Franche-Comté, et le parlement de Dôle conservèrent jusqu'à la veille de l'invasion leur incroyable sécurité.

Tout à coup, le 2 février, le roi part de Saint-Germain à franc étrier avec toute la partie militaire de la cour, franchit quatre-vingts lieues en cinq jours par le brouillard et le verglas, et arrive à Dijon le 7. Condé ne l'avait pas attendu. Informé que le gouverneur et le parlement de Franche-Comté, secouant enfin leur torpeur, avaient convoqué la milice et l'arrière-ban pour le 8 et envoyé implorer du secours en Suisse, Condé avait pris l'offensive dès le 3 avec ce qu'il avait de troupes sous la main. Les troupes françaises passèrent la frontière, accompagnées d'une proclamation qui sommait les Comtois de se soumettre au roi, comme à leur légitime souverain. Du 3 au 4, un détachement parti d'Auxonne, occupa les postes de Pesmes-sur-l'Oignon et de Rochefort-sur-le-Doubs, afin d'intercepter les communications entre Grai, Dôle et Besançon : un autre corps, parti de Châlon, alla s'emparer de Bletterans, de Poligni et d'Arbois, places sans défense ; la province fut ainsi coupée en deux et la réunion des milices fut rendue impossible. Le 5, Condé entra en personne dans la Comté par Auxonne, dépêcha le duc de Luxembourg[1] contre Salins et marcha droit à Besançon, en laissant Dôle resserrée par quelques postes. Si Dôle était la capitale de la province, Besançon en était la place la plus importante par sa population et par son site, qui en fait la clef du Jura. Condé, tous ses détachements distribués dans le pays, n'avait pas deux mille hommes avec lui quand il somma cette grande ville le 6 février au soir.

La situation de Besançon était aussi particulière entre les villes

1. C'était ce comte de Montmorenci-Bouteville qui avait été le compagnon d'exil de Condé : il avait épousé l'héritière des ducs de Luxembourg-Pinei, et le roi l'avait autorisé à en relever le titre, qu'il devait illustrer par un grand renom militaire.

de la Franche-Comté que la situation de la Franche-Comté l'était entre les possessions espagnoles. Besançon, ville libre et impériale, n'avait jamais subi la suzeraineté des comtes de Bourgogne; elle avait gardé jusqu'à ces derniers temps, d'une part, des institutions municipales très-démocratiques[1], de l'autre part, une pleine indépendance envers les gouverneurs et le parlement de Dôle, ne reconnaissant le roi d'Espagne, héritier des comtes de Bourgogne, qu'en qualité de protecteur par elle librement choisi[2].

Cet état de choses, cependant, avait été modifié depuis quelques années, l'empereur et la diète germanique ayant, en 1651, transmis au Roi Catholique le droit de souveraineté sur Besançon, en indemnité des pertes endurées par l'Espagne dans la guerre de Trente Ans, et la ville, après une longue résistance, ayant fini par consentir à ce changement, pourvu que son indépendance de fait n'en fût pas changée.

Besançon voulut réclamer la neutralité, en arguant de son ancien titre de ville impériale. Condé répondit qu'elle l'avait perdu, ce qui était vrai, et la somma de reconnaître le roi de France aux mêmes conditions qu'elle avait reconnu le roi d'Espagne; sinon, que l'assaut serait donné la nuit même au beau quartier d'Outre-Doubs. La ville était mal munie : ces rochers formidables, qui en devaient faire un jour la force, en faisaient la faiblesse, n'étant pas enfermés dans les défenses de la place. Les partisans de la France insinuèrent que, si l'on recevait amiablement les Français, le roi pourrait bien transférer à Besançon le parlement de Dôle, objet de la jalousie des Bisontins. Bref, on capitula, en se contentant d'ajouter aux conditions posées par Condé, que le roi laisserait à Besançon le saint suaire, relique fameuse dans la tradition ocale, et n'introduirait point dans la ville la liberté de conscience. Les Espagnols, qui n'avaient pu établir leur domination politique

1. Les sept bannières ou paroisses nommaient annuellement, sans aucune condition d'éligibilité, vingt-huit conseillers, qui choisissaient à leur tour quatorze *gouverneurs* : ceux-ci décidaient les petites affaires à eux seuls et les grandes avec les vingt-huit. Dans les cas extraordinaires, on référait à l'assemblée générale des citoyens. Ce maintien de la démocratie communale était remarquable, la plupart des villes impériales ayant tourné à l'oligarchie.

2. Les droits du protecteur consistaient à donner un président aux quatorze *gouverneurs* pour les affaires de la justice et à nommer le commandant d'une centaine de soldats qui gardaient les remparts.

dans Besançon, y avaient infiltré leur fanatisme religieux, et Besançon avait accepté l'inquistion, repoussée par tous les sujets de l'Espagne.

Salins et ses forts, si difficiles à aborder, se rendirent le même jour, après quelques volées de canon. Le revenu le plus clair que tirât de la Franche-Comté le Roi Catholique provenait des riches sources salées qui ont donné leur nom à cette ville et qui appartenaient presque entièrement au domaine du prince.

Le roi et Condé se rejoignirent, le 9 février, devant Dôle, avec le gros des forces françaises. Cette capitale de la Comté n'avait au complet ni ses approvisionnements ni sa garnison. Néanmoins, fière du siége qu'elle avait jadis soutenu contre le père même du grand Condé et comptant sur son enceinte solidement bastionnée par Charles-Quint, elle paraissait décidée à ne pas suivre l'exemple de sa rivale Besançon. Le première sommation ne fut point écoutée. La place n'avait presque point de dehors : dans la nuit du 10 au 11, les assiégeants poussèrent droit à la contrescarpe, s'y logèrent de vive force et ouvrirent la tranchée. Le lendemain, le comte de Gramont, frère du maréchal, esprit fin et délié sous un air de bonhomie, s'introduisit dans la place par un vrai stratagème de comédie, se mit officieusement en rapport avec le parlement et le corps de ville, et dépensa toute sa verve gasconne pour leur persuader de se rendre. Le tableau qu'il leur fit des horreurs d'une ville prise d'assaut ne sembla pas trop les émouvoir; mais, quand il les menaça de voir leur parlement et tous leurs priviléges transférés à Besançon, les Dôlois s'humanisèrent. Dès le 13, la place fut rendue moyennant le maintien de tous les priviléges. Le 14, le roi fit son entrée et jura de maintenir les franchises de la ville et de la province comme comte palatin de Bourgogne. Le parlement de Dôle lança un arrêt contre les *rebelles* qui refuseraient de se soumettre au Roi Très-Chrétien.

Le 15, Grai fut investi et le roi y marcha le 16. Il fut informé, chemin faisant, que cent vingt soldats de la garnison de Salins avaient fait capituler l'imprenable fort de Joux, où le gouverneur de la Franche-Comté, le marquis d'Yenne, s'était enfermé avec quatre ou cinq cents hommes. Toutes les petites villes et les forteresses de la montagne s'étaient soumises sans coup férir. Le gouverneur de la Comté vint trouver le roi devant Grai et en reçut un brevet de lieutenant général, avec la continuation des pensions qu'il avait du roi d'Espagne. Le marquis d'Yenne était accompagné de l'envoyé que la Comté avait expédié en Suisse pour demander du secours et qui, au lieu d'accomplir sa mission, accourait se ranger du côté de la fortune. C'était un certain abbé de Vatteville, frère de cet ambassadeur d'Espagne à Londres, qui avait soulevé la question de préséance contre la France avec tant d'emportement et si peu de succès. Cet abbé, un des plus singuliers personnages de l'époque, avait été d'abord colonel en Espagne, puis chartreux à Paris, puis musulman à Constantinople : amnistié par le pape et par le Roi Catholique de son apostasie et de deux ou trois meurtres, il était rentré dans l'église et prétendait au grand-doyenné du chapitre de Besançon, dignité qui était une espèce de coadjutorerie de l'archevêché. Il acheta la protection du roi par un service signalé. Entraînant avec lui le marquis d'Yenne, il entra dans Grai et décida les bourgeois à capituler, malgré le commandant de place (18-19 février). Les villes voisines envoyèrent aussitôt leurs clefs au roi.

La Franche-Comté tout entière fut soumise en quinze jours! Le grand Condé avait glorieusement réparé le mal qu'il avait fait autrefois à la France, comme Louis XIV sut si bien le lui dire, en lui donnant à gouverner les deux Bourgognes enfin réunies [1].

La nullité de la résistance, là plus encore qu'en Flandre, avait, beaucoup mieux que les manifestes, légitimé l'invasion et attesté qu'il n'existait plus d'obstacles intérieurs à l'unité territoriale de la vieille Gaule.

Ces obstacles étaient au dehors, chez des voisins jaloux, qui voulaient que la France restât moindre que la Gaule; ils étaient aussi dans les secrètes ambitions du roi de France, à qui la Gaule ne suffisait pas et qui sacrifiait le présent à d'orgueilleux rêves d'avenir.

A son retour de Franche-Comté, Louis XIV reçut la communication officielle du traité de La Haie par deux ambassadeurs extraordinaires d'Angleterre et de Hollande, Van Beuningen et

---

1. *V.* l'intéressante relation de cette campagne dans l'*Histoire de Louis XIV*, par Pellisson, t. II, l. VI; t. III, l. VII.

Trevor (5 mars); le roi de Suède n'avait point encore ratifié le traité, et sa ratification n'eut lieu que le 5 mai.

L'étourdissante conquête d'une grande province en quinze jours avait enivré la jeunesse qui entourait le roi. On criait qu'il fallait rompre les négociations et achever en une campagne l'œuvre si bien commencée. La question de la guerre fut vivement débattue autour du roi entre les généraux et les ministres[1]. Les partisans de la guerre représentaient l'état florissant de l'armée, qui, sous quelques semaines, allait être en mesure d'envahir, par une triple irruption, ce qui restait de la Belgique aux Espagnols. Ni l'Angleterre, ni la Suède, ni les princes allemands, ni la Hollande elle-même, malgré tout le mouvement qu'elle se donnait, n'étaient prêts à secourir efficacement le gouverneur des Pays-Bas. Toute la Belgique allait être enlevée d'un seul élan et, après, elle ne serait pas facile à reprendre.

Tout cela était vrai; mais il était trop tard pour poser une question tranchée d'avance. Les engagements que le roi avait contractés avec les puissances médiatrices, en vue de sa transaction secrète avec l'empereur, étaient trop solennels pour qu'on pût les violer sans se mettre, en quelque sorte, hors du droit des gens.

Louis maintint donc l'alternative qu'il avait offerte à l'Espagne, mais sans accepter les conditions que voulaient lui imposer les confédérés de La Haie. Une des difficultés entre eux et lui venait d'être levée par la défection du Portugal, qui, à la suite d'une révolution de palais, avait traité avec l'Espagne sans la France, par la médiation des Anglais (13 février 1668)[2]. Louis n'avait donc plus à s'occuper du Portugal : l'Espagne avait fait d'elle-même son sacrifice à cet égard, en signant la paix avec la maison de Bragance après vingt-huit ans de combats. Restait la condition de ne plus porter la guerre aux Pays-Bas et de s'en remettre aux

---

1. Il n'est pas exact, comme on l'a partout répété, que tous les généraux aient été d'un côté, tous les politiques de l'autre; car Turenne, dès l'année précédente, s'était prononcé pour une transaction, quoiqu'il ignorât les négociations pendantes entre le roi et l'empereur. *V. Œuvres de Louis XIV*, t. II, p. 443.

2. Le roi Alphonse VI, espèce de fou furieux, avait été déposé et enfermé par une conjuration universelle de ses sujets, à la tête de laquelle s'étaient placés sa femme et son frère, qui obtinrent dispense du pape pour se remarier ensemble, sous prétexte de l'impuissance d'Alphonse; celui-ci, pourtant, avait, dit-on, des bâtards.

confédérés, si l'Espagne n'accordait pas satisfaction. Louis refusa nettement ce point; mais il consentit à une nouvelle trêve jusqu'à la fin de mai, et un congrès s'ouvrit à Aix-la-Chapelle. Ce ne fut guère qu'un acte de courtoisie envers le nouveau pape Clément IX, pontife aussi bienveillant pour la France que son prédécesseur avait été hostile, et envers les princes allemands du Rhin : « le nonce fut un fantôme d'arbitre entre des fantômes des plénipotentiaires[1]. » Tout se décida, non point à Aix-la-Chapelle, mais à Saint-Germain, entre la France, l'Angleterre et la Hollande. Le gouverneur des Pays-Bas catholiques, investi des pleins pouvoirs de l'Espagne et vivement pressé par l'Angleterre et la Hollande, avait signifié qu'il acceptait le premier terme de l'alternative présentée par le roi de France : Castel-Rodrigo espérait encore que Louis se dédirait et que les confédérés de La Haie interviendraient alors en faveur de l'Espagne. La conclusion d'un traité préliminaire, signé à Saint-Germain le 15 avril, lui apprit que Louis était sincère. Louis, par ce traité, se déclarait satisfait des places conquises dans la campagne de 1667, pourvu que l'Espagne ratifiât la paix avant le 31 mai. L'Angleterre et la Hollande s'obligeaient à tourner leurs armes contre l'Espagne en cas de refus; Louis se réservait, en ce cas, le droit d'attaquer la Belgique, sauf un certain nombre de places voisines des Provinces-Unies.

L'Espagne se résigna : le traité définitif fut signé à Aix-la-Chapelle le 2 mai. L'Espagne cédait à la France, sur la Sambre, Charleroi, sur la Dender, Ath, et, entre ces deux places, Binch qui les reliait; sur l'Escaut et la Scarpe, Douai, Tournai et Oudenarde; sur la Lys et la Deule, Lille, Armentières et Courtrai; près de la mer, Bergues et Furnes. La France était ainsi établie au cœur de la Belgique, serrant, comme dans un étau, Cambrai, Valenciennes et Mons, d'un côté, Saint-Omer, Aire et Ypres de l'autre, et pouvant pousser en un moment aux portes de Bruges, de Gand et de Bruxelles. C'était par une politique de désespoir que Castel-Rodrigo avait préféré ce parti à la cession du Luxembourg ou de la Franche-Comté et de quelques places perdues au milieu des garnisons françaises, telles que Saint-Omer et Cambrai.

1. Voltaire, *Siècle de Louis XIV*, c. IX.

Moins les débris de la Belgique pouvaient désormais être défendus par l'Espagne, et plus il croyait obliger les puissances jalouses de la France à défendre ces débris [1].

Il était stipulé, par le traité, que les parties conservaient leurs droits et prétentions respectifs, clause très-importante par laquelle Louis XIV maintenait implicitement la nullité de la renonciation de la reine.

Les Français rendirent donc encore une fois cette Franche-Comté si facilement conquise, mais ils la laissèrent dans un tel état, que l'Espagne devait avoir grand'peine à les empêcher de la reprendre quand bon leur semblerait. Ils laissaient Grai, Dôle et plusieurs forteresses de la montagne démantelés, des intelligences nouées avec une partie des notables de la province et la conviction dans l'esprit du peuple qu'il était impossible d'échapper tôt ou tard à la domination française.

Louis XIV, tandis qu'il démolissait les remparts des places qu'il était obligé de rendre, fortifiait puissamment les places qu'il avait acquises. Des milliers d'ouvriers travaillèrent incessamment pendant plusieurs années sur toute la frontière de France et de Brabant. Ath, ce poste central en Belgique, fut entouré de neuf grands bastions. Une nouvelle enceinte, une citadelle et trois forts, rendirent Dunkerque presque invincible. Douai fut protégé par des ouvrages extérieurs. Des citadelles s'élevèrent à Arras, cette conquête de Richelieu qui avait préparé les conquêtes de Louis XIV à Tournai, à Lille. La citadelle de Lille, par la grandeur de ses proportions et la savante combinaison de ses moyens de défense, est restée le type même de l'art des fortifications [2].

L'ingénieur qui travaillait à rendre ces villes imprenables était celui-là même qui avait le plus contribué à les prendre. C'était ce Vauban qui avait changé le système des siéges et, en grande partie, le système général de la guerre, par l'invention du tir à ricochet, tir qui écrase en quelques heures les petites places, auparavant capables d'arrêter une grande armée durant des semaines entières [3]. Après avoir assuré ainsi la chute des petites

---

1. Dumont, *Corps diplomatique*, t. VII, p. 88.
2. Pellisson, *Histoire de Louis XIV*, t. III, p. 85.
3. On sait que le tir à ricochet prend les bastions en écharpe au lieu de les prendre

places, il renforçait maintenant la défense des grandes par une autre invention, celle des fortifications rasantes, dernière conséquence de la découverte de la poudre à canon. Le but principal de la défense, pendant l'antiquité et le moyen âge, avait été de présenter le plus d'obstacles possible à l'escalade par l'élévation des tours et des remparts : maintenant, c'était de présenter à la fois les masses les plus épaisses et le moins de surface possible au boulet. Déjà les bastions, les courtines, les demi-lunes des XVIe et XVIIe siècles avaient beaucoup diminué de hauteur, comparativement aux donjons d'autrefois, et l'usage des ouvrages en terre avait commencé. Vauban alla plus loin et mit les fortifications presque au niveau du sol. Les principes de la défense des places n'ont pas changé depuis ce grand homme jusqu'aux modifications proposées par l'illustre Carnot [1].

Ce ne fut pas seulement par des travaux militaires que Louis XIV et ses ministres s'efforcèrent d'assurer définitivement à la France ses nouvelles conquêtes, mais aussi par la protection éclairée qui fut accordée aux intérêts des populations conquises. On n'avait pu empêcher que quelques fabricants de draps, effrayés du tumulte des armes, n'eussent été porter leur industrie en Angleterre; mais on fit tout pour que les manufactures de Lille, de Tournai, de Courtrai, d'Ath, qui exportaient beaucoup de marchandises en Espagne pour ce pays et pour les Indes-Occidentales, ne déchussent pas sous la nouvelle domination. Colbert prit des dispositions excellentes, afin que le transit des marchandises exportées de la Flandre française et même espagnole, par la voie de mer en Espagne et par la voie de terre en Italie, s'opérât par la France. Non-seulement ce transit fut déclaré franc, mais le ministre aida les entrepreneurs de transports français, par des avis, des renseignements et des primes, à supplanter les étrangers. Les marchan-

---

en face. En peu d'heures, les angles des bastions sont éboulés et l'assaut rendu praticable. Mais ce tir n'est possible que contre les petites places. Dans les grandes, la ligne de prolongement des ouvrages se trouvant dans les ouvrages voisins, et non dans la campagne, l'assiégeant ne peut prendre position en flanc.

1. Il est curieux d'observer qu'à cette époque si glorieuse pour les ingénieurs français, le génie n'était point encore constitué en arme spéciale. Vauban avait un grade dans les gardes françaises. Le premier corps spécial d'artillerie fut organisé sur ces entrefaites sous le titre de régiment des fusiliers, depuis Royal-Artillerie.

dises de la Flandre française, destinées à la consommation de la France, furent soumises seulement au tarif de 1664, tandis que les étrangers et les provinces « traitées comme pays étrangers[1] » subissaient le tarif de 1667.

Ces populations un peu rudes à manier, mais laborieuses, énergiques et franches, apprécièrent promptement la sagesse et la droiture du grand ministre. On raconte que, lorsqu'un intendant français fut installé en Flandre, « la première fois qu'il parut sur la place publique, un bon bourgeois lui frappa sur l'épaule : — Monsieur, dit-il, ne *finassez* point avec nous. — Le conseil parut bon à M. de Souzi; il le pratiqua, et fit ce qu'il voulut[2]. »

Cet intendant, Pelletier de Souzi, était un des agents les plus distingués de Colbert.

Une cour supérieure de justice, sous le titre de conseil souverain, fut établie à Tournai par édit du 25 novembre 1668 : le roi l'érigea en parlement en 1686.

Rien ne fut négligé pour que la Flandre devînt aussi française que les plus vieilles provinces de France.

§ II.

PROJETS CONTRE LA HOLLANDE.

1668-1672.

La première période de l'histoire diplomatique et militaire de Louis XIV s'est fermée par le traité qui a terminé la *Guerre des Droits de la Reine* : cette guerre n'a été qu'un pas de plus dans la voie de la politique nationale tracée par les devanciers du Grand Roi.

Une nouvelle ère va s'ouvrir où nous ne reconnaîtrons plus que par exception les maximes passées et où Louis XIV va jeter la boussole qui conduisait avec tant de sûreté le navire de la France, pour ne plus suivre d'autres guides que sa passion et sa fortune.

Les derniers événements avaient achevé d'anéantir les vieilles

---

1. V. notre t. XIV, p. 686.
2. Forbonnais, *Histoire des finances de France*, t. I, p. 367; — 411-415; 437-440.

sympathies françaises pour la Hollande, bien ébranlées depuis la défection hollandaise de 1648. Le ressentiment contre cette infidèle alliée, très-vif dans la partie active et militante de la nation, était arrivé jusqu'à l'exaspération chez le roi, qui n'ignorait pas les clauses secrètes du traité de La Haie. Louis, qui avait mis bas les armes bien moins devant les confédérés de La Haie que devant la future succession d'Espagne, en voulait à la Hollande, non pas tant pour avoir réellement arrêté ses pas, que pour s'en être vantée. L'orgueil tournait la tête à cette petite république, qui se targuait d'avoir abattu le colosse espagnol, sauvé le Danemark des coups de la Suède, vaincu, ou tout au moins balancé l'Angleterre, mis des bornes aux conquêtes de la France et attiré dans ses mains les trois quarts du commerce et de la navigation européenne [1]. Jean de Witt lui-même ne jouissait point assez modestement de sa gloire. C'était bien pis autour de lui. La *Gazette de Hollande* ne tarissait pas en hyperboles triomphantes. Des médailles, dont la république romaine eût pu revendiquer les altières légendes, étaient frappées pour apprendre à la postérité les grandeurs de la Hollande. Telle fut celle qui portait cette inscription demeurée fameuse :

« Assertis legibus, emendatis sacris, adjutis, defensis, conciliatis regibus, vindicatâ marium libertate, pace egregiâ virtute armorum partâ, stabilitâ orbis europæi quiete, numisma hoc Status Fœderati Belgii cudi fecerunt. CIƆIƆCLXVIII [2]. »

Il faut pourtant convenir que, de toutes les puissances auxquelles cette légende faisait allusion, la France était celle qui avait le moins à s'en plaindre, et que la *revendication de la liberté des mers* méritait bien quelque indulgence pour le reste.

On a beaucoup parlé, à la vérité, d'une autre médaille qui eût été une allusion outrageante à la devise de Louis XIV. Elle représentait, dit-on, Josué arrêtant le soleil, avec cette inscription :

---

1. L'argent affluait à tel point en Hollande, que le loyer des capitaux y était à 3 pour 100, tandis que Colbert, qui avait mis l'intérêt légal à 5 en France, ne put l'y maintenir dès qu'on eut une guerre sérieuse.

2. « Pour les lois sauvées, pour la religion épurée, pour les rois secourus, défendus, réconciliés, pour les mers affranchies, pour une paix glorieuse conquise par la force des armes, pour le repos de l'Europe raffermi, les États des Provinces-Unies ont fait frapper cette médaille. »

In conspectu meo stetit sol. Le nouveau Josué n'eût été autre que le bourgmestre d'Amsterdam, Van Béuningen, ambassadeur en France, qui avait signifié au roi le traité de La Haie. Il est plus que douteux que cette médaille ait existé. Quoi qu'il en soit, Van Beuningen, dès qu'il se sut accusé, se justifia d'une telle *extravagance* auprès du roi. Louis agréa ses explications, et l'historiographe officiel du roi, Pellisson, reconnaît expressément que l'ambassadeur hollandais n'était pas « l'auteur de la devise ». On a donc attaché à cet incident une importance exagérée. Tout ce qu'il y a de vrai, c'est que Van Beuningen, par la roideur de ses manières, très-éloignées des formes conciliantes de Jean de Witt, avait souvent indisposé le roi et Colbert[1].

L'amour-propre froissé était loin d'être le seul motif qui poussât Louis XIV contre la Hollande. Louis était convaincu qu'il fallait abattre la Hollande pour avoir la Belgique et que, par conséquent, il fallait paraître oublier momentanément le but pour pouvoir se débarrasser de l'obstacle[2]. Il pouvait donc, à la rigueur, se figurer qu'il poursuivait encore les anciens plans et qu'il changeait seulement les moyens de la politique française ; mais la passion devait bien vite lui faire prendre le moyen pour le but. Cette passion, enfantée par les griefs diplomatiques, était alimentée et envenimée par l'opposition qu'offraient les institutions, les principes, les croyances des gouvernements français et hollandais : ce n'était pas seulement l'infidèle alliée, c'était la nation républicaine et protestante, c'était le foyer de liberté politique et religieuse[3], que Louis haïssait d'une haine croissante, à mesure que sa monarchie se systématisait plus nettement dans sa tête.

A partir du traité d'Aix-la-Chapelle, la ruine de la Hollande devint donc l'idée fixe du roi. Ce n'était plus assez de la guerre commerciale si bien conduite par Colbert, avec ses tarifs et ses droits différentiels ; c'était une guerre d'invasion et de conquête que Louis méditait, et il n'y a pas lieu de douter que cette pensée ne lui appartînt bien en propre. Seulement il est évident que Lou-

---

1. Mignet, t. III, p. 589. — Pellisson, t. III, p. 61.
2. Mignet, t. III, p. 665.
3. La tolérance arminienne l'avait emporté sur le fanatisme gomariste, et aucun pays chrétien n'avait encore accordé aux idées une aussi libre expansion, bien que le gomarisme réussît encore parfois à susciter des orages contre les philosophes.

vois et son père Le Tellier ne manquèrent pas d'applaudir et de surexciter des projets qui devaient accroître l'importance du ministère de la guerre. Quant à Lionne, plus éminent par l'intelligence que par le caractère, il servit docilement la pensée du roi, peut-être avec l'espoir de la modérer au moment décisif. Colbert lui-même ne put échapper à cette nécessité, quoiqu'une attaque directe et territoriale contre la Hollande dût compromettre tous ses établissements et toute sa politique. Il suivit le mouvement auquel il n'eût pu s'opposer de front sans se briser ; il fit même de son frère l'agent principal de la diplomatie du roi au dehors, sans doute aussi avec l'arrière-pensée de travailler à modifier les dispositions du roi et d'empêcher que la lutte n'allât aux dernières extrémités, ce qui fut impossible [1].

Il serait injuste de faire peser sur la mémoire de Colbert la responsabilité des erreurs qu'il n'eut pas le pouvoir d'épargner à la France. A partir de 1670 environ, l'on voit s'affaiblir, puis disparaître cette bienfaisante prépondérance qui faisait du contrôleur-général presque un premier ministre. L'orgueil de l'autorité suprême rendait Louis de plus en plus ombrageux, et la peur, non pas d'être, il ne le croyait pas possible, mais de paraître gouverné, l'obsédait incessamment. Louis tendait à balancer, par un jeune ministre qu'il avait la prétention de former [2], l'homme d'état qu'il avait reçu tout mûri des mains de Mazarin. On a conservé des lettres, des 24 et 26 avril 1671, où Louis tance assez rudement Colbert sur ses prétentions à dominer ses *confrères*, et lui fait entendre qu'il ait à se renfermer dans ses fonctions spéciales. Il adoucit cette réprimande par quelques paroles d'amitié et assure Colbert qu'il tient à ses services ; « mais, ajoute-t-il, il me

---

1. M. P. Clément. dans son *Histoire de Colbert* (p. 335), a conclu, de quelques lettres où ce ministre témoigne de l'irritation contre la Hollande, que Colbert avait poussé à la guerre. La déduction ne nous paraît pas suffisamment établie. C'était par d'autres armes que Colbert avait commencé et eût continué de combattre ; dans tous les cas, s'il eût été le maître, il eût certainement tout fait pour éviter qu'une querelle avec la Hollande ne devînt une guerre européenne. M. Joubleau va jusqu'à prétendre que la guerre de Hollande ne fut qu'une guerre de tarifs. Louis XIV fut certainement poussé par de tout autres mobiles !

2. Louvois, né en janvier 1641, n'avait que deux ans et quelques mois de moins que le roi. Il réunit la surintendance des postes au ministère de la guerre en 1668.

les faut rendre comme je le désire, et croire que je fais tout pour le mieux [1] ».

Il fallait croire à l'infaillibilité du monarque, ou renoncer à servir la France! Une fois Louis engagé dans une politique nouvelle, Colbert dut se borner à chercher les moyens les moins onéreux au pays de suffire aux exigences du roi.

« Tout ce que les efforts de l'ambition et de la prudence humaine peuvent préparer pour détruire une nation, Louis XIV le fit [2] ». La stratégie diplomatique se déploya sur une échelle immense, afin d'isoler et de cerner la Hollande. Louis, qui n'avait pu faire accepter à l'Europe la conquête de la Belgique par la France, espéra obtenir que l'Europe vît sans s'ébranler la chute de la Hollande!

Dissuader l'empereur et les princes allemands de s'adjoindre à la *Triple Alliance* formée par l'Angleterre, la Hollande et la Suède, et dissoudre la Triple Alliance elle-même en retournant l'Angleterre et la Suède contre la Hollande, tel fut le plan poursuivi avec une persévérance et une habileté prodigieuses par Louis XIV et ses agents.

Le nœud de la question était surtout à Londres. Louis voulait à quelque prix que ce fût l'alliance anglaise contre les Hollandais; mais il hésitait sur la manière d'engager une négociation qui réclamait tant de secret. Charles II le prévint en le faisant assurer de son désir de s'unir étroitement à lui, et cela aussitôt après la signature du traité du 15 avril (23 avril 1668). Le monarque anglais insinua au roi de France qu'il avait été entraîné à son corps défendant par les Hollandais dans la Triple Alliance, tandis qu'en réalité c'était de l'ambassadeur anglais qu'étaient parties les propositions les plus hostiles à la France dans la négociation de La Haie. Charles II haïssait les Hollandais autant que le faisait Louis XIV, seulement avec cette infériorité de suite et d'énergie que comportait sa nature. S'il en fallait croire les Mémoires de Gourville [3], le traité de La Haie n'aurait été, dans la pensée du roi

---

1. *Documents historiques*, etc., publiés par M. Champollion-Figeac, t. II, p. 519; dans le Recueil des *Documents inédits*, etc.
2. Voltaire, *Siècle de Louis XIV*, c. x.
3. Collect. Michaud, 3ᵉ sér., t. V, p. 514.

d'Angleterre, qu'un vaste piége tendu à Jean de Witt, et Charles II aurait prévu et compté exploiter la rancune de Louis XIV contre le chef de la république hollandaise.

Quoi qu'il en fût, Louis, qui se fiait peu aux ministres anglais, ne s'avança qu'avec circonspection vers l'objet de ses plus ardents désirs et tenta d'engager la négociation dans une voie autre que celle de la diplomatie officielle : en même temps qu'il expédiait à Londres comme ambassadeur Colbert de Croissi, frère du contrôleur-général, il employa comme intermédiaire sa propre belle-sœur, la sœur de Charles II, l'aimable et spirituelle duchesse d'Orléans, qui avait conservé beaucoup d'influence sur Charles (juillet 1668).

Le grand homme d'état qui dirigeait la Hollande ne pouvait cependant se dissimuler quels redoutables ressentiments menaçaient sa patrie. De Witt essaya de désarmer Louis XIV par toutes sortes d'avances. Il empêcha que l'Espagne ne fût reçue dans la Triple Alliance : il proposa à la France de s'unir à la Hollande pour forcer les Anglais de renoncer à la prétendue souveraineté de leur pavillon sur la Manche. Il offrit à Louis de faire reconnaître par la Hollande ses droits sur la succession d'Espagne, moyennant que la Belgique fût érigée en république à l'ouverture de la succession (mai 1668). Tout fut rejeté, en entretenant toutefois quelques apparences de négociation pour amuser les Hollandais. De Witt, répondant aux secrètes pensées du roi, tâcha de démontrer à Louis que mieux valait pour la France, comme pour la Hollande, la Belgique indépendante, que partagée avec l'Angleterre ; mais Louis était décidé à ne rien entendre. Le fond de l'âme du roi s'échappe dans une dépêche du ministre Lionne à l'ambassadeur de France en Hollande. C'est à propos des tentatives de Jean de Witt pour régler les éventualités de la succession d'Espagne entre le roi et l'empereur : « Il n'appartient pas à des marchands, qui sont eux-mêmes des usurpateurs, de décider souverainement des intérêts des deux plus grands monarques de la chrétienté[1] » !

Louis XIV est tout entier dans ce cri de royal orgueil répété

---

1. Mignet, t. III, p. 37; 583; 601.

par son ministre. Les Hollandais n'étaient à ses yeux que des marchands *usurpateurs* de leur propre liberté conquise sur leur maître légitime Philippe II !

Les affaires, cependant, n'allaient pas vite à Londres. Charles II, après avoir été au-devant de Louis XIV, semblait disposé à reculer. Fin et sagace, mais sceptique, insouciant, facile à décourager, ayant le dégoût des affaires autant que Louis en avait l'amour, Charles était tiraillé entre deux ministres, Buckingham, favorable à l'alliance française, et Arlington, qui penchait vers la Hollande. Arlington, plus laborieux et plus adroit, avait pris quelque avantage sur son rival et, au moment où l'ambassadeur français Colbert de Croissi arrivait en Angleterre, Arlington venait de dépêcher à La Haie sir William Temple, le négociateur de la Triple Alliance, avec charge de resserrer ce pacte et de tâcher d'y faire entrer l'empereur, l'empire et la Suisse. Croissi ne trouva, quant au projet contre la Hollande, que paroles évasives chez le roi Charles, qu'opposition chez Arlington. Louis XIV continua toutefois de négocier un traité de commerce que souhaitait vivement l'Angleterre, afin de conclure de cette négociation à une autre, par exemple à une alliance commerciale et maritime dans les Deux Indes contre les Hollandais. Charles II fit à ce sujet des réflexions bien caractéristiques dans une lettre à sa sœur, à la duchesse d'Orléans.

« Mes dispositions sont toujours les mêmes, » écrit-il ; « mais il y a deux empêchements à une union parfaite. Le premier est le grand soin que l'on se donne maintenant en France pour se créer un commerce et pour être une puissance maritime imposante. C'est un si grand sujet d'ombrage pour nous, qui ne pouvons avoir d'importance que par notre commerce et par nos forces de mer, que chaque pas que la France fera dans cette voie perpétuera la jalousie entre les deux nations ; ce sera un grand obstacle à l'établissement de relations tout à fait amicales... [1] »

La détresse financière de Charles II le ramena vers Louis XIV, dont il espéra tirer de grandes sommes. Le parlement devenait moins libéral : le revenu annuel du roi anglais, quand il n'y avait

---

1. Mignet, t. III, p. 50. — Lettre du 2 septembre 1668.

pas de subsides extraordinaires, ne dépassait pas 1,030,000 livres sterling (13,390,000 francs, ou un peu plus de 26 millions d'aujourd'hui); le revenu net du roi de France dépassait en ce moment 60 millions (120 millions d'aujourd'hui), et son revenu brut 100 millions; aussi le trésor de Louis XIV était-il l'*Eldorado* vers lequel se tendaient les mains avides de tous les princes besoigneux de l'Europe.

Le duc de Buckingham, affectant un grand zèle pour Louis XIV, lui fit insinuer qu'il devrait envoyer *Madame Henriette* (la duchesse d'Orléans) en Angleterre, afin d'entraîner Charles II. Louis ne put suivre immédiatement cet avis, mais ne l'oublia point. Buckingham témoignait désirer beaucoup l'alliance française; mais une des conditions qu'il ne craignit pas d'énoncer, ce fut la suspension des armements maritimes de la France (novembre-décembre 1668).

Ainsi la pensée jalouse des grands politiques anglais, d'Élisabeth et de Cromwell, se retrouvait fidèlement chez les faibles Stuarts et leurs frivoles ministres; pensée invariable qui était celle, non pas de tel ou tel gouvernant, mais de tout un peuple. — La France, selon cette pensée qui a régné outre-mer durant des siècles, la France ne peut être l'amie de l'Angleterre que si elle tourne le dos à ses deux mers et laisse ses rades et ses ports vides.

Louis XIV n'était pas disposé à payer d'un tel prix l'amitié britannique; mais il eût dû comprendre que la France, dont les intérêts et les idées sont si complexes, et qui ne saurait, comme sa rivale, porter exclusivement et toujours ses regards sur l'Océan, avait le plus grand intérêt à maintenir à ses côtés, pour l'aider à faire contre-poids à cette nation de matelots, un petit peuple tout voué à la navigation, comme les Hollandais; qu'elle pouvait donc bien réduire la Hollande, mais non pas la détruire sans folie.

Rien ne détourna Louis de son implacable dessein. Il repoussa l'arrogante prétention de l'Anglais, mais continua les pourparlers. Il employa de singuliers moyens pour agir sur l'esprit de Charles II, qui croyait peu à la religion, mais beaucoup aux sciences occultes : il lui envoya un astrologue en qualité d'agent diplomatique. Malheureusement le tireur d'horoscopes gâta tout par des prédictions à contre-sens. Il y eut là des scènes de haute comédie [1].

Des incidents plus sérieux, qui eurent lieu dans l'intérieur de la maison de Stuart, servirent mieux les plans de Louis XIV. Le duc Jacques d'York, qui associait des mœurs relâchées à des tendances dévotes, avait été emporté par la réaction catholique, de même que son ancien général Turenne, et avait déclaré au roi son frère qu'il rentrait dans l'église romaine. Charles répondit qu'il avait la même intention et qu'il prétendait ramener l'Angleterre au catholicisme, mais qu'il jugeait nécessaire de s'assurer l'appui du roi de France avant de s'engager dans cette grande entreprise (25 janvier 1669).

Quelle était, au fond, la pensée de Charles II? Ce n'était pas chose facile que de pénétrer un esprit aussi versatile et aussi peu sincère. Il n'est pas bien sûr que Charles ait eu d'autre but que de soutirer à Louis XIV le plus d'argent possible, sauf à se déterminer ensuite selon les circonstances. Charles et ses ministres se valaient en fait de moralité. Ce fut Arlington, et non Buckingham, que le roi d'Angleterre prit pour confident, et Arlington, l'ami de la Hollande, le champion des alliances protestantes, se retournant avec une facilité cynique, devint l'agent de la grande intrigue qui menaçait le protestantisme et qui, enveloppée du plus profond mystère, fut cachée même quelque temps à l'ambassadeur français et conduite par l'intermédiaire de Madame Henriette.

La confidence des projets catholiques de Charles II fut accueillie par Louis XIV avec un mélange de satisfaction et d'inquiétude. C'était là une complication qui pouvait compromettre l'entreprise de la Hollande. Louis eût voulu que la guerre contre les Hollandais fût entamée par la France et l'Angleterre avant que Charles se déclarât catholique, déclaration qui ne pouvait manquer de bouleverser la Grande-Bretagne et de soulever tous les états protestants.

Au mois de décembre 1669, Charles II adressa au roi de France un projet de traité. Charles demande que Louis lui donne 200,000 livres sterling avant que sa conversion soit déclarée et lui assure de plus un secours d'hommes et d'argent en cas de rébellion. Le

---

1. Mignet, t. III, p. 72 et suiv.

traité d'Aix-la-Chapelle sera maintenu. Si la succession d'Espagne s'ouvre, Louis assurera à Charles Minorque et Ostende, et l'aidera à se saisir de l'Amérique espagnole, moyennant quoi Charles assistera Louis, aux frais de la France, dans la poursuite de ses droits. On attaquera en commun la Hollande et Hambourg. La France paiera pendant cette guerre un subside annuel de 800,000 livres sterling à l'Angleterre, qui aura, pour sa part de conquêtes, l'île de Walcheren, l'Écluse et Cadsand. Cette guerre sera entamée quand Louis XIV voudra, pourvu que Charles II, après sa déclaration de catholicité, soit en paix chez lui [1].

Charles II se comportait comme un mercenaire cupide, qui surfait la valeur de son bras, sauf à en rabattre. Il rabattit beaucoup, en effet, de ses monstrueuses exigences pécuniaires : il renonça à l'attaque de Hambourg, qui n'avait donné aucun sujet de plainte à la France, et consentit qu'on ne fixât pas, quant à présent, les avantages qu'il aurait à réclamer lorsque s'ouvrirait la succession d'Espagne; mais Louis, à son tour, fit de bien graves concessions. Un vif débat s'était engagé sur la question de savoir qui commanderait les flottes unies de France et d'Angleterre. Charles II fut inébranlable sur ce point : « La manière des Anglois, » dit-il, « est de commander à la mer. » Et il dit nettement à l'ambassadeur français que, voulût-il céder, ses sujets ne lui obéiraient pas. On convint que les Anglais fourniraient cinquante vaisseaux, et les Français seulement trente; que le duc d'York, ou, en son absence, l'officier qui arborerait le pavillon amiral d'Angleterre, commanderait les flottes unies, le vice-amiral de France commandant en second et ayant la préséance sur le vice-amiral anglais. L'absence de l'amiral de France devait réserver ainsi le droit dans la question de préséance [2]; mais on cédait sur le point de fait.

Louis admit des prétentions bien autrement dangereuses. Il consentit à promettre aux Anglais Walcheren, l'Écluse et Cadsand,

---

1. Mignet, t. III, p. 117.
2. Mignet, t. III, p. 141-160. — La question du pavillon était toujours opiniâtrément débattue. Les Anglais voulaient l'égalité dans la Méditerranée et la suprématie dans les mers *britanniques;* la France voulait l'égalité sur toutes les mers. *V.* une lettre de Colbert du 21 juillet 1669; ap. P. Clément, *Histoire de Colbert,* p. 317.

et même, un peu plus tard, les îles de Goorée et de Woorne ; c'est-à-dire les bouches de l'Escaut et de la Meuse !... Il eût fallu subir vingt ans de guerre pour empêcher l'Angleterre de prendre ce qu'on lui jetait à la tête !

Ces négociations ont été mal jugées. On a souvent répété que Charles avait vendu l'Angleterre à Louis XIV. Cela n'est vrai que de la politique intérieure : Charles, en effet, conspirait l'asservissement politique et religieux de l'Angleterre avec le concours de l'étranger ; mais, quant aux intérêts extérieurs, il ne les vendait pas, car la plus grosse part dans le profit de la ruine des Hollandais devait revenir aux Anglais.

Louis XIV comptait sans doute qu'il en serait de Walcheren et du reste comme de Dunkerque, ou qu'on trouverait quelque moyen d'éluder les engagements pris ; mais il n'est pas permis de calculer sur de pareilles chances. Colbert et Lionne durent souffrir d'être les instruments d'une telle politique, bien que Lionne fût un homme d'action plus que de principes !

Vers le printemps de 1670, les bases du pacte étaient arrêtées, mais quelques difficultés retardaient la signature, lorsque Louis, avec toute sa cour et sa maison, dans un magnifique appareil militaire, alla visiter ses nouveaux sujets de Flandre et les travaux de Vauban. Le 24 mai, Madame Henriette quitta tout à coup la cour à Lille et alla s'embarquer à Dunkerque pour Douvres, où son frère Charles II l'attendait. On motiva, sur la proximité des côtes anglaises, cette visite convenue depuis plusieurs mois. Henriette décida Charles à signer le traité sans plus de délai (1er juin). Le monarque anglais fit espérer à sa sœur qu'il consentirait que l'attaque contre la Hollande précédât sa déclaration de catholicité. C'était ce que Louis XIV souhaitait le plus. Le traité, cependant, loin d'engager Charles à cet égard, établit qu'*après* que Charles aura fait *ladite déclaration*, Louis pourra choisir le moment de l'attaque contre la Hollande. Louis donnera à Charles 2 millions payables trois et six mois après l'échange des ratifications et l'assistera de six mille fantassins à ses frais, si son retour au catholicisme excite des troubles. Charles fournira à Louis contre la Hollande au moins quatre mille fantassins. Louis renforcera la flotte anglaise de trente vaisseaux de quarante canons au moins et paiera à Charles un subside de 3 millions par an pendant la guerre. L'Angleterre aura Walcheren, etc. On s'entendra pour ménager les intérêts du prince d'Orange [1].

Madame Henriette repartit de Douvres le 12 juin, ramenant avec elle une compagne de voyage, qui, dit-on, n'avait pas été inutile au succès de la royale ambassadrice et qui ne tarda point à retourner en Angleterre pour n'en plus sortir : c'était la belle mademoiselle de Kerhouël, qui avait inspiré une subite passion à l'inflammable Charles II, et qui ne demandait pas mieux que de devenir la Montespan du roi d'Angleterre. Charles la créa duchesse de Portsmouth. Louis la gratifia, pour reconnaître ses services diplomatiques, d'une belle terre reversible sur celui des fils naturels de Charles que ce prince désignerait [2].

Une catastrophe imprévue éclata comme la foudre entre les deux royales familles qui venaient de sceller le pacte de Douvres.

La maison du frère de Louis XIV était depuis longtemps troublée par des orages intérieurs. Cette aimable et brillante Henriette, si adorée de la cour, si considérée du roi, qui lui confiait les ressorts les plus secrets de sa politique, n'inspirait que de l'antipathie à son mari, prince efféminé, fantasque, aussi médiocre d'esprit que de cœur, et dont les habitudes puériles et bizarres laissaient soupçonner des penchants honteux. Mécontent de son frère, qui, par des principes de conduite fermement arrêtés, lui refusait tout gouvernement de province, jaloux de sa femme, moins pour les hommages qu'elle recevait que pour le crédit qu'elle avait et qu'il ne partageait pas, *Monsieur* était livré à d'indignes créatures qui l'excitaient incessamment contre Henriette. Le roi était intervenu récemment dans ces querelles de ménage, en emprisonnant, puis en exilant le chevalier de Lorraine, favori de Monsieur, qui avait poussé à ce sujet des clameurs désespérées. Depuis, le roi avait eu grand'peine à obliger son frère de laisser aller madame Henriette à Douvres.

Elle en revint triomphante : elle reparut un instant à Saint-Germain, où la cour s'était réinstallée; le 24 juin, son mari l'em-

---

[1]. Mignet, t. III, p. 187.
[2]. *Œuvres* de Louis XIV, t. VI, p. 453.

mena à Saint-Cloud ¹. A peine arrivée à Saint-Cloud, elle se plaignit de douleurs d'estomac et de côté ; elle resta quelques jours languissante ; le 29, après avoir bu un verre d'eau de chicorée, elle fut saisie d'un point de côté d'une extrême violence : on la mit au lit ; le lendemain, avant le jour, elle était morte. Pendant son agonie, elle avait répété à plusieurs reprises qu'elle mourait empoisonnée.

Une explosion de soupçons terribles eut lieu contre son mari et contre les gens de son mari. Le roi fit ouvrir le corps par les plus célèbres médecins et chirurgiens de Paris, qui s'accordèrent à soutenir que la mort était naturelle et qu'il y avait même sujet de s'étonner que la princesse eût vécu si longtemps avec le foie et les poumons aussi gravement altérés. La question, cependant, est restée jusqu'à nos jours controversée entre les historiens : on a imputé aux médecins d'avoir consulté, dans leurs rapports, la science moins que la politique et, s'il en fallait croire Saint-Simon, Louis XIV aurait arraché secrètement l'aveu du crime à l'un des complices, au maître d'hôtel de son frère, mais n'aurait pas cru devoir venger la victime, de peur du scandale. Ceci ne serait vraisemblable que si Monsieur eût été l'auteur du crime ; or, d'après le récit même de Saint-Simon, Monsieur était innocent et les seuls coupables étaient le chevalier de Lorraine et quelques familiers ou domestiques du prince. Qu'avait donc, en ce cas, à ménager Louis XIV? La relation très-naturelle et très-évidemment sincère de madame de La Fayette, amie de la princesse et témoin de ses derniers jours, paraît favorable à l'idée de la mort naturelle d'Henriette. Les symptômes décrits par madame de La Fayette prouvent que la constitution d'Henriette était complètement ruinée, et concordent avec les lésions organiques signalées par les médecins. Il n'y eut probablement d'autre poison que les imprudences continuelles et le mauvais régime par lesquels la princesse accéléra sa fin ².

1. Saint-Cloud avait été donné par Louis XIV à son frère. Les bâtiments furent élevés par Hardouin-Mansart; les jardins dessinés par Lenostre.
2. *Histoire de madame Henriette d'Angleterre*, par madame de La Fayette, avec pièces à la suite, ap. Collect. Michaud, 3ᵉ sér., t. VIII, p. 204 et suiv. — *Relation du médecin Bourdelot*, ap. Poncet de La Grave; *Mémoires pour servir à l'Histoire de France*, t. II, p. 411. — Saint-Simon, *Mémoires*, édit. de 1829; t. III, p. 177-181;

La nouvelle de ce tragique événement excita d'abord une vive agitation en Angleterre : des cris de vengeance se firent entendre autour de Charles II ; le peuple anglais, toujours fidèle à ses vieilles haines, ne demandait qu'à s'en prendre aux Français. La douleur vraie qu'exprima Louis XIV, et les rapports des médecins, envoyés de Paris, calmèrent Charles II et sa cour. Ce qui avait été noué ne fut pas dénoué. D'autres mains relevèrent le fil des intrigues échappées de la main défaillante d'Henriette : la mort de la sœur des rois n'arrêta pas le cours des complots qui tramaient la mort d'un peuple, et la sublime oraison funèbre prononcée par Bossuet sur la tombe de Madame retentissait encore dans les cœurs, que déjà la place de Madame était occupée, sinon remplie, par une nouvelle belle-sœur que la politique de Louis XIV était allée chercher en Allemagne. C'était la fille de l'électeur Palatin, cette rude, originale et satirique princesse Palatine de laquelle devait sortir la moderne maison d'Orléans (16 novembre 1671).

Il n'y avait plus rien à décider entre les deux rois que le moment de l'attaque. Charles, comme il l'avait laissé espérer à la malheureuse Henriette, consentit à ne déclarer qu'après la guerre sa conversion au catholicisme, et Louis consentit à donner d'avance les deux millions promis pour faciliter cette déclaration. Chacun eut ainsi ce qu'il voulait. Il est très-improbable que Charles ait jamais eu l'intention de débuter par la conversion : le zèle religieux ne lui fermait pas les yeux, comme à son frère d'York, sur la grandeur du péril. Louis avait d'abord souhaité de commencer la guerre au printemps de 1671 ; mais les négociations qu'il menait en Allemagne et ailleurs, de front avec celles d'Angleterre, n'aboutissaient pas aussi vite qu'il l'avait espéré, et il proposa lui-même à Charles II de reculer d'un an l'attaque de la Hollande. Un second traité fut signé, le 31 décembre 1670, entre l'ambassadeur Colbert de Croissi et ceux des ministres de Charles II, Buckingham et autres, qui n'étaient pas dans le secret

---

t. XII, p. 141. — *Le sentiment de Vallot* (médecin du roi) *sur les causes de la mort de Madame;* Manuscrit à la Bibliothèque de l'Arsenal. — Lettre inédite de Bossuet; ap. *Bibliothèque de l'École des Chartes,* 2ᵉ sér., 1845, t. I, p. 174. — L'authenticité de cette lettre, qui conclurait contre l'empoisonnement, est contestée par M. Walckenaër; *Mémoires sur madame de Sévigné,* t. III, p. 223.

du retour au catholicisme : ce pacte, qui ne concernait que la guerre de Hollande, devait être publié lorsque les hostilités éclateraient.

La diplomatie française travaillait par toute l'Europe avec la même persévérance à étendre le réseau destiné à prendre la Hollande.

On eut d'abord peu de succès auprès de la Suède, qui avait peur de perdre une assez grosse somme à elle due par l'Espagne et garantie par l'Angleterre et la Hollande, et qui, par crainte de la prépondérance française, inclinait à se rapprocher de l'Autriche. Les traités de commerce et d'alliance conclus par la France avec le Danemark, ce vieil adversaire de la Suède, et l'intervention continuelle de Louis XIV dans les affaires de la Basse-Allemagne, entretenaient un certain mécontentement à Stockholm. Un projet d'alliance entre la Suède et l'empereur fut même arrêté en juillet 1668, et ce ne fut pas le roi de Suède, mais l'empereur, qui ne le ratifia point, grâce aux habiles manœuvres de l'ambassadeur français à Vienne.

Louis tenait Léopold par le pacte secret; Léopold, cependant, montrait parfois un retour de défiance. Il y eut entre eux un singulier débat relativement aux places récemment enlevées par Louis XIV à l'Espagne et dont plusieurs, celles du Hainaut, relevaient de l'empire. Louis prétendait maintenir ces places sur la matricule de l'empire et c'était l'empereur qui s'y refusait. C'est que Léopold ne voulait à aucun prix voir le roi de France s'introduire dans la diète germanique comme prince de l'empire et soupçonnait Louis de viser à se faire élire roi des Romains (juillet 1668).

Louis tâcha de dissiper les soupçons de l'empereur par de bons procédés. Il rompit les intelligences nouées plusieurs années auparavant avec les mécontents hongrois et applaudit au châtiment cruel que tira Léopold de leurs conspirations [1]. Il se montra pareillement décidé à ne pas s'immiscer dans les troubles excités en Espagne par don Juan d'Autriche, ce fils naturel de Philippe IV

---

1. Quatre des principaux seigneurs de Hongrie et d'Esclavonie, dont trois s'étaient rendus sur l'invitation de se remettre à la clémence de l'empereur, furent décapités et leurs domaines confisqués en 1671.

qui avait autrefois commandé les armées espagnoles en Flandre avec fort peu de succès et qui, maintenant, disputait le gouvernement de l'Espagne à la régente et au jésuite Nithard. Louis essaya toutefois de négocier à l'amiable avec la cour d'Espagne l'échange immédiat de la Belgique contre le Roussillon, la Cerdagne, une partie de la Navarre française et beaucoup d'argent. C'était une chose grave et bien contraire aux vrais principes que d'offrir ainsi la cession de contrées une fois réunies au territoire national et comprises dans les frontières naturelles. L'Espagne ne consentit pas.

Au commencement de 1669, le petit roi d'Espagne fut si malade, qu'on se crut, à Paris et à Vienne, bien près de la réalisation du traité éventuel. Don Carlos II se remit cependant et son rétablissement fut suivi d'une révolution de palais. Don Juan, soutenu par le peu qui subsistait d'opinion publique, chassa le confesseur-ministre et se fit donner la vice-royauté d'Aragon ; mais il ne sut que disloquer le pouvoir et non le réorganiser : l'Espagne ne gagna rien au change.

Louis pressa l'empereur de s'unir plus étroitement à lui, en s'appuyant sur l'idée que don Juan pourrait viser à la couronne si don Carlos mourait. Louis proposa un second traité, non plus secret, mais patent, par lequel l'empereur et le roi déclareraient avoir réglé ensemble à l'avance la succession d'Espagne, le roi cédant ses droits à l'empereur sur l'Espagne et Milan, l'empereur ses droits au roi sur la Belgique et la Franche-Comté ; le reste de la succession étant remis en apparence à la médiation du pape. L'empereur rejeta ce parti audacieux, ainsi que la proposition de promettre d'avance une part à l'Angleterre dans la succession ; mais, en même temps, il évita d'entrer dans la Triple Alliance, comme l'en pressaient avec instance et colère l'Espagne et plusieurs princes allemands. Il ne parut pas éloigné de laisser Louis agir à son gré contre la Hollande et alla jusqu'à insinuer une demande de subsides (mai 1670). L'empereur lui-même, après tant de princes et de rois, tendait une main mendiante au roi de France [1].

---

1. Mignet, t. III, p. 466.

Louis éluda les avances de cet illustre mercenaire, qui eût exigé une trop haute paie, et s'en tira par un service d'un autre genre, c'est-à-dire en favorisant le mariage d'une sœur de Léopold avec le nouveau roi de Pologne, Michel Wiesnowicki, allié qui, personnellement, n'était pas capable de faire beaucoup d'honneur à la maison d'Autriche !

Les Hollandais, cependant, voyaient monter l'orage, bien qu'on tâchât encore de leur fermer les yeux par des semblants de négociations. Van Beuningen était allé inutilement à Londres. D'autres agents eurent un peu plus de succès auprès des princes du Rhin. L'électeur de Mayence se rapprocha des Hollandais et, de concert avec le vieux duc de Lorraine, pressa l'empereur de coopérer à la formation d'un corps d'armée d'observation entre le Rhin, la Sarre et la Meuse, afin de garantir la paix de la Basse-Allemagne. Les Hollandais sollicitaient d'être reçus dans le corps de l'empire. L'incorrigible duc de Lorraine s'était remis à lever des troupes et à fortifier ses places, contrairement aux traités qui le liaient à la France. Louis XIV coupa court à ces menées en lançant brusquement le maréchal de Créqui avec vingt-cinq mille hommes sur la Lorraine. Le duc faillit être surpris dans son palais de Nanci et s'enfuit dans les Vosges, puis en Allemagne. Épinal et Chaté, dont il avait relevé les remparts, furent pris en quelques jours; un certain nombre de Français, qui n'avaient pas quitté le service du duc à l'aspect des étendards royaux, furent pendus comme traîtres. Les archives ducales furent emportées à Metz et les troupes françaises s'établirent à demeure dans la Lorraine et le Barrois (septembre 1670).

Personne ne remua sur le Rhin. La diète de Ratisbonne s'émut aux plaintes du prince fugitif; mais Louis XIV repoussa péremptoirement l'intervention de l'empereur et de l'empire dans cette affaire : il déclara que la Lorraine lui appartenait légitimement par les traités et par le droit de conquête, et que, s'il la rendait, plus tard et sauf garanties, à quelqu'un des princes de la maison ducale, ce serait par un pur mouvement de sa bonne volonté (novembre-décembre 1670).

Cet incident jeta un peu de froideur pendant quelque temps entre Vienne et Paris. Louis, néanmoins, atteignit enfin son but auprès de l'empereur. Léopold, absorbé par les troubles toujours renaissants de la Hongrie, s'engagea formellement, tout en garantissant à l'Espagne le traité d'Aix-la-Chapelle, à ne pas secourir les Hollandais contre la France (1er novembre 1671).

La diplomatie française s'efforçait d'obtenir la même neutralité, sinon une coopération active, de tous les princes d'Allemagne. Elle n'y réussit pas à l'égard de l'électeur de Brandebourg : ce prince montrait beaucoup de déférence pour Louis XIV ; par un traité du 31 décembre 1669, il s'était engagé à ne pas entrer dans la Triple Alliance, à aider au renouvellement de l'Alliance du Rhin, à appuyer les droits du roi sur la Belgique, etc.; mais on ne put rien tirer de lui pour ce qui regardait la Hollande : il voyait dans la ruine de cette république un trop grand péril pour le protestantisme et pour l'Allemagne, et il sut réserver sa liberté d'action, tout en ménageant Louis XIV le plus longtemps possible.

L'électeur de Bavière, au contraire, se donna sans réserve au roi de France. Non-seulement il promit de ne pas entrer dans la Triple Alliance et de travailler à renouer l'Alliance du Rhin; mais, Louis s'étant obligé à soutenir les prétentions bavaroises sur certaines provinces d'Autriche, si l'empereur mourait sans enfants, et à marier le dauphin à la fille de l'électeur, celui-ci promit sa voix à Louis pour la couronne impériale (17 février 1670)[1].

Les soupçons de Léopold étaient donc fondés ! La mauvaise santé de l'empereur avait fait penser à Louis que la couronne impériale et la couronne d'Espagne pourraient bien vaquer à peu d'intervalle, et Louis se préparait pour l'un et pour l'autre héritage. Confiant dans son corps de fer, inaccessible aux misères physiques qui décolorent et abrègent la vie humaine, il comptait survivre longtemps à tous les rois de l'Europe et élargir de tombeau en tombeau l'immense domination qu'il rêvait. Des perspectives illimitées s'ouvraient à son esprit : la France s'effaçait dans la monarchie universelle; la pensée de Charles-Quint détrônait la pensée de Henri IV et de Richelieu !...

Ceci était l'avenir. L'affaire de Hollande était le présent et la plupart des négociateurs français y étaient absorbés tout en-

---

[1]. Mignet, t. III, p. 286.

tiers. Ils exploitèrent habilement les ressentiments des princes de la Basse-Allemagne contre les Hollandais, qui leur avaient enlevé depuis longtemps diverses places afin de se fortifier sur le Rhin. Le duc de Neubourg et deux des Brunswick, les ducs de Zell et de Wolfenbuttel, refusèrent cependant de se lier au roi; mais le troisième Brunswick, le duc de Hanovre, accorda à la France le droit exclusif de lever chez lui des soldats (10 juillet 1671). L'électeur de Cologne, évêque de Liége, accorda non-seulement recrutement et passage sur ses terres, mais un pont sur le Rhin et des magasins (11 juillet). L'évêque de Münster promit secrètement l'ouverture de ses états et de ses ressources aux Français, avec prévision d'alliance offensive (28 juillet). Osnabrück traita sur le même pied que Hanovre (23 octobre).

Louis XIV et la France avaient fait une grande perte au milieu de ces négociations. L'homme qui en tenait tous les fils dans sa main expérimentée, le premier diplomate de l'Europe, Lionne était mort, miné par des chagrins domestiques, mais surtout usé par le travail et par le plaisir, qu'il avait toujours menés de front avec un égal emportement (1er septembre 1671). Le négociateur des immortels traités de Westphalie et des Pyrénées et de l'Alliance du Rhin eût dû mourir avant d'avoir préparé la fatale guerre de Hollande! Peut-être eût-elle été plus vite et autrement terminée s'il eût vécu!

L'ambassadeur de France en Suède, Arnaud de Pomponne, neveu du fameux Antoine Arnaud, fut choisi pour remplacer Lionne aux affaires étrangères. Louvois eut l'intérim : sa faveur croissait.

Les pourparlers avaient été repris avec la Suède et, cette fois, les chances paraissaient meilleures. Le grand chancelier La Gardie, Français d'origine, penchait vers la France et agissait fortement sur le sénat; il eût souhaité toutefois que la France et l'Angleterre modérassent leur ressentiment contre la Hollande et représentait sagement à l'ambassadeur français qu'il était désirable que cette république « se relâchât de l'espèce d'usurpation qu'elle avoit établie sur la plupart des autres nations dans le commerce, mais qu'il n'étoit pas de l'intérêt général qu'elle fût détruite [1] ».

---

1. Mignet, t. III, p. 330.

Pomponne n'avait pas des pouvoirs suffisants pour accorder les grands subsides que réclamait la Suède et ne put conclure avant de quitter Stockholm pour retourner prendre possession de son ministère. Stockholm fut, pendant tout l'hiver, le théâtre d'une très-vive lutte diplomatique. La Hollande, l'Espagne, le Brandebourg, la Saxe, agissaient d'un commun accord contre la France. Les électeurs de Saxe et de Brandebourg firent parler au gouvernement suédois d'une ligue pour la défense du protestantisme. On commençait à dire que le roi de France allait reprendre en Europe le rôle de la maison d'Autriche. L'or de Louis XIV l'emporta néanmoins auprès d'un gouvernement pauvre et avide. Par un traité signé le 14 avril 1672, la Suède s'engagea pour trois ans avec la France et promit de s'opposer, par une diversion du côté de la Poméranie, aux princes allemands qui voudraient secourir la Hollande. Louis promit aux Suédois 400,000 écus comptant et 600,000 écus par an pendant la guerre : il garantit le maintien de la paix entre la Suède et le Danemark, et s'obligea à ne point admettre le Danemark dans l'alliance contre la Hollande [1].

L'électeur de Cologne et l'évêque de Münster avaient resserré, en janvier 1672, leurs liens avec la France : l'électeur s'était engagé à coopérer contre la Hollande avec dix-sept à dix-huit mille soldats, moyennant un subside de 8,000 écus par mois, et à recevoir garnison française dans Neuss, moyennant 400,000 livres. L'évêque s'engagea à unir ses troupes à celles de l'électeur. Une part leur fut promise à tous deux dans les futures conquêtes.

Les Provinces-Unies n'étaient pas seulement environnées de dangers extérieurs : le danger était dans leur propre sein. La France et l'Angleterre y fomentaient le parti orangiste comme un dissolvant. Le prince d'Orange, le jeune Guillaume, arrivait à l'âge d'homme, et sa faction grandissait avec lui. Un moment étourdie par la gloire de Jean de Witt, en 1667, elle s'était ranimée à mesure que croissaient les périls de la république. En mai 1670, elle fut assez forte pour obliger de Witt et ses amis à laisser le prince entrer au conseil d'état. Louis XIV félicita Guillaume

---

1. Mignet, t. III, p. 364.

et considéra comme un succès pour lui le premier pas que fit dans la vie politique l'homme qui devait être un jour son plus terrible ennemi!

De Witt, qui avait été si longtemps attaché à la France et qui, lors même qu'il travaillait contre la politique de Louis XIV, avait toujours visé à une transaction, sentait qu'il ne méritait pas un ressentiment si implacable et ne pouvait croire encore que Louis fût inflexible. Il s'efforça de renouer avec la France. Il fit retarder, durant plus de trois ans, les représailles contre le tarif français de 1667 et ne les laissa décréter que lorsqu'il eut perdu tout espoir d'obtenir des concessions commerciales. Les Provinces-Unies, en novembre 1670, prohibèrent les eaux-de-vie de France et mirent de gros droits sur les soieries, sur le sel, etc. : les vins seuls furent traités avec plus de ménagement, parce que la Hollande ne pouvait s'en passer. La France répliqua par de nouvelles rigueurs : on augmenta les droits sur les harengs et sur les épiceries importés de Hollande, avec défense d'exporter les eaux-de-vie par navires hollandais (janvier 1671)[1].

Le roi d'Angleterre, quelques mois après, rappela son ambassadeur de La Haie (juin-juillet 1671). Le capitaine du yacht qui alla chercher en Hollande la famille de l'ambassadeur anglais eut ordre de faire baisser pavillon à toute la flotte hollandaise qui croisait dans la Manche. Charles II, en émettant cette prétention extravagante, ne souhaitait qu'un refus qui fournît un prétexte de rupture. Il ne tarda pas à proroger son parlement jusqu'en octobre 1672, afin d'avoir les mains tout à fait libres.

La Hollande frappait à toutes les portes pour obtenir des promesses de secours. A la fin de l'année 1671, elle n'était encore assurée que de l'Espagne. Au mois de septembre, le gouverneur des Pays-Bas catholiques, le comte de Monterey, successeur de Castel-Rodrigo, avait manifesté les dispositions de sa cour en prohibant l'importation des eaux-de-vie et des produits manufacturés de France en Belgique. C'était pendant l'intérim des affaires étrangères exercé par Louvois. Le violent Louvois poussa le roi à menacer au lieu de négocier. La crainte qu'inspirèrent les menaces de Louis, au lieu de retenir l'Espagne, l'entraîna dans l'al-

---

1. Mignet, t. III, p. 624-704.

liance hollandaise : un pacte défensif fut signé à La Haie entre l'Espagne et les Provinces-Unies (17 décembre 1671). Faible appui, qu'un allié incapable de se défendre lui-même !

En Allemagne, beaucoup de princes faisaient des vœux pour la Hollande ; mais l'électeur de Brandebourg seul paraissait disposé à la secourir; encore pouvait-on douter qu'il osât se heurter contre la France.

La France et l'Angleterre employèrent tout l'hiver en préparatifs d'agression, la Hollande en préparatifs de défense.

Si âpre que fût la passion avec laquelle Louis XIV poursuivait la Hollande, la France avait au dehors d'autres intérêts qui réclamaient impérieusement leur part dans les préoccupations du roi et de ses ministres. Durant ce même hiver de 1671 à 1672, Louis eut à prendre une importante décision sur une autre querelle.

Les affaires du Levant avaient subi diverses péripéties depuis les expéditions de Gigeri et de Hongrie. Colbert avait déterminé le roi à rouvrir les relations avec la Porte, dans l'intérêt du commerce, et le fils de l'ancien ambassadeur de La Haie avait été renvoyé à Constantinople à la fin de 1665. Colbert avait de grandes vues en renouant avec l'empire othoman : il fit demander au divan le libre transit commercial entre la France et l'Inde par l'Égypte. C'eût été rouvrir la grande voie fermée par la barbarie musulmane et rendre à la Méditerranée son rang de centre commercial du monde. La Porte refusa. Elle refusa aussi d'ôter aux Génois le droit de commercer en Turquie sous leur propre pavillon, droit qu'ils avaient obtenu par l'intercession de l'Angleterre après l'avoir demandé en vain par l'intercession de la France.

Les rapports redevinrent très-aigres et la France se vengea en fournissant, à la prière du pape Clément IX, des secours considérables aux Vénitiens, qui continuaient toujours à soutenir l'interminable siége de Candie. Les Turcs avaient encore une fois repris ce siége en 1667. En 1668, le duc de La Feuillade, ce courtisan original qu'ont rendu fameux son dévouement idolâtrique pour Louis XIV et l'espèce d'héroïsme romanesque qui ennoblissait chez lui la flatterie, conduisit à ses frais en Candie, pour deux mois, cinq ou six cents officiers qui venaient d'être réformés après la paix d'Aix-la-Chapelle et auxquels se joignirent quelques centaines de gentilshommes volontaires. Cette troupe d'élite se couvrit de gloire et retarda beaucoup les progrès des Turcs. L'année suivante, un corps de six mille hommes des meilleures troupes françaises fut envoyé par le roi sous la bannière du pape, Louis ne voulant pas encore déclarer la guerre à l'empire othoman. Le duc de Navailles commandait cette petite armée, et le duc de Beaufort l'escortait avec une forte escadre. Les Français, à peine débarqués, tentèrent une furieuse sortie : les lignes des assiégeants furent forcées et leurs travaux envahis ; mais les Français furent mal secondés par les Vénitiens, et l'explosion de plusieurs barils de poudre jeta tout à coup le désordre dans leurs rangs ; ces troupes, qui avaient beaucoup entendu parler des mines creusées par les Turcs autour de la place, crurent le terrain miné sous leurs pas et se débandèrent, tandis que les Turcs se ralliaient : la victoire commencée se changea en une déroute sanglante. Beaufort, qui était descendu de ses vaisseaux pour prendre part au combat, en aventurier plus qu'en amiral, disparut dans la mêlée ; on ne le retrouva ni parmi les prisonniers, ni parmi les morts, et l'on ne sut jamais ce qu'il était devenu (24 juin 1669).

La marine française n'y perdit pas beaucoup. Beaufort n'avait que le courage d'un soldat, et son entêtement et son mauvais caractère avaient plus d'une fois compromis le sort des expéditions qui lui étaient confiées. Il n'eut pas de successeur dans la surintendance de la navigation, charge qu'il avait héritée de son père, le duc de Vendôme.

Les restes des troupes auxiliaires lavèrent leur honneur en prolongeant de deux mois encore la résistance de Candie ; mais les fortifications étaient ruinées, les forces et la constance de Venise s'épuisaient, les vivres manquaient. Le duc de Navailles ne crut pas devoir sacrifier inutilement ce qui lui restait de soldats ; il se rembarqua et les chefs vénitiens acceptèrent une capitulation honorable, sous la forme d'une longue trêve qui accordait à leur république quelques dédommagements en Dalmatie pour la perte de Candie (5 septembre 1669)[1].

---

[1] Pellisson, *Histoire de Louis XIV*, t. III, l. VIII. — *Mém.* du marquis de Ville; Amsterdam, 1670-1671, in-18.

La conquête de la vieille île de Crète avait coûté aux Turcs vingt-cinq années d'efforts : c'était en grande partie l'assistance des volontaires français qui avait permis à Venise de résister si longtemps. On a calculé que Venise, durant ces vingt-cinq ans, avait recruté en France cinquante mille auxiliaires; c'était un protestant français, Saint-André-Montbrun, qui avait dirigé la défense de Candie. Si les secours consumés en détail eussent été donnés en masse, Candie eût été sauvée.

Bien que l'entreprise des Français n'eût pas réussi, le divan conçut quelque inquiétude de l'hostilité que témoignait la France, et le sultan, chose tout à fait inusitée, expédia au roi un agent chargé d'une lettre où il exprimait le désir de rétablir l'ancienne amitié (décembre 1669). Colbert engagea Louis XIV à accueillir ces avances, à envoyer un nouvel ambassadeur plus notable et plus accrédité que de La Haie, et à fonder une compagnie de commerce pour le Levant [1] et une école de drogmans français à Constantinople. Le marquis de Nointel partit avec ordre de renouveler la demande du libre transit par l'Égypte et la mer Rouge; il devait réclamer en outre la restitution du Saint-Sépulcre aux Latins (les Grecs l'avaient envahi), les droits de protecteur unique des catholiques orientaux pour le roi de France et la vieille suprématie française sur tous les chrétiens qui n'avaient pas d'ambassadeur à la Porte.

Nointel entra dans le Bosphore avec quatre vaisseaux de guerre en ordre de combat et ne salua le sérail que lorsque la sultane-mère (*Validé*) eut demandé le salut en son propre nom. La hauteur soutenue de Nointel n'eut pas plus de succès que les alternatives d'emportement et de faiblesse qu'avaient montrées les deux de La Haie père et fils. Le divan offrit de renouveler les anciennes capitulations et refusa tout le reste.

Louis XIV, irrité, fit assembler à Marseille tous les négociants qui faisaient le commerce du Levant, en leur adjoignant les personnes connues pour avoir étudié ces contrées, et leur demanda s'ils pensaient que la France pût, sans un grave dommage pour elle-même, attaquer à force ouverte l'empire othoman. La ré-

---

1. *V.* ci-dessus, p. 127.

ponse fut affirmative. L'assemblée fut d'avis que la Turquie ne soutiendrait pas une guerre maritime et serait forcée de capituler.

Toute la France s'émut au bruit d'une guerre en Orient : le vieil esprit des croisades se réveilla sous une forme nouvelle; la France lettrée pressa le roi de délivrer des barbares, non plus la Palestine, mais une autre Terre Sainte, la patrie d'Homère et de Sophocle. Autour de Louis XIV, on examina sérieusement les moyens d'attaque, tels que l'occupation des principales îles de l'Archipel, surtout de celles qu'habitaient des Grecs catholiques dévoués à la France (Naxos, Tyna, etc.), et le soulèvement de la Syrie. On savait, par les nombreux émissaires politiques, religieux et commerciaux que la France entretenait en Orient, qu'il serait très-facile d'insurger les tribus du Liban, et les Maronites catholiques et même cet étrange peuple des Druses, qui, sans être au fond ni chrétien ni musulman, regardait toujours vers l'Occident, d'où il prétendait tirer son origine, et avait conservé, à ce qu'on croit, dans ses rites secrets, la tradition mystérieuse des templiers [1].

Mais comment concilier cette grande entreprise avec la guerre de Hollande? — Si l'une eût pu détourner l'autre! — Ce fut, un moment, l'espoir de l'Europe, et cet espoir devint une grande pensée chez un homme de génie.

Il y avait alors en Allemagne un jeune homme qui, à vingt-cinq ans, avait pénétré à fond toutes les parties de la connaissance humaine, saisi d'une forte main le lien philosophique qui les unit et tenté de renouveler plusieurs des principales sciences, telles que la méthode de l'enseignement juridique par l'introduction de la philosophie dans le droit, et la philosophie elle-même par un essai de conciliation entre Aristote et les *modernes*, c'est-à-dire entre Aristote et Descartes. L'esprit universel de Guillaume Leibniz [2] s'intéressait également à tout ce qui est du domaine de l'humanité et embrassait tout, depuis la métaphysique jusqu'à l'his-

---

1. Lavallée, *Des Relations de la France avec l'Orient*; ap. *Revue indépendante* du 25 novembre 1843. La France s'était bien gardée de prendre parti maladroitement entre les Druses et les Maronites; elle les protégeait également et entretenait des relations avec le grand-émir du Liban, qui commandait aux deux races réunies.
2. Né à Leipzig le 23 juin 1646.

toire et à la philologie[1], depuis les mathématiques et la physique jusqu'à la diplomatie et à la controverse religieuse. Génie d'activité extérieure autant que de méditation, il aimait à se mêler aux affaires de ce monde autant que Descartes avait aimé à s'en abstraire ; génie de conciliation et de transaction, il cherchait, non plus à effacer le passé pour tout recréer à nouveau, mais à réunir synthétiquement le passé et le présent en retrouvant leur rapport nécessaire dans le progrès continu des idées et des choses : cette pensée conciliante qu'il avait jetée à travers le combat métaphysique du xviie siècle contre l'antiquité, il eût voulu la transporter dans le monde politique.

Allemand et dévoué à son pays, mais attiré vers la France par les affinités naturelles de son esprit si ferme, si lucide et si vif, antipathique, d'ailleurs, à la maison d'Autriche, qu'il regardait comme l'irréconciliable ennemie de la liberté[2], Leibniz voyait avec tristesse s'approcher une guerre qui allait ébranler l'Europe, bouleverser tous les rapports internationaux et rouvrir pour les peuples chrétiens une ère de calamités. Depuis quelques années déjà, une sorte d'utopie politique assiégeait son esprit : il lui semblait que l'Europe, au lieu de se déchirer, devrait diriger son activité vers l'Orient; cette idée s'éclaircit, se précisa et prit une forme si glorieuse pour la France, si salutaire pour la chrétienté, qu'il osa espérer, rien qu'en la faisant briller aux yeux de Louis XIV, de dissiper l'orage qui s'apprêtait. Il s'en ouvrit au baron de Boinebourg, ministre de l'électeur de Mayence, et, par ce ministre, à son prince. Tous deux en furent si frappés, que l'électeur se hâta d'envoyer Leibniz à Paris. L'électeur qui avait été longtemps à la tête du parti français en Allemagne et qui s'en était séparé par peur des envahissements de Louis XIV, désirait avec passion détourner la guerre des bords du Rhin.

Leibniz, arrivé en France au commencement de 1672, présenta

---

1. C'est à lui, à un étranger, que nous devons d'avoir été remis sur la voie de nos origines nationales : le premier, il a posé nettement le principe des études celtiques. « Pour se faire », dit-il, « une idée exacte des anciens dialectes de la Gaule et de l'île de Bretagne, il faut étudier les langues bretonne, galloise, écossaise et irlandaise, qui en sont des débris. »
2. « La politique de la maison de Habsbourg est une conspiration perpétuelle contre les droits et les libertés des peuples. » Leibniz.

au roi un premier avis conçu en termes très-généraux et dont M. de Pomponne lui accusa réception le 12 février. Un second mémoire fut alors adressé par Leibniz à Louis XIV [1]. Il y entre sur-le-champ en matière : le dessein qu'il propose au roi, « le plus vaste que l'on puisse concevoir et le plus facile à exécuter », c'est la conquête de l'Égypte, de toutes les contrées du globe la mieux située pour acquérir l'empire des mers, lien de l'Asie et de l'Afrique, grenier de l'Orient, entrepôt des trésors de l'Europe et de l'Inde. « La Porte, dit-il, ne pourra secourir l'Égypte à temps : par terre, elle est trop loin ; par mer, les forces navales des Turcs sont presque nulles. Les janissaires d'Égypte sont devenus plus marchands que soldats ; même en Turquie, janissaires et spahis, cette force principale de l'empire, ont été systématiquement affaiblis par le vizir actuel, Achmet Kiouprougli. Les vieux remparts des places d'Égypte sont hors d'état de soutenir un siége en règle. On peut, de plus, retenir en Europe les armées turques par une diversion de la Pologne et même de l'Autriche : les appâts ne manqueront point pour exciter ces deux puissances contre les Othomans (la Pologne venait de rentrer en guerre avec les Turcs). Aucun risque à courir dans la traversée : la France n'a point d'ennemi armé dans la Méditerranée. L'Italie, l'Espagne même, la favoriseront. De l'autre côté de l'Égypte, on rencontrera les

---

[1]. Nous ne doutons pas que ce Mémoire ne soit la lettre retrouvée et publiée en 1840 par M. de Hoffmanns. Cette pièce n'existant pas aux archives des affaires étrangères, M. Guhrauer n'en eut point connaissance lorsqu'il rédigea son Mémoire sur le projet de Leibniz : il put donc croire que Leibniz s'en était tenu, vis-à-vis de Louis XIV, aux vagues indications du premier avis et avait gardé en portefeuille les notes latines qui, après sa mort, furent conservées à la Bibliothèque de Hanovre, puis transportées à Paris en 1803, et enfin publiées par M. Guhrauer en 1839 à Hambourg et en 1841 à Paris : les notes latines sont évidemment les matériaux du Mémoire français adressé à Louis XIV, et c'est à ce Mémoire que M. de Pomponne fait l'allusion suivante dans sa dépêche à M. de Boinebourg, du 21 juin 1672 : « Je ne vous dis rien sur les projets d'une guerre sainte ; vous savez qu'ils ont cessé d'être à la mode depuis saint Louis ». V. *Mémoire sur le projet d'expédition en Égypte, présenté en 1672 à Louis XIV par Leibniz*, par G.-E. Guhrauer, ap. *Mémoires de l'Académie des sciences morales et politiques; Recueil des savants étrangers*, 1841, p. 679-767. — Rapport de M. Mignet sur ce Mémoire; ap. *Mémoires de l'Académie*, etc.; 2ᵉ sér., t. II, 1839, p. LXVIII-LXXXIII. — *Kur mainz in der epoche von 1672, von D. G. E. Guhrauer*, Hamburg, 1839. — *Mémoire de Leibniz à Louis XIV*, etc., publié par M. de Hoffmanns; Paris, Garnot, 1840. — *Projet de conquête de l'Égypte, proposé par Leibniz*, traduit par A. Vallet de Viriville, ap. *Revue indépendante du 1ᵉʳ mars* 1842. (C'est la traduction des notes latines, précédée de considérations judicieuses.)

colonies portugaises, qui tendront la main aux Français pour en obtenir protection contre les Hollandais dans l'Inde.

« La conquête de l'Égypte, cette *Hollande de l'Orient*, est infiniment plus aisée que celle des Provinces-Unies. Il faut à la France la paix en Occident, la guerre au loin. La guerre de Hollande ruinera probablement les nouvelles compagnies des Indes, les colonies et le commerce récemment relevé en France, et augmentera le fardeau du peuple en diminuant les ressources. Les Bataves se retireront dans leurs places maritimes, s'y tiendront sur la défensive en toute sûreté et prendront l'offensive sur mer avec de grandes chances de succès. La France perd toute son influence en Europe si elle n'obtient pas contre eux une victoire complète, et compromet cette influence même par la victoire. En Égypte, au contraire, un échec, d'ailleurs presque impossible, n'aura pas grande conséquence, et la victoire donnera la domination des mers, le commerce de l'Orient et de l'Inde, la prépondérance dans la chrétienté, et même l'empire d'Orient sur les ruines de la puissance othomane. La possession de l'Égypte ouvre le chemin à des conquêtes dignes d'Alexandre : *l'extrême faiblesse des Orientaux n'est plus un secret*. Qui aura l'Égypte aura toutes les côtes et toutes les îles de la mer des Indes. C'est en Égypte qu'on vaincra la Hollande; c'est là qu'on lui enlèvera ce qui seul la rend florissante : les trésors de l'Orient. Elle sera frappée sans pouvoir prévenir le coup. Si elle voulait s'opposer aux desseins de la France sur l'Égypte, elle serait accablée sous la haine générale des chrétiens; attaquée chez elle, au contraire, non-seulement elle saura parer l'agression, mais elle pourra s'en venger, soutenue par l'opinion universelle, qui suspecte d'ambition les vues de la France.

« Il n'y a donc pas à hésiter, si le roi veut devenir et l'admiration et l'arbitre de l'univers : il faut feindre de menacer la Morée ou Constantinople, et tomber comme la foudre sur l'Égypte. »

Telle est la substance de ce mémoire, qu'un historien homme d'état a appelé « un des plus beaux monuments de la raison et de l'éloquence politiques »[1]. C'était le génie même de la civilisa-

---

1. Thiers, *Histoire de la Révolution française*, t. X, c. 1. — M. Thiers ne pouvait connaître alors le Mémoire publié depuis par M. de Hoffmanns; mais il connaissait

tion et de l'humanité qui appelait la France en Orient par la voix du plus grand homme qu'ait enfanté l'Allemagne !...

Trois fois, depuis la fin de ces croisades si longtemps méconnues, la même apparition s'est manifestée à de puissants chefs de nations et leur a fait signe de la suivre. Deux fois au moins, elle eût épargné d'immenses calamités à l'Europe, si l'on eût voulu ou pu la suivre jusqu'au bout. La première fois, ce fut Ximenez qui l'aperçut; ce fameux ministre de Ferdinand et d'Isabelle avait entrepris de coaliser les couronnes d'Espagne, de Portugal et d'Angleterre pour conquérir l'Égypte à frais communs : le funeste avénement de la dynastie autrichienne en Espagne renversa ce dessein et détourna l'Espagne de l'Orient pour la jeter sur l'Europe. La seconde fois, nous venons de la dire. Combien différentes eussent été les destinées de notre patrie et du monde, si Louis XIV, au lieu d'ameuter l'Europe contre la France en s'acharnant à l'injuste destruction d'une nationalité, eût fondé un empire oriental, que sa glorieuse marine, elle allait bientôt en donner la preuve! eût été aussi capable de conserver que de conquérir !

La troisième fois, c'était à Bonaparte que l'idée devait apparaître, mais trop tard !... La puissance navale de la France, minée par des circonstances fatales, n'était plus en état de soutenir l'éclatant début d'une telle entreprise !

La fausse gloire l'emporta donc sur la vraie; la passion, sur l'intérêt et sur la raison. Le projet de Leibniz fut remarqué, mais rejeté parmi les possibilités de l'avenir [1], et le roi décida de renouer avec la Turquie et de rompre avec la Hollande. Nointel eut ordre de reprendre les négociations à Constantinople.

Les États-Généraux des Provinces-Unies avaient tenté un dernier effort auprès de Louis XIV. Ils avaient adressé au roi de France, le 10 décembre 1671, la lettre la plus soumise qu'ils pus-

---

sans doute les notes latines déposées par Monge, en 1815, à la Bibliothèque de l'Institut.

1. Leibniz passa près de trois ans à Paris en relations intimes avec Malebranche, Huygens et tous 'es savants et les philosophes de France. On lui offrit un fauteuil à l'Académie des sciences et d'autres avantages s'il consentait à se faire catholique : il refusa. V. son éloge par Fontenelle, et la correspondance de Leibniz et de Malebranche, publiée par M. Cousin, dans ses *Fragments de philosophie cartésienne*.

sent écrire sans bassesse. Ils ne pouvaient croire, disaient-ils, en se rappelant les bontés des prédécesseurs du roi envers leur état, que Louis voulût tourner ses armes contre ses plus anciens et ses plus fidèles alliés. Ils protestaient de n'avoir manqué en rien au traité de 1662, du moins volontairement, et offraient de redresser au plus tôt les contraventions qu'ils avaient pu commettre par inadvertance, comme de faire avoir en toute chose à Sa Majesté la satisfaction qu'elle pourrait raisonnablement prétendre.

L'ambassadeur Van Groot, fils de l'illustre Grotius, alla jusqu'à dire au roi qu'il n'avait qu'à commander aux Provinces-Unies de désarmer, qu'elles obéiraient; « action qui feroit mieux connoître la grandeur de Sa Majesté que les plus heureux succès de la guerre ».

Louis répondit qu'il avait levé des troupes pour se défendre contre les mauvais desseins des Provinces-Unies; qu'il prétendait en avoir encore plus vers le printemps et qu'il s'en servirait de la manière qu'il jugerait le plus à propos pour le bien de son état et pour sa gloire (4 janvier 1672).

La réponse écrite qu'il expédia aux États-Généraux ne fut qu'un commentaire de ces menaçantes paroles. Il contestait aux États, non pas sans quelque motif, ce titre d'alliés fidèles qu'ils se donnaient, et il allait jusqu'à leur reprocher, non pas seulement leur menées diplomatiques contre la France, mais les innovations qu'ils avaient faites au commerce, c'est-à-dire leurs représailles bien naturelles.

« Quand notre armement », disait-il enfin, « sera en l'état où
« nous avons projeté de le mettre, nous nous promettons que
« Dieu bénira le succès des justes résolutions que nous prendrons.
« C'est ce que nous avons bien voulu répondre à votre lettre,
« quoiqu'elle ait été moins écrite pour nous que pour exciter
« contre nos intérêts les princes dans les cours desquels elle a été
« rendue publique avant que nous l'ayons pu recevoir (6 jan-
« vier) »[1].

Pendant ce temps, un agent anglais arrivait à La Haie, chargé d'un arrogant ultimatum où la Hollande était sommée de recon-

---

1. Mignet, t. III, p. 657-661.

naître le droit de la couronne d'Angleterre à la souveraineté des mers britanniques et de faire baisser pavillon à ses flottes devant le moindre navire de guerre anglais (janvier 1672).

La France allait faire la guerre pour imposer aux Provinces-Unies la souveraineté maritime de l'Angleterre !

Les Hollandais marchèrent de concession en concession. Charles II leur avait demandé récemment de rendre à son neveu la charge de capitaine-général et amiral des Provinces-Unies, apanage des Nassau depuis Guillaume le Taciturne jusqu'à Guillaume II. La province de Hollande, après les six autres, plia enfin ; de Witt lui-même se résigna et Guillaume III fut élu provisoirement capitaine-général pour l'année, avec engagement de l'élire à vie dès qu'il aurait vingt-deux ans, c'est-à-dire en novembre prochain (janvier-février). Les Provinces-Unies cédèrent aussi sur la question du pavillon. Charles II ne répondit qu'en formulant de nouvelles exigences, par exemple le droit exclusif de pêche dans les mers britanniques (février).

Les États-Généraux, regrettant de s'être humiliés en vain, ordonnèrent l'armement de soixante-quinze grands vaisseaux, vingt-quatre frégates et vingt-quatre brûlots (25 février).

Un traité public venait d'être signé entre la France et l'Angleterre (12 février) : ce n'était que la reproduction du traité secret du 31 décembre 1670, si ce n'est que Charles II s'y trouvait déchargé, pour l'année courante, de l'obligation d'envoyer à ses frais un corps d'infanterie à l'armée française. Louis XIV avait déjà payé à Charles II les deux millions relatifs à la *catholicité* du roi anglais et 750,000 livres de subside.

Les Anglais, suivant leur coutume, attaquèrent sans déclaration de guerre. Le 23 mars, une escadre anglaise assaillit, à la hauteur de l'île de Wight, une flotte marchande hollandaise, richement chargée, qui revenait de Smyrne sous l'escorte de quelques vaisseaux de guerre. Les Anglais eurent la honte de la trahison sans en avoir le profit. Les Hollandais se défendirent si bien, que les agresseurs, en deux jours de combat, qui leur coûtèrent de grandes pertes, ne purent prendre que trois ou quatre vaisseaux marchands et un seul navire de guerre.

La déclaration de guerre de Charles II fut publiée le 29 mars, six jours après le combat. Le 25, avait paru une déclaration de tolérance en faveur des dissidents protestants, auxquels l'exercice public de leur religion était rendu dans les trois royaumes ; les catholiques avaient la permission de s'assembler dans des maisons particulières. C'était un premier pas vers l'abolition des lois hostiles au catholicisme et une tentative pour amener les dissidents protestants à lier leurs intérêts à ceux des catholiques contre l'intolérance de l'anglicanisme épiscopal, qui dominait dans le parlement anglais. Charles II, en s'accordant avec Louis XIV pour ajourner son retour public au catholicisme, avait voulu prouver au roi de France que ce projet était néanmoins sérieux et calmer un peu le zèle impatient de son frère, le duc d'York, qui s'irritait de tout délai.

La déclaration de guerre de Louis XIV fut lancée le 6 avril. Louis pouvait bien faire, par passion, une guerre injuste, mais non pas la commencer, comme Charles II, par des moyens déshonorants. Il observa, du moins, le droit des gens.

Aucun grief, d'ailleurs, n'est précisé dans son manifeste. Il y parle vaguemnent de sa *mauvaise satisfaction* et de sa *gloire* intéressée à ne pas dissimuler plus longtemps l'indignation que lui cause la manière d'agir des États-Généraux [1].

Louis XIV partit de Saint-Germain, le 28 avril, pour aller se mettre à la tête de son armée.

1. Mignet, t. III, p. 710.

LIVRE LXXXIII

LOUIS XIV (SUITE)

GUERRE DE HOLLANDE. — Préparatifs financiers de Colbert. — Invasion de la Hollande. Prise des villes du Rhin. *Passage du Rhin.* Conquête des provinces de Gueldre, Over-Yssel et Utrecht. Effroi de la Hollande. On manque l'occasion de prendre Amsterdam. Dévouement patriotique des Hollandais. Les digues rompues mettent la Hollande sous les eaux et arrêtent l'invasion. La bataille navale de Solebay empêche une descente franco-anglaise en Zélande. — Les États-Généraux offrent à Louis XIV la cession de Maëstricht, du Brabant hollandais et de la Flandre hollandaise. Fatal refus du roi, poussé par Louvois. — Rétablissement du stathoudérat au profit du prince d'Orange. Massacre des frères de Witt. — L'empereur, l'Espagne et l'électeur de Brandebourg se déclarent en faveur des Hollandais. — Turenne empêche la jonction des Impériaux avec le prince d'Orange. — Fâcheux expédients financiers imposés à Colbert. — Prise de Maëstricht par le roi et Vauban. — Prise de Trèves. — Échecs maritimes. — Jonction des Impériaux et des Hollandais. — Louis XIV évacue la Hollande et s'empare de la Franche-Comté. — L'Angleterre fait la paix avec la Hollande. — La diète germanique se déclare contre la France. — Bataille de Senef. — Misère du peuple. Troubles en Guyenne et en Bretagne. — Révolte de Messine contre les Espagnols. — Magnifique campagne de Turenne dans le Palatinat et l'Alsace. Invasion allemande repoussée. Turenne reprend l'offensive outre-Rhin. Mort de Turenne.

1672 — 1675.

Louis XIV avait tout combiné pour rendre ses coups rapides, accablants, irrésistibles. Les préparatifs financiers avaient été calculés sur une aussi vaste échelle que les préparatifs militaires. Colbert avait dû se mettre en mesure de faire pour la campagne un fonds de 45 millions [1]. Au premier regard qu'on jette sur les moyens employés pour subvenir à de telles dépenses, on reconnaît qu'il n'est pas seulement improbable, mais impossible, que Colbert ait voulu cette guerre. Tout son système financier, auquel il s'attachait avec une passion si légitime, fut ébranlé, presque renversé par les premiers coups de canon. L'équilibre rétabli

---

1. *V.* Pellisson; *Lettres historiques*, t. I, p. 176, et le projet de dépenses pour 1672, dans Forbonnais, t. I, p. 472. Sur les 45 millions, la marine à voile comptait pour 7.

par d'héroïques efforts avait commencé de péricliter dès les premiers apprêts de la lutte et n'avait pu être à peu près maintenu en 1671 que par une augmentation d'impôts aussi bien ménagée que possible. Pour ouvrir la campagne de 1672, il fallut davantage. Quelques-uns des expédients auxquels recourut d'abord Colbert étaient conformes à ses principes. Par exemple, il réduisit à quatorze par généralité le nombre des trésoriers de France; il réduisit à mille vingt-trois les dix-huit cent quatre-vingt-quatre officiers des greniers à sel; les gages des officiers supprimés furent réunis aux gages des officiers conservés, à condition que ceux-ci en payassent au roi la valeur capitalisée à raison du denier 16. Ce capital fut partagé entre les officiers supprimés et l'état, qui eut plus de 5 millions pour sa part. Les postes, mal administrées, ne produisaient presque rien à l'état; les postes de France ne profitaient qu'aux commis et aux partisans; le produit des lettres de l'étranger avait été abandonné par Louis XIV à Louvois, qui avait la surintendance des postes. Colbert fit retirer cette gratification à son jeune rival, ce qui ne contribua pas à rendre leurs rapports plus bienveillants, et afferma les postes et les voitures publiques pour 900,000 livres par an. On tira au moins 5 millions des recherches sur les francs-fiefs ou terres nobles possédées par des roturiers, qui devaient, tous les vingt ans, une année de leur revenu au roi. Dans les moments de presse, on vendait aux possesseurs roturiers l'exemption soi-disant définitive du droit de franc-fief, puis on revenait plus tard sur ces ventes : c'était un impôt assis sur de très-mauvaises bases.

Ces ressources étaient bien insuffisantes et n'étaient pas même d'un produit complétement immédiat. Colbert dut se résigner à déroger à son système. Lui qui avait si largement dégagé le domaine public, il dut recommencer à l'aliéner. Il ne fit du moins porter les aliénations que sur ce que l'on nommait les petits domaines, consistant en fermes, censes, manoirs, moulins, petites propriétés féodales de la couronne, qui étaient peu avantageuses à l'état; 900,000 livres de rentes furent aliénées en plusieurs fois pour 10 millions, ce qui était un assez bon prix, à cause du peu de confiance qu'inspiraient les ventes du domaine, toujours susceptibles d'être annulées. Colbert fit rendre à regret l'hérédité à diverses catégories d'officiers publics qui l'avaient perdue, aux secrétaires du roi, aux procureurs, etc., et la fit confirmer à ceux qui l'avaient gardée, ce qui valut encore quelques millions. Pour avoir de l'argent comptant, il ne put se dispenser de faire appel à cette classe d'hommes avides qu'il avait si rudement poursuivie, à ces traitants dont il eût voulu débarrasser à jamais la France. Il fut, à son tour, obligé de subir leurs onéreuses conditions.

Il s'efforça d'éloigner la nécessité d'accroître les tailles et préféra doubler la taxe de consommation sur les eaux-de-vie et supprimer l'exemption du droit sur les vins en gros que possédaient nombre de villes et de bourgs. Il aimait encore mieux s'exposer aux cris du peuple des grandes villes que de frapper le pauvre paysan, qui ne sait pas même élever la voix pour se plaindre. Avec les exemptions des villes, il supprima celles des ecclésiastiques, quant à l'entrée en franchise de leurs vendanges et des denrées destinées à leur usage. Une mesure malencontreuse à laquelle il s'obstina, malgré les représentations du lieutenant de police, le rendit très-impopulaire dans les quartiers les plus remuants de Paris : ce fut la vente des matériaux de la halle aux draps et aux toiles et de toutes les boutiques, échoppes et places appartenant au roi dans la nouvelle enceinte de la capitale (l'enceinte de 1638). Une foule d'intérêts établis par la tolérance de l'autorité furent violemment froissés, et le peuple des halles en garda une amère rancune (mai 1672)[1].

Colbert eût voulu à tout prix éviter les emprunts, expédient de l'égoïsme ou de l'imprévoyance, qui dévore l'avenir au profit du présent[2]. Il préférait recourir à des ressources plus impopulaires, plus radicalement mauvaises même, mais de moindre conséquence, que de mettre le pied dans cette voie facile qui a l'abîme au bout. Gourville, un des financiers qu'avait poursuivis naguère la chambre de justice, prétend, dans ses Mémoires, que Colbert avait été jusqu'à faire rendre un édit portant peine de mort contre quiconque prêterait de l'argent au roi. On ne trouve point de trace de cette invraisemblable ordonnance. Quoi qu'il

---

1. Bailli, t. I, p. 470. — Forbonnais, t. I, p. 475.
2. Nous ne parlons pas des emprunts qu'on emploie à des travaux qui augmentent la richesse publique : ceux-ci peuvent être de bonnes et sages opérations.

en soit, lorsque le principe de l'emprunt fut proposé dans le conseil, Colbert y opposa une résistance opiniâtre et prétendit que le public ne répondrait point à l'appel. Le premier président de Lamoignon, que le roi estimait et consultait parfois, soutint vivement l'emprunt comme facile et moins dur au peuple que les crues d'impôts : appuyé par Louvois, il l'emporta. « Vous triomphez », dit Colbert à Lamoignon, au sortir de cette conférence ; « vous pensez avoir fait l'action d'un homme de bien ! Eh ! ne savois-je pas comme vous que le roi trouveroit de l'argent à emprunter ? mais je me gardois avec soin de le dire. Voilà donc la voie des emprunts ouverte ! Quel moyen restera-t-il désormais d'arrêter le roi dans ses dépenses ? Après les emprunts, il faudra les impôts pour les payer, et, si les emprunts n'ont point de bornes, les impôts n'en auront pas davantage [1] ».

Une déclaration de février 1672 releva au denier 18 l'intérêt des prêts faits au roi.

Le principe admis, Colbert se réserva d'en atténuer les résultats par la plus grande réserve possible dans le chiffre et par de sages dispositions dans le mode des emprunts.

Tandis que Colbert préparait en soupirant l'aliment de la guerre, Turenne et Louvois avaient rivalisé de vigueur et d'activité pour en forger les foudres. Louvois avait couru organiser lui-même les étapes de l'armée, les magasins de la Champagne, du Hainaut, du pays de Liége, de l'électorat de Cologne. Six mille Français s'étaient établis durant l'hiver sur les terres du prince bavarois qui commandait aux deux principautés ecclésiastiques de Cologne et de Liége, et qui avait livré à ce détachement pour place d'armes la ville de Nuys ou Neuss, située près du Rhin, en face de Dusseldorf. Non-seulement d'énormes provisions de guerre et de bouche, achetées en grande partie dans la Hollande même pour la désarmer d'avance, mais encore quatre-vingts pièces de canon attendaient l'armée française, moitié à Liége, moitié à Keyserswert, sur le Rhin, un peu au-dessous de Neuss. Des équipages de pont, formés de pontons de cuivre, avaient été inventés par Martinet, inspecteur général d'infanterie, pour franchir

---

1. *Recueil des arrêtés de M. le premier président de Lamoignon*, t. I, p. XXXIX.

les innombrables cours d'eau des Provinces-Unies [1]. Louis XIV avait, dit-on, sur pied cent cinquante-cinq mille soldats, qui allaient être portés à cent soixante-seize mille par une nouvelle levée. Ces chiffres semblent exagérés ; ce qui est certain, c'est que l'armée active, les garnisons déduites, comptait environ quatre-vingt-cinq mille hommes, dont un quart de cavalerie, sans la maison du roi, forte de sept mille combattants d'élite, et sans les corps d'auxiliaires allemands qu'avaient levés l'électeur de Cologne et le belliqueux évêque de Münster [2].

L'escadre de guerre française se composait de trente vaisseaux de trente-huit à soixante-dix-huit canons et de huit brûlots, armés à Rochefort et à Brest, et destinés à joindre la flotte anglaise, qui devait être de cinquante à soixante vaisseaux de haut bord.

Si imposantes que fussent ces forces de mer, la Hollande pouvait, sans trop de témérité, espérer d'en soutenir le choc : le génie de Ruyter la protégeait sur les flots; vers le continent, au contraire, tout n'était pour elle que présages sinistres. Son armée de terre, faible en nombre, plus faible en qualité, n'était plus que l'ombre de ces anciennes et fameuses milices des Maurice et des Frédéric-Henri. Depuis la paix de Westphalie et la mort du stathouder Guillaume II, on avait laissé tomber systématiquement l'armée, appui du parti stathoudérien, au profit de la marine, où dominaient les républicains. Les grades avaient été livrés aux fils, aux parents, aux protégés des bourgmestres et des conseillers de ville, qui en faisaient de vraies sinécures : l'esprit militaire et la discipline avaient disparu. C'était la plus grande faute qu'on pût reprocher à Jean de Witt et à son parti : ils avaient cru la république à l'abri de tout danger du côté de la terre, et avaient oublié qu'un peuple qui veut maintenir sa position dans le monde doit être toujours prêt à faire face partout [3].

Jean de Witt tenta des efforts énergiques, mais tardifs, pour réparer cette erreur : il demanda la levée de soixante-dix mille

---

1. Desormeaux, *Vie de Condé*, t. IV, p. 298.
2. *États du maréchal de Turenne*, dans les *Œuvres* de Louis XIV, t. III, p. 116-122. — Quincy, *Histoire militaire de Louis XIV*, t. I, p. 312.
3. *Mém. de Gourville*, p. 552. — Basnage, *Annales des Provinces-Unies*, t. II, p. 168. — La Neuville, *Histoire de Hollande*, t. IV, l. XIII, c. 2.

hommes dans les Provinces-Unies et au dehors; il proposa aux États de saisir l'offensive pendant l'hiver et d'aller prendre Neuss et enlever les magasins formés par les Français dans l'électorat de Cologne, avant que les troupes franco-allemandes fussent en force pour s'y opposer. Les lenteurs des États, les querelles du parti orangiste et du parti républicain, rendirent impossible ce projet hardi. On leva trente mille hommes dans les Sept Provinces, mais trop tard pour que les recrues eussent le temps de s'habituer aux armes. Le jeune prince d'Orange fut nommé, comme on l'a dit, capitaine-général pour la campagne : ses pouvoirs furent subordonnés à ceux des députés des États à l'armée; mais Jean de Witt ne réussit pas à faire mettre sur pied, dans la province de Hollande, sous prétexte de la défense des côtes, un corps spécial qui eût été indépendant du capitaine-général [1].

Quant aux secours du dehors qu'attendait la Hollande, ils étaient bien peu en rapport avec la grandeur et l'imminence du péril. L'Espagne avait bonne volonté : elle enlevait çà et là des laboureurs, dans ses campagnes dépeuplées, pour en faire des soldats, et envoyait en Flandre le peu qui lui restait de vieilles troupes. L'électeur de Brandebourg, bien qu'il eût, tout comme l'électeur de Cologne et l'évêque de Münster, plusieurs places à réclamer des Hollandais, avait résisté aux suggestions de Louis XIV, qui lui offrait la restitution des villes fortes occupées dans le duché de Clèves par les Provinces-Unies depuis l'origine de la Guerre de Trente Ans; mais la diplomatie hollandaise, craignant de se mettre à la discrétion de l'électeur, traîna elle-même une négociation qu'il lui importait si fort de presser, et ce fut seulement le 26 avril que fut signé un traité par lequel l'électeur promettait de conduire vingt mille hommes au secours des Hollandais, moitié à ses frais, moitié aux leurs; encore les ratifications ne furent-elles échangées que plus de deux mois après [1].

Tandis que les États de Hollande délibéraient, le roi de France agissait : un premier corps d'armée, composé des troupes de Cologne et de Münster et de quelques régiments français et suisses, était déjà en position sur le Bas-Rhin, sous les ordres du

---

1 Basnage, t. II, p. 197. — La Hode, *Histoire de Louis XIV*, t. III, p. 400.
2. Mignet, t. II, p. 679. — Basnage, t. II, p. 201.

duc de Luxembourg. Un second détachement, commandé par le lieutenant général Chamilli[1], était établi sur la moyenne Meuse, dans le pays de Liége. Enfin, la grande armée, divisée en deux corps, s'était formée sur la Sambre et la haute Meuse, sous Turenne et Condé. Le roi arriva le 5 mai à Charleroi, avec sa maison militaire, son frère le duc d'Orléans et les ministres de la guerre et des affaires étrangères. Il rédigea de sa main, au moment où l'on se mit en marche, plusieurs ordres du jour et règlements, qui attestaient son esprit exact jusqu'à la minutie et son entente des menus détails de la guerre. Turenne se porta en avant avec une forte colonne : le roi suivit avec le reste des troupes réunies sur la Sambre, traversa sans hostilités le comté de Namur, possession espagnole, et atteignit la Meuse à Viset, entre Liége et Maëstricht, le 17 mai. Turenne, dès le 15, avait emporté Maseick, place située à quelques lieues au-dessous de Maëstricht, et dont les habitants avaient refusé d'ouvrir leurs portes aux Français, quoique l'électeur-évêque de Liége, leur prince, fût l'allié du roi.

Le second corps d'armée avait marché par les Ardennes et la rive droite de la Meuse, sous la conduite du prince de Condé, et rejoignit le roi à Viset. Louis XIV y tint un grand conseil de guerre. Il y avait deux partis à prendre : assiéger Maëstricht, la place d'armes des Hollandais sur la Meuse, et ne passer outre qu'après s'être emparé de cette importante position; ou bien cerner Maëstricht par quelques postes fortifiés et pousser droit, par le bas Rhin, au cœur de la Hollande. Les rôles semblèrent intervertis entre les deux grands capitaines de la France : l'audacieux Condé proposa de s'arrêter devant Maëstricht; le prudent Turenne conseilla la résolution hardie d'aller en avant. C'était sur Maëstricht que les Hollandais s'étaient attendus à voir crever l'orage, et cette ville avait une nombreuse garnison, commandée par un officier de mérite et renforcée tout récemment d'auxi-

---

1. Le commandement avait été d'abord donné au maréchal de Créqui; mais, les maréchaux de Créqui, d'Humières et de Bellefonds ayant refusé de prendre le mot d'ordre de Turenne, c'est-à-dire de reconnaître la suprématie du maréchal-général sur les autres maréchaux, le roi les disgracia, jusqu'à ce qu'ils se fussent soumis. *V. Œuvres* de Louis XIV, t. III, p. 124.

liaires espagnols; il était à craindre que ce siège n'usât une grande partie de la campagne et ne donnât tout le temps à la Hollande de se mettre puissamment en défense : Maëstricht tombé, les Provinces-Unies n'étaient nullement entamées.

Le roi se décida pour l'avis de Turenne : il laissa Chamilli à Mascick, avec une forte division, pour couper les communications de Maëstricht avec la Hollande, passa la Meuse à Viset le 24 mai et se porta sur le Rhin. Du 1er au 2 juin, quatre places du Rhin furent assaillies à la fois par les colonnes françaises, renforcées des troupes de Cologne et de Münster; c'étaient les villes allemandes de Wesel, de Burick, d'Orsoi et de Rheinberg, que la Hollande détenait, les trois premières, sur l'électeur de Brandebourg, duc de Clèves, et l'autre, sur l'électeur de Cologne. Ces places étaient devenues les gardes avancées des Provinces-Unies.

La nouvelle de l'arrivée des Français sur le Rhin et de l'attaque des places rhénanes causa une extrême agitation en Hollande et aigrit encore les discordes qui fermentaient dans les états et dans les villes. Une vive discussion avait eu lieu entre Jean de Witt et le prince d'Orange sur le plan de défense. Le jeune Guillaume, qui montrait, dès ses premiers pas dans la carrière, le coup d'œil ferme et froid d'un vieux guerrier et d'un vieux politique, avait proposé d'abandonner les places de second ordre pour concentrer la résistance sur quelques points décisifs. De Witt avait prétendu qu'on défendît toutes les places. Il se rappelait le rôle que les villes du Bas-Rhin et des Sept-Provinces avaient joué dans les anciennes guerres, et il espérait que chaque ville arrêterait quelque temps les Français : l'Europe cependant s'ébranlerait au bruit de cette lutte. De Witt avait fait prévaloir son opinion dans les États-Généraux.

Ces illusions furent dissipées par des coups de foudre. Les quatre places assiégées furent emportées en quatre jours (3-7 juin). Une émeute de femmes décida la reddition de Wesel, grande ville allemande dont les habitants n'entendirent point se sacrifier pour les Provinces-Unies : la faible garnison ne put ni ne voulut les y contraindre. A Rheinberg, le commandant en second, gagné ou intimidé, entraîna les autres officiers, et força le gouverneur à capituler sans attendre le canon. Burick, la plus petite des quatre villes, fut la seule qui essaya sérieusement de se défendre; mais les batteries françaises en eurent bientôt raison. Les garnisons, qui ne passaient pas quatre mille hommes pour les quatre villes, furent gardées prisonnières, sauf celle de Rheinberg. Le 9 juin, le roi traversa le Rhin à Wesel, tandis que Turenne et Condé enlevaient Rees et Emmerick.

L'avant-garde française parut devant la pointe du Betaw, la fameuse île des Bataves, que forme le Rhin en se divisant en deux branches, le Wahal et le Lech, un peu au-dessous d'Emmerick [1].

Pour pénétrer dans le cœur des Provinces-Unies, il y avait encore un cours d'eau à franchir. En se portant à la droite du Rhin, on avait tourné le Wahal, fleuve profond et bordé de nombreuses forteresses : restait ou le Lech ou l'Yssel, qui met le Lech en communication avec le Zuyderzée par le canal de Drusus. Le Lech protégeait l'île de Betaw : l'Yssel couvrait le pays de Welaw et la province d'Utrecht. Les États-Généraux avaient fait élever derrière l'Yssel une espèce de boulevard, qui s'étendait d'Arnheim à Zutphen, sorte de travail fort dispendieux et fort inutile, puisqu'il n'est jamais possible de garnir suffisamment des lignes d'une telle étendue. Le prince d'Orange était là posté avec une armée de vingt-cinq mille hommes : c'était tout ce que les États avaient pu mettre en campagne, les garnisons ayant absorbé le reste de leurs forces.

Le roi, de l'avis de Condé et de Turenne, résolut de forcer le passage du Lech et d'envahir l'île de Betaw. Le Lech, ou bras septentrional du Rhin, est fort large, mais moins profond que le Wahal, qui emporte la meilleure partie des eaux du Grand-Rhin : le printemps sec et chaud de 1672 avait encore beaucoup réduit le volume ordinaire des eaux. La pointe du Betaw était défendue par le fort de Schenk, place fort renommée dans les guerres passées. On décida de passer plus bas, en face d'une tour appelée Tol-Huys ou la Maison du Péage. Le prince d'Orange, campé près d'Arnheim,

---

1. *OEuvres* de Louis XIV, t. III, p. 133-193. — Pellisson, *Lettres historiques*, t. I, p. 63-133. — *Mém.* du comte de Guiche, t. II, p. 313-333. — *Histoire de Turenne*, t. I, p. 441. — Basnage, t. II, p. 203. — *Recueil de Lettres pour servir à l'histoire militaire de Louis XIV*, 1740, t. I, p. 25-46.

au point de jonction du Lech et du nouvel Yssel, ou canal de Drusus, surveillait à la fois les deux rivières : averti que les Français sondaient le Lech sur divers points, il dépêcha un corps de troupes pour garder les passages du fleuve; mais le commandant, qui était un transfuge français nommé Montbas, visant probablement à obtenir sa grâce de Louis XIV, abandonna son poste et envoya ses soldats à Nimègue, sous prétexte de garantir cette ville. Orange, à la nouvelle de cette désertion, se hâta d'expédier le général allemand Würtz avec onze ou douze cents soldats, que six mille autres devaient suivre le lendemain avec de l'artillerie.

Ce renfort n'eut pas le temps de rejoindre Würtz. Le même soir où Würtz arrivait à Tol-Huys, Louis XIV accourait avec sa maison au camp de Condé, établi en avant d'Emmerick (11 juin). Le roi et le prince se portèrent, par une marche de nuit, en face de Tol-Huys. Condé avait dessein de jeter un pont de bateaux sur le Lech; mais les équipages n'étaient pas arrivés et, d'un moment à l'autre, l'ennemi pouvait devenir assez fort pour rendre plus que douteux le succès de l'entreprise. Des gens du pays avaient signalé un gué : le 12 juin au matin, le comte de Guiche[1], un des lieutenants généraux de Condé, fameux par ses aventures héroïques et galantes, alla reconnaître le passage, au risque de se noyer, assura le roi et le prince que la cavalerie pouvait passer et se lança des premiers dans ce fleuve quatre fois large comme la Seine au Pont-Neuf. Toute la cavalerie, animée par la présence du roi, suivit sans hésiter. Le feu de l'ennemi n'était pas le plus grand péril : le gué, d'ailleurs incomplet, puisqu'il fallait nager vingt ou trente pas vers le milieu du fleuve, était assez étroit, et les cavaliers qui s'écartaient étaient emportés par le courant. La masse des chevaux rompant le fil de l'eau, la tête de colonne gagna toutefois l'autre bord sans beaucoup de peine. Würtz tenta de rejeter dans la rivière les premiers pelotons qui avaient atteint le bord; mais le canon français, en batterie sur la rive opposée, et le nombre toujours croissant des assaillants le forcèrent de quitter la place. Le passage se fût achevé sans autre accident que

---

1. Exilé à cause de l'éclat qu'avait eu sa passion pour madame Henriette, il avait servi tour à tour les Polonais contre les Turcs et les Hollandais contre les Anglais, et avait sauvé la vie à l'amiral Ruyter dans une bataille navale.

la perte d'un officier général et d'une trentaine de cavaliers tués ou noyés, si quelques jeunes seigneurs n'eussent été victimes de leur aveugle impétuosité. Condé venait de traverser le fleuve en bateau avec son fils, le duc d'Enghien, et son neveu, le duc de Longueville. Ces jeunes gens, à peine remontés à cheval, se mirent à la tête de quelques volontaires et coururent droit à Würtz, qui s'était retiré dans un terrain coupé de haies et de palissades, et que le comte de Guiche se préparait à tourner. Condé, ne pouvant les retenir, les suivit et, payant d'audace, somma, de sa propre voix, les ennemis de mettre bas les armes. Les Hollandais hésitaient, quand le duc de Longueville, la tête encore pleine des fumées d'un repas nocturne, lâcha un coup de pistolet en criant : « Tue ! tue ! » Les ennemis répondirent par une décharge qui jeta Longueville roide mort et qui tua ou blessa la plupart de ses compagnons. Condé lui-même eut le poignet fracassé par une balle.

Un instant après, les escadrons du comte de Guiche tombèrent en flanc et en queue sur cette poignée de Hollandais, l'enfoncèrent et la dispersèrent parmi les haies et les fossés.

Le jeune duc de Longueville, qui passait pour le fruit des amours de madame de Longueville avec La Rochefoucauld, fut arraché par cette catastrophe à une haute destinée. En ce moment même, un courrier de Pologne lui apportait la nouvelle qu'un parti puissant s'apprêtait à transférer sur son front la couronne que Michel Wiesnowicki s'était montré indigne de porter [1].

Tel fut ce passage du Rhin, immortalisé par la poésie, par les beaux-arts, par toutes les voix de la renommée [2]. La France de Louis XIV y voulut voir un second exemple de ce glorieux pas-

---

[1]. Œuvres de Louis XIV, t. III, p. 193. — Pellisson, *Lettres historiques*, t. I, p. 133. Pellisson accompagnait le roi comme historiographe. Ses lettres sont adressées à mademoiselle de Scudéri. — *Mémoires* du comte de Guiche, t. II, p. 325. — Basnage, *Annales des Provinces-Unies*, t. II, p. 218. — *Mém.* de M. de ***, ap. Collect. Michaud, 3e série, t. VII, p. 607.

[2]. V. les allégories versifiées par Boileau dans son épître, sculptées par les frères Anguier sur la porte Saint-Denis, et peintes à Versailles par Lebrun. — Voy. surtout la réalité vivante du fait dans le beau tableau de Van-der-Meulen au Louvre. Van-der-Meulen, le peintre des batailles et des siéges de Louis XIV, artiste plein de vigueur et de vérité, est, dans l'art, l'historien du grand roi, comme Lebrun voudrait être son poète épique.

sage du Granique, que reproduisait sur ces entrefaites le pinceau de Lebrun. Plus tard, on observa malignement que Louis n'avait pas imité en tout Alexandre et l'on se railla du monarque prudent qui

> Se plaint de sa grandeur qui l'attache au rivage.

Reproche mal fondé; car le roi de France eût été assurément fort blâmable de se jeter à l'eau, comme un mousquetaire, pour aller débusquer en personne un avant-poste ennemi.

En fait, le passage du Rhin ne fut, au jugement du plus grand capitaine des temps modernes, qu'une opération militaire d'un ordre très-secondaire [1].

L'illusion des contemporains sur l'action en elle-même s'explique par les suites de l'action. Cette escarmouche eut les conséquences d'une grande victoire. Le pont de bateaux ayant été établi dans la journée, presque tout le corps d'armée de Condé se trouva réuni le soir dans l'île de Betaw; le roi manda Turenne pour en prendre le commandement à la place de Condé blessé. Dès le lendemain, Turenne marcha sur Arnheim et sur le camp du prince d'Orange. Le comte de Guiche, à la tête de l'avant-garde, culbuta, entre Huessen et Arnheim, le corps qui avait été destiné à soutenir Würtz. Orange, craignant que Turenne ne repassât à la droite du Lech afin de prendre sa position à revers, tandis que l'autre corps d'armée français l'attaquerait de front, évacua de nuit sa ligne de l'Yssel, expédia des renforts dans quelques places et se replia sur Utrecht avec treize mille Hollandais et quelques auxiliaires espagnols.

La terreur se répandit dans toute la république : les chefs civils et militaires rivalisaient de faiblesse et de découragement; les villes envoyaient leurs clefs aux premiers éclaireurs français qu'elles apercevaient de loin dans la compagne. Utrecht, où les catholiques étaient nombreux et appelaient l'invasion, refusa de recevoir les troupes du prince d'Orange et de sacrifier ses beaux faubourgs, sacrifice qui, du reste, eût été inutile, car on n'eût pas

---

1. Napoléon (*Mémoires*, t. V, p. 129) l'appelle « une opération de quatrième ordre ».

eu le temps d'élever des fortifications sur les ruines qu'on eût faites. L'effroi était si grand dans Amsterdam même, que les juifs de cette ville envoyèrent offrir deux millions au prince de Condé pour qu'il les préservât du pillage [1]. La terreur enfanta, par réaction, un gigantesque dessein : celui d'abandonner le sol neerlandais à l'invasion et à la mer, et de transporter la république au bout de l'univers, dans la nouvelle Batavie des îles de la Sonde : on calcula que tous les navires réunis des Sept-Provinces pourraient conduire cinquante mille familles dans les mers de l'Inde.

On essaya auparavant d'obtenir la paix ou plutôt le pardon de Louis XIV. Jean de Witt, déjà frappé d'un coup terrible par la chute des quatre villes du Rhin, avait été atterré par la nouvelle de l'invasion du Betaw. Il voyait son pays entre la perte de l'indépendance nationale par la conquête étrangère et la perte de la liberté par une dictature militaire orangiste, qui, probablement, ne devait pas même sauver l'indépendance. Il mit son dernier espoir dans la magnanimité du vainqueur et pensa que Louis XIV, satisfait d'avoir assuré sa gloire et fait montre de sa formidable puissance, ne s'obstinerait pas à consommer la ruine des vieux alliés de la France. Il entraîna les États-Généraux à députer vers le roi pour le supplier de déclarer « les conditions auxquelles il lui plairoit de donner la paix (15 juin). » Une autre députation fut expédiée au roi d'Angleterre.

Le moment était décisif. Tandis que les Provinces-Unies délibéraient, les Français agissaient, mais d'après quel plan? Il paraît que Condé et Turenne conseillèrent au roi de ne pas répéter, en sens inverse, la faute des Hollandais, c'est-à-dire de raser les places secondaires qu'il avait prises, de ne conserver que les positions capitales et de pousser au cœur de la Hollande avec la masse de l'armée. Condé ajouta, dit-on, l'avis de lancer à l'instant 6,000 chevaux sur Amsterdam, et Turenne eut le tort de ne pas croire au succès de cette pointe, qui, dans le premier moment de surprise et d'épouvante, eût presque infailliblement réussi. Louvois combattit et l'avis particulier du prince et l'avis des deux,

---

1. *Mém.* de Gourville, ap. Collect. Michaud, 3ᵉ série, t. V, p. 565.

grands capitaines réunis, et opina pour qu'on prit et qu'on gardât tout autour de soi le plus de places possible. Le roi décida pour Louvois et donna ainsi la mesure de sa capacité stratégique. Louis, administrateur admirable, ne fut jamais qu'un guerrier médiocre; il connaissait parfaitement le mécanisme d'une armée, mais ne s'éleva jamais aux grandes conceptions de l'art militaire [1].

Les correspondances du temps ne font point d'allusion à ces débats; on crut dans l'armée que, si le roi ne marchait pas tout de suite en avant, c'était faute de vivres, les approvisionnements n'ayant pu suivre le progrès rapide et inespéré des conquêtes royales [2]. C'eût été une mauvaise excuse : les immenses troupeaux enlevés dans le Betaw et dans le reste de la Gueldre pouvaient bien suppléer pendant quelques jours au manque de pain. Quoi qu'il en soit, Turenne, du 13 au 16 juin, s'occupa à prendre Arnheim et le fort de Knotzembourg, vis-à-vis de Nimègue, et le roi, revenant à Emmerick se mettre à la tête du corps d'armée que Turenne avait auparavant commandé sous lui, se porta sur Doësbourg, qu'il assiégea, tandis que les troupes franco-allemandes, conduites par l'évêque de Münster et par le duc de Luxembourg, attaquaient Deventer, après avoir emporté quelques autres places sur leur passage. Le 16, au soir, Turenne vint conférer avec le roi au bord de l'Yssel. Le lendemain il retourna mettre le siége devant le fameux fort de Schenk, qui se rendit dès le 19. On n'avait quasi que la peine de montrer le canon pour faire capituler des forteresses qui avaient autrefois résisté durant des saisons entières, et autour desquelles était né, pour ainsi dire, l'art des siéges, au temps des Maurice et des Frédéric-Henri. Les soldats français s'indignaient de la pusillanimité de leurs adversaires. Ils maltraitaient les vaincus de geste et de parole comme gens indignes de porter les armes. Du 17 au 18, Louis XIV avait reçu du comte d'Estrades, gouverneur de Wesel, une lettre de la plus haute importance. D'Estrades, l'homme de France qui connaissait le mieux la Hollande, où il avait été longtemps ambassadeur, pressait le roi de se saisir au plus vite d'Utrecht et d'envoyer en toute

---

1. *Hist. de Condé*, par Coste. — *Hist. de Turenne*, t. I, p. 462.
2. Pellisson, *Lettres hist.*, t. I, p. 181-190.

hâte un corps de troupes s'emparer de Muyden, où sont les écluses d'Amsterdam. Muyden pris, Amsterdam est à la discrétion du roi, et la république des Provinces-Unies n'existe plus [1].

Il semblerait que la lettre eût fait impression, car, le 18, dans la journée, le marquis de Rochefort, lieutenant général, reçut ordre de passer l'Yssel à gué et de se porter en avant avec quatre mille chevaux : il n'en prit que dix-huit cents et laissa le reste en arrière, faute d'une quantité suffisante de rations. Le 19, à deux heures de l'après-midi, il entrait à Amersfort, dans la province d'Utrecht. Le seul bruit de l'approche de cette cavalerie fit retirer le prince d'Orange des portes d'Utrecht jusqu'au fond de la Hollande. Rochefort eût dû courir à Muyden : chose étrange, il n'avait point d'instructions précises à ce sujet. Le 20 au matin, il dirigea une reconnaissance sur Utrecht, qui envoyait, en ce moment même, des députés au roi, et il se contenta d'expédier sur la route d'Amsterdam un parti de cent cinquante cavaliers et dragons. Cette petite troupe s'avança dans la province de Hollande et entra dans Naërden par une porte, tandis que la garnison s'enfuyait par l'autre. Le gros du détachement fit halte à Naërden ; mais quatre cavaliers poussèrent deux lieues plus loin et arrivèrent à la porte de Muyden. Il n'y avait pas un soldat dans la place : les habitants, croyant avoir déjà l'armée française sur les bras, ouvrirent à ces avant-coureurs. Quatre soldats furent un instant maîtres du sort de la Hollande!

Quand les habitants furent remis de leur première alarme et virent que les cavaliers n'étaient pas soutenus, ils les enivrèrent et les mirent dehors.

Peu de moments après, le détachement français accourut de Naërden ; mais il était trop tard : un corps de troupes, envoyé d'Amsterdam, venait d'occuper la forteresse.

Muyden, situé sur le Zuyderzee, à deux heures d'Amsterdam, au point de jonction de plusieurs rivières et canaux, ne tenait pas seulement la clef des principales écluses par lesquelles Amsterdam pouvait s'entourer d'une inondation protectrice : il tenait aussi la clef du port de cette grande cité, tous les navires qui viennent de

---

1. *Ambassades du comte d'Estrades*, de 1637 à 1662, p. 141 ; Amsterdam, 1718. — Cette lettre est intercalée entre des pièces appartenant à d'autres époques.

la mer du Nord à Amsterdam par le Zuyderzee étant obligés de passer sous le canon de Muyden.

Muyden sauvé et ses écluses ouvertes, Amsterdam eut le temps de respirer et demeura maîtresse de rompre ses communications avec la terre et de les maintenir avec la mer.

Ni Turenne ni Condé n'avaient eu de part aux instructions données à Rochefort : faut-il croire que Louvois ne voulait pas qu'on prît Amsterdam, de peur que la guerre ne finît trop vite! Toutes les suppositions sont permises envers ce monstre d'égoïsme [1].

Tandis que les Provinces-Unies étaient en proie à une si terrible invasion du côté du continent, d'autres périls les avaient menacées du côté de la mer. Le roi d'Angleterre voulait aussi son lot de conquêtes et surtout de butin, et la malheureuse république était cernée de toutes parts.

La flotte française, commandée par le vice-amiral d'Estrées, qui comptait parmi ses seconds le vieux Duquesne et le jeune Tourville, avait quitté, le 11 mai, la rade de Bertheaume, en avant de Brest, pour joindre le duc d'York et la flotte anglaise dans les eaux de l'île de Wight. Les Hollandais avaient, de leur côté, rapidement équipé leurs forces navales : on n'avait point à attendre de cette illustre marine les honteuses défaillances de l'armée de terre. Ruyter et le digne frère de Jean de Witt, Corneille de Witt, qui représentait les États-Généraux dans l'armée navale, tentèrent de devancer l'ennemi et d'attaquer les Anglais avant la jonction. Quelques accidents de mer firent échouer ce projet : les flottes française et anglaise se joignirent le 17 mai. Les Hollandais se retirèrent sur leurs côtes. Les alliés ne jugèrent pas à propos de les y suivre, à cause des bancs de sable, et retournèrent sur la côte de Suffolk, dans la rade appelée Southwold-Bay ou Sole-Bay, pour y terminer leurs approvisionnements. Ils devaient ensuite aller mouiller au Dogger's-Bank, afin d'y attendre la riche flotte marchande de la compagnie hollandaise des Indes, ou d'opérer une descente en Zélande.

Ruyter les prévint. Il remit brusquement à la voile et vint sur-

---

1. *Lettres milit.*, t. I, p. 48-219. — Pellisson, *Lettres hist.*, t. I, p. 172-179.

prendre les alliés dans la baie de Southwold (7 juin). Sans une frégate française placée en vedette, les alliés étaient perdus. Une grande partie des équipages et des chaloupes étaient à terre et ne purent rejoindre à temps, ce qui compensa la supériorité apparente des alliés. La flotte anglo-française comptait quatre-vingt-trois vaisseaux, une vingtaine de frégates légères et trente brûlots, le tout portant, dit-on, plus de trente-quatre mille hommes et de six mille canons : un peu moins du tiers était français. Les Hollandais avaient quatre-vingts et quelques vaisseaux et frégates et une trentaine de brûlots.

Les deux flottes étaient partagées chacune en trois escadres. L'escadre française, postée plus au large que les deux escadres anglaises, vira au sud et s'écarta de la ligne de bataille, contrairement aux signaux du duc d'York, ce qui fit croire, non sans quelque vraisemblance, que d'Estrées avait ordre de se ménager le plus possible et de laisser les Anglais essuyer le principal choc. En fait, cependant, comme une des trois divisions ennemies, l'escadre de Zélande, suivit les Français dans leur mouvement, chacun eut, pour ainsi dire, sa part proportionnelle dans la lutte. Les Français et les Zélandais se canonnèrent violemment toute la journée, mais sans en venir à l'abordage. Le combat fut beaucoup plus furieux entre les quatre autres escadres, qui se battaient tout près de la terre, dans un espace assez étroit. Les lignes se rompirent : la mêlée fut effroyable ; plusieurs vaisseaux furent pris et repris à l'abordage ; le vice-amiral hollandais, Van-Gent, fut tué ; le vice-amiral anglais, lord Sandwich, fut englouti avec son navire incendié ; le duc d'York, foudroyé par le terrible Ruyter, faillit avoir le même sort que son lieutenant et changea deux fois de vaisseau. Le représentant des États-Généraux, Corneille de Witt, souffrant et ne pouvant se tenir debout, resta, durant tout le combat, assis sur la dunette de l'amiral hollandais, impassible sous l'ouragan de fer et de plomb qui sifflait incessamment autour de lui.

La nuit vint sans que la victoire fût décidée ; mais les pertes des alliés étaient beaucoup plus grandes que celles des Hollandais : les Anglais avaient perdu six vaisseaux et les Français deux ; les Hollandais seulement trois. L'artillerie hollandaise, admirablement exercée par Ruyter, avait montré une supériorité marquée.

Le lendemain, les deux flottes, après s'être ralliées et remises en ordre, se retrouvèrent en présence, mais ne renouvelèrent point la bataille. Chacune accusa l'autre d'avoir évité le choc. Le 9 juin, les Hollandais se retirèrent sur la côte de Zélande, et les alliés sur les côtes d'Angleterre [1].

Cette journée fit plus qu'accroître la gloire de la marine hollandaise et qu'offrir un éclatant contraste avec les humiliations continentales des Provinces-Unies : tout indécise qu'elle fût demeurée, elle éloigna la possibilité d'une descente, qui eût consommé la perte de la république.

La situation des Provinces-Unies était pourtant bien sombre encore. La Gueldre presque entière, y compris tout le Betaw gueldrois, était au pouvoir des Français; l'Over-Yssel était entre les mains des Franco-Allemands, qui entamaient la province de Groningue; toute la province d'Utrecht s'était soumise en quelques jours à l'avant-garde de Rochefort, renforcée de quelques troupes; la Hollande était entamée par l'occupation de Naërden et par la soumission de Woërden, d'Oudewater et d'Yselstein, qui resserraient de près La Haie, Leyde et Rotterdam. Le prince d'Orange couvrait de son mieux les principales villes hollandaises avec sa petite armée, divisée en cinq corps; mais il était hors d'état de résister à une attaque sérieuse de l'armée française, et la ressource de l'inondation n'était pas même d'un succès assuré, tant les eaux des rivières et des canaux étaient basses, à moins qu'au lieu d'ouvrir seulement les écluses qui retenaient les eaux douces, on ne perçât les digues de la mer, dernier expédient du désespoir [2]. Chaque jour, des nouvelles funestes arrivaient à La Haie et à Amsterdam. Un corps détaché par Turenne venait d'envahir l'île de Bommel, que forment le Wahal et la Meuse avant de se réunir; il avait emporté les forts qui commandent à l'est l'entrée de cette

---

1. *Vie de Ruyter*, t. II, p. 25-42. — *Vie de Tromp*, p. 452. — *Mém.* du duc d'York. — Lettres et relations dans E. Sue, *Hist. de la marine française*, t. II, p. 141-249, 2ᵉ édit. — *Mém.* du marquis de Villette, publiés par M. Monmerqué pour la Société de l'Hist. de France, p. 4.

2. Pellisson, *Lettres hist.*, t. I, p. 190, — Basnage, t II, p. 237.

île et coupé d'avec la Hollande l'importante place de Nimègue, que Turenne en personne commençait d'assiéger. Le roi, renforcé de sept mille Anglais à sa solde, que lui avait amenés le duc de Monmouth, fils naturel de Charles II, avait, grâce à Vauban, réduit Doësbourg à capituler en quatre jours (17-21 juin) : quatre mille hommes s'étaient rendus prisonniers de guerre, succès acheté par la mort de l'inspecteur général Martinet, l'habile organisateur de l'infanterie française.

Les États-Généraux attendaient avec angoisse la réponse de Louis XIV aux députés expédiés de La Haie. Les envoyés des Provinces-Unies rejoignirent le roi, le 22 juin, à Keppel, près de Doësbourg. Ils ne furent pas même admis auprès de Louis XIV, qui refusa de s'expliquer sur ses prétentions, et ce ne fut pas le ministre des affaires étrangères, mais le ministre de la guerre, qui leur signifia, de la part du roi, qu'on n'entrerait point en conférence avec eux s'ils ne faisaient des offres nettement spécifiées et ne rapportaient des pleins pouvoirs. Un des députés, de Groot, retourna en toute hâte demander des instructions précises à La Haie.

Le 14 juin, une déclaration du roi promit aux villes de Hollande qui se rendraient volontairement, le maintien de tous leurs privilèges et franchises et le libre exercice de leur religion. Quant à
« ceux qui tâcheront de résister aux forces de Sa Majesté, par
« l'inondation de leurs digues ou autrement, ils seront *punis* avec
« la dernière rigueur... Et, lorsque les glaces ouvriront le pas-
« sage de tous côtés, Sa Majesté ne donnera aucun quartier aux
« habitants desdites villes, mais donnera ordre que leurs biens
« soient pillés et leurs maisons brûlées [1]. »

C'était l'âme impitoyable de Louvois qui se révélait dans ce langage, plus digne d'Attila que de Louis XIV. Depuis que l'ascendant de cet homme sinistre a grandi dans les conseils du roi, le génie de la barbarie commence à disputer au génie de la civilisation le cœur et l'esprit de Louis XIV. Louvois semble, auprès de Louis, un de ces esprits infernaux qui épient les mauvais penchants de l'âme pour les fomenter jusqu'à ce qu'ils envahissent

---

1. Basnage, *Annales des Provinces-Unies*, t. II, p. 234.

l'âme tout entière et la perdent. Il pousse violemment Louis sur la pente où le grand roi est entraîné par l'idolâtrie qu'il a de lui-même. La force brutale, seul principe de Louvois, et le droit divin de Louis aboutissent au même résultat : Louis arrive à *punir* comme un sacrilége non plus seulement la rébellion du sujet, mais la résistance de l'étranger.

Le 22 juin, Zutphen se rendit à Monsieur, frère du roi. La garnison, de trois à quatre mille hommes, resta prisonnière. Tout le cours de l'Yssel acheva d'être ainsi assuré aux Français. Le roi se mit en marche vers Utrecht, pendant que Turenne poursuivait le siége de Nimègue.

Les événements de la guerre n'étaient plus, toutefois, les seuls qui méritassent l'attention de l'histoire. Les mouvements intérieurs des cités hollandaises encore libres du joug étranger étaient de nature à réagir bientôt sur la guerre elle-même. La noblesse et la haute bourgeoisie étaient encore plongées dans la stupeur; mais le peuple, toujours plus prompt à se relever que les hautes classes, passait de l'épouvante à la fureur, saisi par cette espèce de fièvre ardente qui apporte aux situations désespérées le salut ou la mort; crises formidables où la foule, ivre de terreur et de colère, commence par chercher sous sa main quelque grande victime expiatoire à immoler sur l'autel du salut public! La victime, ici, n'était que trop bien désignée! L'homme qui avait été si longtemps le guide heureux de la république, l'objet de l'admiration et de la reconnaissance nationales, était devenu le point de mire de toutes les haines. Les vieilles sympathies de Jean de Witt pour l'alliance française, ses longs ménagements pour la France, les conseils de transaction qu'il donnait encore, maintenant qu'il ne fallait plus songer qu'à se défendre jusqu'à la mort, enfin la lâcheté des gouverneurs et des garnisons, qui se rendaient sans combattre, tout lui était imputé à crime et à trahison. Le fanatisme religieux s'unissait, pour l'accabler, aux passions politiques : les ministres gomaristes, comme autant de furies déchaînées, rugissaient contre lui dans toutes leurs chaires. Ils abhorraient en lui moins encore l'ancien allié de la France que l'élève de Descartes et l'ami de Spinoza : les héritiers des bourreaux de Barneweldt avaient soif du sang de Jean de Witt et soufflaient leur rage au peuple et à ce qui restait de l'armée. L'héroïque Corneille de Witt, qui venait de partager les périls et la gloire de Ruyter, ils l'accusaient de trahison, lui aussi !

Le 21 juin, une double tentative d'assassinat eut lieu, à La Haie et à Dordrecht, contre les deux frères Jean et Corneille ; Jean de Witt reçut quatre blessures, dont aucune n'était mortelle. Un des assassins fut arrêté et exécuté. Les trois autres se réfugièrent à l'armée du prince d'Orange, où ils trouvèrent un asile assuré contre les poursuites des États-Généraux.

Sur ces entrefaites, de Groot revint d'auprès du roi demander aux États des pleins pouvoirs afin de traiter (25 juin). De violents débats s'engagèrent d'abord dans les États Provinciaux de Hollande. Le corps des notables, suivant l'avis énoncé par de Groot, voulait qu'on sacrifiât une partie de la république pour sauver l'autre et qu'on fît de grandes offres à Louis XIV. Les députés des villes, pour la plupart, se rangèrent à la même résolution : quelques-uns se déclarèrent sans pouvoirs ; les représentants d'Amsterdam s'opposèrent énergiquement à ces timides conseils. On s'ajourna au lendemain soir, afin que les députés eussent le temps d'aller consulter leurs villes. La majorité du conseil d'Amsterdam parut d'abord disposée à faiblir, quand ses députés lui eurent reporté la délibération des États ; mais quelques-uns des conseillers de ville, soutenus par l'attitude menaçante du peuple, forcèrent leurs collègues d'être courageux par peur. On ruina les beaux jardins, les maisons de plaisance qui entouraient la cité et gênaient la défense ; tout ce qui restait d'écluses fermées fut ouvert ; on perça les digues ; on livra les riches campagnes des environs aux flots qui menacent éternellement cette terre plus basse que la mer, et les vaisseaux de guerre vinrent se ranger dans la plaine, comme des bastions flottants autour de la ville.

Le 26 juin, au soir, les députés d'Amsterdam et de cinq autres villes de la Nord-Hollande ne reparurent point aux États de la province. La majorité passa outre et donna pleins pouvoirs à de Groot, bien qu'aux termes de la constitution fédérative, il fallût, en pareil cas, l'unanimité des suffrages.

Le débat recommença, le 27, dans les États-Généraux. La Zélande, sauvée par la bataille navale de Sole-Bay, vota pour la résistance. Utrecht et Over-Yssel, dont le territoire était envahi, s'abstinrent; la Frise en fit autant. Les représentants de Groningue étaient absents et protestèrent un peu plus tard contre les négociations. La Hollande et la Gueldre, ou plutôt la Hollande seule, puisque la Gueldre, qui était sous la main de l'ennemi, n'avait plus véritablement qualité pour le vote, la Hollande accorda les pleins pouvoirs au nom des Sept-Provinces : le greffier des États-Généraux refusa sa signature.

De Groot repartit : il rejoignit, le 28, ses collègues demeurés près du roi et l'armée royale en marche de l'Yssel sur Utrecht. Le même jour, les plénipotentiaires des Provinces-Unies présentèrent leurs propositions à MM. de Louvois et de Pomponne.

Ces propositions, c'était l'offre de Maëstricht et de ses dépendances, et de tout le Brabant hollandais et la Flandre hollandaise, avec dix millions d'indemnité pour les frais de la guerre; les États offraient à la France la cession de tout ce qu'ils avaient jadis enlevé aux Espagnols en dehors des Sept-Provinces. La France aurait eu pour frontière du nord la basse Meuse et l'Escaut occidental, avec son débouché dans la mer du Nord : elle aurait tenu Maëstricht, Stevensweert, Bois-le-Duc, Breda, Wilhemstad, Berg-op-Zoom, Hulst, l'Écluse et Cadsand. La Belgique, séparée de la Hollande et enveloppée par les possessions françaises, eût été entièrement à la discrétion de la France, et la Hollande, affaiblie sans être détruite, impuissante à s'immiscer désormais dans les affaires du Continent, eût subsisté comme une force maritime que la France eût pu vraisemblablement tourner au besoin contre l'Angleterre. Les espérances les plus hardies des grands politiques français eussent été réalisées et dépassées, et la dangereuse guerre de Hollande, arrêtée à temps, eût été justifiée par ce magnifique résultat.

L'irrégularité des pouvoirs rapportés par de Groot était la seule objection raisonnable; mais, en fait, on ne peut douter que les opposants, provinces ou villes, ne se fussent résignés. Le chef du parti militaire, le prince d'Orange lui-même, n'osant compter sur la persévérance des populations, venait de demander aux États-Généraux la permission de ménager ses intérêts patrimoniaux et seigneuriaux auprès du roi.

Il était malheureusement écrit que cette guerre, œuvre de la passion bien plus que de la politique, conserverait ce fatal caractère de son origine.

Des deux héritiers de la pensée de Richelieu, Colbert était loin [1] et Lionne n'existait plus. Si Lionne eût vécu, il eût rappelé à Louis XIV les traditions de trois générations de grands hommes; il l'eût supplié à genoux d'accepter l'offre des Hollandais, de couronner l'édifice de la grandeur nationale. Mais il n'était plus, et son successeur, le probe et modeste Arnaud de Pomponne, s'il avait ses vues, n'avait pas son autorité. Pomponne presse le roi d'accepter. Louvois s'y oppose; Louvois, esprit puissant comme administrateur par d'étonnantes facultés spéciales, contestable en ce qui regarde l'entente de la grande guerre, nul dans la politique, où il n'apporte d'autre système qu'une violence sauvage et aveugle. Louis, qui a repoussé Colbert avec tant de jalousie dans ses fonctions particulières, laisse Louvois envahir à la place de Colbert; il a fermé l'oreille au bon ange; il écoute le démon qui enflamme, qui surexcite incessamment sa colère et son orgueil. Voici la réponse suggérée au roi par Louvois:

Louis accepte la cession du Brabant hollandais et de la Flandre hollandaise, moins l'Écluse et Cadsand, en échange desquels il demande Delfzyl avec les vingt paroisses environnantes. Delfzyl, place de la province de Groningue, commande le golfe que forme l'embouchure de l'Ems. Louis, ayant promis à l'Angleterre l'Écluse et Cadsand et ne voulant pas les livrer, demande Delfzyl pour le faire accepter à Charles II en échange. Il veut bien voir les Anglais sur l'Ems, mais il ne veut point, et certes avec raison, les établir sur l'Escaut.

Rien de mieux jusqu'ici; mais poursuivons:

Au lieu de Maëstricht et de ses dépendances, Louis veut Nimègue, le Betaw gueldrois et l'île de Bommel, avec toutes les forteresses qui en dépendent, c'est-à-dire le Lech pour frontière au lieu de la Basse-Meuse; il veut le cœur même de la Batavie, c'est-à-dire

---

1. Il écrivit, le 8 juillet, au roi une lettre sur les avantages à procurer au commerce français, soit que le roi conquît la Hollande, soit qu'il traitât avec elle. V. F. Joubleau, t. II, p. 421. — Colbert essaie de tirer parti de cette guerre; cela ne prouve pas qu'il l'ait souhaitée, comme le veut M. Joubleau.

qu'il aime mieux ce qui nuit à la Hollande que ce qui servirait à la France, Maëstricht étant plus avantageux à la France que la Batavie entière.

Il exige encore la ville de Grave, sur la Meuse, et le comté de Meurs, près du Rhin, domaines du prince d'Orange, les États-Généraux demeurant chargés d'indemniser le prince à leurs dépens. Les États céderont au roi leurs droits ou prétentions sur les places allemandes que le roi leur a enlevées et restitueront au comte d'Ost-Frise Emden et les forteresses qu'ils lui retiennent.

Si ces conditions ne conviennent point aux États, le roi veut bien leur offrir, comme alternative, de garder toutes ses conquêtes, y compris celles qu'il pourra encore faire jusqu'à l'acceptation du traité par les États, qui lui céderont en sus Maëstricht et ses dépendances, Bois-le-duc et sa mairie, pour lui, et le comté de Meurs pour l'électeur de Cologne. Le roi restituera les places allemandes, démantelées, aux princes dont elles dépendaient. Les États céderont à l'évêque de Münster quatre places du comté de Zutphen.

Quelle que soit l'alternative acceptée, les prohibitions et nouveaux droits établis par les États sur les marchandises françaises depuis 1662 seront révoqués, *sans réciprocité*. On fera, dans les trois mois, un traité de commerce avec règlement, pour les compagnies françaises et hollandaises d'Orient et d'Occident. « Les sujets de Sa Majesté iront et viendront librement de tous les pays et villes cédés dans tous les pays des États-Généraux, sans qu'ils soient sujets au paiement d'aucun droit ou imposition, ni visite de leurs marchandises, bagages, munitions de guerre, etc.

« A l'avenir il y aura, par toutes les Provinces-Unies, exercice public de la religion catholique ; en tous lieux où il y aura plus d'un temple, on en donnera un aux catholiques : il leur sera permis d'en bâtir un aux lieux où il n'y en aura point. Il sera accordé par les États-Généraux, ou par chaque province, un appointement raisonnable à un curé ou prêtre en chacune desdites églises. Les États restitueront à l'ordre de Malte les commanderies ayant appartenu à cet ordre dans les Provinces-Unies.

« Les États paieront au roi vingt millions d'indemnité.

« En reconnaissance de la paix que Sa Majesté veut bien leur accorder, les États lui feront présenter tous les ans, par une ambassade extraordinaire, une médaille d'or, laquelle contiendra qu'ils tiennent de Sa Majesté la conservation de la même liberté que les rois, ses prédécesseurs, ont aidé à leur acquérir.

« Quoique Sa Majesté déclare se contenter des conditions précédentes, à la charge qu'elles seront acceptées dans dix jours, lesdites conditions, n'auront toutefois aucune force, et Sa Majesté ne fera aucun traité de paix ni de trêve, que le roi d'Angleterre et les princes de l'empire, alliés avec Sa Majesté, ne soient satisfaits par les États [1]. »

Ce n'était rien moins que l'anéantissement de l'indépendance politique et territoriale, la ruine du commerce et le renversement de la constitution protestante des Provinces-Unies, par l'égalité qu'imposait entre protestants et catholiques ce même roi de France, qui, chez lui, ne se contentait pas de fortifier l'inégalité entre ces deux religions, mais arrachait chaque jour aux protestants quelque lambeau de leurs droits civils et religieux.

De Groot, consterné, retourna porter à La Haie cette accablante réponse, sans avoir rien osé décider avec ses collègues.

Il retrouva la Hollande en pleine révolution. L'exemple d'Amsterdam, les prédications enflammées des pasteurs calvinistes, les intrigues des partisans du prince d'Orange, la retraite forcée des frères de Witt, qui l'un blessé, l'autre malade, ne pouvaient plus diriger leur parti, avaient amené une explosion presque générale. En deux ou trois jours, du 28 au 30 juin, toutes les villes de Hollande furent soulevées contre le patriciat bourgeois qui formait leurs *régences* (conseils municipaux) : les magistrats municipaux furent contraints, la pique sur la gorge, de signer la révocation de l'édit qui avait aboli le stathoudérat à *perpétuité,* et le prince d'Orange fut proclamé tumultueusement stathouder de ville en ville.

Ce fut sur ces entrefaites que de Groot revint à La Haie et communiqua aux États les révoltantes exigences du conquérant. Les députés de quelques-unes des villes où éclatait en ce moment même la révolution, telles que Leyde, Delft et Dordrecht, opi-

1. Mignet, t. IV, p. 31-35. — Basnage, t. II, p. 245-248. — Pellisson, *Lettres hist.*, t. I, p. 254.

nèrent pour qu'on se soumît à l'étranger plutôt que de céder au mouvement populaire; mais les autres représentants des cités et le corps de la noblesse furent emportés par l'impulsion patriotique du député d'Amsterdam. Les États-Généraux ajournèrent la réponse qu'on leur demandait sous dix jours, ce qui équivalait à un refus, tandis que, partout autour d'eux, le peuple des villes sacrifiait à la défense nationale les plantureuses campagnes de la Hollande, en levant les écluses et en perçant les digues. Les populations rurales encombrèrent les cités : une partie des troupeaux périrent, surpris dans cette vaste confusion par la violente irruption de la mer. Le sacrifice était immense, mais il sauvait la Hollande en la rendant inabordable jusqu'aux grandes gelées.

Dans la nuit du 2 au 3 juillet, les États Provinciaux de Hollande abrogèrent à leur tour *l'édit perpétuel* contre le stathoudérat ; le 6, ils proclamèrent Guillaume III de Nassau stathouder, capitaine-général et amiral à vie, en réservant toutefois aux villes le choix de leurs magistrats. La province de Zélande, qui avait toujours été le foyer de l'orangisme, en avait déjà fait autant, et les États-Généraux, le 8 juillet, reconnurent Guillaume en qualité de stathouder de cinq provinces : les deux dernières provinces, Frise et Groningue, avaient leur stathouder à part, qu'elles avaient toujours conservé et qui était un Nassau d'une autre branche. Les États renvoyèrent les négociations au stathouder et aux députés accrédités près de lui à l'armée [1].

Jeune homme sans jeunesse, pâle et maladif, faible de corps, mais soutenu par l'énergie de ses nerfs, étranger aux défauts ainsi qu'aux généreuses qualités de son âge, prudent et dissimulé à vingt-deux ans comme s'il eût passé une longue vie dans les labyrinthes de la diplomatie, et pourtant aimant l'émotion du danger comme un joueur aime l'émotion du jeu, peu sensible aux pompes extérieures et aux arts de l'esprit et de l'imagination, cachant sous un extérieur glacé la flamme intérieure, ami sûr et implacable ennemi, inflexible dans ses ambitions, inébranlable dans ses desseins, calculateur habile à opérer sur des existences humaines comme sur des chiffres abstraits, dépourvu d'élan et

---

1. Basnage, t. II, p. 249, 251, 284, 289.

d'éclat, mais ne reculant, ne s'arrêtant et ne se lassant jamais, « n'ayant besoin ni d'espérer pour entreprendre, ni de réussir pour persévérer [1], » tel était le sombre et opiniâtre adversaire que la Hollande opposait au brillant roi de France.

Le nouveau stathouder fut inauguré sous de tristes auspices. Les Français continuaient leurs conquêtes. Grave, position importante sur la Meuse, venait d'être occupée sans résistance le 5 juillet; Nimègue capitula le 9 devant Turenne, après trois semaines de bombardement, puis de siége en règle; c'était la seule place qui eût été un peu sérieusement défendue : quatre mille soldats y demeurèrent prisonniers. Les Français avaient conquis, depuis six semaines, quatre cents pièces de canon.

La Hollande avait été fortement encouragée à la résistance par les promesses des agents espagnols, qui annonçaient la prochaine déclaration de l'Espagne et de l'empire contre la France; elle fondait aussi de vives espérances sur les liens de famille qui unissaient le prince d'Orange aux maisons de Stuart et de Brandebourg; elle comptait que l'avénement de Guillaume au pouvoir adoucirait Charles II et réchaufferait le zèle du grand électeur. L'accueil fait par le roi d'Angleterre aux envoyés des Provinces-Unies n'avait pourtant pas été encourageant : il les tenait comme en chartre privée à Hamptoncourt, pour les empêcher de communiquer avec les hommes influents du parti presbytérien et de la cité de Londres. Malgré ces mauvais présages, quand la Hollande sut que Charles expédiait sur le théâtre de la guerre ses deux principaux ministres, Buckingham et Arlington, elle se flatta que les ministres anglais ramèneraient le roi de France à la modération et rendraient la paix possible, ou sinon se sépareraient de Louis XIV. Buckingham et Arlington, arrivés à La Haie dans les premiers jours de juillet, y furent salués par des acclamations que les instructions dont ils étaient chargés ne méritaient guère. Ils allèrent conférer avec le prince d'Orange dans son camp de Bodegrave, entre Leyde et les avant-postes français, et le trouvèrent résolu de ne plus céder que Maëstricht et les villes du Rhin. De là, ils passèrent au camp de Louis XIV, à Zeist, près d'Utrecht (6 juillet).

1. Mignet, t. IV, p. 75.

Louis s'était arrêté, depuis le 30 juin, dans ce poste, sans avoir essayé à temps d'enfoncer les petits corps de troupes répartis sur quelques points décisifs par le prince d'Orange. Maintenant, il était trop tard : l'inondation arrêtait l'armée royale, qui, maîtresse de toute la terre ferme, voyait de loin les cités hollandaises s'élever comme des îles au milieu des flots.

Les ministres anglais, loin de favoriser la Hollande, adhérèrent aux exigences de Louis XIV, à condition que celui-ci ratifiât les prétentions de Charles II. Une tentative fut faite pour gagner le prince d'Orange lui-même. Trois agents anglais allèrent, du consentement de Louis XIV, offrir à Guillaume la souveraineté héréditaire des débris de la république. Guillaume répondit froidement qu'on se présentait vingt-quatre heures trop tard; qu'il venait de prêter serment la veille aux États-Généraux en qualité de stathouder (11 juillet). Le prince d'Orange portait son ambition plus haut que ne l'avaient pensé les tentateurs : il voulait commander à la Neerlande entière et non ramasser dans la fange un lambeau de sa patrie, jeté à son avidité par la main dédaigneuse du conquérant.

Dès le 8 juillet, Louis XIV, reconnaissant l'impossibilité de pénétrer plus avant dans la province de Hollande jusqu'aux gelées, avait résolu de repasser le Rhin et la Meuse. Il décampa de Zeist le 10, après avoir confié au duc de Luxembourg le gouvernement de la province d'Utrecht avec un petit corps d'armée et installé un archevêque catholique dans la cathédrale d'Utrecht. Il passa le Lech à Arnheim, le Wahal à Nimègue, la Meuse à Grave, et menaça Bois-le-Duc. Le 16 juillet, il signa, avec les plénipotentiaires de Charles II, l'engagement réciproque de ne faire paix ni trêve que d'un commun accord et de ne pas se départir des conditions arrêtées en commun. C'était, pour l'Angleterre, la souveraineté du pavillon imposée aux Hollandais dans toute *la mer britannique* jusque sur leurs côtes; une redevance annuelle pour la pêche du hareng sur les côtes britanniques; un règlement pour le commerce de l'Inde à l'avantage de l'Angleterre; une indemnité d'un million sterling (13 millions); la remise de l'Écluse et des îles de Cadsand, de Walcheren, de Goorée, de Woorne, *en garantie;* enfin, la souveraineté ou le stathoudérat héréditaire du reste de la république pour le prince d'Orange, qu'on s'obstinait à protéger malgré lui [1].

Signification fut adressée de ce nouveau traité au prince d'Orange et aux États. La réponse ne se fit pas attendre. Le 21 juillet, les États, d'accord avec le stathouder, déclarèrent qu'ils n'accepteraient jamais des conditions « si dures et si insupportables », et qu'ils attendraient le succès qu'il plairait à Dieu de leur donner.

La Hollande et la Zélande avaient été, sur ces entrefaites, exposées à un nouveau péril. Inabordables par terre, elles ne l'étaient point par mer. Les désastres continentaux et les commotions intérieures de la république n'avaient pas permis de réparer, avec la facilité ordinaire, les pertes éprouvées par l'armée navale dans la bataille de Solebay : la flotte anglo-française, au contraire, s'était réparée et renforcée à loisir; elle remit à la voile le 8 juillet et parut bientôt en vue des côtes de Zélande. Elle comptait cent soixante voiles; Ruyter n'en avait que la moitié à lui opposer, tout compris, vaisseaux, frégates et brûlots. Il ne se laissa point attirer en haute mer et se contenta de couvrir les bouches de l'Escaut et de la Meuse. Les alliés ne l'attaquèrent point, mais firent voile vers le Nord et s'apprêtèrent à opérer une descente au Texel. Maîtres du Texel, la plus importante des îles qui forment barre entre la mer d'Allemagne et le Zuyderzée, les alliés eussent tenu le Zuyderzée et Amsterdam en état de blocus et ruiné le commerce de la Hollande. Ils attendaient le flux pour débarquer; mais le reflux, ce jour-là, dura douze heures au lieu de six, par suite de vents violents et variables qui avaient poussé de la haute mer dans le Zuyderzée et qui repoussaient maintenant du Zuyderzée dans la mer un volume d'eau énorme (14 juillet). Des circonstances qu'on n'explique pas empêchèrent de renouveler le lendemain la tentative de débarquement, puis une tempête de quatre jours battit et dispersa la flotte alliée : les éléments, cette fois, combattirent pour la cause de la justice [2].

La mer fut complétement favorable aux Provinces-Unies : la

---

1. Mignet, t. IV, p. 48.
2. *Vie de Ruyter*, t. II, p. 63. — Basnage, *Annal.*, t. II, p. 262-264.

riche flotte marchande des Indes échappa aux alliés et arriva saine et sauve au port.

Le départ de Louis XIV fit connaître à la Hollande que ses ennemis se résignaient à la laisser respirer quelques mois. Le roi avait eu la pensée d'assiéger Bois-le-Duc : les places du Brabant Hollandais avaient suivi l'exemple de la Hollande et lâché leurs écluses; mais, les eaux douces étant fort basses partout et les villes brabançonnes n'ayant pas la ressource de la mer, l'obstacle ne paraissait pas insurmontable. Les grandes pluies qui succédèrent tout à coup à une longue sécheresse vinrent au secours de Bois-le-Duc. Le roi se contenta de faire enlever par Turenne le fort de Crèvecœur, qui commande les communications de Bois-le-Duc avec l'île de Bommel, puis la ville de Bommel, qui commande toute l'île (19-22 juillet), et il repartit pour Saint-Germain le 26 juillet en passant par les terres de Liége. Turenne garda le commandement de l'armée, réduite à un très-faible effectif par les garnisons dont on avait couvert le pays conquis. Louis XIV avait ordonné de ne plus rien entreprendre [1].

Cette espèce de trêve, accordée forcément à la Hollande, n'apaisa pas les passions soulevées parmi ce peuple contre les prétendus complices de l'invasion française. Des intérêts puissants et implacables entretenaient habilement la fermentation, facile à fomenter dans ces masses refoulées entre les murs des grandes villes par les flots et par l'ennemi, et tourmentées par la misère et par le typhus. La faiblesse témoignée par les amis des de Witt, ou du moins par la plupart d'entre eux, en présence du conquérant, devait être fatale aux deux frères. Les partis ne changent pas leurs allures du jour au lendemain, et le patriciat bourgeois des Provinces-Unies, habitué à compter sur l'alliance, ou tout au moins sur la paix avec la France, ne pouvait se remettre sur-le-champ du coup qui avait écrasé sa politique : il expiait aussi en ce moment l'esprit aristocratique qui l'avait séparé de la foule. Les de Witt cependant eussent pu se relever, si l'on eût laissé à l'opinion le temps de se calmer et de s'éclairer. Le parti orangiste se hâta de frapper un grand coup. Le 24 juillet, sur la dénonciation d'un

---

1. *OEuvres* de Louis XIV, t. III, p. 221-241. — *Hist. de Turenne*, t. I, p. 465.

repris de justice, Corneille de Witt, qui était, des deux frères, l'homme de main et d'exécution, fut arrêté comme accusé d'avoir comploté la mort du prince d'Orange, et rien ne fut épargné pour accréditer cette absurde et odieuse calomnie. Le héros de la Hollande, Ruyter, couvrit de sa noble caution ce magistrat qui avait partagé ses périls et sa gloire : il ne réussit qu'à compromettre sa propre popularité. Jean de Witt résigna entre les mains des États-Généraux ses fonctions de grand pensionnaire (4 août). Rien ne put désarmer la fureur des orangistes. La haute cour de Hollande, réduite à trois juges par la retraite ou l'abstention des autres, fit mettre à la question Corneille de Witt pour le forcer d'avouer *son crime*. Aussi intrépide dans les tortures que sur le pont du vaisseau de Ruyter, Corneille récita au milieu des tourments l'ode fameuse d'Horace :

Justum et tenacem propositi virum...

Les juges, épouvantés de son courage, n'osèrent consommer l'assassinat juridique qu'on leur imposait : ils déclarèrent Corneille déchu de ses charges et dignités et banni à perpétuité.

Ce n'était point assez pour les impitoyables persécuteurs des de Witt : les deux frères, comme autrefois Grotius, eussent pu attendre en sûreté des temps meilleurs. Les orangistes, voyant l'arme de la loi se briser dans leurs mains, invoquèrent la trahison et la force tout ensemble pour frapper les deux victimes à la fois. Jean reçut avis que Corneille, près d'être remis en liberté, voulait l'entretenir dans sa prison. « Ah! mon frère! s'écria Corneille en le voyant entrer, que venez-vous faire ici? — Quoi! ne m'avez-vous pas mandé? — Non! — Alors, reprit Jean avec calme, nous sommes perdus! »

C'étaient en effet leurs ennemis qui avaient attiré Jean dans le piége. En ce moment même, le dénonciateur de Corneille parcourait les rues de La Haie, en appelant le peuple aux armes pour empêcher les *deux traîtres* d'échapper à leur *châtiment*. Jean voulut sortir : les gardiens mêmes lui barrèrent le passage. La prison fut bientôt assiégée par une horde furieuse. Les États de Hollande écrivirent au prince d'Orange, qui était au camp d'Alfen, pour lui demander des troupes. Le prince n'envoya rien. La petite garnison de La Haie contint les séditieux durant la plus grande partie du jour ; mais, vers quatre heures, les magistrats intimidés eurent la lâcheté de faire retirer la garnison. La prison fut aussitôt forcée par la milice bourgeoise elle-même : les deux frères en furent arrachés tout sanglants et furent massacrés à quelques pas de la porte : « Voilà *l'édit perpétuel*[1] à terre! » cria l'un des assassins en abattant Jean de Witt d'un coup de pistolet. Ce mot disait assez d'où partaient les coups. Les deux cadavres, hideusement mutilés, furent accrochés au gibet de la ville, en présence du pasteur gomariste *Simonides* (Simonsson), qui présidait, comme un prêtre de Moloch, à ces scènes d'horreur (20 août).

Ainsi finit un des plus grands hommes d'état du XVIIe siècle, pour s'être trop fié à la raison des hommes et n'avoir point assez tenu compte de leurs passions; erreur fatale chez un politique! La guerre à outrance faite par Louis XIV aux Provinces-Unies avait amené la réaction forcenée sous laquelle succombait Jean de Witt. Louis devait avoir à se repentir de la cruelle vengeance qu'il tirait des obstacles jetés par de Witt en travers de ses desseins; il n'y devait gagner que de substituer en Hollande à un allié douteux un irréconciliable ennemi, et au parti français le parti anglais.

Les États de Hollande requirent le stathouder de poursuivre les meurtriers : les bourgeois de La Haie, en corps, protestèrent contre toutes poursuites. Le stathouder fit donner une amnistie. Les assassins ne furent pas seulement impunis, mais récompensés : le dénonciateur de Corneille de Witt eut une place et une pension; le principal chef de l'émeute fut nommé bailli de La Haie. Les États, délibérant sous les piques, accordèrent au stathouder le droit de déposer et de remplacer les magistrats des villes. Tous les amis des deux frères, qui occupaient les régences des cités, s'enfuirent ou furent destitués : on les traita comme complices des officiers qui avaient mal défendu les places assiégées, et dont plusieurs furent décapités ou pendus. Guillaume n'avait pas voulu ramasser la souveraineté de la Hollande dans la boue : il ramassa la dictature dans le sang[2].

1. L'édit contre le stathoudérat.
2. Basnage, t. II, p. 320. — V. dans Mignet, t. IV, p. 71, un beau morceau sur la

Cette puissance, acquise par des moyens si funestes, il en fit du moins un énergique usage. Les armes qui venaient de frapper si cruellement l'ordre et la liberté surent défendre l'indépendance nationale. Guillaume de Nassau se trouva au niveau de sa situation, comme Louis XIV, au même âge, s'était trouvé au niveau de la sienne : il mit activement à profit le répit que lui assurait l'inondation pour se préparer des moyens de défense à l'intérieur et des diversions secourables au dehors. Une faute grossière de Louvois aida grandement le stathouder à réorganiser l'armée hollandaise. Les Français avaient entre leurs mains près de vingt-cinq mille prisonniers : Turenne et Condé avaient conseillé au roi de les envoyer travailler au canal de Languedoc ; Louvois, par bravade et mépris de l'ennemi, les fit rendre à quatre écus par tête [1].

Le mois d'août se passa sans autre événement militaire que la levée du siége de Groningue par les troupes de Cologne et de Münster, qui avaient pris Koëvorden et dévasté toute cette contrée. La courageuse et heureuse résistance de Groningue parut marquer à la Hollande le terme d'une série de honteux revers. De grandes péripéties cependant se préparaient, et l'Europe était tout entière en rumeur.

Les coups de tonnerre frappés par Louis XIV avaient d'abord étourdi tout le monde : on crut que la Hollande serait anéantie avant que personne eût le temps de remuer. Quand on vit l'invasion incomplète et suspendue, les adversaires de la France reprirent espoir. Un seul cabinet, celui du Vatican, avait appris avec joie les succès de Louis XIV : le pape Clément IX, par un bref du 23 août, félicita le roi d'avoir renversé une puissance « élevée sur les ruines d'un pouvoir légitime (le pouvoir de

---

fin des de Witt. — Guillaume se défendit toujours d'avoir *ordonné* la mort des de Witt ; mais lui et les siens avaient fait tout ce qu'il fallait pour rendre la catastrophe inévitable. Voy. un passage curieux des *Mémoires* de Gourville. Gourville, esprit original et hardi, habile à faire accepter des grands ses familiarités les plus hasardeuses, questionna un jour le stathouder sur ce point. « Il me répondit qu'il pouvait m'assurer en toute vérité qu'il n'avoit donné aucun ordre pour le faire tuer... mais qu'ayant appris sa mort sans y avoir contribué, il n'avoit pas laissé de s'en sentir un peu soulagé. » Collect. Michaud, 3ᵉ série, t. V, p. 575.

1. *Hist. de Turenne*, t. Iᵉʳ, p. 462. — Desormeaux, *Hist. de Condé*, t. IV.

Philippe II), et nuisible aux intérêts de la royauté[1]. » Presque partout ailleurs, sans distinction de principes politiques ou religieux, il y eut, à des degrés divers, anxiété, irritation ou terreur. L'Espagne s'efforçait d'ameuter l'Europe en faveur de ses anciens sujets rebelles qui l'avaient récemment protégée et qu'elle voulait défendre à son tour; et pourtant elle hésitait elle-même à quitter le rôle de simple auxiliaire des Hollandais pour celui d'ennemie déclarée de la France. L'électeur de Brandebourg seconda la diplomatie espagnole avec la plus grande énergie. On a vu que ce prince avait signé un traité défensif avec la Hollande, le 26 avril; néanmoins, il ne voulait pas risquer de s'engager seul contre la puissance colossale du roi de France, et quelques difficultés dans la ratification de son traité lui servirent de prétexte pour ne point agir sur-le-champ par les armes. Il agit du moins par les négociations à Vienne et dans tout l'empire, avec autant de vigueur que de persévérance. Le gouvernement autrichien, aussi faible dans ses relations internationales qu'il était fourbe et cruel en Hongrie, se montra d'abord très-incertain : Léopold et ses ministres s'étaient imaginé que chaque place hollandaise arrêterait les Français comme jadis elle avait arrêté les Espagnols. Maintenant ils étaient tout à fait désorientés et ne savaient plus s'ils devaient observer ou rompre leurs secrets engagements avec Louis XIV. L'or de France, qui savait le chemin du conseil impérial, et les exhortations passionnées de l'Espagne et de Brandebourg, faisaient tour à tour pencher la balance.

La tradition autrichienne l'emporta. Un pacte défensif fut signé à Berlin, le 22 juin, entre l'électeur de Brandebourg et un ministre de l'empereur. Le but avoué du traité était de maintenir la paix et le *statu quo* de l'empire par une alliance décennale où l'on ferait entrer la plupart des princes allemands et le roi de Danemark. Par les articles secrets, les deux parties contractantes s'engageaient à réunir sans délai chacune douze mille soldats. C'était violer l'engagement de neutralité conclu avec Louis XIV en novembre 1671, puisque le *statu quo* de l'empire comprenait l'occupation des villes du Bas-Rhin par les Hollandais; c'était aussi

---

1. E. Sue, *Hist. de la marine française*, t. II, p. 291, d'après les archives des affaires étrangères.

rompre implicitement le grand traité éventuel de janvier 1668, auquel Louis XIV avait fait de si importants sacrifices.

En ce moment même (25 juin), Louis écrivait à Léopold qu'il n'occuperait que momentanément les places de l'empire enlevées aux Provinces-Unies ; Léopold, cependant, ratifia, le 13 juillet, le traité du 23 juin, en même temps qu'il protestait au roi de ses bonnes intentions. L'électeur de Brandebourg manda au nouveau stathouder de ne pas céder, parce qu'il allait être secouru. Le stathouder et les États-Généraux repoussèrent en effet, comme on l'a vu, les prétentions de la France et de l'Angleterre (22 juillet) et, trois jours après, un agent impérial, le baron de l'Isola, aventurier diplomatique, fameux par ses pamphlets passionnés et par ses intrigues infatigables contre la France, signa avec les États-Généraux un nouveau traité qui engageait Léopold, non plus seulement à maintenir le *statu quo* de l'empire, mais à joindre ses troupes et celles de Brandebourg à l'armée hollandaise pour la défense des Provinces-Unies, moyennant un fort subside payé par la république.

Louis XIV demanda des explications à l'électeur de Brandebourg sur les armements qu'il faisait dans la Westphalie et la Basse-Saxe (24 juillet). L'électeur répondit évasivement. Le roi promit formellement à la diète germanique de ne point garder les places de l'empire qu'il occupait (8 août) et signifia à l'empereur et à Brandebourg que, si l'on persistait à armer dans le voisinage de Münster et de Cologne, il enverrait M. de Turenne au delà du Rhin au secours de ses alliés.

Dans les derniers jours d'août, l'électeur de Brandebourg et le comte de Montecuculli, général de l'empereur, se mirent chacun à la tête d'un corps d'armée. Louis expédia, de son côté, à Turenne, l'ordre de passer le Rhin, et pour protéger les alliés allemands et pour barrer aux ennemis la route de la Hollande : il fit part à la diète des motifs de cette détermination. Turenne ne put réunir que quinze à seize mille soldats, en laissant les places garnies et deux petits corps d'armée aux ducs de Luxembourg et de Duras, établis, l'un à Utrecht, l'autre sur la Meuse, à Maseyck. C'était là l'évidente condamnation du système de dissémination suggéré au roi par Louvois. Turenne passa le Rhin à Wesel, le

10 septembre, et, renforcé par quelques troupes de Cologne et de Münster, il se porta entre la Lippe et la Roër, en évitant d'engager le premier les hostilités. Pendant ce temps, Condé, guéri de sa blessure, partit pour l'Alsace, où il forma une armée de dix-huit mille hommes avec les garnisons d'Alsace et de Lorraine, et s'apprêta à repousser les diversions que l'on pourrait tenter contre ces deux provinces.

Brandebourg et Montecuculli avaient opéré leur jonction le 12 septembre, à Halberstadt, et se trouvaient à la tête, non pas de vingt-quatre mille hommes, comme l'annonçait le traité du 23 juin, mais de plus de quarante mille. Leurs forces étaient presque doubles de celles de Turenne. Ils n'en montrèrent pas plus de décision ni d'activité. Ce ne fut pas faute d'énergie chez *le grand électeur,* ni faute de science militaire chez le général autrichien; mais la cour de Vienne était retombée dans ses incertitudes; la Hongrie recommençait à se soulever par suite des atteintes portées à sa constitution politique et des persécutions renouvelées contre les protestants; les Turcs, repris d'une ardeur conquérante, envahissaient la Pologne méridionale, et l'empereur, hésitant à se compromettre du côté du Rhin, avait défendu à Montecuculli d'attaquer les Français.

Les Austro-Brandebourgeois s'étaient d'abord dirigés de la Basse-Saxe par la Thuringe vers les électorats rhénans, afin de venir traverser le Rhin à Coblentz, qu'ils comptaient se faire livrer par l'électeur de Trèves. Turenne déjoua ce projet en se portant à Nassau, sur la Lahn. Les deux alliés reculèrent jusqu'à Friedberg et y restèrent trois semaines dans l'inaction. Enfin l'empereur se décida à ratifier le traité de La Haie (17 octobre), et l'armée austro-brandebourgeoise, encore renforcée par le vieux duc de Lorraine, qui avait levé quelques milliers d'aventuriers, se remit en mouvement pour tâcher de franchir le Rhin et de joindre le prince d'Orange. Turenne se replia sur la rive gauche du fleuve et empêcha l'ennemi de passer à Coblentz, puis à Mayence. Les électeurs de Trèves et de Mayence et le Palatin n'osèrent se déclarer en faveur des impériaux ni livrer les ponts du Rhin. Les généraux alliés remontèrent le Rhin à marches forcées vers Strasbourg, dans l'espoir que cette ville impériale leur livrerait le passage; mais Condé gardait l'Alsace : averti par les courriers de Turenne, il envoya des barques chargées d'artifices sous le pont de Strasbourg et le fit sauter. Brandebourg et Montecuculli retournèrent sur Mayence et parvinrent enfin à passer sur un pont de bateaux auprès de cette ville (23 novembre). Ils prirent la route de Trèves pour gagner la vallée de la Meuse et le pays de Liége, où le grand électeur avait donné rendez-vous au prince d'Orange. Turenne accourut au-devant d'eux, les arrêta à l'entrée des Ardennes, vers Wittlich et Prüm, et les empêcha de déboucher du bassin de la Moselle dans celui de la Meuse.

Le stathouder, cependant, avait fait de grands efforts pour se mettre en mesure de joindre ses alliés. Après le départ de Turenne pour l'Allemagne, il avait d'abord repris l'offensive contre Luxembourg, sur les confins des provinces de Hollande et d'Utrecht. Il avait échoué tour à tour devant Naërden et Woërden : Luxembourg lui avait fait lever le siége de cette dernière place, après un combat acharné (12 octobre). Des renforts considérables étaient bientôt venus lui rendre la possibilité de nouvelles entreprises. Le cabinet de Madrid, excité par le gouverneur de Belgique Monterey, avait fourni dix mille auxiliaires à Guillaume. Ce secours, réuni à des levées allemandes et suisses, avait porté l'armée active des Provinces-Unies à trente-quatre mille combattants. Guillaume s'avança par le Brabant hollandais vers le pays de Liége et rejeta de l'autre côté de la Meuse le corps français de Duras, trop faible pour lui tenir tête; mais, au moment où il s'apprêtait à pénétrer dans les Ardennes, il apprit la retraite des Austro-Brandebourgeois. Le grand électeur avait inutilement proposé au général autrichien de forcer le passage : Montecuculli avait défense de livrer bataille. L'armée allemande, harassée par la fatigue et les maladies et ne pouvant se maintenir dans un pays difficile et ruiné, repassa le Rhin vers la mi-décembre.

Ce fut un cruel mécompte pour Guillaume, qui avait espéré qu'une masse de quatre-vingt mille hommes allait se jeter entre la France et ses nouvelles conquêtes et délivrer les Provinces-Unies d'un seul coup. Il tenta de se dédommager par une pointe hardie. Il remonta rapidement la Meuse, traversa le territoire espagnol de Namur et mit le siége devant Charleroi, « la porte par laquelle la France communiquait avec ses garnisons de la Meuse et du Rhin [1]. » Maître de cette *porte,* il espérait rejeter la guerre dans la France même (15 décembre).

L'agitation fut grande à Saint-Germain quand on reçut avis de cette audacieuse attaque. Louis, irrité et presque humilié d'avoir à se défendre, prit avec une extrême célérité les mesures nécessaires pour sauver ou reprendre Charleroi. Il s'apprêtait à marcher en personne vers le Hainaut. Cela ne fut pas nécessaire : le gouverneur de Charleroi, Du Montal, absent le jour de l'investissement, avait traversé héroïquement les quartiers ennemis avec une poignée de cavaliers pour rentrer dans sa place, et la défendait avec une valeur digne d'un tel début; les équipages de siège promis par les Espagnols au stathouder n'arrivaient pas; la gelée venait de prendre avec force et faisait craindre à Guillaume que la Hollande ne courût des dangers en son absence; il leva le siège le 22 décembre et s'en retourna sans autre avantage que d'avoir cruellement saccagé et démantelé Binch.

Avant que le stathouder eût pu regagner la Hollande, l'actif et intrépide Luxembourg essaya de mettre son absence à profit. Le 28 décembre, Luxembourg partit de Woërden avec huit mille fantassins d'élite et marcha droit à La Haie pour enlever ou disperser les États-Généraux. La Hollande, qui était tout à l'heure une mer, n'était plus maintenant qu'une plaine de glace. Heureusement pour elle, le dégel commença le jour même du départ de Luxembourg. Le général français poussa néanmoins jusqu'à Bodegrave et à Swammerdam; mais le dégel se prononçait de plus en plus; le prince d'Orange revenait à grands pas et pouvait surprendre la petite armée française sur des digues étroites, au milieu de l'inondation renouvelée. Luxembourg dut se résigner à opérer une retraite devenue déjà très-périlleuse. La lâcheté ou l'incapacité d'un officier hollandais, qui abandonna une position facile à défendre avec une poignée d'hommes contre une armée, sauva probablement la colonne française, qui regagna Woërden et Utrecht sans aucune perte (31 décembre).

La faiblesse de la colonne expéditionnaire n'eût probablement

---

1. Mignet, t. IV, p. 124.

pas permis un succès complet. Toutefois, il est douteux que le prince d'Orange, qui arriva le 30 à Alfen, eût réussi à sauver La Haie sans le dégel [1].

Cette expédition fut malheureusement déshonorée par de déplorables excès. Les soldats se vengèrent de leur désappointement sur des populations inoffensives : ils ne se contentèrent pas de brûler, d'après l'ordre de Luxembourg, les bourgs de Bodegrave et de Swammerdam; ils y commirent des cruautés que les amis du prince d'Orange ne manquèrent pas de grossir par mille détails effroyables, afin d'exaspérer la Hollande. Les soldats français n'avaient fait qu'exécuter à la lettre les menaces contenues dans l'odieuse déclaration royale du 24 juin. Ce fut là le commencement d'une série de violences sauvages dictées aux armées par un ministre qui avait érigé l'inhumanité en système et qui devait renouveler les horreurs de la guerre de Trente Ans parmi l'adoucissement des mœurs et les progrès de la civilisation. Grâce à Louvois, le nom français devait être bientôt détesté des peuples qui adoptaient les mœurs et les arts de la France [2] !

En ce moment même, les provinces et les villes conquises étaient écrasées d'exactions et brutalement ruinées, sans aucun égard pour les capitulations jurées. Colbert, Pomponne, les généraux, les intendants mêmes, intercédèrent en vain pour ces malheureuses populations : Louvois l'emporta, et l'orgueil offensé fit accepter à Louis XIV, naturellement humain et juste, la solidarité des actes de son impitoyable ministre [2].

Les échecs du prince d'Orange furent compensés, sur ces entrefaites, par la reprise de Koëvorden à la faveur des glaces (30 décembre). Les provinces de Groningue et de Frise furent ainsi tout à fait débarrassées de l'invasion. L'évêque de Münster et l'électeur de Cologne, attaqués sur leur propre territoire, ne pouvaient défendre leurs conquêtes de Hollande. L'armée austro-brandebourgeoise, après avoir repassé le Rhin, était retombée sur eux et ravageait leurs domaines. Turenne marcha au secours par Wesel. Louvois lui envoya l'ordre, au nom du roi, de ne pas franchir le

---

1. Basnage, t. II, p. 340. — La Neuville, t. IV, p. 242-251. — La Hode, t. III, p. 440. — *Lettres milit.*, t. II, p. 1.
2. *Lettres milit.*, t. I, p. 124-368. — Basnage, t. II, p. 347.

Rhin et de ramener ses troupes en quartiers d'hiver sur le haut Rhin. Turenne jugea que, s'il obéissait, les deux princes allemands feraient leur soumission à l'empereur et abandonneraient l'alliance française. Il prit sur lui de passer outre et de se montrer sur la rive droite, pour rassurer les alliés. Louis XIV, éclairé par ses remontrances, lui donna raison, et Turenne, se portant en avant, ne se contenta plus de protéger les alliés. La grande armée ennemie était tellement ruinée, qu'il ne lui restait guère plus de vingt mille hommes valides; la petite armée de Turenne, au contraire, avait été si bien ménagée par ce grand capitaine, « le père du soldat », qu'elle était presque intacte. Turenne chassa les ennemis, non-seulement des terres de Cologne et de Münster, mais des comtés de La Mark et de Ravensperg, domaines westphaliens de l'électeur de Brandebourg. Le Wallon Bournonville, qui avait remplacé Montecuculli malade dans le commandement des troupes impériales, refusa, comme lui, le combat. Les ennemis reculèrent en désordre au delà du Weser. Les Autrichiens et les Brandebourgeois, ne pouvant prendre leurs quartiers dans la Basse-Saxe, dont les princes de Brunswick maintenaient la neutralité armée, se retirèrent, les premiers en Franconie, les autres à Halberstadt, et les Français restèrent complétement maîtres de la Westphalie (1er mars 1673) [1].

L'électeur de Brandebourg avait complétement échoué dans ses projets. Découragé, irrité contre la cour de Vienne, qui avait manqué à ses engagements envers Louis XIV sans rien faire de sérieux pour les adversaires de Louis, mécontent de l'Espagne, qui ne s'était pas décidée à déclarer ouvertement la guerre à la France, n'espérant aucun secours immédiat des autres princes allemands, qui avaient beaucoup négocié et point agi, il demanda la paix. Elle lui fut accordée à l'instant, et aux conditions les plus avantageuses, acte de saine politique par lequel Louis XIV commençait à tâcher de réparer les fautes de l'année précédente. L'électeur se retira de l'alliance hollandaise et promit de tenir ses troupes au-delà du Weser. Louis s'engagea à rendre à l'électeur toutes les places qu'il lui avait enlevées, soit directement, soit indirectement

---

1. *Hist. de Turenne*, t. I, p. 472. — *Lettres milit.*, t. I. — La Hode, *Hist. de Louis XIV*, t. III, p. 490.

en les prenant aux Hollandais ; il gardait seulement Wesel et Recs jusqu'à la paix avec les Provinces-Unies. Il accordait à l'électeur une gratification de 800,000 livres (10 avril 1673)[1].

La situation générale paraissait très-bonne pour Louis XIV au printemps de 1673. L'effort tenté pour soulever la masse de l'Allemagne en faveur de la Hollande avait manqué, quoique la Suède n'eût pas tenu ses promesses et n'eût point opéré de diversion contre l'électeur de Brandebourg. Plusieurs princes de l'empire étaient même engagés avec Louis XIV : le duc de Hanovre avait promis de s'unir à la France et à la Suède, si la Suède se déclarait ; l'électeur de Bavière et son parent le duc de Neubourg et de Juliers inclinaient tout à fait vers la France. En Angleterre, le parlement, prorogé d'abord au 8 octobre 1672, puis jusqu'en février 1673, venait de s'ouvrir. Charles II avait manifesté les sentiments les plus hostiles aux Provinces-Unies, par conséquent, les plus favorables à l'alliance française, et son chancelier, Shaftesbury, avait débuté par une harangue fulminante où il déclarait qu'il fallait détruire la nouvelle Carthage : *Delenda est Carthago!* Le parlement, dont on avait si fort redouté l'opposition, accorda pour la guerre un subside de 1,260,000 livres sterling (plus de 16,000,000). Les souffrances intérieures de la Hollande, plus encore que les menaces du dehors, semblaient devoir la réduire à capituler. Une partie du territoire neerlandais était ruinée par l'occupation étrangère, l'autre par l'inondation, qui se retrouvait, en 1673 comme en 1672, la seule protection efficace. Déplorable ressource, qui ne détruisait pas seulement la fécondité de la terre, mais la santé et la vie des populations, décimées par les miasmes d'une atmosphère humide et fiévreuse.

Louis XIV s'était préparé à soutenir puissamment ses avantages : il avait sous les drapeaux quatre-vingt-seize mille fantassins et vingt-huit mille cavaliers ou dragons, corps léger, également propre à combattre à pied et à cheval, et dont on commençait à faire grand usage[2]. Il s'était assuré de moyens financiers beaucoup plus considérables encore pour la seconde campagne que pour la première, en pesant, il est vrai, bien durement sur la

---

1. Mignet, t. IV, p. 154.
2. *Lettres milit.*, t. I, p. 145.

France. La position de Colbert, forcé de trouver de l'argent à tout prix, devenait de plus en plus pénible. Un des épisodes les plus saisissants de sa lutte avec Louvois est raconté avec une simplicité poignante dans les Mémoires de son commis Charles Perrault.

« La guerre s'étant allumée plus que jamais, on fit entendre au roi (apparemment Le Tellier et Louvois) que, pour la soutenir avec succès, il fallait assigner un fonds à l'extraordinaire des guerres, de 60 millions par an » ; c'est-à-dire augmenter de 26 à 27 millions le fonds de la guerre, qui avait été, en 1672, de 45 millions, dont 33 pour ce qu'on nommait l'extraordinaire et 12 pour la flotte, pour le pain de munition et pour quelques autres objets comptés à part [1].

Colbert se récria d'effroi et dit qu'il croyait impossible de subvenir à ce monstrueux accroissement de dépenses. « Songez-y, reprit le roi ; il se présente un homme qui entreprendra d'y suffire, si vous ne voulez pas vous y engager. »

Colbert s'enferma chez lui assez longtemps sans retourner chez le roi, « travaillant à remuer tous ses papiers, sans qu'on sût ce qu'il faisoit ni ce qu'il pensoit ». Ce qu'il pensait, on peut aisément le comprendre. De douloureux combats déchirèrent cette grande âme. — Acceptera-t-il ? se fera-t-il l'instrument de l'oppression du peuple, lui qui a été son bienfaiteur ? — S'il refuse, ses ennemis se contenteront-ils de sa chute ? Il connaît Louvois, digne fils de ce Le Tellier « qui n'a jamais pardonné [2] » ; qui sait si ses ennemis, seuls maîtres désormais de l'esprit du roi, ne prétendront pas le traiter comme il a traité Fouquet ? — Il pourrait se sacrifier lui-même, mais la France, dans quelles mains va-t-il l'abandonner ? S'il reste, il rendra les maux présents moins intolérables que nul autre ne le saurait faire, et, du moins, il se réservera l'avenir. Cette guerre ne sera pas éternelle, et, avec la paix, il reprendra son ouvrage ; il reconstruira l'édifice économique qu'il a élevé et qu'on l'oblige à démolir !...

Il resta ; mais ces jours de luttes intérieures avaient creusé sur son visage des sillons qui ne devaient plus s'effacer. Jusque-là, ses

---

1. Voy. l'état de la dépense dans Forbonnais, t. I, p. 472. — La dépense totale est de 81 millions en 1672, de 107 et demi en 1673.
2. Lettre de Turenne, ap. Œuvres de Louis XIV, t. III, p. 424.

commis le voyaient se mettre au travail avec le visage épanoui et
« en se frottant les mains de joie »; facile à aborder, prompt à
expédier, il se jouait au milieu des affaires; désormais il devint
sombre, hésitant et difficile; on ne le vit plus s'asseoir devant sa
table de travail que le front soucieux et en soupirant [1].

Les mesures fiscales auxquelles Colbert s'était résigné à prêter
son ministère furent précédées d'une déclaration royale du 24 février 1673, enjoignant aux parlements d'enregistrer purement et
simplement les édits qui leur seraient présentés, sans remontrances
préalables, sauf à présenter ensuite des remontrances au roi, si bon
leur semblait. C'était, en fait, l'anéantissement du droit de remontrances, car il était trop évident que des observations présentées
après enregistrement et promulgation des édits n'obtiendraient
aucun résultat. Les parlements perdirent ainsi toute participation
à la législation et, pendant tout le reste du règne de Louis XIV,
l'enregistrement des édits devint chose de pure forme. Cette suppression du peu qui subsistait de contrôle sur les volontés royales
ou ministérielles fut un mal incontestable à tous les points de vue.
C'était briser un instrument utile qu'il fallait seulement contenir
dans de certaines limites; le pouvoir absolu se nuisait à lui-même
en s'ôtant le loisir de réfléchir sur ses propres actes [2].

On voit dès lors se succéder une foule d'*affaires extraordinaires*
destinées à suppléer à l'insuffisance du revenu régulier. Les aides
et gabelles sont aliénées sur une grande échelle, ainsi que divers
droits royaux. On rétablit des offices supprimés; on en crée de
nouveaux, en grand nombre, dans les haute et basse judicature
et dans les finances; les cours supérieures sont augmentées de
nouveaux membres; le Châtelet de Paris est doublé; certains petits
offices, monopoles interposés entre le marchand et le consommateur, rappellent le temps de Mazarin et de la Fronde. Tels sont les
vendeurs privilégiés de marée, de volailles, d'œufs, etc. On vend aux
officiers des cours supérieures le renouvellement du droit annuel,
garantie de l'hérédité et de la vénalité, avec des augmentations de
gages. On vend aux bas officiers l'exemption des tailles. Toutes ces
affaires passent par les mains des traitants avec remise d'un sixième

1. *Mém.* de Charles Perrault.
2. *Anc. Lois franç.*, t. XIX, p. 70. — *OEuvres* de d'Aguesseau, t. XIV, p. 145-155.

du produit, et parfois davantage. On en fait pour environ 25 millions par an, ce qui couvrirait presque le surcroît de dépense exigé par le roi, sans les remises, et si le revenu régulier ne variait point pendant ce temps. Mais, la consommation diminuant par le malaise du peuple, et les *affaires extraordinaires* portant en partie sur des aliénations de revenus, il faut bien combler ce déficit par des crues d'impôts ; la taille remonte d'un peu plus de 33 millions à 40 ou 41 ; le sel est augmenté de 30 sous par minot ; le droit d'échange est égalé au droit de vente. Colbert, enfin, ne peut se dispenser de recourir aux emprunts tant redoutés de sa prudence : 900,000 livres de rentes sur l'Hôtel de Ville sont créées en diverses émissions, mais à des conditions très-désavantageuses, malgré le chiffre peu considérable de ces créations. Les traitants. détenteurs des gros capitaux, ne se contentent pas de l'intérêt au denier 18, tel que l'a fixé l'ordonnance de février 1672 ; il leur faut le denier 16, ou même le denier 14. Colbert autorise en vain les étrangers à acquérir des rentes et à en disposer comme les Français. L'argent étranger ne vient pas. Colbert alors fait directement appel à la masse du public, aux petits capitaux, par une heureuse conception : il établit une caisse d'emprunt où les particuliers peuvent placer leur argent à 5 0/0, avec la faculté de le retirer à volonté. Le succès atteste la confiance que le ministre inspire : Colbert a toujours ainsi, tant que dure la guerre, 14 ou 15 millions de fonds roulants à sa disposition.

Il essaie d'adoucir les coups qu'il est forcé de porter à l'agriculture, en diminuant les droits d'exportation sur les vins et eaux-de-vie, en accordant aux provinces du Midi la liberté d'exporter leurs grains moyennant le paiement du tarif (22 francs le muid pour le froment), et aux provinces du Nord la même liberté avec remise des trois quarts du tarif, afin qu'elles puissent nourrir les armées qui guerroient dans les Pays-Bas et sur le Rhin. Les producteurs et la marine sont également favorisés par la suppression de tous droits de sortie sur les marchandises exportées par navires français pour les colonies d'Amérique et d'Afrique, et les passe-ports accordés aux navires flamands et autres des pays ennemis pour venir enlever les denrées françaises, moyennant un droit de 3 francs par tonneau, favorisent spécialement les producteurs[1].

Colbert, s'il n'était plus libre de faire le bien selon ses vœux, put du moins se rendre le témoignage d'avoir circonscrit le mal autant que possible.

Le sens droit de Louis XIV n'était pas tellement offusqué par la passion, qu'il n'eût ressenti aucune impression des remontrances de Colbert. Tout en forçant la main à son ministre des finances et tout en laissant son ministre de la guerre rançonner impitoyablement les provinces conquises, Louis n'était plus aussi décidé à refuser toute transaction acceptable à la Hollande. Les rapports de sa diplomatie n'étaient pas sur tous les points également rassurants. Si le parlement anglais avait consenti à voter de l'argent pour continuer la guerre contre les Provinces-Unies, par compensation, il réagissait avec une violence extrême contre les tendances catholiques des Stuarts, et les presbytériens eux-mêmes s'étaient associés aux épiscopaux pour forcer Charles II de révoquer l'édit de tolérance qu'il avait rendu inconstitutionnellement en l'absence des chambres : ils aimaient mieux renoncer au bénéfice de cet édit que d'en laisser profiter les *papistes*. Le parlement alla plus loin et invita le roi à révoquer de tout emploi civil ou militaire quiconque ne prêterait pas le serment de suprématie, c'est-à-dire ne reconnaîtrait pas le roi comme chef de l'Église; il proposa contre les papistes des mesures spéciales qui n'atteignaient pas les dissidents protestants. On fit entendre à Charles que le subside voté serait annulé en cas de refus. Arlington, qui trahissait maintenant l'alliance française et le parti catholique comme il avait trahi la Réforme et la Hollande, pressa le roi de consentir. Charles céda, pensant peut-être que son frère changerait de conscience avec la même facilité que lui (février-mars 1673). Il n'en fut rien. Le duc d'York résigna ses emplois avec éclat. Les grands projets de restauration catholique, si complaisamment étalés par Charles II devant son allié le roi de France, s'évanouirent ainsi à la première menace de l'opinion publique : il n'en resta de traces

---

1. Forbonnais, *Recherches sur les finances*, t. I, p. 476-480-483-486 et suivantes. — Bailli, *Hist. financière de la France*, t. I, p. 462-464-470. — P. Clément, *Hist. de Colbert* p. 311 346.

que dans l'âme opiniâtre du duc d'York, qui devait un jour rompre là où son frère avait plié.

Il était à craindre que, si le parlement s'attaquait à l'alliance française comme il s'était attaqué au papisme, Charles ne résistât pas beaucoup plus énergiquement, et la prorogation du parlement (avril 1673) n'assurait Louis de l'Angleterre que pour une campagne.

Il était probable, d'une autre part, que la cour de Vienne ne resterait pas dans la situation ridicule où l'avait placée, l'année précédente, une lutte engagée dans le conseil de l'empereur entre les partisans de la guerre et le ministre Lobkowitz, qui voulait la paix avec la France pour asservir la Hongrie à loisir. La perte de l'alliance brandebourgeoise, en montrant le danger de la Hollande et de la Belgique plus pressant que jamais, fournissait de nouvelles armes, auprès de Léopold, au parti qui ne voulait plus d'une guerre qui n'était pas la guerre, et la chute de Lobkowitz était imminente. Des publicistes habiles et passionnés continuaient à travailler l'esprit de l'Allemagne contre les projets de monarchie universelle attribués à Louis XIV, et les imprudentes adulations de certains écrivains français ne secondaient que trop bien les adversaires de la France[1].

L'attitude de la Suède devait aussi être prise en sérieuse considération. Le gouvernement suédois, au lieu d'intervenir en Allemagne, s'était contenté d'offrir sa médiation. Les succès trop rapides de Louis XIV n'avaient nullement satisfait les Suédois, qui pensaient, avec beaucoup de sagacité, que la ruine de la Hollande aboutirait à rendre les Anglais maîtres de la mer. Louis avait accepté, avant la fin de 1672, la médiation suédoise, et Cologne avait été désignée comme le lieu d'un congrès. Louis signa, le 18 avril 1673, les instructions de ses plénipotentiaires. Il leur prescrivait de ne traiter que des affaires de Hollande et d'écarter les réclamations de l'empire sur la Lorraine et sur certaines questions relatives à l'Alsace et aux Trois-Évêchés. Il les autorisait à traiter pourvu que la Hollande cédât Maëstricht et ses dépendances, Grave et le pays de Kuick, Bois-le-Duc et sa mairie, les forts de

---

1. Un livre avait été publié en France sous ce titre ; *Les Droits du roi sur l'Empire*. Voy. La Hode, *Hist. de Louis XIV*, t. III, p. 312.

Crèvecœur, de Woorne et de Saint-André, la baronnie de Breda, Nimègue et son territoire, sauf à raser Nimègue si les États-Généraux rasaient les forts de Knotzembourg et de Schenk : les États-Généraux investiraient de Berg-op-Zoom le comte d'Auvergne, descendant de Charles IX, qui avait des prétentions sur ce marquisat [1].

Ce n'était pas plus que les Hollandais n'avaient offert en 1672, puisque, si Louis demandait Nimègue et quelques forteresses importantes d'entre la Meuse et le Wahal, il renonçait à la Flandre hollandaise et à l'embouchure de l'Escaut ; mais c'était beaucoup plus que la Hollande n'était maintenant disposée à concéder.

Louis, dans le cas où les Provinces-Unies refuseraient de se laisser ainsi complètement séparer des Pays-Bas espagnols par les possessions françaises, consentait que les places qu'il demandait fussent cédées à l'Espagne, qui donnerait en échange à la France des places équivalentes sur la frontière belge. Il réduisait à six millions l'indemnité pour frais de guerre ; mais il se réservait d'appuyer les prétentions de Charles II et des autres alliés de la France, et les revendications des divers princes allemands, et réclamait le libre exercice de la religion catholique dans les Provinces-Unies, avec le maintien des avantages qu'il avait accordés aux catholiques dans les pays conquis.

Les prétentions anglaises comprenaient, entre autres exigences exorbitantes, le rétablissement du stathoudérat héréditaire dans la maison de Nassau et la remise de plusieurs ports de Zélande ou de Hollande « en garantie ». Louis se trouvait donc obligé de demander pour son allié ce qu'il eût été désolé d'obtenir : la Suède, qui représentait en ce moment le véritable intérêt européen, tira Louis d'embarras en protestant qu'elle ne souffrirait jamais que l'Angleterre acquît, en Hollande ou en Zélande, des positions qui la rendraient maîtresse absolue de la mer et qui ruineraient entièrement les Provinces-Unies [2].

L'ensemble de la situation faisait une loi à Louis XIV de pousser vivement ses avantages et de tâcher de conquérir dans cette cam-

1. Mignet, t. IV, p. 139.
2. Mignet, t. IV, p. 146.

pagne des résultats décisifs. Il était prêt : ses adversaires ne l'étaient pas. Il refusa donc, avec raison, la suspension d'armes qu'on lui demandait pendant les pourparlers : le congrès fut aussi lent à se réunir que les armées furent promptes à agir.

Le plan de campagne de Louis XIV, conseillé par Turenne, fut bien conçu. Condé fut envoyé, au mois d'avril, en Hollande, avec des forces peu considérables : l'inondation lui eût difficilement permis d'en utiliser de grandes et, après une tentative sur Muyden, qui ne réussit pas, il dut se borner à conserver les conquêtes de 1672, rôle peu convenable à son ardent génie. La goutte qui le tourmentait contribua du reste aussi à arrêter ses entreprises. Turenne, renforcé, resta dans la Westphalie brandebourgeoise jusqu'à l'entière ratification du traité de Louis XIV avec le grand électeur : il en sortit vers la fin de juin et alla s'établir à Wetzlar, sur la Lahn, afin d'observer l'armée impériale, qui se reformait en Bohème, et de lui fermer la route du Rhin. Les deux grands capitaines n'eurent ainsi qu'une mission défensive. Louis XIV s'était réservé la partie brillante des opérations : il entendait être hors de tutelle comme général aussi bien que comme roi et ne voulait plus de trop illustres lieutenants. « Vous savez, » écrivait-il à Louvois, « que je ne peux plus être que seul à commander une « armée [1]. » Heureusement, il avait Vauban avec lui et il s'agissait d'une guerre de siéges. Tous les préparatifs furent parfaitement combinés par Louvois, qui avait acquis un talent vraiment merveilleux pour faire mouvoir hommes et matériel du fond de son cabinet et pour assurer la réunion des divers corps aux temps et lieux convenus, avec tous les moyens de subsistance et d'action nécessaires.

Vers le milieu de mai, vingt mille fantassins et douze mille cavaliers furent assemblées par le roi sous Courtrai, et un équipage d'artillerie de siége fut dirigé sur Oudenarde. La peur se mit dans les Pays-Bas espagnols : le gouverneur Monterey, en secondant l'attaque de Charleroi par les Hollandais, avait dépassé les droits d'une alliance défensive et provoqué les armes du roi de France. Le 24 mai, l'armée française passa la Lis à Deynse et alla camper

---

1. *OEuvres* de Louis XIV.

aux portes de Gand, où son artillerie la vint joindre. Elle menaça à la fois Gand et la Flandre hollandaise, puis tourna tout à coup sur Bruxelles, fit une courte halte comme si elle eût voulu assiéger cette capitale et, passant outre, ne s'arrêta plus que devant Maëstricht, qui fut investi en même temps, sur les deux rives de la Meuse, par l'avant-garde du roi et par sept mille hommes de l'armée d'Allemagne expédiés d'outre-Rhin par Turenne (5-7 juin). Cette manœuvre, si savamment combinée et exécutée avec tant de précision, malgré la grande distance qui séparait les deux armées françaises, eut un plein succès : les Espagnols, trompés par les mouvements du roi, s'étaient hâtés de répartir leurs troupes dans les principales villes belges et ne purent jeter aucun secours dans Maëstricht, réduit à sa garnison ordinaire.

Cette garnison, toutefois, était forte de plus de six mille soldats, sans la milice bourgeoise, et commandée par un brave officier d'origine française, nommé Fariaux; mais elle avait affaire à Vauban! Les travaux de siége furent admirablement conduits par ce grand ingénieur, d'après un plan nouveau dont Louis XIV s'attribue assez naïvement l'honneur dans une relation écrite de sa main. Le roi, avec le gros de l'armée, était arrivé le 10 juin : la tranchée fut ouverte du 17 au 18 sur la rive gauche du Jaar : on la fit de plusieurs lignes communiquant ensemble par d'autres lignes parallèles aux remparts de la place, et d'une largeur à rendre les sorties des assiégés presque impossibles, les troupes chargées de garder la tranchée pouvant y déployer un front redoutable, au lieu d'être entassées, comme auparavant, dans d'étroits boyaux. Des places d'armes, dans la tranchée même, achevèrent d'assurer la circulation et le ralliement des troupes [1]. L'armée se renforça encore de troupes envoyées par Turenne et par Condé, et de bon nombre de canons tirés des magasins de Maseyck, de Wesel et de Charleroi. Quarante et quelques mille hommes et cinquante-huit pièces de batterie, dirigées par Vauban,

---

1. Voltaire (*Siècle de Louis XIV*, chap. XI), attribue l'invention des parallèles à des ingénieurs italiens au service des Turcs, pendant le siége de Candie. L'homme qui devait renouveler le génie et les vertus de Vauban après les avoir célébrés, Carnot, en reporte tout l'honneur à son illustre devancier. — *Éloge de Vauban*, par M. Carnot; Dijon, 1784. D'après Pellisson, les Turcs s'en étaient, en effet, servis les premiers.

étaient une force irrésistible. Dans les nuits des 24, 27 et 29 juin, plusieurs ouvrages extérieurs furent successivement emportés d'assaut, malgré les efforts désespérés des assiégés, qui se battirent beaucoup mieux que n'avaient encore fait les garnisons hollandaises. Le gouverneur, voyant les Français logés dans le fossé même de la place, capitula le 30 et obtint de se retirer à Bois-le-Duc avec sa garnison.

C'était la conquête la plus utile qu'avait pu faire Louis XIV en ce moment, aucune place n'étant si bien située pour influer sur le sort de la guerre. Maëstricht reliait Charleroi à Wesel et aux garnisons de la Hollande, et commandait les principales communications entre la Belgique et l'Allemagne. Les difficultés n'avaient pas été cependant assez grandes pour légitimer l'enivrement que ce succès inspira au *Grand Roi*, ni l'admiration que ministres et courtisans, à commencer par Colbert, se crurent obligés de lui témoigner [1].

Le roi, après avoir remis Maëstricht en défense, renvoya à Turenne une partie de ses détachements, expédia un autre corps en Flandre, manda Condé en Brabant [2], afin qu'il se plaçât entre les Espagnols et les Hollandais, puis, avec le reste de ses forces, marcha vers la Lorraine pour soutenir au besoin Turenne et couvrir la Lorraine et l'Alsace. Les communications furent assurées avec l'armée d'Allemagne par deux ponts de bateaux jetés sur le Rhin à Andernach et à Philipsbourg. Louis XIV fit faire par ses troupes quelques travaux de fortification à Nanci [3], puis détacha le lieutenant-général Rochefort contre Trèves, dont l'électeur s'était déclaré contre la France en livrant aux officiers de l'empereur Coblentz et Ehrenbreitstein. Pendant que Rochefort attaquait Trèves, Louis se porta en Alsace, où les dix villes impériales faisaient difficulté de recevoir les troupes françaises et prétendaient main-

---

1. Voy. la lettre de Colbert, ap. *OEuvres* de Louis XIV, t. III, p. 412. — Le roi s'était fait envoyer son peintre par Colbert, pour peindre son siége.

2. Ce rappel empêcha Condé de voir le fameux Spinoza, qu'il avait appelé auprès de lui à Utrecht, et qui arriva après son départ. Condé, malgré sa *conversion*, était toujours fort curieux de philosophie hétérodoxe. *V.* Basnage, t. II, p. 409.

3. Ce fut à Nanci que Louis XIV prit la volumineuse perruque, si célèbre dans l'histoire du costume français. Il n'avait porté jusque-là que quelques touffes de faux cheveux. *V.* Pellisson, *Lettres historiques*, t. I, p. 395.

tenir de vieilles libertés peu compatibles et avec l'esprit de la monarchie et avec les nécessités de la guerre. Le roi prétendait, lui, en sa qualité de *protecteur* des dix villes, avoir le droit d'y introduire ses soldats quand bon lui semblait. Dans ces débats sur l'interprétation des droits transférés à la couronne de France par le traité de Westphalie, la raison du plus fort, ou, pour mieux dire, la force des choses devait l'emporter. Louvois, précédant le roi, alla préparer, par l'intimidation, les villes impériales à se soumettre. Colmar, la plus importante de ces villes, était aussi la plus récalcitrante. On usa de stratagème pour éviter l'effusion du sang. Colmar fut prévenue que le roi voulait la visiter. Les habitants n'osèrent refuser de recevoir les gardes du roi. Quand les gardes françaises et suisses furent en bataille dans la ville, on signifia aux bourgeois qu'on allait emmener leur artillerie à Brisach et raser leurs murailles (28 août). Il était trop tard pour résister. Schelestadt et les huit autres villes courbèrent la tête. Toutes les dix furent démantelées, afin d'éviter les frais de garnisons et d'empêcher l'ennemi de s'y établir en cas d'invasion [1].

Le roi retourna en Lorraine, où il reçut de bonnes nouvelles de Trèves. Cette grande ville, investie le 30 août par Rochefort et Vauban, n'avait presque point de garnison. Les bourgeois se défendirent assez vigoureusement quelques jours ; mais ils perdirent bientôt courage et se rendirent dès le 8 septembre : les Français furent ainsi maîtres du cours de la Moselle, si les Impériaux en tenaient l'embouchure.

Ces avantages semblaient de nature à rendre Louis XIV plus inflexible dans ses prétentions et plus éloigné de la paix. Il n'en fut pas tout à fait ainsi. Le congrès de Cologne s'était ouvert à la fin de juin. Les plénipotentiaires anglais cédèrent les premiers devant l'opposition des médiateurs suédois, sur la question des places de Zélande et de Hollande. Louis XIV, de son côté, fit quelques concessions et renonça à Nimègue et au marquisat de Berg-op-Zoom (mi-août). Les Hollandais, à leur tour, montrèrent beaucoup de fierté et rejetèrent bien loin les conditions de Louis et de ses alliés, tout adoucies qu'elles fussent.

---

1. *OEuvres* de Louis XIV, t. III, p. 596-401. — Pellisson, *Lettres*, t. I.

Les événements de la guerre maritime expliquaient en partie cette attitude altière de la république hollandaise et du prince qui la dominait.

Les flottes anglaise et française s'étaient jointes de nouveau, le 26 mai 1673, sur la côte d'Angleterre. Charles II, sentant que son parlement ne tarderait pas à lui échapper pour les affaires du dehors comme pour celles du dedans, avait résolu de faire, cette année-là, un effort désespéréré contre les Provinces-Unies, et le prince Rupert, duc de Cumberland, qui commandait, à la place du duc d'York, la flotte combinée, avait reçu ordre d'aller chercher l'ennemi jusque dans les bancs qui protégeaient les côtes neerlandaises.

Les Provinces-Unies ne s'étaient pas moins activement préparées à la lutte. Les populations maritimes, exaspérées par les déclamations du chancelier d'Angleterre contre la *nouvelle Carthage*, avaient mis toutes leurs ressources à la disposition des amirautés; les citoyens qui avaient des capitaux les prêtaient à la république au plus bas intérêt; les autres portaient leur argenterie et leurs joyaux à la monnaie. Les Provinces-Unies étaient parvenues ainsi, au milieu de leur détresse, à équiper soixante-douze navires de guerre, sans les brûlots et les bâtiments légers, et le prince d'Orange, faisant taire ses sentiments privés devant le salut public, duquel dépendait, du reste, sa propre grandeur, avait maintenu à la tête de l'armée navale l'ami des de Witt, le grand Ruyter.

La flotte franco-anglaise, forte d'environ quatre-vingt-dix vaisseaux, dont les moindres portaient cinquante canons, et d'un grand nombre de navires légers et de brûlots, vint, le 7 juin, attaquer les Hollandais mouillés en vue de l'île de Walcheren. Ruyter ne resta point à l'ancre entre les bancs et alla fièrement à la rencontre des agresseurs. Les Français, qui formaient à peu près le tiers de la flotte combinée, étaient au centre de la ligne sous leur vice-amiral d'Estrées[1] et eurent affaire à Ruyter en personne. Ils se montrèrent dignes de cet illustre adversaire, et soutinrent le choc, non pas sans grandes pertes, mais sans désavantage, si ce n'est que leurs brûlots, mal dirigés, se consumèrent presque tous inutilement. Le

---

1. Le vaisseau amiral, *la Reine*, portait 104 canons.

jour finit sans qu'aucun des deux partis eût obtenu de succès décisif. La supériorité de l'artillerie hollandaise avait balancé la supériorité du nombre.

Quelques jours après (14 juin), Ruyter reprit l'offensive et assaillit les alliés qui étaient restés mouillés à peu de distance. On se canonna violemment quelques heures. Le lendemain, les alliés revirèrent de bord vers l'Angleterre, afin d'aller radouber leurs navires endommagés et réparer les pertes de leurs équipages.

Ils ne se découragèrent pas. Ils remirent à la voile vers la fin de juillet, tandis que huit mille soldats anglais, commandés par Schomberg, le vainqueur des Espagnols en Portugal, s'embarquaient sur des navires de charge et attendaient à Yarmouth le succès d'un nouveau combat naval pour tenter une descente. Les alliés passèrent devant les côtes de Zélande, au moment où Ruyter sortait des bancs pour aller à leur rencontre. Ils firent voile vers le Texel; Ruyter les suivit. La lutte recommença le 21 août et dura toute une longue journée. On se battit si près des côtes, que les populations accourues sur les dunes du rivage pouvaient suivre les phases du combat qui décidait de leurs destinées.

Les trois escadres, dont chaque flotte était composée, s'écartèrent beaucoup les unes des autres pendant la bataille. L'escadre anglaise du vice-amiral Spragge fut extrêmement maltraitée par l'escadre d'Amsterdam, que commandait Tromp. Spragge se noya en voulant quitter son vaisseau prêt à couler bas. L'amiral prince Rupert se porta au secours de l'escadre en péril et fut suivi par l'escadre de l'amiral Ruyter et par une partie de l'escadre de Zélande, qui avait eu à combattre les Français. L'amiral anglais se plaignit, depuis, que les Français eussent laissé passer les Zélandais et ne fussent pas ensuite arrivés à son signal pour l'assister contre Ruyter. Sur le soir, il ordonna la retraite, et les Français, qui ne s'étaient que faiblement engagés, s'éloignèrent après les Anglais. Il paraît, à travers les relations contradictoires, que Louis XIV avait prescrit au vice-amiral d'Estrées de ménager sa flotte plus qu'en juin, où, postée au corps de bataille, elle avait supporté le principal choc[1].

---

1. *Vie de Ruyter*, t. II, p. 70-157. — *Vie de Tromp*, 466-502. — Eug. Sue, *Marine*

Quoi qu'il en soit, le but de l'expédition fut manqué complètement : la Hollande se regarda désormais comme inattaquable du côté de la mer, et les mauvaises dispositions du peuple et du parlement anglais contre la France n'eurent plus pour contre-poids l'espoir de conquêtes qui avait pu flatter les passions nationales.

La guerre maritime n'était pas restée concentrée dans la mer du Nord : elle était très-vivement allumée dans l'océan Atlantique et jusque dans la mer des Indes ; les Provinces-Unies obtinrent encore quelques avantages dans ces parages lointains. En décembre 1672, le gouverneur anglais de la Barbade avait conquis sur les Hollandais l'île de Tabago : les Hollandais avaient pris aux Anglais, puis reperdu l'île de Sainte-Hélène. Plus heureux dans l'Amérique du Nord, les Hollandais recouvrèrent New-York, qui avait été la Nouvelle-Amsterdam, et enlevèrent la flotte des pêcheurs anglais de Terre-Neuve. Ils reprirent aussi la Nouvelle-Hollande, tombée au pouvoir des Anglais. Les Français des Antilles échouèrent dans une attaque contre l'île de Curaçao (mars 1673.)

Aux Indes-Orientales, un habile et entreprenant officier, nommé de La Haie, avait été envoyé en 1670 par Louis XIV avec le titre de vice-roi des établissements français. De La Haie fonda, en 1672, un fort à Trinquemale, sur la côte de Ceylan, position excellente pour dominer l'Océan Indien ; mais ce poste isolé au milieu des établissements hollandais ne put se maintenir et fut emporté par l'ennemi, tandis que La Haie était occupé à s'établir sur la côte de Coromandel, à San-Thomé (Meliapoura), ancienne colonie portugaise envahie par les musulmans de Carnate depuis la décadence du Portugal. Les Mogols, chassés par les Français, revinrent en force les assiéger dans San-Thomé et appelèrent les Hollandais à leur aide. De La Haie défendit opiniâtrément sa conquête ; mais, faute de secours, il fut enfin obligé d'accepter une capitulation honorable (septembre 1674)[1].

Une importante victoire diplomatique n'encourageait pas moins

---

française, t. II, l. v, ch. 1. — Basnage, t. II, p. 410-425. — *Mém.* du marquis de Villette, p. 12. — La Neuville, *Histoire de Hollande*, t. IV, p. 267-298.

[1]. *Histoire générale des voyages*, t. VIII, p. 626. — La Neuville, t. IV, p. 337. — Basnage, t. II.

les Hollandais que leur glorieuse défense maritime. L'empereur avait été tout à fait entraîné par le chancelier Hocher et le comte de Schwartzemberg, chefs du parti opposé à la France et au premier ministre Lobkowitz, et c'était maintenant la cour de Vienne qui poussait en avant la cour de Madrid. L'Espagne, si elle hésitait encore à déclarer la guerre, n'hésitait point à la provoquer de toutes façons; les personnes et les propriétés des Français étaient exposées sur ses terres aux plus sauvages violences; elle refusait toute réparation pour l'attaque de Charleroi; elle vendait, pour faire de l'argent, toutes les charges judiciaires de ses provinces italiennes, où la vénalité n'avait point existé jusque-là, et elle fournissait les plus forts subsides qu'elle pouvait à l'empereur et au gouverneur de Belgique. Pendant ce temps, Léopold, ou plutôt son conseil, passant de la faiblesse à l'arrogance, avait prétendu imposer à Louis XIV des conditions inacceptables pour un vainqueur, telles que l'évacuation immédiate de tout ce qui dépendait de l'empire, des indemnités aux princes dont les domaines avaient été foulés par la guerre, la restitution de la Lorraine, des garanties pour les priviléges des villes alsaciennes et des feudataires des Trois-Évêchés, un armistice jusqu'à la paix générale, etc. (mi-juillet). Quelques semaines après, l'armée impériale étant prête, la cour de Vienne éclata par une déclaration adressée à la diète de Ratisbonne sur les dangers « auxquels la nation allemande et l'empire sont exposés de la part des étrangers ». L'empereur invitait tous les électeurs, princes et états de l'empire à joindre leurs forces aux siennes contre l'ennemi commun (28 août). Le 30 août, un triple traité fut signé à La Haie entre la Hollande d'une part, l'empereur, l'Espagne et le duc de Lorraine de l'autre. L'empereur s'obligeait à faire marcher sur-le-champ trente mille hommes droit au Rhin, moyennant un subside payé par les Provinces-Unies, qui devaient, de leur côté, mettre en campagne vingt mille combattants. L'Espagne et la Hollande se promettaient mutuellement d'abord un secours de huit mille hommes, puis toutes leurs forces respectives, si cela devenait nécessaire ; elles s'engageaient à ne pas traiter séparément; l'Espagne promettait de faire recouvrer à la Hollande tout ce qu'elle avait perdu, et la Hollande s'obligeait à rétablir l'Espagne dans les limites du traité des Pyrénées, ou à lui céder Maëstricht. L'empereur, l'Espagne et la Hollande s'obligeaient à mettre une armée de dix-huit mille hommes à la disposition du duc de Lorraine et à le rétablir dans ses états [1].

Le 18 septembre, l'ambassadeur français Grémonville fut renvoyé de Vienne. Tout son génie diplomatique n'avait pu prévaloir contre la force de la situation.

Au moment où les hostilités recommençaient en Allemagne entre Turenne et Montecuculli, Louis XIV offrit à la Hollande, par le canal des médiateurs suédois, des conditions beaucoup moins désavantageuses qu'il n'avait fait un mois auparavant. Il ne demandait plus que 1° Maëstricht, ou Namur et Mons en échange; 2° Aire, Saint-Omer et Cambrai ; 3° Ypres, Cassel et Bailleul, ou la Franche-Comté, ou le Luxembourg, ou Grave et la moitié de la mairie de Bois-le-Duc; les Espagnols étant dédommagés par la Hollande de ce qu'ils lui céderaient (mi-septembre).

Ces propositions furent repoussées [2].

Des succès militaires commençaient à justifier la fermeté des Hollandais. Tandis que Condé se portait de Brabant en Flandre pour protéger la frontière française et tenir en échec les Espagnols, le prince d'Orange avait saisi l'offensive et, trompant Luxembourg, qui commandait toujours à Utrecht, par de fausses attaques contre Bommel et Grave, il s'était jeté tout à coup sur Naërden avec le gros de son armée (6 septembre). Cette place était assez faible; mais deux mille cinq cents hommes de bonnes troupes, qui la défendaient, semblaient devoir tenir assez longtemps pour que Luxembourg la pût secourir. Cependant, dès le sixième jour du siége, la contrescarpe ayant été emportée d'assaut, le gouverneur perdit la tête et capitula. Amsterdam, délivrée de ce dangereux voisinage, jeta un cri de joie qui retentit dans toutes les Provinces-Unies. C'était le premier avantage qu'eût remporté personnellement le jeune stathouder, et le premier qu'eussent obtenu les Hollandais sur terre contre les Français. Le roi crut devoir faire un exemple pour empêcher ces capitulations *à la hollandaise* de se renouveler : le malheureux gouverneur fut ignominieusement dégradé ; son épée lui fut rompue sur les épaules par

1. Mignet, t. IV, part. v, sect. 2.
2. Mignet, t. IV, p. 166.

la main du bourreau ; il se fit tuer, quelque temps après, en combattant comme volontaire entre les simples soldats.

Quinze jours après la perte de Naërden, Louis XIV fit de nouvelles offres au congrès de Cologne ; il réduisit ses prétentions à Aire, Saint-Omer, Ypres, Bailleul, Cassel et Cambrai. Maëstricht serait démantelé. Les plénipotentiaires hollandais répondirent qu'ils ne pouvaient plus traiter sans leurs alliés, y compris le duc de Lorraine. Louis pouvait mesurer de plus en plus nettement toute l'étendue de la faute qu'il avait commise en 1672.

L'armée impériale, assemblée en Bohême, s'était mise en marche avant la fin d'août, après une revue passée par l'empereur, qui venait de faire un vœu solennel à Notre-Dame de Zell (Maria-Zell) et qui harangua les troupes, le crucifix en main, comme s'il se fût agi d'aller à la croisade. Le général de l'empereur, Montecuculli, s'avança par le Haut-Palatinat et la Franconie, où les renforts de l'électeur de Saxe et du duc de Lorraine portèrent son armée à trente-cinq ou quarante mille hommes. Turenne, avec des forces très-inférieures, alla le long du Mein à la rencontre de l'ennemi, pour l'empêcher de gagner le Rhin et pour tâcher de décider l'électeur de Bavière à prendre les armes en faveur de la France. Le Bavarois ne remua point ; mais l'électeur de Mayence et le Palatin, contre l'espoir de l'empereur, gardèrent aussi la neutralité ; l'électeur de Brandebourg ne se décida point à transgresser son récent traité avec la France, et la diète de Ratisbonne, à laquelle Louis XIV n'avait cessé d'adresser des explications amicales sur tous ses mouvements, recula devant la proposition faite par Léopold de joindre les troupes de l'empire à celles de l'empereur. La Suède, les électeurs de Bavière et de Cologne, les ducs de Neubourg et de Hanovre, avaient vivement détourné la diète d'adhérer à la cour de Vienne.

Turenne, voyant que Montecuculli n'attaquait point, passa le Mein et le Tauber et présenta la bataille à l'ennemi près de Rothenbourg. Montecuculli évita le choc et se retira dans un poste avantageux sur la rive gauche du Mein, entre Ochsenfurt et Würtzbourg. On se tint là en échec pendant une quinzaine de jours ; les principaux passages du Mein, entre Würtzbourg et Francfort, étaient au pouvoir des Français ; l'évêque de Würtzbourg avait promis à Turenne de rester neutre. Il manqua de parole et livra son pont à Montecuculli, qui traversa le Mein et descendit la rive droite vers Mayence. Grâce à la défection de l'évêque de Würtzbourg, les Impériaux purent ainsi atteindre le Rhin et le traverser sur un pont de bateaux à Weissenau, près de Mayence (20 octobre). Montecuculli feignit de menacer l'Alsace. Turenne, qui était resté sur la gauche du Mein, traversa le Necker et regagna le Rhin à Philipsbourg, afin de couvrir l'Alsace. Montecuculli, alors, concentra ses troupes, embarqua son infanterie sur le Rhin, fit repasser sa cavalerie sur la rive droite et descendit rapidement vers Coblentz, et de là vers Bonn, où il joignit le prince d'Orange. Le stathouder, après s'être renforcé d'un corps espagnol en Brabant, s'était dirigé vers le Rhin, à la tête de vingt-cinq mille hommes, par les territoires de Juliers et de Cologne, où il avait commis de cruels ravages. La jonction austro-batave, qui avait échoué en 1672, réussit de la sorte en 1673, et les deux armées réunies mirent le siége devant Bonn, importante place de l'électorat de Cologne, qui n'avait, par la faute de Louvois, qu'une très-faible garnison franco-allemande (3 novembre). Turenne, d'une part, et, de l'autre, Luxembourg et le corps français de la Meuse firent tout ce qui leur était possible pour secourir à temps la place; mais la garnison, malgré sa bravoure, fut forcée de capituler dès le 12 novembre, avant que Turenne eût passé la Moselle. Ce fâcheux événement livrait à la discrétion de l'ennemi les états de Cologne et de Münster, sauf quelques places occupées par des garnisons françaises, et assurait la libre communication des Impériaux avec la Belgique et la Hollande. La campagne finit ainsi sur le Rhin au désavantage de la France. L'ennemi prit ses quartiers le long du Rhin et Turenne dut se replier pour prendre les siens sur la ligne de la Sarre.

La fortune semblait chanceler : les ennemis de la France relevaient partout la tête. La masse germanique commençait à pencher du côté de l'Autriche ; le parlement anglais, réuni à la fin d'octobre, éclatait contre l'alliance française. Le duc d'York venait d'épouser en secondes noces, par procuration, une catholique italienne, la princesse de Modène, fille d'un prince de la maison d'Este et d'une nièce de Mazarin. Louis XIV était l'auteur de ce mariage et avait doté l'épousée comme si c'eût été une princesse du sang de France. Faute grave de la part de Louis et qui engageait le gouvernement français dans la voie la plus périlleuse vis-à-vis de l'Angleterre ! C'était afficher dans les affaires britanniques une intervention que les Anglais n'avaient pu jusqu'alors que soupçonner, et provoquer gratuitement les passions protestantes de ce peuple, au moment où ces passions étaient surexcitées par leur récente victoire sur les inclinations de Charles II. Les communes réclamèrent la cassation du mariage d'York : comme le roi résistait à leur exigence, elles résolurent de ne plus accorder de subsides pour la guerre, à moins que les Hollandais ne se refusassent absolument à une paix raisonnable, et protestèrent solennellement contre l'alliance de Louis XIV (14 novembre). Charles II employa sa ressource habituelle : il prorogea le parlement à deux mois ; mais ce n'était là qu'un court répit et la défection de l'Angleterre était désormais inévitable[1].

Quant à l'Espagne, la guerre, qui existait de fait depuis un an, avait été déclarée des deux parts au mois d'octobre, à la suite de nouvelles hostilités commises contre la frontière française par le gouverneur des Pays-Bas catholiques. Le gouverneur Monterey avait vaincu les dernières hésitations du cabinet de Madrid et annoncé présomptueusement à sa cour qu'il lui rendrait bientôt la frontière du traité des Pyrénées.

Louis XIV embrassa d'un ferme regard l'ensemble de la situation et, bien conseillé par Turenne, prit nettement son parti. Il comprit l'extrême difficulté de conserver ses conquêtes et la facilité d'en faire ailleurs de plus profitables, tout en défendant sa propre frontière. Évacuer la Hollande, se dédommager aux dépens de l'Espagne et tâcher de traiter séparément avec la Hollande en continuant la guerre contre la maison d'Autriche, tel fut le nouveau plan adopté, plan excellent, dont la sagesse même condamnait d'autant plus sévèrement la guerre de Hollande.

C'est quelque chose pourtant que de savoir s'arrêter dans l'erreur et se relever d'une faute ; il faut avoir dans l'âme un ressort d'une vigoureuse élasticité. Des génies bien supérieurs à Louis XIV

---

1. Mignet, t. IV, p. 222-231. — Lingard, t. XII, ch. 4.

ne le surent jamais faire; lui, le sut maintes fois, et c'est un de ses titres à l'estime de la postérité.

Avant la perte de Bonn, l'impossibilité de garder toutes les places conquises et la nécessité de concentrer les troupes avaient déjà été reconnues par le roi : Woërden, Bommel, Crèvecœur, avaient été évacués dès les premiers jours de novembre. Utrecht et toute sa province furent abandonnés vers la fin du même mois, après qu'on les eut forcés de se racheter du pillage et de l'incendie par de grosses rançons. Les places du Zuyderzee furent évacuées dans le courant de décembre par les Français et par les troupes de Münster. Le duc de Luxembourg jeta dans Grave une partie des garnisons retirées de tous ces postes et ramena le reste à Maëstricht, sans que les corps ennemis établis des deux côtés de la Meuse eussent rien fait pour l'arrêter. Le prince d'Orange et le gouverneur de Belgique voulurent réparer cette négligence et, informés que Luxembourg devait continuer sa route de Maëstricht à Charleroi, ils coururent lui barrer le passage. Luxembourg manœuvra si bien, qu'il parvint à dérober sa marche aux ennemis, qui l'eussent accablé sous le nombre, à joindre Schomberg, envoyé de Charleroi au-devant de lui, et à regagner intact la frontière française (mi-janvier 1674).

Le prince d'Orange n'en fut pas moins accueilli triomphalement à son retour à La Haie. La Hollande, sortant enfin des eaux qui avaient été deux ans son refuge, était enivrée de son affranchissement. Guillaume en eut tout le bénéfice. Le 2 février, il fut proclamé stathouder et capitaine-général héréditaire de Hollande et de Zélande. C'était là le renversement du gouvernement sous lequel la Hollande avait fondé et maintenu avec gloire sa nationalité; c'était la transformation de la république en une espèce de monarchie constitutionnelle. Cette révolution, appelée depuis longtemps par la politique anglaise, rapprochait la Hollande de l'Angleterre autant qu'elle l'éloignait de la France. Une haine aveuglément systématique contre les institutions républicaines pouvait seule abuser Louis XIV à cet égard.

La province d'Utrecht, puis celles de Gueldre et d'Over-Yssel suivirent l'exemple de la Hollande et de la Zélande. L'évacuation des Provinces-Unies s'acheva totalement au printemps. « L'arc de triomphe de la porte Saint-Denis et les autres monuments de la conquête étaient à peine achevés, que la conquête était déjà abandonnée [1]. » Les Français ne gardèrent que Grave et Maëstricht. Les maréchaux d'Humières et de Bellefonds ramenèrent tout le reste des troupes sur la Meuse, et les places du Rhin qui avaient appartenu aux électeurs de Brandebourg et de Cologne leur furent restituées dans les premiers jours de mai. Louis XIV remit même le fort de Schenk aux officiers de Brandebourg, espérant, par ces bons procédés, décider l'électeur à observer ses engagements avec la France.

Pendant cette grande retraite, l'offensive était déjà ressaisie sur d'autres points. Louis, informé que l'électeur palatin se disposait à prendre parti pour l'empereur et à livrer aux Impériaux Germersheim, place située sur le Rhin entre Landau et Philipsbourg, fit enlever brusquement cette position par un détachement français (27 février-1er mars). Un autre petit corps, commandé par le duc de Navailles, était entré quinze jours auparavant dans la Franche-Comté, avait forcé quelques châteaux et assailli Graï. Cette place, démolie par les Français en 1668, avait été depuis remparée tant bien que mal de quelques ouvrages en terre, et renfermait deux mille hommes, tant soldats que miliciens. Navailles en avait à peine trois ou quatre mille, mais tous gens d'élite. Graï capitula dès le 28 février. Vesoul et Lons-le-Saulnier se rendirent à peu près sans résistance. Ces premiers succès déterminèrent le plan de campagne du roi. Louis résolut de conquérir en personne la Franche-Comté, pendant que Turenne couvrirait l'Alsace et la Lorraine, que Schomberg irait défendre le Roussillon et que Condé travaillerait à fortifier les positions françaises sur la Meuse, en nettoyant d'ennemis les environs de Liége et de Maëstricht. Sur l'Océan, on garderait la défensive.

Il fallait se hâter de prévenir la coalition. Tout était menace au dehors.

Louis avait fait quelques efforts pour calmer l'opinion de l'Angleterre, après l'avoir bravée par le mariage du duc d'York. Il

---

1. Voltaire ; *Siècle de Louis XIV*, ch. xi. La porte Saint-Denis avait été construite avant la guerre de Hollande ; mais on la consacra aux triomphes de 1672 par les bas-reliefs et les inscriptions dont elle fut ornée.

avait envoyé un ambassadeur protestant, Ruvigni, à la place et d'après l'avis de Colbert de Croissi. Ruvigni ne réussit ni à ramener le public anglais, ni à inspirer de l'énergie au roi Charles, que la disette et la peur poussaient aux concessions. Charles était sans argent; les huit millions reçus de la France en trois ans avaient été dévorés avec bien d'autres millions votés par le parlement, et la suspension des paiements de l'échiquier n'était pas de nature à procurer de nouvelles ressources à ce prince sans ordre et sans foi. Charles commença de négocier séparément avec la Hollande par l'intermédiaire de l'Espagne. A la réouverture des chambres, le 17 janvier, il offrit au parlement communication du traité de décembre 1670 entre Louis XIV et lui, afin de détourner les soupçons qu'on avait du mystérieux traité signé avec madame Henriette six mois auparavant. Les communes ne tinrent pas compte de cette offre et mirent en accusation les ministres Buckingham et Arlington. Charles, effrayé, communiqua au parlement les propositions des Hollandais et lui mit, pour ainsi dire, la paix en main (2 février). Il sauva ses ministres aux dépens de son autorité et s'excusa piteusement auprès de Louis XIV sur la violence que lui faisait la *chambre basse*. Louis accueillit ses protestations, ne pouvant mieux faire. Charles promit de laisser à Louis les troupes anglaises qui le servaient depuis 1672 aux frais de la France et de se joindre à la Suède comme médiateur. La paix fut signée à Londres, le 19 février, entre l'Angleterre et les Provinces-Unies. Les États-Généraux reconnurent la suprématie absolue du pavillon anglais depuis le cap Finistère en Galice jusqu'à Van-Stuten en Norwége. Ils payèrent huit cent mille écus d'indemnité de guerre, mais ne se soumirent à aucun tribut pour le droit de pêche dans les *eaux britanniques*.

La rupture de l'alliance française ne suffisait pas au parti de l'opposition dans les communes; un peu apaisé envers les ministres, qui lui avaient fait de grandes soumissions, ce parti continuait à pousser le duc d'York, et la motion de défendre à tout catholique d'approcher du roi et du parlement à cinq milles près, sans exception pour le frère du roi, ne fut rejetée qu'à une majorité de deux voix. Le catholicisme de Jacques Stuart, héritier de Charles II, qui n'avait pas de fils légitime, était un épouvantail pour l'Angleterre,

encore plus que le protestantisme d'Henri de Bourbon n'avait
été, sous Henri III, un épouvantail pour la France. Charles II prorogea encore une fois son parlement, du 4 mars au 20 novembre,
sans avoir obtenu de subside pour prix de sa condescendance.
Les efforts que Louis XIV avait faits pour empêcher l'Angleterre
de l'abandonner, il allait sans doute avoir à les renouveler pour
l'empêcher de s'unir à ses ennemis.

Les adversaires de la France obtenaient un succès presque complet en Allemagne.

Les conférences de Cologne s'étaient prolongées sans résultat
pendant la plus grande partie de l'hiver; les alliés ne voulaient
traiter que d'une paix générale où l'on réglerait ce qui concernait
la Lorraine, les villes impériales d'Alsace et les feudataires allemands des Trois-Évêchés. Louis XIV refusait d'unir ces questions
à celle de Hollande. La cour de Vienne, devenue aussi violente
qu'elle avait été incertaine et timide, ne respirait plus que la guerre
et rêvait le renversement du traité de Westphalie et la recouvrance
de l'Alsace. Elle coupa court aux négociations par une audacieuse violation du droit des gens. L'électeur de Cologne, prince
faible et débonnaire, était gouverné par son ministre, Guillaume
de Fürstenberg, pensionnaire de Louis XIV et tout dévoué à la
France. Fürstenberg avait le caractère de plénipotentiaire de l'électeur au congrès, et la ville de Cologne avait été *neutralisée* pendant
les conférences. Fürstenberg devait donc être aussi en sûreté dans
Cologne que les plénipotentiaires étrangers. Le 14 février au soir,
il fut arrêté en trahison par des officiers autrichiens, enlevé de la
ville et conduit prisonnier à Bonn, puis à Vienne. Peu de jours
après, une charrette chargée d'argent, destinée à la garnison française de Neuss, fut saisie par les impériaux dans Cologne.

Les suites de ces graves incidents montrèrent à quel point l'esprit de l'Allemagne était changé : l'Allemagne se souleva, non pas
contre les violateurs du droit international, mais en leur faveur.

Louis XIV, énergiquement soutenu par les médiateurs suédois,
réclama une satisfaction éclatante, ne l'obtint point et enjoignit à
ses ambassadeurs de quitter Cologne. La conférence fut définitivement rompue le 16 avril. Le 22 avril, l'évêque de Münster, qui, ne
pouvant plus compter sur le secours des Français, s'était déjà rap-

proché en secret de l'empereur, s'obligea de soutenir par les armes les décisions que prendrait la diète de Ratisbonne et rendit tout ce qu'il retenait encore sur les Hollandais. Le 10 mars, les électeurs de Trèves et de Mayence avaient conclu avec l'empereur un pacte offensif. L'électeur palatin en fit autant le même jour, lui, l'héritier d'une maison qui semblait devoir être l'éternelle ennemie de l'Autriche. Dès le 26 janvier, le Danemark, voyant la Suède incliner vers la France, s'était jeté du côté de l'empereur et lui avait promis 9,000 soldats, qui furent portés ensuite à 15,000. Le 24 avril, deux des ducs de Brunswick-Lunebourg promirent 13,000 auxiliaires à Léopold, moyennant subsides. Le 11 mai, l'électeur de Cologne, privé du conseiller qui pensait et agissait pour lui, traita avec les Provinces-Unies et leur rendit les places qu'il leur avait prises. Il fit comme le roi d'Angleterre; en abandonnant la France, il lui laissa du moins les soldats qu'il lui avait fournis. Le 28 mai, la diète germanique se prononça enfin contre la France et déclara que la guerre de l'empereur était une guerre d'empire. La grande œuvre de la politique française était détruite : l'Autriche avait repris, grâce aux excès de Louis XIV, la suprématie et la direction de l'Allemagne contre la France.

L'électeur de Brandebourg ne devait pas tarder à suivre le mouvement auquel il avait donné naguère la première impulsion. Il n'y avait plus dans l'empire que l'électeur de Bavière et les ducs de Hanovre et de Würtemberg, qui ne fussent pas engagés contre la France.

En rompant la conférence générale, Louis XIV avait essayé d'engager la Hollande dans une négociation particulière; mais les plaies qu'il lui avait faites étaient trop saignantes encore, la reconnaissance envers les alliés trop fraîche, et le prince d'Orange avait trop d'intérêt à continuer la guerre[1].

Cette guerre, Louis était en mesure de la soutenir. En ce moment même, il la reportait vigoureusement chez ses ennemis.

A la première nouvelle de l'entrée des Français en Franche-Comté, l'empereur et l'Espagne s'étaient efforcés d'entraîner les Suisses à défendre cette province. Louis, de son côté, n'épargna,

1. Mignet, t. IV, p. 301-303.

comme il le dit lui-même dans ses Mémoires, ni adresse, ni argent, pour endormir les cantons. Les Suisses firent des propositions de neutralité pour les deux Bourgognes : le roi affecta d'entrer vivement dans cette pensée et ralentit les hostilités pendant quelques semaines, qu'il employa en préparatifs. Le gouvernement impérial louvoya et tergiversa. Ce qu'il voulait, ce n'était pas la neutralité bourguignonne, c'était la guerre, avec les Suisses pour alliés. Louis, ravi de la maladresse et de la témérité de ses ennemis, rompit les pourparlers et partit brusquement pour la Bourgogne : les Suisses, mécontents de l'empereur et calmés par les promesses et par les dons du roi, ne remuèrent pas et s'engagèrent même à refuser le passage aux troupes impériales.

Louis arriva, le 2 mai, devant Besançon, investi dès le 25 avril par le duc d'Enghien. L'armée royale ne dépassait pas 8,000 fantassins et 5,000 ou 6,000 chevaux; encore le roi envoya-t-il Luxembourg, avec un détachement, prendre Ornans, Pontarlier et Baume. Le temps était affreux; des pluies glaciales prolongeaient indéfiniment l'hiver et rendaient les travaux de siège très-difficiles et très-pénibles : les vivres et les fourrages n'arrivaient qu'au jour le jour. La population, qui entendait les plaintes des provinces voisines et qui redoutait le gouvernement absolu et les lourds impôts de la France, se montrait hostile; les paysans harcelaient l'armée et gênaient les communications. Le gouvernement espagnol avait tâché de n'être pas pris une seconde fois au dépourvu. Besançon et les autres places étaient bien approvisionnées, réparées du mieux qu'on avait pu et défendues par des troupes peu nombreuses, mais assez bonnes. Le comte de Vaudemont, fils du vieux duc de Lorraine, s'était jeté dans Besançon. Les circonstances étaient donc beaucoup moins favorables qu'en 1668; mais la présence de Vauban compensait tout. Vauban fit ouvrir la tranchée contre la partie de la ville qui, bâtie au nord du Doubs, n'est pas enveloppée par le repli de la rivière, et fit hisser, avec des grues et des chaînes de fer, quarante canons sur les rochers de Chaudanne et de Brégille, qui commandent toute la ville et dépassent de leurs cimes le rocher de la citadelle [1]. Devant

---

[1]. Chaudanne et Brégille font partie maintenant du système de défense de Besançon.

un tel système d'attaque, Besançon devait infailliblement succomber. Le mauvais temps ne retarda sa chute que de peu de jours. La contrescarpe du quartier d'outre-Doubs ayant été emportée dans la nuit du 13 au 14 mai, la ville capitula le 15, moyennant la conservation de ses priviléges : le gouverneur, le comte de Vaudemont et la garnison se retirèrent dans la citadelle. Les batteries de Brégille et de Chaudanne firent bientôt voler en éclats une partie des défenses de cette forteresse, construite en pierre sèche et sans terrassements. Les dehors et l'église fortifiée de Saint-Étienne furent emportés d'assaut : la citadelle se rendit le 22 mai.

De Besançon, le roi se rabattit sur Dôle (26 mai) et attaqua cette ville d'un côté où les nouvelles fortifications, entreprises par les Espagnols depuis 1668, n'étaient point achevées. Le gouverneur et la garnison se défendirent honorablement, mais ne purent empêcher les assiégeants de s'emparer du chemin couvert et de faire brèche à un des bastions par l'explosion d'une mine. La capitulation eut lieu le 6 juin. Le roi avait refusé de garantir aux Dôlois le maintien de leur parlement; mais, quelque temps après, il réinstalla spontanément cette cour souveraine, ce qui toucha fort les gens de Dôle et commença, dit Pellisson, à les rendre Français. Louis repartit le 19 juin pour Fontainebleau, laissant aux ducs de Duras et de La Feuillade le soin d'achever son ouvrage. La Feuillade fit ouvrir la tranchée devant Salins le 14 juin, emporta, le 21, les deux forts qui couvrent cette ville et entra dans la place le 22. Duras prit les forts presque inaccessibles de Joux et de Sainte-Anne. Un autre officier général, le marquis de Renel, compléta l'assujettissement de la province par la prise de Lure, de Luxeuil et de Faucognei (1er-4 juillet)[1].

La seconde conquête de la Franche-Comté avait coûté un peu plus de peine que la première; mais elle était définitive. Les deux Bourgognes ne devaient plus être séparées et la France ne devait plus reperdre sa frontière du Jura. Le Jura, conquis par Louis XIV, assurait à la France le Rhin, conquis par Richelieu. L'arc de triomphe de la porte Saint-Martin fut consacré à la mémoire de

---

1. *Œuvres* de Louis XIV, t. III, p. 459. — Pellisson, *Lettres*, t. II, p. 119. — *Lettres militaires*, t. II.

cette conquête, comme l'arc de la porte Saint-Denis l'avait été à célébrer des succès moins durables.

Les alliés n'avaient point été prêts à temps pour mettre obstacle aux progrès de Louis XIV : le duc de Lorraine, à la tête d'un corps de cavalerie, avait bien fait quelques tentatives ; mais Turenne lui avait fait refuser le passage tour à tour par le duc de Würtemberg et par la ville de Bâle, et ne lui avait pas permis d'entrer en Alsace ni d'approcher de la Franche-Comté.

Les alliés, dès le commencement de l'année, avaient projeté une attaque générale contre la France. Ils avaient débattu entre eux le dessein de faire entrer deux grandes armées, l'une, de Belgique en Champagne, l'autre, d'Allemagne en Alsace et en Lorraine ; les Espagnols devaient envahir le Roussillon ; enfin, la flotte hollandaise devait insulter les côtes de France et y tenter quelque entreprise. La lenteur de la diète germanique à se déclarer, ce qu'elle ne fit, comme on l'a vu, qu'à la fin de mai, avait retardé la formation de la première armée, celle dont le duc de Lorraine avait mis l'avant-garde en campagne. La seconde armée, qui avait pris Bonn et réduit Cologne et Münster à se soumettre, n'avait plus à sa tête Montecuculli, tombé malade, et ne fut que très-tard en mesure de se remettre aux champs. Ces masses, composées de troupes de diverses nations, commandées par des chefs indépendants les uns des autres, tirant de points divers et lointains leurs moyens de recrutement et de ravitaillement, étaient lentes et lourdes à mouvoir. Les alliés furent prévenus, dans le Nord comme dans l'Est, bien qu'avec des résultats beaucoup moins importants. Les Impériaux avaient espéré intercepter l'arrière-garde des garnisons de Hollande, que le maréchal de Bellefonds ramenait à Maëstricht ; mais Condé, quoique tourmenté cruellement par la goutte, accourut du Hainaut sur la Meuse avec douze ou quinze mille hommes et rejeta l'ennemi sur Limbourg. Les Français s'emparèrent de Dalheim, de Navagne, d'Argenteau, petites places occupées par les alliés entre Maëstricht et Liége (mai 1674).

Après avoir ainsi consolidé la position des Français à Maëstricht, Condé se replia sur le Hainaut et menaça Mons, mais sans se décider à l'assiéger ; il craignait d'user son armée par un siége et, d'ailleurs, il ne reçut pas assez promptement les renforts de cavalerie et d'artillerie qui lui étaient nécessaires. Ce fut seulement de juin à juillet qu'il se vit enfin à la tête de plus de trente cinq mille hommes ; mais alors les coalisés en avaient plus de cinquante mille et reprenaient l'offensive. Ils avaient eu peine à s'entendre sur leurs opérations. Chacun ne voyait que son intérêt immédiat : les Impériaux souhaitaient de ne pas s'écarter de la Meuse, afin de favoriser l'invasion projetée par l'autre armée allemande en Alsace et en Lorraine. Les Espagnols voulaient reprendre Charleroi. Les Hollandais étaient partagés entre le désir de recouvrer Grave et Maëstricht et la passion qu'avait le stathouder de se signaler par une irruption en France. Des mouvements séditieux et des désertions parmi les troupes de Münster et de Cologne, qui ne servaient qu'à regret contre les Français, retardèrent aussi un peu la marche des Impériaux. Le comte de Souches, aventurier français qui avait remplacé Montecuculli dans le commandement des troupes impériales, passa enfin la Meuse à Namur avec une vingtaine de mille hommes, dans les derniers jours de juillet, et joignit près de Nivelle vingt-cinq mille Hollandais et quelques milliers d'Espagnols réunis sous le commandement du prince d'Orange. Le descendant de Guillaume-le-Taciturne avait reçu les pouvoirs de généralissime du Roi Catholique, de l'héritier de Philippe II ; étranges variations des choses humaines !

Condé s'était établi dans une forte position à quelque distance de Charleroi, entre le ruisseau du Piéton et la Sambre. De là, il couvrait le Hainaut français et la Champagne et obligeait les ennemis à lui prêter le flanc s'ils marchaient vers la Flandre ou vers la Picardie. Après avoir détaché une dizaine de mille hommes pour bloquer Grave, les coalisés, encore supérieurs aux Français, tâchèrent d'attirer Condé hors de son camp. Ils n'y réussirent pas et reconnurent l'impossibilité de rien entreprendre contre Charleroi. Alors, avec une imprudence inexcusable en présence d'un tel adversaire, au lieu de se replier sur Nivelle, ils défilèrent dans la direction de Mons, par une marche de flanc exécutée en vue du camp français, dans un pays couvert et accidenté, où les divers corps ne pouvaient s'entre-secourir qu'à grand'peine (11 août).

Condé poussa un cri de joie, quand, du haut du château de Van-der-Beck, il vit l'ennemi commencer ce mouvement. Il fit passer aussitôt le Piéton à son armée. L'avant-garde ennemie, composée des Impériaux, était déjà loin. Un gros de cavalerie était massé à l'arrière-garde et un corps d'infanterie occupait le village de Senef, pour protéger la marche de l'armée. Condé chargea en personne à la tête de la maison du roi, que Louis lui avait envoyée de Franche-Comté, et renversa la cavalerie ennemie, tandis que l'infanterie et les dragons français, qui avaient mis pied à terre, emportaient d'assaut le village. L'arrière-garde ennemie en déroute se rejeta sur le corps de bataille, qui, sous les ordres du prince d'Orange, avait fait volte-face sur une hauteur au-dessus du prieuré de Saint-Nicolas-des-Bois. Des vergers fermés de fortes barrières et de haies vives protégeaient les abords de ce prieuré. L'ennemi s'y rallia; mais bientôt, ébranlé par une vigoureuse attaque de l'infanterie et des dragons, il fut culbuté de nouveau, infanterie sur cavalerie, par Condé et par les redoutables cavaliers de la maison du roi. Les alliés, chassés du vallon, essayèrent encore de tenir autour du prieuré, à mi-côte de la hauteur d'où le corps de la bataille était venu au secours de l'arrière-garde. Après une opiniâtre et sanglante résistance, ils furent rompus pour la troisième fois, poussés en désordre jusqu'au sommet du plateau, et de là poursuivis jusqu'au village du Fay. Tout leur bagage fut enlevé, avec plus de cent drapeaux et cornettes et quatre canons ou mortiers; un grand nombre de prisonniers restèrent entre les mains des Français.

La bataille était perdue pour les alliés, mais une partie de leurs forces n'avaient point combattu, et leur jeune général n'avait pas perdu la tête dans ce désastre; avec un sang-froid digne d'un capitaine blanchi sous le harnais, Guillaume arrêta ses masses fugitives dans l'excellent poste du Fay, où le retour tardif de l'avant-garde rendit courage aux deux autres corps vaincus. Le Fay était protégé d'un côté par un ravin, de l'autre, par un marais et un bois; au-dessus, une hauteur commandait toutes les avenues du village. Guillaume plaça du canon sur cette colline et, de concert avec le comte de Souches, remit l'armée alliée en ordre.

Turenne, à la place de Condé, eût craint sans doute de compromettre sa victoire en voulant la compléter et de sacrifier inutilement des milliers d'hommes; mais Condé, enivré par la bataille et ressaisi tout entier par l'héroïque fureur de Rocroi et de Freybourg, ne comptait pour rien ni la vie des autres ni la sienne : il arrêta sa cavalerie une heure entière sous le feu meurtrier de l'artillerie ennemie, jusqu'à ce que son infanterie l'eût rejoint; puis il recommença ses charges impétueuses ; mais, cette fois, les alliés ne cédèrent plus. Des bataillons, des escadrons furent sabrés et renversés; d'autres prenaient aussitôt leur place; le canon ennemi fut pris et repris; le prince d'Orange faillit être tué ou fait prisonnier, et Condé eut trois chevaux tués sous lui. Malgré les efforts inouïs des Français, la position ne put être ni tournée ni emportée de front. L'action, commencée à deux heures, durait encore à minuit; après le soleil couché, on continua de se battre tant que la lune donna quelque lumière. Les armes tombèrent enfin des mains des deux armées épuisées et inondées de sang. Sept ou huit mille Français et huit ou dix mille ennemis, morts ou blessés, jonchaient cet affreux champ de carnage. Les Français avaient, pour gages de leur coûteuse et imparfaite victoire, les équipages et les étendards qu'ils avaient conquis, et trois mille cinq cents prisonniers, dont plusieurs princes allemands. Le marquis d'Assentar, général des Espagnols, était mort.

Le lendemain, au point du jour, les alliés se portèrent sur Mons et les Français rentrèrent dans leur camp du Piéton [1].

On resta quelque temps immobile de part et d'autre. Les deux armées, cruellement mutilées, avaient également besoin de se reposer et de se réorganiser. Les alliés étaient encore moins d'accord après qu'avant le combat. Le prince d'Orange se plaignit fort des Espagnols, qui ne lui avaient fourni que cinq ou six mille hommes, au lieu de mettre en campagne les troupes entassées dans les places de Belgique. Louis XIV essaya d'exploiter ce mécontentement et d'amener Orange à négocier à part; mais le jeune stathouder ne rêvait que la guerre. Les Espagnols se décidèrent à

---

1. *Lettres militaires,* t. II, p. 50-82. — Pellisson, *Lettres historiques,* t. II, p. 138-156-198-203. — La Neuville, t. IV, p. 351. — Basnage, t. II. — *Mém.* de La Fare, ap. collect. Michaud, 3ᵉ série, t. VIII, p. 274. — *Mém.* de Chavagnac.

l'apaiser en tirant de leurs garnisons tout ce qu'ils avaient de troupes disponibles, et l'armée coalisée se retrouva forte de cinquante mille combattants et en état d'agir. Les Espagnols obtinrent qu'on attaquât Oudenarde, poste avancé des Français qui était une menace perpétuelle pour Gand et Bruxelles. Oudenarde fut investi le 15 septembre : la garnison n'était que de deux mille hommes ; mais les alentours étaient inondés par l'Escaut, et Vauban s'était jeté dans la place. Les alliés ouvrirent la tranchée dès le 17, du seul côté attaquable. Un premier assaut fut vivement repoussé. Les assiégés comptaient sur un prompt secours et leur espoir ne fut point trompé. Condé avait à la hâte renforcé son armée des garnisons de la Flandre française et parut, dès le 20, en vue des lignes ennemies. Le prince d'Orange et le gouverneur de Belgique, Monterey, voulaient aller au-devant de Condé et donner une seconde bataille : le comte de Souches refusa de courir cette terrible chance. Attendre les Français dans des quartiers largement espacés et séparés par l'inondation, c'était s'exposer à une défaite certaine. Il fallut donc lever le siége et se retirer sur Gand pendant la nuit, en abandonnant une partie des munitions et des bagages.

Les trois grands corps de l'armée coalisée se séparèrent bientôt en mauvaise intelligence. Les Espagnols rentrèrent dans leurs garnisons ; les Hollandais allèrent rejoindre le corps détaché qui assiégeait Grave, et les Impériaux retournèrent vers la Meuse. Le lieutenant général Chamilli défendait vaillamment Grave avec quatre mille hommes d'élite, depuis la fin de juillet, contre une division hollandaise renforcée par des troupes de Brandebourg. Le *grand électeur*, sans tenir compte des avances de Louis XIV, avait rompu définitivement son traité avec la France et pactisé avec les alliés le 1er juillet. En vain les bombes et les boulets rouges avaient-ils écrasé la ville : Chamilli et ses valeureux compagnons se maintenaient au milieu des décombres, et leurs furieuses sorties, les contre-mines et les fourneaux qu'ils faisaient jouer sans cesse, infligeaient des pertes énormes à l'ennemi. Dans la première quinzaine d'octobre, le prince d'Orange concentra autour de Grave presque toutes les forces de la Hollande. Les assiégés repoussèrent encore plusieurs assauts avec un grand carnage. Cependant leurs ressources commençaient à s'épuiser; ils étaient réduits de moitié et ne pouvaient espérer aucune assistance; Condé avait déjà été obligé de mettre son armée en quartiers d'hiver, le roi lui ayant enlevé la plupart de sa cavalerie et une partie de son infanterie pour renforcer Turenne, alors engagé dans une lutte décisive en Alsace. Le roi lui-même expédia à Chamilli l'ordre de capituler pour sauver les deux mille braves qui lui restaient. Chamilli sortit de Grave le 28 octobre avec armes et bagages, emmenant vingt-quatre pièces de canon. Les Hollandais retrouvèrent dans Grave la meilleure partie de l'artillerie qui avait été enlevée de toutes leurs places. Ce succès leur avait coûté, dit-on, près de huit mille hommes [1].

Les Impériaux, dans le courant de novembre, prirent Hui et Dinant, villes liégeoises dont les habitants avaient reçu volontairement de petites garnisons françaises; le cours de la Meuse, entre Liége et la frontière de France, fut ainsi occupé par l'ennemi, qui termina la campagne avec quelque avantage dans les Pays-Bas : cet avantage, bien chèrement acheté et bien faible en comparaison des espérances conçues, n'entamait nullement la puissance française. Les nouvelles qui arrivaient de tous les autres points de l'horizon ne permettaient pas d'ailleurs aux coalisés de se réjouir.

Turenne avait commencé sur le Rhin, vers la fin du printemps, une série d'admirables opérations qui embrassèrent neuf mois entiers.

Il avait été chargé d'abord d'intercepter les secours destinés à la Franche-Comté envahie par le roi, puis de protéger l'Alsace et la Lorraine contre les forces austro-germaniques. Il n'attendit pas l'attaque des Allemands. Le duc de Lorraine, perdant l'espoir de pénétrer en Franche-Comté, était retourné de Rheinfeld joindre à Kehl le général impérial Caprara (fin mai); un nouveau corps autrichien, sous le duc de Bournonville, allait bientôt arriver de Bohême, et, la diète ayant publié sa déclaration contre la France, les contingents des cercles allaient être mis sur pied sous quelques semaines. Turenne ne crut pas devoir laisser

---

1. Pellisson, *Lettres historiques*, t. II, p. 191. — La Neuville, t. IV, p. 174.

grossir cet orage. Suivant, de l'autre côté du Rhin, le mouvement du duc de Lorraine, il était revenu des environs de Bâle aux portes de Strasbourg et avait, par sa présence redoutée, empêché Strasbourg d'accorder le passage à Lorraine et à Caprara, qui s'étaient alors reportés sur le Necker; il repoussa les plans de Louvois, qui prétendait le rappeler vers Metz ou Trèves pour couvrir la Moselle; il passa le Rhin, le 14 juin, à Philipsbourg, et courut droit à l'ennemi. Il rencontra les Impériaux, le 16, auprès de Sintzheim. C'était un grand corps de cavalerie, sept mille chevaux, accompagnés seulement de deux mille fantassins et sans artillerie. Turenne avait cinq mille cavaliers, trois à quatre mille fantassins et six canons. L'ennemi était très-avantageusement posté sur un plateau, ayant à sa droite la petite ville de Sintzheim et une abbaye fortifiée, à sa gauche, des escarpements difficiles à gravir, sur son front, les deux bras de la petite rivière d'Elsatz, affluent du Necker. L'attaque était périlleuse; mais la retraite encore plus. Turenne n'hésita pas. Les dragons et l'infanterie, vivement lancés, délogèrent les fantassins ennemis des vignes, des jardins, du faubourg, puis de la ville, dont la porte fut enfoncée par le canon. L'abbaye fortifiée, qui était la clef de la position, fut enlevée au pas de course. Cette abbaye commandait le seul défilé par lequel on pût monter sur le plateau où la cavalerie ennemie était en bataille. L'armée française déboucha sur le plateau. Avant qu'elle fût complétement en ordre, elle eut à soutenir le choc d'une masse formidable de cavaliers, en tête desquels chargeaient quatre mille cuirassiers de l'empereur[1]. Les premiers escadrons français furent enfoncés; mais Turenne avait jeté entre eux des pelotons de mousquetaires, dont le feu, appuyé par celui de six pièces de canon, arrêta l'ennemi. L'armée française acheva de se déployer, la cavalerie au centre, l'infanterie sur les flancs, ordre inaccoutumé qu'indiquait la nature du champ de bataille.

Une seconde charge des Impériaux fut également repoussée; à

---

1. L'emploi des armes défensives diminuait de plus en plus : au commencement de ce siècle, le cavalier casqué et cuirassé, sans brassards, tassettes ni cuissards, n'était encore qu'un *chevau-léger*; maintenant, c'était là *le cuirassier*, l'homme pesamment armé, et les trois quarts au moins de la cavalerie n'avaient plus ni casque ni cuirasse. Le casque ne tarda pas à disparaître entièrement.

la troisième, la cavalerie ennemie se rompit; les généraux ordonnèrent la retraite, qui se changea bientôt en déroute à travers les bois voisins. Les Impériaux ne s'arrêtèrent qu'au delà du Necker. Ils avaient perdu deux mille cinq cents hommes, sans ce qui déserta dans la fuite; les Français, à peu près moitié.

Après avoir écrasé ce premier noyau de la grande armée allemande, Turenne revint recevoir en deçà du Rhin un renfort considérable, puis traversa une seconde fois le fleuve à Philipsbourg, le 3 juillet, et se porta de nouveau sur le Necker. Le duc de Lorraine et de Caprara, renforcés par Bournonville et par l'électeur palatin, étaient revenus prendre position entre Ladenbourg et Manheim. A l'approche de leur terrible adversaire, ils se retirèrent précipitamment jusqu'au nord du Mein, abandonnant le Palatinat à la discrétion des Français. Ce malheureux pays expia cruellement la défection de son prince, qui s'était tourné contre la France si peu de temps après avoir contracté avec Louis XIV une alliance de famille. Turenne fit consommer et gaspiller par ses troupes bestiaux, fourrages et moissons, de manière que l'armée ennemie, quand elle reviendrait en force, comme il le prévoyait, ne pût trouver à vivre aux bords du Necker ni assiéger Philipsbourg. C'était pousser bien loin les droits de la guerre que d'affamer toute une contrée pour atteindre son ennemi à travers des populations inoffensives; mais personne n'eût alors songé à contester l'étendue de ces droits rigoureux. Les paysans désespérés se vengèrent sur les soldats isolés qu'ils purent attraper; ils en mirent en pièces un certain nombre. Des compagnies anglaises, au service de France, ayant rencontré par les chemins les cadavres mutilés de leurs camarades, coururent tout le pays la torche à la main et brûlèrent vingt-sept bourgs et villages. L'électeur palatin, qui, du haut des tours de Heidelberg, avait vu l'horizon rougi par les flammes qui dévoraient les habitations de ses infortunés sujets, envoya un cartel à Turenne dans une lettre pleine d'une colère éloquente. Turenne répondit, avec simplicité et modération, que le feu avait été mis sans son ordre. Il avait en effet arrêté l'incendie et puni quelques-uns des incendiaires. Les reproches de l'électeur ne lui firent toutefois rien changer à son plan. Après avoir employé le mois de juillet à manger le Palatinat trans-rhénan, il repassa sur la rive gauche et traita de la même façon le Palatinat cis-rhénan pendant le mois d'août ¹.

L'armée ennemie, retranchée sur la rive droite du Mein, entre Francfort et Mayence, avait été grossie peu à peu par les contingents des cercles et des princes de l'empire. L'électeur de Saxe, les ducs de Brunswick, les quatre électeurs du Rhin, la Hesse, Münster, avaient répondu à l'appel de l'empereur. Quand les généraux impériaux eurent trente-cinq mille combattants sous leurs ordres, ils se mirent en mouvement, sans attendre l'électeur de Brandebourg, qui promettait d'amener en personne un grand corps d'armée. Il franchirent le Rhin à Mayence le 1ᵉʳ septembre et s'avancèrent entre Spire et Philipsbourg.

A cette nouvelle, l'agitation fut vive à la cour de France. On croyait déjà voir les Allemands à Nanci et à Metz. Le roi, à l'instigation de Louvois, enjoignit à Turenne de quitter la position qu'il avait prise entre Landau et Weissembourg et de repasser les Vosges pour couvrir la Lorraine. C'était abandonner l'Alsace sans résistance, et, avec l'Alsace, Philipsbourg et Brisach, ces deux têtes de pont qui assuraient à la France l'entrée de la Haute-Allemagne : c'était rouvrir aux ennemis, par l'Alsace, la Franche-Comté à peine soumise et leur céder sans combat tous les fruits d'une grande victoire. Cette fois encore, Turenne résista et, cette fois encore, Louis eut le bon sens de céder : il envoya seulement sur la Meuse une partie de l'arrière-ban noble qu'on venait de convoquer, et Turenne garda son poste. Turenne n'avait que vingt-deux mille hommes contre trente-cinq mille ; mais chef et soldat, dans l'armée française, savaient à quel point ils pouvaient compter l'un sur l'autre : il n'en était pas de même de ce ramas de troupes coalisées qui servaient pour la première fois ensemble, sous une demi-douzaine de généraux assez mal d'accord. Turenne tint les ennemis plus de quinze jours en échec sans qu'ils osassent tenter de forcer l'entrée de l'Alsace ou d'assiéger Philipsbourg. Ils mouraient de faim dans un pays ravagé. Ils changèrent leurs plans : le 21 septembre, ils repassèrent le Rhin sur un pont de bateaux et filèrent rapidement le long de la

---

1. *Histoire de Turenne*, t. II. p. 1-20. — *Lettres militaires*, t. II, p. 359.

rive droite vers Stra bourg. Leurs agents avaient habilement travaillé la population de cette ville pour l'entraîner à violer une neutralité maintenue pendant toutes les grandes guerres du siècle : ils représentèrent avec force aux libres bourgeois de Strasbourg le sort des autres villes impériales d'Alsace, désarmées et dépouillées de leurs priviléges, et le péril qui menacerait à son tour leur république municipale, si l'ambitieux et absolu roi de France triomphait de l'empire. Les magistrats hésitaient à provoquer le ressentiment des Français; la multitude s'ameuta, s'empara du pont, qui est à une demi-lieue de la ville, et promit de le livrer aux Impériaux. Turenne avait dépêché en toute hâte quelques troupes légères pour se saisir du fort qui protégeait l'extrémité du pont sur la rive gauche. Le commandant de ce détachement se laissa amuser par quelque négociation avec les gens de Strasbourg; pendant ce temps, les Impériaux passèrent et occupèrent le fort. Strasbourg leur ouvrit ses portes (24-25 septembre).

Cela valait pour eux une bataille gagnée! Strasbourg les introduisait au cœur de l'Alsace. Les avantages de leur position étaient désormais immenses : ils avaient pour eux le nombre, la possession de la première ville de la province et la faveur des populations, qui regrettaient leur indépendance municipale, tenaient à l'empire par leurs habitudes et leurs souvenirs et n'étaient point encore rattachées à la France par leurs intérêts, les lignes douanières les séparant du royaume. Enfin, l'électeur de Brandebourg était en marche pour joindre les confédérés avec une nouvelle armée, aussi forte à elle seule que l'armée française.

Turenne, arrivé devant Strasbourg au moment où les ennemis y entraient, avait pris poste à deux lieues au nord de la ville, entre l'Ill et la petite rivière de Suvel, tandis que les Allemands asseyaient leur camp au midi de la Brusch, se plaçant entre le camp français et la Haute-Alsace, pays fertile dont ils s'assuraient la libre disposition. Turenne, au contraire, dans la position qu'il avait été forcé de prendre pour couvrir Saverne et Haguenau, n'avait derrière lui qu'une contrée épuisée déjà par ses propres troupes. Il semblait que le grand capitaine n'eût plus autre chose à faire que d'opérer maintenant la retraite à laquelle il s'était refusé trois semaines auparavant.

Il ne se retira pas ! Il ne pouvait garder la défensive : il attaqua ! Après avoir accordé quelque repos à son armée, récemment tourmentée par la dyssenterie, il repassa la Suvel dans la nuit du 2 au 3 octobre et marcha droit aux ennemis pour leur donner bataille avant qu'ils eussent été renforcés par Brandebourg. Les généraux alliés, bien éloignés de se croire exposés à une attaque de la part d'adversaires si inférieurs en nombre, n'avaient pas gardé les ponts de la Brusch ; Turenne franchit cette petite rivière la nuit suivante et, le 4 octobre, au point du jour, il se trouva en ligne à la vue des ennemis accourus de leurs quartiers et déployés en arrière du village d'Entzheim. La lutte commença pour la possession d'un petit bois qui séparait l'aile droite française de l'aile gauche allemande. Les dragons français s'en saisirent les premiers. L'infanterie ennemie s'avança pour les débusquer. L'infanterie française soutint les dragons. Parmi les colonels des régiments engagés dans cette action, on remarque le nom de Churchill, qui commandait un des corps anglais laissés par Charles II au service de France : ce jeune homme, qui apprenait la guerre sous Turenne, ne devait que trop bien profiter des leçons d'un tel maître : Churchill devint le fameux duc de Marlborough !

Le combat était de plus en plus acharné autour du bois et dans le bois même : les Français repoussèrent les fantassins ennemis et enlevèrent huit pièces de canon qui les soutenaient ; mais les masses de l'infanterie allemande se renouvelaient et grossissaient toujours. La cavalerie de l'aile droite française, conduite par Turenne en personne, donna vigoureusement pour appuyer son infanterie, et les ennemis furent définitivement repoussés du bois jusqu'à un ravin que les Français ne purent franchir. Hommes et chevaux enfonçaient jusqu'à mi-jambe dans un terrain détrempé par la pluie. On s'arrêta et l'on se maintint avec une fermeté admirable dans le poste conquis, sous le double feu qu'on recevait, en tête, de l'autre bord du ravin, en flanc, du village d'Entzheim.

Il avait fallu beaucoup dégarnir le centre pour soutenir le combat à l'aile droite : l'ennemi essaya de mettre à profit sa supériorité numérique ; les cuirassiers de l'empereur, qui formaient l'aile droite ennemie, s'ébranlèrent en masse pour tomber sur la gauche et le centre des Français ; le duc de Bournonville, général en chef, chargea de front avec une division ; le comte Caprara, avec une autre colonne, tourna la gauche française et la prit en queue. Ce qui restait d'infanterie au centre se forma en bataillon carré et fit si bonne contenance, que les cuirassiers de Bournonville s'arrêtèrent à trente pas sans oser charger à fond. L'autre colonne ennemie passa également à côté de l'infanterie sans l'attaquer, fondit sur les premiers escadrons de la gauche française et les enfonça. La seconde ligne de la cavalerie française soutint la première, qui se rallia, et une charge générale rompit à leur tour les cuirassiers de l'empereur et les rejeta au delà d'Entzheim, sur leur infanterie ébranlée, effrayée et presque débandée. La fatigue et la nuit arrêtèrent la victoire. Les Allemands repassèrent l'Ill en désordre, abandonnant quelque artillerie dans la boue, et se retirèrent entre l'Ill et le Rhin, sous le canon de Strasbourg[1].

Cette sanglante affaire, qui avait coûté 3,000 à 4,000 hommes aux ennemis et 2,000 aux Français, ne faisait gagner à Turenne que quelques jours, car l'électeur de Brandebourg approchait et allait bientôt rendre aux confédérés une énorme supériorité ; mais ces quelques jours étaient beaucoup : des renforts étaient aussi en marche pour joindre l'armée française ; la moitié de l'arrière-ban du royaume avait été convoquée pour suppléer à l'insuffisance des troupes régulières, et 6,000 cavaliers nobles s'avançaient de la Meuse vers les Vosges, sous la conduite du maréchal de Créqui[2]. De grands corps de l'armée de Flandre allaient suivre le même chemin.

Turenne ne pouvait garder sans compromettre ses communications la position qu'il avait enlevée à l'ennemi. Il se reporta à Achenheim, au nord de la Brusch, puis, deux lieues plus loin, à Marlenheim, sur la Mutzig ; ce poste couvrait Saverne, assurait les communications avec la Lorraine et permettait de secourir Haguenau, qui reliait Philipsbourg à la France.

L'électeur de Brandebourg rejoignit les alliés le 14 octobre,

---

1. *Lettres militaires*, t. II, p. 360-379. — *Histoire de Turenne*, t. II, p. 10-35.
2. Le roi donna quelque assistance à l'arrière-ban, « sans que cela tirât à conséquence », quant à l'obligation où étaient les nobles de servir à leurs frais.

avec 22,000 soldats, tant de ses propres troupes que de celles des cercles de Souabe et de Franconie, et de recrues du Palatinat et de Lunebourg. Il avait marché très-lentement, peut-être par hésitation à s'éloigner de ses états, menacés d'une invasion suédoise.

Le lendemain, les confédérés se mirent en mouvement et s'approchèrent du camp de Turenne; ils comptaient 50 et quelques mille hommes et 72 canons; Turenne venait, ce jour même, de recevoir l'arrière-ban, ce qui portait ses forces à environ 25,000 hommes avec 37 canons. Ce fut seulement le 18 que les ennemis parurent se disposer à l'attaquer. Turenne ne crut pas devoir les attendre à Marlenheim; il commença sa retraite de nuit et la continua le lendemain en si bon ordre, à la faveur des accidents de ce terrain coupé de nombreux ruisseaux, que les ennemis n'osèrent l'attaquer à fond. Il s'arrêta derrière la Soor, entre Dettweiller et Hochfeld, protégeant, d'une main, Saverne, de l'autre, Haguenau. Les alliés retombèrent dans leurs incertitudes et lui laissèrent tout le loisir de se fortifier sur la ligne de la Soor. Les généraux de l'empereur avaient, comme de coutume, des instructions qui leur défendaient tout parti hasardeux : le grand électeur, et surtout le duc de Lorraine, qui voyait avec angoisse ses chances de restauration diminuer par chaque journée perdue, insistèrent en vain pour qu'on s'armât de résolution. Les premiers détachements de l'armée de Flandre commencèrent, cependant, à paraître le 30 octobre et d'autres les suivirent de jour en jour. Il n'y avait pas moins de 80 escadrons et de 20 bataillons en marche; cela faisait bien 18,000 hommes.

Les ennemis, qui ne s'étaient pas décidés à prendre l'offensive quand ils étaient plus que doubles en nombre, n'y songèrent plus quand les forces furent devenues moins inégales; manquant de vivres, ils se replièrent sur leur ancien camp, au midi de la Brusch, et s'y retranchèrent (20 novembre). Turenne, dont la cavalerie pâtissait beaucoup de l'insuffisance des fourrages, qu'il fallait tirer d'outre-Vosges, se porta, de son côté, un peu plus au nord, sur le Moter, renvoya l'arrière-ban dans les Trois-Évêchés, puis, dans les derniers jours de novembre, après avoir bien muni Saverne et Haguenau, il tourna tête vers les Vosges et rentra en Lorraine. Les ennemis, le voyant éloigné, s'étendirent en pleine sécurité dans toute la Haute-Alsace, pour y prendre leurs quartiers d'hiver. La retraite volontaire de Turenne avait relevé leurs espérances : ils comptaient envahir la Lorraine et la Franche-Comté au printemps prochain. Ces deux provinces leur tendaient les bras. La Lorraine, chose singulière, aimait toujours son vieux duc, malgré tous les maux qu'il avait attirés sur elle : sans doute, la double oppression militaire et fiscale qu'elle subissait comptait pour beaucoup dans ses regrets. Déjà le duc Charles IV avait lancé des détachements par les montagnes jusqu'à Remiremont et Épinal. En attendant, les alliés bloquaient Brisach.

L'étonnement fut grand à la cour et dans le public ; on ne pouvait concevoir que Turenne, après avoir refusé d'évacuer l'Alsace quand il était faible, l'eût abandonnée quand il était fort.

Le roi et les ministres avaient le secret d'un mouvement que ne pouvait comprendre le public. A ceux qui doutaient de lui, Turenne allait répondre par des coups de foudre.

Rentré en Lorraine par Lixheim et Lorckheim, il ramassa en passant les derniers régiments arrivés de Flandre, auxquels il avait expédié l'ordre de rester en deçà des Vosges ; il divisa son armée en plusieurs corps et leur assigna pour rendez-vous général Belfort, à l'extrémité sud-ouest du Sundgau[1]. C'était la masse entière des Vosges qu'il s'agissait, non plus de traverser sur un point, mais de percer dans toute sa longueur, parmi les neiges, les précipices et les torrents débordés. Il fallait être Turenne pour obtenir de tels efforts du soldat. Après avoir traversé la Lorraine de part en part et chassé les partis envoyés par le duc Charles, les colonnes françaises se trouvèrent complètement réunies à Belfort le 27 décembre. L'avant-garde avait déjà, depuis plusieurs jours, pris position en avant de cette petite ville.

Au bruit que les Français débouchaient en Alsace par la plaine qui sépare les derniers mamelons des Vosges des premiers plateaux du Jura, une agitation extraordinaire se répandit parmi les ennemis éparpillés dans toute la Haute-Alsace et le Sundgau. L'absence de direction unique, la nécessité de conférences entre les généraux, les empêchèrent de se concentrer avec la célérité

---

1. L'Alsace était divisée en trois parties : Basse-Alsace, Haute-Alsace, Sundgau ou canton du Sud.

qui leur eût été indispensable. Les Impériaux et les Lorrains, qui occupaient le Sundgau, évacuèrent toute la partie de ce canton à l'ouest de l'Ill, et leurs divers corps se replièrent confusément sur Altkirch, Mulhausen et Ensisheim, afin de rejoindre l'électeur de Brandebourg et le reste des confédérés autour de Colmar.

Turenne ne leur laissa pas le temps de se rallier. Il marcha droit à Mulhausen, afin de couper par le milieu la ligne de retraite que suivaient les Impériaux. Le 29 décembre, il passa l'Ill à gué avec sa cavalerie et fondit sur la cavalerie impériale et lorraine massée dans la prairie de Mulhausen. L'ennemi, affaibli par une épidémie, étourdi et démoralisé par l'effroi du nom de Turenne, fut mis en pleine déroute après quelques charges. Une partie des escadrons impériaux s'enfuirent vers Bâle; beaucoup de cavaliers furent pris; le reste, à la faveur de la nuit, gagna Ensisheim, où l'infanterie et les bagages étaient déjà arrivés en majeure partie. Un grand nombre de prisonniers furent ramassés le lendemain entre Mulhausen et Ensisheim par les partis français. Un régiment d'infanterie fut pris tout entier.

Le gros des Impériaux échappés à la déroute de Mulhausen fut recueilli près de Colmar par l'électeur de Brandebourg. Les généraux alliés réunirent leurs forces, encore supérieures à celles de Turenne, dans la plaine de Colmar; ils avaient à leur gauche Colmar, l'Ill et deux petites rivières qui s'y jettent; à leur droite, la petite ville de Turckheim et la rivière de Fecht; leur front était couvert par un autre bras de la Fecht, derrière lequel ils élevèrent à la hâte quelques terrassements garnis d'artillerie.

Turenne, après avoir remis en ordre ses troupes fatiguées de la marche et du combat, arriva, le 5 janvier 1675, en vue de l'ennemi. Il connaissait le terrain et tous ses mouvements étaient combinés d'avance. Une attaque au centre de la position eût été téméraire. Il fit d'abord avancer lentement son aile droite vers les faubourgs de Colmar, comme s'il eût voulu porter son effort contre cette ville; l'ennemi se hâta de se renforcer de ce côté; pendant ce temps, l'aile gauche française débouchait par les défilés du Gregorienthal en face de Turckheim, afin de franchir le bras de la Fecht près de l'endroit où il se détache de la rivière, et de tourner les alliés. Ceux-ci, reconnaissant alors le vrai plan de Turenne, firent marcher au pas de course une forte division pour arrêter la gauche française. Les bataillons français passèrent le bras de la Fecht sous le feu de la mousqueterie et du canon ; la mort du lieutenant-général Foucault, tué à la tête de l'aile gauche, n'arrêta pas l'élan de l'infanterie française. La colonne ennemie battit en retraite vers le gros de l'armée, abandonnant Turckheim et le bord de la Fecht ; l'attaque avait commencé tard ; la nuit tombait ; l'aile victorieuse s'arrêta d'après l'ordre de Turenne, mais un fort détachement alla prendre position sur une hauteur au delà de Turckheim, pour redescendre, le lendemain matin, sur les derrières de l'ennemi.

Le lendemain matin, il n'y avait plus d'ennemi dans la plaine. Les généraux alliés avaient décampé précipitamment pendant la nuit, abandonnant deux mille cinq cents blessés et malades dans Colmar. L'électrice de Brandebourg et sa petite cour, qui avaient suivi l'armée alliée, avaient quitté Colmar la veille.

Turenne avait prévu et préparé cette retraite, qui assurait l'évacuation de l'Alsace sans nouvelle effusion de sang. Les alliés s'arrêtèrent trois jours près de Schelestadt, entre l'Ill et les montagnes, jusqu'à ce que leur bagage et leur artillerie fussent hors des défilés voisins ; puis, le 9, ils se portèrent sur Strasbourg par Benfeld. Turenne entra derrière eux dans Schelestadt. Le 11 janvier, les alliés commencèrent à repasser le Rhin. Quelques jours après, la ville de Strasbourg, à laquelle Turenne avait envoyé offrir l'oubli du passé, demanda et obtint le renouvellement de sa neutralité, à la condition de ne plus donner passage aux ennemis par le pont du Rhin. « Il n'y avait plus en Alsace d'ennemi qui ne fût prisonnier[1]. »

Ainsi finit cette célèbre campagne, la plus belle peut-être que présente l'histoire militaire de l'ancienne France. Aucune n'offre de plus hauts enseignements à l'étude de ce grand art de la guerre ; aucune ne démontre si savamment cette mathématique sublime, qui prend pour éléments de ses combinaisons, non des chiffres abstraits, mais des êtres intelligents et passionnés, et qui, appelant les puissances morales à son aide, apprend à vaincre la ma-

---

1. Pellisson, *Lettres historiques*, t. II, p. 233. — *Lettres militaires*, t. III, p. 99 112-114-164. — *Histoire de Turenne*, t. II p. 545-554.

tière et le nombre par l'énergie patiente, par la confiance de l'homme dans l'homme et par le mépris de la mort.

Le génie de Turenne ne cessait de grandir à l'époque de la vie où les autres hommes, loin d'acquérir de nouvelles forces, sentent diminuer graduellement leurs facultés actives. Ce n'était pas seulement l'expérience qui croissait en lui, mais l'audace et le feu. Par un phénomène sans exemple, il semblait devenir plus jeune et plus ardent, à mesure que les années s'accumulaient sur sa tête, comme si son sang se fût réchauffé sous les glaces de l'âge.

La France ne fut point ingrate. Turenne, après s'être assuré de l'entière retraite des ennemis, était reparti pour la cour où le rappelait Louis XIV. L'Alsace et la Lorraine, qui étaient toujours mal affectionnées à leurs nouveaux maîtres et qui avaient été sacrifiées aux dures nécessités d'une guerre défensive, virent passer le vainqueur dans un morne silence; mais, dès que Turenne eut mis le pied dans les vieilles provinces françaises, sa marche fut un triomphe continuel depuis la Meuse jusqu'à Paris. Les populations de la Champagne et de l'Ile de France accouraient de dix lieues à la ronde pour saluer à son passage le héros qui les avait sauvées de l'invasion. A Paris, l'enthousiasme fut inexprimable.

Turenne reçut les hommages populaires avec sa modestie et sa simplicité habituelles : « On trouve, dit Pellisson, qu'il avoit l'air un peu plus *honteux* qu'il n'avoit accoutumé de l'être [1]. » Il ne poussa pas toutefois la modération jusqu'à négliger l'avantage que ses éclatants succès lui donnaient sur Louvois, qui avait tant contrarié ses plans. Accueilli à bras ouverts par le roi, il attaqua vivement auprès de Louis les prétentions du ministre à dicter la loi aux généraux du fond de son cabinet. Le roi obligea Louvois à faire à Turenne des espèces d'excuses et à lui demander son amitié. Si Condé, qui avait eu aussi à se plaindre du ministre, ne se fût laissé désarmer par les soumissions du vieux Le Tellier et eût secondé Turenne auprès du roi, la position de Louvois eût pu être fort compromise.

Turenne obtint du moins, pour la campagne prochaine, la plus complète indépendance [2].

---

1. Pellisson, *Lettres historiques*, t. II, p. 242.
Histoire de Turenne, t. II, p. 555-557.

Pendant le cours de l'année 1674, tandis que les armées de terre prenaient si heureusement l'offensive en Franche-Comté, puis soutenaient une défensive si glorieuse en Belgique et sur le Rhin, Louis XIV, abandonné de l'Angleterre, n'avait pas cru sa marine en mesure de soutenir encore sur l'Océan le choc de la marine hollandaise : il avait jugé convenable d'abandonner l'Atlantique à ses ennemis et de se borner à tenir la Méditerranée et à défendre les côtes et les colonies menacées. Il n'avait donc armé cette année qu'une escadre de vingt-deux vaisseaux dans la Méditerranée, sous le commandement du marquis de Vivonne, général des galères, frère de madame de Montespan. L'abandon momentané de l'Atlantique correspondait d'ailleurs à l'évacuation des Provinces-Unies. Sur mer comme sur terre, Louis lâchait les Hollandais pour se tourner contre leurs auxiliaires les Espagnols.

Les Hollandais, eux, avaient mis en mer une flotte de soixante-six vaisseaux et frégates, sans les brûlots et bâtiments inférieurs, sous les ordres de leur grand Ruyter, et fondaient de hautes espérances sur la séparation de la France et de l'Angleterre. La flotte portait de nombreuses troupes de débarquement. Une fois entrée dans la Manche, elle se partagea en deux escadres (8 juin 1674); la moins forte, sous Ruyter, fit voile pour les Antilles ; l'autre, sous Tromp, resta quelques jours à l'ancre sur la côte d'Angleterre, observant la Normandie et attendant, pour agir, quelques avis secrets de France.

Les coalisés savaient qu'il existait dans le royaume bien des souffrances et des mécontentements, et se croyaient en droit de compter sur une nouvelle Fronde, grâce aux complots qu'ils fomentaient dans diverses parties de la France. Un personnage de haute naissance, le chevalier de Rohan, « l'homme le mieux fait de son temps et de la plus grande mine[1] », mais perdu de dettes et de vices, avait projeté, d'accord avec un officier sans emploi nommé La Tréaumont, d'exciter une révolte en Normandie et de livrer Quillebeuf ou Honfleur aux Hollandais. Les conspirateurs s'étaient mis en rapport avec les États-Généraux par l'intermédiaire d'un vieux maître de pension hollandais établi à Paris,

---

1. *Mém.* du marquis de La Fare, ap. collect. Michaud, 3ᵉ série, t. VIII, p. 279.

Van-den-Enden, qui avait été, dit-on, le maître de Spinoza et professait ses doctrines. Les États-Généraux avaient promis cent mille écus à Rohan. Un autre complot avait été tramé dans le midi. Un certain Sardan, ancien receveur des tailles, qui avait disparu avec sa caisse, s'était présenté à La Haie comme le délégué des provinces de Guyenne, Languedoc, Dauphiné et Provence, et avait annoncé que ces quatre provinces étaient prêtes à se soulever pour recouvrer leurs libertés perdues et même pour s'ériger en république fédérative; il avait signé un traité avec le prince d'Orange au nom des *confédérés* (21 avril) et il ne tarda pas à en signer un second avec le cabinet de Madrid, auquel il promit d'insurger premièrement les Cévennes et le Vivarais, puis de surprendre un port de Guyenne, le tout accompagné de fortes demandes d'argent, ce qui était le principal but (23 juillet)[1]. Enfin, une troisième conspiration, moins chimérique, agitait le Roussillon.

Rien ne remua, toutefois, en Normandie, à l'approche des Hollandais. Tromp se dirigea vers les côtes de Bretagne. Le gouverneur de la province, le duc de Chaulnes, leva en masse l'arrière-ban noble et les paysans de la Cornouaille et du Léonnais, et l'ennemi trouva le goulet de Brest si bien fortifié et les côtes voisines si bien gardées, qu'il n'osa rien entreprendre sur le continent breton. Il essaya seulement une descente à Belle-Isle; mais la garnison du château, renforcée par la noblesse et par les campagnards des environs, se défendit bravement et obligea les Hollandais à se rembarquer (27 juin-2 juillet). Tromp réussit mieux contre l'île de Noirmoutier, qu'il envahit avant qu'on eût pu y faire passer des forces suffisantes (4 juillet). Il occupa cette île environ trois semaines, prit ou détruisit aux alentours quelques bâtiments français, mais reconnut l'impossibilité d'opérer une descente soit en Poîtou, soit en Guyenne. Toute la côte était bordée de milices, et nulle part les populations ne se montraient disposées

---

1. Le traité avec l'Espagne est dans Dumont, *Corps diplomatique*, t. VII, p. 277. Cette pièce est assez curieuse. Les griefs allégués par Sardan contre le roi de France sont le poids insupportable des impôts, la suppression des États Provinciaux de Dauphiné et de Guyenne, l'annulation de ceux de Languedoc et de Provence, la destruction de l'autorité des parlements, etc.; il n'est pas question de religion, quoique Sardan fût protestant. *V.* aussi *Lettres militaires*, t. IV, p. 248.

à recevoir les étrangers comme des libérateurs, ainsi que le leur avaient promis quelques aventuriers.

Tromp évacua Noirmoutier et fit voile pour la Méditerranée. La régente d'Espagne l'y appelait instamment; mais le gouvernement hollandais ne tarda point à le rappeler dans l'Atlantique, et il reparut sur les côtes de Normandie au mois de novembre, espérant sans doute que le complot de Rohan et de La Tréaumont aboutirait enfin à quelque résultat.

L'affaire était éventée déjà depuis quelques semaines. La Tréaumont, homme d'une rare énergie, s'était fait tuer plutôt que de se laisser arrêter par les gardes-du-corps. Rohan et ses autres complices avaient été pris : Rohan, un chevalier de Préaux et sa maîtresse, une certaine marquise de Villars, dont quelques mémoires du temps font une espèce de Brinvilliers, furent décapités. Le professeur Van-den-Enden, qui était *roturier*, fut pendu; il subsistait encore des distinctions aristocratiques devant le bourreau (27 novembre). Cette conspiration n'avait jamais eu de chance sérieuse : les écrits clandestins et les placards semés par les conjurés à Rouen et aux environs n'avaient pas soulevé un village [1].

Tromp ramena donc sa flotte en Hollande au commencement de décembre, après une expédition très-peu fructueuse.

Ruyter avait été moins heureux encore dans une attaque contre les Antilles françaises. Il avait opéré, le 20 juillet, une descente à la Martinique, dans la baie de Fort-Royal; mais les Français étaient sur leurs gardes : les navires embossés dans la baie, le fort qui la protégeait et les milices postées sur les hauteurs voisines opposèrent une si furieuse résistance, que les troupes hollandaises se virent forcées de regagner leurs vaisseaux, après avoir perdu la plupart de leurs officiers et l'élite de leurs soldats. La saison était peu favorable : les ouragans des Antilles menaçaient la flotte. Ruyter revint en Europe sans essayer de réparer son échec [2].

L'armement maritime des Provinces-Unies était ainsi demeuré

---

1. *Vie de Ruyter*, t. II, p. 158-163; *Vie de Tromp*, p. 504-515. — *Mém.* de La Fare, p. 279. — Pellisson, *Lettres historiques*, p. 129-136; — *Lettres militaires*, t. III, p. 168; — La Neuville, *Histoire de Hollande*, t. IV, p. 390. — Œuvres de Louis XIV, t. III, p. 4. — *Mém.* de Grammont, ap. Basnage, t. II, p. 558.

2. *Vie de Ruyter*, t. II, p. 160.

sans résultat; il n'en était pas de même des armements particuliers, et les corsaires, surtout ceux de Zélande, avaient exercé de terribles déprédations aux dépens du commerce français. Ils avaient enlevé 20 millions de valeurs en deux ans à notre marine marchande et à celle d'Angleterre [1]. Les corsaires français, à la vérité, le rendaient bien à la marine hollandaise.

Les Espagnols, chose inattendue, étaient les seuls des coalisés qui eussent obtenu un léger succès dans l'attaque générale contre la France, grâce à des circonstances toutes locales. De tous les complots ourdis cette année-là, le seul un peu sérieux était celui de Roussillon. Le régime absolu de Louis XIV, aggravé par les nécessités de la guerre, avait aliéné en partie ces populations qui s'étaient données si cordialement à la France trente ans auparavant. Beaucoup de gentilshommes avaient écouté les instigations des agents espagnols et projeté de rendre à leur ancien maître Perpignan et Villefranche; heureusement la trame fut révélée par une jeune fille à un officier français, son amant, et la plupart des conjurés furent arrêtés ou prirent la fuite. Les Espagnols n'en tentèrent pas moins l'attaque projetée. Il n'y avait guère dans la province que de nouvelles levées et des milices. Les Espagnols, au mois de juin, débouchèrent en Roussillon par le col de Pertuis, sous les ordres du duc de San-Germano. Le comte de Schomberg, qui commandait sur cette frontière, courut au-devant d'eux; le lieutenant-général Le Bret, créature de Louvois, avait obtenu, l'année précédente, quelques avantages dans cette contrée et voyait avec jalousie le supérieur que le roi venait de lui donner; il voulut enlever à Schomberg l'honneur d'un succès, engagea témérairement l'avant-garde et se fit battre près de Saint-Jean-de-Pages. Schomberg ne put qu'arrêter la déroute et diriger la retraite. Les Espagnols se rabattirent sur le fort de Bellegarde, qui domine les communications du Roussillon et du Lampourdan; ils l'emportèrent et voulurent pousser plus avant; mais Schomberg, à la tête des milices du Languedoc, les arrêta au bord du Tech et battit le duc de San-Germano près du fort des Bains. Les Espagnols ne purent renouveler leurs efforts : il

---

1. Mignet, t. IV, p. 311. — *Lettres militaires*, t. II, p. 434.

leur était arrivé de Messine des nouvelles qui obligèrent le cabinet de Madrid d'embarquer pour la Sicile tout ce qu'il avait de troupes disponibles et de rester désormais sur la défensive du côté des Pyrénées [1].

Tandis que les Espagnols s'efforçaient de recouvrer le Roussillon, ils étaient menacés de perdre la reine des îles de la Méditerranée, cette belle Sicile qui dépérissait lentement entre leurs mains.

Lors de cette révolte de Palerme, qui avait précédé la révolte de Naples sous Masaniello, Messine, par esprit de jalousie contre Palerme, son éternelle rivale, était restée fidèle à l'Espagne, ce qui l'avait rendue, pendant quelque temps, l'objet des faveurs de l'Escurial. Le gouvernement espagnol lui avait accordé, en 1663, le monopole de l'exportation des soies. Les autres ports de Sicile, Palerme surtout, réclamèrent avec énergie ; après de longs débats dans les conseils du Roi Catholique, le monopole fut retiré à Messine (1664), et la régente d'Espagne, irritée de la hauteur avec laquelle les envoyés messinais avaient soutenu les intérêts de leur cité, retira même à Messine la préséance honorifique qu'elle avait prétendue jusque-là sur les autres villes siciliennes et même sur Palerme. Messine protesta. Plusieurs années se passèrent toutefois sans troubles graves ; mais la désaffection alla croissant ; la noblesse et la haute bourgeoisie, qui gouvernaient cette municipalité aristocratique, ne cessèrent plus d'être en opposition avec les vice-rois et les autres représentants de l'Espagne. Un agent espagnol, le capitaine-général (*stradico*) Luis de Hojo, qui était la seconde autorité de l'île après le vice-roi, essaya d'un plan aussi adroit que perfide pour annuler l'opposition messinaise. Il gagna l'affection du menu peuple par sa dévotion et sa charité affectées et le tourna contre les hautes classes. Il poussa le machiavélisme jusqu'à faire naître, par ses manœuvres, une disette artificielle dans Messine, afin d'en rendre responsable le sénat de la cité. Il parvint à soulever ainsi les pauvres contre les riches et commit de tels excès, que le prince de Ligne, vice-roi de Sicile, s'en effraya et le fit destituer.

Les conseils de violence ne tardèrent pas toutefois à prévaloir

---

1. Basnage, t. II, p. 546.

dans le cabinet espagnol. Le vice-roi, esprit bienveillant et modéré, se démit de ses pouvoirs, et une crise devint inévitable. Un mouvement éclata d'abord à Trapani et fut réprimé ; mais, le 7 juillet 1674, après la procession de la madone *della Lettera,* Messine, exaspérée d'un guet-apens dressé à ses jurats ou sénateurs par le nouveau capitaine-général, successeur de Hojo, se souleva avec une irrésistible impétuosité. Les corps de métiers, enfin éclairés sur les intrigues des agents espagnols, s'étaient réunis aux hautes classes : le sénat déclara ennemis de la patrie l'ancien et le nouveau capitaine-général ; le capitaine-général Crispano fut assiégé dans son palais ; le marquis de Bayona, qui exerçait la vice-royauté par intérim, étant accouru par mer de Palerme avec de grandes menaces, on le reçut à coups de canon quand il voulut entrer dans le port. Quatre des cinq postes fortifiés que tenaient les Espagnols dans la ville leur furent enlevés de vive force. Il n'y avait plus de transaction possible avec le gouvernement espagnol. Messine résolut d'invoquer la protection du roi de France, et ses députés allèrent trouver l'ambassadeur de France à Rome et l'amiral Vivonne sur la côte de Catalogne.

Les Espagnols n'avaient pas 5,000 soldats de leur nation en Sicile, au moment où la révolte fit explosion ; mais le gouverneur Bayona appela des soldats et des vaisseaux de Naples et arma les Siciliens même contre une rébellion sicilienne : il convoqua le ban de la noblesse et leva les paysans pour resserrer la ville insurgée. Messine commençait à être menacée, quand parut une petite escadre française détachée de la flotte de Vivonne, sous les ordres du chevalier de Valbelle (27 septembre). Louis XIV s'était hâté de saisir la chance nouvelle que lui offrait la fortune, et il avait compris tout ce que valait la possession du détroit de Messine. Valbelle aida les Messinais à chasser les Espagnols du dernier poste qu'ils occupaient dans la ville à l'entrée du port ; puis, manquant de vivres et de troupes de débarquement pour opérer contre les Espagnols au dehors, il repartit afin d'aller presser le roi d'agir plus efficacement.

Le cabinet de Madrid, cependant, renonçant à son entreprise du Roussillon, envoya vers l'automne en Sicile tout ce qu'il avait de marine et de troupes disponibles sur les côtes de Catalogne.

Messine ne tarda pas à se trouver sérieusement en péril : elle repoussa les premières attaques à force ouverte, mais elle ne put se garantir d'un blocus qui la réduisit à une cruelle disette.

Louis XIV ne l'abandonna point. Le 1ᵉʳ janvier 1675, l'escadre de Valbelle reparut en vue du phare. Valbelle amenait le lieutenant-général Vallavoire, commandant d'un petit corps de débarquement et chargé des instructions du roi et du ministre des affaires étrangères. Le ministre Pomponne avait recommandé à Vallavoire de laisser au peuple messinais, « tout porté à la république, l'espoir de demeurer tout à fait indépendant », à moins que Messine ne se portât d'elle-même à se donner, soit à la France, soit à un prince que Louis XIV lui offrirait pour roi.

Les Espagnols pressaient la ville par terre et par mer; ils avaient repris le phare et plusieurs forts, et leur flotte, forte de vingt-deux vaisseaux et de dix-neuf galères, croisait à l'entrée du détroit. Valbelle n'avait que six vaisseaux et trois brûlots. Il tenta le passage. La flotte ennemie, stupéfaite de son incroyable audace, n'osa l'attaquer. Il entra en triomphe dans le port (3 janvier). Les troupes qui assiégeaient la ville du côté de la terre se retirèrent à quelques lieues. Vallavoire n'avait pas les forces nécessaires pour s'étendre dans l'intérieur de la Sicile et y chercher des ressources : les vivres apportés par Valbelle ne tardèrent pas à s'épuiser et la famine sévissait de nouveau, lorsque l'amiral Vivonne arriva enfin à son tour de Toulon avec huit vaisseaux de guerre et un grand convoi de vivres, et Duquesne pour lieutenant (11 février). La flotte d'Espagne, qui était revenue à l'entrée du détroit, se voyant prise entre les escadres de Vivonne et de Valbelle, s'enfuit honteusement, malgré sa grande supériorité numérique, et laissa un vaisseau de 44 canons entre les mains des Français. On accusa l'amiral La Cueva de s'être laissé corrompre à prix d'argent par les agents de Louis XIV.

On peut dire que la marine espagnole ne comptait plus entre les marines de l'Europe.

Vivonne opéra son débarquement avec 3,500 soldats, aux acclamations du peuple. Quelques semaines après, il fut solennellement inauguré comme vice-roi de Sicile (28 avril). Le sénat et le peuple de Messine, craignant que la France ne les protégeât point assez énergiquement s'ils prétendaient conserver leur indépendance, s'étaient décidés à faire hommage-lige à Louis XIV comme à leur souverain¹.

Louis XIV s'était préparé à agir partout avec énergie au printemps de 1675.

Il avait fait auparavant quelques nouvelles tentatives pour négocier, non plus collectivement avec tous ses adversaires, la conférence de Cologne ayant échoué, mais séparément avec les Hollandais. La conquête de la Hollande étant manquée, il eût voulu faire la paix avec les Hollandais en continuant la guerre contre la maison d'Autriche, c'est-à-dire rentrer dans la vieille politique française. Quelle condamnation de sa politique, à lui ! Il avait déjà fait faire des ouvertures aux Provinces-Unies par la Suède, son alliée, et en avait fait lui-même au prince d'Orange, qui ne se montra nullement disposé à se séparer de ses alliés. Le peuple, en Hollande, se lassait d'une guerre qui n'enrichissait que quelques corsaires et qui écrasait tout le reste des citoyens : les États-Généraux acceptèrent, en novembre 1674, la médiation du roi d'Angleterre ; mais Guillaume de Nassau, qui ne songeait qu'à grandir par la guerre, bien loin de vouloir la paix par la médiation de Charles II, espérait entraîner l'Angleterre dans la coalition.

Après la campagne de 1674, Guillaume forma le projet de passer la mer pour aller forcer la main à Charles par le moyen du parlement, dans le sein duquel il avait noué de redoutables intrigues. Charles II prévint le coup par son expédient accoutumé, c'est-à-dire en prorogeant le parlement à six mois, renvoya ses ministres Buckingham et Arlington, auxquels il ne se fiait plus, et tâcha de ramener Orange à la politique pacifique, en lui offrant la main de sa nièce Marie, fille du duc d'York, alliance qu'il projetait déjà depuis longtemps. Le catholique Jacques d'York répugnait fort à ce dessein, et eût voulu marier sa fille en France : l'ambassadeur français, Ruvigni, lui avait prédit « qu'un tel gendre seroit infailliblement sa ruine », paroles que l'événement montra prophétiques. Le prince d'Orange était déjà l'idole de l'Angleterre². L'égoïste Charles II, peu soucieux de l'avenir,

---

1. E. Sue, *Histoire de la marine française*, t. II, liv. v, chap. 2-8. — *Mém.* du marquis de Villette, p. 17-23.
2. Dépêche de Ruvigni à Louis XIV, du 23 avril 1674 ; ap. Mignet, IV, 323.

pourvu qu'il assurât sa tranquillité présente, persista; mais le prince d'Orange n'accueillit pas cette ouverture avec tout l'empressement que Charles se croyait en droit d'attendre. Guillaume craignit qu'on ne lui tendît un piége pour lui enlever sa popularité dans la Grande-Bretagne, en paraissant l'associer à la politique des Stuarts, et la négociation n'eut point de résultat immédiat (novembre-décembre 1674).

En ce moment même, Guillaume poursuivait dans les Provinces-Unies un plan qui manifestait toute l'étendue de son ambition. Le stathoudérat, accru du droit exorbitant de nommer les magistrats des villes, ne lui suffisait plus, et il rêvait d'obtenir avec éclat de ses concitoyens cette souveraineté qu'il avait refusée, mutilée et avilie, des mains de leurs adversaires. Il s'était fait attribuer par les États-Généraux le pouvoir de réorganiser, comme il l'entendrait, les provinces de Gueldre et d'Utrecht, après leur évacuation par les Français. Il en profita pour se faire décerner par les états de la première de ces provinces les titres de duc de Gueldre et de comte de Zutphen. Guillaume consulta les autres provinces pour savoir s'il devait accepter : il espérait qu'elles répondraient affirmativement et qu'elles suivraient peu à peu l'exemple de la Gueldre. Utrecht, abattue par la conquête qu'elle avait subie, était toute disposée à accepter un maître; mais la Hollande et la Zélande éclatèrent contre les audacieuses prétentions du stathouder; les matelots zélandais, naguère si dévoués aux Nassau, montrèrent les dispositions les plus menaçantes. Guillaume eut la prudence de ne pas s'obstiner et refusa le duché de Gueldre[1] (février 1675).

Bien que le stathouder eût reculé à temps, son autorité souffrit de cet échec et le parti républicain se releva de l'abaissement où il était depuis la mort des de Witt. Les chances de paix avec la France augmentèrent; cependant le parti républicain lui-même, tout en souhaitant la paix, n'en voulait pas encore les conditions nécessaires, c'est-à-dire les conditions acceptables pour Louis XIV.

Dès septembre précédent, les États-Généraux avaient levé la prohibition des vins et eaux-de-vie de France, prohibition qui leur nuisait autant qu'aux Français, et ils avaient proposé à Louis XIV

---

1. Mignet, t. IV, p. 327-329. — Basnage, t. II, p. 564-579.

le rétablissement du commerce entre les deux états avec une trêve sur mer. Le roi eût consenti à la trêve maritime, mais non pas au rétablissement du commerce avant la paix : c'eût été enlever à la Hollande le plus grand intérêt qu'elle eût à la paix.

Guillaume tâcha de se dédommager en Angleterre de l'échec qu'il avait éprouvé en Hollande. Le printemps venu, Charles II n'osa plus proroger encore une fois son parlement : les instances et les offres pécuniaires de Louis XIV furent vaines. Le parlement anglais se rouvrit le 23 avril. Charles essaya de détourner les passions politiques sur les questions religieuses de l'intérieur. Il s'efforça de satisfaire le parti tory et épiscopal, qui dominait dans le parlement, par des mesures rigoureuses tout à la fois contre les papistes et contre les non-conformistes ou dissidents protestants, dont il avait allégé la position en 1672. Mais le parlement parut peu sensible à ces concessions et n'en suivit pas moins le courant d'opinion qui, d'accord avec les menées de Guillaume, le poussait contre la France. Les communes demandèrent au roi de rappeler le corps anglais qui était resté au service de Louis XIV et qui s'était distingué récemment sous Turenne (1er mai). L'état maritime de la France, considérablement augmenté depuis l'année dernière, surexcitait au dernier point la jalousie de l'Angleterre : la marine française avait dépassé la marine anglaise : elle comptait en ce moment 94 vaisseaux de guerre, l'Angleterre seulement 87 : la Hollande en avait jusqu'à 134[1]. Il était à craindre que les communes n'allassent plus avant et ne réclamassent la guerre contre la France. Louis XIV sentait trop bien quel poids l'Angleterre jetterait dans la balance, si elle s'unissait à la coalition; il savait qu'une des plus vives préoccupations de l'Angleterre était la crainte de voir les côtes de Flandre au pouvoir des Français; il tâcha de calmer les Anglais en prévenant Charles II que son intention n'était pas, durant cette campagne, de porter ses armes dans la Flandre maritime, mais seulement dans la vallée de la Meuse. La déclaration du roi de France sur son plan de campagne permit à Charles II de se défendre, bien qu'à grand'peine,

1. En 1677, la marine française compta cent soixante-cinq vaisseaux et frégates, portant huit mille six cent vingt-huit canons; on appelait vaisseau tout bâtiment armé de plus de vingt canons. Mignet, t. IV, p. 433.

contre le parti de la guerre, et une querelle entre la chambre des lords et celle des communes lui fournit le moyen de gagner encore quelques mois par une nouvelle prorogation du parlement.

Pendant ce temps, Louis XIV agissait. Grâce à la supériorité de ses finances et de son administration, grâce surtout à la supériorité d'une force concentrée sur des forces plus considérables par la masse, mais diverses et hétérogènes, la France avait pu ressaisir partout l'offensive au printemps de 1675 [1].

Le Roussillon fut nettoyé d'ennemis dans le courant de l'été. Schomberg, après avoir franchi les Pyrénées et attaqué Girone sans pouvoir la prendre, revint sur Bellegarde et reprit cette forteresse, qui commandait l'entrée de la Catalogne (27 juillet 1675).

A l'autre extrémité du théâtre de cette vaste guerre, la Suède s'était enfin décidée à tenir parole et à opérer une diversion importante en faveur de la France. En 1672, la Suède était restée immobile, malgré ses engagements. En 1673, elle avait argué, pour ne point agir, de la paix rétablie entre Louis XIV et l'électeur de Brandebourg, et elle avait offert sa médiation aux puissances belligérantes. Les habiles négociations de l'ambassadeur français Feuquières et surtout l'argent de Louis XIV entraînèrent enfin le cabinet de Stockholm. Par un traité d'avril 1674, Louis avait porté à 900,000 écus le subside annuel qu'il payait à la Suède, moyennant qu'elle envoyât vingt-deux mille soldats en Allemagne. Les Suédois passèrent encore l'été dans l'inaction. Par un second pacte du 27 septembre, le roi Charles XI s'obligea d'attaquer l'électeur de Brandebourg et les ducs de Lunebourg-Zell et de Wolfenbüttel, comme ayant contrevenu au traité de Westphalie. Le 15 janvier 1675, les Suédois envahirent le Brandebourg, au moment même où le grand électeur évacuait l'Alsace devant les armes victorieuses de Turenne. Le 9 mars, un traité d'alliance fut signé entre le roi de Suède et les ducs de Bavière et de Hanovre, afin de maintenir par les armes le traité de Westphalie. Ces deux ducs étaient les seuls partisans que la France eût conservés ou conquis parmi les princes d'Allemagne [2].

Louis XIV n'avait pas fait une grande concession aux Anglais

---

1. Louis XIV soudoya cette année jusqu'à vingt-deux mille Suisses.
2. Mignet, t. IV, p. 334-341. — *Lettres des Feuquières*, t. III passim.

en n'attaquant pas cette année les côtes de Flandre. Le meilleur moyen de dompter les Pays-Bas catholiques, c'était de leur couper les secours d'Allemagne en occupant la moyenne Meuse, plan commencé par la prise de Maëstricht en 1673 et qu'on avait suspendu pour conquérir la Franche-Comté en 1674. Louis résolut de marcher en personne de ce côté avec Condé, tandis que Turenne continuerait d'opérer sur le Rhin contre les Impériaux, abandonnés par l'électeur de Brandebourg, qui avait été obligé de courir au secours de ses états envahis par les Suédois.

La ville et le pays de Liége s'étaient engagés à la neutralité, depuis que l'électeur de Cologne, évêque de Liége, avait quitté les intérêts de la France. L'occupation de Hui et de Dinant par les Impériaux avait enfreint cette neutralité et, maintenant, les deux partis belligérants convoitaient également la capitale de la province resserrée entre les garnisons impériales de Hui et de Dinant et les garnisons françaises de Maëstricht et de Maseyck. Les Français l'emportèrent. Le commandant de la citadelle de Liége rendit la place au comte d'Estrades, gouverneur de Maëstricht, et y introduisit quinze cents Français (27 mars). On évacua et on rasa Maseyck pour se concentrer sur la moyenne Meuse.

Louis XIV n'entra pas tout de suite en campagne, soit que l'armée ne fût pas prête, soit que les troubles excités en ce moment dans tout l'ouest de la France par les nouveaux impôts lui causassent de l'inquiétude. Il n'alla que vers le milieu de mai se mettre à la tête de ses troupes et se porta par la vallée de la Sambre vers Hui, pendant qu'un corps aux ordres de Créqui s'emparait de Dinant (18-29 mai). Hui fut emporté à son tour (1er-6 juin). Le 10 juin, Limbourg fut investi : Condé dirigea le siège que le roi couvrit en personne. Le prince d'Orange, qui s'était avancé jusqu'à Louvain, n'osa attaquer le roi et n'eut pas le temps de se renforcer. Limbourg ouvrit ses portes dès le 22 juin. Louis avait atteint son but immédiat : il était maître du cours moyen de la Meuse et possédait au delà du fleuve un avant-poste très-important, Limbourg : les ennemis ne tenaient plus sur la moyenne Meuse que Namur et Charlemont, de toutes parts environnés par les garnisons françaises. Louis ne crut pas devoir pousser plus loin, cette année, ses entreprises en Belgique. Pour assurer les opérations commencées par Turenne en Allemagne, il fallait qu'une partie des forces royales allassent défendre le vaste espace qui sépare le moyen Rhin de la moyenne Meuse et que la Moselle coupe en deux moitiés presque égales. Les troubles intérieurs, qui continuaient, rappelaient d'ailleurs le roi vers Paris, et le temps, très-pluvieux, était peu favorable aux siéges. Louis envoya donc Créqui vers la Moselle et la Sarre avec un petit corps d'armée, afin de contenir les ducs de Lorraine et de Lunebourg, qui armaient sur le Rhin, laissa le commandement du reste de ses troupes à Condé pour tenir tête au prince d'Orange et repartit le 17 juillet pour Versailles.

Une violente agitation se prolongeait depuis plusieurs mois dans l'ouest et le sud-ouest de la France. Les mouvements que les conspirations intérieures et les instigations étrangères n'avaient pas réussi à susciter l'année précédente avaient éclaté au printemps de 1675, non pas en Normandie et en Languedoc, comme l'avaient promis Rohan et Sardan, mais en Bretagne et en Guyenne. La pesanteur et le caractère vexatoire de plusieurs nouvelles taxes en étaient cause. Colbert, à son profond regret, s'était vu obligé d'augmenter de 30 sous par minot le droit sur le sel en août 1674; puis il avait institué le monopole du tabac, impôt plus légitime, quoique d'abord très-mal accueilli[1] (septembre 1674). On avait encore recouru, presque dès le commencement de la guerre, à des ressources moins justifiables; l'impôt du timbre, déjà créé sous Mazarin, puis supprimé, avait été rétabli; il augmentait déplorablement les frais de procédure, en forçant les gens de loi à ne mettre dans chaque page de papier timbré qu'un nombre de lignes déterminé; on avait imposé en même temps un droit de marque sur la vaisselle d'étain, sur la vaisselle du peuple. En 1674, ces deux droits avaient été, sur les plaintes populaires, l'un transformé, l'autre aboli. Les États de Bretagne avaient témoigné leur reconnaissance au roi, pour cette concession et pour quelques

---

1. Il est curieux de considérer les faibles commencements de cet impôt devenu d'un produit si énorme; il ne rendit d'abord que 500,000 livres; vingt ans après, il en produisit 1,600,000. Madame de Montespan s'en était fait donner le revenu par le roi. Colbert eut le courage de le lui faire retirer, bien qu'il sût ce qu'il en pouvait coûter de braver cette femme orgueilleuse et vindicative.

autres, en doublant par un *don gratuit* la contribution qu'ils allaient voter et qui fut ainsi portée à 5,200,000 livres. Au commencement de 1675, les deux droits du timbre et de la vaisselle d'étain furent de nouveau rétablis. Le peuple en fut exaspéré.

Le 28 mars, à Bordeaux [1], lorsque les préposés des traitants voulurent marquer la vaisselle d'étain chez les marchands, le peuple se souleva en criant : « Vive le roi sans gabelles! » saccagea le bureau du domaine et plusieurs maisons de gens de finances, et jeta dans la rivière tout ce qu'il trouva de vaisselle marquée. Quelques-uns des mutins ayant été arrêtés, le lendemain, l'émeute recommença plus terrible; la multitude massacra un conseiller au parlement, s'empara de plusieurs autres et contraignit le gouverneur et le parlement à relâcher les séditieux emprisonnés. Le parlement, par un arrêt rendu sous les piques, supprima, pour la ville, les deux nouveaux impôts et divers autres droits odieux aux Bordelais. Le gouverneur de Guyenne, le maréchal d'Albret, promit de faire obtenir une amnistie du roi. Louis XIV, chose qui semble incroyable, accorda l'amnistie et ratifia l'arrêt du parlement de Bordeaux. Pour que Louis abaissât ainsi l'autorité royale devant l'émeute, il fallait que la situation lui parût véritablement grave et qu'il voulût à tout prix supprimer la révolte au moment où la campagne allait s'ouvrir. Louis se souvenait du *parlement de l'Ormée*.

La fermentation ne s'apaisa point, entretenue qu'elle était par la crainte que le pardon ne fût pas sincère et par les intrigues des suppôts de l'étranger. Des agents de conspiration étaient partis de Bordeaux pour la Hollande, avec une promptitude qui paraît établir que le mouvement bordelais avait été préparé par des menées secrètes; ils étaient déjà, vers le 8 avril, à La Haie, où ils sollicitaient le prince d'Orange et les États-Généraux d'envoyer une flotte dans la Gironde. Les Hollandais, trompés, l'année précédente, par Rohan et par Sardan, hésitèrent à tenter l'entreprise sur la foi d'aventuriers qui ne pouvaient justifier le titre qu'ils se donnaient de délégués de Bordeaux. Il est certain, toutefois, qu'il

---

1. Avant l'affaire de la marque, les nouveaux règlements de Colbert sur les jurandes et maîtrises avaient été très-mal accueillis à Bordeaux, et avaient fort aigri les artisans. *V.* F. Joubleau, *Hist. de Colbert*, t. I, p. 317.

y avait de très-mauvaises dispositions dans une partie de la population; il se tenait « des discours très-insolents sur l'ancienne domination des Anglois, » suivant ce qu'écrivait l'intendant de Guyenne à Colbert. Les protestants, nombreux en Guyenne et mécontents à juste titre des vexations croissantes qu'on leur faisait endurer, donnaient des inquiétudes assez sérieuses. Les gens de loi et les marchands n'étaient pas moins mécontents que le menu peuple. Le Périgord, le Béarn, d'autres cantons de la Guyenne et de la Gascogne, s'agitaient, à l'exemple du Bordelais, et menaçaient les agents du fisc [1]. Le Poitou, le Maine, montrèrent à leur tour quelques dispositions à remuer : le roi usa de concessions à Poitiers, de rigueur au Mans.

Trois semaines après la sédition de Bordeaux, les bureaux de papier timbré et de tabac furent saccagés à Rennes, avec le même cri qu'à Bordeaux : « Vive le roi sans gabelles! (18 avril). » Il y eut des morts de part et d'autre. Les magistrats de Nantes firent surseoir à la perception des nouveaux droits, afin d'éviter un pareil soulèvement. Le parlement de Rennes, irrité du manque de foi que subissait la Bretagne, ne s'employa nullement à calmer les esprits. Les paysans se révoltèrent à leur tour, surtout dans la Cornouaille : des milliers de paysans bas-bretons se mirent à courir la province, poursuivant avec fureur les agents du fisc et les gentilshommes qui s'armaient d'après l'ordre du duc de Chaulnes, gouverneur de Bretagne. Le gouverneur, pendant ce temps, était assailli par le peuple de Rennes et obligé de quitter la ville. Beaucoup de châteaux furent pillés ou incendiés; il y eut des gens de qualité pendus, l'épée au côté, au haut des clochers. L'esprit des vieilles jacqueries se réveillait volontiers parmi les violentes populations de la Basse-Bretagne. Les prêtres mêmes n'étaient plus respectés quand ils engageaient les campagnards à se soumettre. Ces malheureux disaient « que les exactions et mauvais traitements de leurs seigneurs, qui les faisoient travailler continuellement à leurs terres, n'ayant pour eux non plus de considération que pour des chevaux, tout cela, joint à l'établissement de la gabelle et à la publication de l'édit sur le tabac, dont il leur étoit

---

1. *Lettres militaires*, III, 396, 439, 440, 447. — P. Clément, *Hist. de Colbert*, p. 365.

impossible de se passer, avoit fait qu'ils n'avoient pu s'empêcher de secouer le joug [1]. »

On voit que ni les sages ordonnances de Colbert, ni les sévères exemples des Grands Jours d'Auvergne, n'avaient pu en finir avec les excès de la féodalité. Il fallait 89 pour extirper cette plante vénéneuse, que la monarchie n'avait que taillée et émondée.

Louis XIV avait patienté jusqu'à son retour des Pays-Bas, et son orgueil avait dû cruellement souffrir de tant de ménagements envers la sédition. Il ne s'en dédommagea que trop. Le mois d'août arrivé, quand il vit que les troubles ne grandissaient pas jusqu'à l'insurrection organisée et jusqu'à la guerre civile, et que les forces navales de Hollande, qui s'apprêtaient à secourir les Danois contre les Suédois et les Espagnols de Sicile contre les Français, ne se montraient pas sur nos côtes, il sévit enfin. Deux nouvelles émeutes, qui eurent lieu à Bordeaux dans la seconde quinzaine d'août, furent réprimées et punies par de sanglantes exécutions. Le peuple bordelais se laissa désarmer sans résistance sérieuse. Après la reprise de Bellegarde, 6 ou 7,000 soldats de l'armée de Roussillon furent dirigés sur Bordeaux et cantonnés dans la ville (novembre); ils y commirent de tels désordres, que les meilleures familles désertèrent Bordeaux et que le commerce y fut ruiné pour longtemps. Le parlement, qui n'avait pourtant pas montré de mauvais vouloir, fut exilé à Condom, et les murailles de Bordeaux furent abattues en partie.

La Bretagne fut plus durement traitée encore : on y fit entrer cinq ou six mille soldats de renfort au mois d'août. Les mutins ne tinrent nulle part contre les troupes. Les paysans bas-bretons, du plus loin qu'ils voyaient venir les soldats, se jetaient à genoux en disant *meâ culpâ*. Les villes et les campagnes n'en furent pas moins désolées par de nombreux supplices; on ne rencontrait que potences et que roues sur tous les carrefours. A Rennes, on bannit sans distinction les habitants de toute une grande rue, avec défense de leur donner asile. « On voyoit femmes accouchées, vieillards, enfants, errer et pleurer au sortir de la ville, sans

---

1. Lettre du duc de Chaulnes à Colbert, du 13 juillet 1675, ap. P. Clément, *Hist. de Colbert*, p. 371. — *Lettres milit.*, IV, 251, 253, 264. — Basnage, II, 601.

savoir où aller, sans avoir de nourriture ni de quoi se coucher [1].

Le parlement de Rennes fut transféré pour quelque temps à Vannes, et de nouvelles troupes vinrent compléter l'occupation militaire de la province, pendant que les États de Bretagne votaient un nouvel octroi de 3 millions au roi sous l'impression de la terreur publique.

Des mouvements du même genre, mais moins prolongés, avaient eu lieu, dans le courant de l'année, à Toulouse, à Limoges, à Nevers. Partout on souffrait, si l'on ne se révoltait point partout. Le 29 mai 1675, le gouverneur de Dauphiné, Lesdiguières, écrivait à Colbert que le commerce cessait absolument dans sa province et que la plus grande partie des habitants n'avaient vécu pendant l'hiver que de pain fait avec des glands et de racines; que présentement on les voyait manger l'herbe des prés et l'écorce des arbres [2]!... Peu de mois après, le philosophe anglais Locke, voyageant en Languedoc, apprenait des gens du pays que le fermage des terres avait diminué de moitié depuis le commencement de la guerre. L'aspect misérable et ruineux des chaumières poitevines ne le frappait pas moins, et les châteaux mêmes de la petite noblesse lui présentaient l'aspect de la gêne et de la pauvreté [3].

Ce n'était pas là ce que Colbert avait rêvé pour la France !

Le fracas des événements militaires étouffa les plaintes de tant de malheureux, et la postérité a presque oublié ces mouvements et ces douleurs populaires, pour ne se souvenir que des derniers exploits d'un grand homme, qui termina, durant cette campagne, sa carrière à jamais glorieuse.

Turenne était parti de Paris pour retourner sur le Rhin, en même temps que le roi partait pour les bords de la Meuse (11 mai). Il trouva, par exception, l'ennemi en mouvement aussitôt que lui. C'est que les Impériaux, s'ils n'avaient plus, comme l'année précédente, des masses d'auxiliaires assez mal d'accord entre eux, avaient, par compensation, Montecuculli à leur tête. Leur armée

---

1. *Lettres militaires*, t. IV, p. 269-280. — Madame de Sévigné, lettre du 30 octobre 1675. C'est sur ces tristes événements que madame de Sévigné s'exprime avec une légèreté qui montre à quel point le XVIIe siècle était inférieur en sentiments d'humanité aux âges qui l'ont suivi. — P. Clément, *Histoire de Colbert*, p. 367-373.

2. P. Clément, p. 279.

3. *The life of John Locke, with extract from his correspondance*, 2 vol. in-8°, 1830.

s'était reformée dans la Souabe et l'on avait fait venir, pour la renforcer, la plupart des troupes impériales qui avaient hiverné sur la Meuse, ce qui facilita les opérations de Louis XIV aux bords de ce fleuve. Montecuculli, qui avait 25,000 hommes, et Turenne, qui en avait 20,000, prétendaient, chacun de leur côté, porter la guerre sur le territoire ennemi. Montecuculli pressait la ville de Strasbourg d'accorder encore une fois le passage aux troupes de l'empereur et de l'empire. Le peuple de Strasbourg, comme de coutume, s'agitait en faveur de la cause germanique ; les magistrats hésitaient ; l'arrivée de Turenne à Benfeld (22 mai) les décida à garder la parole qu'ils lui avaient donnée au mois de janvier dernier. Le pont du Rhin ne fut point livré à Montecuculli, qui était à quatre lieues au nord de Strasbourg.

Le général autrichien descendit alors le long de la rive droite du Rhin, comme pour se porter sur Philipsbourg (25 mai). Turenne vint établir son camp à Achenheim, à une lieue et demie de Strasbourg (27 mai), poussa avec l'avant-garde jusqu'à Haguenau, et attendit. Montecuculli franchit le Rhin à Spire, lança des partis vers la Basse-Alsace et menaça Philipsbourg. La place était en bon état de défense. Quant à la Basse-Alsace, il n'est pas facile d'y pénétrer de front. Turenne ne bougea pas. Montecuculli n'avait eu d'autre but que d'attirer son rival du côté du Palatinat, pour revenir à marches forcées vers Strasbourg et faire une nouvelle tentative sur cette ville. Turenne ne s'était pas laissé prendre pour dupe. Tandis que le général autrichien, se voyant deviné, repassait le fleuve à Spire, le général français jetait un pont de bateaux sur le Rhin à Ottenheim, à cinq lieues au-dessus de Strasbourg. C'étaient, à vrai dire, cinq ponts plutôt qu'un, le Rhin étant divisé sur ce point en cinq bras par des îles boisées et marécageuses, à travers lesquelles il fallut percer des chemins pour l'artillerie et le bagage. Grâce au zèle des soldats, ce rude travail fut achevé en quatre jours. Du 7 au 8 juin, l'armée franchit le grand fleuve, et Turenne prévint Montecuculli en s'emparant du poste de Willstedt, près du confluent de la Kintzig avec le Rhin, et en coupant ainsi les communications de l'ennemi avec Strasbourg. La Souabe, au lieu de l'Alsace, devint le théâtre de la guerre. C'était une première victoire.

L'Ortnau, le canton de la Souabe où se trouvaient les deux armées, présente l'aspect d'une prairie entremêlée de bois, resserrée entre le Rhin et les hauteurs de la Forêt Noire, et coupée d'un grand nombre de petites rivières qui descendent des montagnes au fleuve. Montecuculli vint camper à Offenbourg, à l'entrée des Montagnes Noires, la petite rivière de Kintzig séparant les deux armées (13 juin). Désormais les deux grands capitaines ne se quittèrent plus de l'œil, pour ainsi dire. Pareils à deux vaillants lutteurs qui combattent pied contre pied, sans pouvoir s'ébranler l'un l'autre, Turenne et Montecuculli manœuvrèrent, durant six semaines, dans l'espace de quelques lieues carrées, sans parvenir à se faire quitter la place. Ces belles opérations seront un éternel objet d'étude pour les hommes de guerre. Montecuculli était un peu supérieur en force numérique, et surtout en artillerie. Turenne compensait son infériorité par l'avantage que lui donnaient sa vigueur et son activité physique sur un rival usé par les infirmités et obligé de s'en remettre souvent à l'œil et au jugement d'autrui [1].

Montecuculli, en s'avançant de la Kintzig sur la Schutter et en menaçant le pont d'Ottenheim, s'efforça de faire abandonner à Turenne le poste de Willstedt (18 juin). Turenne n'abandonna point Willstedt; mais, voyant que l'espace à garder entre Ottenheim et Willstedt était par trop étendu, il fit descendre son pont de bateaux d'Ottenheim à Altenheim et resserra ainsi ses quartiers de deux lieues (22-24 juin). Montecuculli ne réussit pas à déboucher des montagnes dans la vallée du Rhin : il se replia sur Offenbourg, puis fit un mouvement comme pour se rapprocher de Strasbourg (27 juin). Turenne passa la Kintzig et se porta en avant de Willstedt, c'est-à-dire entre Strasbourg et l'ennemi. Montecuculli, quelques jours après, s'écarta encore de deux ou trois lieues pour aller gagner le bord du Rhin et s'établir au confluent du Renchen avec le grand fleuve. Turenne vint camper en face de lui, le Renchen entre eux deux (4-5 juillet).

On resta là quelque temps en présence. Montecuculli avait fait préparer à Strasbourg un pont de bateaux et des amas de farine :

---

1. Folard, *Comment. sur Polybe*, t. Ier, p. 255. — Feuquières, *Mém. milit.* — Napoléon, *Mém.*, t. V, p. 155-181.

il ne parvint pas à leur faire descendre le Rhin, Turenne ayant barré les divers bras du fleuve par des estacades, des batteries dans les îles et des barques armées. Cependant, des deux armées, c'étaient les Français qui éprouvaient en ce moment la plus grande pénurie. Les pluies étaient continuelles et les chemins impraticables; les fourrages manquaient. Enfin, le 15 juillet et les jours suivants, le soleil ayant reparu et un peu séché la terre, Turenne se saisit d'un gué du Renchen qui n'était pas gardé par les ennemis, occupa quelques postes le long de ce torrent et s'apprêta à tourner le camp des impériaux. Montecuculli tenta de le prévenir : voyant les quartiers des Français un peu distancés les uns des autres, il combina une attaque générale contre eux dans la nuit du 23 au 24 juillet; mais Turenne était en mouvement de son côté : le corps impérial qui devait attaquer la droite des Français se heurta contre Turenne en personne et fut repoussé. Les autres colonnes ennemies n'engagèrent point le combat. La colonne du centre, chargée d'assaillir le gué du Renchen et de donner le signal de l'attaque générale par une volée de canon, s'était égarée dans les bois et dans les marais.

Le lendemain, Turenne, demeuré maître des deux bords du Renchen, s'empara du village de Gamhorst, qui commande le passage d'une autre petite rivière, celle de Lichtenau, en arrière du camp impérial. Montecuculli, près d'être serré entre les Français et le Rhin, décampa dans la nuit même et se rejeta dans les montagnes. Turenne, après avoir réuni toutes ses forces à Gamhorst, remonta, le 27 au matin, le long de la rivière de Lichtenau et voulut entrer dans les montagnes par le défilé de Sasbach. Montecuculli venait d'y arriver et occupait une église qui domine l'entrée de cette gorge. Turenne jugea impossible d'emporter ce poste, mais reconnut plus loin un autre défilé par lequel il y avait moyen de tourner la gauche de l'ennemi. Le moment d'une action décisive paraissait venu. Turenne, si éloigné de toute bravade, ne put, dit-on, s'empêcher de s'écrier : « Je les tiens! ils ne pourront plus m'échapper! »

Les mouvements de l'ennemi dénotaient en effet une vive inquiétude : on voyait de loin ses bagages et son arrière-garde tourner dans les sapinières du côté du Würtemberg. Le moindre mal qui pouvait arriver à Montecuculli, c'était d'être rejeté au delà des Montagnes Noires et d'abandonner la vallée du Rhin aux Français.

Sur ces entrefaites, Turenne, prenant ses dernières dispositions pour l'attaque, alla reconnaître les mouvements des Impériaux et visiter les batteries que venait de placer le commandant de son artillerie, Saint-Hilaire. Comme Saint-Hilaire lui montrait du geste une colonne autrichienne en marche, un boulet, parti de la hauteur opposée[1], emporta le bras étendu de Saint-Hilaire et donna dans le flanc gauche de Turenne. Le grand homme tomba le visage sur l'arçon, sans proférer un seul mot, sans pousser un seul cri.

Il était mort!

Mort à soixante-quatre ans, au moment de couronner sa carrière par une dernière victoire.

Saint-Hilaire était tombé, sanglant et mutilé, à côté de son général. Son fils s'étant jeté en pleurant sur son corps : « Ce n'est pas moi, dit le mourant, c'est ce grand homme qu'il faut pleurer. Pauvre armée, que vas-tu devenir? »

Un déserteur étranger ayant couru porter la fatale nouvelle à Montecuculli, le général autrichien fut d'abord saisi d'un transport de joie; mais bientôt, revenu à un sentiment plus noble : « Il est mort, dit-il, un homme qui faisait honneur à l'homme[2]. »

Les suites immédiates de cette catastrophe attestèrent la grandeur de la perte que venait de faire la France. Le premier cri des soldats fut : « Notre père est mort; nous sommes perdus! » le second : « Nous voulons venger notre père! » Les deux lieutenants généraux qui avaient commandé sous Turenne, MM. de Lorges et de Vaubrun, ne s'entendirent pas, n'osèrent mettre à profit cette soif de vengeance et renoncèrent à l'offensive. Montecuculli resta immobile. Au bout de deux jours, les généraux français se replièrent sur le camp du Renchen. Montecuculli, alors, marcha rapidement sur Willstedt, afin de couper l'armée française d'avec son pont d'Altenheim. Lorges et Vaubrun, par bonheur, furent pré-

1. Suivant Basnage, ce serait le prince Hermann de Bade qui aurait reconnu Turenne et fait tirer sur lui. Basnage, t. II, p. 618.
2. *Lettres militaires*, t. III, p. 114-143, 164-225. — Pellisson, *Lettres historiques*, t. II, p. 258-390. — Sévigné, t. II, p. 264; III, p. 18, édit. de 1786. — *Mém.* de S. H*** (Saint-Hilaire), t. Ier, p. 186-208. — *Histoire de Turenne*, t. II, p. 559-586.

venus à temps de ce mouvement et marchèrent parallèlement à l'ennemi : l'avant-garde française secourut le poste de Willstedt ; on brûla les magasins qui s'y trouvaient ; on repassa la Kintzig et l'on s'apprêta à repasser la Schutter pour aller camper en tête du pont d'Altenheim, entre la Schutter et le Rhin. A peine l'avant-garde avait-elle traversé la Schutter, que l'armée impériale, qui avait suivi les Français à la piste, tomba sur l'arrière-garde, la rompit, la poussa au delà du torrent et franchit après elle les deux ponts de la Schutter. L'armée française semblait perdue. Le marquis de Vaubrun, qui avait commis la faute d'affaiblir l'armée par un gros détachement envoyé outre-Rhin avec les bagages à l'insu de Lorges, fit attacher à l'arçon de sa selle sa jambe fracassée par une blessure récente, se précipita dans les rangs ennemis et y trouva la mort. Le comte de Lorges, neveu de Turenne, fut plus heureux dans une nouvelle charge : l'armée se sauva par les prodiges d'une valeur désespérée ; les vieux soldats de Turenne revinrent au combat, d'une telle furie, que les Impériaux furent rejetés avec un grand carnage par delà la petite rivière et abandonnèrent quelques pièces de canon (1er août).

La perte des Français, dans cette sanglante affaire, fut d'environ trois mille hommes ; celle des Impériaux s'éleva à quatre ou cinq mille.

On continua de se canonner pendant le reste de la journée et les deux jours suivants. Dans la nuit du 3 au 4 août, sur un ordre arrivé de la cour, le comte de Lorges repassa le Rhin sans obstacle et rentra en Alsace. Le sanglant combat d'Altenheim n'avait valu aux Français que de pouvoir opérer leur retraite.

Arrivée sur la rive gauche du Rhin, l'armée dut se séparer du corps de son général, qu'elle avait ramené avec elle et auquel elle attribuait volontiers encore son salut. Il y eut là une des scènes les plus émouvantes dont les annales militaires aient gardé le souvenir : madame de Sévigné y a consacré une de ses pages éternellement vivantes, dans laquelle on croit entendre encore retentir « ces cris lamentables de toute une armée [1]. »

Le peuple, surtout à Paris et dans les provinces du Nord et de

---

1. Madame de Sévigné, t. III, p. 52. — *Lettres militaires*, t. III, p. 219-232. — *Mém.* de Saint-Hilaire, t. Ier, p. 207-222.

l'Est, s'associa du fond du cœur à la douleur des gens de guerre. Durant tout le cours de la monarchie des Bourbons, il n'y eut jamais de gloire si nationale que celle de Turenne ni de mort si regrettée. Les populations que le grand homme avait récemment préservées de l'invasion [1] et que traversaient maintenant ses restes inanimés, lui improvisèrent des honneurs funèbres plus touchants que les pompes qui l'attendaient à Saint-Denis et des éloges plus éloquents dans leur simplicité que les éclatantes oraisons de la chaire sacrée. Depuis le Rhin jusqu'à Paris, le corps de Turenne voyagea lentement entre deux haies de peuple en larmes. A Paris et à la cour, la consternation était telle, que chacun semblait avoir perdu le parent ou l'ami le plus aimé. Il ne se prononça, de toute l'année, pas un discours public, dans les parlements, les académies, les universités, qui ne fût rempli de la pensée et de l'image de ce grand mort. Le roi montra, par ses paroles et par ses actes, qu'il sentait l'immensité de sa perte : il voulut rendre aux restes du héros des honneurs aussi extraordinaires que ses services et pareils à ceux qu'avait reçus autrefois du Guesclin : il décida que Turenne serait enseveli à Saint-Denis dans une nouvelle chapelle destinée à la sépulture des Bourbons. En attendant la construction de cet édifice, le corps fut déposé et un monument fut élevé dans la chapelle de Saint-Eustache, à Saint-Denis [2].

La France nouvelle a transféré les restes et le tombeau de Turenne sous le dôme guerrier des Invalides.

1. On se rappelle l'anecdote racontée par madame de Sévigné, t. III, p. 43, sur ce fermier champenois qui voulait résilier son bail parce que, M. de Turenne mort, les ennemis allaient entrer en France.
2. V. les oraisons funèbres de Turenne par Fléchier et Mascaron, son éloge par Saint-Évremont, les lettres de madame de Sévigné, et la lettre du roi aux abbé et religieux de Saint-Denis, dans l'*Histoire de Turenne*, t. II, Preuves, 9, l. v.

LIVRE LXXXIV

LOUIS XIV, SUITE.

GUERRE DE HOLLANDE, *suite et fin.* — Échec de Consaarbrück et perte de Trèves. — Victoires navales des Français sur les Espagnols et les Hollandais dans les mers de Sicile. Gloire de Duquesne. — Prise de Condé, de Bouchain, d'Aire. — Perte de Philipsbourg. — Revers des Suédois alliés de la France. — La Bavière se rallie à la France et à la Suède. — Prise de Valenciennes et de Cambrai. Victoire de Cassel. Prise de Saint-Omer. — Victoire de Kochersberg. — Prise de Freybourg en Brisgau. — Succès maritimes contre les Hollandais. — Prise de Gand et d'Ypres. — Paix de Nimègue avec la Hollande. Concessions commerciales aux Hollandais. — Bataille de Saint-Denis après la paix signée. — Louis XIV rend à l'Espagne Gand, avec Charleroi et plusieurs autres des places acquises en 1667. L'Espagne cède à la France la Franche-Comté, Valenciennes, Cambrai, Saint-Omer, Ypres et d'autres villes de la West-Flandre et du Hainaut. — L'empereur et la diète germanique signent la paix après de nouveaux échecs. Philipsbourg rendu à la France en échange de Freybourg. — L'électeur de Brandebourg et le roi de Danemark restituent à la Suède ce qu'ils lui avaient enlevé. — Pacification générale.

1675 — 1679.

Louis XIV s'était hâté de pourvoir, autant que possible, aux conséquences de la catastrophe de Sasbach. Dès le lendemain de la fatale nouvelle, il avait, sur la proposition de Louvois, fait une promotion de sept maréchaux; MM. de Luxembourg, d'Estrades, de Navailles, de Duras, de La Feuillade, de Rochefort et de Schomberg, auxquels madame de Montespan fit ajouter immédiatement son frère Vivonne, alors général des galères et vice-roi de Sicile. Les diseurs de bons mots appelèrent ces huit maréchaux *la monnaie de M. de Turenne;* cependant trois d'entre eux, Luxembourg, Schomberg et d'Estrades, étaient des hommes de la plus haute capacité, les deux premiers comme militaires, le troisième comme diplomate[1]. Schomberg fut le dernier huguenot qui parvint à

---

1. Les deux moins recommandables étaient Vivonne, frère de la maîtresse du roi, et Rochefort, mari de la maîtresse de Louvois. Madame de Sévigné insinue que Louvois ne provoqua la promotion que pour pouvoir donner le bâton à Rochefort.

cette haute dignité; il fallait tout l'éclat de son mérite pour obtenir une telle dérogation au parti pris d'écarter les réformés des emplois.

Les prétentions rivales des deux lieutenants de Turenne avaient failli causer la perte de l'armée du Rhin. Le roi arrêta que, désormais, le général en chef venant à manquer, les lieutenants-généraux ne commanderaient plus à tour de rôle, mais que le commandement appartiendrait au plus ancien.

Un des nouveaux maréchaux, Luxembourg, fut mis à la tête de l'armée des Pays-Bas, tandis que Condé recevait l'ordre d'aller remplacer Turenne. Lui seul en était digne dans l'opinion de l'armée et de l'Europe. Strasbourg, délivré de la crainte que lui inspirait Turenne, avait livré passage à Montecuculli, et les Impériaux avaient traversé le Rhin le 7 août. L'armée française, campée entre le Rhin et l'Ill, au-dessus de Strasbourg, couvrait la Haute-Alsace, mais la Basse était tout exposée à l'ennemi, et déjà Montecuculli menaçait Haguenau.

Avant que Condé eût rejoint l'armée du Rhin, on reçut à la cour la nouvelle d'un second malheur.

Le maréchal de Créqui, après la prise de Limbourg, avait été envoyé avec une petite armée vers la Moselle et la Sarre pour couvrir Trèves et la Lorraine. Deux des princes de Brunswick, le duc Georges-Guillaume de Lunebourg-Zell et son frère l'évêque (l'administrateur protestant) d'Osnabrück, avaient rassemblé lentement, entre Rhin et Meuse, une vingtaine de mille hommes des contingents allemands, auxquels s'était joint le vieux duc Charles de Lorraine, avec le petit corps d'aventuriers toujours attaché à sa fortune errante. Ces trois princes, quand ils se virent en forces, marchèrent, par les deux rives de la Moselle, sur Trèves et en préparèrent le siége, à l'instante prière de l'électeur dépossédé par les Français. Créqui, avec une quinzaine de mille hommes tout au plus, accourut planter ses tentes au confluent de la Moselle et de la Sarre, à Taverne, près de Konsaarbrück. Les princes alliés jugèrent que le siége serait impossible en présence d'un adversaire ainsi posté et prirent une résolution hardie et décisive; dans la nuit du 10 au 11 août, ils se réunirent sur la rive droite de la Moselle et poussèrent, le lendemain matin, droit au camp français.

La Sarre couvrait la tête de ce camp ; mais le passage en était très-mal gardé, et une grande partie des troupes françaises, déjà si peu nombreuses, était allée au fourrage. Cette confiance présomptueuse fut durement châtiée. L'ennemi passa la Sarre à peu près sans obstacle : l'armée française eut à peine le temps de se mettre en ligne ; débordée par des forces très-supérieures, chargée à la fois en front et en flanc, elle fut mise en pleine déroute ; la cavalerie s'enfuit; l'infanterie fut écrasée ou dispersée à travers les bois; le canon et le bagage furent pris.

Tandis que la plupart des fugitifs gagnaient Thionville et Metz, Créqui, résolu de périr ou de réparer sa faute, s'était jeté presque seul dans Trèves, que les vainqueurs ne tardèrent pas à presser vivement. Il releva le moral de la garnison, forte de quatre mille hommes, et, pendant trois semaines, repoussa toutes les attaques et conduisit des sorties meurtrières avec l'énergie du désespoir. Enfin, les assiégeants ayant fait brèche au corps de la place (1er septembre), la garnison se découragea ; une espèce de conspiration s'ourdit contre le maréchal ; on ne voulut plus l'aider à défendre un nouveau retranchement qu'il avait élevé en arrière de la brèche et l'on capitula sans lui. Il refusa de signer la capitulation et fut pris dans la cathédrale où il s'était retiré (6 septembre). Les Allemands observèrent fort mal cette capitulation peu honorable, et Louis XIV, de son côté, en punit sévèrement les auteurs. Plusieurs officiers furent dégradés comme lâches; quelques-uns, décapités comme traîtres. Il y eut des compagnies décimées.

Un des vainqueurs de Konsaarbrück survécut peu à la reprise de Trèves. Le duc Charles de Lorraine eût bien souhaité qu'après la bataille, on avançât au cœur de son duché, au lieu de retourner au siége de Trèves. Les Brunswick ne le voulurent point. Ils pensèrent avec raison que l'on prendrait plutôt Trèves que Metz ou Nanci. Charles fut donc obligé de rester dans leur camp. Il y tomba malade et acheva, le 17 septembre, son existence bizarre et tourmentée. Prince sans états, souvent général sans armée, il avait mené presque sans intervalle, depuis son premier détrônement par le cardinal de Richelieu, c'est-à-dire depuis plus de quarante ans, la vie d'un *condottiere* du moyen âge. Il légua ses prétentions à son neveu Charles V, qui hérita de ses talents et de ses malheurs sans hériter de ses vices.

Les généraux de Louis XIV avaient eu le temps, durant le siége de Trèves, de mettre en défense la Lorraine et les Trois-Évêchés. Les Brunswick n'avaient rien à tenter de sérieux de ce côté ; mais ils eussent pu donner à Montecuculli une supériorité accablante sur Condé, s'ils eussent mené leurs troupes en Alsace. Ils ne le firent point ; la crainte que leur frère, le duc de Hanovre, n'opérât contre leurs domaines une diversion en faveur des Suédois et des Français, ainsi qu'il s'y était obligé, les décida à retourner dans le Nord, en laissant une partie de leurs troupes entre le Bas-Rhin et la Basse-Meuse pour aider les Hollandais.

Montecuculli, sans les Brunswick, avait encore un avantage numérique très-considérable sur l'armée française du Rhin. Il avait été renforcé par les troupes des cercles rhénans et avait entamé le siége de Haguenau (18-20 août). Condé, à peine arrivé au camp français, à Châtenoi, entre Schelestadt et Sainte-Marie-aux-Mines, marcha au secours de Haguenau. Montecuculli leva le siége et vint à la rencontre du prince. Condé battit habilement en retraite. Le circonspect Montecuculli cherchait la bataille : l'impétueux Condé la refusa et fit la guerre à la Turenne sur les champs de bataille de Turenne. Il se maintint, pendant le reste de la saison, dans la position bien choisie de Châtenoi. Montecuculli, ne pouvant ni pénétrer dans la Haute-Alsace ni rejeter les Français au delà des Vosges, changea ses plans. Après une fausse attaque sur Saverne, il se porta sur les confins de l'Alsace et du Palatinat, fortifia Lauterbourg et y jeta un pont sur le Rhin, afin de couper les communications de l'armée française avec Philipsbourg. Après avoir ainsi préparé le siége de Philipsbourg pour l'année prochaine, il repassa le Rhin et mit ses troupes en quartiers d'hiver au commencement de novembre. Condé en fit autant.

Ce fut la dernière campagne de ces deux illustres généraux. Cette année termina la carrière des trois plus grands capitaines de l'Europe, par la mort de Turenne et par la retraite de ses deux rivaux de gloire, auxquels les souffrances de la goutte interdirent dorénavant les fatigues de la guerre. Le grand Condé vécut encore quelques années, adoucissant les ennuis de ses infirmités et de son inaction forcée par les jouissances des lettres et de la société la plus brillante et la plus aimable qui fut jamais.

Après que le roi et Condé eurent quitté l'armée des Pays-Bas, il ne s'était rien fait d'important entre la Meuse et la mer. Luxembourg, avec des forces inférieures, avait tenu en échec le prince d'Orange, qui, toujours mal secondé par les Espagnols, n'avait rien pu entreprendre.

En somme, les résultats matériels de la campagne étaient à peu près balancés entre les deux partis, à part la perte irréparable de Turenne; mais l'effet moral n'était pas satisfaisant pour la France. Il y avait si longtemps que la France n'avait perdu de bataille! Les jeunes gens, observe madame de Sévigné, n'avaient jamais entendu parler d'une défaite.

Les résultats eussent été bien pires, sans la diversion opérée par les Suédois dans le Nord. La France dut beaucoup de reconnaissance aux Suédois pour ce service, qui leur coûta fort cher. Ils perdirent, en effet, dans cette guerre, l'ascendant qu'ils avaient eu si longtemps sur les Allemands et les Danois. Leur discipline s'était relâchée; leurs grands capitaines avaient vieilli et n'avaient pas de successeurs. Après avoir ravagé pendant quelques mois la Poméranie brandebourgeoise et les marches de Brandebourg, ils avaient été battus et refoulés sur leurs terres par le grand électeur (juin-août). Le Danemark, les princes de Brunswick, sauf le duc de Hanovre, et l'évêque de Münster s'unirent contre eux à l'électeur de Brandebourg. Presque toute la Poméranie suédoise, la meilleure partie des duchés de Bremen et de Verden, et la plupart des places occupées par les Suédois dans le Mecklembourg tombèrent au pouvoir des confédérés (octobre-décembre). Les Hollandais avaient envoyé une escadre au secours des Danois et aidèrent à garantir les îles danoises contre la flotte de Suède. Le duc de Hanovre, voyant que les Suédois avaient le dessous, n'osa prendre les armes en leur faveur et resta neutre. L'électeur de Bavière ne remua pas davantage.

La guerre s'étendait maintenant dans toute la profondeur de l'Europe, depuis les Alpes Scandinaves jusqu'au pied de l'Etna, et depuis l'Océan et la mer du Nord jusqu'à la mer Noire; car une lutte acharnée entre les Turcs et les Polonais, lutte étrangère à la guerre de Hollande, complétait l'embrasement du continent.

La mer n'avait pas été le théâtre de grandes choses en 1675 ; mais il s'y préparait d'importants événements pour l'année d'après. Les Français se fortifiaient de plus en plus dans la Méditerranée Les Hollandais s'apprêtaient à les y venir chercher. Les Provinces-Unies, fatiguées, obérées, souffrant cruellement dans leur commerce, épuisées par la nécessité de solder l'empereur et tous les princes d'Allemagne, alliés plus avides encore que besogneux [1], ne pouvaient plus armer les énormes flottes qu'elles avaient d'abord opposées aux forces combinées de France et d'Angleterre ; néanmoins, elles s'étaient mises en mesure de déployer leur pavillon à la fois dans la Baltique et dans la Méditerranée, et, un peu plus tard, dans la mer des Antilles. Les instances de l'Espagne les décidèrent à envoyer à ses frais une escadre en Sicile, au lieu d'essayer de mettre à profit les troubles de Guyenne et de Bretagne pour tenter quelque entreprise sur les côtes de France. Ruyter partit, en août 1675, avec dix-huit vaisseaux et quatre brûlots, force que ce grand homme, qui suivait d'un œil inquiet les progrès de la marine française, avait déclarée insuffisante pour le but proposé. Les auxiliaires que lui fournirait la marine espagnole ne comptaient quasi pour rien à ses yeux. Les vents ne lui permirent pas d'atteindre Cadix avant la fin de septembre.

Pendant ce temps, les Français se maintenaient dans Messine et faisaient quelques progrès en Sicile, progrès bien moindres toutefois qu'ils n'eussent dû être, vu les bonnes dispositions du pays et les médiocres ressources des Espagnols. Deux obstacles entravèrent la conquête de la Sicile : l'un était la malveillance de Louvois pour une expédition maritime qui devait servir la gloire de son rival, de Colbert : Louvois ne pouvait souffrir d'être contraint de mettre *ses troupes*, comme il les appelait, à la disposition du ministre de la marine ; l'autre obstacle était le caractère du vice-roi Vivonne, véritable épicurien, brave et spirituel, mais paresseux et insouciant, à tel point qu'il resta quatre mois sans écrire au roi ! Vivonne froissa dans leurs habitudes, par sa légèreté

---

1. Elles avaient eu de plus à subir, en novembre 1675, une terrible inondation, qui avait ravagé non-seulement leur territoire, mais la Flandre maritime. *V.* Basnage, t. II, p. 649.

et sa licence, les populations sérieuses, jalouses et formalistes qu'il avait à gouverner : il les blessa dans leurs intérêts en abandonnant son autorité à des favoris de bas étage, qui créèrent d'odieux monopoles sur les denrées et les marchandises; enfin il ne fit pas, à beaucoup près, ce qu'il pouvait faire même avec les moyens insuffisants que lui mesurait parcimonieusement la jalousie de Louvois. Il fit échouer, par sa négligence, une attaque sur Melazzo, attaque dont le succès eût mis Messine tout à fait au large (juin 1675). Il avait pour lieutenants les premiers marins de la France, les Duquesne, les Tourville, et il ne prenait pas la peine d'en tirer parti. Il se décida enfin, sur leurs instances, à tâcher de réparer l'échec de Melazzo en assaillant Agosta, qui commande le sud-est de la Sicile et qui était le magasin des Espagnols sur cette côte. On opéra une descente, et Agosta, mal fortifiée et mal défendue, fut emportée d'un coup de main, grâce à l'énergie de Tourville (17 août). Les habitants, à l'exemple de Messine, s'empressèrent de s'organiser militairement pour seconder les Français.

Louis XIV, quelques semaines après, publia une déclaration dans laquelle il annonçait avoir reçu Messine sous sa protection par générosité plus que par intérêt. Bien que les Messinais se fussent donnés à lui sans condition, il ne voulait pas, disait-il, les assujettir, ni le reste de la Sicile, à des lois étrangères; mais son dessein était de leur donner pour souverain un prince de son sang, qui rétablirait, avec l'aide de la France, ce royaume de Sicile dont le nom avait été si grand en Italie et partout le monde (15 octobre)[1]. C'était d'une excellente politique; mais il eût fallu soutenir une telle déclaration par l'envoi de dix mille soldats. Tout au contraire, la flotte, par l'ordre de Vivonne, revint en majeure partie à Toulon, de peur de consommer les vivres de Messine et d'Agosta, et aussi pour accélérer les nouveaux secours demandés (septembre-octobre).

Heureusement, Ruyter fut retenu deux mois entiers sur les côtes d'Espagne, par suite des querelles intestines du gouvernement espagnol. La régente voulait se débarrasser de son compéti-

---

1. Dumont, *Corps diplomatique*, t. VII, p. 516.

teur, don Juan d'Autriche, en l'envoyant avec Ruyter en Sicile : don Juan, qui attendait la majorité prochaine du jeune roi, son neveu, pour tâcher de supplanter la mère auprès du fils, ne voulait pas partir et ne partit pas. Ruyter ne put arriver sur les côtes de Sicile que dans la seconde quinzaine de décembre, tandis que Duquesne[1], enfin élevé à un commandement digne de son génie, revenait de son côté vers Messine, avec vingt vaisseaux et six brûlots armés à Toulon.

Ruyter, ne pouvant entrer dans le détroit de Messine à cause des vents contraires, établit sa croisière entre le Phare et l'archipel de Lipari, afin de barrer le passage aux Français. Le 7 janvier 1676, les deux flottes se trouvèrent en présence dans les eaux de Stromboli et de Salini. Ruyter se laissa porter à l'ouest pour tâcher de rallier une escadre espagnole qui partait en ce moment de Palerme : il n'avait encore été rejoint que par un vaisseau et neuf galères d'Espagne, et ses vaisseaux étaient pour la plupart moins forts que ceux de France en hommes et en canons. Duquesne le suivit de près, et, favorisé du vent, l'attaqua, le lendemain, à la hauteur de l'île d'Alicuri. Le choc fut soutenu de part et d'autre avec une égale vigueur et une égale habileté. On combattit depuis dix heures du matin jusqu'à la nuit sans avantage décisif : presque tous les vaisseaux engagés furent très-maltraités ; aucun ne fut pris ; les Français perdirent trois brûlots ; les Hollandais eurent un vaisseau coulé et leur contre-amiral tué.

Le lendemain de la bataille, 9 janvier, Ruyter fut renforcé, entre Alicuri et Palerme, par neuf vaisseaux espagnols. Par compensation, Duquesne, le 10 janvier, opéra sa jonction, vers Stromboli, avec le lieutenant-général d'Almeiras, sorti de Messine avec huit vaisseaux qui étaient restés dans ce port pendant l'automne. Duquesne jugea téméraire de s'engager dans le dangereux détroit de Messine, entre *Charybde et Scylla*, en présence d'un adversaire tel que Ruyter ; il préféra faire le tour de la Sicile et gagner Messine par le sud, ce qu'il exécuta sans obstacle. Il atteignit ainsi

---

1. Il était lieutenant-général des armées de mer depuis 1667, mais il n'avait pas encore commandé en chef une flotte française : les lieutenants-généraux n'avaient au-dessus d'eux que le vice-amiral du Ponant, qui était le comte d'Estrées, et le général des galères, faisant fonction de vice-amiral du Levant : c'était Vivonne.
Après les lieutenants-généraux venaient les chefs d'escadre.

son but, et l'on put dire que l'avantage lui était resté sur le plus grand marin du siècle. Le loyal Ruyter rendit pleine justice à son rival : son rapport aux États-Généraux est rempli d'une chevaleresque admiration pour Duquesne et pour les Français.

Les Espagnols cherchèrent à se dédommager en fomentant une conspiration dans Messine, où les galanteries des Français et le monopole exercé sur les vivres par les *domestiques* de Vivonne avaient fait beaucoup de mécontents. Le complot fut découvert et les troupes espagnoles, qui avaient compté surprendre la ville, furent elles-mêmes surprises et repoussées avec perte (13 février). Six semaines après, une attaque à force ouverte par terre et par mer leur réussit encore plus mal : leurs galères, que soutenait Ruyter, n'eurent que le temps de s'enfuir devant les vaisseaux français, et leurs troupes, ainsi que les milices siciliennes de leur parti, furent complétement battues par la garnison et par les Messinais (27 mars).

Un plus terrible choc s'apprêtait. De nouveaux convois étaient attendus à Messine, soit de Toulon, soit de Tunis, et devaient venir par le midi de la Sicile. La flotte française appareilla pour aller au-devant. Ruyter et l'amiral espagnol La Cerda menaçaient, sur ces entrefaites, Agosta. Le 22 avril, les flottes se rencontrèrent entre Catane et Agosta. Les Français avaient trente vaisseaux et huit brûlots; les Hollandais, dix-sept vaisseaux et quatre brûlots; les Espagnols, douze vaisseaux et neuf galères. L'amiral espagnol prétendit tenir le corps de bataille comme chef de la flotte alliée; Ruyter, ne commandant qu'une escadre auxiliaire, avait eu ordre de reconnaître cette suprématie. Il fut donc obligé de séparer son escadre pour laisser les Espagnols se placer au centre. Il prit l'avant-garde avec dix vaisseaux et, tenant le vent, arriva à toutes voiles sur les Français. On ne tira, des deux côtés, qu'à portée de mousquet. L'avant-garde française, forte seulement de huit vaisseaux, fut bientôt soutenue par une partie du corps de bataille. Les Espagnols se contentèrent de canonner Duquesne presque hors de portée et empêchèrent ainsi l'arrière-garde hollandaise de secourir Ruyter. Ce fut le plus furieux combat qu'on eût encore vu dans ces mers. Le commandant de l'avant-garde française, d'Almeiras, fut tué, dès le commencement de l'action, avec les capitaines des deux vaisseaux les plus proches du sien. Ils furent promptement vengés. Un boulet renversa Ruyter de la dunette sur le pont de son navire : on le releva sanglant et mutilé ; il avait le devant du pied gauche emporté et la jambe droite fracassée. Domptant héroïquement la douleur, il ne cessa d'encourager ses gens tant que le feu dura.

Les galères espagnoles sauvèrent plusieurs vaisseaux hollandais près d'aller à fond et les remorquèrent vers Syracuse. Vers la fin du jour, les deux arrière-gardes française et hollandaise étaient enfin parvenues à s'engager de près, sans que l'amiral espagnol se fût décidé à en faire autant contre le centre de Duquesne. La nuit sépara les deux armées. Les alliés se retirèrent dans le port de Syracuse. Duquesne vint leur y présenter de nouveau la bataille le 29 avril. Ils restèrent immobiles. Ce jour-là même, le grand Ruyter expirait à bord de son navire, mutilé comme lui.

Les deux flottes allèrent ensuite réparer leurs avaries, la française, à Messine, l'hispano-batave, à Palerme, celle-ci après avoir fait péniblement le tour de la Sicile. Les Français ne laissèrent pas longtemps respirer leurs ennemis. La flotte alliée était entrée le 15 mai à Palerme : le 31, la flotte française parut en vue de cette capitale. Vivonne, un peu réveillé par la gloire de Duquesne, avait pris le commandement en chef, et vingt-cinq galères, arrivées de Provence, avaient rallié les vaisseaux au nombre de vingt-huit, outre neuf brûlots. Le capitaine Tourville, qui, alors âgé de trente-quatre ans, réunissait à tout le feu de sa première jeunesse la connaissance la plus profonde des choses de la mer, fut chargé de reconnaître la position des ennemis et donna un plan d'attaque que Vivonne eut du moins le bon sens d'adopter.

A l'approche des Français, les alliés, sortant de derrière le môle de Palerme, avaient déployé en ligne, à l'entrée de la rade, vingt-sept vaisseaux, dix-neuf galères et quatre brûlots. Le 2 juin au matin, neuf vaisseaux français, sous le chef d'escadre Preuilli, soutenus par sept galères et menant avec eux cinq brûlots, s'avancèrent vers l'aile droite des ennemis, en essuyèrent le feu sans répondre jusqu'à la distance d'une encâblure et, là, ouvrirent un feu terrible et lancèrent trois de leurs brûlots. Les navires assaillis essayèrent de se faire échouer à la côte : ils n'en eurent pas le temps; en quelques moments, deux vaisseaux espagnols et un hollandais furent en flammes. Les Français attaquèrent alors sur toute la ligne. Les deux derniers brûlots de l'avant-garde allèrent s'attacher à l'amiral espagnol : l'amiral don Diégo d'Ibarra sauta avec son équipage. Le vice-amiral hollandais Haën eut la tête emportée par un boulet, sur le pont du vaisseau où reposait le corps de Ruyter[1]. Tous les bâtiments ennemis, frappés d'épouvante, se firent échouer entre la ville et le môle. Les quatre brûlots qui restaient aux Français, lancés sur cette masse pressée et confuse, y exercèrent d'effroyables ravages. Deux vaisseaux et un senau (brick) hollandais, un vaisseau espagnol, deux galères, dont la royale d'Espagne, sautèrent et couvrirent Palerme de débris enflammés, de boulets, de grenades. Grâce à la négligence espagnole, les remparts de la ville et du château de Palerme n'étaient pas même garnis d'artillerie qui pût protéger la flotte dans le port : le peuple fut obligé d'aller chercher les canons dans le palais du vice-roi pour les mettre en batterie sur le rempart!

La flotte française n'essaya pas d'enlever Palerme par un coup de main : elle n'avait point assez de soldats à débarquer pour dompter cette grande ville exaspérée. Vivonne eût pu du moins tenter de compléter la destruction des escadres alliées en changeant en brûlots ses bâtiments de charge : on lui en donna l'avis, mais il ne voulut pas, dit-il, compromettre sa victoire. Il remit à la voile pour Messine, d'où il renvoya Duquesne à Toulon chercher des troupes qu'il demandait instamment à Louis XIV. Duquesne ne put revenir que vers le milieu d'août; il n'amenait que trois à quatre mille soldats, au lieu des huit mille qu'avait demandés Vivonne. Le mauvais vouloir de Louvois était incorrigible. Ce renfort, insuffisant pour achever la conquête de la Sicile, suffisait du moins pour s'étendre un peu sur la côte. Le reste de la flotte alliée, ne s'estimant plus en sûreté dans les ports siciliens, s'était réfugié à Naples. La flotte française opéra des descentes le long de la côte orientale de l'île. Le mauvais temps fit échouer

---

1. Le vaisseau ne fut cependant ni brûlé ni coulé, et rapporta en Hollande les restes du grand marin. Louis XIV ordonna, que si ce navire passait en vue des ports français, on eût non-seulement à le respecter, mais à rendre les honneurs militaires au corps de Ruyter. Basnage, t. II, p. 687.

une entreprise sur Syracuse; mais on réussit à s'emparer de Taormina, de Scaletta et de quelques autres postes, et Messine, débarrassée du voisinage des Espagnols, n'eut plus à craindre pour sa subsistance (septembre-novembre 1676)[1].

Ces conquêtes répondaient faiblement aux succès maritimes dont elles étaient le fruit, succès qui couronnaient les travaux de Colbert et qui redoublaient la jalousie de Louvois. La première marine française, celle qu'avait créée Richelieu, n'avait eu à vaincre que la marine déchue de l'Espagne. La marine de Colbert venait de se mesurer avec les premiers marins du monde et sortait victorieuse du choc. L'effet moral fut immense en Europe.

La guerre de terre eut moins d'éclat, cette année, que la guerre de mer, bien que les événements n'y fussent pas sans importance. Louis XIV, comme à l'ordinaire, fut prêt avant ses ennemis. Il abandonna, après les avoir démantelées, les citadelles de Liége et de Hui et quelques autres forteresses liégeoises. C'était faire un pas en arrière, après avoir travaillé avec tant de vigueur à s'emparer de toute la moyenne Meuse; mais Louis jugeait nécessaire de se concentrer et difficile de garder tant de places éloignées; il avait résolu de faire, sur la frontière, de ces conquêtes qui se reperdent moins facilement. Il envoya Luxembourg en Alsace, Navailles en Roussillon, et attaqua en personne, avec de grandes forces, les places du Haut-Escaut que le traité de 1667 avait laissées à l'Espagne tandis que la France s'établissait sur le moyen Escaut.

L 17 avril 1676, la ville de Condé fut investie par Créqui, racheté de sa captivité, et par d'Humières. Le 21, Louis arriva de Versailles au camp. Vauban dirigea le siége, en perfectionnant encore la méthode qu'il avait employée contre Maëstricht en 1673 : ses formidables batteries écrasèrent la place, à laquelle il enleva, avec des galiotes et des batteries flottantes, la protection des inon-

---

1. E. Sue, *Histoire de la marine française*, t. III, liv. VI, chap. 1-6. — *Vie de Ruyter*, t. II, p. 164 et suiv. — *Mém.* du marquis de Villette, p. 23. Villette est fort hostile à Duquesne, mais son témoignage n'a pas grand poids; c'était un brave militaire, mais un marin ignorant. Colbert lui-même avait été injustement prévenu contre Duquesne avant cette glorieuse campagne. Comparez sa lettre à Seignelai, du 11 juillet 1675, où il parle de Duquesne comme si inférieur à Ruyter (ap. Joubleau, t. II, p. 420), avec sa lettre de félicitation écrite à Duquesne après la victoire.

dations artificielles de l'Escaut; les dehors furent emportés dans la nuit du 25 au 26 avril. Le gouverneur se rendit à discrétion le lendemain. Le roi préserva la ville du pillage.

Condé pris, le roi détacha contre Bouchain son frère et Créqui avec quinze mille hommes et protégea les opérations avec le gros de l'armée. Le prince d'Orange, arrivé aux environs de Mons, avec l'armée hispano-batave, trop tard pour secourir Condé, essaya de troubler le siége de Bouchain; il parvint de nuit à franchir l'Escaut au-dessous de Condé et se porta sur Valenciennes. Le roi, prévoyant ce mouvement, avait aussi traversé l'Escaut dès la veille et campé à Denain, lieu destiné plus tard à un glorieux renom. Le 10 mai au matin, l'armée française se mit en mouvement avant que les ennemis eussent eu le temps de se déployer. Le prince d'Orange avait commis une grave imprudence et sa position était très-critique. Il était serré entre l'Escaut et les bois de Saint-Amand, derrière lesquels coule la Scarpe : des terrains coupés et accidentés gênaient son déploiement et, en cas de défaite, il n'aurait eu d'autre ressource que de se jeter dans Valenciennes. Cette défaite était à peu près certaine, si les Français, formés les premiers et débordant déjà l'ennemi par la gauche, eussent attaqué sur-le-champ. Ils avaient à la fois l'avantage du nombre (quarante-huit mille hommes contre trente-cinq à quarante mille) et l'avantage de la position. Louis XIV parut d'abord le comprendre et pencher pour la bataille; mais Louvois s'opposa vivement à ce qu'on hasardât la personne du roi et soutint que ce serait assez pour l'honneur des armes royales que de prendre Bouchain en présence de l'ennemi. Les maréchaux de Schomberg et de Créqui, craignant la responsabilité d'une si terrible chance, parlèrent dans le même sens que le ministre. Le comte de Lorges, depuis peu créé maréchal, supplia en vain le roi de lui permettre d'engager l'action à la tête des gardes-du-corps. La Feuillade se jeta, dit-on, aux pieds de Louis pour le conjurer de ne point exposer tout l'État avec sa tête sacrée. Louis résolut d'attendre l'ennemi.

Il ne tint pas au prince d'Orange que Louis, qui n'avait pas voulu attaquer, n'eût à se défendre. A peine les alliés furent-ils en ligne, que Guillaume voulut les mener au combat. Le duc de

Villa-Hermosa, gouverneur des Pays-Bas catholiques, s'y opposa formellement. Les alliés se retranchèrent dans leur camp et les Français firent de même.

Cette journée manquée porta préjudice à la réputation militaire de Louis XIV. Ses ennemis allèrent jusqu'à l'accuser de manquer de courage. C'était mal le juger : Louis ne fut timide que par orgueil. Un échec subi en personne eût été pour lui pire que la mort. La possibilité de cet échec, si peu probable qu'il fût, suffisait pour l'empêcher de s'exposer à la moindre chance. Aussi n'aimait-il que la guerre de siéges, jeu où l'on ne court point les terribles hasards des batailles et où l'on joue presque à coup sûr, quand on a un Louvois pour assurer les ressources et un Vauban pour les mettre en usage. Louis témoigna plus d'une fois ses regrets d'avoir laissé échapper cette grande occasion : il put toutefois se justifier à ses propres yeux, en se disant qu'il avait atteint son but, puisque Bouchain capitula dès le lendemain.

La prise de Bouchain et de Condé n'était considérable que parce qu'elle resserrait étroitement les deux places bien autrement importantes de Valenciennes et de Cambrai. Louis XIV ne crut pas pouvoir attaquer l'une ou l'autre de ces deux cités en présence d'une armée ennemie : il passa près de deux mois à fourrager la Flandre et le Brabant sans rien entreprendre, puis repartit de la frontière pour Saint-Germain, le 4 juillet, après avoir envoyé des renforts à l'armée du Rhin et détaché dix à douze mille hommes avec Créqui sur la Meuse. Le reste de l'armée de Flandre demeura sous le commandement de Schomberg.

Le départ du roi et l'affaiblissement de l'armée de Flandre encouragèrent le prince d'Orange à tenter un grand coup. Après avoir manœuvré assez habilement pour détourner l'attention des Français, il investit Maëstricht le 7 juillet. Cette fameuse place d'armes était la terreur de toutes les provinces espagnoles, allemandes et hollandaises qui l'environnaient : sa garnison mettait à contribution tout le plat pays jusqu'au Wahal; sa recouvrance eût rendu à Guillaume l'irrésistible popularité, l'empire absolu, qu'il avait eus en 1672. La garnison était de cinq à six mille hommes; mais le gouverneur, le maréchal d'Estrades, était absent : le roi l'avait envoyé comme plénipotentiaire à Nimègue, où des négociations générales recommençaient en ce moment. L'absence de d'Estrades avait contribué à décider l'attaque : le commandant par intérim était un officier de cavalerie, nommé Calvo, qui n'avait aucune expérience des siéges; Calvo, par bonheur, avait de bons lieutenants et montra, pour son compte, ce que peuvent un sens droit et un grand cœur à défaut de savoir : c'était le beau-frère du fameux chef catalan José Margarita et, comme lui, il s'était expatrié pour ne pas rentrer sous la domination castillane. Les forces des assiégeants étaient considérables : les Hollandais, renforcés par des volontaires anglais à leur solde, pressaient Maëstricht à la gauche de la Meuse; un corps envoyé par les princes de la Basse-Allemagne assiégeait, sur l'autre rive, le faubourg fortifié de Wyck : les Espagnols, sous Villa-Hermosa, couvraient le siége du côté du Brabant. A la cour de France, on crut d'abord Maëstricht perdu et l'on songea moins à le secourir qu'à se dédommager par quelque diversion : quinze mille hommes détachés de l'armée de Flandre et des garnisons de l'Artois, sous les ordres du maréchal d'Humières, se portèrent sur Aire, une des deux places artésiennes qui restaient aux Espagnols (19-21 juillet). Vauban conduisit le siége, en présence de Louvois. Les dehors furent bien vite emportés. Les bourgeois, épouvantés par les bombes qui pleuvaient dans leur ville et voyant l'assaut proche, forcèrent le gouverneur à capituler (31 juillet). Cinq jours de tranchée ouverte avaient suffi. Aire avait autrefois coûté six semaines de tranchée sous Richelieu.

C'eût été une bien faible compensation pour Maëstricht; mais l'intrépide garnison de cette ville n'était pas disposée à suivre l'exemple des défenseurs d'Aire : secondée par la majorité des habitants, qui aimaient mieux les Français catholiques que les Hollandais protestants, elle opposait une furieuse résistance aux assaillants. Ce fut le siége le plus meurtrier qu'on eût vu dans cette guerre. La tranchée avait été ouverte le 19 juillet : la batterie avait commencé le 22; à partir du 30, les assauts se succédèrent presque continuellement pendant un mois entier. Tous les dehors furent disputés pied à pied, pris et repris, arrosés de sang, bouleversés par les mines que faisaient jouer les assiégés [1]. Les assié-

---

1. « Chaque fois que Calvo voyait l'ennemi s'emparer d'un ouvrage : En ma qua-

geants n'emportèrent quelques ouvrages avancés qu'au prix d'énormes sacrifices. Le prince d'Orange perdit le rhingrave, son principal lieutenant, et reçut lui-même une blessure.

Les nouvelles de cette héroïque défense enflammèrent d'émulation l'armée de Flandre. Schomberg, fortifié d'une partie des troupes qui avaient pris Aire, s'avança jusqu'à Tongres, bien que le roi lui eût recommandé de ne rien hasarder. Villa-Hermosa ne put rien faire pour l'arrêter et se replia sur le camp du prince d'Orange. Les alliés avaient éprouvé de telles pertes, et par le fer des assiégés et par les maladies, que Guillaume jugea impossible de défendre ses lignes contre l'armée de secours : après un dernier assaut qui échoua, il se hâta de lever le siége (29 août) et se retira par Saint-Tron en Brabant, après avoir embarqué sur la Meuse sa grosse artillerie, ses approvisionnements et ses malades. La Meuse était basse : les bateaux s'engravèrent ; tout fut pris par les Français ; il y avait quarante-huit canons et six mille mousquets.

Guillaume, avec l'énergique obstination qui le caractérisait, prétendit venger son honneur en reprenant l'offensive et tenta de barrer à Schomberg le chemin du retour ; il se saisit d'un défilé appelé les Cinq-Étoiles, qui commandait la route : Schomberg n'attaqua pas de front ce poste trop redoutable ; il le tourna par une marche de flanc habilement exécutée, et regagna Charleroi.

La malheureuse issue du siége de Maëstricht abattit fort les Hollandais, déjà si douloureusement frappés par la mort de Ruyter : ce n'était qu'un cri parmi eux contre les Espagnols, qui ne savaient ni se défendre eux-mêmes, ni aider leurs défenseurs, et qui avaient laissé périr Ruyter et échouer Guillaume. Les Provinces-Unies, et surtout la province de Hollande, ployaient sous le faix de la guerre : les États-Généraux payaient quatre-vingt-dix mille soldats, sans compter leurs subsides à l'empereur et aux princes allemands ; la guerre leur coûtait 50 millions par an, 10 millions seulement de moins qu'à Louis XIV. L'Espagne ne leur payait seulement pas les frais de la fatale expédition qui leur

lité d'officier de cavalerie, disait-il, je n'entends rien à la défense d'une place. Je crois seulement que, quand on a perdu quelque chose, il faut le reprendre. Marchons. » Œuvres de Louis XIV, t. IV, p. 28.

coûtait Ruyter. L'obstiné Guillaume était presque le seul homme en Hollande qui ne perdît pas courage et qui n'aspirât point à la fin des hostilités [1].

Les alliés, à la vérité, avaient été plus heureux en Allemagne qu'aux Pays-Bas.

D'après les plans de Montecuculli et du cabinet de Vienne, ils avaient bloqué Philipsbourg depuis l'hiver. Au printemps, le maréchal de Rochefort eut ordre de ravitailler cette place; mais il y mit peu d'adresse et d'activité. Le nouveau duc titulaire de Lorraine, Charles V, qui avait succédé dans le commandement à Montecuculli, barra le passage à ce maréchal, qui, à ce qu'on prétend, en mourut de chagrin. Le duc Charles, avec la meilleure partie de ses troupes, menaça ensuite la Basse-Alsace, afin de donner le change au maréchal de Luxembourg, qui avait sous ses ordres quarante à cinquante mille hommes. Après quelques escarmouches, le duc de Lorraine se porta rapidement sur Strasbourg, qui viola, une fois de plus, sa neutralité. Le duc Charles y embarqua pour Philipsbourg ses équipages de siége, qu'il y avait fait préparer à loisir, avec le gros de son infanterie, et alla, avec le reste de ses troupes, se fortifier sur la Lauter, excellente position choisie par Montecuculli.

Pendant ce temps, Philipsbourg était investi, après que le fort de la rive gauche du Rhin fut tombé au pouvoir des Allemands (mai-juin). La place, presque environnée par de vastes marais, était très-forte, et la garnison tout aussi intrépide que celle de Maëstricht. Le gouverneur du Fay disputa les approches avec une extrême vigueur, et ce fut seulement le 2 août que les assiégeants, fortifiés par de nombreux contingents des cercles et rejoints par le duc de Lorraine, emportèrent une partie de la contrescarpe après l'avoir jonchée de leurs cadavres. Luxembourg essaya de secourir la brave garnison. Il s'avança jusqu'auprès du camp des Allemands et lança une machine infernale contre le pont de bateaux qu'ils avaient sur le Rhin et qui reliait leurs quartiers. La

1. Sur la campagne des Pays-Bas, *V. Œuvres* de Louis XIV, t. IV, p. 23 et suiv. — Basnage, t. II, p. 673-700. — La Hode, t. IV, p. 48-58. — La Neuville, *Histoire de Hollande*, t. IV, p. 430-473. — *Mém.* de La Fare, ap. Collect. Michaud, 3ᵉ sér., t. III, p. 284. — Pellisson, *Lettres historiques*, t. III, p. 1-156.

machine manqua son effet et Luxembourg trouva le camp ennemi trop bien fortifié pour pouvoir l'attaquer. Il projeta une diversion contre Freybourg en Brisgau. Le duc de Lorraine sut encore le prévenir en jetant du secours dans Freybourg. Les défenseurs de Philipsbourg, quoiqu'ils n'espérassent plus être secourus, repoussèrent encore plusieurs assauts; mais la poudre vint à leur manquer. Il leur fallut se résigner à accepter une capitulation honorable et à sortir, avec armes et bagages, de cette fameuse forteresse qui, depuis trente-deux ans, ouvrait à la France le cœur de l'Allemagne (17 septembre). Les électorats du Rhin purent enfin respirer.

Luxembourg ne réussit qu'à empêcher le duc de Lorraine de pénétrer ensuite en Alsace. Cette première épreuve d'un grand commandement lui avait été peu favorable : il avait porté dans son camp des habitudes d'homme de plaisir incompatibles avec les devoirs d'un général en chef. Créqui et lui devaient bientôt se relever glorieusement de leurs fautes.

Dans le Nord, les Suédois avaient continué d'être malheureux. Ils avaient subi de nouvelles pertes en Allemagne, et l'amiral Tromp, à la tête de la flotte combinée de Hollande et de Danemark, avait gagné sur eux une grande bataille navale, où ils perdirent dix vaisseaux de guerre, dont un de cent trente-quatre canons, le plus fort navire qu'on eût jamais vu (11 juin). Les Danois s'emparèrent de l'île de Gothland, puis opérèrent une descente en Scanie (Schonen). Les revers des Suédois s'arrêtèrent enfin par une bataille que leur jeune roi Charles XI gagna sur le roi de Danemark auprès de Lunden (14 octobre). Le roi Christiern se rembarqua pour Copenhague.

La diplomatie ne cessait d'agir parmi le fracas des armes, mais, jusqu'ici, sans beaucoup de fruit. La négociation générale ayant échoué à Cologne, Louis XIV avait essayé inutilement une négociation particulière avec la Hollande. La négociation générale recommença par la médiation du roi d'Angleterre. Nimègue fut désigné comme le lieu des conférences, et Louis XIV nomma des plénipotentiaires dès le mois d'octobre 1675. On voit, dans les instructions qu'il leur donna, qu'il était disposé à faire quelques concessions commerciales aux Provinces-Unies. Les énergiques représentations de Colbert sur la disproportion effrayante qui existait entre les recettes et les dépenses et sur les souffrances du peuple avaient quelque peu ému Louis et, comme gage de ses dispositions à la paix, le roi avait placé à la tête de l'ambassade française Croissi, le frère de Colbert.

Le roi d'Angleterre, cependant, s'était remis aux gages du roi de France et avait mis son parlement en vacances pour quinze mois (de décembre 1675 à février 1677), moyennant 100,000 livres sterling. Le 26 février 1676, il avait conclu avec Louis XIV un nouveau traité secret, écrit de la main des deux monarques sans l'intermédiaire de leurs ministres et par lequel tous deux s'étaient engagés à ne traiter ni avec la Hollande ni avec personne l'un sans l'autre.

Quant au congrès de Nimègue, les préliminaires traînèrent tellement, qu'il ne semblait pas qu'on pût en attendre grand résultat. L'empereur et l'Espagne, au fond, ne voulaient point de paix et s'acharnaient après le vain espoir de lasser la France et de recouvrer ce qu'ils avaient perdu.

Louis XIV s'adressa de nouveau à la Hollande. Louis offrit secrètement au prince d'Orange de lui donner en souveraineté cette ville de Maëstricht qu'il n'avait pu prendre, avec le duché de Limbourg, s'il consentait à ménager une paix séparée. Louis annonça en même temps aux États-Généraux qu'il ne se refuserait pas à des échanges de places propres à former barrière en avant de Gand et de Bruxelles (octobre 1676). Ces offres étaient assurément séduisantes. Les États-Généraux accueillirent très-bien les avances du roi et menacèrent de cesser tous subsides aux alliés, si ceux-ci se refusaient à une paix raisonnable. Le prince d'Orange fut fort ébranlé; néanmoins, après avoir passé tout l'hiver en pourparlers, le point d'honneur, ou plutôt la grandeur même de son ambition, l'empêcha d'accepter : âme de la coalition, il trouvait plus de gloire à être l'adversaire que l'allié et par conséquent que le subalterne de Louis XIV (fin février 1677).

Le parlement anglais se rouvrait, en ce moment même, dans des dispositions fort hostiles à la France. Louis essaya de le désarmer en souscrivant à un traité de commerce et de navigation très-désiré de l'Angleterre (24 février). Ce traité stipula que les

Français et les Anglais commerceraient librement, sans se troubler les uns les autres, avec tout pays qui serait en paix avec leurs gouvernements respectifs, les marchandises de guerre, c'est-à-dire les armes, poudres et harnais, étant seules exceptées. Le vaisseau de guerre qui visitera un bâtiment marchand demeurera à distance raisonnable, enverra sa chaloupe et fera monter à bord du bâtiment visité deux ou trois hommes seulement, qui se borneront à se faire représenter les *lettres de mer*. Si le vaisseau marchand est frété pour un port ennemi, il devra montrer de plus les certificats contenant l'état des marchandises. S'il abandonne sur-le-champ la contrebande de guerre dont il sera porteur, on le laissera continuer sa route; sinon, on le conduira dans un port pour qu'il soit jugé par les juges de la marine. Le corps du vaisseau et les marchandises licites ne seront pas confisqués.

Les marchandises françaises ou anglaises trouvées sur vaisseaux ennemis pourront être confisquées, mais non pas les marchandises ennemies trouvées sur vaisseaux français ou anglais [1].

C'étaient là d'excellents principes de droit maritime; mais il faut observer que, les Français étant alors en guerre et les Anglais en paix, c'étaient ces derniers qui avaient un intérêt exclusif à l'application de ces maximes libérales. Les Anglais faisaient alors tout le commerce intermédiaire qu'avait si longtemps accaparé la Hollande, et, si les succès militaires de la France compromettaient les intérêts généraux de leur politique, la guerre n'en avait pas moins été très-favorable à leurs intérêts matériels.

Une autre concession au moins aussi grave paraît avoir été faite aux Anglais, sans qu'on l'ait mentionnée dans le traité : c'est l'abolition du tarif de 1667 et le rétablissement de celui de 1664. Colbert dut bien longtemps combattre avant de se résigner à ce sacrifice. Après avoir renversé son système financier, la guerre de Hollande entamait son système commercial [2].

Ces avances à la Hollande et à l'Angleterre étaient loin d'être, de la part de Louis XIV, des signes de découragement : l'opiniâtreté de la maison d'Autriche lui avait, au contraire, fait comprendre la nécessité de frapper plus vite et plus fort que jamais. Louvois

---

1. Dumont, t, VII, p. 326.
2. Forbonnais, t. Ier, p. 571. — V. ci-dessus, p. 666-666.

lui en prépara les moyens, et, cette année, il n'attendit pas le printemps pour entrer en campagne. Dès février, de nombreuses troupes françaises se mirent en mouvement entre la Sambre et la mer. Il restait aux Espagnols, sur cette frontière, trois places importantes, enclavées entre les conquêtes françaises : c'étaient Cambrai, Valenciennes et Saint-Omer. Louis avait résolu de porter là ses coups. Le 28 février, tandis qu'une colonne française, aux ordres de d'Humières, feignait de vouloir assiéger Mons, un autre corps, sous le maréchal de Luxembourg, investit Valenciennes. D'Humières rejoignit Luxembourg sous Valenciennes, et le roi, quittant brusquement Saint-Germain, où on le croyait tout occupé des fêtes du carnaval, arriva au camp le 4 mars. Louis établit son quartier sur les hauteurs de Famars, et Vauban fit décider qu'on attaquerait par l'autre rive de l'Escaut, du côté d'Anzin, côté qui était le plus fortifié, mais le plus accessible et le moins protégé par les inondations de l'Escaut.

Les mesures avaient été si bien prises, que l'ennemi ne put envoyer aucun renfort à la garnison, qui était d'environ trois mille hommes. L'exemption des impôts fut promise pour douze ans aux bourgeois, afin de les engager à seconder la garnison. Il y avait en outre, dans la ville, quelques milices provinciales.

Les formidables batteries de Vauban eurent bientôt démonté en partie l'artillerie de la place et allumé de nombreux incendies. La présence et les encouragements du roi animaient les assiégeants d'une ardeur incroyable : les soldats travaillaient à la tranchée, plongés dans l'eau glacée jusqu'à la ceinture. Après que le faubourg de Notre-Dame, vis-à-vis de la hauteur d'Anzin, eut été emporté, Vauban fit résoudre par le roi, malgré Louvois et malgré les maréchaux, que l'attaque des dehors aurait lieu en plein jour : c'était contraire à la coutume ; mais Vauban voyait peu d'avantages pour l'assiégeant dans la confusion des assauts nocturnes et garantit qu'il y aurait plus de chance de surprendre l'ennemi de jour que de nuit.

Durant toute la nuit du 16 au 17 mars, on fatigua les asiégés par un feu continuel. La matin venu, n'entendant plus rien, ils crurent l'attaque remise à la nuit prochaine et se relâchèrent de leur surveillance. Tout à coup, au signal donné par le canon, trois compagnies de la maison du roi, les grenadiers et les mousquetaires blancs et noirs [1], mettent pied à terre, sortent impétueusement des tranchées et courent à l'assaut, soutenus par un bataillon des gardes françaises et par d'autre infanterie. En un moment, ils sont maîtres de la contrescarpe et une panique irrésistible balaie devant eux les défenseurs de la place. Entre le chemin couvert et les murs de la ville s'étend une masse formidable d'ouvrages de diverses formes, enchevêtrés les uns dans les autres et séparés par des fossés et par deux bras de l'Escaut. Mousquetaires et grenadiers suivent les ennemis fugitifs de boulevard en boulevard, de pont-levis en pont-levis, et entrent partout pêle-mêle avec les fuyards. Une cinquantaine d'entre eux arrivent ainsi jusque dans un pâté de murailles qui précède le fossé de la ville, fossé formé par le grand bras de l'Escaut; ils franchissent une grande arcade qui communique du pâté au rempart de la ville, enfoncent un guichet, baissent un dernier pont-levis et se trouvent dans Valenciennes.

Aussi intelligents qu'ils avaient été audacieux, ils s'arrêtent en voyant un gros de cavalerie accourir de l'intérieur de la ville : ils se saisissent des premières maisons, barricadent la première rue et tiennent l'ennemi en respect jusqu'à ce que le maréchal de Luxembourg arrive à leur secours. La terreur se répand dans la place; les magistrats et les principaux officiers, sans consulter le gouverneur blessé et malade, font battre la chamade : la ville députe vers le roi pour implorer sa protection et la garnison se rend prisonnière de guerre.

Jamais place forte n'avait été emportée de cette façon. Louis XIV croyait rêver, quand il vit arriver les députés de Valenciennes qui venaient se remettre à sa clémence. Il enjoignit aux troupes de se conduire dans Valenciennes comme dans une des bonnes villes du royaume et confirma la plupart des priviléges municipaux, mais imposa pour rançon à la ville de payer les frais de construction d'une grande citadelle. La rançon fut pesante : avec quelques autres charges qu'on y ajouta, elle s'éleva à trois millions; les habitants s'estimèrent toutefois heureux d'être sauvés du sac et du pillage. Les mœurs militaires s'adoucissaient, et les

---

1. Ainsi nommés de la couleur de leurs chevaux, car leurs uniformes étaient rouges.

princes et les généraux commençaient à comprendre qu'il était de leur honneur de ne pas laisser se déchaîner sur les villes qu'ils prenaient une horrible bacchanale de meurtre, de viol et de dévastation.

Louis XIV ne s'endormit pas sur ses lauriers. A peine eut-il donné ses ordres pour réparer les brèches de Valenciennes, qu'il détacha Luxembourg sur Cambrai et d'Humières sur Saint-Omer. Dès le 22 mars, il rejoignit en personne Luxembourg, pendant que son frère, le duc d'Orléans, allait commander devant Saint-Omer. Ces deux siéges, entrepris à la fois, étaient quelque chose de grand et de hardi. L'ennemi avait rassemblé ses forces pendant le siége de Valenciennes : le gouverneur de Belgique avait imploré le prince d'Orange, et don Juan d'Autriche, devenu maître du gouvernement espagnol par une révolution de palais qui avait renversé l'ex-régente, sa rivale, s'était hâté d'apaiser les Hollandais en leur garantissant le paiement des dettes contractées envers eux par l'Espagne : Guillaume entraînait la Hollande à faire encore un effort en faveur de la Flandre, et l'on ne pouvait douter que les alliés, prévenus par la chute foudroyante de Valenciennes, ne tentassent d'être plus heureux devant Saint-Omer ou Cambrai.

Le roi abrita donc ses opérations par de doubles lignes de circonvallation et de contrevallation. Les paysans picards accoururent en foule prêter la main à ces travaux contre Cambrai dont la garnison avait été leur fléau. Ils offrirent de servir non-seulement comme pionniers, mais comme soldats. La tranchée fut ouverte le 28 mars. La garnison, beaucoup plus forte que celle de Valenciennes, se défendit assez mollement : l'artillerie de Vauban fit son effet accoutumé. Dès le 4 avril, le gouverneur et les habitants demandèrent à capituler : le roi accorda au clergé et aux bourgeois la conservation de leurs priviléges; la capitulation fut dressée principalement par les gens d'église, tout-puissants dans cette ville de dévotion et de confréries. Un des articles, comme naguère à Arras et à Besançon, stipulait l'interdiction de la liberté de conscience dans Cambrai [1]. Le gouverneur espagnol se retira dans la

---

1. *V*. Capitulation accordée par S. M. Très-Chrétienne aux prévôt, doyen et chapitre de la métropolitaine, prélats et autres chapitres et communautés composant le clergé de la ville, cité et duché de Cambrai, pays et comté de Cambrésis, et aux

citadelle avec ses troupes et ceux des bourgeois qui répugnaient à la domination française (5 avril).

La prompte reddition de la ville de Cambrai eut de très-heureuses conséquences : le roi, n'ayant plus affaire qu'à la citadelle, put envoyer des renforts à son frère qui en avait le plus grand besoin et qui allait se trouver engagé dans une lutte décisive.

Le siége de Saint-Omer n'avait pas été aussi vite que celui de Cambrai; les assiégeants étaient moins nombreux, et la place, protégée par les marais de l'Aa [1], était beaucoup moins accessible. Ce fut seulement dans la nuit du 7 au 8 avril qu'on enleva un fort qui défendait l'approche de la ville, entre les marais et la citadelle. Le lendemain matin, la plus grande partie de l'armée sortit des lignes et prit la route de Cassel : on laissa la garde du camp à quelques troupes, renforcées par les milices du Boulonais, mandées en toute hâte. Le duc d'Orléans avait été informé de l'approche du prince d'Orange, qui s'avançait par Ypres et Poperingues au secours de Saint-Omer.

Les Français prirent position à une lieue et demie de Cassel, sur le ruisseau de Peene, entre les hauteurs d'Aplinghen et de Balenberghe : ils coupaient à l'ennemi le chemin de Saint-Omer. Le 10, dans l'après-midi, l'armée ennemie parut de l'autre côté du ruisseau. Le prince d'Orange, qui avait une trentaine de mille hommes, aurait eu grand avantage à commencer l'attaque sur-le-champ, mais la nécessité de jeter des ponts sur la petite rivière lui fit perdre le reste du jour. Dans la nuit, le maréchal de Luxembourg rejoignit le duc d'Orléans avec un fort détachement de l'armée royale. L'équilibre numérique fut ainsi à peu près rétabli entre les deux armées. Le duc d'Orléans avait compromis son aile gauche en l'engageant au delà d'un des bras du ruisseau de Peene. Luxembourg fit aussitôt réparer cette imprudence et ramener toutes les troupes en deçà de l'eau.

Le 11 avril au matin, le prince d'Orange passa le premier bras du ruisseau et occupa, sur sa droite, l'abbaye de Peene, située au

prévôt, échevins, manants et habitants de ladite ville, etc.; ap. Basnage, t. II, p. 804.

1. Le terme de marais est impropre. V. l'agréable description que donne Pellisson de ces innombrables petits canaux entremêlés d'îles vertes, dont beaucoup étaient flottantes. *Lettres historiques*, t. III, p. 265.

delà du point où se réunissent les deux bras. Les difficultés du terrain l'empêchèrent de déboucher par cet endroit, et les Français, saisissant impétueusement l'offensive, ne lui donnèrent pas le loisir de chercher un autre passage. Luxembourg, à la tête de l'aile gauche, reprit l'abbaye de Peene et, après une lutte sanglante, repoussa la droite de l'ennemi par delà l'eau : d'Humières, avec la droite française, tourna la gauche des Hollandais, malgré le petit cours d'eau et les haies qui les protégeaient, et renversa cavalerie et infanterie l'une sur l'autre. Au centre, la première ligne des Français, après avoir forcé le passage du ruisseau, fut un moment mise en désordre par la cavalerie du prince d'Orange ; mais le duc d'Orléans chargea bravement à la tête de la seconde ligne, eut un cheval tué sous lui et plusieurs coups de mousquet dans sa cuirasse, et repoussa Guillaume ; le centre des ennemis, débordé et voyant ses deux ailes rompues, plia à son tour ; malgré les énergiques efforts du prince d'Orange, la déroute fut complète. Trois mille morts, quatre mille prisonniers, toute l'artillerie, tout le bagage, plus de soixante drapeaux ou étendards, furent les trophées de cette victoire, disputée, mais éclatante. Les Français avaient eu deux mille morts. Luxembourg, avec quelques escadrons, donna chasse aux ennemis jusqu'à Poperingues et en eût pris encore plusieurs milliers, si le duc d'Orléans eût voulu lui expédier du renfort.

Quoi qu'il en soit, le désastre fut assez grand pour mettre le prince d'Orange tout à fait hors d'état de troubler désormais les opérations des deux corps d'armée français. Le roi affecta beaucoup de joie de la gloire qu'avait gagnée son frère ; mais il ne lui confia plus dorenavant de commandement en chef. Il sut cacher, mais non point étouffer le regret qu'il éprouvait d'avoir vu *Monsieur* conquérir l'honneur de battre le prince d'Orange, honneur qu'il avait lui-même laissé échapper l'année précédente. C'était, d'ailleurs, chose contraire à sa politique que de mettre son frère en position d'attirer trop vivement l'attention publique. Le duc d'Orléans, capable d'un élan de courage, mais habituellement absorbé par la paresse et par le vice, ne réclama point et ne parut pas s'estimer bien malheureux d'être déchargé des soucis du commandement.

Louis lui avait permis, bien entendu, de recueillir le fruit immédiat de sa victoire. L'armée victorieuse était revenue devant Saint-Omer. La garnison capitula le 20 avril; les bourgeois, chose assez rare, avaient voulu s'y opposer. Les gens de Saint-Omer, comme autrefois ceux d'Arras, étaient très-antifrançais. La vieille haine des Armagnacs et des Bourguignons, cette haine de frères ennemis, avait laissé dans le pays wallon des traces séculaires qu'entretenaient les fréquentes hostilités de la frontière, mais qui s'effaçaient avec une extrême rapidité après la conquête. On se prenait bien vite à s'étonner de s'être si longtemps haïs entre gens de même langue et de même sang.

La citadelle de Cambrai s'était rendue au roi trois jours auparavant (17 avril). La plupart des bourgeois qui s'y étaient retirés n'avaient pas tardé à déserter et à rentrer dans la ville, de peur, disent les historiens contemporains, de laisser les Français avec leurs femmes. Ils indiquèrent l'emplacement des magasins de la citadelle; on écrasa de bombes les magasins; le gouverneur, voyant la brèche ouverte en plusieurs endroits, se résigna à accepter une capitulation honorable.

La prise de Valenciennes, de Cambrai et de Saint-Omer comblait les lacunes qu'avaient laissées dans la frontière française les traités des Pyrénées et d'Aix-la-Chapelle. Désormais, nos armées n'avaient plus à craindre de diversions sur leurs derrières quand elles opéreraient au cœur des Pays-Bas, et nos provinces du Nord étaient délivrées de continuels ravages. Cette triple conquête, relevée encore par le gain d'une bataille, avait été achevée en moins de deux mois, par une saison très-défavorable, avant l'époque à laquelle les armées avaient coutume de se mettre aux champs [1].

Louis XIV ne poursuivit pas cet éclatant début de campagne, qui était à lui seul une campagne fructueuse. La fatigue de l'armée n'en fut pas la véritable raison. La nécessité de faire face aux Allemands, qui se préparaient à un nouvel effort entre la Moselle

---

1. Œuvres de Louis XIV, t. IV, p. 100-122. — Pellisson, *Lettres historiques*, t. III, p. 157-256. — Basnage, t. II, p. 801-811. — Quinci, *Histoire militaire de Louis le Grand*, t. Ier, p. 525. — La Hode, t. IV, p. 90. — *Guerres de Hollande*, 3e partie, 1689; La Haie.

et le Rhin, mais surtout les dispositions hostiles de l'Angleterre, obligèrent Louis à suspendre ses progrès dans les Pays-Bas.

Malgré les concessions commerciales faites à l'Angleterre, le parlement, réuni le 25 février, avait débuté par réclamer le rappel des soldats anglais qui servaient encore la France, en proposant de déclarer criminels de lèse-majesté ceux qui ne reviendraient pas, et par offrir au roi 600,000 livres sterling pour équiper trente vaisseaux de premier rang. A la nouvelle de la prise de Valenciennes, les deux chambres présentèrent au roi une adresse pour l'inviter à secourir la Flandre (26 mars). Charles II répondit évasivement. Les chambres insistèrent et lui offrirent formellement des subsides pour la guerre contre la France. « Pour une pareille guerre, s'écrièrent les orateurs des communes, les Anglais donneraient jusqu'à leur chemise [1] ! » Les succès qui suivirent envenimèrent encore davantage l'âcre jalousie du peuple anglais. Charles II, cependant, continua de louvoyer et son seul acte significatif fut de chasser de ses états l'ambassadeur d'Espagne, qui excitait ses sujets à lui faire violence. Charles II supplia Louis XIV de lui venir en aide par des démonstrations pacifiques. Louis répondit par la proposition d'une trêve générale avec le *statu quo* (23 avril), puis par la proposition d'une trêve pour les Pays-Bas seuls (8 mai), et il consentit, en attendant, à ne pas faire de nouvelles conquêtes en Belgique. Il retourna à Versailles à la fin de mai.

La modération de Louis fournit à Charles une certaine force de résistance contre le parti belliqueux, qui se montra, d'ailleurs, assez inconséquent, au moins en apparence : ce parti, tout en poussant le roi à la guerre, parut peu disposé à lui fournir les moyens de la préparer et revint sur ses premières offres. Il y avait de singuliers mystères dans le parlement anglais, qui n'était guère moins corrompu que la cour de Charles II, et tel meneur de l'opposition, fameux par ses déclamations contre la France, recevait de l'argent de Louis XIV pour faire refuser des subsides à Charles II : Louis ne voulait pas que Charles pût se passer des écus de France. La majorité de l'opposition anglaise avait pourtant

---

[1] Mignet, t. IV, p. 445.

un motif bien différent; c'était la crainte que Charles ne détournât à quelque autre usage l'argent qu'on voterait pour la guerre. Les communes finirent par refuser nettement tout subside de guerre à Charles, jusqu'à ce que la guerre eût été déclarée, et par l'inviter à traiter avec les Provinces-Unies et avec les autres puissances pour la conservation des Pays-Bas. Charles qualifia cette requête d'usurpation sur sa prérogative et ajourna le parlement au 26 juillet; puis, Louis ayant consenti à porter la pension qu'il lui faisait de 100,000 à 200,000 livres sterling, il prorogea l'ajournement jusqu'en décembre et promit de le renouveler jusqu'en mai 1678.

L'Angleterre fut ainsi retenue, toute cette année encore, en dehors de la coalition et conserva le rôle de médiatrice. Les alliés, trompés dans leurs espérances à cet égard, ne s'en obstinèrent pas moins à prolonger une lutte dont la Hollande faisait presque tous les frais. La cour de Vienne, qui avait ressaisi sa puissance en Allemagne à la faveur de la guerre, le grand électeur, le roi de Danemark, les princes de la Basse-Allemagne, qui s'étaient partagé les dépouilles de la Suède, étaient en parfait accord à cet égard avec le prince d'Orange. Aussi l'Autriche et la plupart de ses alliés avaient-ils montré toute la mauvaise volonté possible pour les négociations de Nimègue. Leurs plénipotentiaires s'étaient fait si longtemps attendre, que les envoyés français avaient failli plusieurs fois se retirer, et, lorsque les premières propositions avaient été échangées, le 5 mars, les alliés avaient manifesté des prétentions si déraisonnables, que les pourparlers n'avaient presque continué que pour la forme. Les alliés prétendaient garder tout ce qu'ils avaient conquis sur la Suède et recouvrer tout ce que la France avait conquis sur eux, avec des indemnités pécuniaires [1].

C'était aux armes à décider. On a vu comment Louis XIV commença la campagne. Les alliés, qui avaient fait de vastes préparatifs en Allemagne pour mettre à profit la prise de Philipsbourg et pour achever d'expulser les Suédois de l'empire, se flattaient de compenser promptement les succès de Louis.

---

1. Mignet, t. IV, p 423.

Leurs opérations avaient été entamées sur le Rhin pendant les siéges de Saint-Omer et de Cambrai. Tandis que le roi de Danemark et l'électeur de Brandebourg agissaient contre les Suédois, les princes de Brunswick et l'évêque de Münster avaient promis de porter secours au prince d'Orange, et la grande armée germanique, l'armée impériale, demeurée sous les ordres du nouveau duc de Lorraine, avait commencé d'envahir l'Alsace et la Lorraine. Cette armée ne comptait pas moins de soixante mille combattants, auxquels la France n'en put d'abord opposer que vingt-cinq mille, ses principales forces étant concentrées en Flandre. La situation dans l'est était donc la même qu'en 1674 : elle semblait même plus difficile encore, toutes les forces des ennemis étant réunies sous un seul chef dès l'ouverture des opérations. A la place de Turenne, on avait Créqui, le vaincu de Konsaarbrück et de Trèves!

L'événement prouva que le roi et Louvois avaient bien choisi le successeur de Turenne. Le grand Condé, naguère, en apprenant la défaite de Créqui, avait dit que « son malheur le rendroit un grand général. » Créqui justifia le pronostic.

Créqui adopta un plan de défense bien cruel pour les malheureuses populations des provinces qui devaient être le théâtre de la lutte. Ne pouvant défendre la Basse-Alsace, ouverte par la perte de Philipsbourg et par l'occupation des postes de la Lauter, il la ruina complétement : il démantela Saverne et Haguenau, et fit démolir et brûler tous les villages; les paysans furent réduits à se réfugier, comme des bêtes fauves, dans les bois et dans les montagnes. Une multitude de femmes et d'enfants périrent de misère. Le duché de Deux-Ponts, qui devait revenir par succession au roi de Suède, eut le même sort, ainsi que toute la vallée de la Sarre. La condition de ces contrées, proie ensanglantée que s'arrachaient incessamment la France et l'empire, était quelque chose d'effroyable. Au prix de ces calamités, Créqui empêcha l'ennemi de s'établir dans la Basse-Alsace et d'asseoir, sur les Vosges et la Sarre, sa base d'opérations pour recouvrer la Lorraine, but ardemment poursuivi par le prétendant qui conduisait les Impériaux. Le duc Charles de Lorraine avait écrit sur ses étendards : *Aut nunc aut nunquàm* (Maintenant ou jamais!)

Le duc Charles, laissant derrière lui les troupes des cercles, avec la charge d'inquiéter Brisach et la Haute-Alsace, passa le Rhin à Strasbourg, le 13 avril, marcha sur la Sarre, emporta Sarrebrück et quelques autres petits postes conservés par les Français sur cette rivière. Dans les premiers jours de juin, puissamment renforcé, il poussa au cœur de la Lorraine et, passant entre la Sarre et la Moselle, il menaça Marsal, que couvrait Créqui, puis, se porta sur Nomeni, pour y passer la Seille. Créqui se replia vivement sur les hauteurs de Morville, poste avantageux, d'où il couvrait Nanci et Pont-à-Mousson; il y reçut un premier détachement de l'armée de Flandre, où se trouvait la maison du roi. Le duc Charles fit une tentative pour le déloger; mais après une canonnade, où les Allemands furent très-maltraités, le duc, voyant que les accidents du terrain annulaient sa supériorité numérique, n'engagea point l'affaire à fond (15 juin). Les Français avaient derrière eux un pays fertile et respecté par la guerre, qui assurait leur subsistance. Les Impériaux étaient obligés de tirer leurs vivres de Trèves, et leurs convois, toujours inquiétés, souvent enlevés par les partis de l'armée française ou des garnisons de Metz et de Thionville, ne leur arrivaient qu'au prix de combats meurtriers. Si la population du duché de Lorraine leur était favorable, les paysans messins, au contraire, tuaient tous leurs maraudeurs. Le duc Charles redescendit la Seille jusqu'aux portes de Metz, sans pouvoir attaquer cette grande place en présence de Créqui, ni forcer Créqui à recevoir la bataille. Les Français avaient le dessus dans presque toutes les escarmouches.

Sur ces entrefaites, le duc Charles reçut de l'empereur l'ordre d'aller joindre le prince d'Orange, qui réclamait à grands cris cette jonction, et qui menaçait de céder aux vœux des Hollandais et de traiter à part si on ne l'aidait à venger Cassel.

Le duc passa la Moselle, le 14 juillet, à Remich, entre Sierck et Trèves. Créqui la passa à Thionville. Le duc se dirigea sur la Meuse en traversant le Luxembourg. Créqui le suivit de près. Les Impériaux atteignirent la Meuse à Mouzon, petite ville française qui ne fut point défendue; mais Créqui vint le même jour s'établir à une lieue de Mouzon (2 août); puis il franchit la Meuse et barra le passage à l'ennemi. Le duc Charles n'osa traverser la rivière ni s'engager dans le pays accidenté et boisé qui s'étend sur la rive gauche. Le maréchal de Schomberg était arrivé sur la Meuse avec un nouveau détachement de l'armée des Pays-Bas. Les garnisons de la frontière, ainsi renforcées, coupèrent les vivres à l'ennemi; le duc Charles se vit bientôt contraint de battre en retraite, sous peine de voir son armée mourir de faim (mi-août). Il fut réduit à abandonner un grand nombre de malades et à ramener lentement vers la Moselle, et de là vers Philipsbourg, ses troupes affaiblies et découragées.

Créqui ne le côtoya pas jusqu'au bout dans sa retraite : pendant que l'ennemi rentrait dans le Palatinat, le général français descendit en Alsace par Lixheim et Lützelstein. Deux petits corps d'armée français et allemand, d'une dizaine de mille hommes chacun, s'étaient tenus en échec quelque temps entre Bâle et Huningue. Créqui manda au corps français, commandé par le lieutenant-général Montclar, de venir passer le Rhin à Brisach, afin d'aller sur l'autre rive protéger la construction d'un pont de bateaux à Rheinau. Le prince de Saxe-Eisenach, qui commandait le corps allemand, avait déjà repassé le Rhin : averti de l'approche de Créqui, il jeta la plus grande partie de son infanterie dans Freybourg et dans Offenbourg, et s'efforça d'aller joindre le duc de Lorraine avec le reste de ses troupes. Il n'en eut pas le temps. Créqui avait déjà franchi le Rhin à Rheinau avec l'élite de sa cavalerie et s'était mis à la tête du corps de Montclar. Eisenach, chargé en route, n'eut d'autre ressource que de gagner le pont de Kehl et de se jeter dans une des îles du Rhin, entre Kehl et Strasbourg. Les Strasbourgeois, jugeant que la fortune se déclarerait encore pour les Français, n'osèrent donner aide ni passage au prince fugitif et se contentèrent d'intervenir pour lui ménager une capitulation. Créqui voulait d'abord avoir tout le corps ennemi prisonnier de guerre; mais, sur la nouvelle que le duc de Lorraine accourait au secours, il consentit à laisser Eisenach et ses soldats se retirer sur Rastadt, avec promesse de ne pas servir du reste de l'année (24 septembre).

Après cette pointe heureuse en Souabe, Créqui rentra en Alsace par le pont de Rheinau, qu'il rompit derrière lui. Le duc de Lorraine y rentra presque aussitôt par Strasbourg (1ᵉʳ-3 octobre). Les gens de Strasbourg, revoyant le général de l'empereur à la tête d'une armée nombreuse encore et un peu reposée, suivirent leur penchant comme de coutume.

Créqui prit position près de Kochersberg, entre Strasbourg et Saverne. Le duc Charles marcha droit à lui, et, le 7 octobre, à la suite d'une escarmouche de fourrageurs, les deux cavaleries françaises et allemande furent engagées presque tout entières. Les Français eurent l'avantage. Créqui, néanmoins, ne se laissa point entraîner à changer ses plans ni à donner bataille. On resta quelques jours en présence dans ce pays ravagé, où les armées ne trouvaient aucune ressource. Bien que les Allemands s'appuyassent sur Strasbourg, d'où ils tiraient du moins quelque assistance, ils perdirent courage les premiers. Le duc de Lorraine se retira, emportant dans son cœur le deuil de toutes ses espérances; l'alternative posée par sa devise était résolue : il ne devait *jamais* recouvrer l'héritage de ses pères.

Aussitôt que le duc eut manifesté l'intention de mettre son armée en quartiers d'hiver, Créqui parut s'apprêter à en faire autant : il alla camper à Moltzheim, sur la Brüsch, renvoya un détachement de ses troupes de l'autre côté des Vosges et distribua le reste autour de lui, en tirant vers la Haute-Alsace. Le duc de Lorraine alors étendit ses troupes sans défiance dans le Palatinat et s'établit à Worms. A peine les ennemis furent-ils éloignés, que Créqui leva et réunit ses quartiers, rappela les troupes détachées en Lorraine, courut droit à Brisach, fit passer le Rhin à son armée sur le pont de Brisach et sur un pont de bateaux préparé au-dessous de cette ville, et marcha sur Freybourg. La cavalerie de l'avant-garde avait déjà investi Freybourg : toute l'armée fut réunie, le 9 novembre, autour de cette place. Les munitions et l'artillerie nécessaires avaient été depuis longtemps préparées à Brisach. Créqui avait dans la tête toute sa campagne avant le commencement du printemps, ainsi que l'atteste l'admirable mémoire qu'il avait adressé au roi le 14 mars [1].

Le siége de Freybourg fut aussi vigoureusement conduit qu'il

---

1. *Œuvres* de Louis XIV, t. IV, p. 107-115. — Basnage, t. VI, p. 813. — Quinci, t. Ier, p. 544 (cette histoire militaire est bien confuse et bien médiocre). — *Mém.* de Saint-Hilaire, t. Ier, p. 260. — *Vie de Charles V, duc de Lorraine*, p. 165; Amsterdam, 1698. — La Hode, t. IV, p. 105. — Limiers, *Histoire de Louis XIV*, t. III, p. 462.

avait été habilement préparé. Le gouverneur se défendit mal : il capitula, dès le 16 novembre, pour la ville et pour le château, et sortit, le 17, pendant que le duc de Lorraine accourait à son aide. La perte de Philipsbourg était compensée. La possession de Freybourg n'était point aussi avantageuse que celle de Philipsbourg pour agir offensivement contre l'Allemagne centrale ; mais elle était excellente pour écarter la guerre de l'Alsace et pour la fixer dans la Souabe autrichienne. La conquête de cette capitale du Brisgau termina les belles opérations par lesquelles Créqui s'était élevé au rang des plus grands capitaines. Il n'y eut qu'un cri dans toute la France : « Turenne n'aurait pas mieux fait ! » Créqui avait véritablement fait revivre, par une savante imitation, cette grande méthode de Turenne, qui retranchait au hasard tout ce qu'on peut lui retrancher et qui multipliait, pour ainsi dire, une petite armée, en économisant sa sueur et son sang.

Les Impériaux eussent été exposés à des échecs plus graves encore, si l'espoir que les Français avaient fondé sur la Bavière se fût réalisé. L'électeur de Bavière avait levé vingt mille hommes et menacé de les employer contre quiconque se refuserait à la paix et au rétablissement du traité de Westphalie. Il ne se décida pas encore à intervenir contre l'empereur : son armement servit, toutefois, à inquiéter Léopold et à paralyser en partie les mouvements de l'Autriche.

De quelque côté que Louis XIV tournât les yeux, il ne rencontrait que des sujets de triomphe. Aucune campagne n'avait été aussi complétement heureuse pour les armes françaises.

A son départ de Flandre, Louis avait laissé au maréchal de Luxembourg le commandement entre l'Escaut et la Meuse, avec un corps d'armée fort réduit par les détachements envoyés sur la Meuse et le Rhin et par les garnisons des places nouvellement conquises. La victoire de Cassel, due principalement à Luxembourg, lui avait valu cet honneur. Le maréchal d'Humières eut le commandement d'un corps détaché entre l'Escaut et la mer.

Le prince d'Orange, presque toujours malheureux, jamais découragé, avait refait son armée battue à Cassel : les contingents que lui avaient expédiés les princes de la Basse-Allemagne et sa jonction avec les Espagnols l'avaient rendu beaucoup plus fort

qu'auparavant. Vers la fin de juillet, après avoir inutilement essayé d'attirer Luxembourg à une bataille, il feignit de menacer Maëstricht, détourna de ce côté l'attention du général français, puis se porta rapidement sur Charleroi et l'investit (6 août). Il avait donné rendez-vous au duc de Lorraine devant cette ville. Luxembourg n'avait pas des forces suffisantes pour faire lever le siége. A cette nouvelle, Louvois arriva comme la foudre de Versailles à Lille : toutes les garnisons de la frontière du Nord eurent ordre de marcher à l'instant au camp de Luxembourg, près d'Ath. En vingt-quatre heures Luxembourg se vit à la tête de quarante mille hommes : il alla passer la Sambre à la Bussière et s'établir dans un poste qui commandait tout le pays d'entre Sambre et Meuse, pendant que le maréchal d'Humières, avec son corps détaché, coupait la route de Bruxelles à Charleroi.

Les Espagnols, suivant leur coutume, n'avaient rien préparé. Au bout de quelques jours, le prince d'Orange se trouva sans ressources. Il fallait combattre ou se retirer. Les généraux espagnols voulaient qu'on allât attaquer Luxembourg : ce fut, cette fois, Guillaume qui s'y opposa, jugeant la position des Français inexpugnable. Guillaume abandonna prudemment une entreprise tentée à la légère (12 août). C'était la seconde fois qu'il échouait devant Charleroi. Un seigneur anglais fit à ce sujet une observation piquante ; c'est que Guillaume pouvait se vanter qu'il n'était point de général qui, à son âge, eût levé plus de siéges et perdu plus de batailles que lui [1].

Le prince d'Orange se retira devant Luxembourg au moment même où le duc de Lorraine renonçait à le joindre et se retirait devant Créqui.

Luxembourg répara ainsi sur la Sambre l'insuccès de sa campagne sur le Rhin, et Louvois fut justifié d'avoir recommandé instamment au roi Créqui et Luxembourg comme les deux généraux les plus capables de remplacer Turenne et Condé. Un troisième seulement eût pu réclamer ; c'était Schomberg, que sa qualité de protestant mettait peu en faveur. Le prince d'Orange ne tenta plus rien du reste de la saison, et l'on se mit de bonne

---

1. *Mémoires historiques et chronologiques*, ap. La Hode, t. IV, p. 103.

heure en quartiers d'hiver sur cette frontière. Au commencement de décembre, un corps d'armée français rentra brusquement en campagne, sous les ordres de d'Humières, et alla investir la petite ville de Saint-Guislain, sur la Haisne, entre Condé et Mons. Dès le 11 décembre, la ville se rendit. L'année fut ainsi heureusement close, comme le dit la légende d'une de ces médailles que faisait frapper le grand roi pour chacun de ses succès.

Du côté des Pyrénées, la guerre, insignifiante en 1676, avait été plus vive cette année. Le gouvernement espagnol avait épuisé ses dernières ressources pour mettre un terme aux ravages des Français dans le Lampourdan et la Cerdagne. Le comte de Monterey, à la tête de quinze ou seize mille hommes, tant soldats réguliers que miquelets et que noblesse d'Aragon et de Catalogne, avait marché contre le maréchal de Navailles, qui n'en avait que huit mille. Navailles se replia vers le Roussillon. L'ennemi le poursuivit. Il fit volte-face à l'entrée du col de Bagnols et repoussa les Espagnols après un combat qui moissonna la fleur de leur armée (juillet 1677).

Les armes françaises avaient été victorieuses sur mer comme sur terre. L'ennemi n'osait plus disputer la Méditerranée aux escadres françaises et c'était sur l'Atlantique que l'on avait eu à combattre.

En 1676, pendant que Ruyter mourait glorieusement en Sicile et que Tromp battait les Suédois dans la Baltique, le prince d'Orange avait envoyé le vice-amiral Binckes, avec douze vaisseaux, attaquer les colonies françaises des Antilles et de l'Amérique du Sud. Binckes, arrivé sur la côte de Guyane au printemps de 1676, emporta facilement Cayenne, défendue par une faible garnison, établit des colons à Cayenne et sur les rivières d'Aprouague et d'Oyapock, puis alla fortifier Tabago, pour en faire le centre des établissements hollandais dans ces mers. De là, il remonta vers les îles sous le vent, et ravagea les établissements français de Saint-Domingue et de Marie-Galande.

Cette agression ne resta pas longtemps impunie. Le vice-amiral d'Estrées demanda au roi huit vaisseaux de trente à cinquante canons et se chargea de les armer et de les entretenir à ses frais, moyennant moitié dans les prises. Ces sortes d'armements intermédiaires entre le marine royale et la marine corsaire étaient assez fréquents, mais sur une moindre échelle. D'Estrées partit de Brest pour Cayenne, le 6 octobre 1676, opéra sa descente dans l'anse de Miret le 18 décembre et, le 21, prit d'assaut le fort de Cayenne. Il fit voile ensuite pour la Martinique, s'y renforça de quelques milices coloniales et se dirigea sur Tabago. Il trouva l'amiral Binckes à l'ancre dans le port avec dix vaisseaux et quelques bâtiments inférieurs. L'escadre ennemie et le fort de Tabago se protégeaient mutuellement, et des batteries à fleur d'eau complétaient leur système de défense.

Rien n'arrêta d'Estrées. Une double attaque fut tentée par les vaisseaux contre l'escadre ennemie et par les troupes de débarquement contre le fort (3 mars 1677). Les navires français entrèrent audacieusement dans le port, d'où l'on ne pouvait sortir qu'en se faisant touer : c'était s'ôter toute autre chance que la victoire ou la mort. L'effroyable combat qui s'ensuivit entre ces deux escadres entassées dans un étroit espace rappela la bataille de Palerme, si ce n'est qu'ici la victoire fut aussi furieusement disputée que chèrement achetée et qu'incomplète. Cinq vaisseaux de guerre hollandais, dont le contre-amiral, trois bâtiments de charge, deux frégates légères, furent brûlés ou coulés. Deux vaisseaux, dont l'amiral, s'échouèrent. Les colons de Tabago, ne croyant pas que les Français eussent la hardiesse de pénétrer dans le port, avaient mis leurs femmes et leurs enfants sur les bâtiments de charge. Tous ces malheureux périrent dans les flammes ou dans les flots. Le vaisseau amiral de d'Estrées s'abîma avec le navire hollandais auquel il s'était attaqué : d'Estrées, blessé, n'échappa qu'à grand'peine dans une chaloupe. Un autre vaisseau français fut brûlé ; deux s'échouèrent. Les quatre vaisseaux restants sortirent lentement du port sous le canon du fort et des batteries côtières. L'attaque de terre contre le port avait échoué après un combat meurtrier [1].

D'Estrées retourna en France, tandis que le gouverneur de

---

1. E. Sue, *Histoire de la marine*, t. III, ch. VII. — Il y a, dans les relations de ce combat, une observation importante à faire pour l'histoire de la discipline maritime. On voit que les capitaines ne se croyaient point obligés, comme aujourd'hui, de ne quitter qu'après tout l'équipage leurs vaisseaux incendiés ou naufragés.

Cayenne ruinait les nouveaux établissements hollandais situés au midi de cette île, sur la côte de Guyane, et prenait le fort d'Orange qui les protégeait.

Le 1ᵉʳ octobre, d'Estrées repartit de Brest avec huit vaisseaux et autant de frégates légères ; il fit voile pour la côte occidentale d'Afrique, s'empara des îles d'Arguin et de Gorée, des comptoirs de Rufisque, de Portudal et de Joal, enfin de tout ce que possédaient les Hollandais au nord et au sud du Sénégal. Après avoir enlevé tous ces postes en quelques semaines, il retourna aux Antilles, et, dans la nuit du 6 au 7 décembre, il renouvela sa descente dans l'île de Tabago. Les approches, cette fois, furent mieux conduites. Le 12, on commença de bombarder le fort. La troisième bombe fit sauter la poudrière avec l'amiral Binckes, qui était à terre, tout son état-major et deux cent cinquante soldats. Le reste de la garnison, frappé de stupeur, ne se défendit pas. On prit, avec la forteresse, les navires qui étaient dans le port. C'étaient le vaisseau amiral de Binckes, relevé et réparé après la bataille du 3 mars, un vaisseau français resté entre les mains des ennemis et deux bâtiments inférieurs [1].

La France ne tira aucun parti de cette conquête, arrosée de tant de sang. On se contenta d'avoir enlevé Tabago à la Hollande ; on ne s'y établit pas [2].

La fortune, propice aux Français dans l'Atlantique, était restée défavorable à leurs alliés dans la Baltique, et les Suédois n'avaient guère ressenti l'influence de l'astre heureux de Louis XIV. Le 11 juin, ils avaient été battus par les Danois, en vue de Rostock : leur amiral avait été pris avec cinq vaisseaux. Le 11 juillet, nouveau désastre au débouché méridional du Sund. Les Danois et les Norwégiens, supérieurs en expérience maritime et mieux commandés, prennent ou détruisent sept vaisseaux suédois ; trois

---

1. E. Sue, t. III, ch. vii. — Basnage t. II, p. 831.
2. Les connaissances navales de d'Estrées, entré tard dans la marine, n'étaient point au niveau de son courage. Au mois de mai 1678, son impéritie et son entêtement occasionnèrent un grand désastre. L'escadre, qu'il voulut conduire à l'attaque de Curaçao, fit naufrage sur les récifs d'Aves. Six vaisseaux et plusieurs petits bâtiments périrent. Les équipages furent sauvés par les flibustiers de l'île de la Tortue, qui, amnistiés en 1671, avaient été, durant toute la guerre, de redoutables auxiliaires pour la marine royale. V. E. Sue, t. III, ch. viii. — Basnage, t. II, p. 901.

autres sont enlevés ou brûlés par l'escadre hollandaise de Tromp, arrivée dans le Sund à la fin de la bataille.

Sur terre, les Suédois ne furent pas si malheureux : le roi de Danemark, Christiern V, qui avait opéré une nouvelle descente en Scanie, échoua au siége de Malmoë et fut battu par le roi de Suède Charles XI à Landskroon (24 juillet). Cependant les Suédois ne réussirent pas à chasser entièrement les Danois de la Scanie et ils essuyèrent divers échecs sur la frontière de Norwége (juillet-septembre). Les Danois ravagèrent l'île d'OEland, la côte de Smaland, envahirent l'île de Rügen. Enfin, les Suédois perdirent l'embouchure de l'Oder par la chute de Stettin, rendue à l'électeur de Brandebourg après six mois d'une opiniâtre résistance (juillet-octobre). Il ne leur resta plus en Poméranie que Stralsund et Gripswalde.

Telle avait été, dans son ensemble, cette vaste campagne de 1677, qui avait détaché un nouveau lambeau de la Belgique, abaissé plus profondément l'Espagne, convaincu d'impuissance l'empereur et l'empire dans leurs tentatives pour entamer la France, et infligé pour rien à la Hollande de douloureux efforts et des pertes cruelles, en donnant pour toute compensation aux alliés quelques succès dans le Nord, qui ne profitaient qu'au Danemark et au Brandebourg.

La Hollande était à bout de sacrifices : le prince d'Orange était assailli tout à la fois par les reproches de ses compatriotes, qui l'accusaient d'immoler son pays à son orgueil obstiné, et par les récriminations des Espagnols et des Allemands, qui attribuaient les revers des alliés à sa prétendue incapacité militaire. Les Provinces-Unies voyaient leur commerce d'intermédiaires, principe de leur prospérité, passer aux mains des Anglais et leur commerce direct ruiné par les corsaires français, dont l'audace toujours croissante se signalait par des exploits inouïs[1]. Aussi le parti qui voulait traiter à part avec la France se renforçait-il tous les jours. Dès le printemps, quand on avait vu que les négociations générales n'aboutiraient à rien, grâce aux prétentions déraisonnables des alliés, un commencement de négociation séparée avait eu lieu

---

1. Les Malouins et les Dunkerquois surtout. De cette époque date la renommée de Jean Bart, né en 1650 à Dunkerque.

à Nimègue entre les plénipotentiaires français et hollandais. On renoua vivement, à mesure que les revers de la coalition diminuaient l'ascendant du prince d'Orange. L'habile maréchal d'Estrades, qui était un des trois ambassadeurs français, n'épargna rien afin de pousser les villes hollandaises à forcer la main au stathouder. Le plénipotentiaire hollandais Beverning demanda un traité de commerce et l'assurance d'une barrière de places fortes dans les Pays-Bas catholiques. Le traité de commerce reposerait sur l'abolition des deux tarifs de 1664 et de 1667. Louis XIV ne pouvait accepter cette base; il répondit d'abord qu'il n'entendait pas aliéner sa souveraineté en matière de tarifs. Après beaucoup d'hésitations, il offrit cependant une réduction de moitié sur le tarif de 1667; c'était une large concession et un grand coup porté au système commercial de Colbert; mais on ne pouvait refuser à la Hollande une concession analogue à celle qu'on venait de faire aux Anglais (octobre 1677).

Il était trop tard. Les refus et les délais du roi avaient été exploités par le prince d'Orange : les États-Généraux, doutant que Louis voulût sincèrement la paix, avaient autorisé Guillaume à aller négocier en personne avec le roi d'Angleterre et promis aux Espagnols de les secourir de nouveau en Sicile.

Guillaume méditait un grand coup. Il espérait se relever, par la diplomatie, de ses échecs militaires. Il s'était amèrement repenti de la faute qu'il avait commise trois ans auparavant, en refusant la main de la nièce de Charles II, et, en 1676, il avait essayé, sans succès, de renouer ce mariage. Il espérait être plus heureux cette année, Charles II lui-même l'ayant invité à venir en Angleterre afin de le ramener à ses vues pacifiques (octobre 1677).

Entre le frivole Charles II et l'opiniâtre Guillaume, ce n'était pas le premier qui devait entraîner l'autre. Guillaume, en effet, obtint bientôt la main de la princesse Marie, sans conditions, c'est-à-dire, sans avoir pris aucun engagement pour la paix. Charles se persuada que ce mariage lui rendrait l'affection de l'Angleterre et dissiperait les préventions populaires soulevées par le catholicisme du duc d'York. C'était sacrifier, suivant sa coutume, l'avenir au présent et sa famille à sa personne. Les épousailles se firent le 15 novembre, à la grande joie du peuple anglais et au vif chagrin de Louis XIV[1].

Peu de jours après, Charles II, dominé par Guillaume, proposa à Louis, comme médiateur, des conditions de paix inacceptables. Louis n'eût gardé que la Franche-Comté, Aire, Saint-Omer et Cambrai, et eût rendu tout le reste de ses récentes conquêtes, plus Charleroi, Ath, Tournai, Oudenarde, Courtrai et la Lorraine, et renoncé à Philipsbourg. Louis refusa, mais offrit une trêve d'une année entre la Meuse et la mer. Charles II, manquant à ses engagements secrets, convoqua, au 25 janvier 1678, son parlement, qu'il avait promis de ne convoquer qu'au mois d'avril. Il s'excusa auprès de Louis, en déclarant qu'il avait la main forcée par l'imminence d'une révolte universelle. Louis proposa une trêve générale et fit quelques concessions sur les conditions de paix (fin décembre). Charles II répondit par une démarche hostile. Le 10 janvier 1678, un traité d'alliance fut signé à La Haie, entre l'Angleterre et les Provinces-Unies. Les deux parties contractantes devaient s'employer à établir la paix, à peu près aux mêmes conditions que Louis XIV avait récemment refusées, en ce qui regardait la Hollande, l'Espagne et la Lorraine. Les conditions relatives à l'empereur et à l'empire n'étaient pas fixées. Pour la Suède, il y aurait un armistice provisoire; l'Angleterre et la Hollande agiraient de concert, en cas que la France ou l'Espagne refusât cet arrangement[2]. Par un traité subsidiaire, l'alliance devait être offensive et défensive. Charles II s'engageait à défendre la Hollande avec trente mille hommes, à condition qu'elle ne fît point de paix sans lui.

Charles II rappela le corps anglais qui était resté au service de France, commença des armements sur terre et sur mer, et demanda aux Espagnols Ostende en dépôt. Il avait, à la vérité, retardé d'une quinzaine l'ouverture du parlement; mais, le 7 février, il l'ouvrit par une harangue où il présenta la guerre comme une

1. Suivant Saint-Simon (*Mém.*, t. II, p. 43), l'aversion mutuelle de Louis et de Guillaume aurait eu pour origine un refus dédaigneux fait par celui-ci d'épouser mademoiselle de Blois, fille de Louis et de mademoiselle de La Vallière. Le fait de ce refus est confirmé, assure-t-on, par un document diplomatique dont nous ne connaissons pas le texte.
2. Dumont, t. VII, p. 341.

suite nécessaire du pacte avec la Hollande et demanda les moyens d'armer quatre-vingt-dix vaisseaux et trente à quarante mille soldats [1]. Le prince d'Orange avait ainsi remporté une victoire diplomatique qui pouvait compenser largement ses défaites. Cette péripétie, depuis longtemps espérée des ennemis de la France, allait raviver la coalition à demi terrassée.

Lous XIV vit nettement la situation, et prit son parti avec beaucoup d'intelligence et de vigueur, sinon, comme on va le voir, avec beaucoup de générosité et d'humanité.

Ses concessions politiques et commerciales, ses opérations militaires, deux fois suspendues en Flandre, n'avaient pu désarmer la malveillance anglaise. Désormais, s'il ne renonce pas aux moyens secrets auprès de Charles II et des membres influents du parlement, il renonce à agir sur l'opinion publique de l'Angleterre ; c'est sur l'opinion de la nation hollandaise qu'il concentrera son action diplomatique. Quant à son action militaire sur la Belgique, loin de la modérer comme il l'avait fait à deux reprises pour apaiser les Anglais, il la précipitera pour entraîner les Hollandais à la paix par la terreur, assuré qu'il est que les Anglais ne sont pas en mesure d'intervenir sérieusement dans la guerre continentale.

Pour la guerre maritime, c'est différent. Les Anglais ont en ce moment, devant Alger, une flotte qu'ils s'apprêtent à renforcer, et qui peut, sous quelques semaines, opérer sa jonction avec une forte escadre hollandaise, préparée pour la Sicile. Louis n'avait vu qu'une diversion dans la guerre de Sicile, qui avait langui durant l'année 1677. Il juge trop difficile de se maintenir dans cette île contre la coalition des deux grandes puissances maritimes et croit pouvoir porter à l'Espagne des coups plus prochains et plus sûrs. L'abandon de Messine est résolu. Vivonne avait déjà demandé son rappel. La Feuillade est envoyé de Toulon sur la flotte de Duquesne, sous prétexte de remplacer Vivonne, mais, en réalité, pour ramener les garnisons françaises.

C'est une douloureuse histoire que celle de cette évacuation. Louis, voulant à tout prix ravoir sa flotte et ses troupes à Toulon

---

1. Mignet, t. IV, p. 546.

avant que les Hollandais et les Anglais eussent pu se réunir pour leur barrer le passage, avait enjoint le plus profond secret à La Feuillade. Celui-ci se fait proclamer vice-roi à Messine, en grand appareil, le 28 février, embarque les troupes le 13 mars, sous prétexte d'une expédition contre Palerme, puis, une fois en mer, signifie aux jurats de Messine le départ des Français. Rien ne saurait exprimer la consternation de cette malheureuse ville, abandonnée à la vengeance de maîtres qui n'avaient jamais pardonné. La Feuillade n'accorde que vingt-quatre heures aux sénateurs ou jurats et à leurs familles pour s'embarquer. Quelques centaines de familles messinaises sont reçues par grâce sur les vaisseaux français, parmi les cris lamentables et les imprécations de milliers de malheureux qui implorent en vain de partager la triste faveur de l'exil. On en voit qui, repoussés des chaloupes françaises, se précipitent volontairement dans la mer!

La Feuillade alla retirer les garnisons d'Agosta et des autres places de la côte, et revint en France après avoir fait le tour de la Sicile. La plupart des troupes ramenées furent envoyées en Roussillon. Pendant ce temps, le vice roi espagnol rentrait à Messine sans résistance, précédé d'une promesse d'amnistie générale. Cette promesse fut tenue comme à l'ordinaire. Le vice-roi laissa la soldatesque espagnole se livrer à tous les excès et fit périr les uns après les autres tous les citoyens qui pouvaient lui porter quelque ombrage. Le désespoir des Messinais fut tel, qu'ils conçurent la pensée de se donner aux Turcs [1].

Quoique Louis XIV n'eût pas envers les Messinais des devoirs aussi rigoureux que s'il eût été l'instigateur de leur révolte, l'abandon d'un peuple qu'il avait couvert solennellement de sa protection répondait mal à cette fastueuse générosité dont il faisait parade : si c'était un acte politique, ce n'était certes pas un acte magnanime.

Sous le rapport militaire, l'évacuation de la Sicile fut largement compensée. Le plan général de la campagne était excellent. Louis avait mis Créqui en mesure de soutenir au printemps, sur le Rhin,

1. E. Sue, *Histoire de la Marine*, t. III, ch. VI, p. 9. — Basnage, t. II, p. 878. — La Hode, t. IV, p. 178. — Saint-Hilaire (*Mém.*, t. Ier, p. 288), élève jusqu'à 7,000 le chiffre des Messinais embarqués sur la flotte, ce qui semble exagéré.

ses glorieux succès de la campagne précédente, et Navailles en état de tenter quelque chose de sérieux contre la Catalogne ; mais les grands coups, les coups décisifs, c'était lui-même qui les portait en Flandre.

Une instruction adressée par Louvois au maréchal d'Humières, le 4 février, vrai chef-d'œuvre du genre, détaille d'avance, jour par jour, tous les mouvements qui seront exécutés dans le courant du mois par les divers corps français, depuis le Rhin jusqu'à la mer, pour donner le change à l'ennemi sur le vrai dessein du roi. Tout se passa comme Louvois l'avait annoncé. Jamais, sous ce grand administrateur, un corps de troupes n'était retardé de vingt-quatre heures par le manque de vivres ou de munitions, tant les services étaient assurés et les mouvements calculés avec une précision mathématique [1].

Cette année, au lieu d'endormir l'ennemi comme on l'avait fait au commencement des campagnes précédentes, on l'avait harassé par des alarmes continuelles durant tout l'hiver. On avait attiré ou retenu ainsi la plupart des troupes hollandaises en Belgique, pour leur faire ruiner le plat pays et consommer les fourrages d'avance, en sorte qu'au moment d'agir, les magasins espagnols fussent vides ; pour les magasins français, ils étaient toujours remplis. Le 7 février, le roi partit de Saint-Germain pour la Lorraine avec la reine et toute la cour, et s'avança jusqu'à Metz. Le bruit courut qu'il allait assiéger Strasbourg ou Philipsbourg. Dans les derniers jours de février, Luxembourg, Namur, Mons et Ypres furent investis à la fois : le canon retentissait d'un bout à l'autre de la Belgique ; les communications étaient coupées ; les généraux ennemis ne savaient où donner de la tête, où porter du secours. Louis cependant était reparti de Metz le 25 février : arrivé à Stenai le 27, il monta à cheval et ne s'arrêta qu'aux portes de Gand, le 4 mars. Le siége de Gand avait été combiné dès le mois de décembre précédent [2].

Gand avait été investi, le 1er mars, par le maréchal d'Humières, que vinrent joindre la plupart des troupes qui avaient menacé

1. *Œuvres* de Louis XIV, t. IV, p. 123.
2. *V.* une lettre de Louvois à l'intendant de Flandre, ap. *Lettres militaires*, t. IV, p. 311.

Namur, Mons et Ypres. Quarante et quelques mille soldats et sept mille pionniers établirent leurs quartiers autour de cette grande ville : un gros corps fut, en outre, posté à Oudenarde, afin de couvrir le siége. Les manœuvres du roi avaient réussi : Villa-Hermosa avait envoyé à Ypres une partie de la garnison de Gand et il ne restait que cinq cents soldats dans la capitale de la Flandre. La puissante bourgeoisie de Gand, qui avait levé des armées entières, n'eût pas eu besoin jadis de secours étrangers ; mais les temps étaient bien changés et la grande cité flamande bien déchue. Les Gantois pouvaient néanmoins encore mettre sur pied une vingtaine de mille hommes.

Dès la nuit du 5 au 6 mars, Vauban fit ouvrir la tranchée entre la Lys et l'Escaut, du côté du fort du Sceau. Le fort fut abandonné sans résistance. Le 6, le canon français commença de battre la ville. Dans la nuit du 8 au 9, après un bombardement qui mit le feu sur plusieurs points et qui jeta le désordre dans la place, l'assaut fut donné aux deux demi-lunes de la porte de Courtrai. Ces ouvrages furent emportés. Peu s'en fallut que les Français, en poursuivant les fuyards, n'entrassent à Gand comme à Valenciennes. Le lendemain, le grand bailli et les échevins de Gand obligèrent le gouverneur espagnol à capituler. Beaucoup de bourgeois, indignés de voir la patrie des Arteveldes se rendre en quelques jours comme la plus vulgaire cité, brisèrent leurs mousquets de colère. Mais pourquoi Gand se serait-il sacrifié ? il ne s'agissait que de changer de maître.

Le gouverneur Pardo se retira dans la citadelle avec une poignée de soldats. Il rendit, dès le 11, ce fameux château bâti par Charles-Quint pour tenir la ville en bride. La ville et le château de Gand n'avaient pas coûté quarante hommes à l'armée française.

Louis ne se contenta pas de cette éclatante et facile conquête. Après avoir menacé Bruges, il se rabattit sur Ypres (13-15 mars). La garnison était de trois mille hommes. La citadelle fut attaquée avant la ville. La tranchée fut ouverte le 18 contre la citadelle, le 23 contre la ville. Les batteries avaient joué dès le 19. Dans la nuit du 24 au 25, les contrescarpes de la ville et de la citadelle furent enlevées dans une double attaque très-meurtrière. Le lendemain, le gouverneur, voyant une brèche ouverte au corps de la place, capitula. L'ennemi n'avait rien tenté pour secourir Gand ou Ypres.

Louis remit l'armée au maréchal de Luxembourg avec ordre de la faire reposer quelques semaines et repartit, le 26 mars, pour Saint-Germain [1].

Ypres rectifiait et fortifiait la frontière française entre la Lys et la mer : Gand isolait Bruges et Ostende, derniers débris de la Flandre espagnole, d'avec Anvers et Bruxelles, et mettait les avant-postes français à l'entrée de la Flandre hollandaise.

Louis a laissé de sa rapide expédition un récit qui respire un enthousiasme de soi-même tout à fait extraordinaire : devenu son propre flatteur, il ne laissait plus, en fait d'hyperboles, rien à trouver à ses courtisans, et, si l'on peut s'étonner de quelque chose, c'est qu'au milieu d'une telle ivresse, il ait conservé tant de bons sens et un esprit si juste dans la conduite de ses affaires. Il fallait que la nature lui eût donné un bien solide jugement [2].

L'effet de ses nouvelles conquêtes était tel que Louis l'avait prévu : de l'effroi en Hollande, de la colère en Angleterre.

Avant le siége de Gand, le parlement anglais avait débuté, en réponse au discours de la couronne, par prier Charles II de ne traiter avec la France qu'après l'avoir réduite aux limites du traité des Pyrénées et de rompre tout commerce avec elle. Cette adresse violente avait réuni dans un vote commun les ennemis systématiques de la France, les opposants par ambition personnelle et les hommes qui, plus préoccupés de la liberté anglaise que des progrès de Louis XIV, craignaient de mettre une armée à la disposition de Charles II, et qui ne feignaient de le pousser à la guerre que pour l'en détourner par l'excès même de leurs exigences. Charles, en effet, tout en insistant pour obtenir un grand subside de guerre, se récria contre des prétentions qui eussent rendu toute

---

1. *OEuvres* de Louis XIV, t. IV, p. 123-159. — Basnage, t. II, p. 180. — *Lettres militaires*, t. IV, p. 312-348. — La Hode, t. IV, p. 150. — Quinci, t. Ier, p. 581.

2. « J'avoue que je sentois quelque plaisir, pour avoir déjà fait ce qui paroissoit possible, d'assiéger des places que les plus grands capitaines de notre siècle n'avoient osé regarder, ou devant lesquelles ils avoient été malheureux. Le premier mouvement qui m'a fait croire que je pouvois réussir dans la guerre, a été la jalousie que je sentis, dès que j'eus quelque connaissance, pour ceux qui étoient les plus estimés et sans doute les plus capables. Je m'appliquai à les imiter ; j'aspirai à les surpasser, et j'ai du moins été assez heureux pour réussir à des entreprises qui leur avoient paru impossibles ». *OEuvres* de Louis XIV, t. IV, p. 145.

transaction impossible. Le subside de guerre fut voté (16 février). Bientôt après, Charles, effrayé de l'agitation qu'excitait en Angleterre la nouvelle du siége de Gand, expédia quelques troupes à Ostende et à Bruges. Il avait adressé, sur ces entrefaites, à Louis XIV des propositions plus raisonnables que celles de l'automne précédent; mais Louis n'entendait pas perdre tout le fruit de son expédition et voulait maintenant garder Ypres : c'était une nouvelle difficulté; Charles se décida à lever des soldats et à interdire les marchandises françaises pour trois ans (fin mars). L'opposition parlementaire le pressait avec passion de déclarer la guerre. Il ajourna deux fois le parlement de quinzaine en quinzaine pour gagner du temps.

La Hollande était dans des dispositions bien différentes. Le parti républicain, inquiet du grand mariage qui ouvrait tant de chances nouvelles à l'ambition du prince d'Orange, travaillait ardemment à réconcilier les Provinces-Unies avec la France et à relever, autant qu'il était possible, la politique de l'infortuné Jean de Witt. Louis XIV les avait assurés de ses bonnes dispositions en faveur de leur liberté intérieure. Les républicains parvinrent à détourner les États-Généraux de ratifier le traité offensif négocié par Guillaume avec l'Angleterre. La découverte d'un article secret par lequel les Hollandais eussent été obligés de secourir Charles II contre ses sujets rebelles avait donné gain de cause aux adversaires de Guillaume. Les États-Généraux ne souscrivirent qu'à un traité défensif (fin mars). Les villes, Amsterdam en tête, réclamaient instamment qu'on rouvrît une négociation directe et particulière avec le roi de France. Les États, pendant qu'on levait des soldats en Angleterre, réduisirent d'un tiers leur armée (7 avril).

Louis, cependant, quoiqu'il attendît beaucoup plus de cette négociation particulière que de la négociation générale, envoya son ultimatum pour la paix générale tout à la fois au congrès de Nimègue et au roi d'Angleterre, qui n'avait pas encore renoncé formellement au titre de médiateur (9 avril). C'était : 1° *la satisfaction* du roi de Suède et du duc de Holstein-Gottorp, son allié; 2° la liberté du prince de Fürstemberg, arrêté à Cologne en violation du droit des gens, et sa réintégration, ainsi que celle de son frère le prince-évêque de Strasbourg, dans tous leurs biens et honneurs; 3° l'entier rétablissement du traité de Westphalie, l'empereur ayant le choix de rendre Philipsbourg ou de céder Freybourg; 4° la formation de la *barrière*, tant désirée des Hollandais, par la restitution à l'Espagne de Charleroi, Limbourg, Binch, Ath, Oudenarde, Courtrai, Gand et Saint-Guislain, cette dernière place rasée; l'Espagne cédant la Franche-Comté, Valenciennes, Bouchain, Condé, Cambrai, Aire, Saint-Omer, Ypres, Werwick, Warneton, Poperingues, Bailleul, Cassel, Maubeuge et Bavai, tous places et pays déjà en la possession de la France, et, de plus, Charlemont ou Dinant, que l'Espagne obtiendrait par échange de l'évêque de Liège; 5° la restitution de Maëstricht et de ses dépendances aux Provinces-Unies, avec le traité de commerce aux conditions garanties en octobre 1677 : les États-Généraux s'étaient obligés, par un traité particulier, à céder Maëstricht à l'Espagne; 6° le rétablissement du duc de Lorraine dans ses états, soit aux conditions du traité des Pyrénées, soit moyennant l'échange de Nanci, qui resterait au roi, contre Toul, le roi ayant de plus les routes stratégiques nécessaires pour la communication de ses places entre elles; Longwi serait cédé au roi contre une des prévôtés des Trois-Évêchés [1].

Louis ne donnait aux alliés que jusqu'au 10 mai pour accepter ces conditions, fortement combinées, qui exprimaient tout un système de politique extérieure. Louis offrait en effet de rendre : 1° celles de ses conquêtes de 1667 qui mettaient à sa discrétion les grandes villes belges; 2° une de ces grandes cités, Gand, qui venait de tomber en son pouvoir. Il gardait les conquêtes anciennes et récentes qui complétaient la frontière naturelle de l'est et qui faisaient à la France une frontière artificielle au nord par une bonne ligne de places fortes, et il rendait à l'Espagne une frontière susceptible de défense pour ce qui lui restait en Belgique. Au point de vue spécial de la conquête des Pays-Bas catholiques, c'était un recul en deçà du traité de 1668; au point de vue de la défense nationale et de l'agrandissement territorial, c'était un notable progrès. La France s'agrandissait en même temps qu'elle

---

1. Mignet, t. IV, p. 550.

donnait à l'Europe un gage de modération par l'abandon de positions offensives.

Sous un autre rapport bien digne de considération, sous le rapport du commerce, la France reculait. Elle faisait à la Hollande, comme elle avait fait à l'Angleterre, des concessions que Colbert réputait très-dommageables.

Les agents anglais à Nimègue et à La Haie, servant le parlement plus que le roi Charles, travaillèrent, de concert avec le prince d'Orange, à faire repousser les propositions de la France : la noblesse des Provinces-Unies tenait pour Guillaume et pour la guerre ; mais les corps de ville, le commerce, le peuple en masse, réclamaient impérieusement la paix. Les villes hollandaises prièrent seulement Louis de prolonger le délai fixé aux alliés. Louis, qui s'apprêtait à rentrer en campagne, offrit une trêve générale pour le reste de l'année. Les Espagnols et les Impériaux refusèrent (5-10 mai).

Dans la nuit du 3 au 4 mai, un détachement de la garnison de Maëstricht surprit Leewe, petite et forte place entourée de cours d'eau et de marais, qui défendait l'entrée du Brabant du côté du Liégeois. Le 12 mai, Louis partit de Saint-Germain pour aller rejoindre l'armée de Flandre. Il offrit aux États-Généraux de s'engager dès à présent à ne plus attaquer aucune place des Pays-Bas et à maintenir, quoi qu'il arrivât, les conditions proposées à l'Espagne pour ces pays, pourvu que les Provinces-Unies promissent d'être neutres partout ailleurs.

Les chances diplomatiques devenaient de plus en plus favorables. L'inconstant Charles II échappait au prince d'Orange et revenait à ses vieilles affections, sinon pour Louis XIV, au moins pour la cassette de ce monarque libéral. Son excuse était dans la conduite du parlement, qui, excité par des meneurs dont plusieurs étaient à la solde de Louis XIV, s'était avisé de déclarer qu'on ne paierait pas les subsides de la guerre, tant qu'on n'aurait pas obtenu de garanties contre les dangers dont les papistes menaçaient l'Angleterre. C'était toujours le catholicisme du duc d'York et ses prétentions à commander l'armée qui servaient d'épouvantail. La politique anglaise de ce temps est quelque chose de bien étrange : on dirait qu'elle ne peut faire ni la paix ni la guerre.

Charles II, voyant que le parlement lui coupait les vivres, accepta l'offre que Louis XIV lui avait faite récemment d'un renouvellement de subsides et, par un traité secret du 27 mai, s'engagea à la neutralité moyennant 6 millions, dans le cas où la paix ne serait pas conclue sous deux mois. Il promit de licencier, après ces deux mois, toutes les troupes nouvellement levées, moins trois mille hommes qui resteraient à Ostende et trois mille qui seraient envoyés en Écosse, et de proroger son parlement pour quatre mois au moins après ces deux mois. Le licenciement des troupes anglaises était une satisfaction donnée à ces chefs de l'opposition qui s'étaient entendus avec Louis XIV [1].

Le 31 mai, un ambassadeur hollandais était arrivé au camp de Louis XIV et le roi avait offert aux États-Généraux une trêve particulière jusqu'au 12 août, afin qu'ils tâchassent d'amener leurs alliés à la paix; pour eux, ils acceptaient les conditions du roi: Guillaume avait été forcé de céder au torrent.

Louis repartit pour Versailles dès le 2 juin et envoya l'armée, sous les ordres de Luxembourg, camper devant Bruxelles. L'Espagne se disposait à suivre l'exemple de la Hollande et se résignait à subir les conditions de son vainqueur. La reine mère, renversée du pouvoir par une révolution de palais, ayant été intimement liée avec le cabinet de Vienne, son adversaire et son successeur, don Juan, était, au contraire, en mésintelligence avec l'Autriche et très-peu disposé à soutenir jusqu'au bout l'obstination du cabinet impérial. L'accablante série de revers qui frappaient incessamment l'Espagne la décourageait profondément. Un nouveau coup venait de l'atteindre, non plus dans des possessions lointaines, mais sur son propre sol. Le maréchal de Navailles avait pris Puicerda (28 mai) [2]. Les Français, maîtres de la Cerdagne, établis sur la haute Sègre, pouvaient déboucher quand ils voudraient dans l'intérieur de la Catalogne. Don Juan, perdant tout espoir d'arrêter ce torrent de mauvaise fortune, avait hâte de traiter et songeait même déjà à se rapprocher de la France pour y trouver un appui contre l'empereur; il avait la secrète pensée de

---

1. Mignet, t. IV, p. 578.
2. Pendant ce temps, trois vaisseaux envoyés par Duquesne avaient pénétré dans le port de Barcelone pour y brûler un vaisseau de 60 canons.

faire épouser au jeune roi, son neveu, non point une fille de Léopold, mais la nièce de Louis XIV, la fille du duc d'Orléans.

Dans les derniers jours de juin, la Hollande et l'Espagne étaient sur le point de signer la paix à Nimègue. Déjà la liberté de commerce et de navigation était rétablie et l'armée française se repliait de Bruxelles vers Mons. Un incident grave faillit soudain renverser toutes ces espérances de paix. Louis prétendait qu'à la pacification générale, la Suède fût rétablie dans toutes ses possessions. Ni l'Espagne ni la Hollande ne s'y opposaient; mais Louis, prévoyant qu'il serait obligé de continuer la guerre à ce sujet contre les princes qui avaient dépouillé la Suède, signifia qu'il ne pourrait remettre à l'Espagne les places qu'il devait lui restituer dans les Pays-Bas, qu'après que la question suédoise aurait été vidée. Ces places étaient, disait-il, nécessaires pour appuyer les opérations de ses armées dans le Nord.

Cette exigence, qui faisait dépendre de la paix générale l'exécution des traités particuliers, était contradictoire avec la politique suivie depuis quelque temps par Louis et suscita contre lui une réaction très-vive en Hollande et en Angleterre. Le parlement anglais, voyant la paix faite, avait voté le licenciement des troupes anglaises. Charles II, engagé par Guillaume, pressa le parlement de consentir que le licenciement fût suspendu, refusa de ratifier son traité secret du 27 mai avec Louis XIV, expédia des renforts aux garnisons anglaises d'Ostende et de Bruges et envoya sir William Temple à La Haie et à Nimègue pour négocier de nouveau un pacte offensif avec les États-Généraux. Temple, un des hommes d'état les plus distingués de l'époque, auteur d'intéressants mémoires diplomatiques[1], était l'adversaire systématique de la France.

Malgré l'opposition de la ville d'Amsterdam, aussi pacifique maintenant qu'elle avait été belliqueuse en 1672, les États-Généraux cédèrent à l'influence combinée du prince d'Orange et de l'Angleterre. Le 26 juillet, l'Angleterre et la Hollande s'engagèrent à faire la guerre à la France, si Louis ne déclarait, avant le 11 août, terme de la trêve entre la France et la Hollande, qu'il rendrait les villes belges à l'Espagne sans attendre la solution des

---

1. *V.* les *Mém.* de sir William Temple, traduction française, dans la collection Michaud, 3ᵉ série, t. VIII.

affaires de Suède. Le même jour, Guillaume alla se mettre à la tête de l'armée hollandaise, pour se porter vers Mons, bloqué par le maréchal de Luxembourg, et pour secourir cette place à l'expiration de la trêve.

Louis XIV, après avoir vu ses dispositions acceptées par ceux de ses adversaires avec lesquels il avait souhaité la paix, se trouvait sur le point de recommencer la guerre malgré lui contre eux, pour un intérêt étranger. Les Suédois eux-mêmes le tirèrent d'embarras. Les plénipotentiaires de Suède à Nimègue déclarèrent que leur maître se contenterait que les États-Généraux s'engageassent à ne plus secourir ses ennemis et ne trouverait pas mauvais les traités particuliers faits par la France pour diminuer le nombre des ennemis communs (26-27 juillet). Louis se hâta d'écrire à Nimègue qu'il rendrait les places, « à la demande des Suédois (2 août). »

Une vaine prétention d'étiquette consuma encore quelques jours, Louis demandant que les États-Généraux lui envoyassent une ambassade spéciale pour signer la paix dans une place française et non à Nimègue. Il y avait aussi quelques difficultés, sur certains points, entre la Suède et la Hollande, comme entre la France et l'Espagne, et les Hollandais eussent bien voulu ne pas signer sans les Espagnols, comme les Français sans les Suédois. Et cependant on était au 10 août; on n'avait plus qu'un jour jusqu'au terme fixé par les alliés et par Louis lui-même, et l'ambassadeur anglais, sir William Temple, était arrivé à Nimègue avec l'intention d'entraver la paix que son maître lui ordonnait de favoriser. Charles II, tout en concluant un traité belliqueux avec la Hollande, avait chargé son plénipotentiaire de suggérer aux Suédois la démarche pacificatrice qu'ils venaient de faire spontanément sans attendre son avis.

Dans la nuit du 10 au 11 août, les plénipotentiaires français et hollandais se décidèrent. La Paix de Nimègue fut signée. Les signataires de ce fameux traité furent, pour la France, le maréchal d'Estrades, Colbert de Croissi, frère du grand Colbert, et le comte d'Avaux, fils du négociateur de la paix de Westphalie ; pour la Hollande, MM. de Beverning, d'Odyck et de Haaren. Ce fut Beverning qui entraîna ses collègues.

La France et la Hollande gardaient ce dont elles étaient en possession, moins Maëstricht et ses dépendances restituées à la Hollande. La France gardait donc ses conquêtes du Sénégal et de la Guyane. C'était tout ce que la Hollande perdait de territoire à la guerre terrible qui avait failli l'anéantir. Les Provinces-Unies s'engageaient à la neutralité dans la guerre qui pourrait continuer entre la France et les autres puissances, et garantissaient la neutralité de l'Espagne, après que celle-ci aurait signé la paix. La France comprenait la Suède dans le traité ; la Hollande y comprenait l'Espagne et les autres alliés qui feraient la paix dans les six semaines après l'échange des ratifications.

Au traité de paix était annexé un traité de commerce conclu pour 25 ans. — Les Français et les Hollandais étaient assimilés les uns aux autres dans les deux états pour tout ce qui regardait la liberté du commerce, les deux gouvernements s'interdisant d'accorder aucune faveur spéciale ou monopole à leurs sujets respectifs. C'était s'interdire les primes et les priviléges dont Colbert avait fait tant d'usage. — Le droit d'aubaine était aboli des deux parts. — Dans les questions maritimes, on appliquait les principes larges et libéraux déjà établis par le traité de commerce avec l'Angleterre, en ce qui concernait la liberté du commerce avec les tiers, le droit de visite, la contrebande de guerre. — Il est défendu aux sujets des deux puissances de prendre des lettres de marques dans les états ennemis de l'une ou de l'autre, sous peine d'être traités comme pirates. — On ne construira point de vaisseaux et on ne vendra pas de munitions destinés aux ennemis respectifs. — En cas de rupture, les sujets des deux états auront neuf mois pour vendre ou transporter leurs biens.

Un article séparé réservait le maintien du droit de 50 sous par tonneau sur les navires hollandais comme sur ceux des autres nations, mais en statuant que ce droit ne serait levé sur chaque navire qu'une fois par voyage, au sortir des ports du royaume et non à l'entrée. Les bâtiments qui exporteraient du sel ne paieraient que moitié du droit. La Hollande pourrait établir, si elle voulait, un droit égal.

La révocation du tarif de 1667 et le rétablissement du tarif beaucoup plus modéré de 1664 furent accordés en dehors du traité, le roi ne voulant point aliéner par un acte authentique son droit domanial d'imposer des tarifs[1].

En somme, le traité de commerce était à l'avantage de la plus commerçante des deux nations contractantes, de celle qui faisait le courtage maritime au meilleur marché. La Hollande se retrouvait, vis-à-vis de la France, dans une position beaucoup meilleure qu'avant la guerre.

Les ambassadeurs anglais, qui avaient agi bien moins en médiateurs qu'en partie intéressée, refusèrent de signer comme garants, leur mission, dirent-ils, ayant été de ménager une paix générale et non particulière. Les envoyés de Danemark, de Brandebourg, de Münster, éclatèrent en plaintes amères contre *l'ingratitude des Hollandais*.

Le prince d'Orange, bien qu'il n'eût pu empêcher les États-Généraux de donner pleins pouvoirs à leurs ambassadeurs pour la paix particulière, se flattait encore que quelque incident retarderait la signature et lui permettrait de combattre à l'expiration de la trêve. Un combat heureux pouvait tout changer, pensait-il. Renforcé de 8,000 à 10,000 Anglais débarqués en Flandre et des Espagnols de Villa-Hermosa, il s'était approché de Mons, qui, bloqué depuis l'hiver par des corps français, était réduit à une grande détresse. Montal, gouverneur de Charleroi, commandait le blocus, que Luxembourg protégeait avec le gros de son armée. Luxembourg était campé sur la bruyère de Saint-Denis, à une lieue et demie nord-est de Mons. Le 14 août, il dînait tranquillement, après avoir reçu par un courrier de Nimègue la nouvelle de la paix, quand on vint le prévenir que l'ennemi attaquait ses avant-postes. Il courut aussitôt mettre l'armée en bataille. Il était temps. A peine le maréchal était-il monté à cheval, que l'abbaye de Saint-Denis, où était son quartier général, fut assaillie et emportée par une forte colonne de dragons et d'infanterie. La vaisselle du maréchal fut pillée par les Hollandais. Une autre position peu éloignée de Saint-Denis, le village et le château du Câteau, tomba également au pouvoir de l'ennemi. Saint-Denis et le Câteau sont situés au bord d'un ruisseau, qui coule dans une bruyère bordée d'une double chaîne de hauteurs, et qui va se

---

1. Dumont, t. VII, p. 350. — *Actes et Mém. de la paix de Nimègue*, t. II, p. 651.

jeter un peu plus loin dans la Haisne. Les difficultés du terrain, secondant l'opiniâtre résistance des Français, ne permirent point à l'ennemi de mettre à profit ces premiers avantages qu'il devait à la surprise, ni de déboucher au delà du vallon. Un détachement hollandais, qui essaya de passer la Haisne à Obourg afin de pénétrer dans Mons, fut repoussé avec perte et Luxembourg ressaisit bientôt l'offensive sur tous les points. Saint-Denis et le Câteau furent repris après une lutte acharnée : la nuit fit cesser le combat. Les deux armées avaient bien perdu chacune 4,000 hommes.

Pendant la nuit, Luxembourg, craignant que Guillaume ne parvînt à jeter du secours dans Mons, se replia sur les quartiers de Montal afin d'être plus près de la ville assiégée. Le lendemain, comme Luxembourg se mettait en mesure de recommencer la bataille, le prince d'Orange lui manda que la paix était faite entre la France et les Provinces-Unies. Une suspension d'armes fut conclue pour quelques jours; puis les deux armées furent informées qu'une trêve avait été signée le 19 août entre la France et l'Espagne. Les deux armées se retirèrent chacune de leur côté.

Ce ne fut qu'un cri, en France, contre la mauvaise foi et l'inhumanité du prince d'Orange, qui avait fait verser tant de sang pour rien, ayant, disait-on, « la paix dans sa poche. » Ce cri, bien des gens le répétèrent en Hollande et ailleurs. Il paraît certain, toutefois, que Guillaume n'avait pas reçu les dépêches officielles de Nimègue ni de La Haie, et, le lendemain de la bataille, ce prince écrivit au pensionnaire de Hollande, Fagel, qu'il pouvait déclarer devant Dieu n'avoir su la paix que ce jour même, 15 août, à midi. Cependant Gourville, dans ses souvenirs si remplis de curieuses révélations, affirme que le prince lui avoua, plus tard, qu'il n'ignorait pas la conclusion du traité, quoiqu'il n'en fût pas encore averti officiellement. Il dit « qu'il avoit cru que ce pouvait être une raison pour que M. de Luxembourg ne fût pas sur ses gardes, mais qu'au moins il prendroit une leçon qui pourroit lui servir une autre fois, et qu'il avoit considéré que, s'il perdoit quelque monde, cela ne seroit d'aucune conséquence, puisque aussi bien il falloit en réformer. »

Ce mot, dit sérieusement, serait bien odieux ; mais l'autorité de Gourville n'est pas irréfragable [1].

L'obstiné Guillaume n'avait pas encore perdu tout espoir de faire rompre la paix à peine conclue. Le traité des Provinces-Unies était étroitement lié à celui de l'Espagne : il fut facile à Guillaume de faire ajourner la ratification par les États-Généraux jusqu'à ce que la paix d'Espagne fût signée. Les principales conditions étaient arrêtées entre Louis XIV et le cabinet de Madrid ; mais quelques points demeuraient en litige, sur la cession de Dinant et de ses dépendances, que les Espagnols devaient obtenir de l'évêque de Liége et de l'empire pour la France, sur les limites de la châtellenie d'Ath, sur la neutralité, à laquelle les Espagnols ne voulaient pas s'engager, sur les réfugiés de Messine, que les Espagnols ne voulaient pas rétablir dans leur patrie ni dans leurs biens. Le prince d'Orange, secondé par les agents anglais et allemands, envenima de son mieux ces différends. L'ambassadeur anglais, Hyde, annonça aux États-Généraux que, s'ils ne ratifiaient pas leur traité, son roi s'unirait à eux contre la France. Charles II, effrayé des nouveaux orages politiques qui se préparaient en Angleterre, recommençait ses fanfares belliqueuses pour détourner la tempête. Les ambassadeurs français, de leur côté, offraient nettement aux républicains d'Amsterdam et des États-Généraux l'appui de Louis XIV contre l'ambition du prince d'Orange et les visées de l'Angleterre [2].

Ni Louis XIV, ni le prince qui gouvernait en ce moment l'Espagne, ne voulaient rentrer en guerre. Les Espagnols cédèrent sur la question de la neutralité ; on transigea sur les dépendances de Dinant ; les Français cédèrent sur le reste, même sur les intérêts des Messinais. Les malheureux proscrits, qui attendaient leur salut de la générosité du grand roi, ne devaient jamais revoir

---

1. Relations du prince d'Orange et de Luxembourg dans Basnage, t. II, p. 940. — Œuvres de Louis XIV, t. IV, p. 171. — Mém. de sir W. Temple. — Quinci, t. IV, p. 590. — La Hode, t. IV, p. 172. — Mém. de Gourville, ap. coll. Michaud, 3ᵉ série, t. VIII, p. 575. — Quelque temps auparavant, un dernier choc maritime avait eu lieu sur les côtes d'Espagne. Le chef d'escadre Château-Renault avait attaqué, avec cinq vaisseaux français, douze vaisseaux hollandais, en avait coulé quatre et avait obligé les autres à se réfugier dans le port de Cadix.

2. Mignet, t. IV, p. 62.

leur patrie : ils continuèrent à traîner leur misère et à manger le pain de l'exil sur le sol étranger qui les avait recueillis. Cet abandon, moins excusable que l'abandon même de Messine, fut une tache pour la France. La répugnance que Louis ressentait au fond de l'âme pour des *sujets rebelles*, contribua sans doute à le rendre plus facile à cet égard.

La paix fut signée entre la France et l'Espagne, le 17 septembre, à Nimègue. Les conditions étaient, comme pour la Hollande, à peu près celles que Louis avait proposées, ou plutôt imposées, par sa lettre du 9 avril. Aux places restituées à l'Espagne furent ajoutées les deux conquêtes postérieures au 9 avril, Leewe et Puicerda.

Le 19 septembre, les États-Généraux ratifièrent le traité de leurs plénipotentiaires avec la France.

De même que les Hollandais avaient attendu, pour ratifier leur traité, que celui des Espagnols fût signé, les Espagnols, pour éviter les reproches de leurs alliés, eussent voulu attendre que l'empereur eût conclu la paix. Ce n'était pas le compte de Louis. Après avoir accordé à l'Espagne des délais qui se prolongèrent jusqu'au 15 novembre, il enjoignit à ses généraux de rentrer en campagne et de menacer Bruxelles. Le cabinet de Madrid affecta de ne céder qu'à la nécessité et ratifia le 15 décembre.

Restaient l'empereur et l'empire, les princes de la Basse-Allemagne et le Danemark. Si l'Allemagne avait eu peu de succès quand elle était coalisée avec la Hollande et l'Espagne et que les subsides de la riche Hollande alimentaient ses armées, que pourrait-elle maintenant seule contre la France ? Le gouvernement de Vienne, si difficile d'abord à traîner aux combats, avait été depuis le plus obstiné dans la guerre ; maintenant, il commençait à comprendre, d'une part, que ses espérances étaient chimériques, de l'autre, que la paix ne lui imposerait pas de grands sacrifices et que la guerre pourrait lui devenir très-funeste.

La campagne de 1678 n'avait pas été plus heureuse pour les Impériaux que celle de 1677, avec cette différence, tout à leur désavantage, que la guerre, cette année, par suite des succès précédents de Créqui, avait été constamment maintenue sur le territoire de l'empire.

Elle s'était faite avec de grands corps de cavalerie, comme dans les dernières années de la guerre de Trente Ans. Au mois de mai, le duc de Lorraine s'était mis aux champs avec une quarantaine de mille hommes, dont plus de moitié cavalerie. Il menaça d'entrer en Alsace par Altenheim, tandis que le gros de ses troupes filait sur Freybourg, qu'il espérait reprendre. Créqui ne se laissa point abuser : le 24 mai, il franchit le Rhin à Brisach avec douze mille fantassins et dix mille cavaliers et dragons, et couvrit Freybourg. Le duc de Lorraine, remontant la rive droite du Rhin, feignit de vouloir passer le fleuve, tantôt à Rheinfeld, tantôt à Rheinau; puis, il se plaça entre l'armée française et Brisach. Créqui, appuyé sur Freybourg et nourri par les magasins de cette ville, ne quitta pas son poste et n'accepta point la bataille. Le manque de vivres obligea le duc de Lorraine à se replier sur Offenbourg (25 juin). Créqui se porta vers les Villes Forestières du Rhin et alla recevoir, près de Huningue, un renfort de sept ou huit mille hommes qui arrivait de Flandre. Le duc Charles, craignant pour les Villes Forestières, revint sur ses pas et envoya en toute hâte à Rheinfeld six à huit mille hommes. Deux jours après, Créqui accourut à Rheinfeld avec une partie de son armée. Les Impériaux s'étaient retranchés en avant du pont de Rheinfeld ; le retranchement, puis la redoute qui couvrait la tête du pont, furent enlevés d'assaut : les Français, passant le pont, seraient entrés dans la ville pêle-mêle avec leurs ennemis, si le gouverneur de Rheinfeld n'eût fait fermer la porte aux fuyards. Deux ou trois mille Impériaux furent tués, noyés ou faits prisonniers (6 juillet). Rheinfeld, cependant, ne fut pas pris. Le gouverneur ayant incendié la partie du pont qui était en bois, Créqui ne put que bombarder la ville de l'autre rive du Rhin. Il voulut se saisir du pont de Sickingen ; cette petite ville, située sur la rive droite, fut aisément emportée ; mais les habitants et la garnison, en s'enfuyant, brûlèrent leur pont derrière eux.

Le duc de Lorraine déboucha, sur ces entrefaites, par les Montagnes Noires, pour sauver les deux autres Villes Forestières, Lauffenbourg et Waldshü. L'avant-garde française chassa l'avant-garde impériale d'un poste qu'elle avait occupé entre Sickingen et Lauffenbourg. Créqui, à son tour, ne demandait plus qu'à combattre ; mais il reconnut l'impossibilité de forcer le duc de

Lorraine dans les défilés de la Forêt Noire. Il jugea le moment venu d'exécuter un projet plus avantageux que la conquête des Villes Forestières. Le 19 juillet, il descendit rapidement la vallée du Rhin dans la direction d'Offenbourg, qui était le magasin des Impériaux dans le nord de la Souabe. Le duc Charles suivit le mouvement des Français en côtoyant les montagnes, prit les devants avec un gros corps de cavalerie, et Créqui, en débouchant dans la vallée de la Kintzig, trouva six mille cavaliers et dragons entre lui et Offenbourg. Les Français passèrent la petite rivière de Kintzig sous le feu des Impériaux, chargèrent l'ennemi et le mirent en déroute (23 juillet). Le duc de Lorraine réussit néanmoins à garantir Offenbourg, où il jeta les débris de son avant-garde. Le gros de son armée l'y rejoignit.

Créqui ne s'opiniâtra point contre Offenbourg, qui n'était pas son vrai but. Il tint en échec le duc de Lorraine, détacha brusquement vers Strasbourg une forte division commandée par le lieutenant-général Montclar et somma les Strasbourgeois de lui livrer le fort de Kehl et le pont par lequel ils avaient tant de fois livré passage à l'ennemi en violation de leur neutralité. Les magistrats de Strasbourg refusèrent (25 juillet). Dès le lendemain, Kehl fut battu en brèche. Le 28, les grenadiers et les dragons de Montclar emportèrent Kehl d'assaut et poursuivirent les restes de la garnison jusqu'au fort de l'Étoile, dans l'île du Rhin qui coupe en deux le pont de Strasbourg. Créqui invita de nouveau les Strasbourgeois à lui livrer le reste de leur pont; sur leur refus, après avoir reconnu que Kehl serait trop difficile à remettre en défense, il le rasa et l'incendia, ainsi que la moitié du pont qu'il avait prise (6 août); puis il repassa le Rhin à Altenheim, se présenta devant Strasbourg par la rive gauche, s'empara de l'île de Ruprechtau, que forment l'Ill et le Rhin au-dessous de Strasbourg, et attaqua le fort qui reliait à la ville le bout du pont opposé à Kehl. Le duc de Lorraine parvint à jeter par eau quelques troupes dans Strasbourg. Le fort de Ruprechtau, à la tête du pont, et le fort de l'Étoile, au milieu du pont et du fleuve, n'en furent pas moins évacués par l'ennemi après vingt-quatre heures de batterie et toute communication fut coupée entre la ville et le Rhin (11 août).

Le duc de Lorraine descendit le Rhin et voulut jeter un pont vis-à-vis de Lauterbourg, afin de venir au secours de Strasbourg. A peine un détachement allemand eut-il passé le fleuve pour protéger les travailleurs, qu'un gros de cavalerie expédié par Créqui tomba sur ce corps détaché, le tailla en pièces ou le jeta dans le Rhin, et brûla les bateaux destinés à la confection du pont. Le duc Charles descendit jusqu'à Philipsbourg et y passa le Rhin. Créqui, ayant reçu du roi la défense d'entreprendre le siége de Strasbourg, alla s'établir sur la Lauter, fit occuper Landau par ses avant-postes et paralysa complétement l'ennemi. Le duc de Lorraine, accablé de chagrin, se mit en quartiers d'hiver dès le commencement d'octobre. Créqui en fit autant, après avoir rasé les deux forts de Strasbourg et brûlé le reste du pont [1].

Cette longue série d'échecs abattit la fierté autrichienne et disposa le cabinet de Vienne à subir à son tour la nécessité qu'avait subie le cabinet de Madrid. L'empereur n'avait pu renforcer le duc de Lorraine à mesure que le roi renforçait Créqui : c'étaient les troupes des cercles, plus que les troupes autrichiennes, qui avaient porté le poids de la guerre en Souabe; car une très-grande partie des ressources de l'Autriche étaient employées ailleurs. Depuis l'année précédente, une diversion redoutable affaiblissait profondément l'empereur et le menaçait au cœur même de ses états.

Le gouvernement autrichien avait travaillé avec acharnement à détruire en Hongrie les libertés politiques et religieuses : après avoir fait périr dans les supplices plusieurs des magnats catholiques et aboli la charge de palatin, qui était à peu près en Hongrie ce qu'avait été en Aragon celle de *justitia*, le frein aristocratique de la royauté, il s'était tourné contre les protestants, avait enveloppé en masse dans une prétendue conspiration tous les pasteurs réformés et avait déporté en Sicile tous ceux dont il avait pu s'emparer : Ruyter, lors de l'expédition qui lui coûta la vie, trouva ces malheureux sur les galères d'Espagne et obtint leur délivrance du vice-roi de Sicile.

Ces violences causèrent, après des troubles incessants, une ter-

---

1. *OEuvres* de Louis XIV, t. IV, p. 179. — Basnage, t. II, p. 884. — Quinci, t. IV, p. 505. — *Mém.* de Saint-Hilaire, t. I, p. 290.

rible insurrection, qui réunit catholiques et protestants. Louis XIV, qui avait abandonné les mécontents hongrois à une époque où il espérait la neutralité bienveillante de l'empereur, ne s'était pas fait scrupule, cette fois, de fomenter la révolte par des promesses et de l'argent; il avait envoyé des agents en 1674 et 1675 : la Porte Othomane en faisait autant; le prince de Transylvanie, à l'instigation de la France, s'était déclaré pour les insurgés. La Pologne, qui se relevait momentanément grâce aux talents militaires de son roi Jean Sobieski, terminait par un traité honorable avec les Turcs une guerre commencée par des revers honteux, sous l'imbécile prédécesseur de Sobieski : Sobieski, marié à une Française (mademoiselle d'Arquien) et lié avec la cour de France, qui avait contribué à son élection (en 1674) [1], favorisa également les Hongrois. Le 27 mai 1677, l'ambassadeur de France en Pologne signa un traité entre la France, le prince de Transylvanie et les mécontents hongrois. Louis XIV s'engagea, dans le cas où il ferait la paix avec l'empereur, à continuer aux Hongrois un secours d'argent de cent mille écus par an. Trois mille Polonais, soldés par la France, passant sur le ventre à un corps autrichien, rejoignirent les insurgés magyars (octobre 1677).

La guerre s'étendit dans toute la Hongrie. Les Polonais et les Transylvains fournirent de nombreux renforts. Les insurgés avaient trouvé un chef d'une audace et d'une habileté supérieures dans un jeune magnat luthérien, le comte Éméric Tékéli. Maître de la Haute-Hongrie presque entière, Tékéli, après avoir battu les Autrichiens, lança des partis dans la Moravie : un moine défroqué, nommé Joseph, qui s'annonçait comme le *Josué* qui devait affranchir le *peuple de Dieu*, leva six mille protestants exaltés par ses prédications et porta la terreur et le ravage dans la Basse-Autriche jusqu'aux portes de Vienne (août-septembre 1678).

S'il eût été possible d'astreindre à quelque discipline les levées tumultueuses des Magyars et de les retenir régulièrement sous les drapeaux et dans les places fortes, la Hongrie eût été perdue pour l'empereur. Grâce au peu d'ordre que gardaient leurs adver-

---

1. *OEuvres* de Louis XIV, t. V, p. 518. — Sobieski avait été élu par l'influence de la France et de la Suède, malgré l'opposition de l'empereur et du grand électeur de Brandebourg, qui patronaient la candidature du prince Charles de Lorraine.

saires, les Impériaux, renforcés, parvinrent à se maintenir sur quelques points et à soutenir la lutte, mais avec tant de peine qu'il devenait impossible à la cour de Vienne de poursuivre la guerre en même temps sur le Danube et sur le Rhin [1].

L'empereur tâcha d'amuser les insurgés par des négociations sans sincérité, et traita avec la France afin d'être libre de réunir toutes ses forces contre la Hongrie. Le 21 octobre, ses plénipotentiaires à Nimègue déclarèrent qu'il consentait à céder Freybourg, à condition de garder Philipsbourg. Du 1er au 15 novembre, le duc de Neubourg, les électeurs de Mayence et de Trèves et l'électeur Palatin, qui eussent vu leurs états envahis au printemps si la guerre eût continué, prièrent les États-Généraux de les faire comprendre dans leur paix. Le débat se prolongeant sur divers articles, les ambassadeurs de France signifièrent, le 2 décembre, que, si la paix n'était conclue à la fin de l'année, leur maître se croirait dégagé des offres qu'il avait faites à l'empereur et à l'empire.

Cette menace ne fut pas réalisée tout à fait au pied de la lettre, et l'année 1679 recommença sans que les conférences fussent terminées ; mais les Impériaux et leurs alliés n'obtinrent aucune modification aux conditions de la France. Un double traité fut signé, le 5 février, entre l'empereur et l'empire, d'une part, la France et la Suède de l'autre. L'entier rétablissement du traité de Westphalie en était la base. La Lorraine devait être restituée au duc Charles V, moyennant l'échange de Nanci et de Longwi contre Toul et une prévôté dans les Trois-Évêchés, le roi conservant de plus Marsal et quatre grandes routes stratégiques à travers la Lorraine. Le traité gardait le silence sur les dix villes impériales d'Alsace et sur les feudataires des Trois-Évêchés. L'empereur consentait que le roi de France contraignît par les armes les princes de la Basse-Allemagne à faire satisfaction à la Suède et occupât une chaîne de postes dans les provinces rhénanes pour assurer la marche de ses armées [2].

Les deux traités furent ratifiés par Louis XIV le 26 février, par le roi de Suède le 3 mars, par la diète germanique le 23, par l'empereur le 29.

1, Basnage, t. II, p. 891. — Mignet, t. IV, p. 677 et suiv.
2. Dumont, t. VII, p. 376.

Le duc de Lorraine, l'électeur de Brandebourg et le roi de Danemark protestèrent. Le duc de Lorraine aimait mieux ne rentrer jamais dans l'héritage de ses pères, que d'y rentrer autrement qu'en prince souverain. Louis XIV ne lui accordait guère, en réalité, que le « domaine utile, » que le revenu de son duché, et en gardait la souveraineté effective par cette éternelle occupation militaire. Le duc Charles refusa et passa sa vie en simple général au service de l'empereur. Le grand électeur et le monarque danois se plaignaient amèrement que l'empereur consentît à ce qu'on leur arrachât leurs conquêtes sur la Suède, déchue, disaient-ils, des droits du traité de Westphalie et déclarée ennemie de l'empire. Les princes de Brunswick et l'évêque de Münster ne soutinrent pas les deux principaux membres de la ligue du Nord. Ils firent leur paix à part et rendirent presque tout ce qu'ils avaient enlevé aux Suédois entre l'Elbe et le Weser, dans les duchés de Bremen et de Verden, moyennant quatre cent mille écus donnés par Louis XIV et cent mille par la Suède (5 février-29 mars).

L'électeur de Brandebourg et le roi de Danemark persistèrent dans leur résistance. La fortune avait encore été très-favorable au grand électeur durant la campagne de 1678 : il avait, pour la seconde fois, chassé les Suédois de l'île de Rügen, puis achevé la conquête de la Poméranie par la prise de Stralsund et de Gripswalde (septembre-novembre). La pensée de perdre le fruit de tant d'efforts exaspérait son ambition.

Louis XIV, qui avait soutenu inébranlablement les intérêts de son alliée en présence de la coalition encore unie, n'était pas disposé à s'en relâcher maintenant que la coalition était dissoute. Ses plénipotentiaires signifièrent, le 28 février, que si, avant la fin de mars, Christiern V et Frédéric-Guillaume n'avaient pas donné satisfaction à la Suède, Louis leur ferait payer les frais de la guerre. Christiern et Frédéric refusèrent et l'électeur réclama le secours de la Hollande en vertu de ses traités particuliers avec elle. Les États-Généraux s'excusèrent de contrevenir à la paix de Nimègue (28 mars). L'électeur sollicita de Louis XIV une trêve d'un mois.

Les terres que l'électeur possédait en deçà du Rhin, c'est-à-dire le duché de Clèves, étaient déjà occupées par un corps d'armée français. Le 1ᵉʳ mai, ce corps passa le Rhin. Une nouvelle suspension d'armes fut accordée jusqu'au 19 mai, à de dures conditions : l'électeur dut remettre aux Français Wesel et Lippstadt. La trêve expira sans que l'électeur se fût résigné à céder. A la fin de mai, le maréchal de Créqui franchit le Rhin avec les troupes accoutumées à vaincre sous ses ordres. Il chassa devant lui les forces brandebourgeoises, s'empara de toutes les possessions de l'électeur en Westphalie et, le 30 juin, força le passage du Weser à Minden. Il s'apprêtait à marcher vers l'Elbe et vers le Brandebourg, quand il reçut la nouvelle que la paix avait été signée à Saint-Germain le 29 juin. L'électeur avait fait à la générosité de Louis XIV un appel si pressant, avec de telles protestations de dévouement en cas de réponse favorable, que le grand roi s'était laissé aller à quelque adoucissement, aux dépens de ses alliés et aux siens : Louis obligea la Suède à laisser à Frédéric-Guillaume les terres situées à la droite de l'Oder, sauf les villes de Damm et de Gollnow, et à condition que la souveraineté des bouches de l'Oder demeurât exclusivement à la Suède. Louis octroya de plus trois cent mille écus à l'électeur comme dédommagement de ses dépenses et témoignage de satisfaction pour sa rentrée dans l'alliance française[1].

Le roi de Danemark plia enfin le dernier, après que les troupes françaises eurent envahi les comtés d'Oldenbourg et de Delmenhorst. Il traita avec la France et la Suède les 2 et 26 septembre. Il rendit ce qui lui restait de ses conquêtes dans la Scanie et sur la Baltique. Des traités particuliers de la Suède avec l'Espagne et les Provinces-Unies terminèrent le grand œuvre de la paix de Nimègue (août-octobre 1679). L'empereur avait fait quelques difficultés pour évacuer les places de l'empire occupées par les troupes autrichiennes à l'occasion de la guerre. Louis XIV menaça, Léopold promit l'évacuation complète pour le 10 août. A l'entrée de l'automne de 1679, la paix fut rétablie dans l'Europe entière, la Hongrie exceptée. L'Orient, comme l'Occident, faisait silence. La Turquie, la Pologne et la Moscovie avaient déjà, depuis quelque temps, déposé les armes[2].

1. Mignet, t. IV, p. 699.
2. Le nonce du pape avait fait une singulière figure dans les négociations de Ni-

La Hollande, dont la destruction avait été le premier but de la guerre, ne perdit pas un pouce de terrain en Europe; car elle n'exécuta pas la promesse faite à l'Espagne, en 1673, de lui céder Maëstricht. Les États-Généraux objectèrent qu'ayant fait rendre à l'Espagne les places qui allaient former *barrière* contre la France, ils pouvaient bien garder Maëstricht en compensation. L'Espagne n'était point en état de les contraindre, et Louis XIV, très-satisfait de cette querelle, se garda bien d'intervenir. En somme, la paix de Nimègue s'était faite aux dépens de l'Espagne et tout à fait en dehors de la médiation et de l'influence anglaises, annulées par la mauvaise conduite de Charles II. Elle s'était faite aux conditions que Louis avait fixées par sa lettre du 9 avril 1678. L'Académie des inscriptions put écrire sans hyperbole sur les médailles, que *la paix avait été faite suivant les lois dictées par le roi* (*Pace in leges suas confectâ*). Mais il faut dire que ces lois n'avaient été subies que parce qu'elles étaient raisonnables.

Louis, en effet, avait réparé, incomplétement sans doute, mais autant que possible, les fautes de 1672, grâce à la supériorité de l'armée et de la diplomatie françaises : il avait été ramené, au moins momentanément, par les difficultés de la lutte et l'aspect de la réalité, à la modération et au sens pratique dont la passion et les mauvais conseils l'avaient écarté. La France avait fait preuve de ressources immenses [1], et son gouvernement avait tiré de ces ressources le meilleur parti possible : la France était si forte et si bien organisée, que cette guerre de Hollande, si contraire à sa vraie politique, avait encore tourné à son agrandissement; le péril, maintenant, pour elle, c'était que son chef ne crût ses forces inépuisables et n'agît en conséquence. Il était temps encore pour Louis XIV de contenir ses propres penchants et de maintenir la France à cette hauteur souveraine, dont une grande, mais unique faute, n'avait pas suffi à la faire descendre.

mègue. Le pape avait offert aux puissances catholiques sa médiation, qui avait été acceptée sans préjudice de celle du roi d'Angleterre, et le nonce Bevilacqua s'était présenté dans la ville *hérétique* de Nimègue, du consentement des États-Généraux; mais les plénipotentiaires réformés avaient refusé tous rapports avec lui, bien qu'il consentît à ne paraître qu'au nom de son *prince temporel* : il n'eut donc point de part officielle à la négociation générale.

1. La France avait armé jusqu'à 160,000 fantassins, 70,000 cavaliers, 10,000 dragons, 50 vaisseaux et 32 galères. *V. Mém.* de Saint-Hilaire, t. I, p. 313.

LIVRE LXXXV

LOUIS XIV (SUITE)

Fin du ministère de Colbert. — Efforts de Colbert pour rétablir les finances et soulager le peuple. — Colonies, marine. *Code noir*. Cavelier de la Salle. Découverte de la Louisiane. Petit-Renau. Ordonnance de la Marine. — Vauban fortifie toutes les frontières de terre et de mer. Travaux de Toulon. — *Chambres de réunion*. Empiétements sur l'empire. Réunion de Strasbourg a la France. — Occupation de Casal. — Guerre contre les Barbaresques. Bombardement d'Alger. — Oppression croissante des protestants. — Nouvelles luttes entre Colbert et Louvois. — Madame de Maintenon. — Querelle avec la cour de Rome. Déclaration de 1682. — Nouveaux édits contre les protestants. Troubles dans le Midi. — Mort de Colbert.

1679 — 1683.

La France se repose, assise sur des trophées qui lui ont coûté de douloureux efforts. Quel usage le monarque tout-puissant qui dispose de sa destinée fera-t-il de cette paix victorieuse? dans quelle direction va-t-il conduire l'état?

La France n'est pas sortie sans blessure de cette lutte acharnée contre tant d'ennemis. Nous avons rapporté les témoignages des souffrances populaires et raconté les troubles qu'elles avaient suscités. De même que les classes agricoles, le commerce, l'industrie et les colonies ont été frappés par la guerre, et les conditions de la paix, si avantageuses à la puissance territoriale et militaire de la France, le sont beaucoup moins à l'industrie, les tarifs protecteurs ayant été abaissés en faveur de l'Angleterre et de la Hollande. Les établissements de Colbert languissent et l'ordre admirable qu'il avait établi dans les finances a été bouleversé.

Ces maux sont bien loin d'être irréparables. Les bases jetées par Colbert sont restées debout et le grand ministre va dévouer le reste de sa vie à relever son édifice. La première période de son ministère a été toute de création ; la seconde, de destruction, d'une destruction à laquelle il s'est vu forcé de prêter la main ; la troisième sera de réparation et de réédification, si Louis XIV le permet ! Colbert compte, avec raison, sur la prodigieuse élasticité morale et physique de la France. Que le fardeau des campagnes soit allégé de nouveau ; que le pouvoir, moins absorbé par les intérêts militaires, reporte une partie de ses soins sur le commerce, auquel la paix vient de rendre tous ses débouchés extérieurs, que l'équilibre se rétablisse entre les dépenses et les ressources régulières, et les traces des misères publiques seront rapidement effacées !...

On raconte qu'un jour, Colbert fut surpris par un de ses amis, rêvant profondément devant une fenêtre de son château de Sceaux[1] : il semblait absorbé dans la contemplation des belles et vertes campagnes d'alentour. Quand il revint à lui, son hôte lui demanda le sujet de ses méditations : « En contemplant » répondit-il, « ces campagnes fertiles qui sont devant nos yeux, je me « rappelais celles que j'ai vues ailleurs : quel riche pays que la « France ! Si les ennemis du roi le laissaient jouir de la paix, on « pourrait, en peu d'années, procurer à ses peuples cette aisance « que leur promettait le grand Henri, son aïeul... Je voudrais que « mes projets eussent une fin heureuse, que l'abondance régnât « dans le royaume, que tout le monde y fût content, et que, sans « emplois, sans dignités, éloigné de la cour et des affaires, l'herbe « crût dans ma cour ![2] »

Mais il fallait que la paix se maintînt, pour que ces vœux se pussent réaliser ; et les plus redoutables ennemis de la paix, Colbert le savait bien, n'étaient pas au dehors du royaume ; ils étaient dans le conseil du roi et dans le propre cœur de Louis, dans ses ambitions, les unes conformes aux destinées de la France, les autres déréglées et fatales. La lutte entre Colbert et Louvois était incessante ; pendant la guerre, Colbert avait poussé à la paix ; pendant la paix, Louvois poussait à la guerre[3].

1. Colbert avait acheté et rebâti ce château en 1670 : Lenostre en avait dessiné les jardins, et l'*Hercule*, du Puget, aujourd'hui au Luxembourg, en était un des principaux ornements. Le château de Sceaux a été détruit depuis la Révolution.
2 D'Auvigni, *Vies des hommes illustres de la France*, t. V, p. 576.
3. Louvois avait obtenu, en 1677, un notable avantage sur son rival ; à la mort du

Colbert oppose des artifices bienfaisants aux incitations passionnées de son adversaire. Il entoure Louis d'images de paix dans les œuvres d'art; il le promène à travers les magnificences des arts et les sanctuaires de la science [1]; il tâche de lui persuader qu'il est d'autres grandeurs que celles de la victoire. Il se hâte, cependant, de commencer son œuvre réparatrice et met le temps à profit avec l'activité douloureuse d'un homme qui n'ose compter sur l'avenir.

Il n'a pas même attendu la fin de la guerre générale. Dès 1678, aussitôt la paix conclue avec la Hollande, il s'est mis en devoir, tout à la fois, de soulager le peuple et de dégager le revenu public par le rachat des aliénations et par le remboursement d'une partie des rentes. Ceci semble contradictoire : diminuer l'impôt, tandis qu'on rachète et qu'on rembourse, opérations qui exigent de grandes ressources! Le crédit lui fournira les moyens de résoudre cette apparente contradiction. Le reproche adressé parfois à Colbert d'avoir méconnu la puissance du crédit, est tout aussi mal fondé que celui d'avoir ruiné l'agriculture. Colbert eût évité, si le roi ne l'y eût contraint, d'emprunter pendant la guerre à de mauvaises conditions. Maintenant que la paix et la bonne foi avec laquelle le pouvoir a tenu tous ses engagements financiers ont relevé le crédit, Colbert emprunte largement à des conditions meilleures, c'est-à-dire qu'il emprunte d'une main pour rembourser de l'autre avec un fort bénéfice ; toute cette troisième période de son administration pivote sur le crédit.

Dès 1678, la gabelle est diminuée de 30 sous par minot de sel et ramenée au taux de 1672 : la réduction des tailles commence. En mai et juin 1679, on crée deux millions de rentes sur l'Hôtel de Ville, le premier, au denier 16, le second, au denier 18. Le niveau de la confiance publique monte, non-seulement en France, mais au dehors, et l'argent étranger vient chercher à Paris un

---

chancelier d'Aligre, qui avait succédé au vieux Pierre Séguier et qui a fort peu marqué dans l'histoire, le père de Louvois, Le Tellier, fut préféré à Colbert pour la dignité de chancelier.

1. Voyez les détails que donne d'Auvigni sur la visite de Louis au *cabinet des tableaux* du Louvre, à la Bibliothèque (que Colbert avait fait transporter rue Vivienne, dans l'ancien hôtel Mazarin, où elle est encore), au Cabinet des médailles, à l'Académie des sciences, etc. *Vies des hommes illustres*, t. V, p. 366.

placement jugé sûr. En septembre 1679, un édit fixe l'intérêt pour toute la France au denier 18, remettant les choses sur le pied de 1672 [1]. L'intérêt s'était élevé beaucoup pendant la guerre. Avec le produit de l'emprunt, on rachète pour 32 millions de domaines publics aliénés. Les *affaires extraordinaires*, aliénations, emprunts, créations d'offices, etc., s'étaient élevées, en six ans, à près de 150 millions, afin de suppléer à l'insuffisance de l'impôt, qui, bien que fort augmenté, ne produisait pas plus qu'avant la guerre, à cause des non-valeurs et surtout de la diminution des consommations. La dépense, à l'aide des *affaires extraordinaires*, avait dépassé 110 millions en 1677, l'impôt ne produisant pas 81 millions de revenu net. Colbert essaie de trancher dans le vif. Il persuade au roi d'abaisser l'impôt, pour 1679, de plus de 80 millions à moins de 75 et d'arrêter le projet de dépense à 71. La continuation de la guerre en Allemagne pendant une grande partie de l'année, les dépenses de Versailles, que Louis ne peut se décider à réduire et auxquelles commencent de se joindre celles de Marli, les dépenses plus utiles des constructions militaires, mettent ce projet à néant ; au lieu de 71 millions, on en dépense 92, et il faut anticiper de 22 millions sur le revenu de 1680 ; on peut le faire, grâce à cette caisse des emprunts où les particuliers apportent leur argent au denier 20, avec la faculté de le retirer à volonté, et qui continue et accroît pendant la paix les services qu'elle a rendus pendant la guerre.

Colbert ne se décourage pas : il continue de diminuer la taille, réduit le total de l'impôt, pour 1680, à 73 millions et continue de recourir au crédit : il trouve à emprunter 20 millions au denier 20. Le voilà revenu à l'intérêt de 5 p. 100, qu'il avait atteint dans les moments les plus prospères de son administration. Il compte, pour maintenir l'intérêt à ce taux, sur une habile opération monétaire, qui attire les métaux précieux du dehors dans le royaume. Il circulait en France et dans les pays voisins beaucoup de pistoles et d'écus d'or espagnols, dépréciés par l'infériorité de leur poids. Une déclaration du 28 mars 1679 décrie les anciennes monnaies

---

1. *Anciennes Lois françaises*, t. XIX, p. 202-207. — Il n'y a d'exception que pour les marchands fréquentant les foires de Lyon; on les autorise à exiger un intérêt plus élevé dans les promesses pour cause de marchandises.

françaises et les monnaies étrangères qui ne sont pas de poids, et ordonne aux détenteurs de porter ces espèces aux hôtels des monnaies, afin qu'elles y soient refondues en nouvelles espèces aux poids et titre fixés en 1640 et 1641. Les détenteurs reçoivent la valeur intrinsèque des espèces qu'ils apportent, sans déduction pour le droit de seigneuriage ni pour la fabrication. Cette libéralité fait affluer en masse, aux hôtels des monnaies, les pièces espagnoles, qui perdaient plus dans le commerce qu'elles ne perdent à la refonte[1]. Le trafic des matières d'or et d'argent est en même temps déclaré libre dans tout le royaume.

En mai et juin 1680, deux règlements sont promulgués sur les gabelles et sur les aides. Ces règlements ne sont que la confirmation et le développement de ceux de 1664 (l'édit du tarif) et de 1668[2]. Colbert, en 1668, avait commencé d'attaquer partiellement la gabelle forcée; il ne se sent plus assez maître de la situation pour pousser jusqu'au bout cette révolution fiscale, et il se contente de simplifier de nouveau la perception, de faire disparaître par ce moyen la plupart des causes de poursuites contre les contribuables, d'alléger enfin le mal sans essayer d'en couper la racine par la transformation de l'impôt. De même pour les aides. Il réunit en une même ferme générale des aides les divers droits sur le vin et sur les autres boissons, les droits sur le poisson frais et salé, sur les bois, sur le bétail, sur la marque des métaux, sur la fabrication du papier, sur le timbre, avec la moitié des octrois des villes, que le trésor s'est attribuée, et il met cette sorte d'impôts sur un pied qui doit subsister presque entièrement jusqu'à la Révolution. Il continue ainsi sur les aides le travail de simplification opéré par l'édit de 1664 sur les cinq grosses fermes, mais il ne corrige pas l'inégalité de l'impôt indirect entre les diverses généralités financières, entre les élections d'une même généralité, entre les villes d'une même élection. Il laisse subsister encore bien des entraves à la circulation et à l'exportation et des restrictions qui affaiblissent les heureux résultats des entrepôts

---

1. *Anciennes Lois françaises*, t. XIX, p. 193. — Le même règlement réduit à douze deniers les sous qui en avaient jusqu'alors valu quinze. — Forbonnais, t. Ier, p. 491; Bailli, t. Ier, p. 449.

2. *V.* ci-dessus, p. 65, 137.

maritimes qu'il a fondés¹. Pour entreprendre une réforme à fond, il eût fallu être maître du gouvernement et avoir vingt ans de paix devant soi. Colbert était aussi loin de l'une que de l'autre condition.

A la fin de l'année 1680, l'état financier n'est rien moins que rassurant. Sur les 73 millions d'impôts, il n'en est rentré que 70; la dépense, arrêté avec le roi à 78 millions, est montée à 90, deux millions seulement de moins qu'en 1679, bien qu'on soit en pleine paix. Il faut donc anticiper de 20 millions sur 1681, ce qui, avec les 22 millions d'anticipations faites en 1679, 13 millions dus sur divers objets, et 15 en compte courant à la caisse des emprunts, forme une dette flottante de 70 millions.

Colbert supplie le roi de se résoudre à un grand parti, c'est-à-dire de réduire la dépense à 66 ou 68 millions, et insinue même qu'il conviendrait de la réduire à 60. On va être forcé, dit-il, de recourir à de nouveaux emprunts. Si l'on continue quelque temps ainsi, le crédit s'anéantira de nouveau. « Mais ce qu'il y a de plus important, c'est la misère très-grande des peuples; toutes les lettres qui viennent des provinces en parlent, soit des intendants, des receveurs généraux, ou même des évêques. » Et il insiste pour diminuer encore la taille de 5 à 6 millions. Le roi paraît frappé de ces remontrances et fait, de son côté, un contre-projet à 62 millions, mais en ajournant cette réforme radicale et en fixant la dépense, pour 1681, à 74 millions².

Si Louis fût resté fidèle à son plan, c'eût été déjà une grande victoire pour Colbert; mais la dépense monta encore à 84 millions. Colbert, par de prodigieux efforts, améliora cependant la situation. De 70 millions où elle était en 1680, la recette s'éleva, en 1681, à 80,623,000 fr., à cause de l'augmentation obtenue sur les baux des fermes. Bien qu'il y eût, comme le disait Colbert, des misères très-réelles, l'accroissement de la consommation indiquait que la condition générale du pays s'améliorait. Par suite du rachat

---

1. *Anciennes Lois françaises*, t. XIX, p. 239, 242, 251. — Forbonnais, t. Iᵉʳ, p. 498. Monthion, *Particularités sur les ministres des finances*, art. Colbert, p. 25. — L'ordonnance sur les aides est double, une pour la cour des aides de Paris, une pour la cour des aides de Rouen.
2. Forbonnais, t. Iᵉʳ, p. 528. — Sismondi, *Histoire des Français*, t. XXV, p. 387.

des aliénations, le domaine, qui n'avait produit, en 1679, que 2,200,000 fr., produisit, en 1681, 5,540,000 fr. 2 millions de nouvelles rentes créées au denier 20, 7 millions d'anticipations sur les fermes et gabelles, 24 millions dus à la caisse des emprunts, fournirent les moyens de rembourser 50 millions aux aliénataires et aux créanciers de l'État et de ramener la dette flottante au-dessous de 38 millions [1].

Une ordonnance de juillet 1681 sur les fermes, sur la forme de leur adjudication, etc., compléta le règlement de juin 1680 et fut suivie de l'établissement d'un comité arbitral, composé de trois négociants et trois fermiers généraux, sous la présidence d'un commissaire du roi, pour juger les différends entre les commerçants et les commis des fermiers. Cette institution, admirablement conçue, devait être plus efficace, pour protéger le commerce, que tous les règlements du monde.

1682 est l'année des opérations les plus hardies. Colbert veut achever à tout prix le dégagement du revenu et la conversion des rentes. Il est obligé de créer jusqu'à 5 millions de rentes. Au cinquième million, l'intérêt, du denier 20, remonte au denier 18. Ainsi que Colbert l'a prévu, le crédit recommence à s'ébranler. Mais la conversion est terminée avec bénéfice de 2,800,000 fr. par an pour l'état. Les rentes antérieures à l'administration de Colbert, rentes décriées dans le public, ont été remboursées au taux de quinze fois le revenu; les rentes constituées pendant la guerre de Hollande ont été remboursées sur le pied de leur constitution, ainsi que les 2 millions créés en 1679 au denier 16 et 18. La dette consolidée est ramenée à 8 millions par an. Plus de 90 millions ont été remboursés ou convertis en 1682.

Mais, si Colbert a remboursé 90 millions, le roi en a dépensé 100! 100 millions en temps de paix; car une expédition contre Alger ne saurait compter comme guerre sérieuse! La dépense, qui, depuis la paix de Nimègue, était descendue, quoique trop

---

[1]. *Anciennes Lois françaises*, t. XIX, p. 274. — Parmi les moyens qu'on emploie pour faire de l'argent, il en est un funeste aux vieilles libertés municipales; c'est l'érection des magistratures municipales en offices héréditaires. Les charges de l'Hôtel de ville de Paris subirent cette destinée en juillet 1681. C'est le coup de grâce pour nos vieilles communes!

lentement, remonte ainsi dans une proportion exorbitante.[1]. Colbert ressemble à un nageur qui s'épuise en vains efforts pour atteindre la terre et que chaque flot rejette plus loin du rivage.

Il continue de lutter avec une tristesse croissante, mais avec un courage inébranlable. Les recettes, qui s'élèvent par la paix, par le commerce et par la concurrence entre les fermiers de l'état, l'aident à combler un partie du gouffre. L'impôt a produit 85 millions en 1682 et doit, en suivant la même progression, rendre 90 millions avant deux ans. N'espérant plus la réforme radicale des dépenses qu'il avait demandée, Colbert voudrait du moins réduire encore en deux ans la taille de 4 millions, l'impôt indirect de 2, ce qui mettrait l'impôt à 84 millions, puis laisser remonter l'impôt à 90 millions par le progrès des recettes et le fixer à ce chiffre pendant la paix, en préparant des combinaisons qui puissent donner au moins 110 millions en cas de guerre. Le roi consentit à la diminution de la taille, qui se trouva réduite, depuis 1678, de 41 millions à 35.

A la fin de 1682, après les énormes emprunts qui ont épuisé la ressource du crédit, la dette flottante exigible (caisse des emprunts) dépasse encore 29 millions, sans compter 7 millions d'anticipations sur les fermes et près de 16 millions d'anticipations sur la recette de 1683. On ne peut plus recourir aux créations de rentes; la caisse des emprunts est une ressource excellente, mais bornée, et Colbert lui-même juge nécessaire de la limiter à 20 millions pour 1683, en remboursant le surplus. Pour rétablir l'équilibre, il faudrait, quelques années durant, ramener la dépense de plusieurs millions au-dessous de la recette, et non dépenser 13 millions en sus de la recette, comme on vient de le faire!

Colbert ne cesse d'en appeler à la raison et au cœur du roi. Dans le courant de 1683, pressentant peut-être qu'il n'a plus que peu de temps à servir la France, il trace le plan d'un mémoire au roi sur les finances, qui est son véritable testament[2]. Il y établit la nécessité de grandes modifications dans les droits d'exportation et

---

1. Dans ces 100 millions, l'extraordinaire des guerres compte pour 37, la marine pour 9, les *bâtiments* pour 6.
2. L'ouvrage publié sous le titre de *Testament de Colbert* est apocryphe. Les prétendus Testaments Politiques de Colbert et de Louvois ne sont que des pastiches de l'authentique Testament de Richelieu.

d'importation, dans les douanes intérieures, telles que le convoi de Bordeaux, les douanes de Lyon et de Valence, etc. Il voudrait bien que le roi fît quelques dépenses « pour le rétablissement et augmentation de différents commerces. » Le système de l'adjudication au plus offrant, appliqué aux fermes depuis 1661, ne permet plus d'obtenir les baux à vil prix, en achetant l'appui des courtisans et des gens en place; mais on est tombé dans l'excès contraire : les fermiers, par l'effet de la concurrence, dépassent, dans leurs offres, la valeur réelle des fermes et s'indemnisent en vexant le peuple. Il faudrait réduire les droits des fermes. Après avoir résumé tout ce qui s'est fait depuis 1661, il déclare que, nonobstant tout ce qui a été fait, on doit avouer que « les peuples sont fort chargés », et qu'il n'y a plus d'affaires extraordinaires à faire, parce qu'elles aboutissent toutes à un nouvel impôt ou à une aliénation du revenu à vil prix. Il n'ose énoncer ses conclusions que sous une forme timidement dubitative. « Si Sa Majesté, dit-il, se résolvoit de diminuer ses dépenses, et qu'elle demandât sur quoi elle pourroit accorder du soulagement à ses peuples, mon sentiment seroit 1° de diminuer les tailles, et les mettre, en trois ou quatre années, à 25 millions; 2° de diminuer d'un écu le minot de sel; 3° de rétablir, s'il étoit possible, le tarif de 1667; 4° de diminuer les droits d'aides et les rendre partout égaux et uniformes en supprimant tous les priviléges (des localités et des particuliers); 5° de réduire peu à peu les officiers au nombre où ils étaient en 1600 », du temps de Henri IV et de Sulli [1].

Voilà ce que Colbert eût voulu faire encore pour le peuple en matière de finances; ce qu'il avait fait pour l'état, on peut le résumer en quelques lignes. En 1661, il avait trouvé le revenu brut à 82 millions, les charges annuelles à plus de 50, le revenu net, par conséquent, à moins de 32, dont il fallait encore déduire 9 millions d'intérêts pour les avances des traitants; la dépense montant à 60, le déficit annuel était de 37 millions. En 1683, après qu'on a traversé une guerre formidable, le revenu brut atteint

---

1. Colbert formule encore quelques autres vœux entre lesquels on remarque l'abolition de la ferme du tabac et de celle du papier timbré, comme préjudiciables au commerce. Il ne prévoyait pas que la ferme du tabac, transformée en régie, deviendrait une des grandes bases du revenu public et une des mieux assises, puisque l'impôt est volontaire. Le mémoire est dans Forbonnais, t. Ier, p. 364.

près de 113 millions; les charges étant réduites à 26 millions, le revenu net s'élève à près de 87. Colbert a donc augmenté le revenu net de 64 millions, tout en diminuant la taille et la gabelle. L'accroissement de la richesse publique, dû à ses soins, est la principale cause de ce grand résultat [1].

On vient de voir, réuni en un seul tableau, tout ce qui touche directement aux finances pendant les quatre années qui suivent la paix de Nimègue. Colbert avait travaillé pendant ce temps, avec le même zèle, à relever le commerce, les colonies, la marine marchande, ainsi qu'à fortifier cette marine militaire qui avait si glorieusement répondu à son attente.

Les manufactures déjà établies sont encouragées : de nouvelles se fondent, celle des draps de Louviers, par exemple, en 1681. L'expérience a été peu favorable aux grandes compagnies privilégiées pour les colonies. Malgré l'habileté du directeur Caron et la valeur héroïque de de La Haie, la Compagnie des Indes Orientales n'a pas su prendre assiette à Madagascar, et les Hollandais ne lui ont pas permis de s'établir à Ceylan ni à San-Thomé [2]. Elle marche à sa ruine. Colbert essaie de la relever en obtenant du roi pour elle l'abandon des 4 millions qu'elle a reçus en prêt du trésor royal. Un homme supérieur, le directeur Baron, seconde avec plus d'énergie que de succès les vues du ministre : obligé d'abandonner durant la guerre de Hollande la plupart des établissements créés par son prédécesseur Caron (Bantam, dans l'île de Java, Radjahpour et Tilceri à la côte de Malabar, Masulipatam à la côte de Coromandel, Bender-Abassi à la côte de Perse), il cherche, lors de la paix, un dédommagement dans la fondation de Pondichéri sur l'emplacement d'un village cédé par le radjah de Visapour (1680). Un ancien garçon épicier, qui devient commandant en chef des établissements français dans l'Inde, le courageux et persévérant François Martin, réalise à Pondichéri la pensée de Baron, et son gendre Boureau des Landes fonde dans le Bengale le comptoir de Chandernagor (1686). Mais les commencements de ces créations furent bien humbles et bien faibles. Colbert n'avait vu rien apparaître dans l'Inde qui répondît à la grandeur de ses

---
1. Forbonnais, t. Ier, p. 536.
2. V. ci-dessus, p. 120.

efforts. En 1682, il s'était décidé, sur la demande de la Compagnie elle-même, à porter atteinte au monopole qu'elle exerçait ; il avait autorisé les particuliers à faire le commerce de l'Inde, en se servant des vaisseaux de la Compagnie. Les Portugais, sur ces entrefaites, ayant été chassés du Japon, à la suite d'une réaction contre la propagande religieuse des jésuites, Colbert eût voulu tourner au profit du commerce français cet échec du commerce portugais : il pria le roi de permettre aux protestants de trafiquer avec le Japon. Il supposait que les protestants français, n'étant pas de la religion des Portugais, exciteraient moins de défiance chez les Japonais. Le roi refuse. Il avait exclu systématiquement les protestants de toutes les colonies [1].

Le sort de la Compagnie d'Occident avait été pire encore que celui de la Compagnie d'Orient. Mal administrée, engourdie dans son privilége, onéreuse et odieuse aux colons, elle n'avait point su seconder les gouverneurs ni les marins du roi. En 1669, soit négligence, soit impuissance, l'occasion avait été perdue d'assurer à la France une des plus belles contrées de l'Amérique. On projetait d'établir une colonie dans l'ancienne Floride française, où nous avions eu, au XVIe siècle, des postes qui furent abandonnés pendant les Guerres de Religion. Les Anglais devancèrent les Français et prirent possession du pays, qu'ils appelèrent Caroline, du nom de leur roi Charles II. La guerre contre les Anglais (1665-1666) avait obéré la Compagnie : la guerre de Hollande acheva de la ruiner. Dès 1673, elle vendit, pour 5,000 liv. (un marc d'or) de redevance, à une nouvelle Compagnie dite du Sénégal, formée par Colbert, les comptoirs qu'elle avait sur la côte d'Afrique, depuis le cap Blanc jusqu'à la Gambie, avec les privilèges y attachés. En décembre 1674, elle liquide entièrement ses affaires et résigne tous ses droits entre les mains du roi, qui se charge de toutes ses dettes et qui l'aide à parfaire le remboursement des actionnaires ; ce fut encore pour le trésor une charge de près de 4 millions. A ce prix, le domaine public rentra en possession de toutes les colonies d'Amérique. Les colonies d'Amérique et de la côte occidentale d'Afrique avaient alors environ

---

1. D'Auvigni, *Vies des hommes illustres*, t. V, p. 341.

quarante-cinq mille habitants et occupaient une centaine de navires français de cinquante à trois cents tonneaux [1]. Les vexations des fermiers auxquels on donna à bail le domaine d'Amérique, et surtout la défense d'exporter des sucres bruts de nos Antilles pour l'étranger, défense sollicitée par les raffineurs français, enlevèrent aux colonies et à la marine une partie des bénéfices de ce changement. Colbert n'eut pas le temps de revenir sur une défense qu'il eût sans doute révoquée [2].

On n'a guère le courage de regretter ce ralentissement du progrès des Antilles, quand on se rappelle ce que coûtait à l'humanité la colonisation de ces îles, où la culture ne s'opérait plus que par les bras des noirs. Après avoir fondé la Compagnie du Sénégal, Colbert, en 1675, avait fait accorder à un particulier le privilége de la traite sur tout le reste de la côte occidentale d'Afrique, depuis la Gambie jusqu'au Cap, moyennant la fourniture annuelle de huit cents nègres aux Antilles : cette condition n'ayant pas été remplie, le privilége fut supprimé, et la Compagnie du Sénégal fut investie de tout le commerce d'Afrique, en s'engageant à fournir deux mille nègres par an (1678) [3].

Nous avons dit plus haut [4] que Colbert, qui avait trouvé le travail esclave établi aux colonies et la colonisation assise sur la traite des noirs, essaya du moins de réserver aux esclaves quelques-uns des droits de la personne humaine. L'édit sur la police des îles d'Amérique, si connu sous le nom de *Code noir*, fut en effet préparé sous le ministère de Colbert, quoiqu'il n'ait été publié qu'après la mort de ce grand homme. Certes, il est impossible de parcourir cette loi de l'esclavage sans un serrement de cœur et parfois sans un élan d'indignation [5] : le législateur ne peut réus-

---

1. *Anciennes Lois françaises*, t. XIX, p. 152. — Le port de Nantes comptait à lui seul pour moitié dans ces expéditions. V. L. Guérin, *Hist. marit. de France*, I, 565.
2. Sa correspondance exprime des sentiments fort libéraux relativement aux colonies. Il écrit que la liberté du commerce à tous les sujets du roi peut seule attirer l'abondance dans les îles et les faire adonner à la navigation, et qu'il n'est pas bon que les colons soient à la discrétion des commis.
3. Forbonnais, t. I, p. 497, 546.
4. P. 116.
5. Voici quelques-unes des dispositions rigoureuses. — Les esclaves ne peuvent rien avoir, recevoir ni acquérir qui ne soit à leurs maîtres. — L'esclave qui aura frappé ses maîtres au visage ou avec effusion de sang, sera puni de mort. — En cas de voie

sir à concilier ce qui est inconciliable, l'esclavage et l'humanité. Et pourtant il faut bien reconnaître que la loi, ici, est infiniment au-dessus des mœurs, et que cette différence à l'avantage du code de 1685 sur la société qu'il était appelé à régir a subsisté jusqu'à nos jours[1]. On en peut juger par les articles suivants : — Les esclaves seront baptisés et instruits dans la religion, à peine d'amende abitraire contre les maîtres. — Les hommes libres qui auront des enfants en concubinage avec des esclaves, et les maîtres qui l'auront souffert, seront condamnés à 2,000 livres d'amende. — Le maître qui aura des enfants d'une esclave sera privé et de l'esclave et des enfants, *à moins qu'il n'épouse la mère, ce qui rendra les enfants libres et légitimes.* — *Les mariages des esclaves seront solennisés comme ceux des personnes libres.* Le consentement du maître est nécessaire ; mais le maître n'a pas droit de marier l'esclave contre son gré. — Les esclaves baptisés seront inhumés au cimetière commun. — Les esclaves non nourris ni habillés par leurs maîtres peuvent se plaindre au procureur général. Les esclaves infirmes seront nourris par leurs maîtres, sinon l'hôpital les recueillera et entretiendra aux dépens des maîtres. — Les maîtres et commandants (commandeurs) qui auront tué un esclave sous leur puissance seront poursuivis au criminel. — *Ne pourront être saisis ni vendus séparément, le mari, la femme et leurs enfants impubères*[2]. — Les maîtres âgés de vingt ans pourront affranchir leurs esclaves, sans besoin d'avis de parents. — Les affranchis jouiront de tous les avantages des sujets naturels libres.

de fait d'un esclave contre une personne libre, peines très-sévères, pouvant aller jusqu'à la peine capitale. — Le vol qualifié est puni de peines afflictives, et même de mort, si le cas y échet. — Les maîtres pourront faire enchaîner et battre leurs esclaves qui le mériteront, mais non les mettre à la torture ni les mutiler, à peine d'être procédé extraordinairement contre eux. — L'esclave demeuré fugitif (marron) pendant un mois aura les oreilles coupées, et sera marqué d'une fleur de lis à l'épaule ; à la seconde évasion, il aura le jarret coupé ; à la troisième, il sera puni de mort !...
— L'exercice d'un droit naturel est donc puni de mort dans les colonies françaises, et pourtant l'homme qui a usé de ce droit aurait non-seulement la vie, mais la liberté sauve, s'il touchait le sol de la France. Monstrueux contraste, et qui marque d'un signe fatal cette société coloniale, éclose d'une violation de l'humanité et destinée à se débattre, et, en partie, à s'abîmer dans les tempêtes.

1. Écrit en 1847, quelques mois avant l'abolition de l'esclavage dans les colonies françaises, honneur de la Révolution de 1848.
2. Les États-Unis n'en sont pas encore là !

Colbert, en donnant ses soins aux Antilles, eût souhaité aussi tirer parti des fécondes régions de la Guyane, cette *France équinoxiale* où nous avions de vastes prétentions et de faibles établissements. Il avait encouragé, en 1674, les jésuites Gillet et Béchamel à tenter un grand voyage de découverte dans l'intérieur de cette contrée, où jamais Européen n'avait pénétré.

La Nouvelle France du Nord, le Canada, qui n'avait pas besoin des bras des esclaves et dont la population française croissait d'un progrès lent, mais ininterrompu[1], n'attirait pas moins que les colonies tropicales l'attention de Colbert. La grande pêche, le commerce des pelleteries et les bois de construction donnaient une haute importance aux vastes possessions que revendiquait la France autour du golfe et sur les rives du Saint-Laurent. Les gouverneurs de Courcelles et de Frontenac (1671-1673), suivant l'impulsion de l'actif et habile intendant Talon, le second créateur de la colonie après Champlain, avaient remonté du Saint-Laurent vers les lacs immenses d'où sort ce large fleuve et qui forment, jusqu'au centre de l'Amérique septentrionale, comme une chaîne de mers intérieures; Frontenac avait commencé de travailler à assurer à la France les rives de ces lacs par des postes militaires, et, d'après ses ordres, un fort avait été établi sur le lac Ontario par le jeune Rouennais Cavelier de la Salle, qui devait être le héros et le martyr du génie des découvertes. En même temps, des voyageurs, laïques ou religieux, se lançaient dans toutes les directions, à travers ce continent inconnu. Dès 1669, Cavelier de la Salle était allé chercher la route de la Chine par l'Ohio, qu'il croyait se diriger à l'ouest vers l'océan Pacifique; abandonné de ses compagnons, il n'avait pu alors descendre cette rivière que jusqu'à ses chutes; mais, dans les années suivantes, se portant au nord-ouest par les grands lacs, il avait découvert inopinément un grand fleuve inconnu; c'était le Mississipi, le rival du Saint-Laurent (1670-1672). En 1671, le jésuite Albanel et le colon canadien Saint-Simon pénétrèrent par un chemin nouveau, par la rivière de Saguenai, dans la mer d'Hudson, que se disputaient les Français et les Anglais, et où d'autres Français avaient déjà précédé Albanel et

---

1. De 3418 colons, en 1666, la colonie était arrivée, en 1683, à 10682.

Saint-Simon [1]. En 1673, le jésuite Marquette et le Canadien Joliet arrivèrent au Mississipi par la rivière Ouisconsin, deux degrés plus au sud que Cavelier de la Salle [2]. On tenta, par d'opiniâtres efforts, d'enlever à Cavelier l'honneur de sa découverte et de l'empêcher d'en tirer les conséquences. Aussi intelligent qu'intrépide, dès qu'il eut reconnu que le Mississipi allait au sud-est et au golfe du Mexique, il s'était proposé un nouveau but sans abandonner l'ancien, et avait projeté d'ouvrir à la France une double route vers les deux Océans. Colbert saisit vivement cette idée et résolut de fonder dans le golfe du Mexique un établissement naval et militaire qui assurât à la France contre les Espagnols la libre navigation de ces mers et les communications du Canada avec les Antilles. Cavelier, donc, relie, par une chaîne de postes, les deux bassins du Saint-Laurent et du Mississipi, envoie de 1679 à 1680, le récollet Hennepin et un autre agent, Accault, remonter le Mississipi jusqu'à ses sources, et s'embarque sur ce fleuve, le 2 février 1682, s'abandonnant au courant dans une frêle embarcation ; le 9 avril, il débouche avec le fleuve dans le golfe du Mexique, prend possession, au nom de Louis XIV, des riches contrées de la côte et du bas du fleuve, et donne au bassin du Mississipi le nom de Louisiane. De là il regagne Québec à travers mille obstacles et mille dangers suscités, non par la jalousie des Espagnols ou des Anglais, mais par celle de ses propres compatriotes, par de noires intrigues semi-monastiques, semi-mercantiles. Accusé de folie auprès de Colbert, en butte à plusieurs tentatives d'empoisonnement, il fut attaqué à son retour et faillit être égorgé par les sauvages sur des ordres surpris à un nouveau gouverneur, successeur de M. de Frontenac. L'origine de ces atroces complots était le privilége accordé à Cavelier de faire exclusivement la traite dans les pays qu'il découvrirait, comme indemnité et comme récompense.

La Nouvelle France s'étendait dorénavant, au moins nominalement, du golfe du Saint-Laurent au golfe du Mexique, enfer-

---

1. La Vallière et le jésuite d'Ablon, par terre (1661-1662); et, avant eux, Bourdon; par mer 1656).

2. La priorité de Cavelier sur le jésuite Marquette est prouvée par des documents manuscrits et par une carte dressée par ses rivaux eux-mêmes.

mant entre ses deux grands bassins fluviaux les colonies anglaises.

L'intrépide découvreur de la Louisiane ne devait pas avoir la joie d'y implanter de ses mains la colonisation française. Il revint en France : il obtint du roi quelques bâtiments et deux cents hommes pour aller reconnaître par mer l'embouchure du fleuve qu'il avait trouvée par terre, pour y fonder un établissement et pour tenter d'enlever aux Espagnols les mines de la Nouvelle Biscaye ; mais la jalousie du capitaine de vaisseau chargé de le conduire sans avoir le secret de l'entreprise l'obligea de débarquer, non point à l'entrée du Mississipi, mais dans une baie qui dépend aujourd'hui du Texas (la baie de Saint-Bernard). Le capitaine de Beaujeu, après avoir fait manquer l'expédition par son entêtement, l'abandonna par une véritable trahison : la discorde, suite accoutumée de la misère, se mit entre les colons, et Cavelier, comme il s'efforçait de regagner le Canada par terre, fut massacré par quelques-uns de ses compagnons révoltés (1687).

Le projet de l'infortuné Cavelier fut réalisé, quelques années après, par d'Iberville, qui colonisa la Louisiane.

Le commerce maritime se développait plus vite que la colonisation. La grande pêche du Nord, bien plus importante encore pour la marine marchande que le commerce des denrées tropicales, avait repris toute sa prospérité depuis la paix. Plaisance, sur la côte sud-est de l'île de Terre-Neuve, était le centre de ravitaillement et de protection des pêcheurs français. La France n'occupait de fait, dans ces parages, que la côte sud de Terre-Neuve et la presqu'île d'Acadie ; mais toutes les îles du golfe du Saint-Laurent lui appartenaient nominalement. Le mouvement commercial était tel, que le seul port de Saint-Malo, en 1681, envoya à la pêche de la morue soixante-cinq navires, dont le moindre jaugeait cent cinquante tonneaux : Nantes en expédiait ordinairement une trentaine ; le Havre, plus de cent[1].

On a dit ailleurs que Colbert, en 1670, avait fait recenser les matelots : l'inscription n'en avait fourni que trente-six mille, sans les officiers, les patrons et les mousses. Un second recensement, en 1680, donna soixante mille matelots, tout compris ; en 1685, on en eut près de soixante-dix-huit mille. De tels chiffres ont leur

---

1. L. Guérin, t. I, p. 502, 565, 577.

éloquence. Sur ce nombre, la Provence ne fournissait que deux mille six cents hommes, chiffre mesquin pour un pays si favorisé de la mer. Le Languedoc comptait pour trois mille deux cents ; la Picardie, pour deux mille six cent soixante-sept ; la Bretagne, pour dix-sept mille trois cent quarante deux : chose singulière que ce développement du génie maritime chez une population si attachée à son sol et si peu disposée à voyager sur terre !

En 1683, la marine militaire comptait cent sept vaisseaux de de vingt-quatre à cent vingt canons, dont douze du premier rang, c'est-à-dire de soixante-seize à cent vingt canons, vingt-cinq frégates légères de six à vingt-quatre canons, trente-deux galères, etc.; en tout, deux cent soixante-seize bâtiments, y compris soixante-huit navires en construction [1].

La science maritime se perfectionnait à mesure que la force matérielle s'accroissait. L'intendant général du Ponant, Colbert du Terron, avait signalé au grand Colbert le génie précoce d'un très-jeune ingénieur basque, Bernard Renau, surnommé le Petit Renau. Ce jeune homme, appelé au conseil des constructions navales, qu'avait formé Colbert après la paix de Nimègue, y fit adopter, de l'avis de Duquesne et de Vauban, un nouveau modèle de navire, qui rendit plus sveltes et plus faciles à manœuvrer nos vaisseaux de guerre, aux formes majestueuses, mais un peu lourdes, supprima les châteaux d'arrière et d'avant, espèce de forteresses qui encombraient les deux extrémités du navire, et diminua considérablement le tirant d'eau.

Petit Renau n'améliora pas seulement les constructions navales; il assura le progrès continu de ce grand art, en engageant Colbert à fonder une école publique de construction et un corps d'ingénieurs de la marine, ce qui abattit le monopole mystérieusement routinier des maîtres charpentiers jurés, et substitua la science à l'empirisme. « Renau, le premier peut-être, comprit le vaisseau de guerre comme devant être, pour ainsi dire, l'imposant résumé de toutes les connaissances physiques et mathématiques qu'il a été donné à l'homme d'acquérir [2]. »

1. La Martinière, t. IV, p. 222. — L. Guérin, t. I, p. 23. — P. Clément, p. 379.
2. E. Sue, *Histoire de la Marine*, t. III, p. 395-398. — L. Guérin, t. I, p. 499, 507. — *Théorie navale*, par B. Renau d'Éliçagaray.

Le ministre qui avait créé la marine française couronna son monument par un admirable ouvrage.

Colbert, embrassant du regard l'ensemble des relations sociales, avait bien compris à quel point une bonne administration de la justice influe sur le progrès de la richesse publique. Nous avons dit plus haut quelle part essentielle il avait eue aux ordonnances civile et criminelle en 1667 et 1669, puis comme il avait réglé les relations et les contestations du commerce général par l'ordonnance du commerce en 1673. Les intérêts et les habitudes toutes spéciales du commerce de mer réclamaient une constitution à part : les coutumes du moyen âge, les ordonnances du seizième siècle, ne suffisaient plus à la nouvelle marine. Depuis dix ans, Colbert faisait travailler à un code maritime par une commission dont les membres les plus actifs étaient les maîtres des requêtes Le Vayer de Boutigni et Lambert d'Herbigni. L'ordonnance de la marine parut en août 1681. Cette ordonnance descend, par tous les degrés de la hiérarchie, depuis l'amiral jusqu'au charpentier et au calfateur, et dicte les devoirs de chacun. Elle est divisée en cinq livres : le premier concerne les officiers de l'amirauté et leur juridiction. La charge d'amiral n'était plus qu'une sinécure princière très-lucrative que le roi attribuait à quelqu'un de ses bâtards, ou, comme on les appelait plus courtoisement, des princes *légitimés* de France. Cependant l'amiral, qui n'avait plus le choix d'aucun officier de guerre, de finance ou d'administration, avait encore la nomination des officiers de la justice maritime. Toutes les choses de la mer ressortissaient aux juges de l'amirauté, et les parlements n'y intervenaient qu'en appel. Le titre IX du livre I*er*, *sur les consuls*, est très-intéressant. Les commerçants et navigateurs français sont fortement organisés dans les Échelles du Levant : dans chaque Échelle, ils forment un corps qui s'appelle *la nation*; les députés élus par leurs assemblées, que préside le consul, s'appellent *les députés de la nation*. Des droits importants sont assignés à ces assemblées : tout est parfaitement combiné pour soutenir l'honneur et les intérêts de la France à l'étranger. — Dans le livre II, *des gens et des bâtiments de mer*, on remarque les garanties de capacité exigées des capitaines, maîtres et patrons de navires, et la défense de lever aucuns droits de réception sur les apprentis matelots. — Le livre III règle les contrats maritimes. Un privilége est accordé aux matelots pour leurs salaires sur le corps du navire et sur le fret. Personne ne peut armer un vaisseau en guerre sans commission de l'amiral, ni prendre commission d'un état étranger pour aller en course sans permission du roi, à peine d'être traité comme pirate. Tous navires chargés d'effets appartenant aux ennemis sont de bonne prise. (On a vu que les traités avec l'Angleterre et la Hollande avaient introduit partiellement des principes plus libéraux dans les rapports avec ces deux nations.) Les marchandises françaises ou alliées trouvées sur navires ennemis sont de bonne prise. Tout navire repris vingt-quatre heures après sa prise par l'ennemi appartient à ceux qui l'ont repris : s'il est resté moins de vingt-quatre heures au pouvoir de l'ennemi, il est restitué à son propriétaire, sauf un tiers de la valeur pour frais de recousse. Des précautions rigoureuses sont réglées pour vérifier la légalité des prises. Le roi accordera des lettres de représailles à ses sujets lésés par des étrangers, quand l'état dont ces étrangers dépendent aura refusé justice à nos ambassadeurs. C'est un reste du droit de guerre privée. — Le livre IV concerne *la police des ports, côtes, rades et rivages de la mer*. On y règle la garde des côtes par les paroisses sujettes au *guet de la mer*; c'est la milice spéciale des pays maritimes. La peine de mort est décrétée contre quiconque attentera à la vie et aux biens des naufragés, contre les seigneurs des bords de la mer qui auront forcé les pilotes à faire échouer les navires sur les côtes dépendant de leurs fiefs, contre quiconque aura attiré les navires *par feux trompeurs en lieux périlleux*. La terrible industrie des *naufrageurs* n'était pas éteinte en Basse-Bretagne. — Les seigneurs de fiefs qui usurperont sur les habitants des bords de la mer les herbes marines appelées *varechs* ou *goësmons*, ou qui prétendront lever des droits sur la coupe des varechs, seront punis comme concussionnaires. — Le livre V traite *de la pêche qui se fait en mer*. La pêche de la mer est déclarée libre et commune à tous les sujets du roi, sans autre condition que de se servir des filets et engins permis par l'ordonnance. Défense est faite à tous seigneurs de fiefs ou commandants des places du roi d'exiger des droits des pêcheurs ou de mettre obstacle à la pêche, sous peine d'une forte amende et de restitution au quadruple pour les seigneurs, de destitution pour les gouverneurs [1].

On n'a pu citer ici que quelques dispositions caractéristiques qui ne sauraient donner une idée de cet ensemble si sagement distribué, si précis, si exact, si lumineux. L'ordonnance de la marine est restée, comme l'ordonnance des eaux et forêts, le chef-d'œuvre du genre et la base de tous les progrès futurs [2]. Toutes les nations l'admirèrent et l'imitèrent, ainsi qu'elles avaient imité, au moyen âge, notre vieux *rôle* d'Oléron, point de départ de tous les codes maritimes modernes.

Le fils et le collaborateur de Colbert, Seignelai, devait compléter l'œuvre paternelle, quelques années après, en ajoutant au code de la marine marchande le code de la marine militaire.

C'était encore, tout à la fois, pour développer le commerce de mer et pour augmenter la puissance militaire de notre marine que de vastes travaux continuaient dans les ports et sur les côtes. Ces travaux se rattachaient à l'ensemble colossal de la fortification du royaume, entrepris et exécuté par Vauban sous les ordres des ministres de la guerre et de la marine. C'est la seule opération où Colbert et Louvois aient, jusqu'à un certain point, marché d'accord : on verra que cet accord fut d'ailleurs très-imparfait. Louis XIV avait résolu d'assurer à jamais ses conquêtes à la France et de se faire une frontière infranchissable, tout en s'assurant des moyens d'attaque formidables contre ses voisins. L'ensemble de fortifications qui fut confié à Vauban est le plus vaste ouvrage de ce genre qui ait existé dans le monde, et le plus grand service peut-être que Louis XIV ait rendu à notre patrie. On le vit bien toutes les fois que la France fut menacée d'invasion. Les *grandes murailles* des Romains et des Chinois n'étaient que l'enfance de l'art : les trois cents places construites ou réparées et augmentées par Vauban, et s'appuyant réciproquement dans un système général de défense, en furent la perfection.

La paix de Nimègue est l'époque la plus féconde dans cette vie si prodigieusement active. On a vu depuis longtemps, dans nos récits, ce grand homme apparaître comme le génie même des

---

1. *Anciennes Lois françaises*, t. XIX, p. 283-366.
2. Sauf réserve pour ce qui regarde le droit international.

siéges. Ville assiégée par Vauban, disait-on, ville prise. On dira désormais : Ville fortifiée par Vauban, ville imprenable. C'est là une plus belle gloire, et plus conforme à cet esprit humain et philosophique qu'il avait déjà signalé par ses efforts pour épargner le sang du soldat.

Nous avons indiqué ailleurs ce que lui dut l'art d'attaquer les places ; il ne fit pas moins pour l'art de les défendre. Il essaya de rétablir l'équilibre entre l'attaque et la défense, en opposant, aux ravages du ricochet et de la bombe, des souterrains, des traverses voûtées, des feux couverts partant de casemates. Il perfectionna le système des inondations artificielles, ménagea des cultures et des pâtures entre l'inondation et la place, pour la subsistance des habitants et de la garnison, jeta des ouvrages avancés au delà des glacis, et construisit des camps retranchés sous les places les plus importantes. Ses principes sont entrés dans le domaine de la science militaire ; mais ce qui ne saurait jamais être du domaine public, c'est le génie avec lequel il les appliqua ; c'est cet art « de tirer du sol même et des eaux une défense simple et peu coûteuse, et cet art plus grand de coordonner les places à la nature du terrain, à celle du pays, aux routes de terre et d'eau, aux opérations des armées, en un mot, de donner aux états des frontières [1]. »

Depuis la première guerre de Flandre, Vauban avait commencé à fortifier les villes acquises ou conquises par Louis XIV, et à diriger des travaux importants dans les ports. Dunkerque, Lille, Tournai, etc., lui devaient de puissantes défenses ; il avait creusé le canal d'Harfleur au Havre, depuis comblé en partie, pour nettoyer le port du Havre, et avait donné le plan d'un nouveau bassin qui eût rendu cette place plus propre à sa double destination commerciale et militaire, la Normandie n'ayant point alors d'autre port de guerre [2]. Ce projet ne fut point exécuté. Cependant,

---

1. Allent, *Histoire du corps du génie*. Dans un mémoire rédigé à la demande de Louvois, Vauban établit la nécessité d'un corps spécial pour les travaux des siéges. Ainsi, c'est à lui qu'on doit le corps du génie militaire. Il proposa diverses innovations réalisées depuis, entre autres les boulets creux pour disperser les terres des fortifications. Ce sont nos boulets à la Paixhans. — V. *Éloge de Vauban*, par Carnot ; Dijon ; 1784.

2. Le Havre était le siége de l'intendance navale de Normandie. Le bassin militaire, dit *Bassin du Roi*, achevé en 1666, ne pouvait recevoir que des vaisseaux de troisième rang, c'est-à-dire au-dessous de soixante canons.

à partir de 1677, nommé commissaire général des fortifications, Vauban eut une autorité digne de son génie et put systématiser ses conceptions sur une échelle immense. Il acheva, en 1678, les travaux de la place et du port de Dunkerque[1], coupa le banc de sable qui barrait l'entrée du port, acheva le bassin, les deux jetées en bois qui s'avançaient à 2,000 mètres dans la mer et qui faisaient à la ville un avant-port artificiel protégé par des fortifications redoutables, l'arsenal, contenant les cales et les matériaux suffisants pour la construction de quarante vaisseaux de guerre, les canaux de Bergues, de la Moere et de Furnes, destinés à empêcher l'ensablement du port par la puissance des eaux qu'y chassaient incessamment leurs écluses. Vauban comptait que ces *chasses* vigoureuses creuseraient suffisamment le port pour le rendre accessible aux vaisseaux de haut bord. En dix ans, le port et l'avant-port furent en effet creusés de quinze pieds.

De Dunkerque, Vauban se transporta à l'autre extrémité de la France, à Toulon. Ce fut là qu'il exécuta ses plus magnifiques ouvrages maritimes. Depuis que Toulon, si bien abrité entre sa double rade et sa gigantesque muraille de rochers, était devenu le centre de toute notre marine militaire dans la Méditerranée, la ville étouffait dans son étroite enceinte et les navires s'entre-choquaient dans le petit port de Henri IV. Vauban refit la ville et le port. Une nouvelle enceinte puissamment fortifiée (elle est aujourd'hui, pour la seconde fois, devenue trop étroite) et protégée par les forts de l'Éguillette et de Saint-Louis, un second port, appelé la *Nouvelle Darse*, capable de contenir, non pas vingt-cinq ou trente navires, comme les bassins du Havre ou de Dunkerque, mais cent vaisseaux de guerre, un arsenal grand comme une ville entière, et dont les magasins, les ateliers et les cales (la fameuse *corderie* surtout[2]) semblent bâtis pour des géants, deux petites rivières, dont les embouchures engravaient la rade, détournées et rejetées dans la mer de l'autre côté du promontoire qui ferme la rade au Levant, tels furent ces travaux qui eussent suffi, à eux seuls, pour immortaliser leur auteur.

Après avoir mis en activité les travaux de Toulon, dès long-

---

1. Dunkerque était le siége de l'intendance navale de Flandre et de Picardie.
2. Elle a 610 mètres de long. — Le bagne date de 1682.

temps préparés, Vauban passa en Roussillon, ajouta de nouveaux ouvrages aux remparts de Perpignan, fit de cette ville un centre militaire pour toute cette frontière, établit une chaîne de forts sur les principaux points qui dominent les cols des Pyrénées-Orientales et construisit enfin, à l'entrée de la Cerdagne, la citadelle de Mont-Louis, qui, tout à la fois, couvre la vallée de la Tet et menace celle de la Sègre, assurant aux Français l'entrée de la Catalogne.

Des Pyrénées, Vauban retourna dans le nord. En 1680, il construisit le fort de Knocque, afin d'assurer les communications d'Ypres avec Menin et de couvrir Cassel; il rebâtit le fort de Nieulai près Calais, assura à cette ville la protection d'inondations artificielles, et présenta un plan pour restaurer les jetées dégradées et le port presque entièrement ensablé. Le roi ne voulut point s'engager dans cette dépense, jugeant que Calais faisait double emploi avec Dunkerque, et sacrifia la vieille et patriotique cité à sa nouvelle acquisition. Le roi faisait alors un grand voyage d'inspection sur la frontière du nord. Il tomba d'accord avec Colbert et Vauban sur la nécessité d'un port militaire en Picardie, les navires de guerre n'ayant aucun refuge entre Dunkerque et le Havre. Ambleteuse fut choisie à cause de sa position à l'entrée méridionale du Pas-de-Calais. Des difficultés imprévues dans les conduites d'eaux douces nécessaires pour nettoyer le port servirent, dit-on, de prétexte à Louvois pour faire abandonner une entreprise vivement patronée par son rival.

Vauban, au reste, ne fit pas de moins grandes œuvres et en fit de plus nombreuses encore pour le ministère de la guerre que pour le ministère de la marine. Maubeuge fut fortifié sur la Sambre pour remplacer jusqu'à un certain point Charleroi; Charlemont, place récemment acquise et qui fait la pointe vers Namur, fut soigneusement réparé. Ces deux postes complétèrent la ligne militaire de la mer à la Meuse. Vauban s'occupa ensuite du vaste intervalle qui forme, entre la Meuse et le Rhin, la plus exposée de toutes nos frontières. Il fortifia Verdun sur la Meuse; Longwi, entre la Meuse et la Moselle, augmenta les défenses de Thionville sur la Moselle, jeta au loin, comme poste avancé sur cette rivière, la citadelle de Mont-Royal, éleva sur la Sarre une ville nouvelle, qui reçut le nom de Sarre-Louis; puis, entre la Sarre et le Rhin, fortifia Bitsche, Phalsbourg, Lichtenberg, sur les Vosges, Haguenau, dans la plaine d'Alsace, enfin Landau, poste avancé et très-important, qui couvrait l'Alsace et entamait le Palatinat. Arrivée au Rhin, la ligne de fortification tourna au sud; Vauban fortifia Schelestadt, dans la vallée du Rhin, Belfort, dans l'ouverture que laissent entre elles les deux chaînes des Vosges et du Jura, puis construisit, sur l'emplacement d'un village alsacien, la forteresse de Huningue, en face de Bâle, au point où le Rhin s'éloigne de notre frontière pour tourner à l'est en séparant la Suisse de l'Allemagne. Vauban fit ensuite une pointe outre Rhin pour aller ajouter à Freybourg de nouveaux boulevards. De là, revenant continuer la ligne défensive du royaume, il repassa le Jura, donna ses soins à Besançon et, enfermant dans les défenses de cette ville les énormes rochers de Chaudanne et de Bregille, il fit de Besançon, enveloppé par une rivière et trois montagnes, une des premières places de l'Europe.

Vauban ne fit rien sur la frontière au midi de Besançon. La France n'avait rien à craindre de la Suisse ni de la Savoie. Il alla seulement, au delà des Alpes, renforcer la position offensive de Pignerol, comme il avait renforcé Freybourg. Il continua son tour de France par le sud, mit en défense les Pyrénées occidentales comme il avait fait des Pyrénées orientales, protégea Bayonne par une superbe citadelle, fit de Saint-Jean-Pied-de-Port un point d'appui dans les montagnes et construisit le fort d'Andaye pour commander l'embouchure de la Bidassoa. Il améliora en même temps les ports de Bayonne et de Saint-Jean-de-Luz[1].

L'année suivante (1681), Vauban poursuivit la revue des côtes de l'Océan, releva la citadelle de Saint-Martin-de-Ré et les remparts de la Rochelle, ordonna de nouveaux travaux à Rochefort et à Brest et protégea leurs rades par des forts à l'île d'Aix, à l'embouchure de la Charente, au goulet de Brest, aux pointes de Camaret et de Bertheaume. De Brest au Havre, la France n'avait pas, sur la Manche, un seul port militaire, car Saint-Malo, si jus-

---

1. On sent bien que, lorsque nous disons : *Vauban construisit,* cela veut dire : Vauban donna les plans et fit commencer les travaux. Tout cela dura bien des années à achever.

tement fameux, n'était qu'un port de corsaires. Colbert et Vauban sentaient bien cette insuffisance, et Colbert avait jeté ses vues sur la Hougue-Saint-Waast, baie située sur la côte orientale du Cotentin, au sud de Barfleur. Malheureusement, la pensée de Colbert ne fut pas réalisée ; Louvois fit avorter ce dessein, bien autrement important que celui d'Ambleteuse, et qui eût évité à la France un grand revers !

Vauban, sur ces entrefaites, avait été rappelé dans l'est de la France par un important événement qui rendait son génie nécessaire sur le Rhin. Nous le retrouverons bientôt poursuivant, avec un zèle infatigable, son œuvre colossale. Plus tard, il nous apparaîtra sous un autre aspect. Après l'homme de guerre, nous devrons apprécier l'économiste, le politique ; un même sentiment relie l'une à l'autre ces deux parties de sa noble vie ; guerrier ou politique, c'est toujours le patriote qui domine en lui ; c'est toujours la puissance ou le bonheur de la France qui est le but de ses pensées comme de ses actions.

Les travaux des fortifications coûtent beaucoup [1], malgré l'ordre rigoureux et la sévère économie qu'y apporte Louvois, on lui doit rendre cette justice ! Il faut que Colbert se résigne à ces dépenses ; l'utilité en est trop évidente ; ce n'est pas là que sont les principaux obstacles à ses réformes ; ce n'est pas de là que proviennent les soucis qui creusent chaque jour sur son front des traces plus profondes. La politique extérieure, d'une part, la direction des affaires religieuses, de l'autre, sont des sources d'anxiétés bien plus vives pour Colbert !

La modération témoignée par Louis à Nimègue n'a point été sincère. Si Louis a été modéré dans les conditions du traité, c'est qu'il se réserve d'étendre ces conditions par des interprétations étrangement arbitraires et de poursuivre dans la paix les conquêtes de la guerre. Ce n'est pas seulement le complément naturel de la France qu'il essaiera de réaliser ainsi : il n'assigne dans sa pensée aucunes bornes à l'extension de sa puissance. Les traités secrets conclus quelques mois après la paix de Nimègue attestent

---

1. En 1682, les travaux des fortifications coûtèrent 9,227,000 fr. *V.* Forbonnais, t. I, p. 553. Suivant Pellisson, qui le tenait du roi, on y avait employé 26 millions de 1679 à 1681. — Pellisson, *Lettres historiques*, t. III, p. 347.

que Louis est plus que jamais préoccupé du rêve funeste de l'empire. On se rappelle qu'avant la guerre de Hollande, l'électeur de Bavière avait engagé sa voix à Louis en cas d'élection d'un roi des Romains. Au mois d'octobre 1679, un pacte semblable est signé avec l'électeur de Brandebourg, qui s'engage, s'il y a lieu d'élire un roi des Romains ou un empereur, de ne voter et de n'agir qu'en faveur du roi de France, ou, s'il y a trop de difficultés, en faveur du dauphin. « Sa Majesté Très-Chrétienne, » est-il dit dans le traité, « est plus capable que tout autre, par ses grandes et « héroïques vertus et par sa puissance, de rétablir l'empire dans « son ancienne splendeur, et de le défendre contre le voisinage « et les entreprises toujours si périlleuses du Turc. » Le roi promet à l'électeur un subside de 100,000 livres par an pendant dix ans, et 300,000 écus payables par moitié en deux ans.

C'était là le secret des concessions auxquelles Louis avait obligé la Suède envers l'électeur de Brandebourg.

Le 15 novembre 1679, autre traité analogue avec l'électeur de Saxe, moyennant 60,000 livres par an pendant quatre ans, et 90,000 livres comptant. Louis payait chacun selon sa valeur[1].

La trame qu'ourdissait Louis se défaisait à mesure, comme il arrive toujours à ces plans gigantesques auxquels on s'imagine asservir le temps. Le premier des électeurs engagés avec le roi de France, Ferdinand de Bavière, venait de mourir sur ces entrefaites (25 mai 1679). Louis espéra renouer avec le jeune fils de ce prince et accomplit une promesse faite depuis longtemps à la maison de Bavière. Le 30 décembre, fut signé le contrat de mariage du dauphin Louis de France, âgé de dix-huit ans, avec la princesse Marie-Anne-Christine de Bavière, sœur du nouvel électeur. Le préambule des pleins-pouvoirs donnés à l'ambassadeur de France en Bavière, Colbert de Croissi, est caractéristique. « Après que Dieu a béni si « heureusement l'application continuelle que nous avons donnée « au bien de notre État..., l'unique soin qui nous reste pour le « bonheur de nos sujets est de nous donner des successeurs qui « puissent, à notre exemple, et touchés du même amour pour nos « peuples, perpétuer dans les siècles à venir la félicité dont ils

---

1. Ces traités inédits sont cités par Lemontey; *Œuvres*, t. V, p 229.

« jouissent sous notre règne, et soutenir avec la même gloire ce
« haut point de grandeur et de puissance auquel nous avons élevé
« notre couronne [1]. »

Ce ton dithyrambique se substituait partout à la langue des affaires. Avant le dix-septième siècle, le pouvoir, dans ses actes officiels, racontait, citait avec un mélange de naïveté et de pédanterie : sous Richelieu, il avait discuté et démontré ; maintenant, il se louait. Ce fut quelques mois après, en 1680, que le corps de ville de Paris décerna solennellement au roi le titre de Louis le Grand, qui, déjà employé parfois sur les médailles, devint désormais de rigueur dans la langue officielle.

Le négociateur du mariage bavarois, Colbert de Croissi, fut appelé aussitôt après à remplacer Arnaud de Pomponne dans le ministère des affaires étrangères. Un trait de négligence, qui choqua le roi, amena le renvoi de Pomponne. Ce ministre, honnête, instruit, mais peu éclatant, déplaisait à Louis par sa circonspection et ses ménagements envers les gouvernements étrangers : Louis trouvait que les manières et le style de son ministre ne soutenaient pas suffisamment la majesté de sa couronne [2]. Croissi put être moins doux que Pomponne, mais ne lui fut certainement pas supérieur par le caractère ni par le talent ; il n'avait rien du génie de son frère, et ce succès de famille ne fut point un succès politique pour Colbert, Pomponne ayant été bien plutôt l'allié de Colbert que de Louvois.

Les mariages étaient devenus un des ressorts de la politique du roi. Une autre alliance matrimoniale, bien plus importante encore, avait été conclue peu de mois auparavant. On a déjà dit que don Juan d'Autriche, l'oncle, et, depuis peu, le ministre du roi d'Espagne, songeait à chercher en France un appui contre sa rivale, la mère du roi, que soutenait la cour de Vienne. Don Juan avait fait rompre la négociation entamée par la reine mère pour unir le Roi Catholique à une fille de l'empereur et avait demandé pour don Carlos une des nièces de Louis XIV, Marie-Louise d'Orléans, fille du duc d'Orléans et de sa première femme Henriette d'Angleterre. On peut juger avec quel empressement fut reçue cette

---

1. Dumont, *Corps diplomatique*, t. VII, p. 451.
2. Œuvres de Lemontey, t. V, *Monarchie de Louis XIV*, p. 82.

proposition, qui allait, on y comptait, installer la prépondérance diplomatique de la France à Madrid. Le contrat fut signé le 30 août 1679, à la grande joie de Louis XIV, mais à la désolation plus grande encore de l'épousée. La pauvre jeune fille ne quitta qu'avec désespoir le paradis de Versailles pour aller s'ensevelir dans le tombeau de l'Escurial, auprès de cet étrange mari qui n'était que l'ombre d'un roi et que l'ombre d'un homme. Durant un mois entier, elle attrista la cour et blessa la susceptibilité nationale des envoyés espagnols par l'éclat de sa douleur. Elle pressentait sa triste destinée. Elle n'était pas encore partie, que déjà le protecteur intéressé [1] qu'elle devait rejoindre au delà des monts n'existait plus, et que son ennemie naturelle, la reine mère, avait ressaisi le pouvoir échappé des mains mourantes de don Juan [2]. Marie-Louise ne trouva sur la terre étrangère que de longs ennuis et d'implacables persécutions, terminées par une longue agonie et peut-être par un crime. Ce fut une des plus touchantes victimes de la dure politique des dynasties.

Le sacrifice fut d'ailleurs inutile : la jeune reine n'acquit aucune influence à Madrid, et, la politique anti-française ayant repris le dessus avec la reine mère, il s'opéra entre l'Espagne et l'Angleterre, par l'entremise du prince d'Orange, un rapprochement dont Louis XIV combattit les effets avec plus de succès à Windsor qu'à l'Escurial.

Le roi d'Angleterre était resté très en froid avec le roi de France depuis la paix de Nimègue, que Charles II n'avait su ni aider ni empêcher, et Charles, d'ailleurs, avait été rejeté sous le joug de son parlement par un incident qui surexcitait les passions nationales des Anglais.

Un intrigant, perdu de débauches et de friponneries, nommé Titus Oates, qui avait été tour à tour ministre anglican et jésuite, s'était avisé de dénoncer au conseil du roi une grande conspiration papiste, ayant pour but d'assassiner Charles II, de mettre le duc d'York sur le trône et d'exterminer le protestantisme en Angleterre (août-septembre 1678). Tout indique que le complot était

---

1. *V.* les *Lettres* de madame de Sévigné, t. IV, p. 317-321. — *Mém.* de madame de Villars.
2. Mort le 17 septembre 1679.

entièrement chimérique, comme le pensa Charles II ; mais le dénonciateur avait calculé sur l'état de défiance et d'irritation qui disposait l'opinion publique à croire les choses les plus incroyables. Le conseil ne put se dispenser d'ordonner une enquête : l'opposition parlementaire s'en empara ; plusieurs pairs catholiques furent arrêtés, et la proposition d'exclure les papistes des deux chambres et de la présence du roi fut renouvelée. Cette fois le bill passa ; les lords firent exception pour le duc d'York seul (décembre 1678). Deux mille catholiques furent emprisonnés ; tous les catholiques de Londres, eurent ordre de se retirer à dix milles de Whitehall (le palais royal de Londres). Tous les catholiques des Trois-Royaumes furent désarmés et obligés de fournir caution. Coleman, secrétaire de la duchesse d'York, qui avait été le correspondant du père La Chaise, confesseur de Louis XIV, et l'agent salarié des ambassadeurs français à Londres, fut condamné à mort, ainsi que beaucoup de jésuites, de prêtres et de *papistes* laïques, la plupart entièrement innocents, les autres coupables seulement de quelques intrigues. Le lord-trésorier Danby fut décrété d'accusation, sur la dénonciation de l'agent même que Charles II avait employé dans ses transactions pécuniaires avec Louis XIV, de Montague. Danby poussa le roi non plus à proroger, mais à dissoudre le parlement, qui durait depuis la restauration, pour en convoquer un autre (janvier 1679). L'opposition, soutenue, excitée à la fois par le gendre du duc d'York, Guillaume de Nassau, et par le fils naturel de Charles II, le duc de Monmouth, remporta dans les élections une victoire complète. Charles II céda, éloigna son frère, qui se retira en Belgique, et ouvrit son conseil aux chefs de l'opposition. Les communes ne se contentèrent pas des concessions du roi et préparèrent un bill pour déclarer le duc d'York exclu de la succession au trône. Entre la seconde et la troisième lecture du bill, Charles II prorogea le nouveau parlement (27 mai), puis le déclara dissous. Les électeurs lui renvoyèrent la même majorité.

Le roi prorogea derechef le parlement à plusieurs reprises, et tâcha de rattraper sa pension de France afin de se passer des subsides anglais ; mais Louis XIV lui fit des conditions trop rudes et l'on ne put s'entendre (fin 1679). Le vieux parti cavalier ou royaliste, qui commençait à recevoir le nom de *tory*, de même que le parti opposé prenait le nom de *whig* [1], se ranimait cependant par le contre-coup des emportements parlementaires, et encourageait le roi à résister. Charles II rappela le duc d'York à sa cour ; mais, en même temps, afin de ramener l'opinion et de se venger de Louis XIV, il conclut avec l'Espagne, à l'instigation du prince d'Orange, une alliance défensive pour la garantie du traité de Nimègue : l'empereur et tous les autres princes et états devaient être invités à s'y joindre (20 juin 1680) [2]. Bientôt après, par une sorte de moyen terme, il renvoya le duc d'York, non à l'étranger, mais en Écosse (octobre 1680). Louis XIV, alors, fit jouer à sa diplomatie un triple jeu. Il recommença de solder divers meneurs de l'opposition parlementaire, qui recevaient l'argent de France avec aussi peu de scrupule que Charles II lui-même, et tâcha d'empêcher, par leur aide, que le traité avec l'Espagne ne fût soutenu par des subsides. En même temps il offrit des secours au duc d'York pour soutenir ses droits et renouvela ses offres pécuniaires à Charles II.

Les lords, sur ces entrefaites, rejetèrent le bill d'exclusion voté par les communes contre York. Les communes persistèrent et se rapprochèrent des dissidents protestants, que la majorité anglicane avait si longtemps persécutés, mais dont les opinions révolutionnaires redevenaient un titre à la faveur du parlement. Charles II laissa en vain condamner et exécuter, toujours par suite des accusations d'Oates, un pair catholique dont l'innocence n'était pas douteuse à ses yeux, lord Stafford. Ce honteux sacrifice ne détourna pas les communes de leur but. Charles se décida enfin à soutenir la lutte. Il déclara encore une fois le parlement dissous (28 janvier 1681) et en convoqua un nouveau hors de sa remuante capitale, à Oxford ; puis il accepta les propositions du roi de France. Le traité, conclu par l'intermédiaire de l'ambassadeur français à Londres, Barillon, fut tellement secret, que l'on n'écrivit même pas les conditions. Ce fut un pacte purement verbal.

---

1. On nommait *tories* les bandits catholiques irlandais, appelés depuis *white-boys*, et *whigs* les puritains écossais. Les deux partis anglais se jetèrent d'abord ces noms comme des injures, puis les acceptèrent par bravade.

2. Dumont, *Corps diplomatique*, t. VII, p. 2.

Louis promit à Charles deux millions pour l'année courante et 500,000 écus pour les deux années suivantes. Charles promit de se dégager de l'alliance espagnole et de paralyser à cet égard les efforts de son parlement (24 mars 1681).

Charles fit un dernier effort pour transiger avec les communes. Il proposa au nouveau parlement un bill dit de *limitation*, par lequel Jacques d'York n'eût conservé, en cas d'avénement au trône, que le vain titre de roi, tout le pouvoir réel lui étant retiré à cause de sa religion et la régence devant être conférée à sa fille aînée, la princesse d'Orange. Tous les grands propriétaires catholiques seraient bannis du royaume, et leurs enfants seraient retenus pour être élevés dans la religion établie. Cette singulière transaction eût sauvé le principe mystique de l'hérédité, en sacrifiant complétement le fait. Les communes le rejetèrent (5 avril 1681). Le lendemain, Charles II cassa le parlement, avec la résolution de n'en pas réunir d'autre et de vivre de son domaine, de quelques taxes encore en vigueur et du subside français. Il tâcha seulement de calmer le fanatisme protestant en s'engageant à faire appliquer dans toute leur rigueur les lois contre les papistes. L'archevêque catholique d'Armagh fut en effet exécuté quelques semaines après.

La guerre civile avait paru un moment imminente : elle n'éclata point. L'opposition parlementaire ne fut pas soutenue par la nation, et sa violence tourna contre elle. Les éléments royalistes étaient puissants encore : les souvenirs de la révolution effrayaient les esprits, et l'opinion réagissait contre les cruautés qui avaient suivi les dénonciations d'Oates ; une réaction monarchique se déclara, superficielle, mais rapide et bruyante, et Charles II fut étonné lui-même du peu d'obstacles qu'il rencontra à gouverner sans parlement[1].

Les affaires d'Angleterre tournèrent ainsi très-favorablement pour la politique de Louis XIV ; Louis n'eut point de diversion à craindre de ce côté, tandis qu'il poursuivait ses desseins sans ménager l'empereur, l'Espagne ni personne sur le continent.

Avant d'être assuré de l'Angleterre, il avait déjà traité l'Espagne

---

1. Burnet, *Révolutions d'Angleterre*, t. II-III. — Macaulay, *Hist. de la Révolution de 1688*. — Flassan, *Histoire de la diplomatie française*, t. IV, p. 7-25.

avec assez de rudesse sur une question relative à l'exécution du traité de Nimègue. Le cabinet de Madrid s'était engagé à céder à Louis Charlemont, ou à lui faire céder en échange Dinant par l'évêque et par le chapitre de Liége. L'évêque de Liége ayant refusé de céder Dinant, Louis réclama Charlemont. Le gouverneur de Belgique demanda inutilement un délai pour attendre les ordres de son roi. Deux corps de cavalerie française entrèrent en Flandre et en Luxembourg, et y restèrent jusqu'à ce que la place eût été livrée (avril 1680). En même temps Louis faisait valoir, jusqu'à la dernière rigueur, la préséance que l'Espagne avait reconnue à la France en 1661. Ordre avait été donné à tous les capitaines de vaisseau de forcer les marins espagnols à saluer partout les premiers et à baisser leur pavillon devant le pavillon de France (1680). On ne rendait aux Hollandais, en matière de salut, que deux coups de canon pour neuf. Le roi d'Espagne dut renoncer à prendre le titre de comte de Bourgogne. Louis soutenait sa *gloire* aussi âprement que son intérêt [1].

Une série d'entreprises d'un genre tout à fait nouveau, sur toute la ligne des frontières du nord, révèle un plan fortement conçu et suivi avec une vigueur que rien n'arrête : ces entreprises contribueront beaucoup à soulever l'Europe contre Louis XIV, et cependant leur succès, par le solide et durable accroissement de force qu'il doit apporter à la France, prouvera qu'elles procédaient d'une idée juste au fond et allaient à un but bien choisi.

Les Trois-Évêchés lorrains, recouvrés par la France sur le *Saint Empire Romain*, étaient restés dans une position équivoque, quant au droit public, durant près d'un siècle, entre leurs anciens et leurs nouveaux liens : le traité de Westphalie avait tranché le nœud par la renonciation formelle de l'empire à tous droits sur ces contrées; il subsistait toutefois encore des difficultés relatives aux fiefs et dépendances des Trois-Évêchés, possédés par des membres de l'empire. L'Alsace, à son tour, depuis le traité de Westphalie jusqu'à la paix de Nimègue, avait offert des difficultés analogues et plus grandes encore, ce pays de langue teutonique n'ayant point accepté aussi aisément la réunion à la France que

---

1. P. Clément, *Histoire de Colbert*, p. 380.

l'avait fait le pays wallon des Trois-Évêchés, et le traité de Westphalie présentant deux clauses contradictoires, dont l'une cédait à la France tous les droits de l'empereur et de l'*Empire*, et dont l'autre réservait l'*immédiateté* des seigneurs et des dix villes de la préfecture d'Alsace vis-à-vis de l'empire [1]. A la vérité, l'acte spécial de cession, délivré à la France par les états de l'empire le jour de la signature du traité général, accordait la cession pleine, entière et sans réserve [2]; mais les seigneurs immédiats et les dix villes s'attachaient obstinément à la clause du traité général qui les favorisait, et soutenaient, d'ailleurs, que l'empire n'avait pu les céder sans leur aveu. En 1651, les seigneurs de la Basse-Alsace avaient refusé de reconnaître la juridiction de la chambre royale et du grand-bailli français établis à Brisach depuis 1649, et avaient déclaré ne ressortir qu'à la chambre impériale de Spire. La noblesse de la Haute-Alsace, qui n'était point *immédiate* et avait relevé des archiducs, ne suivait pas ce mouvement; mais les dix villes de la préfecture d'Alsace y adhéraient. Louis XIV, à l'époque où il prit les rênes du gouvernement, s'occupa de mettre un terme à ces résistances. La chambre royale de Brisach avait été, en 1658, remplacée par un conseil souverain siégeant à Ensisheim : Louis réduisit le conseil souverain en conseil provincial ressortissant au parlement de Metz (1661). Les dix villes et les seigneurs n'en furent que plus désireux de maintenir leurs rapports avec la chambre de Spire, et les villes ne voulurent prêter au grand-bailli ou *landvogt* du roi qu'un serment très-limité. Enfin, sur les plaintes portées à la diète germanique par les dix villes alsaciennes, auxquelles se joignirent les feudataires allemands des Trois-Évêchés, Louis, qui alors ménageait beaucoup la diète, consentit à prendre pour arbitres le roi de Suède et quelques princes et villes d'Allemagne (1665). L'arbitrage traîna plus de six ans. Au commencement de 1672, les arbitres rendirent une décision ambiguë qui ne décida rien et qui ne satisfit personne. La guerre de Hollande éclata sur ces entrefaites et changea tous les rapports de la France avec l'Allemagne. On a vu dans le récit de cette guerre comment Louis XIV désarma ou

1. V. notre t. XII, p. 268.
2. Hallez-Claparède, *Réunion de l'Alsace à la France*, p. 243.

occupa militairement les dix villes et fit taire toute opposition. La direction des affaires d'Alsace avait été transférée, en 1673, du ministère des affaires étrangères au ministère de la guerre, c'est-à-dire à Louvois : c'est tout dire. Dans les conférences de Nimègue, les représentants de l'empereur et de l'Empire essayèrent de revenir sur l'*immédiateté*; mais le roi ne voulut pas entendre parler de renouveler l'arbitrage et déclara tout débat superflu. « Non-seulement, » dirent les plénipotentiaires français, « le roi
« doit exercer, comme de fait il l'exerce, le souverain domaine
« sur les dix villes, *mais il pourrait encore l'étendre sur Strasbourg,*
« car le traité de Münster ne fournit à cette ville aucun titre par-
« ticulier qui garantisse mieux son indépendance que celle des
« autres villes [1]. »

C'était la première fois que Louis laissait entrevoir cette prétention hardie, appuyée sur une assertion peu exacte. Les Impériaux, effrayés, cédèrent sur les dix villes et il ne fut pas question de l'Alsace dans le traité de Nimègue. Seulement les Impériaux protestèrent, par un acte à part, contre les conséquences que l'on pourrait tirer de cette omission. Les dix villes se soumirent et prêtèrent au roi un serment de fidélité sans réserve envers l'empire : leur soumission fut célébrée par une médaille portant cette légende : *Alsatia in provinciam reducta* (1680).

Le traité de Nimègue fut suivi de diverses mesures destinées à gagner les populations alsaciennes. Le conseil souverain d'Alsace fut rétabli avec des conditions très-avantageuses, telles que la gratuité de la justice, l'établissement d'un droit fixe très-minime pour les frais des actes judiciaires, l'interdiction du *committimus*, c'est-à-dire de la faculté accordée à certains privilégiés de forcer leur partie adverse d'aller plaider à Paris, l'abolition de la confiscation, la réduction des corvées à dix par an, avec faculté de rachat, la suppression des péages dans l'intérieur de la province, la réduction des tarifs d'entrée et de sortie (1679-1683). La province, enfin, fut très-ménagée quant aux impôts, et le pouvoir royal l'aida, autant qu'il put, à se remettre des cruelles souffrances que lui avait infligées la guerre [2]. Cette sage politique porta ses

---

1. Hallez-Claparède, *Réunion de l'Alsace à la France*, p. 310.
2. Hallez-Claparède, *ibid.*, p. xxxv-xxxviii.

fruits, et l'Alsace, calmée, ne donna plus désormais aucun sujet d'inquiétude au gouvernement français.

La France était dorénavant complétement maîtresse des possessions que lui avait cédées l'empire : ce n'était que la première moitié de l'œuvre ; il s'agissait maintenant de compléter ces possessions en leur adjoignant leurs appendices naturels que l'empire n'avait point aliénés. Les limites de la Basse-Alsace et du pays messin étaient mal définies, entamées, enchevêtrées, sur le Rhin, sur la Sarre et dans les Vosges, par les fiefs d'une foule de petits princes et seigneurs allemands. Cela ne pouvait s'appeler une frontière. De plus, au cœur même de l'Alsace, la grande cité de Strasbourg conservait son indépendance vis-à-vis de la France et ses liens avec l'empire. On imagina un moyen pacifique de procéder à des agrandissements qu'on ne semblait pouvoir demander qu'aux armes, moyen *pacifique,* pourvu que la France pût compter sur la faiblesse et l'irrésolution de ses voisins : ce fut de rechercher et de revendiquer tout ce qui, à un titre et à une époque quelconques, avait relevé de l'Alsace et des Trois-Évêchés. On comprend où cela devait conduire, grâce aux complications du régime féodal, et l'on n'entendait pas même s'en tenir à l'époque féodale ; on voulait remonter jusqu'au temps des rois franks !

Des chambres de *réunion* furent donc instituées, dès 1679, dans le parlement de Metz et dans le conseil souverain d'Alsace, avec une mission que leur titre indiquait suffisamment. Le 2 janvier 1680, le conseil souverain d'Alsace, séant à Brisach, donna commission à son procureur général pour faire assigner à foi et hommage les seigneurs de la Basse-Alsace, de la préfecture de Haguenau et du *mundat*[1] de Weissembourg. La chambre de Metz en fit autant pour ce qui concernait la mouvance des Trois-Évêchés. Parmi les seigneurs assignés figuraient l'électeur de Trèves, pour Oberstein, Falkenbourg, etc. ; le landgrave de Hesse, pour divers fiefs ; l'électeur palatin, pour Seltz et pour le canton situé entre la Lauter et la Keich (Hagenbach, Germersheim, etc.) ; un autre prince palatin, pour le comté de Veldentz ; l'évêque de Spire, pour une partie de son évêché ; la ville de Strasbourg, pour les

---

1. Mainbournie, avouerie.

domaines qu'elle possédait en deçà du Rhin (Wasselen et Marlenheim); enfin le roi de Suède, pour le duché de Deux-Ponts ou Zweibrücken, territoire assez étendu et de forme irrégulière, qui coupait en deux le Palatinat cisrhénan. Le coin du Palatinat qu'on revendiquait entre la Lauter et la Keich devait relier Landau, jusque-là isolé au milieu de terres étrangères, à Lauterbourg et à Weissembourg. La plupart des villes et villages de ces cantons avaient dépendu jadis de l'abbaye de Weissembourg, « fondée par le roi Dagobert », et n'avaient pu, disait-on, en être aliénés, les constitutions impériales ayant proclamé les biens d'église inaliénables. Ceci eût tourné au burlesque, s'il n'y eût eu sous ces mauvaises raisons quelque chose de sérieux et de profond, c'est-à-dire la revendication du vieux sol gaulois par la France.

Par divers arrêts rendus en mars, août et octobre 1680, le conseil souverain d'Alsace adjugea au roi la souveraineté de toutes les seigneuries alsaciennes. Les seigneurs et habitants furent sommés de jurer fidélité au roi, et les seigneurs durent reconnaître le conseil souverain pour juge en dernier ressort.

La chambre de Metz agissait sur une plus grande échelle encore que la chambre de Brisach. Dès le 12 avril 1680, elle avait réuni aux Trois-Évêchés plus de quatre-vingts fiefs, le marquisat lorrain de Pont-à-Mousson, la principauté de Salm, les comtés de Saarbrück et de Veldentz, les seigneuries de Sarrebourg, de Bitsche, de Hombourg, etc. La création de la ville militaire de Sarre-Louis et la fortification de Bitsche consolidèrent cette nouvelle frontière, et non-seulement le cours de la Sarre fut assuré à la France, mais la France, passant la Sarre, entama profondément le Palatinat et l'électorat de Trèves, prit poste sur la Nahe et sur la Bliess, et alla jeter, comme une garde avancée, dans une presqu'île de la Moselle, la forteresse de Mont-Royal, à mi-chemin de Trèves à Coblentz, sur les terres du comté de Veldentz.

Le parlement de Franche-Comté, si nouveau français qu'il fût, suivit avec zèle l'exemple des deux cours voisines. Il y avait aussi, vers le Jura, une frontière à arrondir. Une chambre de réunion, établie à Besançon, déclara que Montbéliard était un fief de la Comté de Bourgogne (30 août 1680). Le duc de Würtemberg dut prêter serment au roi pour son comté de Montbéliard.

Le roi de Suède avait adressé des remontrances à Louis XIV relativement au duché de Deux-Ponts, mais le conseil du roi ordonna de passer outre à toutes réclamations (24 juillet). La chambre de Metz rendit donc arrêt portant que, si l'hommage féodal n'était prêté dans un délai fixé, le duché de Deux-Ponts serait réuni à la couronne. Charles XI refusa, soit d'abaisser ainsi sa dignité royale, soit de vendre son duché. Après d'inutiles négociations, le duché fut confisqué et Louis XIV l'inféoda au prince palatin de Birkenfeld. On n'avait voulu faire de distinction pour personne : ce fut une faute grave et l'on a peine à comprendre que Louis XIV n'ait pas jugé l'amitié du roi du Suède préférable à la suzeraineté du duché de Deux-Ponts.

La ville de Strasbourg n'osa refuser de prêter au roi, pour ses domaines d'Alsace, un serment qu'aucun des empereurs n'avait obtenu d'elle : c'était le premier coup porté à son indépendance. Strasbourg et la plupart des seigneurs dépendant de l'Alsace et des Trois-Évêchés s'étaient soumis pour ne pas voir saisir leurs terres : quelques-uns avaient attendu le canon pour livrer leurs châteaux ; les uns et les autres portèrent leurs plaintes à la diète de Ratisbonne. La diète, après de vives remontrances, proposa au roi un arbitrage (février 1681). Louis consentit à ouvrir des conférences à Francfort et à suspendre les opérations des chambres de réunion ; mais il traîna l'affaire en longueur et n'envoya de représentants à Francfort qu'en septembre. La concession, d'ailleurs, n'était pas grande : les chambres de réunion, surtout celle de Brisach, avaient à peu près terminé leur office, et Louis ne renonçait pas à continuer les réunions par d'autres expédients ; on en eut bientôt une preuve éclatante.

Les acquisitions faites étaient peu de chose auprès de celle qui restait à faire. On n'était point assuré du Rhin, point assuré de l'Alsace, tant qu'on n'avait pas Strasbourg, la grande cité toujours prête à jeter sur la rive française du fleuve les armées de l'empire. Il y avait longtemps que la France visait à cette conquête. Dès qu'on avait eu Metz, on avait rêvé Strasbourg. Le rôle que la cité rhénane avait joué dans la dernière guerre, sa neutralité dérisoire et peu loyale, avaient changé ces désirs en un projet formel, inébranlable. Si le roi et Louvois avaient empêché Créqui d'assiéger la place pendant la guerre, c'est qu'ils comptaient la surprendre après la paix. Cette grande entreprise fut très-habilement manœuvrée. Les derniers succès des armes françaises et la paix victorieuse de Nimègue avaient fort abattu dans Strasbourg le parti impérial, naguère si remuant : un parti français s'y était formé et l'on n'épargnait rien pour le grossir. Tout ce qui subissait l'influence du chapitre et de l'évêque Egon de Fürstenberg, frère du prince Guillaume et non moins dévoué que Guillaume à Louis XIV, tous les catholiques, en un mot, formaient le noyau du parti français, et beaucoup de notables protestants s'y ralliaient, par une sorte de résignation à une destinée qu'on commençait à sentir inévitable. L'or et les promesses aidant, les cinq conseillers, le préteur, le secrétaire et le trésorier, qui formaient la régence de la ville, furent gagnés les uns après les autres par les agents de Louvois. Les troupes impériales avaient évacué la ville par suite du traité de Nimègue : les magistrats congédièrent douze cents Suisses que la ville avait à sa solde ; puis, sur les instances menaçantes du gouvernement français, ils démolirent de nouveau le fort de Kehl, qu'ils avaient reconstruit depuis sa destruction par Créqui. Quand le fruit sembla mûr, on allongea la main pour le cueillir. Dans la seconde quinzaine de septembre 1681, les garnisons de la Lorraine, de la Franche-Comté et de l'Alsace se mirent en mouvement de toutes parts, avec la célérité et la précision accoutumées. Dans la nuit du 27 au 28 septembre, un détachement français surprit le fort qui protégeait les communications de Strasbourg avec le Rhin. Le 28, trente-cinq mille hommes se trouvèrent réunis devant la ville : le baron de Montclar, commandant de cette armée, fit savoir aux magistrats que, « la chambre souveraine de Brisach ayant adjugé au roi la souve« raineté de toute l'Alsace, dont Strasbourg est un membre, Sa « Majesté vouloit qu'ils eussent à la reconnoître pour leur souve« rain seigneur et recevoir une garnison. » Il leur fit entendre en même temps que, « s'ils s'accommodoient à l'amiable et de bonne « heure, ils devoient compter sur la conservation de leurs droits « et de leurs priviléges ; que, s'ils s'obstinoient au contraire, le « roi avoit de quoi les ranger à leur devoir. » Il les prévint que M. de Louvois arriverait le lendemain 29, et le roi dans six jours.

Le 29, les magistrats écrivirent à l'empereur que, trop faibles pour résister à une puissance aussi terrible et ne pouvant espérer aucun secours, ils n'avaient qu'à recevoir les conditions que Sa Majesté Très-Chrétienne leur voudrait bien prescrire. Ce fut l'adieu de Strasbourg à l'empire germanique. Une députation alla trouver Louvois à Illkirch : Louvois offrit carte blanche quant aux articles de la capitulation, pourvu que la souveraineté de la couronne de France y fût formellement énoncée. Le résident de l'empereur tenta de soulever le peuple : il y eut, pendant vingt-quatre heures, des velléités de résistance ; néanmoins, les élus des métiers, après un peu d'hésitation, s'en remirent aux magistrats, qui avaient eu « la prudence de laisser les canons sur les remparts, dépourvus de poudre, afin d'ôter à quelques insensés le moyen de commencer un jeu qui eût mal fini pour la ville. » Quelques clameurs populaires, dernier cri de l'indépendance municipale, n'empêchèrent pas la signature de la capitulation (30 septembre). La ville, reconnaissant le roi pour son souverain seigneur, obtint confirmation de tous ses privilèges ecclésiastiques et politiques. Louvois exigea seulement la restitution du dôme (la cathédrale) au culte catholique, en laissant le fameux clocher, le plus élevé de l'Europe, à la disposition du corps municipal. Les libres élections de tout ordre et la juridiction civile et criminelle furent maintenues à la ville, sauf appel au conseil souverain de Brisach pour les causes civiles excédant 1,000 livres. La ville garda tous ses impôts, revenus et domaines, et la bourgeoisie demeura exempte de toute contribution envers le roi. Trois jours après, la capitulation fut ratifiée par Louis XIV, qui la reçut en chemin à Vitri-le-François, et qui fit son entrée dans Strasbourg le 23 octobre. Ainsi fut réunie à notre patrie, sans qu'il en coûtât une goutte de sang, cette illustre cité qui n'avait jamais été prise avant d'être française et qui ne l'a jamais été depuis qu'elle est à la France [1].

---

1. Sur l'ensemble des affaires d'Alsace et de Strasbourg, *V. Réunion de l'Alsace à la France*, par le baron Hallez-Claparède, ch. IX-XII; 1844. M. Hallez-Claparède prépare un nouveau travail spécial sur la réunion de Strasbourg.—*Documents inédits concernant l'Alsace et son gouvernement sous Louis XIV*, publiés par M. Van-Huffel, p. 126-133; 1840. — Limiers, *Histoire de Louis XIV*, t. IV, p. 36 et suiv. — Larrei, *Histoire de Louis XIV*, t. II, p. 16-18. — *Lettres pour servir à l'Histoire militaire de Louis XIV*, t. IV, p. 449-474. — *Réunion de Strasbourg à la France*; documents inédits publiés par M. Coste; Strasbourg; Heltz.

Vauban y mit bon ordre. Appelé des ports de l'Ouest sur le Rhin pour diriger les opérations du siége en cas de résistance, il trouva la place rendue et n'eut à s'occuper que de la remettre en défense. La citadelle et la nouvelle enceinte de la ville firent de Strasbourg, à l'est, ce qu'était Lille dans le nord, le boulevard de toute une frontière : le fort de Kehl et le fort de l'île du Rhin en firent de plus une formidable tête de pont contre l'Allemagne, un second Brisach et une compensation de Philipsbourg. Strasbourg garda un utile monument de ces vastes travaux : ce fut le canal de la Brüsch, creusé de Moltzheim à Strasbourg, afin de transporter aux fortifications les matériaux des Vosges. Le nouvel œuvre de Vauban fut consacré par une médaille portant cette légende : *Clausa Germanis Gallia* (la Gaule fermée aux Germains).

Le même jour où le drapeau français fut arboré sur la flèche de Strasbourg, un autre coup fut frappé en Italie, et les troupes françaises entrèrent dans Casal.

Pendant les premières périodes de son gouvernement, Louis XIV avait paru absorbé par ses projets d'agrandissement au nord et à l'est, et n'avait semblé donner à l'Italie qu'une attention très-secondaire. La guerre de Sicile n'avait été qu'un accident non prémédité, et la France avait permis au Piémont de couvrir de sa neutralité la Lombardie espagnole. Louis, cependant, songeait à s'étendre de ce côté comme de tous les autres. Il aspirait à compléter notre frontière naturelle du sud-est par la réunion de la Savoie et à déborder par delà cette frontière sur l'Italie, déjà entamée par la possession de Pignerol. Après la mort du duc de Savoie Charles-Emmanuel II, en 1675, une habile combinaison avait été préparée dans ce but. Louis avait négocié le mariage du nouveau duc, le jeune Victor Amédée II, avec l'héritière de Portugal. Dans le cas où Victor-Amédée parviendrait au trône de Portugal, Louis comptait l'amener à céder la Savoie et peut-être le Piémont à la France. Déjà les fiançailles avaient été célébrées (mars 1681), et le jeune duc, à l'instigation de Louis, allait partir pour Lisbonne, d'où Louis espérait le détourner de revenir jamais, quand des seigneurs piémontais soulevèrent le peuple contre l'abandon de son prince et persuadèrent à Victor-Amédée et à sa mère, qui gouvernait sous son nom, de renoncer à cette royale alliance [1]. Victor-Amédée, pour ne pas se brouiller avec son redoutable voisin, demanda la main de la seconde fille du duc d'Orléans, sœur cadette de la reine d'Espagne, et l'épousa en 1684.

Tandis que cette trame était ainsi rompue, une autre entreprise parallèle avait un plein succès. Louis visait à ressaisir la forteresse de Casal, qui avait joué un rôle si considérable dans les guerres de Lombardie au temps de Richelieu. Casal et Montferrat appartenaient à Charles IV de Gonzague, duc de Mantoue : ce prince n'avait qu'une fille et n'espérait pas lui transmettre le Montferrat, fief masculin dont l'empereur ne manquerait pas de revendiquer la disposition en cas de vacance; il était d'ailleurs beaucoup plus attaché à ses plaisirs qu'à ses droits de souverain. Il ne tenait donc guère à Casal, et ses besoins, que renouvelaient incessamment ses goûts dispendieux, le disposaient à prêter l'oreille aux offres de la France. Un certain comte Mattioli, qui était à la fois l'entremetteur de ses affaires et de ses débauches, conduisit d'abord la négociation. Louis XIV proposa une grosse somme pour qu'on reçût garnison dans la citadelle de Casal. Mattioli joua un jeu double et vendit le secret de l'intrigue au gouverneur espagnol du Milanais, en même temps qu'il vendait son entremise à Louis XIV. Quoi qu'il en soit, l'affaire parut manquée. Mattioli, dont on avait découvert la déloyauté, fut attiré auprès de Pignerol, sur le territoire français, et là, un officier destiné à un glorieux renom, Catinat, s'empara de sa personne et l'enferma dans la forteresse. Il ne sortit jamais des prisons françaises et l'on a prétendu reconnaître dans cet intrigant le fameux *Masque de fer,* ce qui est peu vraisemblable [2]. Ceci s'était passé en 1679. Deux ans après, la négociation fut renouée et menée à bonne fin, moyennant 50,000 doublons comptant et 600,000 livres de pension annuelle au duc de Mantoue. Un corps de troupes, commandé par Boufflers et Catinat, traversa rapidement le Piémont, avec le consentement de la régente de Savoie,

---

1. Victor-Amédée eût longtemps attendu la couronne de Portugal; car le roi don Pedro II ne mourut qu'en 1706.

2. *V.* ci-dessus, p. 46. — *Histoire de l'homme au masque de fer,* par M. Delort, 1825.

et occupa la citadelle de Casal le 30 septembre 1681. Le duc de Mantoue n'avait vendu que la citadelle; mais on l'obligea bientôt à recevoir, bon gré mal gré, les troupes du roi dans la ville et dans le vieux château de Casal [1].

Louis envahissait partout à la fois. Les Pays-Bas espagnols étaient entamés comme la Germanie cisrhénane. Le conquérant s'était ménagé un double moyen d'action : d'une part, la chambre de Metz et les vieux titres qu'elle exhumait ; de l'autre, l'interprétation du traité de Nimègue. Ce fut par le second moyen qu'il commença. Louis prétendit que les villes et pays qu'il avait occupés pendant la dernière guerre, et dont la restitution n'avait pas été nominativement stipulée dans le traité, lui appartenaient, quoiqu'il en eût retiré ses troupes à la paix ou même auparavant. Il réclama donc le territoire gantois appelé le Burgraviat ou Vieux-Bourg de Gand, Beveren et une partie des Quatre-Métiers, Alost et sa châtellenie, Grammont, Ninove et Lessines. C'était réclamer le droit de mettre Gand et même Bruxelles en état de blocus permanent. L'Espagne, abasourdie, se récria contre ces insoutenables prétentions. Louis voulut bien reconnaître qu'il ne pouvait conserver les lieux susdits sans ruiner la communication des « places de l'obéissance du Roi Catholique, » et annonça qu'il écouterait volontiers les propositions d'échange qui lui seraient faites [2].

C'était là qu'il en voulait venir : il demandait les environs de Gand afin d'avoir Luxembourg, possession tout aussi importante pour la France et moins alarmante pour la Hollande et l'Angleterre. Les réclamations élevées contre la Flandre n'étaient donc qu'une fausse attaque : l'attaque véritable avait été entamée de front par la chambre de Metz. La chambre de *réunion*, procédant envers le Luxembourg comme elle avait fait envers l'électorat de Trèves et le Palatinat, avait déclaré que le comté de Chini, annexe du Luxembourg, relevait de l'évêché de Metz. Les Espagnols cédèrent Chini, de peur de voir les Français rentrer en Flandre (juillet 1681). Alors on rechercha les dépendances de Chini, et ce fief assez obscur, dont le chef-lieu n'était qu'une bourgade, se dilata tout à coup jusqu'aux portes de

1. *Lettres militaires*, t. IV, p. 475-532.
2. *Procès-verbal de la conférence de Courtrai*, 1681, p. 5.

Luxembourg, qu'il cerna de toutes parts. Le roi d'Espagne fut sommé de rendre hommage au roi de France pour une foule d'arrière-fiefs. Il protesta, et les négociations ouvertes à Courtrai furent systématiquement traînées en longueur, ressource ordinaire des faibles. Louis fit bloquer Luxembourg et rançonner durement tout le pays, afin d'obliger le cabinet de Madrid à lui « faire justice ». Au mois de mars 1682, le maréchal de Créqui vint prendre le commandement des troupes. Tout annonçait que Luxembourg succomberait bientôt par force ou par famine, quand tout à coup l'Europe apprit que le blocus était levé et que Louis avait offert à l'Espagne de s'en remettre à la médiation du roi d'Angleterre. Il ne voulait pas, disait-il, diviser la chrétienté, au moment où elle était menacée par le Turc, ni empêcher l'Espagne de porter secours à l'empereur contre l'ennemi du nom chrétien [1].

Cette générosité était assez inattendue et ne devait pas être longtemps soutenue. Le vrai motif en était, à ce qu'il paraîtrait, de disposer favorablement l'Allemagne envers un projet beaucoup plus vaste et beaucoup moins sensé que l'acquisition de Luxembourg. Cette modération était encore de l'ambition. Quoi qu'il en fût, Louis s'était arrêté volontairement devant les cris de l'Europe, car personne n'eût été en mesure de lui disputer sa proie.

Personne ne s'armait encore; mais tout le monde parlait, écrivait, s'agitait, depuis Stockholm jusqu'à Rome et à Madrid. La perte de Strasbourg avait frappé l'Allemagne comme un coup de foudre : le corps germanique, un moment abasourdi, relevait la tête en frémissant; le roi de Suède était entièrement aliéné par les procédés de Louis XIV; l'occupation de Casal avait porté l'effroi parmi les états italiens, qui sentaient à leur tour peser sur eux la lourde main du conquérant, et Rome, sous Innocent XI, Autrichien de cœur et engagé dans de graves démêlés avec Louis XIV, devenait un foyer d'opposition contre la France. L'Espagne ne pouvait rien pour elle-même, et l'empire, qui pouvait davantage, était bien lent et bien lourd à remuer; mais la redoutable activité du prince d'Orange s'efforçait de suppléer à l'impuissance de l'une, d'ex-

---

1. Larrei, t. II, p. 30. — *Négociations du comte d'Avaux* (ambassadeur en Hollande), t. I, *passim.*

citer la lenteur de l'autre et d'entraîner la Hollande malgré elle-même, l'Angleterre malgré son roi. La guerre de plume précédait la guerre de l'épée; des appels incessants étaient adressés à l'opinion de l'Europe par d'infatigables publicistes : sous toutes les formes, dissertations historiques, traités polémiques, pamphlets et pasquinades, on répandait la terreur d'une *nouvelle monarchie universelle.* Les vues de Louis XIV sur la couronne impériale transpiraient de toutes parts et fournissaient d'irréfutables arguments à ses adversaires, les mêmes arguments que la France avait jadis employés avec tant de succès contre la maison d'Autriche. En juillet 1681, on avait répandu en Allemagne un prétendu projet de *capitulation impériale,* par lequel le dauphin eût été élu roi des Romains et successeur présomptif de Léopold. Louis XIV eût restitué à l'empire la Lorraine, l'Alsace, les Trois-Évêchés, et se fût chargé d'expulser les Turcs de la Hongrie. La grandeur de la France et la liberté de l'Allemagne eussent été ainsi sacrifiées à la fois à la grandeur de la maison de Bourbon. Quoi qu'il en fût de ces conditions, le projet d'amener l'Allemagne à élire le roi ou le dauphin n'était pas douteux [1].

Les écrivains français ne répondaient point à cette polémique avec leur vieille supériorité : le terrain était bien autrement difficile à défendre qu'autrefois, et le roi, d'ailleurs, n'aimait pas que les gens de lettres s'occupassent de son gouvernement, si ce n'est pour l'admirer à distance : ce n'est pas ainsi que se forment les publicistes, et des dithyrambes ne sont pas des raisons. La diplomatie ne s'épargnait pas pour contre-balancer les manœuvres ennemies; mais elle était elle-même devenue moins habile à force d'être altière : l'humeur de Louvois déteignait sur tout.

On fit d'inutiles tentatives pour amener la Hollande à renouer sa vieille alliance avec la France. On eut envers le prince d'Orange une politique plutôt violente que fermement soutenue. Après la paix, il avait témoigné au roi « qu'il souhaitoit de se remettre en « l'honneur de ses bonnes grâces. » On répondit avec hauteur à

---

1. *Mémoires politiques* de Dumont, t. I, p. 287. — Limiers, t. IV, p. 104. — *De Novâ Monarchiâ non sperandâ;* Ratisbonne, 1684. On réfute, dans ce livre historico-politique, l'opinion récemment introduite de l'origine gauloise des Franks, et l'on revendique avec raison cette origine pour la Germanie.

ces avances peu sincères, que, « quand il feroit voir, par sa con-
« duite, qu'il avoit effectivement ces sentiments, Sa Majesté ver-
« roit ce qu'elle auroit à faire¹. » Plus tard, Louis, pour punir
les intrigues de Guillaume contre lui, fit raser les murailles de la
ville d'Orange, traitant Guillaume comme il traitait le pape quand
il saisissait Avignon (août 1682). Guillaume redit alors ce qu'il
avait déjà dit, « que le roi de France sauroit un jour ce que c'étoit
« que d'avoir outragé un prince d'Orange². » On ne pouvait le
regagner : on l'exaspéra sans rien faire de sérieux pour l'abattre,
ce qui n'eût peut-être pas été impossible par un coup hardi. L'Angleterre étant paralysée par son roi et d'ailleurs hors d'état d'agir
sur-le-champ, et l'Allemagne étant absorbée par la grande guerre
qui se rallumait entre l'empereur et le Turc, si une armée française se fût brusquement présentée à l'entrée des Provinces-Unies,
en annonçant qu'elle venait, non point asservir les Provinces, mais
les délivrer d'un chef qui les tyrannisait au dedans et compromettait leur paix au dehors, il n'est pas sûr que la révolution de
1672 n'eût pas été renouvelée en sens inverse par le parti républicain. Telle était du moins l'opinion de l'ambassadeur français
à La Haie, le comte d'Avaux. A partir de l'été de 1681, les chances
favorables d'une telle entreprise, qui eût prévenu la formidable
union de l'Angleterre et de la Hollande, but du prince d'Orange,
furent à peu près anéanties par l'impression que produisirent en
Hollande les persécutions contre les protestants français. Le 30
octobre 1681, les Provinces-Unies conclurent avec la Suède un
traité de garantie contre toutes violations des traités de Nimègue
et de Münster. C'était la Suède qui avait pris l'initiative. Le roi
Charles XI répondait ainsi à la saisie du duché de Deux-Ponts.
L'empereur accéda au traité de garantie le 28 février 1682.

Cette première démarche ne fut point d'abord soutenue par des
actes. Guillaume ne put décider les États-Généraux à envoyer au
secours de Luxembourg les huit mille soldats qu'ils étaient tenus
de fournir à l'Espagne en cas d'invasion des Pays-Bas. Cependant
la levée volontaire du blocus de Luxembourg n'arrêta pas le progrès diplomatique de la coalition. L'Espagne y accéda le 2 mai

---

1. D'Avaux, t. I, p. 10.
2. *Ibid.*, p. 285.

1682 : divers traités, conçus dans le même sens, et pour s'opposer « aux injustes demandes formées contre l'empire et contre ses « membres, » furent signés entre l'empereur et les cercles de Franconie et du Haut-Rhin, l'évêque d'Osnabrück, le roi de Suède, les cercles de Bavière et de Westphalie, et le jeune électeur de Bavière (juin 1682, mars 1683). Le beau-frère du dauphin prenait parti contre la France; c'était un nouvel et sanglant échec à la politique matrimoniale. Les 6 février et 18 mars 1683, l'empereur, l'Espagne, la Suède et la Hollande conclurent des conventions de secours mutuels [1].

Il y avait encore loin de là à l'action. La peur ou les intérêts particuliers retenaient beaucoup de princes allemands. L'électeur de Brandebourg, si influent dans le nord et l'ouest de l'empire, avait quelques griefs contre l'empereur et ne suivait pas le mouvement; il avait, au contraire, en septembre 1682, arrêté avec le roi de Danemark et l'évêque de Münster un pacte destiné à empêcher la réouverture des hostilités entre la France et l'empire. Le Danemark s'était rapproché de la France à mesure que sa rivale, la Suède, s'en éloignait : il avait un traité secret avec Louis XIV, qui lui accordait un subside et qui avait promis de soutenir diverses prétentions du monarque danois et de le défendre au besoin contre la Suède et la Hollande.

Louis continuait de travailler à calmer l'Allemagne et, sur ce point, il rentrait en apparence dans une tradition plus prudente. Il alla jusqu'à offrir de restituer à l'empire toutes les réunions opérées par ses tribunaux, plus Freybourg, à condition qu'il garderait Strasbourg et que Philipsbourg serait rasé. Cette offre attestait à quel point Louis appréciait l'importance de Strasbourg. La diète germanique refusa et les négociations de Francfort demeurèrent sans résultat (septembre 1681, décembre 1682); mais ce refus n'était qu'une protestation : ce n'était pas la guerre. D'une part, *le nerf de la guerre* manquait : il avait été facile d'organiser une coalition sur le papier; mais la Hollande, quand il s'agit de prendre des engagements pécuniaires et de redevenir la banquière de la coalition, la Hollande recula et le prince d'Orange

---

1. Dumont, *Corps diplomatique*, t. VII, 2ᵉ part., p. 22-60.

n'en put rien tirer. D'un autre côté, l'empereur était exposé à de tels périls sur le Danube, qu'il n'eût pu, sans folie, s'exposer à la guerre sur le Rhin. Les armes impériales essuyaient échecs sur échecs contre les insurgés hongrois, que dirigeait Tékéli. La Porte Othomane, par une résolution à laquelle la diplomatie française n'était pas étrangère, avait refusé de renouveler sa trêve avec l'empereur; elle avait proclamé Tékéli prince de Hongrie sous la suzeraineté du sultan et faisait d'immenses préparatifs pour assaillir l'empereur jusqu'en Autriche.

Les adversaires de Louis se trouvaient donc réduits à l'impuissance, et leurs ressentiments s'exhalaient provisoirement en paroles et en écrits. Louis put se fortifier à loisir dans les conquêtes d'une paix aussi profitable qu'une guerre heureuse et préparer de nouveaux envahissements.

Parallèlement à ces acquisitions territoriales, plus fructueuses que glorieuses, puisqu'elles étaient sans périls et sans combats, de brillantes expéditions entretenaient l'ardeur et accroissaient la renommée de la marine française. Par un contraste singulier, c'était en quelque sorte Colbert qui guerroyait, tandis que Louvois opérait des conquêtes sans tirer l'épée. Les escadres françaises se montraient à la fois dans la Baltique, pour prévenir la guerre en intimidant les Suédois, dans la Méditerranée, pour la faire. Après quelques années de trêve depuis la chute de Candie, la chrétienté recommençait d'être aux prises avec les musulmans, et Louis XIV jouait un double rôle dans cette lutte. Il contribuait secrètement à attirer les armes des Turcs sur l'Autriche et sur l'Allemagne, afin d'obliger l'Allemagne à se jeter entre ses bras, et il était bien résolu, cette fois, non plus de figurer en simple auxiliaire, comme au temps du combat de Saint-Gothard, mais de s'imposer comme un sauveur, si l'on recourait à lui. En attendant, il avait un excellent moyen de faire parade de zèle pour la chrétienté, sans rompre prématurément avec la Porte : c'était de poursuivre avec vigueur la piraterie barbaresque, qui violait incessamment tous les traités et qui infligeait aux nations chrétiennes des souffrances et des hontes toujours renaissantes.

Le sultan n'avait pas droit de se plaindre qu'on châtiât ses vassaux insubordonnés, qui enfreignaient continuellement ses ordres ; cependant un incident de la guerre contre les pirates faillit brouiller la France et l'empire othoman. En 1673, un traité de commerce avait terminé une mésintelligence de plusieurs années: la France avait recouvré près de la Porte sa préséance et ses autres priviléges, et obtenu que le droit d'entrée et de sortie sur les marchandises fût réduit de 5 à 3 p. 100, comme pour les nations les plus favorisées. Colbert avait un moment cru obtenir une concession bien autrement capitale, le transit de l'Inde par l'Égypte, moyennant un droit de 2 p. 100 *ad valorem* entre Suez et Alexandrie. Le sultan avait d'abord consenti ; mais l'iman de la Mekke et le mufti s'opposèrent à ce que la mer Rouge fût ouverte aux navires des *infidèles*, et les intrigues des Anglais secondèrent le fanatisme musulman. Il fallut renoncer à ce dessein, qui eût presque donné l'équivalent pacifique du grand projet de Leibniz [1]. La France et l'empire othoman étaient néanmoins en assez bons termes depuis 1673, lorsqu'en 1681, une escadrille de corsaires tripolitains ayant enlevé un bâtiment français sur la côte de Provence, Duquesne, à la tête de sept vaisseaux, poursuivit les pirates jusque dans les mers de Grèce : ils se réfugièrent dans le port de Chio. Duquesne somma le pacha de Chio de les expulser. Le pacha refusa et fit tirer sur l'escadre française ; Duquesne, alors, canonna tout à la fois les corsaires et la ville avec tant de violence, que le pacha, épouvanté, demanda trêve, afin d'en référer au sultan (23 juillet 1681). Duquesne convertit l'attaque en blocus. A la nouvelle de cette violation du territoire othoman, le sultan Méhémet IV entra en fureur, menaça l'ambassadeur français du lacet ou des Sept-Tours, si la France ne faisait une réparation éclatante, et dépêcha le capitan-pacha à Chio avec trente-deux galères. Duquesne laissa entrer les galères turques dans le port, puis il les bloqua avec les corsaires et déclara qu'il brûlerait le tout s'il n'avait satisfaction des Tripolitains.

Le divan hésita. La guerre allait recommencer avec l'empereur : ce n'était pas le moment de l'allumer contre la France. L'ambassadeur français Guilleragues fit une concession : il offrit au sultan, en son nom privé, non point au nom du roi son maître,

---

1. Dumont, *Corps diplomatique.* t. VII, p. 233. — Lavallée, *Des relations de la France avec l'Orient;* ap. *Revue indépendante* du 25 novembre 1843.

un présent qui pût passer aux yeux des Turcs pour une espèce de réparation. Le divan, de son côté, contraignit les Tripolitains à rendre le vaisseau et les esclaves français qu'ils avaient enlevés. La régence de Tripoli demanda la paix' et promit de recevoir à Tripoli un consul français chargé d'en surveiller l'observation.

Pendant ce temps, une autre escadre, commandée par Château-Renault, bloquait les côtes du Maroc, les hommes du Maghreb ayant rivalisé de déprédations avec les vassaux de la Turquie. Le puissant empereur du Maroc, Mulei-Ismaël, envoya en France le gouverneur de Tetuan demander la paix à Louis XIV. Le traité fut signé à Saint-Germain le 29 janvier 1682, à des conditions avantageuses : restitution des esclaves français, liberté de commerce, sans autres droits que les droits payés par les Marocains eux-mêmes, autorisation d'établir des consuls à Salé, à Tetuan, et partout où le roi voudrait, etc. [1].

Les choses ne se terminèrent pas si amiablement avec Alger. C'était de ce centre de la piraterie qu'étaient parties les plus graves offenses. Un capitaine de vaisseau du roi y était retenu en esclavage avec bien d'autres Français. On résolut d'infliger aux Algériens un châtiment terrible. La pensée de conquérir l'Algérie s'était plus d'une fois présentée à l'esprit du roi et de Colbert, et l'on appréciait la valeur de cette conquête [2] : l'expédition de Gigeri (Djidjelli) avait été autrefois un premier essai. On ne crut pas toutefois devoir s'embarquer dans une telle entreprise : une descente, un siège, eussent réclamé de trop grands préparatifs; on recourut à un autre moyen d'attaque. Le régénérateur de l'art des constructions navales, Petit Renau, inventa tout exprès les galiotes à bombes, espèce de brûlots destinés à incendier, non plus les vaisseaux, mais les villes maritimes. On n'avait pas cru possible, jusque-là, d'employer les mortiers à la mer. Petit Renau construisit des bâtiments forts en bois, plats de fond, et y maçonna les mortiers dans un faux tillac élastique. On pensait que ces singuliers navires ne tiendraient pas la mer. Petit Renau, avec l'au-

---

1. *Vie de Colbert*, ap. *Archives curieuses*, 2ᵉ série, IX, 136. — Flassan, IV, 33-52. — Eugène Sue, *Marine française*, III, 375. — Dumont, t. VII, 2ᵉ part., p. 18.

2. *V.* le projet pour l'entreprise d'Alger, inséré dans les *Archives curieuses de l'Histoire de France*, 2ᵉ série, t. X, p. 79.

dace du génie, en fit l'essai, de Dunkerque au Havre, par une effroyable tempête d'hiver.

Le 23 juillet 1682, Duquesne mouilla devant Alger, avec onze vaisseaux, quinze galères, cinq galiotes à bombes et Petit Renau pour les conduire. Après cinq semaines de retards causés par le mauvais temps, puis par un incendie à bord d'une des galiotes, l'épreuve à fond eut lieu dans la nuit du 30 août. L'effet fut terrible : la grande mosquée s'écroula en partie sur la foule qui s'y était réfugiée. Dans la nuit du 3 au 4 septembre, les Algériens essayèrent d'enlever les galiotes amarrées à l'entrée de leur port; ils furent repoussés, et le bombardement continua. Le dey voulait traiter; le peuple, exaspéré, l'en empêcha. Le vent tournant au nord-ouest présageait les tempêtes de l'équinoxe; Duquesne remit à la voile le 12 septembre.

L'expédition n'avait point été décisive. On recommença. Le 18 juin 1683, Duquesne reparut dans la rade d'Alger; il avait, cette fois, sept galiotes à bombes au lieu de cinq. On avait perfectionné, dans l'intervalle, ces instruments d'extermination. Les nuits des 26 et 27 juin virent renverser un grand nombre de maisons, plusieurs mosquées et le palais du dey. Un millier d'hommes périrent dans le port ou dans la ville. Le dey Baba-Hassan dépêcha un missionnaire français, le père Levacher, conjurer Duquesne de suspendre le feu et renvoya sept cents esclaves français ou pris sur vaisseaux français, parmi lesquels le capitaine de vaisseau Beaujeu. Les négociations se prolongeaient depuis trois semaines, à cause des dommages-intérêts que Duquesne prétendait imposer à l'ennemi, quand un des chefs algériens, Hadji-Hussein, que les *Francs* appelaient *Mezzo-Morto*, souleva les janissaires, massacra le dey et se fit proclamer à sa place (21 juillet). Le bombardement fut repris avec une violence croissante. Chaque nuit, les galiotes revenaient vomir la destruction sur Alger. Les Algériens se vengèrent en attachant à la bouche de leurs canons un certain nombre de Français qui restaient entre leurs mains. Les restes mutilés du courageux missionnaire Levacher furent ainsi lancés au milieu de la flotte française. Tout le monde connaît la touchante anecdote du chevalier de Choiseul, qui, déjà lié à un canon, fut sauvé par le dévouement d'un corsaire musulman, qui avait été son captif et qu'il avait généreusement traité. Les fureurs des Algériens leur attirèrent un redoublement de calamités. On ne leur laissa même plus le jour pour se remettre des horreurs de la nuit. Les bombes pleuvaient presque sans interruption. Le port était jonché de débris de navires. La ville n'était plus qu'un amas de décombres ensanglantés. Le nouveau dey fut estropié par un éclat de bombe.

Les galiotes avaient épuisé leurs munitions. Septembre approchait. Duquesne repartit; mais une forte croisière fut entretenue, durant tout l'hiver, comme une menace permanente du retour des « navires infernaux ». Les Algériens courbèrent enfin la tête et, le 25 avril 1684, la paix fut accordée par Tourville, commandant de la croisière, aux pacha [1], dey, divan et milice d'Alger. Les Algériens rendirent trois cent vingt esclaves français demeurés en leur pouvoir et cent quatre-vingts autres chrétiens réclamés par le roi; on leur rendit seulement les janissaires qu'on avait pris; ils s'engagèrent à ne plus faire de prises à dix lieues près des côtes de France, à ne pas secourir les autres corsaires barbaresques en guerre avec la France, à reconnaître la préséance du pavillon français sur tous les autres pavillons, etc., etc.; enfin, ils envoyèrent une ambassade porter leurs soumissions à Louis XIV; ils ne payèrent pas, toutefois, les dommages et intérêts que Duquesne avait voulu exiger d'eux. Les établissements du Bastion de France, de la Calle et du cap de Rose furent restitués à un négociant français, qui en était propriétaire, avec le privilège de la pêche du corail [2].

Telle avait été, dans son ensemble, la politique extérieure de Louis XIV pendant les premières années qui suivirent la paix de Nimègue; des succès éclatants l'avaient signalée, succès obtenus par des moyens irréguliers et violents, mais dirigés pourtant dans le sens des vraies destinées de la France. La politique extérieure,

---

1. La Porte entretenait toujours un pacha dans chacune des régences d'Alger et de Tunis; mais son autorité n'était guère que nominale. — C'était de Colbert que Tourville tenait ses pouvoirs, le ministre de la marine ayant dans ses attributions tout ce qui concernait le Levant et la Barbarie.

2. Dumont, t. VII, part. 2, p. 75. — *Vie de Colbert*, p. 142-173. — *Mém.* de Villette, p. 61. — E. Sue, t. III, liv. VII, ch. 14. — L. Guérin, *Histoire maritime de la France*, t. I, p. 509-519.

si elle excitait de dangereux ressentiments, si elle mêlait à d'heureuses entreprises des rêves gigantesques et funestes, faisait du moins de grandes choses et accroissait la puissance nationale.

La politique intérieure entraînait la France à d'aussi grands périls, et à des périls sans compensation. Là, bien loin de pousser violemment en avant les destinées nationales, on les refoulait vers le passé. L'homme en qui se personnifiait la connaissance des vrais intérêts nationaux, Colbert, sentait poindre au cœur même de la patrie de nouvelles calamités pires que les maux de la plus cruelle guerre et moins réparables!

Il faut ici reprendre les choses d'un peu haut.

Les questions religieuses avaient recouvré depuis quelques années une importance politique toujours croissante. Deux grandes affaires, l'une toutefois bien plus grave que l'autre et la plus grave qui pût agiter la France, se combinaient en ce moment; c'étaient la lutte du gallicanisme monarchique contre Rome et l'œuvre de la destruction du protestantisme.

Pour juger, dans la vérité de l'histoire, le fatal renouvellement des persécutions religieuses sous Louis XIV, il faut d'abord écarter deux points de vue également erronés. Les apologistes du grand roi ont voulu lui chercher une excuse dans un prétendu esprit de sédition qui se serait conservé parmi les protestants; ceci est entièrement faux; la masse protestante, depuis le temps de Richelieu, n'avait donné au gouvernement aucun sujet de plainte un peu sérieux [1]. Les adversaires de Louis XIV, d'un autre côté, ont trop souvent paru s'imaginer que ce monarque, en renouvelant les persécutions religieuses dans un siècle de lumières, avait mis la France au ban de la civilisation et en dehors des mœurs européennes. Ce point de vue n'est pas plus vrai que l'autre. Ce n'est pas là qu'est le crime de Louis XIV. La France n'était pas au niveau de l'Europe, et Louis ne l'a pas fait descendre au-dessous de ce niveau; la France était, en fait de liberté religieuse, bien au-dessus du niveau de l'Europe, et Louis l'a précipitée du haut de cette supériorité!

---

1. Il y a de singulières exagérations à ce sujet dans un mémoire écrit par le duc de Bourgogne et cité par M. le duc de Noailles dans son *Histoire de madame de Maintenon*.

Qu'on promène en effet ses regards sur les nations européennes au dix-septième siècle, que voit-on partout, si ce n'est l'intolérance ? En Espagne, en Italie, en Autriche, en Pologne, l'intolérance catholique ; en Angleterre, en Scandinavie, à Genève, l'intolérance protestante ! En Hollande et dans la plupart des états germaniques, s'il n'y a plus persécution comme dans les autres états, il y a tout au moins inégalité, interdiction des emplois publics aux dissidents, entraves au culte, sinon interdiction totale ; encore, si la condition de l'Allemagne est moins mauvaise en fait de tolérance que celle du reste de l'Europe, c'est au traité de Westphalie, c'est-à-dire à la France, que l'Allemagne le doit.

Qu'on reporte maintenant les yeux sur la France ; ce n'est pas la simple tolérance qu'on y rencontre ; c'est l'égalité des droits entre les individus, sans distinction entre catholiques et protestants ; ce n'est pas seulement la liberté de conscience, c'est la liberté, sauf quelques réserves, et presque l'égalité des deux cultes ; système social inconnu jusque-là au monde chrétien, et que la France n'a pas trop payé par quarante ans de calamités. « Maintenant, » dit le préambule de l'édit de Nantes, « qu'il plaît « à Dieu commencer à nous faire jouir de quelque repos, nous « avons estimé ne le pouvoir mieux employer qu'à pourvoir qu'il « puisse être adoré et prié par tous nos sujets, et, s'il ne lui a plu « permettre que ce soit pour encore en une même forme, que ce « soit au moins d'une même intention. » Pour la première fois, dans cet acte immortel, les croyances diverses, au lieu de se jeter l'anathème, s'embrassent dans une *même intention* ; elle reconnaissent qu'elles tendent, par des voies différentes, vers le même but, vers Dieu, et que ni l'une ni l'autre ne vient de l'enfer ! La philosophie politique a donc fait en France un premier et heureux effort pour séparer du devoir social les questions de conscience individuelle, pour séparer le citoyen du croyant, c'est-à-dire (car il importe ici de bien définir les termes !), non pas pour fonder une loi *athée*, ce qui serait un non-sens, mais pour séparer les principes religieux fondamentaux, les principes qui résultent de la nature de l'âme humaine et qui sont le *lien social* même, d'avec les croyances qui doivent appartenir exclusivement au domaine de la liberté individuelle. L'édit de Nantes, en cessant de considérer les dogmes catholiques romains comme le lien social, a cherché ce lien dans les dogmes communs au catholicisme et au protestantisme; le domaine de la liberté veut davantage; ce n'est qu'un premier pas, mais ce premier pas est immense.

C'est de cette supériorité sociale et philosophique, donnée à la France par Henri IV en réalisant les maximes de L'Hospital, que Louis le Grand va faire descendre notre patrie. Nos lois religieuses, au dix-septième siècle, sont plus avancées que nos mœurs; les masses n'ont point encore franchement accepté cette législation de mutuelle tolérance, et les lois elles-mêmes n'ont pas formulé assez nettement le principe conquis. Il y a, dans le préambule même que nous venons de citer, une réserve bien naturelle, puisque les esprits les plus éclairés n'avaient pas encore compris que l'unité complète de croyance et de culte est incompatible avec les lois de l'esprit humain; mais on devait tirer de cette réserve de bien déplorables conséquences. « Il n'a plu à « Dieu, » dit le préambule, « permettre que ce soit pour encore « en une même forme qu'on le prie. » On espérait donc revenir un jour à cette *unité de forme*. A côté de cette réserve toute bienveillante, une réserve sinistre avait été maintenue dans les formules de la monarchie; Henri IV n'avait osé effacer des rites du sacre le serment d'exterminer les hérétiques. « La puissance des principes, » avons-nous dit ailleurs, « ne se prescrit pas. Le principe maintenu dans les formules devait rentrer un jour dans les faits [1]. »

Pendant bien des années, le péril ne fut point manifeste. La conduite pratique du gouvernement fut excellente sous Richelieu, bien que les principes fussent moins explicites que sous Henri IV. Sous Mazarin, il n'y eut point de déviation tant que l'autorité ministérielle fut contestée, et les protestants furent traités avec beaucoup d'égards pendant la Fronde; ils obtinrent même, au mois de mai 1652, en récompense de leur « affection et fidélité, » et en dépit des remontrances de l'assemblée du clergé [2], une

---

1. *V.* notre t. X, p. 346.
2. « Nous ne demandons pas, Sire, à Votre Majesté qu'elle bannisse à présent de son royaume cette malheureuse liberté de conscience qui détruit la véritable liberté des enfants de Dieu, *parce que nous ne jugeons pas que l'exécution en soit facile,* mais

déclaration par laquelle semblaient révoqués tous arrêts du conseil du roi et des cours souveraines qui auraient pu porter quelque atteinte soit à l'édit de Nantes, soit aux autres édits, arrêts, règlements, etc., expédiés en leur faveur. Le gouvernement une fois raffermi, on commença de les moins ménager, et on laissa voir une certaine disposition à restreindre leurs libertés. Dès 1656, une nouvelle déclaration annula de fait celle de 1652, sous prétexte de l'interpréter, et chargea deux commissaires, un de chaque religion, de visiter chaque province pour prendre connaissance des différends relatifs à l'édit de Nantes. Plusieurs ordonnances et arrêts défavorables aux réformés se succédèrent dans les dernières années de Mazarin. En décembre 1656, leur culte fut interdit dans les villes épiscopales et dans les localités appartenant à des ecclésiastiques; il fut défendu aux ministres de prêcher ailleurs que dans le lieu de leur résidence. En janvier 1657, un arrêt du conseil décida que les temples bâtis par des seigneurs protestants seraient démolis quand le fief passerait à un seigneur catholique, et qu'on ne pourrait les relever si la terre était revendue à un protestant. Un arrêt de mai 1659 défend aux religionnaires, là où le culte n'est point autorisé, de chanter les psaumes, même dans leurs chambres, de manière à être entendus au dehors [1].

Les progrès de la puissance et de l'unité monarchiques tournaient contre eux, quoiqu'ils eussent depuis longtemps oublié leurs vieilles prétentions à faire un état dans l'état. La plus grande part toutefois, dans ces mesures malveillantes, devait être attribuée, non point à l'initiative du gouvernement, mais à la pression qu'exerçait le clergé sur les dépositaires de l'autorité royale. L'assemblée quinquennale du clergé, trop bien secondée par les tribunaux de tout ordre, faisait aux libertés des *hérétiques* une guerre acharnée, infatigable; entre le synode protestant, qui demandait de l'argent au roi pour entretenir ses pasteurs, et l'assemblée du clergé, qui lui en donnait, la partie n'était pas égale;

---

nous souhaitons au moins que.... si votre autorité ne peut étouffer tout d'un coup ce mal, elle le rende languissant et le fasse périr peu à peu... « *Remontrance du clergé de France*, etc., Paris, 1651.

1. *Anciennes Lois françaises*, t. XVII, p. 335, 339, 345, 369.

le gouvernement fiscal et obéré de Mazarin achetait les dons *gratuits* du clergé aux dépens des libertés huguenotes.

Mazarin, cependant, était trop prudent et trop ennemi de la violence pour aller très-loin dans cette voie ; mais il mourut, et l'avénement de Louis XIV amena de nouveaux principes, plus élevés, plus systématiques, mais en même temps plus défavorables encore à la Réforme. Nous avons exposé ailleurs les vues de Louis sur cette matière, telles qu'il les énonçait lui-même en écrivant ses Mémoires vers 1670 ; il était alors très-opposé à l'idée de persécuter violemment les réformés et de révoquer l'édit de Nantes, mais très-décidé à miner la Réforme en refusant toutes grâces, toutes faveurs aux protestants *obstinés*, en prodiguant ses bienfaits aux protestants convertis, en restreignant les priviléges accordés au culte réformé « dans les plus étroites bornes que la justice et la bienséance le pouvoient permettre [1] ». Dans la théorie, ceci était fort en deçà des doctrines de Bossuet, qui traitait d'impies « ceux qui ne vouloient pas que le prince usât de rigueur en matière de religion [2] ». Dans la pratique, les *bornes* de la *justice* et de la *bienséance* se déplacèrent de jour en jour et *permirent* à peu près tout ce qui n'était pas l'interdiction absolue du culte.

Dès les premières années du gouvernement de Louis XIV, des pas immenses furent faits en arrière de Mazarin, qui avait été lui-même en arrière de Richelieu. Depuis l'édit de Nantes, les réformés avaient tenu des synodes nationaux tous les trois ans. En 1662, l'époque triennale arrivée, le roi ne les autorisa pas à se réunir, et on leur fit entendre qu'ils devaient se contenter dorénavant de synodes provinciaux. L'année précédente, les colloques avaient déjà été interdits, c'est-à-dire qu'on supprimait à la fois les assemblées générales et les assemblées particulières, en laissant subsister provisoirement le degré intermédiaire, les assemblées provinciales. Le même arrêt du conseil avait interdit aux ministres de saluer en corps les personnes d'autorité ; on leur ôtait ainsi le caractère public qu leur avait été reconnu (17 mars 1661 [3]). Un autre arrêt avait défendu aux gentilshommes protes-

---

1. *V.* ci-dessus, p. 142.
2. *Politique de l'Écriture sainte*, l. VII.
3. En 1664, on leur défendit de porter des soutanes et des robes à manches. — *Anciennes Lois françaises*, t. XVII, p. 400 ; t. XVIII, p. 38.

tants d'avoir chez eux aucune marque d'exercice public de leur religion (24 mars 1661). Le culte réformé fut prohibé dans la plus grande partie du pays de Gex, sous prétexte que ce pays avait été conquis sur la maison de Savoie postérieurement à l'édit de Nantes et n'y était pas compris : on laissa, par grâce, aux réformés de Gex deux « lieux d'exercice » : un des deux était Fernex (FERNEI). Le roi octroya aux catholiques de Gex un répit de trois ans pour payer leurs dettes aux réformés, qui, plus industrieux et plus actifs, détenaient en ce pays la plupart des capitaux (janvier 1663). Il est difficile d'imaginer une intervention plus étrange du pouvoir dans les relations privées. Cela devint un système. Les obsessions du clergé obtinrent bientôt du roi une décision d'un caractère plus général et d'une portée plus redoutable. Le droit de changer de religion résulte naturellement de la liberté de conscience; cependant le clergé ne cessait de solliciter des châtiments matériels contre ce qu'il nommait les *apostats* et les *relaps*, c'està-dire contre les catholiques qui se faisaient protestants, et contre les protestants convertis qui retournaient à leur ancienne croyance. Dès le temps de Richelieu, en 1638, les évêques du Languedoc avaient poussé l'intendant de leur province à rendre des ordonnances provisoires dans ce sens. Richelieu arrêta court ce commencement de persécution et consacra la liberté religieuse en réglant les formalités qu'un catholique aurait à remplir pour changer de religion. Le clergé revint à la charge sous Mazarin, qui vit les conséquences des prétentions ecclésiastiques et qui résista. Mazarin mort, le clergé renouvela ses instances auprès du jeune roi, et réussit en majeure partie. En avril 1663, une déclaration royale interdit à tout protestant devenu catholique de retourner à la religion prétendue réformée, et à tout prêtre ou religieux d'embrasser la Réforme ; c'était enlever à l'édit de Nantes son principe et sa base : désormais le libre choix entre les principales formes du christianisme n'était plus le droit commun des Français. La magistrature, presque toujours d'accord avec le clergé quand il s'agissait de la Réforme, se déchaîna aussitôt contre les apostats et les relaps : il fallut que le conseil du roi intervînt pour défendre de donner à la déclaration un effet rétroactif, puis pour déterminer quelle peine on infligerait dorénavant aux apostats et aux relaps : la peine décrétée fut le bannissement perpétuel (juin 1665 ¹).

Ainsi recommencèrent les persécutions religieuses. L'édit contre les relaps devait avoir un jour des conséquences bien plus terribles que Louis XIV ne l'avait prévu.

Le clergé poursuivit sa marche victorieuse. Sa tactique était de présenter requête à un tribunal quelconque sur un cas particulier : l'arrêt, une fois rendu, s'il était contraire aux protestants, ne tardait pas à être confirmé par un arrêt contradictoire ; puis on obtenait un arrêt général sur la matière ; enfin, l'arrêt général se transformait en déclaration du roi, en loi de l'état. Plusieurs actes très-graves suivirent l'édit contre les relaps. Un arrêt du conseil, du 21 juillet 1664, annula toutes lettres de maîtrise octroyées par le roi qui ne mentionneraient pas la religion catholique de l'impétrant. On donna cette fois à l'arrêt un effet rétroactif. Les réformés ne devaient plus passer maîtres dans les métiers que « par voie de chef-d'œuvre ». Cette première atteinte portée à leur industrie n'était que l'application du principe que s'était posé Louis, l'exclusion des réformés de toutes grâces et faveurs royales. Mais l'accès aux maîtrises par la voie ordinaire de « chef-d'œuvre » ne resta pas même ouvert partout : ainsi les lingères de Paris furent autorisées à fermer leur communauté aux femmes protestantes (21 août 1665). A Rouen, dans tous les métiers, à Paris, dans la corporation des merciers, on ne voulait recevoir qu'un protestant pour quinze catholiques. Dans beaucoup de lieux, on s'efforçait de les exclure entièrement : la jalousie et la cupidité concordaient avec le fanatisme. Après l'industrie, la famille fut attaquée : une déclaration du 24 octobre 1665 autorisa les enfants protestants à changer de religion, malgré leurs parents, dès l'âge de quatorze ans pour les garçons, de douze pour les filles, et à quitter leurs parents en requérant d'eux une pension. Les droits naturels et l'union de toutes les familles protestantes furent livrés à la discrétion des dévots et des gens d'église, qui se croyaient tout permis pour arracher au démon les enfants des hérétiques. Un arrêt du conseil, du 12 mai précédent, n'avait

---

1. *Histoire de l'édit de Nantes*, t. III, p. 466-520. — Rulhière, *Éclaircissements sur les causes de la révocation de l'édit de Nantes*, p. 36.

pas moins attenté à la famille et à l'humanité, en autorisant tout ecclésiastique à se présenter chez tout malade protestant et à lui faire demander par un magistrat, ou par un officier municipal, dans quelle religion « il vouloit mourir [1] ».

Un autre arrêt, du 24 avril 1665, avait augmenté considérablement les pouvoirs des commissaires de l'édit de Nantes, établis en 1656, en même temps que, parmi ces commissaires, les protestants cessaient d'être sur un pied d'égalité avec les catholiques. Un an après (2 avril 1666), un règlement général sur l'exercice du culte prétendu réformé fut publié à la demande de l'assemblée du clergé : c'est assez dire quel en fut l'esprit. Il avait été précédé de mesures restrictives contre les consistoires, et fut accompagné d'une défense aux particuliers protestants de tenir *académies* (maisons d'instruction supérieure) pour l'éducation de la jeune noblesse. Les réformés ne pouvaient pas davantage ouvrir de nouveaux colléges sans lettres-patentes, qu'on ne leur accordait jamais. Cette longue série de vexations jeta l'effroi parmi les populations protestantes. Tandis que les synodes provinciaux élevaient de toutes parts leurs voix plaintives vers le roi, un assez grand nombre de familles quittèrent la France, et les réformés commencèrent d'apprendre cette route de l'exil que tant de milliers de Français étaient destinés à suivre.

C'était dans la portion la plus active, la plus laborieuse de la bourgeoisie, que le protestantisme avait ses plus fortes racines : à mesure que la défaveur du pouvoir rendait les fonctions publiques moins accessibles aux réformés, ils s'étaient concentrés davantage dans les professions industrielles et commerciales, et la conversion presque générale de la haute noblesse huguenote avait eu peu d'imitateurs parmi cette bourgeoisie sérieuse et rigide. Colbert jugea l'avenir de ses établissements et la fortune de la France compromis, si l'on poussait au désespoir tant d'hommes utiles, qui étaient les plus solides appuis de ses desseins. Il employa énergiquement pour leur défense ce salutaire ascendant auquel Louis XIV n'avait point encore appris à se soustraire : il appela de la passion sacerdotale et parlementaire à l'intérêt de l'état, à

---

1. *Histoire de l'édit de Nantes,* t. IV, p. 19 22.

l'équité du roi. Il fut secondé par des considérations de politique extérieure. L'électeur de Brandebourg avait adressé au roi de respectueuses remontrances en faveur des réformés français : Louis, qui alors ménageait encore les puissances protestantes, répondit gracieusement à l'électeur, l'assura qu'il entendait faire vivre les protestants « dans une égalité avec ses autres sujets (6 septembre 1666), » et s'arrêta quelque temps sur la pente fatale où il était entraîné [1]. Le zèle des parlements [2], des intendants et du clergé fut contenu : on ne vit plus se succéder incessamment les coups de foudre des arrêts et des déclarations royales ; le règlement général de 1666, sur ou plutôt contre l'exercice du culte prétendu réformé, fut même révoqué par une déclaration du 1er février 1669, qui défendit de contraindre ou *induire* les enfants des protestants à changer de religion et, sans rendre aux protestants l'admissibilité aux maîtrises octroyées par *lettres royaux*, confirma expressément leur droit d'être reçus dans toutes sortes de métiers, « dans les formes ordinaires des apprentissages et des chefs-d'œuvre » ; seulement ils ne pouvaient être en nombre supérieur aux catholiques dans les jurandes, « attendu que les communautés sont réputées catholiques. » En Languedoc, toutefois, par concession au zèle emporté des États-Provinciaux que dominait le clergé, il fut arrêté que les protestants, au lieu de la moitié, ne pourraient former que le tiers des corporations. Ils furent maintenus dans l'admissibilité aux charges municipales ; ils recouvrèrent la liberté d'imprimer leurs livres de religion sans permission spéciale des magistrats. Le roi interdit aux curés et aux religieux de se présenter chez les malades protestants qui ne les appelaient point, et fit encore droit à quelques autres griefs [3].

Les réformés crurent voir s'ouvrir une ère de réparation et revenir le temps de Henri IV. De 1666 à 1674 environ, ils respirèrent sous la protection de Colbert ; ils prirent les arrêts et les

---

1. *Histoire de l'édit de Nantes*, t. IV, p. 12.
2. Il est à remarquer que le grand parlement, le parlement de Paris, plus éclairé que les autres, était moins persécuteur. Le parlement de Rouen, au contraire, se soulageait, en s'acharnant sur les huguenots, de ce qu'on ne lui permettait plus de brûler les sorciers.
3. *Histoire de l'édit de Nantes*, t. IV, p. 110.

édits qui, parfois, les inquiétaient encore, pour les derniers grondements d'un orage qui expirait.

Cependant, quelques actes hostiles indiquaient par intervalles que, s'il y avait adoucissement, il n'y avait pas changement total de système. Des mesures d'oppression locale étaient ratifiées par le conseil du roi : ainsi, les réformés furent exclus des corps de métiers à La Rochelle, sous prétexte que cette ville avait autrefois perdu ses priviléges à cause de sa rébellion; le Béarn fut réduit à vingt « lieux d'exercice, » de plus de cent vingt qu'il avait; d'autres églises furent supprimées en diverses provinces. Quelques semaines avant la déclaration du 18 février 1669, le roi avait supprimé les chambres de l'Édit, instituées, conformément à l'édit de Nantes, dans les parlements de Paris et de Rouen, pour juger les causes où des réformés étaient partie. En fait, les réformés n'y avaient pas grand intérêt, attendu qu'il n'y avait qu'un seul conseiller de leur religion dans ces chambres, et que les chambres des enquêtes, auxquelles on les renvoyait maintenant, avaient également chacune un conseiller protestant; mais, en principe, tout ce qui faisait brèche à l'édit de Nantes était une chose grave. Une autre mesure, qui ne concernait pas spécialement les protestants, devait plus tard, en se combinant avec l'édit contre les relaps, devenir à leur égard la grande machine de destruction : c'était l'édit d'août 1669 contre les émigrations. Cet édit défendait, sous peine de confiscation de corps et de biens, non-seulement de prendre du service militaire ou maritime à l'étranger, mais, en général, de s'établir à l'étranger sans esprit de retour, par mariages, acquisitions d'immeubles et transport de familles et de biens[1]. C'était la négation absolue du droit d'expatriation, droit exceptionnel que la morale ne peut admettre que dans des cas rares et avec des restrictions sévères, mais que la politique ne peut proscrire absolument sans porter une grave atteinte à la personnalité humaine. On verra quelles furent les conséquences du principe que l'on venait de poser.

Le retour du roi à une conduite plus modérée envers les réformés avait été en partie motivé par l'espoir d'une réunion pacifique

---

1. *Anciennes Lois françaises*, t. XVIII, p. 366. — Rulhière, p. 50. — *Histoire de l'édit de Nantes*, t. IV, p. 123-167.

des deux religions. Louis s'était rattaché, comme nous l'avons déjà dit, à la pensée qu'avait eue Richelieu de gagner les pasteurs protestants par des concessions sur quelques points de discipline et de culte, et de ramener par eux leurs ouailles à l'unité de l'église. Le génie controversiste de Bossuet et les séductions dorées de la cour devaient prendre part égale à cette œuvre. C'était une pure illusion. Quelques particuliers se laissèrent gagner; mais, une fois l'éveil donné, le corps des pasteurs résista, et le projet avorta complétement à la première tentative sérieuse, lors du synode provincial de l'Ile de France tenu en 1673 à Charenton.

A partir de 1674, les édits et arrêts oppressifs recommencent à se succéder : — 6 novembre 1674, défense aux ministres de s'établir ou de prêcher hors de leur résidence ; — 27 décembre 1675 — 15 avril 1676, défense aux synodes de donner des ministres aux seigneurs de fiefs qui n'en avaient point encore eu ; — 28 août 1676, les filles de réformés, âgées de douze ans et au-dessus, qui auront été reçues dans la Maison de la Propagation à Sedan, ne pourront être *forcées* de voir leurs parents, jusqu'à ce qu'elles aient fait abjuration, de peur que les parents ne tâchent d'ébranler leur résolution « par larmes ou par reproches » ; c'est-à-dire que la jeune fille protestante, une fois attirée dans un couvent, n'importe par quel moyen, est privée de toute communication avec sa famille jusqu'à ce qu'elle ait changé de religion : ceci se pratiquait partout comme à Sedan ; — 23 juillet 1677, défense aux réformés de *suborner* les catholiques, à peine de 1000 livres d'amende[1].

On a vu que, dans les plans de Louis XIV, exposés par lui-même, la disgrâce envers les opiniâtres, la faveur envers les dociles, devaient concourir au même but. Louis fut fidèle à ses desseins. En 1676, il fonda un étrange établissement pour accélérer la conversion des hérétiques. Dès 1618, Louis XIII avait assigné quelques fonds à l'entretien des protestants convertis; les assemblées du clergé avaient aussi voté 30,000 à 40,000 livres par an pour les ministres qui embrasseraient le catholicisme; il ne fallait pas, disait-on, qu'un ministre calviniste, qui abandonnerait ses

---

1. *Anciennes Lois françaises*, t. XIX, p. 150, 157, 163, 175.

fonctions pour embrasser la foi catholique, manquât de pain pour avoir abjuré son erreur; cela était spécieux et resta longtemps dans des bornes assez modestes. Mais, en 1676, Louis XIV consacra, non plus aux conversions faites, mais aux conversions à faire, le revenu des abbayes de Saint-Germain-des-Prés et de Cluni et le tiers des économats, c'est-à-dire le tiers du revenu des bénéfices vacants. Le converti Pellisson fut chargé de tenir cette caisse et d'en diriger les opérations. Pellisson distribua les fonds aux évêques avec des instructions sur la manière de les employer, et il s'établit un vrai marché aux consciences parmi la classe la plus infime de la population protestante. On était alors aux dernières années de la guerre de Hollande; la misère était grande : dans les pays les plus pauvres, le tarif des conversions ne dépassa pas, en moyenne, 6 livres par tête. Les convertis devaient accompagner leur quittance d'une abjuration en forme. « L'éloquence de « Pellisson, moins savante, mais bien plus persuasive que celle « de Bossuet, » ne tarda pas à passer en proverbe. Le calvinisme, déjà entamé par la haute noblesse, le fut ainsi par l'autre extrémité, par le bas peuple. Ce succès, grossi par toutes sortes de surprises et de fraudes, fit illusion au roi sur la facilité de pousser plus loin l'entreprise. Cependant le grand nombre de relaps qui retournèrent au prêche, après avoir mangé leurs 6 livres, eût dû éclairer Louis sur ce que valaient ces conversions. Il n'y vit qu'un motif de s'enfoncer davantage dans la rigueur, et une déclaration du 13 mars 1679 ajouta au bannissement qui frappait les relaps l'amende honorable et la confiscation des biens [1].

C'était pendant un jubilé et dans un accès de dévotion du roi que la caisse des conversions avait été fondée. Dans la conduite de Louis XIV envers les réformés, à côté de l'esprit d'unité despotique, il y avait aussi une part à faire au zèle religieux. Cette part tendait à s'accroître de plus en plus, et l'esprit dévot devait pousser le roi plus loin que l'esprit monarchique, qui eût pu être contenu, jusqu'à un certain point, par le sens politique. L'état moral du roi et la guerre à la Réforme seront désormais étroitement liés. Louis croit obtenir le pardon de ses péchés en ramenant à l'église

---

1. Rulhière, p. 100.

ses sujets égarés, et sa propre réforme et l'extinction de l'hérésie dans son royaume sont deux idées qui se développent parallèlement chez lui. L'histoire intérieure de la cour prend, à l'époque où nous sommes parvenus, une importance toute nouvelle. Pendant la première période du règne, la vie intime, les affections personnelles de Louis XIV, avaient appartenu à l'histoire anecdotique plus qu'à l'histoire générale. Louis avait pratiqué fidèlement les préceptes qu'il donne à son fils dans ses Mémoires, c'est-à-dire qu'un roi, « s'il ne peut se garantir des faiblesses communes au reste des hommes, doit du moins, en abandonnant son cœur, rester maître de son esprit », et séparer absolument ses affaires de ses plaisirs[1]. La modeste La Vallière n'avait pas désiré, l'altière Montespan n'avait pas pu influer sur les affaires publiques. Pour la première fois, sous ce règne, une femme apparaît, qui va devenir insensiblement un personnage politique appelé à agir sur les destinées de la France, et la nature de ses relations avec le roi sera telle, que Louis ne croira pas déroger à ses principes en acceptant une influence qui doit être, plus tard, exagérée et transformée en domination absolue par le préjugé populaire.

En 1666, madame de Montespan, déjà fort accréditée auprès du roi, sans être encore sa maîtresse, avait recommandé à sa bienveillance une jeune femme d'une famille distinguée, mais pauvre, que le poëte burlesque Scarron avait épousée par charité et qu'il avait laissée veuve dans l'indigence. C'était une protestante convertie, petite-fille de l'éloquent et brave d'Aubigné, l'ami de Henri IV. Quelques années après, madame de Montespan introduisit sa protégée dans l'intimité du roi, en la chargeant d'élever secrètement les enfants qu'elle avait donnés à Louis. Madame Scarron trouva moyen de se faire prier par le roi lui-même d'accepter ce délicat emploi, qu'elle voulait tenir directement « du père et non de la mère » (1670). Le roi, qui d'abord lui avait témoigné peu de sympathie et la trouvait trop *précieuse*, ne tarda pas à prendre du goût pour elle. Il y avait entre eux des rapports d'esprit et de manières qui devaient s'accroître avec l'âge, et cette

---

1. *OEuvres* de Louis XIV, t. II, p. 291.

beauté régulière, douce et sérieuse, rehaussée par une rare dignité naturelle, était essentiellement faite pour plaire à Louis. Elle aimait la *considération* comme il aimait la *gloire* : comme lui, réservée, circonspecte, et cependant pleine d'attrait et de grâce, elle avait le même charme dans la conversation et soutenait plus longtemps ce charme par les ressources d'une imagination plus riche et d'une instruction plus variée. Comme lui, elle avait la personnalité des organisations vigoureuses et remplies d'elles-mêmes, et pourtant elle était susceptible d'affections durables et solides, sinon très-ardentes : elle était à la fois moins passionnée et plus constante que le roi, qui ne devait être, en amitié comme en amour, vraiment constant que pour elle seule; mais elle n'eût jamais su sacrifier à ses sentiments ni ses intérêts ni son repos : au contraire de Louis XIV, elle était dévouée dans les petites choses et sans générosité dans les grandes. Comme lui, enfin, par nature et non par hypocrisie, elle affectionnait surtout l'ordre, les convenances, les apparences, bizarre contraste avec les liaisons hasardées qu'elle avait contractées chez Scarron et qu'elle eut le bon goût de ne pas rompre brusquement[1] : prude, dévote et amie de Ninon, avec qui elle eut cette heureuse ressemblance, que leur beauté à toutes deux défia miraculeusement les années, elle ne fut pourtant pas une *fausse prude*, et tout porte à croire calomnieuses les imputations de Saint-Simon et de quelques autres écrivains. Son caractère calme, réfléchi, raisonneur, incapable d'entraînement et d'illusion, l'aida à défendre une vertu souvent assiégée, et l'*amour de la considération* la préserva, comme l'amour maternel préserva madame de Sévigné. Le roi, qui ne se piquait pas de fidélité envers la maîtresse régnante, courtisait madame Scarron dès 1672, ainsi que l'atteste une lettre écrite par elle à une de ses amies : « Je le renvoie, » disait-elle, « toujours désespéré, jamais rebuté. » Elle jouait alors avec lui un jeu très-singulier : elle n'épargnait rien pour se rendre agréable et nécessaire à lui, et en même temps elle le retenait à distance au nom de la vertu et de la piété, ce qui lui donnait le droit de blâmer plus ou moins directement le commerce adultère dont étaient issus les enfants qu'elle élevait. Ce ne fut pas précisément tout

---

1. On a encore une lettre d'elle à Ninon de novembre 1677.

d'abord une trahison envers sa bienfaitrice, car elle pressa franchement madame de Montespan de cesser d'être la maîtresse du roi pour n'être plus que son amie, en lui remontrant qu'elle en serait d'autant plus honorée et plus puissante à la cour. L'impétueuse Montespan était tout à fait impropre à un rôle aussi savant et aussi complexe; mais madame Scarron avait mis de la sorte sa conscience en repos et travailla désormais sans scrupule à miner la favorite. Les enfants dont elle était chargée, d'abord cachés durant quelques années, furent *légitimés*, installés à la cour et « présentés chez la reine » en 1674, avec leur gouvernante, que le roi créa bientôt marquise de Maintenon (1675)[1].

La guerre fut dès lors déclarée entre les deux femmes qui se disputaient le roi, l'une défendant le cœur, l'autre s'attaquant à la conscience, singulier prédicateur qui prêtait à Bossuet et à Bourdaloue un concours beaucoup plus efficace que ne faisait le confesseur du roi. On conçoit que la mission que s'imposait la nouvelle marquise n'était pas sans péril, auprès d'un prince aussi aimable que Louis XIV; souvent, soit qu'elle se jugeât trop exposée, soit qu'au contraire elle se dépitât de voir Montespan ressaisir l'empire, elle se prétendait résolue à se retirer de la cour; mais elle trouvait toujours moyen de se faire ordonner de rester par son *directeur*, personnage sévère qui, de très-bonne foi, lui prescrivait toujours ce qu'elle avait envie de faire. On entrevoit, dans la correspondance de madame de Maintenon, bien des scènes de haute comédie; s'il n'y avait eu là que grimace et que mensonge, cela n'eût été qu'odieux, mais le piquant tenait précisément à l'espèce de sincérité de l'héroïne. Madame de Maintenon voulait très-sincèrement ramener le roi dans la voie du bien et du salut, lui ôter sa maîtresse sans la remplacer. Était-ce sa faute si sa fortune se confondait avec la cause du ciel? Rien n'égalait l'ardeur de son zèle; elle en vint à blâmer la faiblesse, non pas seulement du con-

---

1. En 1680, ils furent autorisés à porter le nom de Bourbon. — Sur madame de Maintenon, *V.* ses *Lettres;* éditions de 1756; 1806; 1815; 1826; toutes fort incorrectes; — ses *Entretiens à Saint-Cyr,* cités par M. le duc de Noailles, *Histoire de madame de Maintenon,* t. I, p. 280; — les *Mémoires* de sa nièce, madame de Caylus; — le livre de Rœderer, *de la Société polie en France,* et M. Lavallée, *Hist. de Saint-Cyr.* — Les prétendus *Mémoires de madame de Maintenon* sont un mauvais roman de La Beaumelle. Une bonne édition des *Lettres de madame de Maintenon* nous a été promise par son historien, M. de Noailles.

fesseur La Chaise, mais de Bossuet lui-même. Le jésuite La Chaise n'osait refuser l'approche des sacrements au roi en état de péché habituel; quant à Bossuet, certes bien incapable de cette complaisance sacrilége, il avait cru, dans un moment de brouille, à la rupture définitive du roi et de madame de Montespan, et, consulté par le roi, il avait admis que la pécheresse convertie pouvait *vivre chrétiennement* à la cour. Le résultat fut que *M. de Condom* (Bossuet) fut pris pour dupe, que Louis et sa maîtresse oublièrent leurs résolutions, car madame de Montespan avait un moment partagé les remords du roi, et que leur liaison renouée donna encore le jour à deux enfants (1676)[1].

L'amour, cependant, baissa sans que la vertu en eût encore le profit; à des infidélités sans conséquence succéda une infidélité éclatante: mademoiselle de Fontanges passa comme un météore sur l'horizon de la faveur (1679-1680). Ce règne éphémère disparu, Montespan et Maintenon se retrouvèrent en présence, mais celle-ci fortifiée de tout ce qui avait affaibli celle-là. Louis, en 1680, avait quarante-deux ans et commençait à se lasser des passions violentes; l'humeur égale de Maintenon le reposait des orages dans lesquels l'avait fait vivre la fière Montespan. La veuve de Scarron avait la douceur de La Vallière, avec une finesse, une étendue, un mouvement dans l'esprit qui avaient manqué à cette aimable personne. Louis eût mieux aimé changer de maîtresse que de remplacer une maîtresse par une amie; il y mettait toutefois une moindre ardeur, car il s'en allait maintenant « toujours affligé, jamais désespéré, » et non plus « toujours désespéré, jamais rebuté[2]. » Il prêtait une oreille de plus en plus favorable aux admonitions pieuses, et, dans son esprit comme dans l'esprit de ceux qui l'entouraient, l'idée de se réformer lui-même quant aux œuvres, et l'idée de réformer ses sujets quant à la foi, ne se séparaient pas. Une espèce de sainte ligue pressait Louis sur ces deux points, autant que le permettait la prudence à l'égard d'un prince aussi jaloux de « n'être point gouverné ». C'était

---

1. *Lettres* de madame de Maintenon, ap. Noailles, t. I, p. 520. — *Souvenirs* de madame de Caylus.

2. Lettre de madame de Maintenon à madame de Frontenac; 1680; ap. Noailles, t. II, p. 5-6.

Bossuet, dont nous avons exposé ailleurs les rigoureuses théories ; c'était l'archevêque de Paris, Harlai, prélat de grands talents et de mœurs peu régulières, qui voulait, en ruinant le protestantisme, se réhabiliter auprès des dévots [1] ; c'était le confesseur La Chaise, qui, beaucoup plus mondain et politique que fanatique, était néanmoins le persécuteur obligé des protestants et souhaitait de n'être plus réduit, vis-à-vis de son royal pénitent, à des complaisances qui compromettaient si fort son caractère. Quelle part madame de Maintenon avait-elle à l'œuvre commune? On a pu exagérer cette part, mais il ne faudrait pas tomber aujourd'hui dans un excès contraire : à l'époque où nous sommes parvenus, l'influence de madame de *Maintenant,* comme l'appelaient spirituellement les courtisans [2], était fort grande ; elle l'exerçait pour la *conversion* du roi, et la conversion du roi et la conversion des hérétiques étaient, nous l'avons dit, deux idées connexes. « Le roi, » écrivait madame de Maintenon, le 28 octobre 1679 [3], « le roi avoue ses faiblesses ; il reconnoît ses « fautes... il pense sérieusement à la conversion des hérétiques « et, dans peu, *on y travaillera tout de bon.* »

Tout ce qu'on avait fait jusque-là dans ce but était donc peu de chose auprès de ce qu'on projetait. — Mais par quels moyens allait-on *travailler tout de bon ?*

En 1679, le secrétaire d'état Phélippeaux de Châteauneuf, ministre obscur et subalterne, qui avait pour département les affaires de la religion prétendue réformée, consulta, sur la manière d'accélérer les conversions, les hommes qui connaissaient le mieux les provinces où les réformés étaient en grand nombre. Deux mémoires, écrits en réponse aux questions de Châteauneuf, résument les deux systèmes de conversion entre lesquels se partagea l'opinion catholique : l'un des systèmes fut soutenu par les jansénistes et par tout ce qui se rapprochait d'eux quant à la morale ; l'autre, par les jésuites. Le premier mémoire était l'ouvrage de l'intendant du Bas-Languedoc, d'Aguesseau, cet habile et intègre administrateur qui avait secondé si efficacement les réformes et les

---

1. *OEuvres* de d'Aguesseau, t. XIII, p. 162.
2. Sévigné, t. V, lettre du 18 septembre 1680.
3. Rulhière, p. 106. — Suivant M. le duc de Noailles, cette lettre serait de 1680.

créations de Colbert¹. D'Aguesseau, chrétien rigide, penchait vers les sentiments de Port-Royal, et c'était surtout l'autorité morale qu'il conseillait d'employer. Il fallait, suivant lui, réformer d'abord les mœurs et l'ignorance du clergé, si l'on voulait réformer la foi des hérétiques : l'éclat dont resplendissaient les sommités de l'ordre ecclésiastique, si brillantes de talents et de vertus, faisait illusion sur l'insuffisance intellectuelle et morale du bas clergé dans les provinces de l'ouest et du midi, celles précisément où l'église avait en face d'elle une grande masse de protestants, dirigée par des ministres presque tous instruits, de bonnes mœurs, et habitués à manier la parole. Si, à Paris et à Versailles, la chaire sacrée rivalisait de gloire avec les tribunes d'Athènes et de Rome, il n'y avait quasi pas, en Languedoc et en Poitou, un curé capable de commenter l'Évangile². D'Aguesseau souhaitait donc que le roi agît principalement sur le clergé par l'intermédiaire des évêques : pour lui, comme pour les disciples de Port-Royal, pour tous les hommes de la *religion intérieure*, il s'agissait de faire des catholiques par la persuasion et non de faire des hypocrites par la contrainte.

D'Aguesseau, cependant, ne s'en tient pas à ce prosélytisme si légitime; il conseille d'exclure les protestants des fonctions publiques et de la participation à certains privilèges, comme suspects à l'état et afin de les exciter à rentrer en eux-mêmes. Pour son compte, dans la généralité qu'il administre, il restreint le plus possible la liberté du culte, fait démolir les temples dont la possession n'est pas suffisamment établie et considère la religion protestante « comme une citadelle qu'il faut bien se garder de vouloir prendre d'assaut, mais qu'on doit attaquer à la sape, en gagnant tous les jours du terrain sur elle, jusqu'à ce qu'on l'ait réduite insensiblement à être si peu de chose, qu'elle tombe enfin comme d'elle-même³. »

---

1. *V.* ci-dessus, p. 63.
2. Deux édits de 1671 et 1673 avaient supprimé un des plus grands abus de l'église, en défendant à tout ecclésiastique de résigner un bénéfice avec réserve de pension, à moins de l'avoir desservi quinze ans : la pension, en ce cas, ne pourrait excéder le tiers du revenu. Il fallait du temps pour que cette mesure, destinée à tirer les desservants de leur misère, pût porter ses fruits.
3. *Œuvres* de d'Aguesseau, t. XIV, p. 36. — Rulhière, p. 109.

Telles sont les conclusions que pose le *parti de la douceur*, bien éloignées déjà de L'Hospital et de Henri IV, et même de Richelieu, mais conformes aux principes que Louis XIV avait professés dans les premières années de son gouvernement. L'abolition de la liberté de culte apparaît là en perspective; seulement, la liberté de conscience est sincèrement réservée, sa violation étant incompatible avec les principes de la *religion intérieure*.

L'autre système, exposé dans le second mémoire, veut des expédients plus prompts, et prétend que l'autorité royale poursuive énergiquement et directement la destruction des signes *extérieurs* de l'hérésie : la conversion *intérieure* viendra plus tard, quand elle pourra. Au pis aller, les pères que l'on contraindra de se convertir des lèvres seront damnés comme hypocrites, au lieu de l'être comme hérétiques; mais les enfants qui n'auront pas vu d'autre culte que le *vrai* finiront par être de bons catholiques. « Dieu se sert de toutes voies, » écrivait madame de Maintenon[1]. Une fois que l'on écarte l'inviolable liberté morale de la personne humaine et son droit inaliénable de disposer d'elle-même, on ne saurait nier que le dogme des peines éternelles ne donne à ces maximes une certaine force logique et ne conduise inévitablement à fouler aux pieds tous les droits de l'individu, de la famille et de la société; c'est au nom de la charité même qu'on exerce sur autrui la *salutaire* violence du *compelle intrare*. Le parti violent, en voulant ramener à tout prix l'unité extérieure, faisait donc appel au fanatisme non moins qu'à la politique.

Le mémoire que nous citons n'osait pourtant pas demander encore la révocation immédiate de l'édit de Nantes et réclamait seulement de nouvelles restrictions, de nouvelles rigueurs et l'augmentation du revenu des jésuites, comme instrument de conversion.

Le parti violent eut le dessus auprès du roi, et la majorité des évêques s'y engagea de plus en plus : l'esprit jésuitique triompha en fait, au moment où la théorie ultramontaine du jésuitisme était écrasée et reniée des jésuites eux-mêmes, qui avaient transféré, en quelque sorte, leur obédience du pape au roi, comme

---

1. Noailles, *Histoire de madame de Maintenon*, t. II, p. 426.

nous le verrons tout à l'heure. Vingt-deux temples furent démolis dans le courant de 1679 : au mois de juillet de cette année, une déclaration royale supprima les chambres mi-parties[1] qui jugeaient les procès des réformés dans les parlements de Toulouse, de Bordeaux et de Grenoble. La suppression est motivée sur ce que « ces tribunaux exceptionnels seroient devenus inutiles, « attendu qu'il y a cinquante années qu'il n'est survenu de nou- « veaux troubles causés par la religion prétendue réformée, et « que les animosités qui pouvoient être entre les sujets de l'une « et de l'autre religion sont éteintes. » Ainsi, la main même qui frappe les réformés rend un témoignage éclatant à leur innocence, et Louis XIV confesse, de sa propre bouche, l'absence de tout grief contre eux[2]. Le 10 octobre, il fut interdit aux protestants de tenir aucun synode ou colloque sans la permission du roi et l'assistance d'un commissaire royal : ces commissaires furent désormais tous catholiques. Le 6 novembre, défense est faite à tous seigneurs de fiefs d'établir sur leurs terres des officiers baillis, etc.) protestants. 20 février 1680 : défense aux protestantes d'exercer la profession de sages-femmes. Juin 1680 : défense à tous catholiques d'apostasier, sous peine d'amende honorable, confiscation des biens et bannissement perpétuel. Les ministres qui les auront accueillis seront interdits et les temples fermés. Cette importante déclaration est le complément des édits contre les relaps. 11 juillet : les réformés sont exclus des fermes du roi, comme adjudicataires, intéressés ou employés. 17 août : défense aux receveurs généraux de traiter du recouvrement des tailles avec aucuns réformés et d'employer aucuns commis de cette religion. Colbert avait lutté en vain pour sauver l'administration et les commis des finances : leur destitution, comme la suppression des chambres mi-parties, était au nombre des mesures réclamées par le deuxième des mémoires dont nous avons parlé. 28 août : arrêt du parlement de Paris ordonnant la destitution des officiers protestants dans les justices subalternes. 16 novembre : trois ans de délai sont accordés aux protestants qui se convertissent, pour le paiement de leurs dettes. 19 novembre : rétablissement de

---

1. Le terme de *mi-parties* n'était pas exact : il n'y avait qu'un tiers de réformés.
2. *Anciennes Lois françaises*, t. XIX, p. 305.

l'ordonnance qui prescrivait aux magistrats d'aller interroger les malades protestants sur la foi dans laquelle ils voulaient mourir. Même mois : interdiction des mariages mixtes ; les enfants qui naîtront de parents de diverses religions seront bâtards. Pendant toute l'année 1680, le marteau des démolisseurs retentit de toutes parts ; il suffit de la moindre contravention, du plus léger prétexte, pour faire abattre un temple. Les commissaires de l'édit et les intendants rivalisent d'ardeur destructrice [1].

Le roi fut payé de son zèle par les remerciements chaleureux de l'assemblée du clergé, qui se félicita, par l'organe de son agent général, d'avoir vu presque toutes ses demandes accordées, ses souhaits prévenus et son attente surpassée. Le clergé n'en formula pas moins de nouvelles demandes pour continuer l'œuvre.

La situation du clergé était, en ce moment, très-complexe et très-extraordinaire : l'église gallicane, à peine pacifiée par l'espèce de transaction conclue, en 1669, entre les jansénistes et l'autorité royale et pontificale, s'était trouvée engagée dans une double lutte contre l'ultramontanisme et contre la Réforme ; la guerre qu'elle soutenait contre Rome ne la rendait que plus acerbe à l'égard des hérétiques : brouillée avec le pape, elle voulait être plus catholique que le pape. Il faut ajouter que, dans la guerre à l'hérésie, elle avait eu l'initiative et que, dans la guerre à la papauté, elle n'était, à vrai dire, qu'auxiliaire : c'était la royauté qui avait donné l'impulsion.

La querelle de Louis XIV et du saint-siège, qu'il est temps d'exposer avec quelque détail, et qui s'envenimait tous les jours, avait une double origine, l'une de pure théorie, l'autre de circonstance, mais touchant toutefois aussi aux principes : c'étaient la question de l'ultramontanisme et celle de la régale. En poursuivant la fondation de son établissement monarchique, de son œuvre d'unité absolue, Louis avait rencontré devant lui tout à la fois la protestation huguenote contre cette unité et les prétentions romaines à une autre unité plus vaste. Il dut inévitablement se heurter à l'un comme à l'autre obstacle ; l'infaillibilité du pape, emportant une suprématie au moins indirecte sur le temporel,

---

1. *Histoire de l'Édit de Nantes,* t. IV, liv. XVI.

n'est pas logiquement compatible avec la monarchie absolue et le droit divin des rois. Sans doute la puissance actuelle de Rome ne répondait plus à ses prétentions; mais Louis ne se contentait pas du présent; il voulait fonder son empire dans la théorie comme dans les faits; il attaqua, pour leurs principes, non pour leurs actes, Rome affaiblie, de même que les protestants soumis et fidèles. Colbert, par esprit d'indépendance nationale, encouragea le roi contre le pape, en même temps qu'il tâchait de l'adoucir envers les protestants. Bossuet, l'homme de la tradition gallicane, appuya, dirigea le mouvement antiultramontain, en se réservant de le contenir dans de certaines limites. Les docteurs gallicans se mirent de toutes parts en campagne. Un incident de cette guerre théologique est resté célèbre. Les ultramontains ont accusé leurs adversaires d'avoir altéré le sens du texte évangélique pour y chercher une arme en faveur de l'indépendance du pouvoir temporel; ce qui est certain, c'est qu'à partir de la traduction de la Bible par le père Amelote, traduction publiée par ordre de l'assemblée du clergé en 1666, un passage important de l'Évangile selon saint Jean fut traduit d'une manière toute nouvelle. Dans le verset 36 du chapitre XVIII, on faisait dire jusque-là à Jésus : « Mon royaume n'est pas *maintenant* d'ici [1]; » ce qui permettait au *vicaire du Christ* de prétendre que cette restriction avait été temporaire et que le temps du royaume du Christ sur la terre était venu. Or, le père Amelote, et tous les traducteurs gallicans ou jansénistes qui ont donné des versions contemporaines de la sienne ou postérieures, telles que le Nouveau Testament de Mons, la Bible de Saci, etc., suppriment le mot *maintenant* et traduisent par : « Mon « royaume n'est pas de ce monde; » tranchant ainsi d'une manière absolue la distinction du temporel et du spirituel. Ce qui explique comment les gallicans ont pu se croire autorisés à ce retranchement significatif, c'est que le νῦν grec que l'on traduisait par *maintenant* est loin d'avoir un sens aussi nettement déterminé

---

1. Voici l'ensemble du verset : « Jésus répondit : Mon royaume n'est pas de ce monde (ἡ βασιλεία ἡ ἐμὴ οὐκ ἔστιν ἐν τῷ κόσμῳ τούτῳ). Si mon royaume était de ce monde, mes serviteurs combattraient pour que je ne fusse point livré aux Juifs : mais mon royaume *n'est pas maintenant d'ici* (νῦν δὲ ἡ βασιλεία ἡ ἐμὴ οὐκ ἔστιν ἐντεῦθεν). »

que le *nunc* latin auquel il correspond. Les traducteurs ultramontains et protestants sont restés d'accord sur ce point contre les gallicans. Dans d'autres temps, le sens équivoque de cette particule grecque eût pu faire couler des flots de sang.

En 1663, la Sorbonne avait rendu une décision en faveur des maximes gallicanes. En 1674, la congrégation de l'*Index* ayant censuré à Rome des thèses soutenues en Sorbonne et conformes à la décision de 1663 contre l'infaillibilité du pape et contre sa supériorité sur le concile, les mêmes propositions, renforcées d'autres arguments sur l'indépendance du temporel et sur les droits des évêques à n'être point déposés arbitrairement par le pape, furent relevées, l'année d'après, devant la Sorbonne par l'abbé de Noailles, Bossuet présidant à la tête de la thèse [1]. »

Jusqu'ici ce n'était qu'une lutte de théologiens; mais le roi et le pape allaient être bientôt directement en présence. Le roi exerçait, de temps immémorial, le droit de régale sur le plus grand nombre des diocèses de France, c'est-à-dire qu'il percevait le revenu des évêchés vacants et conférait les bénéfices qui en dépendaient, jusqu'à ce que les nouveaux titulaires eussent fait enregistrer à la chambre des comptes leur serment de fidélité. Les quatre grandes provinces du Midi étaient exemptes de ce droit ; mais, depuis longtemps, leur exemption était contestée dans le parlement de Paris et dans le conseil du roi. Un édit du 10 février 1673 étendit la régale à tout le royaume. C'était à la fois une nouvelle manifestation de l'esprit unitaire et une mesure fiscale : le roi, du reste, avait intention d'appliquer à la conversion des protestants le profit qu'il retirerait de l'édit. Presque tous les évêques du Midi, après quelque opposition, cédèrent devant une nouvelle déclaration royale d'avril 1675 et firent enregistrer leur serment. Deux prélats jansénistes, les évêques d'Aleth et de Pamiers, qui avaient naguère figuré très-activement dans les débats du *formulaire* et des *cinq propositions* [2], furent les seuls qui ne se soumirent pas. Le roi nomma aux bénéfices dépendant de leurs évêchés, comme si leurs siéges épiscopaux eussent été vacants. Les deux évêques excommunièrent les bénéficiaires. Ceux-ci appelèrent aux archevêques

---

1. Lettre de Pellisson, ap. *OEuvres* de Louis XIV, t. VI, p. 484.
2. *V.* ci-dessus, p. 144.

métropolitains, qui déclarèrent les excommunications nulles. Les deux évêques appelèrent des métropolitains au pape.

Le pape régnant était alors Innocent XI (Odescalchi), élu le 21 septembre 1676. Innocent XI, obstiné et peu instruit, mais pieux et rigide, était mal disposé pour la politique française, quoiqu'elle eût servi son élection, et presque favorable aux jansénistes, dont il estimait la morale sévère[1]. Satisfait de voir des prélats de ce parti recourir à l'autorité du saint-siége, il soutint avec emportement les deux évêques, cassa les ordonnances des métropolitains et adressa au roi deux brefs très-virulents contre les « sinistres conseils de ses ministres » (mars-septembre 1678). Louis n'en tint compte. Un troisième bref, d'une extrême violence, fut lancé le 29 décembre 1679 : le pape menaçait le roi « d'user de son autorité », si Louis ne se soumettait à ses remontrances paternelles. L'assemblée du clergé, qui se réunit en 1680, écrivit au roi qu'elle regardait avec douleur « cette procédure extraordinaire » et protesta expressément « contre les vaines entreprises du saint-siége » (10 juillet 1680). Le pape répliqua en condamnant un livre sur les droits des évêques, écrit par un docteur de Sorbonne d'après l'ordre de l'assemblée du clergé (18 décembre 1680).

Les deux évêques qui avaient donné lieu au débat étaient morts sur ces entrefaites, mais leur mort n'avait rien changé à la question de la régale : les vicaires et le chapitre d'un des deux diocèses, celui de Pamiers, soutenaient la lutte avec la même opiniâtreté, et les choses avaient été poussées si loin, qu'un des deux grands vicaires avait été exilé, l'autre condamné à mort, par contumace, comme auteur de sédition. Le métropolitain en avait fait élire d'autres à leur place par les bénéficiaires qu'avait pourvus le roi. Le pape adressa au chapitre de Pamiers, le 1er janvier 1681, un bref qui renversait toutes les maximes de l'église gallicane et dérogeait même au concile de Latran. Il excommuniait *ipso facto* les grands vicaires établis à Pamiers par le métropolitain (l'archevêque de Toulouse), leurs fauteurs et le métropolitain lui-même, et déclarait nuls les confessions et les mariages faits ou à faire devant

---

1. Le 2 mars 1679, il condamna, à l'instigation de Bossuet, soixante-cinq propositions extraites des casuistes de la compagnie de Jésus ; par compensation, à la vérité, il condamna le Nouveau Testament de Mons (2 septembre 1679).

des prêtres tenant leurs pouvoirs des grands vicaires *intrus*. Le parlement de Paris rentra en lice à son tour avec toute la véhémence des anciens temps et rendit arrêt, le 31 mars, « contre un « libelle imprimé en forme de bref du pape Innocent XI, » bref par lequel ce pontife aurait frappé d'interdit « un archevêque, son confrère, qui a reçu de Dieu, et non de ses bulles, que les prélats de ce royaume ne prennent à Rome que depuis le concordat, les pouvoirs attachés à son caractère... » Les lumières des personnes menacées par ce bref, ajoute le parlement, « les assurent contre les foudres que la cour de Rome a lancées vainement depuis quelques siècles [1]. » Le pape ordonna aux jésuites français de répandre et de soutenir son bref. Les supérieurs des jésuites de Paris furent mandés au parlement et reçurent défense, au nom du roi, d'exécuter cet ordre. Ce fut au roi et au parlement qu'ils obéirent (juin 1681). Leurs confrères de Toulouse et de Pamiers leur avaient donné l'exemple, que suivirent les autres maisons de France. Par un étrange renversement des opinions et des principes, les jésuites étaient avec la royauté et les jansénistes avec le saint-siège. Louis XIV semblait devenu le pape des jésuites français, à condition de pousser la France dans leurs voies : leur puissance de fait surnageait ainsi dans le naufrage de leur doctrine théocratique.

Pendant ce temps, les archevêques et évêques présents à Paris au nombre de quarante-deux, se réunissaient sur l'invitation des agents généraux du clergé et demandaient au roi, dans l'intérêt de la couronne comme de l'église, un concile national, ou tout au moins une assemblée générale du clergé (mars-mai 1681). Le roi accorda, pour le 31 octobre, une assemblée générale composée de deux évêques et de deux députés du second ordre ecclésiastique pour chaque métropole.

L'attente était grande et les esprits très-agités. Le sentiment d'indépendance nationale qui s'enveloppait de la forme monarchique s'irritait de rencontrer encore dans les affaires du royaume la main ultramontaine. Colbert s'appuyait fortement sur ce sentiment, dans l'espoir de susciter ainsi une diversion à la question

---

1. *Anciennes Lois françaises*, t. XX, p. 262.

protestante. Beaucoup d'évêques se montraient fort animés contre Rome, les uns par courtisanerie, les autres par le désir de relever la dignité épiscopale, que déprimait depuis si longtemps la primauté romaine transformée en souveraineté. L'opinion fermentait : on parlait de supprimer les annates, ce tribut onéreux que la France payait à Rome, d'enlever au saint-siége les nominations aux bénéfices qu'il conservait en Bretagne et ailleurs. On voulait que les prélats de France ne portassent plus, comme une marque de servitude, le titre « d'évêques par la permission du saint-siége». Quelques-uns allaient plus loin : il courait des rumeurs de séparation, de patriarchat.

Ce fut au milieu de cette agitation que l'assemblée se réunit. Elle confia le sermon d'ouverture à Bossuet, récemment transféré de l'évêché de Condom à l'évêché de Meaux. Bossuet fut, dans cette occasion solennelle, ce qu'il avait été, ce qu'il devait être toute sa vie, l'homme des opinions moyennes, l'homme d'état de l'église : il se plaça et il plaça l'assemblée à une égale distance de l'ultramontanisme et du schisme. Le sermon du 9 novembre 1681 est un des beaux monuments de son génie. S'il est des difficultés qu'il n'y surmonte pas, c'est qu'elles sont insurmontables. Dans ce discours, aussi éclatant qu'habile et que savamment pondéré, il tâche d'établir à la fois, par les mêmes arguments et par les mêmes faits historiques, la faillibilité du pape et l'indéfectibilité du saint-siége, c'est-à-dire l'impossibilité que l'erreur s'établisse sur la chaire de saint Pierre, distinction, l'on en doit convenir, tant soit peu subtile et obscure ; il montre les libertés gallicanes trouvées par l'église gallicane dans la tradition de l'église universelle, et termine par une vive sortie contre les *libertins* (les libres penseurs) qui poursuivent *le charme trompeur de la nouveauté*. Il pressentait que le combat des opinions ne serait pas longtemps circonscrit entre les sectes chrétiennes.

L'affaire de la régale fut le premier objet sur lequel délibéra l'assemblée. Antoine Arnaud s'efforça d'exciter les évêques à défendre le privilége des diocèses autrefois exempts. Cet infatigable polémiste n'avait pu conserver jusqu'au bout le bénéfice de *la paix de religion*. Tandis que son ami Nicole se complaisait dans un repos acheté par tant de luttes, Arnaud, dont l'ardeur militante ne diminuait point avec les années, s'était brouillé de nouveau avec l'autorité royale et s'était retiré en Belgique depuis 1679. De là il remuait le jansénisme en faveur du pape, comme il l'avait remué si longtemps contre le pape. La conduite d'Arnaud et des jansénistes, quoique explicable par leurs maximes sur l'administration de l'église, dut causer au roi une extrême irritation : Louis n'y voulut voir qu'un esprit d'opposition perpétuel, et un nouvel orage s'amassa dès lors sur Port-Royal, qui s'était imprudemment séparé du gallicanisme dans cette occasion décisive. L'assemblée du clergé, en effet, s'entendit complétement avec le roi sur la question de la régale : elle ratifia l'extension de la régale à tout le royaume, et Louis, de son côté, par un édit de janvier 1682, supprima tout ce qu'il y avait, dans la régale, d'abusif et de contraire à la discipline ecclésiastique, c'est-à-dire qu'il renonça au droit de *conférer* immédiatement les bénéfices qui emportaient juridiction spirituelle, et se réserva seulement le droit de *présentation,* sauf au présenté, avant d'être mis en possession, à justifier des qualités requises devant l'autorité ecclésiastique : c'était l'abolition des commendes dans l'exercice de la régale.

L'assemblée exposa au pape les motifs de cette transaction dans une lettre respectueuse et ferme, que Bossuet rédigea sous le nom de l'archevêque de Reims [1], président de la commission (3 février 1682).

Le point de fait résolu, on passa à de plus hautes questions. Le moment était propice pour établir solidement les maximes gallicanes et pour venger l'échec que l'indépendance théorique de la couronne avait subi jadis aux États-Généraux de 1614, grâce à la lâcheté du gouvernement de Marie de Médicis. Colbert pressa le roi de ne pas laisser échapper une telle occasion et l'emporta sur le chancelier Le Tellier et sur son fils l'archevêque de Reims, qui craignaient de compliquer encore plus la situation et qui voulaient qu'on ménageât Rome. Bossuet lui-même ne vit pas sans appréhension le roi demander à l'assemblée une décision sur ces matières, et ne fut rassuré que lorsqu'il se trouva seul chargé de rédiger la déclaration des sentiments de l'église gallicane et, par

---

1. Fils du chancelier Le Tellier et frère de Louvois.

conséquent, maître de la situation. L'archevêque de Paris, Harlai, l'évêque de Tournai, Choiseul, et plusieurs autres prélats, eussent été bien plus loin que lui contre Rome. La *Déclaration du clergé de France sur la puissance ecclésiastique* fut votée le 19 mars 1682. Le clergé, après avoir frappé d'une égale réprobation ceux qui s'efforcent de renverser les libertés gallicanes, « appuyées sur les « saints canons et sur la tradition des Pères », et ceux « qui, sous « le prétexte de ces libertés, portent atteinte à la primauté de saint « Pierre et de ses successeurs institués par Jésus-Christ, et à « l'obéissance qui leur est due, » déclara :

1° Que saint Pierre et ses successeurs, et l'église elle-même, n'ont reçu de puissance de Dieu que sur les choses spirituelles et non sur les choses politiques (*civilium*), le Seigneur ayant dit : « Mon royaume n'est pas de ce monde ; » que, par conséquent, les rois et les princes ne peuvent être déposés directement ni indirectement, ni leurs sujets déliés du serment de fidélité par l'autorité des chefs de l'église, et que cette doctrine doit être inviolablement suivie comme conforme à la parole de Dieu, à la tradition des Pères et aux exemples des saints.

2° Que la pleine puissance spirituelle du siége apostolique et des successeurs de Pierre est de telle nature, que les décrets du saint concile œcuménique de Constance sur l'autorité des conciles généraux, décrets approuvés par le siége apostolique, subsistent en même temps dans toute leur force et vertu.

3° Qu'ainsi l'usage de la puissance apostolique doit être réglé selon les canons dictés par l'esprit de Dieu; que les règles, les mœurs et les constitutions reçues dans le royaume et dans l'église gallicane, doivent rester en vigueur, et les bornes plantées par nos pères demeurer inébranlables.

4° Que le souverain pontife a la principale part dans les questions de foi, et que ses décrets regardent toutes les églises; mais que, cependant, son jugement n'est point irrévocable, tant que le consentement de l'église ne l'a point confirmé.

« Ces maximes seront envoyées à toutes les églises de France et à leurs évêques [1]. »

---

1. Bausset, *Histoire de Bossuet*, t. II, p. 172. — Le livre du cardinal de Bausset a été composé d'après les *Mémoires* et le *Journal* de l'abbé Ledieu, chanoine de Meaux,

La Déclaration fut délibérée par les trente-quatre archevêques et évêques présents, et souscrite, après eux, par les trente-quatre députés du clergé. Un édit royal du 23 mars donna force de loi à la Déclaration et enjoignit à tous professeurs de s'engager à l'enseigner dans les écoles.

Cet acte est resté un des grands événements de l'histoire ecclésiastique. L'église de France ne se contentait pas de retourner aux maximes du xve siècle, en ce qui regardait l'autorité respective du pape et du concile, maximes qu'elle n'avait jamais formellement abandonnées : elle reconnaissait la théorie moderne de l'indépendance absolue du temporel, théorie que le moyen âge tout entier eût repoussée et d'après laquelle un roi hérétique ou infidèle conservait ses droits à l'obéissance des sujets catholiques et ne pouvait être déposé par l'église. Soixante-sept ans auparavant, le clergé de France s'était soulevé contre cette doctrine formulée par le Tiers-État, et la couronne avait reculé [1].

Le pape, jusqu'alors, avait laissé sans réponse la lettre de l'assemblée sur la transaction relative à la régale : à la nouvelle de la Déclaration, il éclata par un bref où il ne témoigne pas avoir connaissance des quatre articles décrétés par l'assemblée, mais où il reproche avec emportement aux évêques français leur crainte servile devant le roi et leur abaissement devant les magistrats temporels, capable de « couvrir leur nom d'un opprobre éternel ; » il termine en cassant et annulant tout ce qu'ils ont décidé sur la régale (11 avril 1682). Ce premier coup de foudre semblait promettre un orage plus violent encore contre les quatre articles.

Bossuet rédigea, au nom de l'assemblée, sous forme de lettre aux évêques et au clergé de France, une protestation aussi grave et aussi mesurée que le bref était déclamatoire ; mais la gravité n'ôtait rien à l'énergie. Le rédacteur s'en prend aux mauvais conseillers qui ont suggéré à un « excellent pape » des exagérations et des excès mal séants à la dignité d'un si grand nom. « Nous rougissons, » s'écrie-t-il, « pour ceux qui n'ont pas eu honte « d'inspirer de tels sentiments au pape !... Le bref est nul par lui-

---

qui viennent d'être publiés (en 1856), par M. l'abbé Guettée. Il est utile de se rapporter à l'œuvre originale, car M. de Bausset n'est pas toujours un interprète fidèle.
1. *V.* notre t. XI. p. 70 et suiv.

« même, puisqu'on a trompé le souverain pontife sur les faits. »

Cette lettre ne fut point envoyée au clergé. Avant que Bossuet eût pu faire voter sur sa rédaction, l'assemblée, après une suspension de quelques semaines, fut prorogée indéfiniment par le roi (23 juillet). Elle ne se réunit plus. Ce dénoûment étonna le public et affligea le grand homme qui avait été l'âme de l'assemblée et qui ne jugeait pas l'œuvre terminée. C'était un recul de la part du pouvoir royal, tout à l'heure si ardent à pousser les évêques contre le pape. On attribua ce revirement à l'influence du cardinal d'Estrées, chargé des affaires de France à Rome, qui avait pressé instamment le roi de se contenter des succès obtenus et de ne pas faire ni permettre de nouvelles démarches propres à augmenter l'irritation du saint père. Le Tellier et le père La Chaise soutinrent d'Estrées, derrière qui se cachaient les jésuites. Ceux-ci avaient laissé en silence faire contre le pape ce qu'ils ne pouvaient empêcher; mais ils se voyaient menacés à leur tour : l'assemblée avait formé, sous la présidence de Bossuet, une commission chargée d'examiner la morale des casuistes, et Bossuet avait déjà composé à ce sujet trois traités sur les importantes questions de l'usure[1], du probabilisme et de l'amour de Dieu. Les jésuites parèrent le coup en obtenant par des voies indirectes la séparation de l'assemblée, avant que les propositions de Bossuet sur la morale eussent pu être converties en décisions officielles. Le roi, satisfait d'avoir fait reconnaître par l'église gallicane l'indépendance absolue de sa couronne et résolu de ne tenir aucun compte du bref papal dans l'affaire consommée de la régale, consentit donc à arrêter les hostilités et suspendit même l'impression du procès-verbal de l'assemblée.

On attendit avec anxiété ce que ferait le pape. S'il lançait une sentence de condamnation contre les quatre articles, c'était le schisme. L'église gallicane ne pouvait se soumettre. Elle ne prétendait pas imposer aux autres églises les doctrines qu'elle venait de formuler, mais elle ne pouvait les abandonner, ni reconnaître des articles de foi en dehors des dogmes résumés par Bossuet,

---

[1]. Sur cette question comme sur bien d'autres, les jésuites étaient sortis de la tradition, pour s'accommoder aux nécessités des sociétés modernes. *V.* notre t. XII, p. 73 et suiv.

dans l'*Exposition de la foi catholique*, avec l'approbation du saint-siége lui-même.

Innocent XI n'eut ni l'audace de se jeter dans ces extrémités terribles, ni la modération de se réconcilier avec Louis XIV. Il ne lança pas ses foudres contre la Déclaration du clergé gallican; mais il continua contre le roi et contre l'église de France une petite guerre acharnée et sans éclat, par laquelle l'obstination romaine espéra lasser la *fougue française*. Il encouragea, par toutes sortes de faveurs, les écrits qui pullulèrent en Italie, en Espagne, en Belgique, en Hongrie, contre la doctrine gallicane [1], et, ce qui était beaucoup plus grave, il refusa des bulles aux ecclésiastiques qui avaient figuré dans l'assemblée de 1682 comme députés du clergé, lorsque le roi les nomma à des évêchés. Louis, alors, défendit à tous les autres évêques qu'il nommait de recevoir les bulles papales, afin qu'il n'y eût point de différence entre les prélats que la couronne appelait à l'épiscopat en vertu du concordat. Cette situation se prolongea tellement, que le tiers des diocèses de France finit par se trouver sans évêques institués canoniquement. Cela n'occasionna, du reste, aucune perturbation dans le royaume, les nouveaux évêques étant, à mesure de leur nomination, mis en possession du temporel par le roi et installés comme *administrateurs spirituels* par les chapitres diocésains.

Les protestants n'avaient rien gagné à la querelle intestine du catholicisme. L'assemblée générale du clergé, après le vote des quatre articles, leur avait adressé un avertissement qui commençait par leur représenter, dans un langage « tendre et pathétique, » l'injustice des reproches qu'ils faisaient à la communion romaine et par les inviter paternellement à rentrer dans le sein de leur mère, mais qui finissait en les menaçant de « malheurs effroyables et funestes, » s'ils persistaient dans leur révolte et dans leur schisme. Cette pièce fut envoyée à tous les intendants, avec ordre de la faire lire dans chaque consistoire, en présence d'un commissaire ecclésiastique délégué par l'évêque diocésain, et de demander réponse. Les pasteurs se contentèrent de renvoyer à leur profession de foi et à leurs livres. Les protestants ne virent dans

---

1. L'université de Douai, ville nouvellement française, protesta en faveur de l'infaillibilité du pape, d'accord avec l'université belge de Louvain.

cette démarche que le prélude d'une attaque ouverte et décisive contre l'Édit de Nantes.

Tout allait, en effet, à une prochaine catastrophe. De son système primitif, peu à peu forcé et faussé, Louis XIV arrivait, par une pente de plus en plus rapide, à la destruction violente de la liberté de culte et de conscience.

La révolution de cour qui élevait Maintenon sur les ruines de Montespan était consommée. Le roi était *converti*, de la volupté du moins, car il ne se convertit jamais de l'orgueil : il ne devait plus dorénavant avoir de maîtresse, et madame de Maintenon était devenue plus puissante en rendant Louis à son épouse légitime, à la patiente et nulle Marie-Thérèse, qu'aucune maîtresse n'eût pu l'être en enlevant de nouveau le mari à la femme. La conversion de Louis devait être plus funeste à la France que ses désordres, qui avaient si peu influé sur les affaires publiques ! Jusque-là, si le vieux Le Tellier avait été favorable, avec quelque réserve, aux mesures contre l'hérésie, son redoutable fils, Louvois, y était resté étranger : indifférent à la question religieuse et fort relâché dans ses mœurs, Louvois avait été très-opposé à la conversion morale et avait cabalé avec Montespan contre Maintenon[1]. Quand il vit cette cause perdue, il se rejeta dans le parti de la persécution avec tout l'emportement de son caractère, et poussa le roi à en finir au plus vite avec les protestants, afin de le ramener ensuite exclusivement vers les idées de guerre et de conquête auxquelles les affaires religieuses faisaient diversion. Il imagina un moyen d'attirer dans ses mains l'entreprise des conversions, qui semblait fort étrangère à son département ; ce fut d'y employer l'armée et de changer les soldats en missionnaires. Il suggéra au roi d'accorder aux nouveaux convertis l'exemption des logements militaires pour deux ans, avec quelque faveur dans la répartition des tailles (11 avril 1681). Ce fut le point de départ d'un nouveau système de conversions. On sait qu'il n'y avait pas de ministère de l'intérieur proprement dit, et que les provinces étaient réparties, quoique inégalement, entre les divers ministres :

---

1. « Le roi... avoue que M. de Louvois est un homme plus dangereux que le prince d'Orange, mais c'est un homme nécessaire. » Lettre de mad. de Maintenon, du 3 août 1680 ; ap. *Hist. de madame de Maintenon*, par M. le duc de Noailles, t. II, p. 8.

le Poitou et le Limousin relevaient de Louvois; il manda aux intendants de rejeter sur les hérétiques obstinés le fardeau des nouveaux convertis, et il envoya quelques compagnies de cavalerie dans ces provinces. « Le roi, écrivait-il, n'estime pas qu'il faille
« loger tous les cavaliers chez les protestants ; mais si, suivant
« une répartition juste, ils en devoient porter dix, vous pouvez
« leur en faire donner vingt et les mettre tous chez les plus riches
« des religionnaires[1]. » Louis voulait encore conserver quelque ordre et quelque mesure dans l'injustice même; mais ce fut l'esprit de Louvois et non le sien qui dirigea l'exécution. Les soldats, encouragés par les intendants, par la plupart des fonctionnaires et par les catholiques fanatiques de chaque localité, commirent des brutalités et des déprédations qui répandirent partout l'épouvante. Des milliers de protestants se convertirent par peur; une infinité d'autres, surtout parmi les populations maritimes du Poitou et de l'Aunis, rassemblèrent toutes leurs ressources et s'apprêtèrent à quitter la France. Le cri de leur détresse parvint jusqu'au roi et Colbert obtint un dernier succès en défendant les intérêts de la France et de l'humanité. Un arrêt du conseil, du 19 mai 1681, défendit « les violences qui se faisoient en quelques lieux contre les religionnaires. » Marillac, intendant de Poitou, fut destitué, et les *conversions par logements* furent suspendues dans tout le royaume.

Ce moment d'espoir passa comme un éclair : le parti de la persécution montra au roi les pasteurs abusant de l'arrêt du conseil pour détourner les huguenots d'abjurer et les nouveaux convertis revenant en foule au prêche, dès que la main qui frappait l'hérésie se relâchait. Les Le Tellier, le père La Chaise, l'archevêque de Paris, assiégèrent Louis sans relâche. Quant à madame de Maintenon, voici ce qu'elle écrivait le 24 août 1681 :

« Le roi commence à penser sérieusement à son salut et à celui
« de ses sujets. Si Dieu nous le conserve, il n'y aura plus qu'une
« religion dans son royaume. C'est le sentiment de M. de Louvois,
« et je le crois plus volontiers là-dessus que M. de Colbert, qui ne
« pense qu'à ses finances et presque jamais à la religion[2]. »

1. Rulhière, p. 137.
2. *Ibid.*, p. 139.

Ainsi, *l'amie* du roi était réconciliée avec Louvois et complétement d'accord sur le fond avec lui; quant à la forme, quant aux moyens de violence, elle y répugnait par sa modération naturelle et les approuvait par une politique égoïste. On avait dit au roi qu'elle était née calviniste; elle craignait de se rendre suspecte si elle ne rivalisait de zèle avec les persécuteurs de ceux qui avaient été ses frères en religion [1]. On ne revint pas cependant tout de suite aux expédients soldatesques de Louvois : on reprit la guerre plus savante, mais plus lente, des arrêts et des ordonnances. Le 17 juin 1681, une déclaration royale statua que les enfants des religionnaires pourraient se convertir malgré leurs parents, non plus à l'âge de douze ou de quatorze ans, mais dès l'âge de sept ans, comme étant, à cet âge, capables de raison et de choix dans l'affaire de leur salut! C'était le dernier coup porté aux droits de la famille. Il suffit dès lors qu'un prêtre ou quelque zélé attirât un enfant sur le seuil d'une église et lui fît dire que la messe était plus belle que le prêche, pour que l'enfant fût réputé converti et enlevé à ses parents. Le 4 juillet, un arrêt du conseil revint sur l'arrêt du 19 mai, « mal interprété par les ministres religionnaires. » Le 9 juillet, la célèbre académie ou collège protestant de Sedan fut supprimée.

L'émigration protestante, qui avait recommencé au printemps, reprit et continua sur une grande échelle, malgré la surveillance exercée, d'après les ordres du roi, sur les frontières de terre et de mer. Les états protestants commencèrent à comprendre quels avantages ils auraient à tirer de la faute immense que commettait le roi de France : moitié sympathie, moitié intérêt, ils appelèrent à l'envi les fugitifs dans leur sein. Beaucoup de parents ayant fait passer leurs enfants en Angleterre, pour les sauver de la *séduction*, Charles II prit ces pauvres créatures sous sa protection et offrit aux réformés français qui s'établiraient en Angleterre, pour l'exercice de leur commerce ou de leurs métiers, tous les priviléges qui

---

1. « Ceci m'engage à approuver des choses fort opposées à mes sentiments ». *Lettres* de Maintenon; ap. Rulhière, p. 140. — Il existe une autre lettre plus fâcheuse encore pour sa mémoire; la lettre du 22 octobre 1681, où elle écrit à son frère « d'acheter une terre en Poitou, parce qu'elles vont s'y *donner*, par la fuite des huguenots! »

seraient compatibles avec les lois anglaises; il leur promit de les faire naturaliser en masse à la première réunion du parlement, et ordonna de leur donner des secours à leur débarquement, bien loin de leur imposer des droits d'entrée (7 août). Le roi de Danemark fit aux réformés des offres analogues, avec promesse de liberté de culte dans les parties de ses états où tout autre culte que le luthérien était prohibé. Le 24 septembre, la ville d'Amsterdam leur garantit le droit de bourgeoisie et de maîtrise, avec avances d'argent aux ouvriers pour remonter leurs métiers et assurance du placement de leurs produits; elle fit construire mille maisons pour les loger [1].

Le gouvernement français s'efforça de contre-balancer par la peur l'attraction qu'exerçaient ces promesses. Un édit du 18 mai 1682 défendit aux réformés, et spécialement aux gens de mer et de métiers, de sortir du royaume avec leurs familles, à peine des galères perpétuelles pour les chefs de famille. C'était restreindre et préciser à la fois l'édit de 1669 contre l'expatriation, édit qui n'avait été pris au sérieux que vis-à-vis des Français qui s'enrôlaient dans les armées et dans les flottes étrangères. Aller porter à l'étranger, sinon à l'ennemi, des services militaires que la patrie réclame, c'est une désertion qui peut devenir un crime capital; mais quitter une patrie où la liberté n'a plus d'asile même dans la conscience, où les droits naturels sont anéantis, où le lien moral est rompu entre l'état et ses membres, c'est un droit, un droit extrême et funeste : suicide légitime du citoyen qui ne laisse subsister que l'homme! Violer tous les droits et prétendre imposer, par des peines atroces, l'observation des devoirs corrélatifs à ces droits, c'est le dernier terme de la tyrannie. Louis XIV y était arrivé, en croyant n'user que d'une compression salutaire et ne décréter que des mesures comminatoires! Cette oppression, à laquelle il n'était pas même permis de se soustraire par l'exil, était, au moins en principe, bien plus odieuse que cette terrible expulsion des Maures qui avait autrefois ému d'indignation l'âme de bronze de Richelieu.

Pendant les années 1682 et 1683, les arrêts et les déclarations

---

1. *Histoire de l'Édit de Nantes*, t. IV, liv. XVI-XVII.

contre les religionnaires se succèdent comme les coups pressés d'un glas funèbre; ce ne sont qu'interdictions de temples, interdictions d'assemblées, fermetures d'écoles, expulsions des familles réformées de diverses villes, pendant qu'on les retient par force dans le royaume. La preuve par témoins est admise pour établir le fait d'abjuration, à défaut d'acte écrit, et pour faire condamner les relaps (8 juin 1682). Les ventes d'immeubles faites par les religionnaires émigrés, dans l'année qui a précédé leur fuite, sont annulées avec confiscation (14 juillet 1682). Les biens légués aux pauvres de la religion prétendue réformée et aux consistoires sont réunis aux hôpitaux (15 janvier 1683). Les officiers protestants de la maison du roi ou de celles des princes sont sommés de donner leur démission (4 mars 1683).

Tandis qu'on retient violemment le troupeau dans le royaume, on saisit toutes les occasions de bannir les pasteurs : on ouvre aux ministres, avec empressement, cette porte de l'exil qu'on ferme au reste des réformés, afin que leurs exhortations cessent de contre-balancer la parole des convertisseurs.

Jusqu'alors les opprimés n'avaient opposé que des plaintes aux coups incessants qui les frappaient. Leur longue patience se lassa enfin. Pour remplacer l'organisation légale que le roi leur avait enlevée, les plus zélés d'entre eux s'étaient donné dans le Midi une organisation secrète : un directoire, composé de six membres, veillait dans chaque province aux intérêts communs; seize de ces directeurs, délégués par le Languedoc, le Dauphiné, les Cévennes et le Vivarais, se réunirent à Toulouse et décidèrent que les fidèles s'assembleraient, le 27 juin 1683, dans tous les lieux où l'exercice du culte avait été récemment interdit et qu'on y entendrait la parole de Dieu, sans plus tenir compte des défenses royales. Cette décision ne fut pas reçue de tous : les timides s'y opposèrent; les églises des principales villes, longtemps habituées à exercer une espèce de suprématie, ne reconnurent pas l'autorité des nouveaux directeurs. Ces oppositions empêchèrent les assemblées d'avoir lieu au jour fixé avec l'ensemble imposant qu'avaient espéré les directeurs : les réunions se succédèrent, dans le courant de juillet, sur divers points des Cévennes, du Vivarais et du Dauphiné. Au bruit de ces mouvements des huguenots, les catholiques des environs crurent voir renaître les anciennes guerres de religion et prirent les armes. Les réformés armèrent de leur côté pour se défendre. Le député général des protestants qui résidait auprès du roi, Ruvigni, les députés provinciaux et le consistoire de Charenton, effrayés des calamités qu'ils prévoyaient, se hâtèrent de désavouer les assemblées contraires aux ordonnances et conjurèrent leurs frères de ne pas fournir aux ennemis de leur religion ce prétexte de les traiter en rebelles. Mais déjà le sang avait coulé : à la suite de rixes prolongées entre les catholiques et les protestants, une poignée de huguenots, réfugiés dans la forêt de Saou, en Dauphiné, avait été taillée en pièces par un corps de troupes, après une furieuse et sanglante résistance. Ce petit combat fut suivi de quelques exécutions. A cette nouvelle, les réformés du Vivarais, qui, par l'entremise de l'intendant d'Aguesseau, s'étaient soumis et avaient obtenu une amnistie, reprirent les armes. Louvois reprocha aigrement à d'Aguesseau d'avoir retardé, par ses prières, l'envoi de troupes en Languedoc, et le duc de Noailles, lieutenant-général de la province, eut ordre de marcher contre les *séditieux*. Les bandes huguenotes furent dissipées sans défense sérieuse : un ministre fut roué vif. Les troupes, surtout les dragons, destinés à stigmatiser de leur nom les nouvelles persécutions religieuses, dévastèrent le pays par toutes sortes de désordres et de cruautés. Les Cévennes, qui ne s'étaient point armées, ne furent pas moins durement traitées, et il s'amassa dès lors, parmi ces énergiques montagnards, des trésors de haine et de vengeance (août-octobre 1683)[1].

Provisoirement, le mouvement avait été étouffé avec facilité, et le roi se fortifia dans la conviction que la *réduction* des hérétiques ne coûterait pas beaucoup d'efforts. On continua de démolir pièce à pièce ce qui restait de l'édit de Nantes.

Un grand et triste événement coïncida avec les troubles du Midi et ferma la période commencée à la paix de Nimègue, période bien courte par les années, mais bien féconde en actions d'éclat, en succès qui illustraient le présent, en entreprises qui compromettaient l'avenir.

---

1. *Histoire de l'Édit de Nantes,* t. IV, liv. XIX; t. V, liv. XX.

Tandis que la foule, et presque tous les esprits d'élite avec elle, s'enivraient de la prospérité fastueuse qu'étalait le gouvernement du Grand Roi, l'homme qui avait été le principal artisan de cette prospérité voyait d'un regard prophétique naître et grandir les fléaux destinés à la détruire; Colbert voyait, sans pouvoir l'arrêter, la France de Henri IV et de Richelieu dériver, emportée vers des abîmes inconnus, et mourait du regret de son impuissance! Au dehors, la France mettait en mouvement les forces les plus redoutables et faisait peser sur les nations rivales l'ascendant le plus impérieux, le plus accablant qu'elle eût jamais possédé; mais les ressentiments s'amassaient de toutes parts, et la réaction devait bientôt éclater avec une intensité égale à la force de la pression exercée : au dedans, ce n'était plus pour le bien de l'état que se déployait l'autorité absolue, en brisant les derniers retranchements du droit individuel, et le fardeau du peuple s'accroissait toujours en pleine paix, pendant que les ressources allaient diminuer par la ruine ou l'émigration d'une notable partie des classes commerçantes, industrielles et maritimes.

La santé de Colbert, gravement altérée à plusieurs reprises par l'excès du travail et des soucis, n'avait cessé de décliner depuis l'époque où il avait accompagné le roi dans son voyage sur les frontières du nord, en 1680. Une violente maladie avait failli l'emporter à la suite de ce voyage et il n'avait été sauvé que par l'emploi d'un remède nouveau, le quinquina[1]. On peut, avec vraisemblance, rattacher cette maladie à une scène assez vive qui avait eu lieu entre le roi et le ministre. Louis avait été extrêmement satisfait de la sévère économie et de la rapide exécution obtenues par Louvois dans les fortifications des places frontières. Louvois, par une heureuse imitation des Romains, avait employé l'armée à ces travaux. Le roi en prit occasion de reprocher durement à Colbert les dépenses *effroyables* de Versailles, « où l'on ne voyoit pourtant presque rien d'achevé, » comme si l'on eût pu comparer des ouvrages aussi simples que les terrassements et les maçonneries des places de guerre, exécutés en majeure partie par les soldats avec une très-faible paie, et les immenses travaux d'art,

---

1. *V.* le poëme de La Fontaine sur le *Quinquina*.

si difficiles, si variés et nécessairement si dispendieux qu'exigeait l'achèvement de Versailles! Louis alla jusqu'à imputer à Colbert d'avoir souffert, par négligence, les dilapidations de ses subalternes. Habitué à ne pas rencontrer de résistance chez les hommes, il prétendait n'en pas trouver davantage dans les choses, et il eût voulu qu'on créât pour lui des merveilles sans effort et sans frais. Il reprochait à Colbert ce que coûtait Versailles, et en même temps il repoussait avec impatience ses représentations sur l'étendue démesurée des travaux ordonnés [1].

On peut comprendre ce que devait éprouver un pareil homme, après vingt ans d'une administration à jamais glorieuse, en se voyant traité comme un commis par le prince qui lui devait au moins la moitié de sa renommée.

Colbert était en butte à un système d'intrigues et de délations savamment organisé par les Le Tellier. On allait jusqu'à l'accuser de « desseins pernicieux »[2]: était-ce de soutenir les huguenots, d'aspirer au rôle de premier ministre? on ne sait. Le roi tantôt semblait lui rendre part à sa confiance, tantôt subissait ces influences perfides et retombait dans ses inégalités et ses rudesses. L'ingratitude du roi minait lentement Colbert. Ce n'était pas seulement en lui l'homme d'état qui souffrait de voir ruiner son œuvre patriotique, c'était aussi l'homme privé qui se sentait profondément blessé dans ses affections. Colbert aimait Louis. Louis XIV n'avait pas été seulement pour lui, comme Louis XIII pour Richelieu, l'instrument nécessaire du bien de l'état; il avait été longtemps de fait, dans l'œuvre commune, un collaborateur supérieur par la puissance du rang et par l'attrait de la personne, égal par l'intelligence et par la bonne volonté; il avait été plus que cela dans le sentiment de Colbert comme de tous ses illustres contemporains; il avait été l'idéal même du chef de l'état. Colbert n'avait ni pu ni voulu comprendre que Louis lui était, lui deviendrait de plus en

---

1. Ce fut, dit-on, la grille de la grande cour de Versailles qui donna lieu à cette scène. *Mém.* de Ch. Perrault. — J. Racine, t. VI, *Œuvres diverses*, p. 335; 1808. « M. Mansart », dit Racine, « prétend qu'il y a trois ans (en 1683) que M. Colbert étoit à charge au roi pour les bâtiments, jusque-là que le roi lui dit une fois : Mansart, on me donne trop de dégoût, je ne veux plus songer à bâtir. »

2. Lettres de madame de Maintenon, t. II, p. 388. Madame de Maintenon reconnaît que c'était là « un sot discours ».

plus inférieur en dévouement patriotique, inférieur par cela même qu'il était roi. La désillusion devait lui être mortelle.

Dans le courant de l'été de 1683, Colbert fut repris de la fièvre. Une pierre s'était formée dans ses reins vers la fin d'août; il s'alita pour ne plus se relever. Quand Louis le sut à l'extrémité, il fut pris de regret, peut-être de remords, et sentit quelle perte irréparable il allait faire. Souffrant lui-même en ce moment, il écrivit à Colbert « de prendre soin de lui, de tâcher de se rétablir. » Colbert refusa de lire la lettre et l'on dit qu'il ajouta : « Je ne veux « plus entendre parler du roi; qu'au moins il me laisse mourir « tranquille! C'est au roi des rois que j'ai maintenant à répondre... « Si j'avois fait pour Dieu ce que j'ai fait pour cet homme-là, je « serois sauvé dix fois, et maintenant je ne sais ce que je vais « devenir [1]. »

Son maître Richelieu, qui avait une responsabilité plus lourde à porter, était mort avec plus de sécurité [2].

Il expira le 6 septembre, à l'âge de soixante-quatre ans, après avoir reçu les secours spirituels de Bourdaloue.

Le peuple fut ingrat comme l'avait été le roi. Il fallut faire conduire de nuit le corps de Colbert de son hôtel de la rue Neuve-des-Petits-Champs à l'église Saint-Eustache, de peur que le convoi ne fût insulté par les gens des halles. Le peuple de Paris ne voyait guère dans Colbert que l'auteur des taxes onéreuses et vexatoires établies depuis la guerre de Hollande, et le peuple de France, en général, habitué par Colbert lui-même à reporter au roi tout ce que le ministre avait suggéré de bon et de grand, imputa au roi

1. Racine, t. VI, *OEuvres diverses*, p. 334. — *Lettres* de madame de Maintenon, t. II, p. 388. — Monthion, *Particularités sur les ministres des finances*, art. COLBERT.

2. Toute participation au pouvoir absolu est toujours lourde! On n'en sort jamais sans tache! Les plus graves reproches qu'on puisse faire à Colbert, ce sont les corruptions exercées, à prix d'argent, sur les membres des États-Provinciaux, pour les réduire à une soumission absolue envers la couronne, et les moyens coupables employés pour accroître le personnel de la marine à rames. On retenait aux galères les condamnés après l'expiration de leur peine; iniquité que Colbert n'avait pas imaginée, mais qu'il maintint; on achetait des esclaves turcs aux Italiens, et on les gardait sur les bancs au lieu de les échanger contre les esclaves français retenus en Turquie ou en Barbarie. On allait jusqu'à acheter des esclaves chrétiens (Russes ou Polonais) aux Turcs. La passion qu'avait Colbert pour la marine lui faisait tout oublier. *V.* le t. I de la *Correspondance administrative sous Louis XIV*, publiée par M. Depping, ap. *Documents inédits*, etc., etc.; *passim*, et l'Introduction du t. II.

la gloire, au contrôleur-général des finances les misères que coûtait cette gloire. Le peuple ne pouvait soupçonner les luttes intérieures du conseil, et la partie éclairée de la bourgeoisie qui approchait Colbert était seule à portée de l'apprécier. Il faut bien le reconnaître, il n'y a que deux juges équitables pour les grands hommes : Dieu et la postérité.

Avec Colbert finit la race des grands ministres. Nous ne reverrons plus rien de semblable dans les temps qui nous restent à parcourir jusqu'à la fin de l'ancienne société française. Un seul homme, Turgot, aux derniers jours de la monarchie, rappellera les intentions et le ferme caractère de Colbert, avec un système tout différent et un génie plus spéculatif; mais il passera comme un éclair.

Nous allons voir la monarchie vivre quelques années encore sur les fondations, sur la mémoire des grands hommes d'état qui l'ont élevée au faîte suprême de la puissance, puis redescendre peu à peu, vers les abîmes, la pente sur laquelle on ne s'arrête plus !

NOTA. Nous avons oublié, à propos de la Déclaration de 1682, de signaler un fait remarquable, la résistance de la Sorbonne. On eut beaucoup de peine à imposer à la Faculté de théologie l'enregistrement des quatre articles, et l'on en vint à exiler un certain nombre de docteurs. V. la *Correspondance administrative sous Louis XIV*, t. IV, p. 120-146. Le procureur-général impute, dans ses lettres, l'opposition de ces docteurs à la crainte de compromettre leurs intérêts particuliers en se brouillant avec la cour de Rome; mais il est probable que l'article qui établissait l'indépendance absolue du temporel vis-à-vis du spirituel choquait bien des théologiens qui ne croyaient pas à l'infaillibilité du pape.

FIN DU TOME TREIZIÈME.

ÉCLAIRCISSEMENTS

I

LA MISÈRE AU XVIIᵉ SIÈCLE.

Nous avons réfuté, avec des faits incontestables et des chiffres, les accusations portées contre Colbert, qui aurait, suivant Bois-Guillebert et ses copistes, fait descendre la France d'un état de prospérité antérieure : nous montrerons bientôt par quelles causes la France tomba, après Colbert, dans une détresse dont il n'est nullement responsable ; mais nous n'avons point assez insisté sur les souffrances effroyables qu'endurèrent les populations pendant la plus grande partie de la période antérieure à Colbert, c'est-à-dire du ministère de Mazarin ; souffrances dont Mazarin n'est point innocent, puisque son administration désordonnée et dilapidatrice y contribua, mais dont ses ennemis, les héros et les héroïnes de la Fronde princière, sont bien plus coupables que lui. Les Mémoires dans lesquels nombre de ces vaniteux personnages se sont plu à caresser le souvenir de leurs absurdes et criminels exploits, ne laissent qu'entrevoir les tragédies que traînaient après eux le roman et la comédie de la Fronde ; d'autres documents nous en révèlent toute l'horreur. Un laborieux et consciencieux écrivain, M. Feillet, a fait connaître une série de pièces du plus haut intérêt, dans lesquelles on voit Vincent de Paul et ses disciples suivre à la piste les fléaux que les princes, coalisés avec l'étranger, déchaînent sur la France, et les combattre avec des efforts aussi admirables qu'insuffisants. Une société, formée sous l'inspiration de Vincent de Paul, pour secourir les habitants des provinces désolées par la guerre étrangère et civile, publia mensuellement, de 1650 à 1655, des relations qu'elle répandait dans toute la France afin de solliciter la charité publique. M. Feillet a tiré de ces bulletins de la misère, sous le titre d'*Un chapitre inédit de la Fronde* (*V. Revue de Paris* du 15 août 1856), un tableau qui ne peut se comparer qu'aux plus sinistres récits de la désolation de la France au XVᵉ siècle, du temps de l'invasion anglaise et des grandes *compagnies*. Nous en donnons quelques extraits : les termes généraux seraient toujours au-dessous de la réalité.

« Septembre 1650. — Il est mort (à Guise) environ 500 personnes depuis le siège : il y en a autant de malades et languissants dont une partie sont retirés dans des trous et des cavernes,... ils y sont abandonnés de tous secours... la plupart mourront de faim... C'est encore pis à Ribemont... Saint-Quentin... La Fère et Ham, même état.

« Octobre 1650 à janvier 1651. — Bazoches, Fismes, Brennes (Braine). — Les armées ont campé dans tous ces lieux... Les habitants ont vécu dans les bois et dans les cavernes, où les uns ont été massacrés, les autres enfumés comme des renards, et ainsi des familles entières ont été étouffées... Ce qui reste meurt de faim, de froid et de maladie.

« Les habitants sont morts la plupart dans les bois...

« Janvier-février 1651. — Champagne, Picardie. — Il n'y a point de langue qui puisse dire, point de plume qui puisse exprimer, point d'oreille qui ose entendre ce que nous avons vu... Les églises pillées, la famine et la mortalité presque universelles, les corps sans sépulture; ceux qui restent,... réduits à ramasser par les champs quelques brins de blé ou avoine, germés ou demi pourris ; le pain qu'ils font est comme de la boue, et si malsain que la vie qu'ils mènent est une mort vivante... A peine jette-t-on un cheval mort à la voirie, que peu après on le retrouve sans chair... Au Héri, près Guise, une personne a déterré un chien après trois jours, pour en assouvir sa faim... La petite noblesse est, comme les autres, sans pain, sans argent, sans couverture, et réduite sur la paille... elle n'ose mendier... et à qui demanderoit-elle, puisque la guerre a mis égalité partout : l'égalité de la misère !

« Printemps et été de 1651. — Il y a quarante lieues de pays à l'abandon... plus de pain, plus de bêtes mortes; les herbes et les racines que le printemps produit sont la seule nourriture... Malgré la grande mortalité, les pauvres ne diminuent pas ; ceux que nous pensions riches envoient leurs enfants nous demander l'aumône.

« Bazoches, Fismes, Laon, etc. — A tant de misères se joignent les archers du sel, qui prennent aux pauvres jusqu'à leurs chemises et leurs pots de terre... On contraint à prendre du sel (par gabelle) ceux qui n'ont pas un morceau de pain, car à présent ils ne mangent que des grenouilles et des limaçons...

« Saint-Quentin. — Sur 450 malades, les habitants, ne pouvant plus les soulager, en ont fait sortir 200 que nous avons vus mourir peu à peu étendus sur les grands chemins.

« Hiver de 1651-52. — Champagne, Picardie. — Nous voyons les pauvres mourir, mangeant la terre, broutant l'herbe, déchirant leurs haillons pour les avaler... Ce que nous n'oserions dire, si nous ne l'avions vu, *ils se mangent les bras et les mains !*...

« 1653-54. — A Laon, on a découvert 600 orphelins au-dessous de douze ans et dans une nudité honteuse... A Attigni, pas une poignée de paille pour coucher. Ce qui reste d'habitants meurt de faim ou périt dans les prisons de Rocroi, où ils sont enlevés pour payer les contributions ! »

La désolation de la Lorraine dépassait, s'il est possible, celle de la Champagne et de la Picardie. L'Ile-de-France, d'une part, la Guyenne, de l'autre, ne furent guère moins ravagées durant plusieurs années. L'extrême misère ne cessa que vers 1656, et elle se reproduisit encore à plusieurs reprises vers la fin de Mazarin et le commencement de Colbert, par suite de disettes, avec les horreurs de la guerre en moins, il est vrai.

M. Feillet a complété les Relations des missionnaires de la société de charité par des pièces tirées du *Recueil de Thoisy, Matières ecclésiastiques,* et par quelques autres documents de sources non moins authentiques. On ne peut que l'encourager à poursuivre ses tristes et utiles études sur l'histoire des souffrances populaires.

II

TARTUFE.

M. Paul Lacroix (Bibliophile Jacob) nous communique un bien curieux document sur Molière et *Tartufe;* c'est un panégyrique de Louis XIV, par Pierre Roullés, curé de Saint-Barthélemi en l'Ile, intitulé : *Le Roy glorieux au Monde, ou Louis XIV le plus glorieux de tous les Roys du Monde;* Moncornet; avec privilége. Dans cette pièce, d'une idolâtrie nauséabonde, l'auteur fait une espèce de revue des hommes célèbres du temps : il donne une atteinte au huguenot Turenne, dont il commente les exploits en disant qu'aux termes de l'Évangile, « les enfants du siècle et des ténèbres sont avisés... ou, pour mieux dire, fins et rusés, et plus bien souvent même que les enfants de la lumière »; un peu plus loin, il passe à un autre personnage qu'il ne nomme pas. Le roi, dit-il, a fait « une action héroïque et royale, véritablement digne de la grandeur de son cœur et de sa piété, et du respect qu'il a pour Dieu et pour l'église, et qu'il rend volontiers aux ministres employés de leur part pour conférer les grâces nécessaires au salut. Un homme, ou plutôt un démon vêtu de chair et habillé en homme, et le plus signalé impie et libertin qui fut jamais dans les siècles passés, avait eu assez d'impiété et d'abomination pour faire sortir de son esprit diabolique une pièce toute prête d'être rendue publique en la faisant monter sur le théâtre à la dérision de toute l'église, et au mépris du caractère le plus sacré et de la fonction la plus divine, et au mépris de ce qu'il y a de plus saint dans l'église, ordonné du Sauveur pour la sanctification des âmes, à dessein d'en rendre l'usage ridicule, contemptible, odieux. Il méritait par cet attentat sacrilége et impie un dernier supplice exemplaire et public, et le feu même, avant-coureur de celui de l'enfer, pour expier un crime, si grief de lèze-majesté divine, qui va à ruiner la religion catholique, en blâmant et jouant sa plus religieuse et sainte pratique, qui est la conduite et direction des âmes et des familles par de sages guides et conducteurs pieux. Mais Sa Majesté, après lui avoir fait un sévère reproche animé d'une juste colère, par un trait de sa clémence ordinaire, en laquelle il imite la douceur essentielle à Dieu, lui a par abolition remis son insolence et pardonné sa hardiesse démoniaque pour lui donner le temps d'en faire pénitence publique et solennelle toute sa vie, et, à fin d'arrêter avec succès la vue et le débit de sa production impie et irréligieuse, et de sa poésie licencieuse et libertine, elle lui a ordonné, sur peine de la vie, d'en supprimer et déchirer, étouffer et brûler tout ce qui en était fait et de ne plus rien faire à l'avenir de si indigne et infamant, ni rien produire au jour de si injurieux à Dieu et outrageant à l'église, la religion, les sacrements, les officiers les plus nécessaires au salut, lui déclarant publiquement et à toute la terre, qu'on ne saurait rien faire ni dire qui lui soit plus désagréable et odieux, et qui le touche le plus au cœur, que ce qui fait atteinte à l'honneur de Dieu, au respect de l'église, au bien de la religion, à la révérence due aux sacrements qui sont les canaux de la grâce que Jésus-Christ a méritée aux hommes par sa mort en la croix, à la faveur desquelles elle est transmise et répandue dans les âmes des fidèles qui sont saintement dirigés et conduits. Sa Majesté pouvait-elle mieux faire contre l'impiété et cet impie, que de lui témoigner un zèle si sage et si pieux, et une exécration d'un crime si infernal ? »

On ne connaît de cette étrange élucubration que l'exemplaire présenté par l'auteur à Louis XIV, le roi, peu flatté d'un pareil hommage, ayant fait supprimer l'édition; c'est un remarquable spécimen des haines forcenées qu'inspirait Molière; quant au fait avancé par le curé de Saint-Barthélemi, on peut admettre qu'il y a quelque chose de vrai sous ses folles exagérations, et son livre vient à l'appui d'indices qui déjà portaient à croire que Molière avait d'abord fait de *Tartufe* non point un dévot laïque, mais un prêtre, un directeur de conscience par état. Louis XIV aura obligé le poëte à modifier son plan, non *sous peine de la vie*, mais sous peine de n'être pas joué.

ÉCLAIRCISSEMENTS.

III

VERSAILLES.

Nous avons à rectifier et à compléter ce que nous avons dit ci-dessus, p. 241, sur les *dépenses de Louis XIV en bâtiments*. Un ouvrage publié en 1838 par M. Ossude, ancien secrétaire des Archives de la couronne, le *Siècle des beaux-arts et de la gloire, ou la Mémoire de Louis XIV justifiée*, complète les études de M. Eckard et autres. — M. Ossude donne, d'après les comptes-rendus du trésor rédigés par Mallet, premier commis du contrôleur-général Desmaretz, et d'après les mémoires arrêtés annuellement par la Chambre des comptes, la totalité des dépenses en bâtiments et accessoires depuis 1661 jusqu'en 1715. Nos évaluations approximatives, quant aux deux périodes de 1661 à 1664 et de 1690 à 1715, étaient beaucoup trop faibles : dans la première période, Louis XIV dépensa 4,298,436 francs; dans la seconde, 57,074,129. Le total est de 214,653,343, et non pas de 165 à 170 millions comme nous l'avions supposé. Il est probable que ces 214 millions en représenteraient aujourd'hui 800 à 900, en valeur relative. Par contre, nous avions élevé trop haut les dépenses spéciales de Versailles et de ses dépendances, de 1664 à 1690, en y comprenant une somme de près de 20 millions employée, pour la majeure partie, à des achats de pierreries et autres objets étrangers à Versailles. La dépense spéciale de Versailles et de ses dépendances, de 1664 à 1690, n'atteint pas 80 millions. Marli coûta en tout un peu plus de 12 millions et demi. M. Ossude (p. 272), nous apprend un fait intéressant; c'est que des gratifications ou même des pensions reversibles sur les veuves étaient accordées aux ouvriers blessés ou estropiés dans les travaux des bâtiments du roi.

FIN DES ÉCLAIRCISSEMENTS.

TABLE DES MATIÈRES

CONTENUES DANS LE TOME TREIZIÈME.

SEPTIÈME PARTIE.

SIÈCLE DE LOUIS XIV.

LIVRE LXXIX. — Louis XIV et Colbert.

Pages.

FINANCES. — Caractère de Louis XIV et commencements de son gouvernement. Situation désastreuse des finances à la mort de Mazarin; ruine de l'agriculture et de la marine; souffrances du commerce et de l'industrie. Lutte de Fouquet et de COLBERT. *Fête de Vaux*. Arrestation de Fouquet. Colbert administre sous le roi. Plans de Colbert. Réforme financière. Chambre de justice. Procès de Fouquet. Le *Masque de Fer*. — Dégagement des revenus publics. Libération financière des communes. Amélioration du système d'impôts. (1661-1672) 1

LIVRE LXXX. — Louis XIV et Colbert. (*Suite.*)

§ I. JUSTICE ET POLICE. — *Grands jours d'Auvergne*. Conseil de justice. Pussort et Lamoignon. Ordonnance civile. Ordonnance criminelle. Hôpitaux. Ordonnance sur la police de Paris. La Reinie. Ordonnances sur les couvents et sur la population. — § II. EAUX ET FORÊTS. AGRICULTURE. CANALISATION. — Ordonnance des eaux et forêts. Règlements sur le commerce des grains. Multiplication du bétail. Routes royales. Riquet. (Canal des deux mers.) — § III. COLONIES. MARINE. COMMERCE. INDUSTRIE. Compagnies des Indes Occidentales et Orientales, du Nord, du Levant. Ports francs. Marine militaire : régime des classes. Ordonnances sur la marine. Constructions navales. Brest et Rochefort. — Édits du *tarif*. Système protecteur. Entrepôts. Manufactures. Statuts et règlements des fabriques. Ordonnance du commerce. (1661-1673).. 67

LIVRE LXXXI. — Louis XIV et Colbert. (Suite.)

Pages.

Mouvement intellectuel et moral. — § 1. Le Grand Roi et la Cour. Les grands. Les lettrés. Les académies. Le clergé. L'étiquette. Les femmes. Fêtes de la cour. — § 2. Sciences et Lettres. Académie des sciences. Huygens. L'Observatoire. Picard. Cassini. Roëmer. Érudition. Baluze. Mabillon. Ducange. D'Herbelot. Voyageurs. Le droit civil à Paris. — § 3. Poésie. Théatre. La Littérature et la Société. Molière. Boileau. Racine. Lulli et Quinault. *Question du théâtre.* La Fontaine. Madame de La Fayette. Madame de Sévigné. — § 4. Moralistes. Éloquence sacrée. La Rochefoucauld. Nicole. Bossuet. Bourdaloue. — § 5. Beaux-arts. Versailles. Colbert, surintendant des bâtiments. Lebrun, directeur de l'Académie de peinture et de sculpture et des Gobelins. Perrault ; le Louvre. Louis XIV abandonne le Louvre pour Versailles. Hardouin-Mansart. Lenostre. Les Invalides. — § 6. L'éducation du Dauphin. Théories de Louis XIV et de Bossuet. L'État et l'Église. La *Politique de l'Écriture sainte* et les *Mémoires et Instructions* du roi à son fils. — Affaires des jansénistes et des protestants. Controverses de Bossuet et des ministres. Conversions. Splendeur et périls. (1661-1672)..................... 155

LIVRE LXXXII. — Louis XIV. (Suite.)

Diplomatie et Guerre. — Colbert, Lionne, Le Tellier et Louvois. — § 1. La Guerre des droits de la reine. Réorganisation de l'armée. — Plans de politique extérieure. — L'Espagne reconnaît la préséance de la France. — Acquisition de Dunkerque. — Querelle avec Rome : le pape réduit à s'humilier devant Louis XIV. — Expédition contre les Barbaresques et intervention en Hongrie. — Projets sur la Belgique et la Franche-Comté. — Politique de la Hollande. Alliance avec la Hollande contre l'Angleterre. — Guerre des *Droits de la reine* : invasion de la Belgique ; prise de Charleroi, de Bergues, de Furnes, de Tournai, de Douai, de Courtrai, d'Oudenarde, de Lille. — Paix de Breda, entre la France, l'Angleterre et la Hollande. — Traité secret de Louis XIV avec l'empereur Léopold pour le partage éventuel de la monarchie espagnole. — Traité conclu par la Hollande avec l'Angleterre et la Suède pour arrêter les conquêtes de Louis XIV en obligeant l'Espagne à lui faire des concessions. — Conquête de la Franche-Comté en quinze jours. — Paix d'Aix-la-Chapelle : l'Espagne cède à la France les places prises en Belgique, et Louis XIV rend la Franche-Comté. — § 2. Projets contre la Hollande. Ressentiment de Louis XIV contre la Hollande : vastes négociations pour isoler cette république et préparer sa ruine. — L'influence de Colbert diminue. — Louis XIV aspire secrètement à l'Empire. — Traité avec l'Angleterre contre la Hollande. Grands préparatifs. — Affaires du Levant. Expédition de Candie. Projet de Leibniz pour détourner les armes françaises de la Hollande sur l'Égypte. Ce plan est écarté. Louis XIV déclare la guerre à la Hollande (1661-1672)..................... 274

TABLE DES MATIÈRES.

LIVRE LXXXIII. — Louis XIV. (Suite).

GUERRE DE HOLLANDE. — Préparatifs financiers de Colbert. — Invasion de la Hollande. Prise des villes du Rhin. *Passage du Rhin*. Conquête des provinces de Gueldre, Over-Yssel et Utrecht. Effroi de la Hollande. On manque l'occasion de prendre Amsterdam. Dévouement patriotique des Hollandais. Les digues rompues mettent la Hollande sous les eaux et arrêtent l'invasion. La bataille navale de Solebay empêche une descente franco-anglaise en Zélande. — Les États-Généraux offrent à Louis XIV la cession de Maëstricht, du Brabant hollandais et de la Flandre hollandaise. Fatal refus du roi, poussé par Louvois. — Rétablissement du stathoudérat au profit du prince d'Orange. Massacre des frères de Witt. — L'empereur, l'Espagne et l'électeur de Brandebourg se déclarent en faveur des Hollandais. — Turenne empêche la jonction des Impériaux avec le prince d'Orange. — Fâcheux expédients financiers imposés à Colbert. — Prise de Maëstricht par le roi et Vauban. — Prise de Trèves. — Échecs maritimes. — Jonction des Impériaux et des Hollandais. — Louis XIV évacue la Hollande et s'empare de la Franche-Comté. — L'Angleterre fait la paix avec la Hollande. — La diète germanique se déclare contre la France. — Bataille de Senef. — Misère du peuple. Troubles en Guyenne et en Bretagne. — Révolte de Messine contre les Espagnols. — Magnifique campagne de Turenne dans le Palatinat et l'Alsace. Invasion allemande repoussée. Turenne reprend l'offensive outre-Rhin. Mort de Turenne (1672-1675)................................ 374

LIVRE LXXXIV. — Louis XIV. (Suite).

GUERRE DE HOLLANDE, *suite et fin*. — Échec de Consaarbrück et perte de Trèves. — Victoires navales des Français sur les Espagnols et les Hollandais dans les mers de Sicile. Gloire de Duquesne. — Prise de Condé, de Bouchain, d'Aire. — Perte de Philipsbourg. — Revers des Suédois alliés de la France. — La Bavière se rallie à la France et à la Suède. — Prise de Valenciennes et de Cambrai. Victoire de Cassel. Prise de Saint-Omer. — Victoire de Kochersberg. — Prise de Freybourg en Brisgau. — Succès maritimes contre les Hollandais. — Prise de Gand et d'Ypres. — Paix de Nimègue avec la Hollande. Concessions commerciales aux Hollandais. — Bataille de Saint-Denis après la paix signée. — Louis XIV rend à l'Espagne Gand, avec Charleroi et plusieurs autres des places acquises en 1667. L'Espagne cède à la France la Franche-Comté, Valenciennes, Cambrai, Saint-Omer, Ypres et d'autres villes de la West-Flandre et du Hainaut. — L'empereur et la diète germanique signent la paix après de nouveaux échecs. Philipsbourg rendu à la France en échange de Freybourg. — L'électeur de Brandebourg et le roi de Danemark restituent à la Suède ce qu'ils lui avaient enlevé. — Pacification générale (1675-1679)...................... 480

LIVRE LXXXV. — Louis XIV et Colbert. (Suite.)

FIN DU MINISTÈRE DE COLBERT. — Efforts de Colbert pour rétablir les finances et soulager le peuple. — Colonies, marine. *Code noir*. Cavelier de la

Salle. Découverte de la Louisiane. Petit-Renau. Ordonnance de la Marine. — VAUBAN fortifie toutes les frontières de terre et de mer. Travaux de Toulon. — *Chambres de réunion*. Empiétements sur l'Empire. RÉUNION DE STRASBOURG A LA FRANCE. — Occupation de Casal. — Guerre contre les Barbaresques. Bombardement d'Alger. — Oppression croissante des protestants. — Nouvelles luttes entre Colbert et Louvois. — MADAME DE MAINTENON. — Querelle avec la cour de Rome. DÉCLARATION DE 1682. — Nouveaux édits contre les protestants. Troubles dans le Midi. — Mort de Colbert (1679 - 1683)... 541

FIN DE LA TABLE DES MATIÈRES DU TOME TREIZIÈME.

PARIS. — IMPRIMERIE DE J. CLAYE, RUE SAINT-BENOIT, 7.

www.ingramcontent.com/pod-product-compliance
Lightning Source LLC
Chambersburg PA
CBHW071149230426
43668CB00009B/883